静脉输液治疗专科护士培训教材

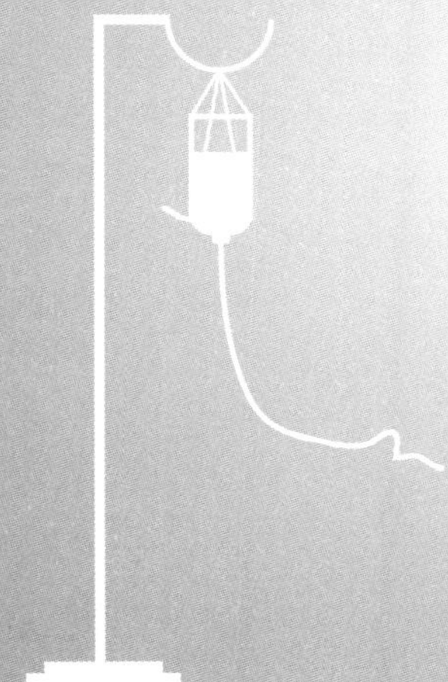

主编　吴玉芬　杨巧芳

人民卫生出版社

图书在版编目(CIP)数据

静脉输液治疗专科护士培训教材 / 吴玉芬，杨巧芳主编．
—北京：人民卫生出版社，2018

ISBN 978-7-117-26176-0

Ⅰ．①静…　Ⅱ．①吴…　②杨…　Ⅲ．①静脉注射 - 输液疗法 - 技术培训 - 教材　Ⅳ．①R457.2

中国版本图书馆 CIP 数据核字（2018）第 075577 号

静脉输液治疗专科护士培训教材

主　　编：吴玉芬　杨巧芳
出版发行：人民卫生出版社（中继线 010-59780011）
地　　址：北京市朝阳区潘家园南里 19 号
邮　　编：100021
E - mail：pmph @ pmph.com
购书热线：010-59787592　010-59787584　010-65264830
印　　刷：北京铭成印刷有限公司
经　　销：新华书店
开　　本：710 × 1000　1/16　　**印张**：32
字　　数：609 千字
版　　次：2018 年 5 月第 1 版　2018 年 5 月第 1 版第 1 次印刷
标准书号：ISBN 978-7-117-26176-0/R · 26177
定　　价：88.00 元

主　编　吴玉芬　杨巧芳

副主编　吴美华　郭彩霞　梅赣红

编　委（按姓氏笔画排列）

丁　雯　马智群　马新娟　王　芳　王　蕾　王丽芹
左丽宏　石　兵　史淑杰　白　姗　包芙蓉　冯毕龙
吕小梅　任　辉　刘红梅　刘晓伟　刘强强　关琼瑶
米文杰　江　琳　孙　宁　李　刚　李　艳　李长英
李旭英　李变娥　李春梅　李祥奎　杨　雪　杨巧芳
杨立利　杨宏艳　杨甜甜　吴　丹　吴玉芬　吴美华
邱家英　张　丽　张述英　张爱华　张　敏（武汉）
张　敏（陕西）　陈丽君　陈利芬　陈金华　林　梅
林　薿　易诗琼　罗艳丽　周　莹　周雪梅　郑芝芬
孟　萌　赵改婷　赵新明　胡盛琳　姜桂春　秦　英
贾　平　贾晓慧　钱　利　高　伟　高　阳　郭　玲
郭彩霞　唐　英　唐晨曦　黄　楠　梅赣红　寇京莉
彭　艳　彭　慧　彭小芸　蒋　瑾　程予波　曾　丽
曾　欣　曾佳炜　雷　花　蔡　丽　蔺　波

主编简介

吴玉芬，主任护师，高级静脉治疗专科护士，静脉治疗导师。

研究方向：

静脉输液治疗、PICC 穿刺及维护标准操作流程、静脉输液并发症预防及处理、静脉输液治疗软件的研发及科研。

社会任职：

1. 中华护理学会静脉输液治疗专业委员会委员
2. 四川省护理学会静脉输液治疗专业委员会主任委员
3. 四川省护理学会静脉输液治疗专科护士培训基地负责人
4. 成都市护理学会静脉输液治疗专业委员会副主任委员
5. 高级静脉治疗专科护士
6. 四川省医学会医疗事故技术鉴定专家
7. 成都市医学会医疗事故技术鉴定专家

工作业绩：

从事临床护理工作 30 余年，护理管理 10 余年，近几年在 PICC 中心工作。目前主要研究及执行 PICC 置入及维护的标准流程；解决医院静脉输液并发症会诊、咨询及 PICC 门诊坐诊，研究静脉输液治疗软件的开发及科研申报。主持四川省护理学会静脉输液治疗专业委员会继续教育培训 10 期；负责四川省护理学会静脉输液治疗专科护士培训，完成了 17 届静脉输液治疗专科护士培训，为全国各级医院培养了静脉输液治疗专科护士 700 余名。

获得 17 项中国知识产权局颁发的实用新型专利证书，其中有几项专利已经实现为产品并在临床上应用，如：一次性使用精密过滤袋式输液器、一次性使用换药包等。获批 3 项卫生厅厅级、院级科研项目。在国家及省级护理核心期刊发表论文 40 余篇，主编《静脉输液实用手册》、《静脉输液治疗学》及《静脉输液并发症预防及处理指引》专著均由人民卫生出版社发行；主编四川省护理学会静脉输液治疗专科护士培训教材。

主编简介

杨巧芳，主任护师，教授，硕士生导师，国家二级心理咨询师；

阜外华中心血管病医院护理部主任。

研究方向：静脉输液治疗管理，心血管疾病护理。

社会任职：

1. 中华护理学会静脉输液治疗专业委员会委员
2. 中华护理学会内科护理分会专家库成员
3. 河南省护理学会静脉输液治疗专业委员会副主任委员
4. 河南省内科护理专业委员会心血管学组副组长
5. 河南省护理管理专业委员会委员
6. 河南省健康管理学会慢病健康教育分会主任委员

工作业绩：

长期从事临床工作，具有丰富的临床经验，擅长心血管急危重症的护理和静脉通道管理，致力于静脉输液治疗通道建立技术的推广和管理。自2002年始将PICC、静脉输液港和超声引导下置入PICC技术相继引入河南；2005年始组建并历任河南省护理学会静脉输液治疗专业委员会主任委员、副主任委员，带领河南省静脉治疗核心团队推广规范化静脉输液治疗护理技术、培养PICC专职护士、遴选静脉输液治疗护理敏感质量指标等，推动了河南省静脉输液治疗护理的专业化、规范化和标准化进程。

主持多项课题，获中华护理学会科技进步二等奖，河南省科技进步二等奖、三等奖及河南医学科技进步一等奖、二等奖、三等奖等多项奖励，发表专业学术论文30余篇，主持编著专著3部，参编2部。

序

近年来，随着我国医学科学的纵深发展，静脉输液治疗也得到了迅猛的发展，2009年，中华护理学会静脉输液专业委员会借鉴INS标准，编写了《输液治疗护理实践指南与实施细则》，国家卫计委于2014年5月1日颁发了《静脉输液治疗行业标准》，我国临床护士的静脉输液操作行为越发科学规范，2016年国家卫生计生委《全国护理事业发展规划（2016—2020年）》中明确提出：到2020年，我国护理事业发展的目标之一是护士队伍的数量、素质、能力基本能够适应卫生计生事业发展和人民群众健康需求。新入职护士和护理管理人员培训制度基本建立，有计划的培养一批专科护士，满足临床护理需求。《规划》特别指出"十三五"期间的主要任务之一是发展专科护士队伍，提高专科护理水平，优先选择一批临床相对成熟的专科护士队伍，加大专科护士培训力度，不断提高专科护理水平。

目前，全国各护理学会为了更加规范我国静脉输液治疗，静脉治疗专科护士培训为国家培养了大量优秀的静脉治疗专科护士，但目前我国还没有统一的静脉治疗专科护士培训教材，导致全国教学缺乏统一标准，临床操作缺乏同质性，和发达国家静脉输液临床治疗有一定差距，基于现状，为了让我国静脉治疗专科护士培训有统一的教材，更加科学统一规范静脉输液治疗的操作、提高预防及处理静脉输液治疗并发症的能力、增强专科护士的法律及科研意识，减少静脉输液并发症的发生，让患者获得最佳的治疗方案，同时也为了让我国静脉治疗专科护士培训有统一的教材，笔者特邀了全国知名静脉输液专家及临床护理管理人员共同编制了本书，该书凝聚了国内外静脉输液治疗临床经验、理论、操作流程、静脉输液并发症、案例分析、质量管理及敏感质量指标等内容，该书内容丰富、图文并茂，具有较高的临床实用价值。笔者及团队真挚希望该书能为各省、市护理学会培养静脉治疗专科护士及临床护士静脉输液治疗提供有力的循证依据。

本次编写得到全国各级医院护理部主任及静脉输液治疗专家的大力支持，编者们凝神聚力、开拓创新，在此深表感谢！老师们利用大量业余时间查证、创证编写该书，付出了大量的心血和汗水，虽然经过反复核查，但教材中纰误疏漏可能仍有存在，恳请读者批评指正，并致谢意！

四川省医学科学院·四川省人民医院院长

2018 年 2 月

前　言

近年来，静脉治疗护理技术以丰富的理论体系和较强的实践性而成为临床救治患者、实施治疗方案最广泛的护理实践活动。随着医学科学技术的进步和发展，静脉治疗新工具、新材料、新方法不断涌现，对静脉治疗的安全性提出了更大的挑战，对从事静脉治疗护理的人员提出了更高的要求；静脉治疗专科护士、PICC 专职护士的出现，推进了我国静脉治疗护理的专业化进程。为了培养静脉治疗专科护理人才，统一静脉治疗的各操作标准、提高预防静脉治疗并发症的意识及处理并发症的能力、提高护士的法律意识及科研意识，减少静脉输液并发症，让患者获得最佳的治疗方案。《静脉输液治疗专科护士培训教材》编写团队组织全国静脉治疗护理专委员会委员，通过系统循证、临床调研等方法，结合全国实际和临床需求而编写本教材，可作为静脉治疗护理专科培训教材，更是有意从事静脉治疗护理人员的专业参考读物。

本教材共三篇十章，以国家卫生和计划生育委员会颁布《静脉治疗护理技术操作规范》行业标准为指导，以科学性、指导性和实用性为目的，采用理论与实践相结合的方法，从静脉输液治疗的发展入手，涵盖血管解剖与生理、应用药理、患者心理、输液技术、并发症预防处理、护理质量及风险管理、护理科研等内容，汇集了当前静脉治疗护理新理念、新方法、新技术，凝集了全体编写者宝贵的临床经验，内容系统全面，贴近临床实际，具有一定广度与深度。除此以外，本教材具有以下特色：

1. 基于循证，确保理论知识的先进性、科学性。本教材内容与时俱进，适应当前医学和护理学发展新形势，参照最新的权威教材、参考书、防治指南或国际标准，吸纳当前最新研究，确保了教材内理论知识的先进性和科学性。

2. 贴近临床，力求操作技术的规范性、实用性。本教材在循证的基础上，融入《静脉治疗实践指南》(2016 版)相关要求，以临床实际案例分析为主线，详解静脉治疗技术应用、并发症预防及处理等，从而训练临床思维提高操作技能，保证教材内各种操作技术的规范性和实用性。

3. 以图释文,增加教材内容的趣味性、可读性。本教材通俗易懂,配以更多的插图和临床案例照片进行阐述,以流程图和表格说明操作要点,使学习者读起来更有趣味和可读性。

感谢参与编写的中华护理学会静脉输液治疗专业委员会委员们的精心编写!由于编写均是利用业余时间,尽管我们已经尽了最大努力,作为静脉治疗护理专科教材,书中难免存在不足之处,恳请读者提出宝贵意见,以便修订再版,使其日臻完善。

吴玉芬　杨巧芳

2018 年 2 月

目　录

第一篇　静脉输液治疗基础篇

第二篇　静脉输液治疗技术篇

第三篇　静脉输液治疗质量篇

第一篇 静脉输液治疗基础篇

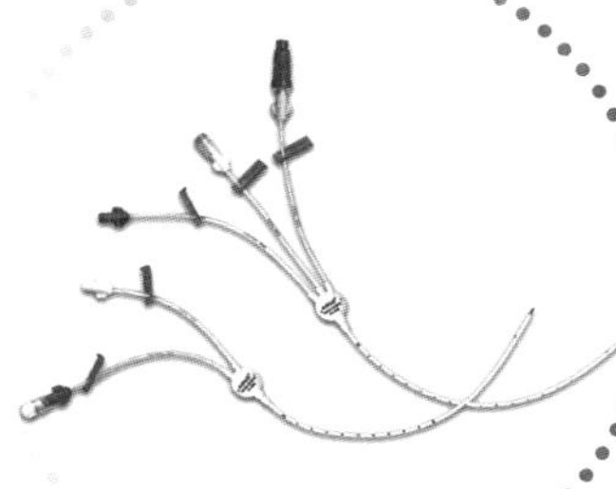

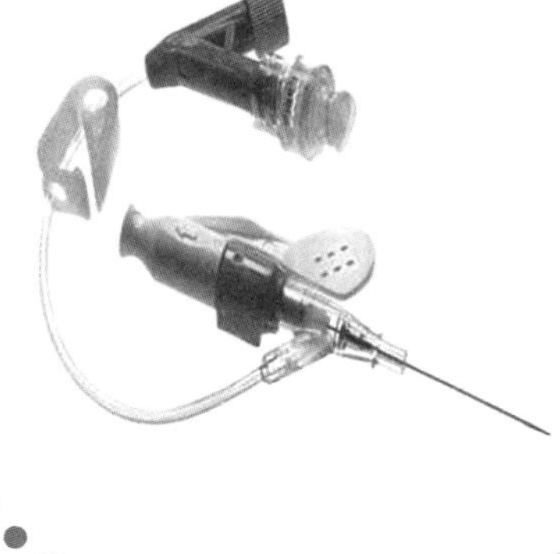

第一章 静脉输液治疗绪论

第一节 静脉输液治疗发展史

静脉输液治疗是利用液体静压的作用原理，将一定量的无菌溶液（药液）或血液直接滴入静脉的方法，是临床抢救和治疗患者的重要措施之一。

一、静脉输液治疗理念

（一）形成阶段

17世纪，随着《血液循环论》提出，人们开始尝试静脉输注各种液体、血液，静脉输液治疗逐渐开始在临床上尝试。静脉治疗理念被提出。

19世纪60年代期间，随着细菌学理论、抗感染剂、致热源的发现，安全输液理念逐渐受到重视。使静脉输液治疗实现了历史性突破。

（二）发展阶段

1940年以前，静脉输液治疗被认为是一项医疗行为。20世纪40年代后护士被允许进行静脉输液操作。美国波士顿麻省总医院Ada Plumer护士是第一个被允许进行静脉输液治疗的护士，之后她建立了第一个静脉输液治疗团队。此后静脉输液的执行者逐渐由医生转为护士，使得静脉输液治疗得到广泛开展。静脉输液治疗范围也从最初的重大疾病治疗扩大到营养支持、常规疾病用药治疗，静脉输液治疗理念的内容也从执行者、治疗范围过渡到血管的选择、静脉输液工具的选择及患者的舒适性进行探索。

（三）成熟阶段

随着医学及护理学技术的飞速发展，静脉输液治疗理念随之发展成熟，出现了两个观念：

1. 被动静脉输液治疗　是以完成任务性质习惯性的使用静脉输液器材（如一次性静脉输液钢针），事先没有对患者做系统、准确的评估，就开始静脉输液治疗。其结果是反复的外周静脉穿刺，可能由于药物特性引发严重并发症，使中心静脉穿刺变得更费时、费力。

2. 主动静脉输液治疗　是对患者病情、治疗需要和血管通道器材等主动地进行评估，从而选择合适的血管通道、器材为患者进行静脉输液治疗，主动地完成护理评估程序。

2012 年，临床护理提出了安全输液及舒适护理的新理念，强调安全输液不仅包括患者安全，也要注意护士安全。一次性静脉输液钢针是临床最主要的输液方式。2014 年推出做到全疗程“一针治疗”，建立“无钢针”病房的静脉输液治疗最新理念，减少患者血管损伤。

目前静脉输液治疗最佳实践标准是程序化操作，减少穿刺次数、并发症、住院费用、针刺伤及劳动强度，为患者提供高质量的静脉输液治疗护理服务，提高患者满意度。

二、国外静脉输液治疗发展历程

在静脉输液治疗发展历程中，经历了以下四个阶段：

（一）15 世纪——静脉输液治疗萌芽阶段

第一份关于静脉输液治疗的文献要追溯到 1492 年，意大利一名叫卡鲁达斯的医生将三名男童的热血直接给教皇口服，结果并未挽救教皇生命。直到 1615 年，输血的概念才被正式提出，这一概念奠定了静脉输液治疗的基础。1628 年，英国医生威廉·哈利（William Harvey）提出了《血液循环论》。1656 年，英国医生克利斯朵夫和罗伯特用羽毛管针头，把药物注入狗静脉，成为历史上首例将药物注入血管的行为。1662 年，德国约翰医师，首次将药物注入人体。

（二）19 世纪——静脉输液治疗发展阶段

19 世纪，随着医学技术的快速发展，静脉输液治疗也得以发展。1831 年，英格兰医生托马斯·瑞斯（Thomas Latta）将煮沸的盐水注入患者静脉，成功奠定了静脉治疗模式。

19 世纪后半叶，静脉输液的安全初步得到保证，静脉输液治疗有了突破性进展。1860 年，法国医生路易斯·巴斯德（Louis Pasteur）创立了细菌学理论。1867 年，英国外科教授约瑟夫·李斯特（Joseph Lister）提出感染可能与微生物有关，为静脉治疗的安全性提供了保证。

（三）20 世纪——静脉输液治疗成熟阶段

在将近 500 年的时间里，人们尝试将不同物质输入静脉系统也取得了一定的成果，但直到 20 世纪才真正实现将药品安全输入人体。

1900 年，维也纳大学助教卡尔·兰特斯坦纳（Karl Landsteiner）发现了人类的 A、B、O 血型，使得静脉输血成为安全的急救手段。

1925 年美国医师弗洛伦斯（Florence Seibert）解决了静脉输液中热原反应

问题，为安全输液铺平了道路。

20世纪初，更多安全的静脉注射液体被研制出来并应用于患者的治疗，包括葡萄糖、生理盐水、碳水化合物、钾、钠等。

20世纪60年代是静脉输液治疗迅速发展的阶段，超过200种的静脉输注液体被广泛用于临床。静脉输液给药方式更加多样化，如定时间、间歇给药、持续静脉给药等。

静脉穿刺工具也得以改进，1960年百特公司开发出输血、输液用塑料软袋，使密闭式输液得到实施和广泛应用。1964年美国BD公司用生物原材料发明了第一代静脉留置针，实现了在静脉内留置针头，之后迅速在欧盟国家普及应用。

20世纪70年代至80年代，静脉输液治疗作为一门专业学科得到认可，并发展为治疗学的分支学科，精尖技术在临床广泛应用，静脉输液工具得到飞速发展，移动式输液装置，输液泵，自控麻醉泵等开始应用。20世纪80年代，完全植入式静脉输液装置（TIVAPs）已经普遍应用于肿瘤患者中，方便患者化疗和其他常规治疗。此后，通过中心静脉输液工具进行静脉输液治疗变得越来越普遍。

（四）21世纪——现代静脉输液治疗的多样化应用阶段

21世纪，静脉输液治疗应用范畴更加广泛。主要包括以下几个方面：液体与电解质治疗、抗感染治疗、抗肿瘤治疗、全血和血液成分输注、镇痛与全胃肠外营养（TPN）支持治疗等。绝大多数的液体和药品治疗都可由静脉输液护士来完成。静脉输液治疗给药方式更加多样化，PICC、中等长度导管、隧道式导管、埋藏式输液港等在临床上得到广泛应用。临床工作中，多种输液装置可供选择，过滤器和各种电子输液装置用于多种、联合、复杂的静脉输液治疗。静脉输液治疗更加安全，同时也对静脉输液护士提出了更高的要求。

三、中国静脉输液治疗发展历程

（一）发展初期阶段

在1940年以前，静脉输液治疗只是危重疾病的一种额外治疗手段，仅仅由医生操作，护士只能协助做相关物品准备工作。1940年以后，静脉输液技术迅速发展，护理责任范围得以扩展。

20世纪50年代，国内只能生产少量墨菲滴管，这些滴管质量差，导致输液反应频繁出现。70年代中期，开始尝试使用注射长钢针、静脉切开的方法进行输液。80年代初，一次性静脉输液钢针被引入，成为临床常用的输液工具。80年代中期，输液器开始采用一次性塑料输液管，输液反应减少。这为静脉输液的广泛应用创造了基本条件。

20世纪90年代，我国的静脉输液技术开始快速发展与革新。同期，静脉输液工具的选择更加多样化。90年代我国开始在临床上广泛应用静脉留置针。

90 年代中后期，PICC 引入我国，主要应用于胃肠外营养和肿瘤化疗。1988 年，输液港在国内首次报道使用。1998 年，我国批准全密闭式软袋输液系统，全密闭式安全输液理念引入我国并开始受到关注，使静脉输液治疗安全性得到提升。

（二）走向成熟阶段

1999 年，中华护理学会静脉输液治疗专业委员会在北京成立，代表我国静脉输液技术逐渐走向成熟。2001 年后，各种材质和形式的 PICC 和输液港开始广泛应用于临床。2005 年，我国修改采用 ISO 标准而颁布一次性使用输液器 GB 8368—2005 的正式使用，标志着我国静脉输液工具的应用标准正式与国际接轨。随着塑化剂对人体的危害及避免各种静脉输液安全隐患越来越受到关注和重视，非 PVC 全密闭输液软袋越来越被我国医护人员接受。2009 年王建荣主编《输液治疗护理实践指南与实施细则》，为临床护理人员提供了静脉输液参考，标志着我国静脉输液逐渐规范成熟。

四、静脉输液学会的发展历程

（一）国外静脉输液学会的发展

1. 美国静脉输液学会　1972 年 12 月，美国麻省总医院 Ada Plumer 和 Johns Hopkins 医院的 Marguerite Knight 倡议成立美国静脉输液护理学会（AAIVN）。1973 年 1 月 25 日，16 名发起人相聚 Baltimore，决定将“护理”两个字从组织的名称内删去，以便更好地反映这一组织的法律外延，AAIVN 更名为全国静脉输液治疗学会（NITA）。到 20 世纪 80 年代中期，NITA 成员中 99% 是护士，为了更好地反映该组织的实际内涵和对专业技术、患者及立法程序的关注，于 1987 年将 NITA 改为静脉输液护士协会（Intravenous Nurses Society，INS）。因为角色内容的扩展，静脉输液护士协会于 2001 年再次更名为输液护士协会（Infusion Nurses Society，INS）。该学会是目前全球静脉输液治疗领域的权威机构。2006 年 INS 出版《静脉输液护理实践标准》（Infusion Nursing Standard of Practice）是一部制定护理责任范围和护理人员教育水平要求的官方文件。这份文件要求护士在专业与专业以外的领域具有对合法与违法行为的判断力，并与任何一个从事静脉治疗的单位密切相关。这个标准的建立与完善是为了保护患者权益，建立风险管理体制和保障静脉输液治疗护士的合法权益。该文件是美国静脉输液护理教育临床操作的标准指南，是权威性的指导书籍和具有法律效应的纲领性指南。

2. 美国血管通路协会　血管通路委员会（BAVAC）始创于 1985 年，目标是建立成员之间的相互协作、制定教育标准、让专业医护人员对各种血管通路装置（VADs）进行护理，让患者受益。1990 年，队伍在继续壮大，并向周边的城镇扩充。经过多次审议、思考和讨论，血管通路委员会逐步发展成为全国性的组织并更名为“国际血管通路协会网站”。2003 年更名为“血管通路协会”，以更好地促进血管通路的实践及发展。

3. 世界血管通路大会　世界血管通路大会（WoCoVA）于 2009 年在荷兰注册的非营利性组织，是一个共同探讨血管通路现状与发展的国际平台，主要研究方向为全球血管通路技术前沿、临床循证与实践。每两年召开一次会议，为来自世界各地血管通路的专业人士提供一个交流、学习的平台，主要目的是分享血管通路知识和提高执业人员的水平，会议将覆盖血管通路的各个方面。

（二）中国静脉输液学会发展

我国的静脉输液专业化发展起步相对较晚。中华护理学会（原名中国护士会）于 1908 年 8 月在江西牯岭成立，1952 年定址北京。

1999 年，中华护理学会静脉输液治疗专业委员会在北京成立，这是我国静脉输液治疗发展史上的一个里程碑；2011 年，国家卫生和计划生育委员会（原卫生部）组织全国部分知名护理专家起草了我国第一部静脉输液治疗国家行业标准，以提高我国静脉输液治疗的管理，保证静脉输液治疗的安全，促进静脉输液治疗专业队伍建设和专业化发展。

（郭彩霞　赵新明）

第二节　静脉输液治疗专科护士发展

在医学科学技术迅速发展的今天，护理学科的内涵和外延不断扩展，护理的专科化发展已成为临床实践发展的策略和方向，从 20 世纪下半叶呈现出快速发展的趋势，这种专科化的一个鲜明标志就是在美国、英国、德国、加拿大、澳大利亚、日本等许多国家兴起高级护理实践活动，使得护理学科边界向广度纵深移动和扩展，护理学科的知识技术向更加先进、复杂、高级化发展，获得更高的教育，更专门的护理实践范畴，更独立地行使职能的高级护士优秀群体。2016 年国家卫生计生委印发的《全国护理事业发展规划（2016—2020 年）》中明确提出到 2020 年，我国护理事业发展的目标之一是护士队伍的数量、素质、能力基本能够适应卫生计生事业发展和人民群众健康需求。新入职护士和护理管理人员培训制度基本建立，有计划的培养一批专科护士，满足临床护理需求。进一步指出“十三五”的主要任务之一是发展专科护士队伍，提高专科护理水平。优先选择一批临床相对成熟的专科护士队伍。建立专科护士管理制度，明确专科护士准入条件、培训要求、工作职责及服务范畴等。加大专科护士培训力度，不断提高专科护理水平。静脉输液治疗专业知识和技能要求较高，有特定的操作范围，属于临床急需、相对成熟的专科护理领域，迫切需要优先发展。

一、专科护士

随着专科医疗水平的提高，势必要求专科护理水平与之相适应。早在 1910 年，北美护理专家就提出要培养在某专科、专病上具有较高水平的护理人才，20 世纪 30~40 年代美国开始培养这类的专科人才，60 年代将其正式称之为临床护理专家（clinical nurse specialist，CNS）。80 年代后，美国、英国、日本、新加坡等国家相继培养了大批的 CNS。我国大力发展专科护士的意义在于护理专业化，提升医疗服务质量，完善护士职业规划，与国际接轨的需要，节省医疗卫生资源，配合医疗专业化发展，提升护士地位。

国外护理专家对临床护理专家的定义是：在某一特定的护理专科领域具有相当丰富的临床工作经验，对特定的护理专科领域知识具有较高的造诣及发展，并掌握高水平的专科护理操作技能，完成护理专科领域知识学习而被认定合格，取得专业资格证书的护士。我国护理专家尤黎明对专科护士（specialty nurse，SN）定义为在某一特殊或者专门的护理专科领域具有先进的专科知识及高水平技能的专家型护士，为患者提供专业的护理服务及同行的咨询者、指导者。目前得到大众认可的概念由王晓杰等提出：专科护士（CNS）是高级临床护理工作的一种，是在护理专业化进程中形成和发展起来的，需要从业者具有丰富经验和专科理论。

二、静脉输液治疗专科护士

静脉输液治疗专科护士（infusion nurse specialist）简称静疗专科护士，指临床护士通过静脉输液专科护士培训（系统的理论、操作培训及临床实践）考核合格后，获得合格证书，在静脉输液治疗护理领域具有较高水平和专长的专家型临床护士，能够利用自己的静脉输液理论知识及操作技能为患者和社区人群，甚至为同行提供专家级别的护理服务。静疗专科护士在输液临床护理领域具有广博、丰富的工作经验，先进的专业知识和精湛的临床技能，能为患者提供高质量的护理。预防或减少护理不良事件的发生以及降低对患者造成的危害。他们不再是简单的技术操作者，而是以专业、多元、整体的理论综合考虑医疗、护理、管理、市场、教育和提高患者生活质量等各方面的专门人才。

（一）国外静脉输液专科护理的发展

1. 静疗专科护士的兴起　早期的静脉输液治疗只是危重疾病的一种额外治疗手段，由医生实施静脉输液操作，护士只能辅助医生进行相关物品准备工作。20 世纪 40 年代以后，静脉输液技术迅速发展，护理责任范围得以扩展。1940 年，美国麻省总医院率先设立静脉输液专科护士，由 Ada Plumer 承担输液、输血、清洗输液装置、保持输液通畅等简单的静脉输液职责，随后建立了第一支静脉输液治疗护理小组。1972 年，麻省总医院的 Ada Plumer 和 Johns Hopkins 医院的 Marguerite Knight 发出倡议书，成立静脉输液护士协会（AAIVN），静脉输液作为专业得到认可。1980 年 10 月 1 日，美国参议会认可静脉输液治疗专业，宣布建立静脉输液治疗护士日。为了纪念全国静脉输液治疗协会，每年 1 月 25 日为全国庆祝静脉输液治疗护士日。1987 年，更名为美国静脉输液护理学会（Infusion Nurses Society，INS），INS 是目前全球静脉输液治疗护理领域的权威机构。其宗旨是为了通过建立标准、继续教育、提高公众意识和不断研究来完善静脉输液护理，将制定标准、加强教学、促进科研、监控质量，实现在世界范围内所有需要接受静脉输液治疗的患者，他们在静脉输液治疗与花费上得到最有效的保证为最终目标。INS 定期发布静脉输液治疗实践标准，作为美国静脉输液护理教育临床操作的标准指南，是权威性的指导书籍，具有法律效应的纲领性指南，至今已发布第 7 版的 2016 输液治疗实践标准。

2. 静疗专科护士应具备的核心能力

（1）语言及书面的沟通能力。

（2）为患者提供健康教育的能力。

（3）持续参与继续教育的能力。

（4）保持技术更新的能力。

（5）识别并处理操作失误、产品问题、疑难护理问题解决能力。

（6）临床判断和推理能力。

（7）遵循职业标准的能力。

（8）向医生、护士同行提供咨询的能力。

（9）协作和终身学习的能力。

（10）科研能力。

（11）成本控制能力。

3. 静疗专科护士的角色

（1）临床高级别的操作者：掌握先进的静脉输液技术和熟练的静脉输液操作技巧，熟练掌握给药方式、输液工具选择和操作，参与并指导临床护理实践，能够及时发现并解决护理中的问题，为患者提供高质量的护理服务。

（2）教育者：对其他护理人员进行输液相关新技术培训，帮助他们识别早期并发症，评价现有输液工具的利弊等。

（3）专科顾问、咨询及宣教者：对患者、家属、护士及其他医护人员提供有关输液相关内容的教学及训练。促进交叉专业学科间的相互交流，并为咨询者提供专家意见和建议，承担咨询者角色与职能作用。

（4）科研及循证推广者：组织参与静脉输液治疗的循证研究，参与科研互动、推广静脉输液新产品及科研成果，在实践中研究、解决临床护理问题，成为临床护理研究的骨干力量；提高静脉输液治疗的护理水平。

（5）管理和自我管理者：严格遵守静脉输液护理实践标准，不断收集临床资料，对不恰当的静脉输液治疗及时评估加以纠正，进行质量评价、监督，完善自我。

（6）医疗团队间的协调者：担任医疗团队间大型项目的协调及统筹工作，增进医疗团队间的沟通，使医疗服务得以顺利施行。

（7）临床及专业上的领导及革新者：推动静脉输液护理新技术、新业务发展。

（8）道德上的决策者：作为患者的代言人，为患者争取最合理的治疗、护理及权益。

4. 静疗专科护士的工作职责　美国静脉输液护士学会认为：静脉治疗专科护士应参与整个静脉输液治疗的实施过程，保证提供安全、优质的输液治疗护理，同时控制成本。主要工作职责如下：

（1）完成静脉穿刺及输液相关的所有操作、护理。检查穿刺点，常规更换敷料、导管、穿刺部位等。静脉给药、血液成分输注、动脉导管、血气技术操作、胃肠外营养等。

（2）在《输液治疗实践标准》的基础上制定、实施和严格遵守输液的制度和程序。

（3）通过主动参与静脉输液专业教育、科研和发展新技术来推进静脉输液治疗的专业发展。

（4）对医疗专业人员、患者、护理人员、患者家属、社区以及相关行业人员提供咨询。

（5）对临床使用的静脉输液治疗产品进行评估。

（6）参与静脉输液有关的新技术准入。

（7）参与预算管理程序，保证以最经济有效的支出达到最满意的护理质量。

（8）参与静脉输液专委会的培训，静脉输液治疗质量考核、评价和成本效益的核算工作。

静脉治疗专科护士应在注册护士规定的实践范围内对所有实践负有责任，并承诺提供安全、优质的静脉输液治疗。实践基于以下内容：解剖学和生理学知识；对血管系统及与其相关的身体其他系统的特殊知识和理解，以及静脉输液治疗的模式；实施静脉输液治疗所必需的技能；与静脉输液相关的操作知识；社会心理方面的知识；延续护理相关知识；与医疗保健队伍中各成员之间相互影响和合作并参加临床决策的过程。

5. 静疗专科护士资格认证　美国于1983年成立了静疗专科护士资格认证

组织（Infusion Nurses Certification Corporation，INCC），是 INS 的分支组织。专业护理资格认证是一个自愿的过程，它对专业知识、工作经验、实践能力以及职业承诺水平的要求远远高于职业注册的基本要求。美国专业静疗注册护士（RN）要求取得州注册护士执照，在过去连续 2 年中实施静脉输液治疗和护理 1600 小时，并通过涵盖输液技术与临床应用、体液与电解质平衡机制、药理学、感染控制、输血疗法、抗肿瘤药物疗法、静脉高营养、儿科学 9 个临床项目的理论考核，这样方可获得 INCC 颁发的专业静疗专科护士资格证书，资格在全国认可。静疗护理专家是通过学习、实践和资格认证，获得专业知识和具有实施输液治疗所必需技能的注册护士。接受过静脉输液培训的注册实习（licensed licensed licensed practical nurse，LPN）/ 注册兼职护士（licensed vocational nurse，LVN）在州《护理实践法案》允许的范围内，是协助专业静疗注册护士完成静脉输液治疗护理的最低水平要求的从业者。

（二）我国静疗专科护士的发展

1. 静疗专科护士的培训

（1）发展背景：2007 年 5 月卫生部办公厅关于《专科护理领域护士培训大纲》的通知（卫办医发［2007］90 号），为贯彻落实《中国护理事业发展规划纲要（2005—2010 年）》，加强医院临床专业化护理骨干的培养，卫生部组织中华护理学会及有关专家，针对临床护理技术性较强的重症监护室、手术室、急诊室、器官移植、肿瘤护理 5 个专科护理领域，研究制定了《专科护理领域护士培训大纲》，以指导各地规范开展专科护理领域的培训工作，各省市结合本地实际，有计划、分步骤地在专科或专病领域开展专科护士培训工作，培养一批具有较高业务水平和专长，能较好地解决实际专科护理问题并指导其他护士开展相关工作，有良好的职业道德，热爱护理事业，全心全意为患者服务的临床护理骨干。我国静疗专科护士的培养和发展就在此大背景下应运而生，目前尚处于起步阶段，但近年来发展迅猛，虽然目前静疗专科护士的培训内容和方式多种多样，培训机构、培训时间和培训课程不尽相同。以中华护理学会经外周静脉置入中心静脉导管（PICC）专业技术培训班和各省市卫计委（原为卫生厅 / 卫生局）委托护理学会举办静疗专科护士资格培训班的培训项目为主，部分省市已建立了静疗专科护士培训基地。

（2）培训对象：必须具有护士执照、护理专业大专及以上学历，5 年以上临床护理实践经验，3 年以上本专业领域的工作经验。

（3）培训时间和内容：静疗专科护士培训采取集中理论学习与临床护理实践相结合的方式，总体时间原则上为 2~3 个月。理论学习由培训基地所在医疗机构联合医学（护理）院校共同完成，理论授课 1 个月，期间可以安排一部分时间临床见习。临床实践由培训基地组织实施，由所在医院具有丰富经验的医疗、护理专业人员进行带教和指导，临床实践学习 1~2 个月。为了保证静疗专科护士学习效果，每个培训基地限制招生人数，通常每期每班招收 20~50 名学员。培训内容主要参考美国《INS 输液治疗实践标准》及中华人民共和国行业标准《静脉输液治疗护理技术操作规范》。培训课程主要包括 11 个方面：静脉输液治疗概述、血管解剖与生理、药物的性质与输液治疗的关系、静脉输液治疗患者的心理特点、感染控制、静脉输液治疗相关技术、静脉输液治疗并发症预防及处理、静脉输液治疗质量管理与风险管理、静脉输血治疗及管理、护理科研及论文撰写内容。

（4）培训考核：学员完成规定课程和临床实践培训后，由培训基地组织对其进行考核。考核方式由省、市护理学会组织理论机考、静脉输液技术操作技能考试，部分省、市还会组织论文答辩、案例分析等。考核的主要内容为静脉输液治疗专业理论、操作、专科护理实践以及职业素养、护理科研与教学能力等。经培训基地考核合格的学员，完成结业报告。经省、市专科护士培训管理委员会审核后，获得《省、市级静脉输液专科护士培训合格证书》。

2. 静疗专科护士培训基地管理　省、市卫计委成立专科护士培训管理委员会，负责专科护士培训有关工作的研究、指导、协调和质量监督等工作，设立省、市专科护士培训基地委员会，负责专科护士培训大纲和具体要求的制定，培训标准的制定，培训基地的审核、检查，培训学员的业务考核等。医院静疗专科护士培训基地隶属护理部直接领导，工作实行培训基地主任负责制，由基地主任全面负责培训管理工作。建立基地教学管理小组及专家小组，负责严格按照培训大纲的要求制订教学计划，并严格按计划实施培训工作。同时，建立完善的培训技术档案，及时、如实、详细地记录培训、评估、考核等有关内容。

3. 静疗专科护士的使用

（1）取得《省、市级专科护士培训合格证书》的专科护士每年从事本专业领域实践时间应达到个人临床护理工作总时间的 2/3 以上。

（2）专科护士应主动、及时地掌握本专科领域护理新理论、新知识、新技术和新方法，每年至少参加 1 次本专科省、市级及以上护理继续教育项目的学习。专科护士应加强对其他护理人员的专业指导，并对专科护理有关工作提出完善和改进建议。

（3）目前很多医院成立静脉输液治疗小组或静脉输液治疗专业委员会，规范静脉输液技术标准、推广新技术、介绍新经验、开展科学研究，达到加强质量控制、减少并发症、降低费用等目的。也有医院设立静脉输液护士岗位，开设 PICC 门诊及会诊中心。这些活动对医院规范静脉输液治疗专业行为、促进静脉输液治疗的专业化及程序化发展将产生深远影响。

4. 静疗专科护士的未来发展　我国静脉输液治疗在不断发展，2009 年，我国静脉输液专业委员会借鉴INS标准，结合我国国情，组织编写了《输液治疗护理实践指南与实施细则》，这是我国首部对静脉输液治疗进行统一和规范的书籍。由中华人民共和国国家卫生和计划生育委员会于2013年11月14日颁布，2014年5月1日实施WS/T 433-2013《静脉输液护理技术操作规范》，是我国第一部静脉输液治疗的国家行业标准。主要从以下8个方面进行规范：

（1）范围。

（2）规范性引用文件。

（3）术语和定义。

（4）缩略语。

（5）基本要求

1）静脉药物的配制和使用应在洁净的环境中完成。

2）从事静脉输液治疗的护士应持有护士执业证书，并应定期进行专业知识及技能培训。

3）PICC置管操作应由经过PICC专业知识与技能培训、考核合格且有5年及以上临床工作经验的护士完成。

4）应对患者和照顾者进行静脉输液治疗、导管使用及维护等相关知识的教育。

（6）操作程序。

（7）静脉输液治疗相关并发症处理原则。

（8）职业防护。

这些标准为提高我国静脉输液治疗的质量，保证静脉输液治疗的安全，促进静脉输液治疗专业队伍建设和专业化发展提供了科学的依据。我们尚需在以下方面进行努力：

（1）完善学会的组织结构，明确学会的职责与权利。

（2）完善专业资格认证标准，提供专业教育。

（3）明确静疗专科护士管理办法，逐步推行临床护理专家。

（4）明确静疗专科护士的工作职责、工作范畴。

（5）建立静疗专科护士的考核和绩效管理体系，明确权利。

（6）建立高质量的临床教学基地及护理师资，编写静脉输液治疗的专科教材和实践标准。

（7）开展学术交流与研究，促进新理论、新技术在临床的应用。

（郑芝芬）

第三节 静脉输液器材的发展

静脉输液治疗始于17世纪，历经近500年的波折，在20世纪逐渐形成一套完整的体系，在静脉输液治疗理论、技术、工具、设备等方面取得长足进步，使静脉输液治疗的安全性、科学性和有效性得到极大提升；其中静脉输液器材的发展在静脉输液治疗中起到非常重要的作用。

一、导管类型

（一）外周静脉导管

1. 一次性静脉输液钢针（disposable intravenous fluids steel needle）是医护人员对患者进行外周静脉采血和短期静脉穿刺治疗的常用工具。根据其功能分为静脉采血针和静脉输液针两类。

（1）发展：一次性静脉输液钢针发明于1957年，属于国家第三类管理器械，其使用风险高，是目前最基础的外周静脉输液工具。一次性静脉输液钢针具有操作简单、易穿刺、经济、使用方便等优点，其缺点为保留时间短、易损伤血管发生渗漏、增加患者痛苦和护士的工作量。其结构包括（图1-1）：穿刺钢针、保护帽、单翼或双翼穿刺手持柄、与钢针连接的延长管。

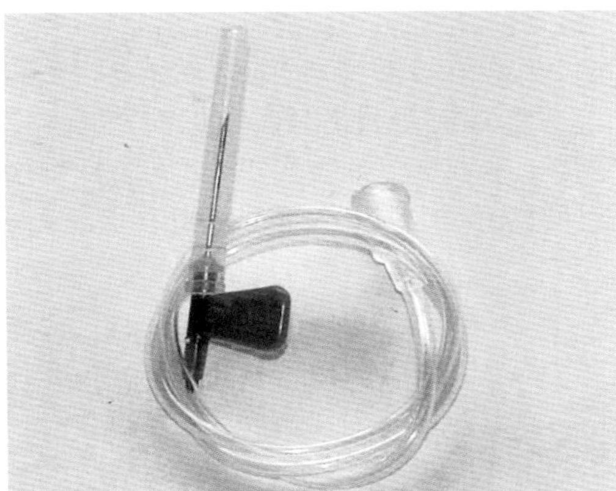

图1-1 一次性静脉输液钢针

（2）规格：一次性静脉输液钢针的规格指其外径的大小，通常以针翼颜色进行区分（表1-1）。

表 1-1　一次性静脉输液钢针的规格

规格（mm）	0.45	0.5	0.55	0.6	0.7		0.8	0.9	1.2
					单翼	双翼			
长度（mm）	13.5	17.5	17.5	22.5	22.5	19	26	26	26
颜色	褐色	橙色	中紫	深蓝	黑色	深绿	黄色	粉色	粉红
管壁类型	正常壁	正常壁	正常壁	薄壁	薄壁	薄壁	薄壁	薄壁	正常壁

（3）适用范围：浅静脉采血、短时（<4 小时）单次输注无刺激性溶液或药物；一次性静脉输液钢针留置时间一般在 2~4 小时，多作为临时静脉给药。在多数国家，一次性静脉输液钢针只用于静脉采血或较差血管的临时使用。

2. 外周静脉留置针

（1）发展：外周静脉留置针（peripheral venous catheter，PVC）又称套管针，属于外周静脉短导管，是目前国内外重要的外周浅静脉输液治疗工具，作为一次性静脉输液钢针的替代产品。于 20 世纪 60 年代初开始出现由生物原材料制成的套管针（留置针），1964 年美国 BD 公司发明了第一支留置针并应用于临床，20 世纪 80 年代，我国开始使用留置针，主要用于静脉输液、输血、静脉和动脉采血等。优点：操作简便，套管材质柔软，不易对血管造成伤害，减少静脉穿刺次数，保护患者血管和减轻痛苦；同时还能减轻护士的工作量，提高护士工作效率，保证患者用药安全。留置针分为：

1）开放式留置针：开放式普通型留置针（图 1-2）和开放式安全型留置针（防针刺伤）（图 1-3），主要由导管、针芯、针座、保护套、蝶翼、护帽等组成。开放式普通型留置针主要用于手术室。开放式安全型（防针刺伤）留置针是在普通型留置针的基础上设计针尖保护装置，避免针尖扎伤医护人员。

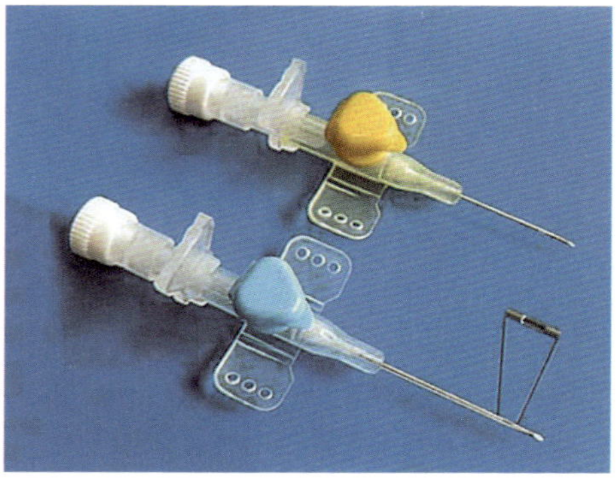

图 1-2　开放式普通型留置针

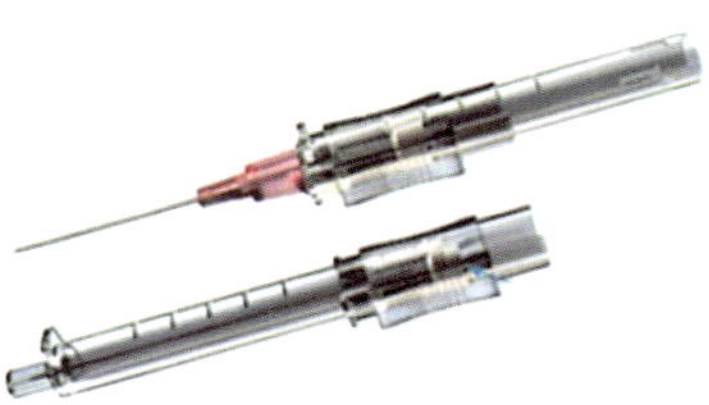

图 1-3　开放式安全型留置针

2）密闭式留置针：分为密闭式普通型留置针（图 1-4）和密闭式安全型（防针刺伤）留置针（图 1-5），主要由套管、延长管、肝素帽一体化设计的整体密闭式系统，能有效阻止血液外溢造成的污染。因其材质不同，还有耐压型留置针，其外套管长而柔软，管径粗，弹性好，可随血管弯曲，且无害及低刺激性，耐高压作用，可以抵抗高压注射造影剂带来的压力，防止外套软管管壁的裂开及断裂，降低造影剂快速注射对血管前部内膜的压力，减少对血管的刺激，降低造影剂的渗漏及局部肿胀。

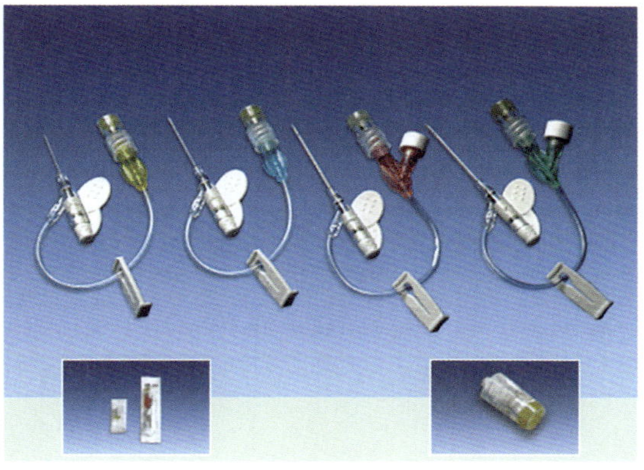

图 1-4　密闭式普通型留置针

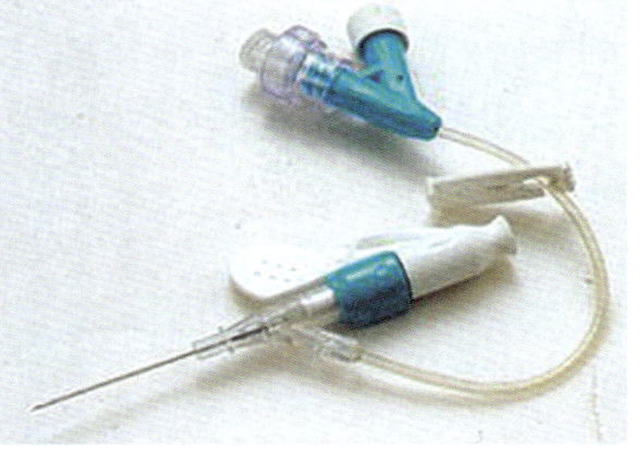

图 1-5　密闭式安全型留置针

（2）规格：留置针规格，以尾端颜色来表示，导管长度一般小于或等于 7.5cm。因各生产厂商不同，留置针长度及流速不尽相同，针头上号码 G 与针的外径相关，常用规格见表 1-2。

表 1-2　留置针规格

型号	配针型号	外径（mm）
14G	橙色	2.2
16G	灰色	1.7
17G	白色	1.5
18G	绿色	1.3
20G	粉红色	1.1
22G	蓝色	0.9
24G	黄色	0.7

（3）适用范围：留置针留置时间为72~96小时。主要适用于：手术患者；输液时间相对较长（>4小时）的患者；老人、小儿、躁动不安的患者；输全血或血液制品的患者；做糖耐量检测及影像学检查；造影剂（使用耐高压留置针）给药的患者等。

3. 外周中等长度导管

（1）发展：外周中等长度导管（midline catheter，MC）指其长度为7.5~25cm的导管，也称中长导管，是继留置针后发展的。穿刺部位常选择肘部，穿刺静脉主要为贵要静脉、头静脉、臂丛静脉，导管尖端位于腋窝水平或肩下部（图1-6）。中长导管与留置针相比，有明显的优势：

1）穿刺在直视下完成，成功率高、对血管损伤小、不易感染。

2）导管尖端的位置血流量较大、可充分稀释药物，减少或避免对血管的刺激，留置时间49天或遵照产品说明书执行，减轻患者反复穿刺的痛苦和减少并发症的发生，在国外被视为外周静脉导管与中心静脉导管之间的桥梁装置（bridge device）。

（2）规格：中长导管分单腔和双腔两种（图1-7）。其大小规格以针座颜色表示，各厂家生产的规格及颜色不同。以美国巴德公司生产的中长导管规格为例（表1-3）。

（3）适用范围：中长导管适用于间歇性或连续性静脉输液治疗超过5天、外周静脉条件差的患者、输注药液的渗透压接近等渗、pH在5~9的药液。可用于患者的抢救、使用脱水药物、静脉营养及长期输液等。

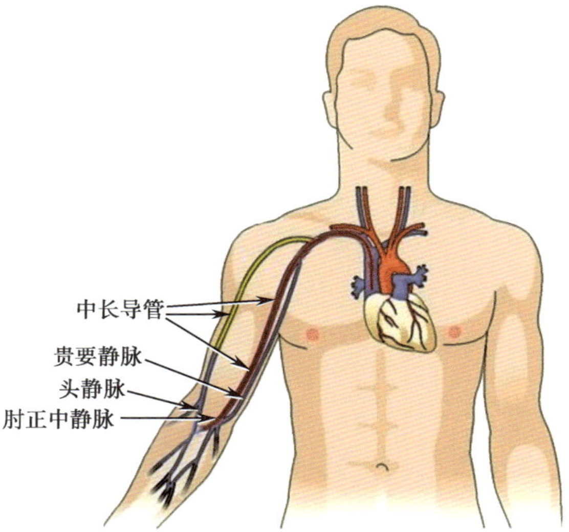

图1-6 中等长度导管穿刺途径

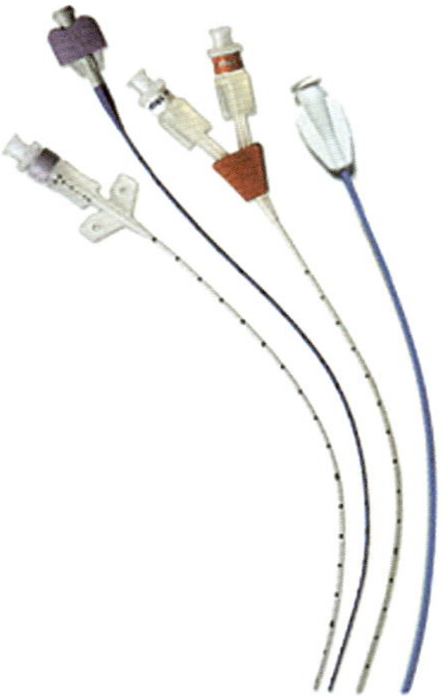

图1-7 中长导管（单腔、双腔）

表 1-3　中等长度导管的规格

型号	针头长度（mm）	导管长度（cm）	型号
15G	35	20	5Fr
16G	30	25	4Fr
17G	35	20	4Fr
18G	30	25	3Fr
21G	35	20	2Fr
25G	35	20	5Fr
27G	35	20	4Fr

（二）中心静脉导管

1. 中心静脉导管

（1）发展：中心静脉导管（central venous catheter，CVC）指经皮肤直接从颈内静脉、锁骨下静脉或股静脉等进行穿刺，沿血管走向直至上腔静脉或下腔静脉的导管（图 1-8）。CVC 是监测中心静脉压及建立有效给药途径的治疗方法，在手术及紧急静脉输液治疗时，能保证输液的速度与输液量。但留置时间相对较短，美国 INS 建议 CVC 导管的保留时间为 48 小时至 4 周，CVC 型号可分为 1 腔、2 腔、3 腔和 4 腔。

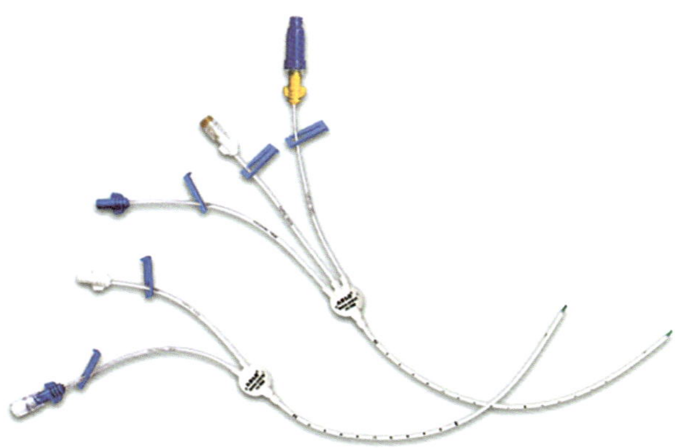

图 1-8　中心静脉导管

（2）规格：包括：1 腔：14G、16G、18G、20G、24G；2 腔：4Fr、5Fr、7Fr、8Fr；3 腔：5.5Fr、7Fr、8.5Fr；4 腔：8.5Fr。不同型号对应导管的长度各有不同。导管的外形有直型管、弯型管和弯外延型管等。

（3）适用范围：CVC 可适用于任何性质的药物输注、血流动力学监测，不应用于高压注射泵注射造影剂（耐高压导管除外）。

2. 经外周静脉置入中心静脉导管

（1）发展：经外周静脉置入中心静脉导管（peripHerally inserted central catheter，PICC），指经外周肘部的正中静脉、贵要静脉、头静脉等穿刺置入中心静脉导管（图 1-9）。PICC 的应用是外周静脉输液治疗的又一里程碑。1975 年，PICC 问世，该导管使用硅胶材质，利用 14G 穿刺针在肘部静脉留置导管。1978 年，肿瘤医生 Dr.Leroy Groshong 发明了三向瓣膜式装置，减少了导管堵塞，使导管功效得到极大改进，患者舒适度得到极大提升。20 世纪 80 年代末，PICC 被欧美国家广泛用于各种疾病的患者，成为静脉安全输液的伟大变革。

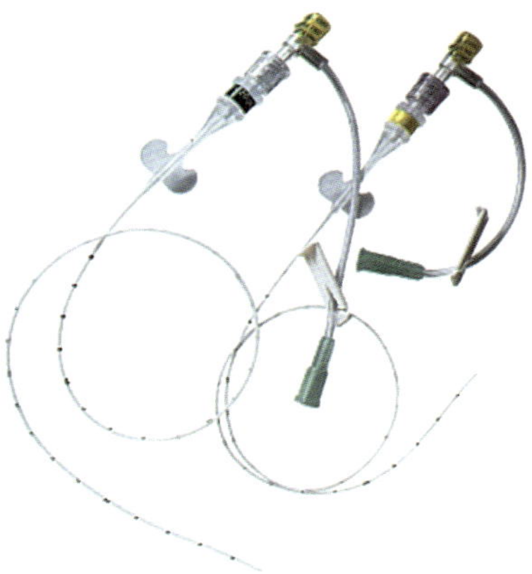

图 1-9　PICC 导管

（2）规格：PICC 导管规格（表 1-4）。

表 1-4　PICC 导管规格

型号	导管	穿刺针	导入鞘	导入鞘颜色	导管容积
1.9Fr	22G	21G	19G	紫色	0.27ml
3.0Fr	20G	19G	17G	粉色	0.32ml
4.0Fr	19G	17G	15G	绿色	0.39ml
5.0Fr	18G	15G	14G	灰色	0.44ml
5.0Fr 双腔				灰色	0.3ml 每个腔

（3）适用范围：适用于中长期静脉输液治疗，可用于任何性质的药物输注，不应用于高压注射泵注射造影剂和血流动力学监测（耐高压导管除外）。

3. 隧道式中心静脉导管

（1）发展：隧道式中心静脉导管（TCVC）（图 1-10），指导管尖端在上腔或下腔静脉，导管的后半部分在胸壁或腹壁下走行，在距血管穿刺点一定距离处穿出皮肤。导管从置入中心静脉的入口到穿出体表出口，中间有一段潜行于皮下，可降低导管的感染。导管总长度约 55~90cm。隧道式中心静脉导管与非隧道式中心静脉导管相比，其优点：导管可长期应用、导管维护及固定简便，减少导管相关感染的发生率。

（2）规格/种类：根据 TCVC 是否在皮下将其分为：皮下隧道式导管和非皮下隧道式导管；根据 TCVC 导管开口道设计分为开口式尾端和瓣膜式尾端两类，后者可避免回血，减少堵管的发生。

（3）适用范围：隧道式导管适用于中心静脉压监测、任何性质的药物输注、静脉输血、静脉营养治疗、静脉采血。

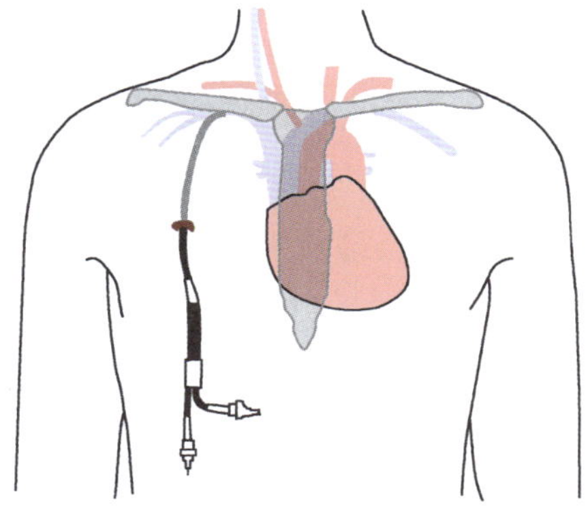

图 1-10　隧道式中心静脉导管

4. 植入式输液港

（1）发展：20 世纪 80 年代研发出全植入的静脉输液系统。输液港（implantable venous access，port）又称植入式中央静脉导管系统，简称输液港。是一种全植入式的、埋藏于人体内的闭合输液系统（图 1-11）。导管种类分：单腔、双腔、多腔的中心静脉导管。植入式输液港的植入和拔除属于外科手术，需由有执照的独立执业医师（LIP）或经认证的高级实践护士（APRN）来执行。

图 1-11　置入输液港位置图

（2）规格：不同品牌的导管规格不尽相同，下面以一种品牌的产品为例，其规格有：

1）末端开口式导管，尺寸有 6.6Fr（单腔）、10Fr（双腔），导管材质为硅胶，港座材质有树脂、钛金属。

2）单腔三向瓣膜式，导管尺寸有 8Fr、7Fr。

3）植入式输液港两侧各有一个用于内固定的缝合孔，根据输液港型号的不同出液口可连接相匹配的导管，如 6Fr、8Fr 等型号的导管。

（3）适用范围：需长期或重复静脉输液治疗的患者，包括输注胃肠外营养液、化疗药物；进行输血或血标本采集。

二、输液附加装置

（一）过滤器

1. 发展 输液不良反应的原因较多，常见于微粒污染、微生物污染、药物配伍禁忌等，合理使用过滤器（图 1–12），可以防止液体中肉眼可见或不可见的难溶性颗粒进入人体，减少微粒对人体的危害，保证输液安全。

2. 规格 目前临床常见过滤器的滤过孔径有 15μm、10μm、5μm、1.2μm 和 0.2μm。

3. 适用范围 静脉输液、静脉输血过滤。

（二）三通接头

1. 发展 三通接头由三通管、单向活瓣和弹性堵头组成。操作方便、外观透明，可 360° 旋转，箭头指示液体流向，转换时不中断液流、不产生旋涡。

2. 规格 普通三通、延长管三通，其长度有 10cm、25cm、50cm 及耐药三通。

3. 适用范围 在明确没有药物配伍禁忌的情况下，可同时连接或输注两种药物。

（三）肝素帽

1. 发展 肝素帽（图 1–13）由乳胶塞、收缩膜、接头和端帽（选配）组成，与各种输液导管接头配套使用，可反复穿刺。

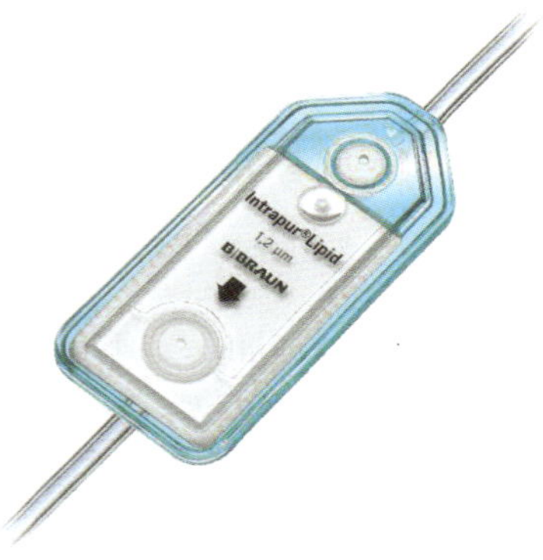

图 1–12 过滤器

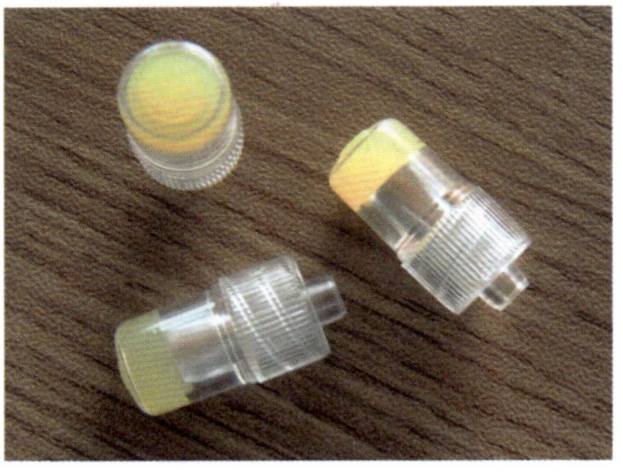

图 1–13 肝素帽

2. 规格 14G、16G、18G、20G、22G、24G、26G；长度分为 15mm、20mm、25mm、32mm、45mm、50mm、150mm。

3. 适用范围 用于连接各种静脉输液导管。

（四）无针输液接头

1. 发展　无针输液接头（图 1–14）的发明始于 20 世纪 90 年代，2000 年美国政府签署《针刺安全预防法》后在全美得到飞速普及。2004 年进入中国市场，经过 10 多年的发展，无针输液接头的种类也不断更新换代。目前欧美医院中的主流接头均为透明外观设计，其重要的一点就是帮助护士在冲封管路时可判断是否有血液残留。

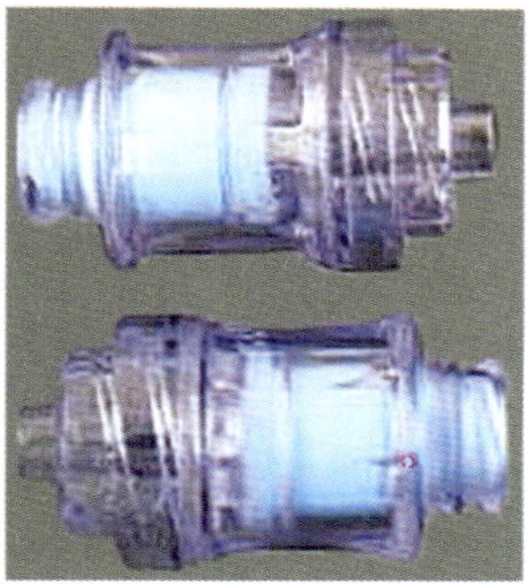

图 1–14　无针密闭正压接头

2. 规格　正压接头、平衡压接头。

3. 适用范围　吸抽、输注，使用时与无针输液装置连接。

（五）血液和液体加温器

1. 发展　血液和液体加温器，是一种用于血液或液体的电热装置，设有导热体、电热芯及保温壳。导热体置于电热芯内，是可以开合的两个半圆柱体，保温壳置于电热芯外。目前，它解决了静脉输液治疗时血液或液体温度低，无法加热的问题。其特点为体积小、结构简单、加热效果好。血液和液体加热器有效解决了因输入低温血液或液体而导致的寒战、四肢厥冷、血管痉挛及疼痛等问题。

2. 规格　输液恒温加热器；新型输液热敷器。

3. 适用范围　可用于日常输血、输液，可在血液透析和血液过滤中使用。

（六）流速调节装置

1. 发展　流速调节装置指通过对输液管道或液体数量的控制，达到治疗目的的机械或电子装置。20 世纪 80 年代前，主要使用输液夹螺旋式或滚动式夹放在输液管上，控制输液速度。其原理是挤压输液管道达到控制流速的目的。20 世纪 80 年代后，伴随医疗、药学及科学的不断发展，临床逐渐开始使用微量注射泵、输液泵（图 1–15），实现在正压下输液，更精确地满足患者病情及治疗需要。目前，生产微量注射泵和输液泵的厂家较多，品种齐全，已广泛应用于临床。

2. 规格　输液调节夹、微量注射泵、输液泵；根据其结构和功能将其分为：固定点泵和非固定点泵；体外泵和可植入泵；机械泵、电子泵和重力泵；容积泵和蠕动泵等。

3. 适用范围　新生儿、输血、血管活性药物、化疗药、止痛药等。

（七）静脉血管显影装置

1. 发展　1997 年，美国华盛顿医学中心的静脉治疗专科护士 Claudette Boudreaux 尝试应用超声引导静脉穿刺，超声探头帮助护士清楚地观察血管状态，从而提高穿刺的成功率，减少组织损伤。

2. 规格　可见光透射仪、近红外光谱技术、血管超声等。

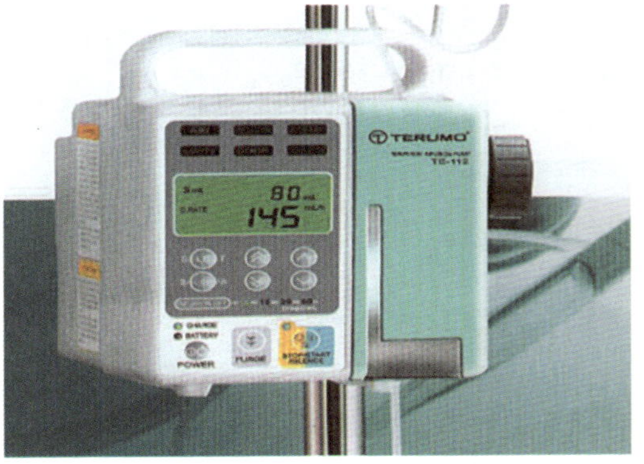

图 1-15　输液泵

3. 适用范围　用于静脉穿刺置管及静脉血管显露差的患者。

（八）压脉带

1. 发展　压脉带又称止血带，是 1886 年埃斯马赫发明的，它是一种橡皮管。静脉输液、静脉输血或采集血液标本时，正确的使用止血带可以增加静脉充盈度，并且仅影响静脉血回流而对动脉血流无影响。

2. 规格　目前各种新产品层出不穷，简单如橡皮管止血带，高级如卡扣式带、自动气压带、电动压脉带等，推荐使用不含乳胶的、扁宽的一次性压脉带。

3. 适用范围　医疗机构在常规治疗及救治中静脉输液、静脉抽血、静脉输血等。

（九）微量注射泵

1. 发展　于 20 世纪 80 年代，微量注射泵（图 1-16）被研发出来，微量注射泵（简称微量泵）是一种新型泵力仪器，将少量流体精确、微量、均匀、持续地输出。由控制器，执行机构和注射器组成。电子智能化输液，输液速度准确性得到提高，当输液系统存在问题时，仪器会自动报警提示，输液过程更加安全。

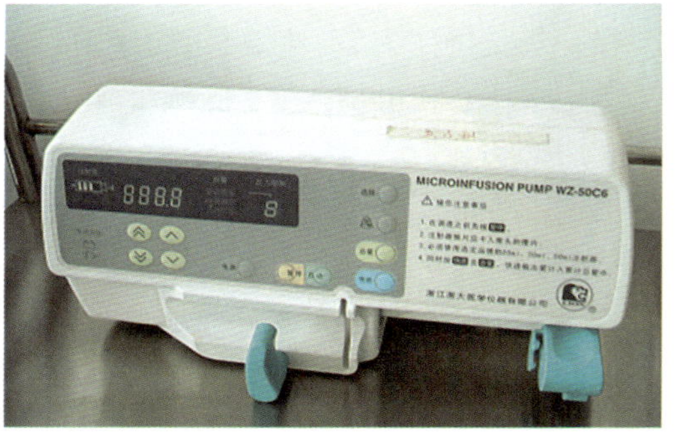

图 1-16　微量注射泵

2. 规格　单通道微量泵、双通道微量泵、多通道微量泵。

3. 适用范围　主要配合注射器使用，用于液体的推注。

（十）敷料

1. 发展　敷料是伴随着静脉输液治疗的发展不断进步。在20世纪70~80年代前，普遍使用的是普通白色卷胶布和纱布，20世纪80年代末到90年代初，出现了较细的卷胶布，尤其近5~10年的快速发展，已发展到种类繁多的透气、抗过敏、抗炎透明敷贴。

2. 规格 / 种类　常用透明敷贴规格：6cm × 7cm、10cm × 12cm、10cm × 10cm敷贴。常用输液固定敷料有：纱布类、透明或半透明敷贴。

3. 适用范围　适用于输液导管固定。

三、液体容器

（一）全开放式输液

1. 发展　20世纪30年代以前，全开放式输液方式广泛应用于临床。输液系统由反复使用的玻璃输液吊瓶配以橡胶管、墨菲滴管、针头接管和反复使用的针头组成，输液时需要将液体倾倒入玻璃瓶输液器内。其优缺点：

（1）优点：透明度高、热稳定性优良、耐压、瓶体不变形。

（2）缺点：输液过程中的灰尘、微生物（如细菌、尘螨、真菌等）可由此进入玻璃瓶输液器中，可引发输液污染；玻璃瓶材质：在制备、包装、灭菌、运输过程中，可出现脱片现象，至固体颗粒进入输液或出现裂缝破损引起真菌感染；玻璃瓶装液体的运输及储存：所占空间大且易破碎、不耐低温，生产中因清洗困难而易造成污染，运输、储存不便。

2. 规格　玻璃瓶输液器：由橡胶管、墨菲滴管、针头接管和反复使用的针头组成。

3. 适用范围　用于所有药物的静脉输注。

（二）半开放式输液

1. 发展　随着输液技术的发展，半开放式输液系统由玻璃或硬塑料容器与带有滤膜的一次性输液管路所组成，同时在瓶口胶塞处另外插入排气针，建立空气通路，使瓶内产生压力将药物和液体输注人体内。此种输液方式改进了输液管路，避免液体全部暴露于空气中，减少了污染机会，从此取代了玻璃瓶输液器。

2. 规格　由玻璃或硬塑料容器与带有滤膜的一次性输液管路所组成，在瓶口胶塞处另外插入排气针。

3. 适用范围　用于所有药物的静脉输注。

（三）全密闭式静脉输液

1. 发展　1970年，美国百特公司推出全封闭式静脉输液软袋，为全世界静脉输液治疗建立了新的输液安全标准,成为第一个获得美国 FDA 认可的输液软袋。医学文献数据库 Medline 自 1970 年以来有关静脉输液事故的文献报道表明,自 20 世纪 70 年代软袋全密闭输液系统应用于临床以来,尚未见其有关输液事故发生。

2. 规格　普通输液器(直型、Y 型、分装袋型)(图 1–17)、泵式及重力输液器、精密过滤输液器(图 1–18);非 PVC 输液器、避光输液器等。介绍几种常见输液器的性能:

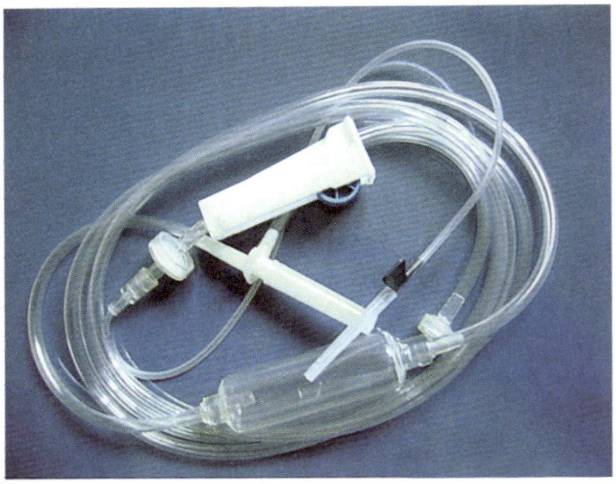

图 1–17　普通直型输液器

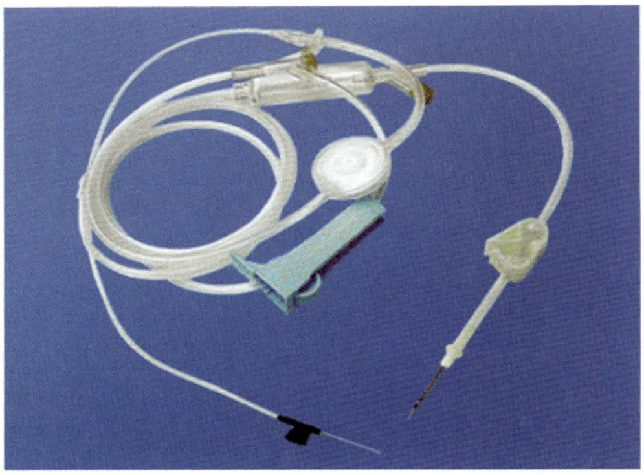

图 1–18　精密过滤输液器

(1)普通输液器:其上端通过输液器针头与输注的药液连接,下端与一次性静脉输液钢针、留置针或中心静脉导管端连接完成静脉输液治疗。其组成由一次性静脉输液钢针、针帽、输液软管、药液过滤器、流速调节器、墨菲滴管、瓶塞穿刺器、进气管空气过滤器连接而成。普通输液器的材质为 PVC 材质,对某些药物会产生吸附、药物毒性作用而影响药物的疗效和患者的治疗效果,因其成本低，也是目前临床上使用最多的输液器。

（2）精密过滤输液器：在普通输液器的基础上，为减少因输液微粒污染导致的输液不良反应，研制出精密过滤输液器。其过滤膜材质主要为聚醚砜膜、纤维膜和核孔膜3种。其特点为过滤盘设计精巧，排气速度快，不存留气泡；输液针尖锋利钢性好；输液管材质柔软弹性好、管壁光滑、气泡不易附着、打折等。精密过滤输液器的滤膜孔径可从普通的20μm提高到0.2μm，根据患者年龄及使用的药物性质不一，精密过滤输液器的过滤膜孔径需求不一（表1–5）。适用于所有静脉输液治疗的患者。

表1–5 根据患者年龄及药物性质不一，过滤膜孔径需求不一

年龄及药物性质	精密过滤输液器滤过膜的规格
婴幼儿	1μm
儿童	3μm
化疗、心脑系统疾病药物	3μm
营养液	3μm
中药制剂	5μm

（3）避光输液器（图1–19）：是采用无毒黑色硅胶管为材料制成的一次性输液器。该输液器通过有效防止紫光引发的化学反应，避免造成药物分解、变色、氧化、毒性增加等不良反应而研发设计。对290~450nm波长范围内透光率，墨菲滴管≤35%，管路≤15%。适用于需要避光的药物。

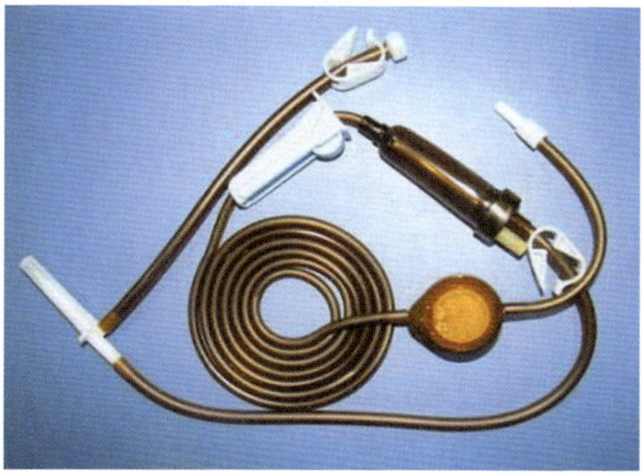

图1–19 避光输液器

（4）微调输液器：其特点在于可以实现极其缓慢和微量的速度进行输液，适用于输注需要严格控制滴速的药物。

（5）重力/压力输液器：其材质和导管能承受的压力均比普通输液器好，能配合输液泵进行输液，适用于ICU危重病房。

（6）非PVC输液器：由聚烯烃多层共挤膜构成，其内层、中层采用聚丙烯与不同比例的弹性材料混合，使得内层无毒、惰性，具有良好的热封性能和弹性，外层为机械强度较高的聚酯或聚丙烯材料；聚异戊二烯胶塞具有丁基材质，穿刺不掉屑。其优势：

1）不含增塑剂（DEHP）对药物无吸附，尤其是输入紫杉醇、盐酸胺碘酮、脂肪乳、西咪替丁、环丙沙星、头孢哌酮钠、甲硝唑、氯霉素、环孢素、氢化可的松等药物不会出现增塑剂（DEHP）被吸附而进入人体，不会降低药物的疗效，不会对患者造成伤害。

2）不含金属离子，也不会在输液的过程中出现氯乙烯残留，通过实验已经证实，该化合物是致癌物质。适用于新生儿、婴儿等敏感人群；青春期前的男性、怀孕期和哺乳期的妇女；重症患者、术后患者、老年、肿瘤、血液病患者及长期静脉输液治疗的患者。

（四）输血器

1. 发展　1903年Alexis Carred将供血和受血动物的动脉和静脉缝合进行直接输血，荷兰Borst教授设计了可重复使用输血的玻璃瓶用具；1915年Henry和Jouvele设计了一个有4个通道活塞栓的输血注射器；随后，人们将抗凝血液倒入带有过滤网的玻璃瓶中，下面接橡胶管和不锈钢针头进行输血；1949年开始，采用一次性柔软、坚固的塑料输血袋和塑料输血器，代替了玻璃瓶和橡胶管。目前临床广泛应用的输血器是在墨菲滴管内安装筛网式滤网，主要用于滤除输注血液中肉眼可见的血块，但不能滤除小凝块和细胞聚体。

2. 规格　滤过孔径为170~230μm，过滤面积为24~34cm^2。

3. 适用范围　所有的静脉输血患者。

（史淑杰）

第四节　静脉输液技术的发展

静脉输液技术是一种高度专业技术，回顾其发展历程，始于17世纪，重大进步发生于20世纪，历经500余年的发展，逐步形成如今较为成熟的静脉输液技术，以满足人们的静脉输液治疗需求。

一、静脉穿刺血管通路的发展

20世纪初，人们历经多次尝试，将不同的物质通过静脉穿刺的方式输入人体,终于取得了一定的成果,静脉输液治疗安全得到进一步的保障。

1922 年,Drinker 率先提出可将骨髓腔作为输注通道。

1940 年,Tocantins 等观察到由兔胫骨腔输注的颜料 10 秒后出现在心脏中,并设计出了适合临床使用的骨髓腔专用注射针。

1942 年,Papper 通过实验证实,骨髓腔输液和静脉通路输液具有相似的循环。第二次世界大战期间,骨髓腔输液技术曾被美军战地医疗机构广泛使用,被美军视为一种救治危重伤员的有效措施。1984 年,James 在参观印度霍乱治疗时发现,通过骨髓腔输液给药挽救了大量可能死于霍乱的患者,于是倡导儿科使用骨髓腔输液技术。

1986 年,美国心脏病学会正式将骨髓腔输液技术列入儿科急诊复苏程序。

70 年代以来,镇痛药物的给药途径也变得多样。1967 年,Yaks Rudy 将吗啡注入动物的蛛网膜下腔。

1977 年,Wang 研究得出鞘内注射吗啡能缓解人体的疼痛。

随着患者对中长期静脉输液治疗的需求日益增加,人们认识到中心静脉相对于外周静脉给药效果更好,且输入刺激性药物时对静脉的损伤更小,有利于通道的长期保护。

1929 年,德国医生 Werner Forssman 尝试将一根 65cm 长的导管经由自己的肘部静脉插入,由此翻开了静脉置管输液治疗的历史新篇章,但由于导管管径粗且材质较硬,因发生了静脉血栓被拔除。

1949 年,Duffy 尝试应用颈外静脉途径进行置管。

1952 年,Aubenic 发表了经锁骨下静脉插管行中心静脉输液的研究成果,使医护人员在血管通路的选择上有了更多空间。

1953 年,Seldinger 研究出在血管和其他中空器官中,采用一种通过导丝经皮穿刺置入导管的 Seldinger 技术,成功建立血管通路,此技术一直沿用至今。

1958 年,PICC 穿刺技术出现,尝试经外周静脉穿刺,由导丝将导管从外周静脉送入中心静脉。

1961 年,肝病医生 Stanley Shaldon 采用 Seldinger 技术经由股静脉及股动脉插管进行了血液透析,开创了血液透析中应用中心静脉导管的先河,这种导管也因此被命名为 Shaldon 导管。后来,Shaldon 利用滴注肝素防止血栓形成以维持导管在血液透析中的应用,但并发症的发生率仍很高。

1963 年,Uldall 改进 Seldinger 技术研究出锁骨下静脉插管技术,但并未将其用于血液透析的血管通路,直至 1969 年,Erben 等首次采用锁骨下静脉置管的方式来进行血液透析。

20 世纪 70 年代,美国和德国在导管材料上进行了改良,开发出小口径的硅胶导管，生物相容性强且易获得。此后，PICC 在临床上得到推广，应用于各种需求的静脉输液治疗。

1982 年，Niederhuber 等对肿瘤患者实施输液港植入，此技术为今后的植入式输液港建立静脉通道探索出了一条路径。

20 世纪 80 年代，外周静脉留置针传入我国，用于临床短期静脉输液治疗。20 世纪 90 年代后期，PICC 技术在我国开始推广。21 世纪以来，我国 PICC 技术以及输液港技术发展迅速，在临床上被广泛应用。

如今，静脉穿刺的血管通路已经由最初的浅表静脉通路发展为包括骨髓腔、蛛网膜下腔、PICC、CVC、输液港等多种形式的血管通道，以满足不同患者的输液治疗需求。医护人员可根据患者情况来选择建立适合的静脉通道来维持日常的输液需要。静脉穿刺血管通路的发展，也为患者的救治提供了多条珍贵的“生命通道”。

二、静脉穿刺技术的发展

作为静脉输液治疗中最重要的操作技术之一，静脉穿刺技术历经几个世纪的演变和发展，现已普遍应用于临床，成为当代护士必备技能之一。

1656 年，英国医生 Christopher Wren 和 Robert 用羽毛管针头，将药物注入狗的静脉，为历史上首例静脉穿刺的行为。

1662 年，德国一名医生 John，首次尝试通过穿刺外周静脉将药物注入人体，但患者由于感染并未被救活。这是首例人体静脉穿刺的案例。

1831 年，欧洲霍乱暴发，苏格兰医生 Thomas Latta 通过用煮沸的食盐水注入患者静脉，补充因霍乱上吐下泻而丢失的体液，挽救了许多患者的生命，成功奠定了静脉输液治疗模式。

1940 年以前，静脉输液治疗被认为是应用于危重症患者治疗的必要手段，主要由医生操作，护士协助相关物品的准备工作。40 年代之后，静脉穿刺技术开始由护士进行，护理责任范围得以扩展。

1941 年，Tocantins 将骨髓输液首次在临床用于新生儿的急救，并设计出适合当时临床使用的骨髓腔输液注射针。

20 世纪 50 年代早期，骨髓输液治疗开始广泛应用于许多国家婴幼儿的日常治疗，主要穿刺胫骨和股骨。因医疗水平的发展，骨髓输液治疗的技术和设备得以更新，适用范围随之扩大。

遗憾的是，20 世纪 50 年代末期，由于塑料和聚氯乙烯套管应用于静脉输液治疗，静脉通路的维持更为方便，人们渐渐对骨髓输液治疗失去了兴趣，关于骨髓穿刺技术的研究也就此暂停。

20 世纪 50 年代，一次性物品的诞生使静脉穿刺更为简便、卫生，静脉穿刺方式和静脉输液方式有了根本上的改变。

1964 年，美国 BD 公司发明了第一代静脉留置针。后来的数十年，留置针从最开始的普通开放式向密闭型、安全型转变，发展成如今的安全密闭型，减少了医护人员针刺伤的发生率，也降低了患者感染的风险。

1975 年，PICC 技术首次被提出。20 世纪 90 年代中后期，PICC 导管在我国推广。随着材料和设计的改良，PICC 穿刺技术也不断更新，目前临床上使用的 PICC 穿刺针已经演变成了安全型穿刺针和可撕裂穿刺鞘，增强了患者带管的舒适度和安全性。

1992 年，德国首例 X 线辅助 PICC 导管定位获得成功，胸部 X 线摄片定位成为了 PICC 置管后确定导管尖端位置的金标准。近年来，EKG 定位 PICC 尖端位置的技术在我国部分医院开始应用，据统计，PICC 置管后发生导管异位率达 3%~12%，使用 EKG 定位可以直接在穿刺台上确定 PICC 导管尖端位于右心房交界处（Right atrial junction），可以直接的明确穿刺成功与否；可进行快速、高浓度药物和溶液的输注。相比于胸部 X 线定位，EKG 定位 PICC 尖端位置的优势：准确、可靠、简便、安全、经济、有效。即：

1. 可以立即纠正导管错误的位置。
2. 始终保持无菌状态。
3. 不需要重复穿刺。
4. 方法简单，费用降低。
5. 减少患者反复调管和拍 X 线片占用相关机器的时间。
6. 减少患者辐射暴露，准确性肯定。

1997 年，华盛顿医学中心的 Claudette Boudreux 护士完成了首例 B 超引导下 PICC 穿刺术。血管超声下可以清晰地看到皮下血管的走向，分辨动静脉，显示其解剖关系，帮助护士识别血管内的不良因素（如狭窄、瓣膜等）。

2008 年，改良塞丁格技术被报道，这是目前应用最广泛的 PICC 穿刺技术。随着塞丁格技术改良，PICC 技术的应用更为普及。

植入式静脉输液港的发展紧随 PICC 技术之后，它是隧道型 CVC 的替代产品，通过皮下植入港体连接导管建立中心静脉通道。20 世纪 80 年代出现，1983 年正式在欧洲市场推出。

1999 年正式在美国开展，2002 年我国开展了首例颈外静脉输液港植入术。经过近 20 年的发展，植入式静脉输液港和 PICC 均已广泛应用于临床，患者可根据病情、治疗方案等来选择不同材质和形式的中心静脉导管。

静脉穿刺技术已不再局限于简单的外周静脉穿刺，是融合多种静脉输液治疗模式的一个综合性的技术。随着新的医疗材料研制，将来静脉穿刺还会有更为深刻的变革。建立静脉通道，减少患者的痛苦，提高静脉输液治疗的安全性和舒适度始终是改良静脉穿刺技术的根本追求。

（高 伟　米文杰）

第五节　超声相关知识

医学超声应用于临床起始20世纪50年代，目前已是临床疾病诊断必不可缺的重要影像学技术。医学超声是利用超声波的物理特性来获得组织器官静态或动态、二维或立体图像，提供解剖、功能及血流动力学信息，为临床疾病诊断发挥重要作用，目前已从临床诊断延伸向疾病治疗领域，特别是在介入治疗方面快速发展。

一、超声概述

人耳听到的声波是可刺激人的内耳产生声音感觉的机械纵波，其频率是20Hz~20kHz（千赫兹）。当声波的振动频率大于20kHz，超过了人耳的听阈上限则称为超声波（ultrasound）。在医学超声诊断中使用的超声波是由超声探头内的压电晶体产生，其频率一般在1~15MHz（兆赫兹，即1000kHz）之间，检查脏器多用2~5MHz，检查表浅器官和表浅血管常用7~15MHz。

（一）超声波的发射和接收

自然界的石英晶体在施加压力时，晶体两侧表面出现正负电荷，即由机械能产生电能（正压电效应）；当晶体置于交替变化的电场中，则发生晶体厚度改变，即由电能产生机械能（逆压电效应），具有这种特性的晶体又称换能器。当将高频交流电压信号加在超声仪器探头内的换能器上，晶体片发生机械振动产生超声波。当超声波在人体组织内传播，遇到声阻抗不同的组织界面即发生反射，这些反射回来的超声波被探头内的换能器接收，将机械能转换为高频变化的微弱电信号，通过对电信号的放大、处理和分析，最后在显示屏上形成超声图像。

（二）超声的物理参数

1. 频率（f）　介质振动往返一次称为一周（C），单位时间内声波传播过程中介质振动的周数称为波的频率，单位为赫兹（Hz），波在传播过程中频率保持不变。

2. 波长（λ）　声波传播时，介质振动一周波传播的距离，单位为米（m）。

3. 波速（C）　每一秒内声波在介质中传播的距离，单位为米/秒（m/s），其快慢与介质的密度和弹性有关，通常声速是固体>液体>气体。在医学超声诊断中，超声在人体软组织中的平均传播速度按1540m/s计算。

波长、频率和波速间的关系：$C=f\times\lambda$，由此可知，当波速一定时，探头发射频率越高，则波长越小，图像分辨率越高，但穿透力降低，因此高频探头适合检查较表浅的组织器官。

（三）超声波的物理性能

1. 方向性　由于超声波的频率很高，波长短，当发射后集中在一个方向传播，因此具有明显的方向性，称为超声束。

2. 声阻抗　声阻抗（Z）为组织密度（ρ）与声波在组织内传播速度（C）的乘积。声阻抗在医学超声诊断中的作用非常重要，它决定超声的传播特性。如果两个不同组织声阻抗差愈小，则声波在界面处反射愈少；反之，声阻抗差愈大，界面处反射愈多。

3. 反射与透射　超声波传播过程中遇到截面直径大于波长、声阻抗不同的两界面时，一部分能量由界面处返回到探头，即反射；另一部分能量穿过界面进入下一组织继续传播，即透射。

4. 散射与绕射　超声波传播过程中遇到截面直径小于波长、声阻抗不同的两界面时，在物体表面四周产生散射信号，朝向声波接收器（探头）方向的散射波称为背向散射；截面直径小于波长的1/2，声波会绕过物体继续传播，其能量向各个方向辐射，称之为绕射。

5. 吸收与衰减　超声波在组织中传播时，声波能量使介质发生振动，介质间的内摩擦使机械能转化为热能，热能被组织吸收或辐射消失，此现象即声能吸收。声能衰减除与声能吸收有关，还与传播过程中超声反射、散射等有关，高反射界面的组织如肺、骨骼的声能衰减非常明显，因此超声不常规用于肺部和骨骼病变的检查。

（四）多普勒效应

1842年奥地利物理及数学家Christian Johann Doppler（多普勒·克里斯琴·约翰）首先发现波源与接收器之间相对运动引起接收频率与发射频率出现差异即多普勒频移，此物理效应称为多普勒效应。超声波遇到静止组织器官如肝脏时，探头接受的反射回波频率与探头发射声波频谱相同；遇到朝向探头方向运动的血液时，探头接受的反射回波频率较发射频率增高，反之频率减低；发射和接收频率之差和运动的速度成正比，运动速度越高，频移越大。多普勒超声仪器根据以下多普勒方程获得血液的流动速度。

$$f_d=f_r-f_0=\pm(2V\cos\theta/C)f_0$$

f_d 为频移，f_r 为血液红细胞反射回探头接受的回波频率，f_0 为探头的发射频率，V为血液流动的速度，C为声波传播速度（人体软组织内1540m/s），θ为探头发射声束与血流方向间的夹角，该公式中，f_d、f_0、$\cos\theta$ 和C已知，因此可计算出血液的流动速度V（图1-20）。

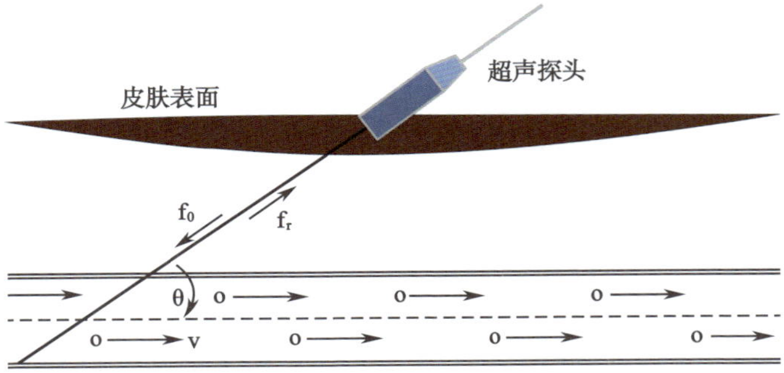

图 1-20　多普勒方程计算血流速度示意图

二、超声检查原理及分类

目前常规应用的医学超声技术包括 M 型超声、二维超声、彩色血流及频谱多普勒超声、三维或四维超声，其他临床应用逐渐增多的技术有超声增强造影、腔内超声（经食管超声、阴道内超声）等。

（一）M 型超声

M 型超声是探头发出一条声束，接收声束方向心脏各层组织反射回波，最后显示各层结构运动 – 时间位移变化曲线。显示屏上水平方向代表时间，垂直方向表示组织至探头的距离。M 型超声可显示心动周期中心脏各层组织位移变化，可测量室壁厚度、左室收缩功能等（图 1-21）。图 1-21 上图显示心脏胸骨旁左室长轴二维图像，M 型取样线经过右室前壁（RVAW）、右室腔（RV）、室间隔（IVS）、左室腔（LV）、左室后壁（LVPW）；图 1-21 下图为取样线上相应结构随心动周期收缩和舒张的运动曲线。

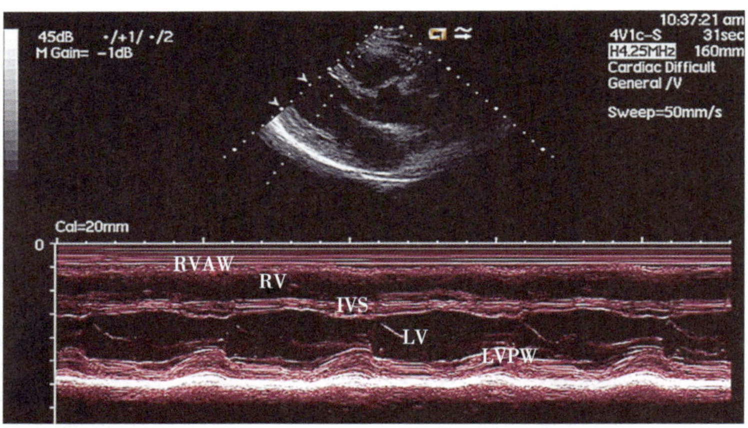

图 1-21　M 型超声心动图

（二）二维超声

二维超声是将组织回声信号以光点形式显示，故又称 B 型超声，是目前最常用的超声技术。当组织反射回波强，则光点亮，反射回波弱，则光点暗，无反射回波，则表现为暗区。二维超声能显示人体组织器官解剖结构的断层切面图像。图 1–22 黑白二维超声显示桡动脉长轴切面，其内径增宽为 0.52cm，管壁呈平行线状，回声均匀纤细。

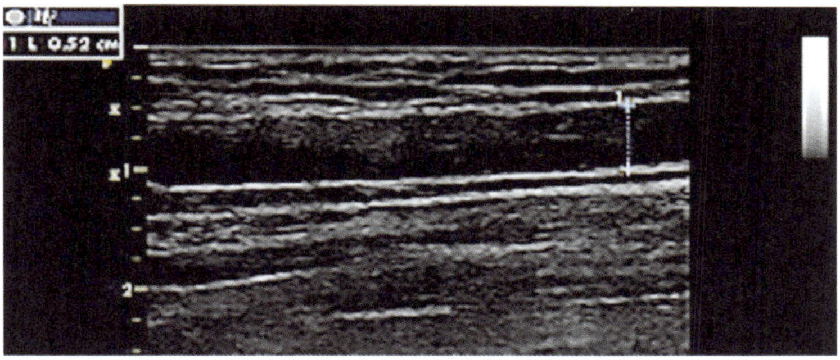

图 1–22　桡动脉二维超声图像

（三）三维超声

将获得组织器官的系列二维超声图像数据输入计算机三维图像重建工作站，计算机按扫描的时间顺序对二维图像处理并输入存储器，再按原图像的空间位置关系彼此连接组合，重建出组织器官的三维立体图像。

（四）四维超声

四维超声又称动态三维超声，是医学超声新技术，在三维超声的基础上加上时间变量，可动态显示活动器官如心脏和血管的立体结构。图 1–23 三维超声显示卵圆孔未闭（箭头），血液呈蓝色分流束，从左房（LA）流向右房（RA）。

（五）多普勒超声

超声利用多普勒效应原理检测血流时，超声探头获得血液中血细胞（主要是红细胞）的散射信号，计算机通过对多普勒信号进行处理分析，最后成像在显示屏上，提供丰富的血流动力学信息。多普勒超声包括彩色血流显像（CDFI）和频谱多普勒。

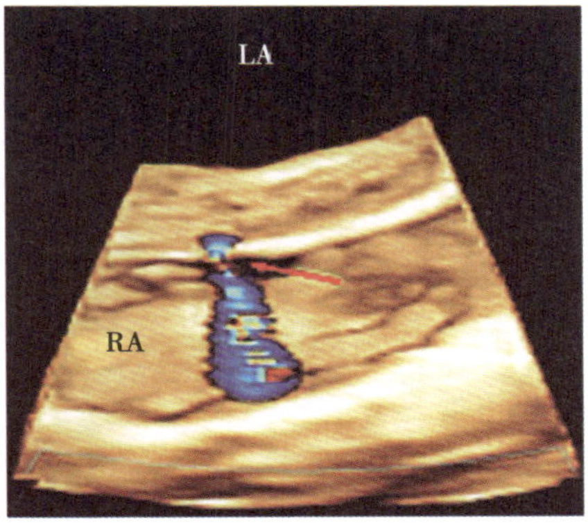

图 1–23　卵圆孔未闭三维超声图像

1. 彩色血流显像（CDFI）　是在二维图像显示组织解剖结构的同时，探头接收血流的反射信号，通过对信号的处理、滤波、彩色编码等一系列过程，将血流信息叠加在二维图像上，显示心腔及血管内血流起源、方向和平均速度。彩色多普勒超声图像显示屏上有彩色标尺，通常用红色表示血液向探头方向流动，蓝色表示血液背离探头方向流动。图1–24心脏心尖四腔心切面，显示蓝色二尖瓣反流（MR）血液从左室（LV）反流入左房（LA），蓝色三尖瓣反流（TR）血液从右室（RV）反流入右房（RA）；左上角的彩色标尺，红色代表血液朝向探头方向（上方）流动，蓝色代表血液背离探头方向（下方）流动，彩色标尺两端明亮颜色表示血流速度较快，中间颜色低暗表示血流速度较低。

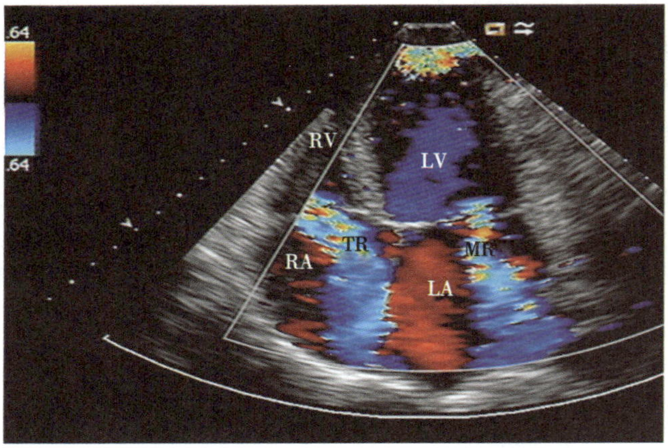

图1–24　心脏彩色血流显像

2. 频谱多普勒超声　根据探头发射和接收超声波模式不同，频谱多普勒分两种类型：脉冲多普勒（PW）和连续多普勒（CW）。脉冲多普勒是同一换能器发射一组高频超声，在一定时间延迟后，才选择性接收取样容积（SV）内的反射回波，随后换能器又发出下一组超声脉冲。对接收的回波信号采用快速傅立叶转换（FFT）进行频谱分析，最后显示取样容积部位血液的流速和方向（图1–25）。

连续多普勒是探头使用双组晶片，一组晶片连续地发射高频脉冲波，另一组晶片则连续地接收反射的回波。与脉冲多普勒比较，连续多普勒具有测量较快血流速度的优势，常用于心脏瓣膜疾病血流动力学显示（图1–26）。

频谱多普勒图像可显示：

（1）血流持续时间：以横坐标的数值表示，代表血液流动的时间是在收缩期或舒张期，单位为秒（s）。

（2）血流速度：以纵坐标表示，代表血液流动速度的快慢，单位米/秒（m/s）。

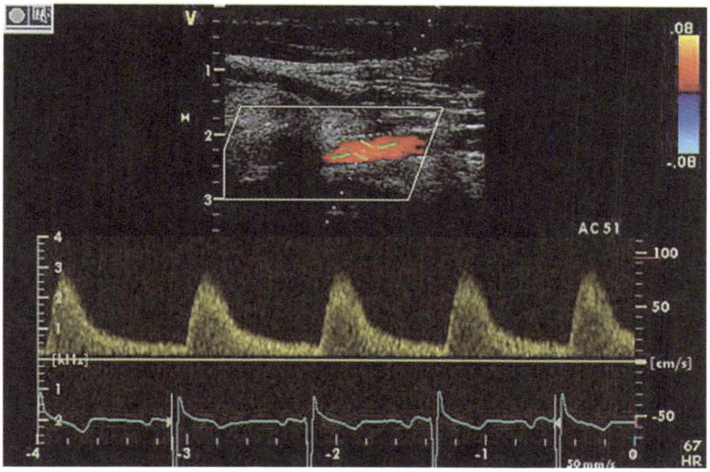

图 1–25　椎动脉血流频谱

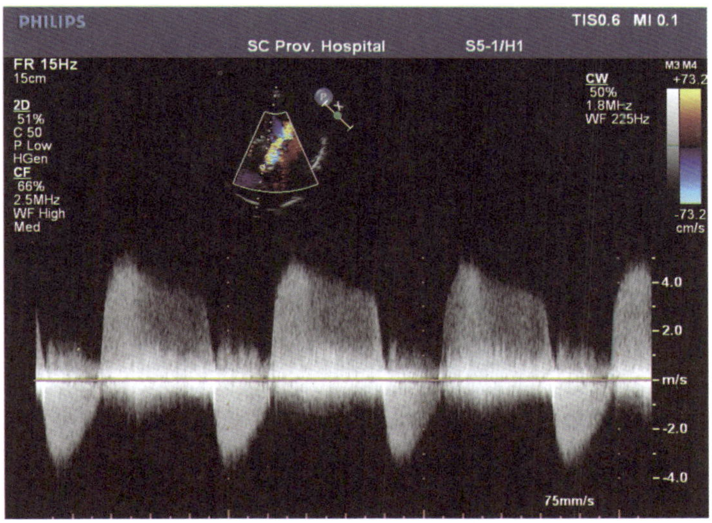

图 1–26　主动脉瓣关闭不全及狭窄频谱

（3）血液流动方向：频谱图中有一零位基线，通常基线上方的频谱表示血流方向朝向探头，基线下方的频谱表示血流方向背离探头。

（4）血流性质：当血管内血流是层流时，表现为窄的频谱；当血流呈湍流或紊流（血流通过明显狭窄的部位时），表现为较宽的频谱，频谱充填。图 1–25上图为椎动脉彩色血流显像，脉冲多普勒取样容积（显示为等号）置放于椎动脉内，获取该部位血流频谱图；图 1–25 下图为椎动脉随心动周期的血流频谱变化，频谱位于基线上方，表示血流朝向探头方向（上方）流动，横坐标表示时间，纵坐标表示血流速度快慢，频谱中间为空窗，表示血流为层流。

图 1-26 上图为主动脉瓣彩色血流显像，连续多普勒取样线（显示为直线）置放于经过主动脉瓣的血流，获取该部位血流频谱图；图 1-26 下图为随心动周期主动脉瓣的血流频谱变化，基线上方的频谱，显示主动脉瓣高速反流朝向探头方向（上方）流动，基线下方的频谱，显示主动脉瓣高速前向流速背向探头方向流动，表示主动脉瓣狭窄。

三、超声诊断仪的主要构成

超声诊断仪外观包括超声探头和主机构成，组成系统包括超声发射系统、超声接受和处理系统及成像系统。

（一）超声探头

探头是超声系统的关键部件之一，最主要的工作是其内的压电晶体实现电能和声能之间的相互转换、发射和接收超声波。超声仪器的性能如图像分辨率、灵敏度、超声伪像等均与探头有关。根据不同用途超声探头种类繁多，主要包括相控阵探头（用于心脏检查）、凸阵探头（用于腹部和妇产检查）探头、线阵高频探头（用于小器官和外周血管检查）等（图 1-27）。探头的结构特点使之容易被损坏，在使用过程中需特别注意保养维护。

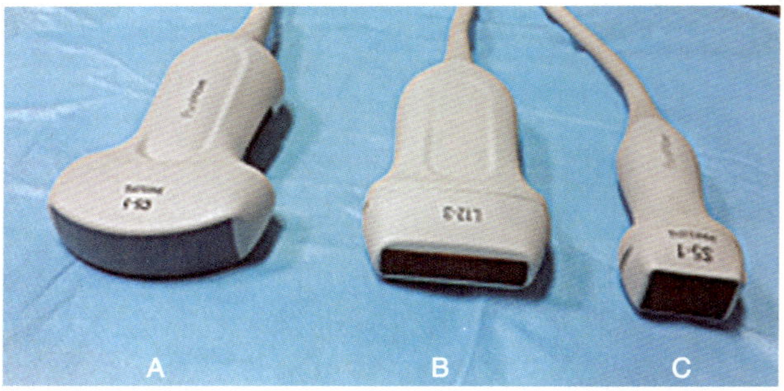

图 1-27　各种类型探头

A. 凸阵探头；B. 线阵高频探头；C. 相控阵探头

（二）超声仪主机

主机的功能包括声束形成、信号处理、图像处理、信号或图像存储和传输等，其内有与处理器相连接的各种模块，如 STC 模块、按键模块、编码器模块及鼠标模块等，外有控制面板和显示器（图 1-28）。超声主机上的控制面板完成人机界面的所有操作，如探头的切换、图像参数的调节，各种显像模式的转换、解剖结构及血流动力学参数的测量，图像的存储、输出和打印等。显示器是超声医师观察超声图像与诊断疾病的影像终端，目前多为液晶显示器。

图 1–28 的左图为便携式彩色超声诊断仪，右图为台式彩色超声诊断仪。

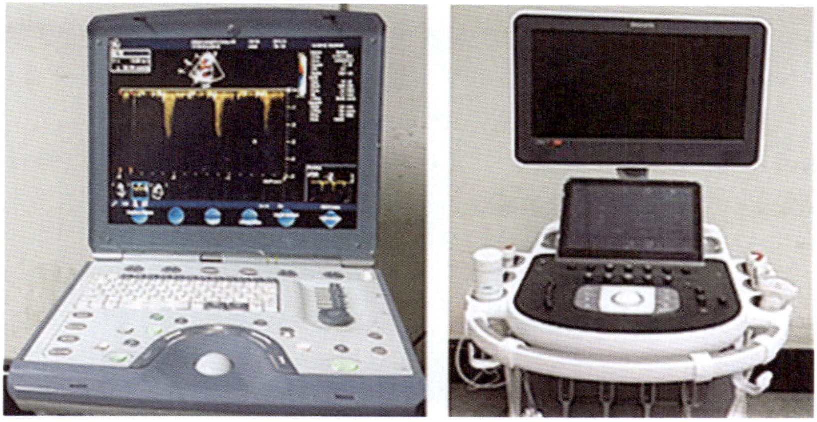

图 1–28　超声诊断仪主机

四、血管超声的探测方法

血管超声检查时首先应熟悉血管的解剖结构、不同外周血管的体表走向，使检查时能快速找到探测血管；其次熟悉血管超声检查时仪器条件及优化图像的调节。

（一）血管解剖

肢体血管的动脉与同名深静脉伴行，浅静脉则无相应动脉伴行。静脉内有静脉瓣阻止静脉血液反流。

1. 上肢血管走向

（1）上肢动脉：锁骨下动脉→腋动脉→肱动脉→桡动脉和尺动脉。

（2）上肢深静脉：桡静脉和尺静脉→肱静脉→腋静脉→锁骨下静脉。

2. 上肢浅静脉

（1）头静脉：起源于手背静脉网的桡侧→前臂桡侧→肱二头肌外侧沟→三角肌胸大肌间沟→腋静脉或锁骨下静脉。

（2）贵要静脉：起源于手背静脉网的尺侧→前臂尺侧→肱二头肌内侧沟→腋静脉，通常贵要静脉表浅、内径较大、位置固定变异少，目前是静脉穿刺置管的首选。

（3）肘正中静脉：位于肘前，变异多，一般斜行连接头静脉和贵要静脉。并与深静脉以交通支相连，故位置较固定，为皮肤静脉穿刺常用部位。

3. 下肢血管走向

（1）下肢动脉：股动脉→股浅动脉和股深动脉→腘动脉→胫前动脉、胫后动脉和腓动脉→足背动脉。

（2）下肢深静脉：足背静脉→胫前静脉、胫后静脉和腓静脉→腘静脉→股浅静脉和股深静脉→股静脉。

（3）下肢浅静脉：大隐静脉在足的内侧缘起自足背静脉弓内侧→内踝前面沿小腿内侧→膝关节内侧、大腿内侧→股静脉；小隐静脉在足的外侧缘起自足背静脉弓外侧→外踝后面沿小腿后面→腘静脉。

超声检查血管时，根据血管的走向采取相应的体位，如仰卧位、俯卧位、肢体外旋等。

（二）检查步骤

1. 二维超声检查　患者处于放松状态，将探头置于探测血管的体表标志处，将探头表面涂上耦合剂，保持探头与皮肤良好接触，避免用力加压，显示血管横切面或纵切面的二维或彩色血流图像（细小血管二维显示困难时可首先用彩色血流显像寻找血管），并调节控制面板上相应的按钮优化超声图像，包括亮度、深度、聚焦等。上肢血管检查时取仰卧位，上肢外展，根据血管体表标志进行相应血管检查，或从锁骨上窝开始向下行连续横向和纵向扫查（图 1–29、图 1–30）。下肢血管检查时取仰卧位，大腿外展、外旋、膝关节微屈，从股动脉（静脉）开始向下连续横向和纵向扫查。观察内容：

（1）血管结构：血管壁厚薄及回声，动脉有无夹层、内膜回声是否均匀或有无斑块形成，管腔有无扩大或狭窄，需要时测量管径 / 腔径或面积。

（2）观察血管腔：观察血管腔内有无异常回声及回声强度，团块部位及大小等。

（3）观察血管周围：观察血管周围有无异常回声及大小，异常回声是囊性或实性，囊性回声是否有波动感及是否与血管相通。

（4）观察静脉：主要观察静脉瓣的回声及活动情况，检查外周静脉时，当探头加压时，正常静脉管腔闭合，如腔内有血栓时，管腔不能压闭。图 1–29 左图：体表红线表示左上肢动脉及伴行静脉体表走向，图 1–29 右图：左锁骨下动脉（A）及伴行静脉（V）于标记处横向扫查（左图黑色短线）的二维彩色血流显像。

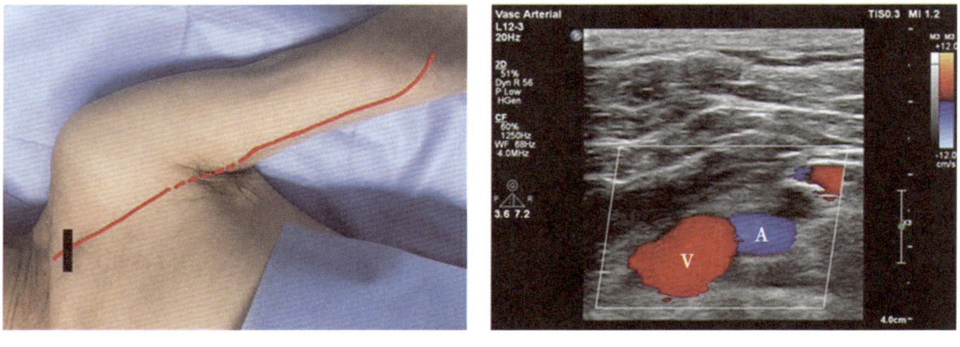

图 1–29　上肢血管横向检查方法

图 1-30A、C 图　体表红线表示左上肢动脉及伴行静脉体表走向；图 1-30B 图、图 A 黑线部位肱动脉（Br）、桡动脉（R）、尺动脉（U）长轴二维彩色血流显像；图 1-30D 图、图 C 黑线部位桡动脉（A）及伴行两支静脉（V）短轴二维彩色血流显像。

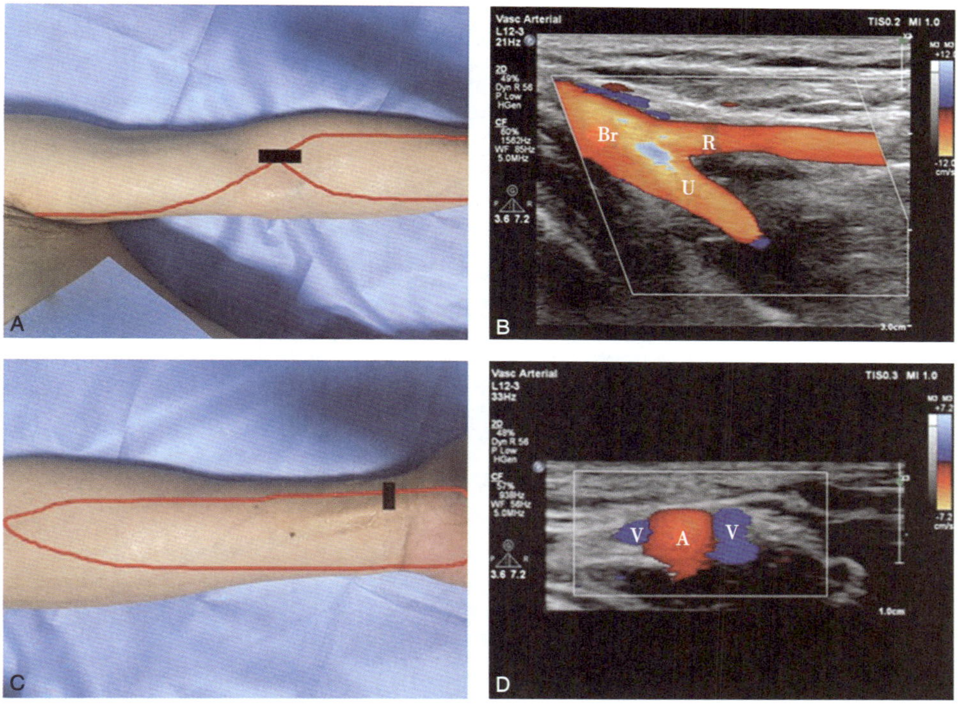

图 1-30　上肢血管检查方法

2. 彩色血流检查　在二维图像的基础上，观察血管腔内血流性质：

（1）管腔内血流充盈情况，是否有充盈缺损。

（2）判断血流的方向是否正常，深静脉血流方向与伴行动脉相反。

（3）观察血流色彩是否单一（层流），有无五彩花色血流（狭窄湍流）。

（4）根据彩色标尺和血流明暗程度，大致判断血流速度。

3. 频谱多普勒检查　在彩色血流显像的基础上，将脉冲多普勒的取样容积置于血管中央，取样容积大小为血管腔的 2/3，调节取样角度（应小于 60°），使声束方向与血管走行一致。观察内容：

（1）动脉频谱有无增宽。

（2）血流速度是否增快或降低。

（3）肢体动脉血流频谱形态。

（4）静脉血流频谱形态随呼吸或挤压试验的变化情况，在静脉血栓急性期，加压试验应慎重，避免血栓脱落导致肺栓塞。

（5）当怀疑肢体血管病变时，需要双侧相应部位血流对照检查，确定有无异常。

（三）仪器调节

超声仪器出厂时已根据检查的部位，按人体正常情况下的组织器官解剖和血流特点，预先设置了检查条件并存储在机器内，以菜单的形式指导检查操作，但不同个体及不同疾病状态时，这些预设条件不适合检查需要，图像不理想，因此针对不同个体需要调节仪器控制按键使图像优化。

1. 二维超声的调节

（1）增益：以清晰显示血管壁，血管腔内无异常回声为宜。增益太高，可出现超声伪像，误诊病变（如动脉夹层、腔内血栓），增益太低，则可出现漏诊疾病。

（2）动态范围：动态范围太低，图像光点显示粗大；如太高，图像光点细小，实时性降低。

（3）聚焦：在聚焦区内，图像分辨力最佳，根据重点观察结构的不同，应随时调整聚焦位置到感兴趣部位。

2. 彩色血流显像调节

（1）增益：以血管腔内血流充盈良好而血管外不产生彩色斑点为宜，增益太大，出现血流外溢，增益太低，血流不能充分显示，这些都影响准确判断血流性质和特点。

（2）彩色标尺：根据血流速度调节彩色标尺，如速度标尺太高，血流显示暗淡甚至不显示，速度标尺太低，血流出现五彩混叠颜色。

（3）彩色取样框大小和方向：调节取样框大小，包括需要观察的血管范围为宜，如取样框太大，会使图像帧频降低，影响观察血流的实时性。调节取样框的方向使声束与血流间夹角尽量小。

（4）壁滤波：仪器操作面板上滤波的作用是滤掉非血流所产生的多普勒信号，血流速度高时将滤波调高，血流速度低时，将滤波调低。

3. 频谱多普勒调节

（1）增益：调节方法与彩色血流显像类似，增益太大，频谱以外出现杂波信号，增益太低，可出现频谱显示不完整或不显示。

（2）速度标尺和基线：调节速度标尺和基线使单一方向血流频谱在基线一侧显示，目前，多数彩超仪器具有一键优化功能键，按压该键自动使频谱达到最佳状态。

（3）取样容积大小和方向：取样容积大小约为血管内径 2/3 为宜，置于血管腔中央或狭窄血管残腔内。

（4）频谱多普勒角度：当血流方向与声束方向不一致时，需要校正多普勒角度，校正线方向与血流方向一致，以准确测量血流速度，但校正角度应小于 60°。

五、血管超声的声像图

不同部位动脉及静脉的超声二维图像、血流图像和频谱图不同，本节以四肢动脉及静脉超声图像特点进行介绍。

（一）正常动脉超声图像

1. 二维图像　正常肢体动脉管壁回声分为三层：外膜层为高回声，内膜层呈薄的中等回声，完整光滑，与外膜平行，内、外膜之间的中层呈无回声。血管腔内呈无回声，管腔不能被压瘪，动脉有搏动感（图 1–31）。

2. 彩色血流显像　动脉彩色血流充盈良好，为层流，边缘整齐，随心脏收缩和舒张，彩色明暗交替。

3. 频谱多普勒　四肢动脉典型的频谱呈三相波形：收缩早期血流速度加快，形成陡直向上的波峰，然后迅速下降，舒张早期出现基线以下的反向波，舒张末期再出现一个正向血流波，波的频带较窄，中间为空窗（图 1–32）。图 1–32 上图彩色血流显像显示动脉为红色朝向探头流动，频谱取样容积（显示为等号）置于动脉内，彩色取样框与血流方向一致，伴行静脉为蓝色背

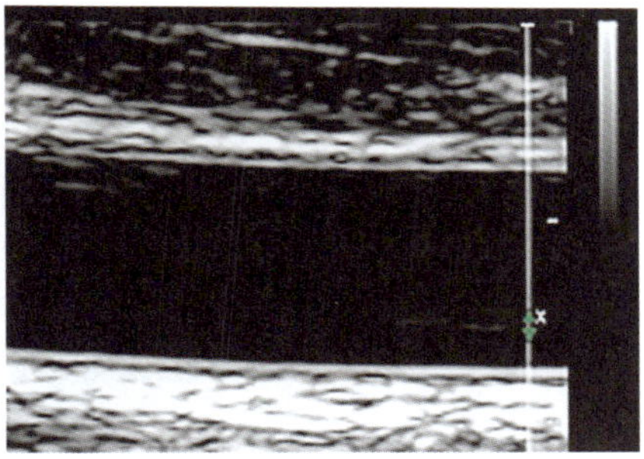

图 1–31　正常动脉二维超声图

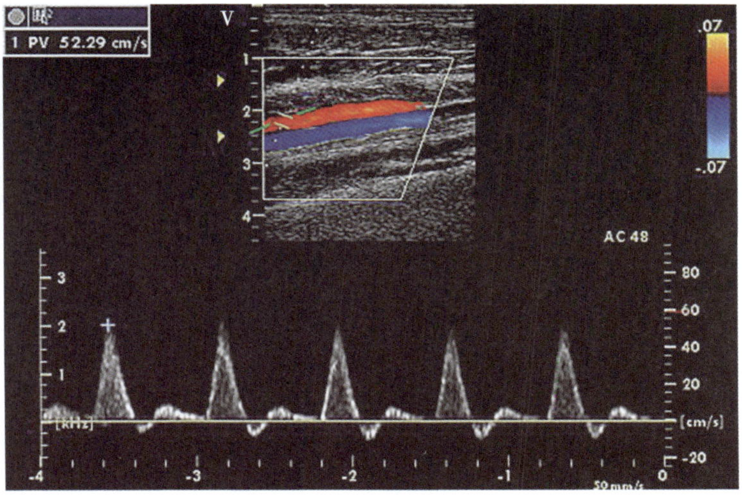

图 1–32　正常四肢动脉血流频谱

离探头流动，动脉及静脉色彩均匀为层流；图 1–32 下图动脉血流频谱呈正常三相波形，收缩期最大流速（PV）为 52.29cm/s。

（二）正常静脉超声图像

1. 二维图像　静脉壁薄，内壁光滑，管腔呈无回声。探头加压后静脉管腔变瘪或消失。图像清晰时可见线状静脉瓣回声。

2. 彩色血流显像　静脉彩色血流显像为单一颜色、与动脉血流方向相反的回心血流，呈持续性充盈整个管腔（图 1–33、图 1–34）。血液回流速度在深吸气时，大中静脉内血流短暂中断，无血流信号，表示其近心段静脉通畅无阻。当挤压小腿放松后，挤压近心段静脉无反向血流，说明深静脉瓣功能良好。图 1–33 左图长轴切面显示动脉（红色）朝向探头流动（由左向右方向流动），静脉（蓝色）背离探头流动（由右向左方向流动），动脉及静脉色彩均匀为层流；图 1–33 右图短轴切面显示动脉（红色）位于中央，伴行两支静脉（蓝色）位于两侧，三支血管内径相似。

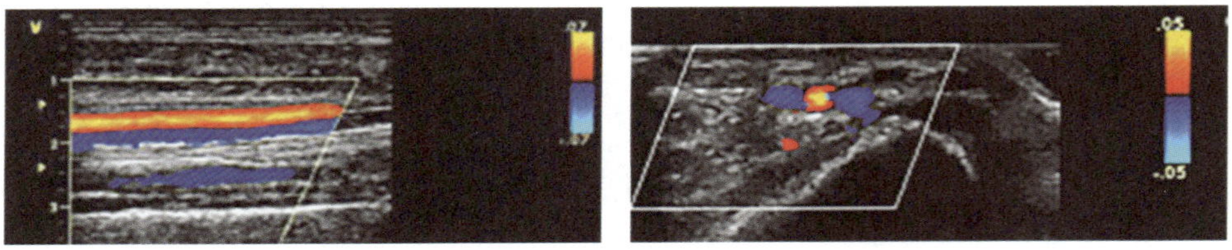

图 1–33　桡动脉及桡静脉彩色血流显像

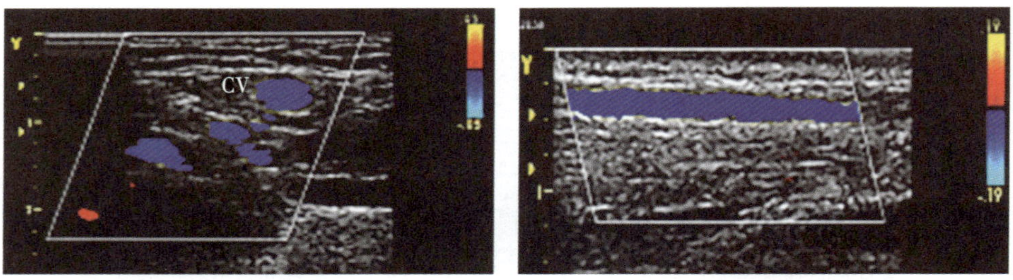

图 1–34　头静脉彩色血流显像

图 1–34 左图为短轴切面显示头静脉为蓝色；图 1–34 右图长轴切面显示头静脉为蓝色即背离探头流动（由左向右方向流动），色彩均匀为层流。

3. 频谱多普勒　静脉频谱特点频谱持续性或间断出现，频谱均位于基线上方或下方（图 1–35）。图 1–35 左图：取样容积置于颈外静脉内显示血流频谱位于基线上方，呈连续、周期性、单向血流频谱；图 1–35 右图：取样容积置于股静脉内显示血流频谱位于基线上方，呈间断、周期性、单向血流频谱。

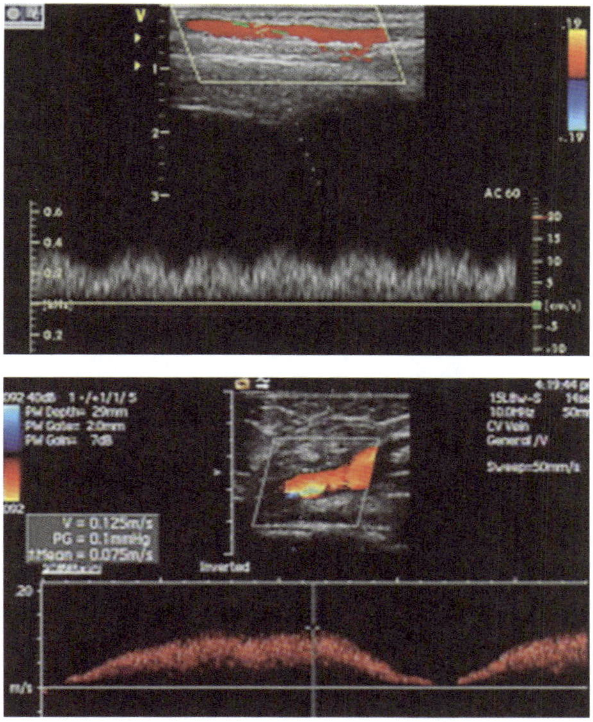

图 1-35　不同静脉血流频谱

静脉及动脉的二维超声表现见表 1-6，常见组织结构的二维超声表现见表 1-7，外周静脉及动脉的超声特点见表 1-8。

表 1-6　静脉及动脉二维超声表现

血管	超声图像
静脉	压缩性无回声（黑色）
动脉	搏动性无回声（黑色）

表 1-7　常见组织结构二维超声表现

组织	超声图像
脂肪	低回声（偏黑色）
深筋膜	高回声（白色）
肌肉	低回声及高回声相间呈条带（黑色及白色相间）
肌腱	高回声（白色）

表 1-8　外周静脉及动脉的超声特点

项目	静脉	动脉
管壁	壁薄	三层结构，外膜及内膜为高回声，中层低回声
压缩性	容易被压闭	不易被压闭
静脉瓣	有	无
搏动性	无搏动	有搏动
彩色显像	色彩较暗	色彩明暗交替
频谱显像	单向波形	三相或两相波形

（三）动脉疾病超声图像

动脉粥样硬化是最常见的动脉疾病，二维超声表现为动脉管壁内中膜斑块形成，可导致不同程度管腔狭窄；彩色血流显像可见斑块处血流充盈缺损，明显狭窄部位血流变细，呈五彩花色血流（图 1–36）。

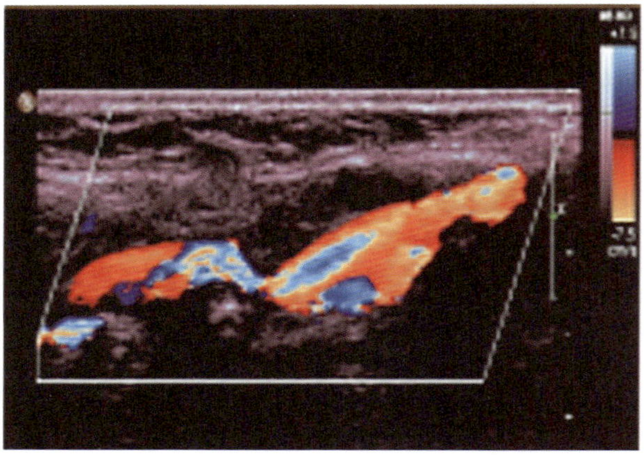

图 1–36　颈总动脉狭窄彩色血流显像

如动脉粥样斑块致管腔完全闭塞，则局部血流信号突然中断消失（图 1–37）。

动脉明显狭窄处频谱多普勒显示为血流速度明显增快（图 1–38）。动脉粥样斑块致管腔明显变窄，最窄处呈五彩花色血流。颈动脉粥样硬化伴血栓形成致管腔完全闭塞，闭塞段无彩色血流显像。颈内动脉粥样斑块致管腔明显狭窄，彩色血流显像（图 1–38 上图）显示狭窄处血流呈五彩花色；血流频谱图（图 1–38 下图）示血流速度明显增快，表明动脉局部重度狭窄。

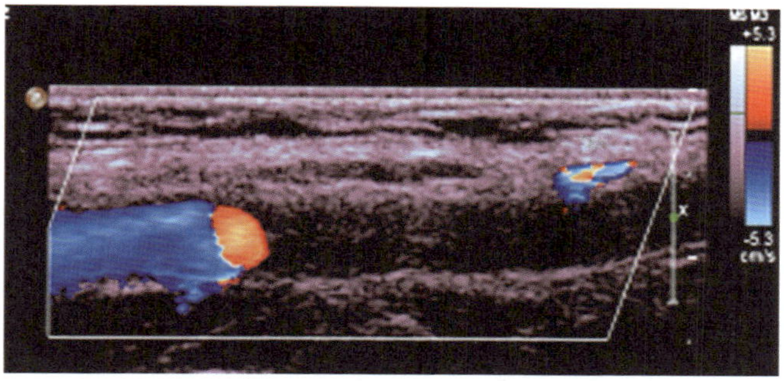

图 1-37　颈总动脉完全闭塞彩色血流显像

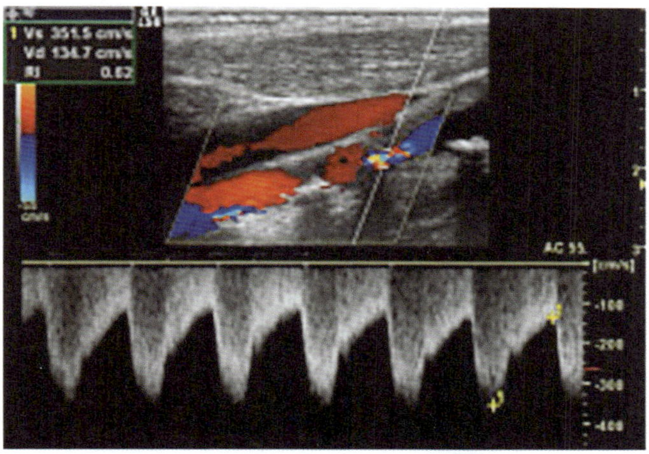

图 1-38　颈内动脉明显狭窄血流频谱

（四）静脉疾病超声图像

静脉内血栓形成是最常见的静脉病变，二维超声表现为管腔内异常回声，部分或完全阻塞管腔，急性期血栓呈低回声及管腔增大，亚急性期和慢性期为不均匀强回声，探头加压时，管腔部分变小（部分阻塞）或无变化（完全阻塞）。彩色血流显像表现为血栓形成完全阻塞部位无血流信号，管腔部分阻塞时，可见局部管腔有粗细不一细窄或条带状明亮血流显示。静脉完全阻塞部位不能探及血流频谱，管腔部分阻塞时，阻塞部位血流速度增快（图 1-39）。图 1-39 上图：股动脉长轴切面显示血流红色即朝向探头流动（由左向右流动），股静脉显示蓝色即背离探头流动（由右向左流动），其中段色彩明亮，稍呈花色血流，表示流速增快；图 1-39 下图：取样容积置于股静脉花色血流处显示频谱位于基线下方（背离探头流动，由右向左流动），血流速度明显增快，不随呼吸改变，表明该部位明显狭窄。

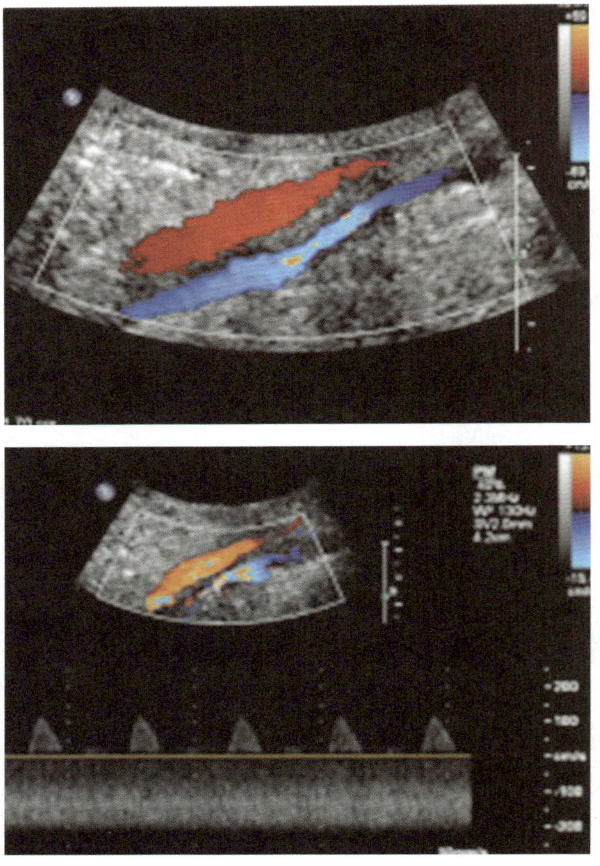

图 1-39 股静脉血栓狭窄彩色血流显像及频谱

六、PICC 置管的超声导引系统

经外周静脉置入中心静脉导管（PICC）具有安全、方便、保留时间长和防止静脉炎等优点，但 PICC 置管成功率受多种因素特别是患者血管条件的影响。超声引导下的 PICC 穿刺，目前已将置管部位由肘关节下移至肘关节上，可明显减少静脉炎、感染、血栓形成、导管移位或脱出等并发症，提高了穿刺成功率。

（一）PICC 置管超声仪器

所有医用超声仪器只要具备血管成像软件系统和高频线阵探头均可导引 PICC 置管，包括台式超声诊断仪、便携式超声诊断仪和专用 PICC 置管超声仪（图 1-40）。不同超声仪器因性能各异，显示外周血管二维结构及血流的图像质量不同，不同患者血管超声显像的图像质量也可能有差异。使用超声仪器最好具有高的空间分辨率和灰阶分辨率，具有彩色血流多普勒显像，可显示低速静脉血流频谱。因上肢静脉表浅，可选择较高频率（7.5~10MHz）线阵探头，下肢静脉一般使用 5~7MHz 线阵探头。下面介绍专用 PICC 置管超声导引系统。

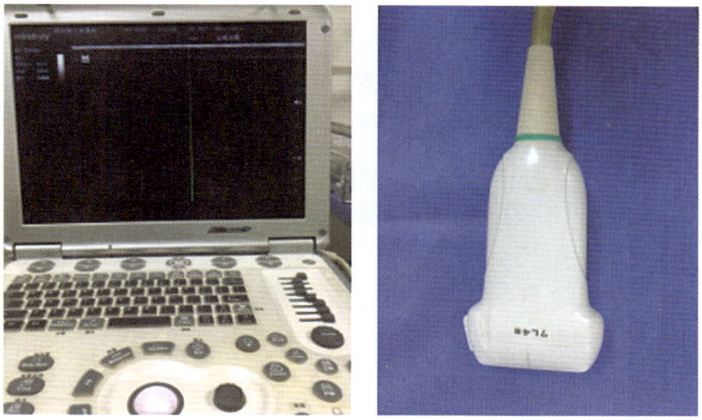

图 1-40　PICC 置管专用超声仪

目前常用的 PICC 置管专用超声导引系统为简单的二维黑白血管超声仪加上特殊的穿刺导引系统，价格相对便宜、小巧便携，便于移动到病房床旁进行操作。该类超声导引系统主要包括主机、探头和针头支架等。探头频率为 5~10MHz，可用于引导介入穿刺血管、导管置入术中监测、神经阻滞及穿刺活检。

该类超声导引系统特点是有特殊的超声探头和导引装置，探头上有操作按键，包括电源开关、调节图像对比度、调节检查深度、图像定格和存储，方便一个人完成超声检查和血管穿刺操作（图 1-40）。检查时，不仅可显示血管大小和深度，指导选择合适的 PICC 导管，还可自动计算不同深度血管的进针角度。探头上有导针固定装置，按导针系统的角度进针可直接进入靶血管，根据靶血管距皮肤深度选择相应的导针架，穿刺针沿导针架的角度刺入后正好位于靶血管腔内，因此使用导针系统可精准穿刺，显著提高 PICC 一次性穿刺置管成功率，图 1-40 左图为超声仪主机，图 1-40 右图为超声探头。

（二）PICC 置管超声应用

1. 检查前准备　检查室内保持适当的温度，防止外周血管收缩变细。上肢超声检查通常取仰卧位，上肢呈外展、外旋、掌心向上，外展角度与躯干呈 60°~90°，下肢超声检查根据检查部位取仰卧位或俯卧位，有严重呼吸困难者也可取半卧位，并充分暴露检查或穿刺肢体。

将超声探头放入预先加入消毒耦合剂的无菌保护套内，抚平探头表面上的护套，避免皱褶或残留的空气影响与皮肤密切接触，可在探头上缠一条橡皮圈，避免在检查或操作时探头移位。

2. 静脉超声检查　静脉穿刺前应首先常规检查浅静脉和相关的深静脉及

动脉，评估静脉是否适合 PICC 置管，观察内容包括血管走行、直径、深浅、管壁、内膜、管腔、静脉瓣及周围组织结构等。根据血管内径选择相匹配的 PICC 管，穿刺时应避开静脉瓣以免损伤，如静脉腔内有血栓或局限性狭窄则不适合 PICC 置管。图 1–41 贵要静脉长轴切面，箭头所示为纤细的静脉瓣回声。

静脉穿刺前在超声引导下进行穿刺点定位，扎止血带，患者握拳，在标记的预穿刺点涂抹适量碘伏或生理盐水润滑探头。因浅静脉位置表浅，应注意轻压探头，否则使静脉压瘪不能被探及。探头先横向扫查静脉显示为圆形，再纵向扫查静脉显示管壁为两条平行线的血管。将选择好的血管影像固定在标记点的中央位置，左手固定好探头，保持探头位置垂直于皮肤。右手拿穿刺针，针尖斜面向上（朝向探头一侧）插入导管器沟槽（如探头配备），操作者目视显示屏进行静脉穿刺。成功穿刺时超声显示穿刺针尖位于静脉腔内呈强回声点或线状（图 1–42），针尾可见回血。穿刺成功后注意固定穿刺针保持不动，小心地移开探头。当导丝放入穿刺针内时，可再次超声检查确定导丝在血管腔内。

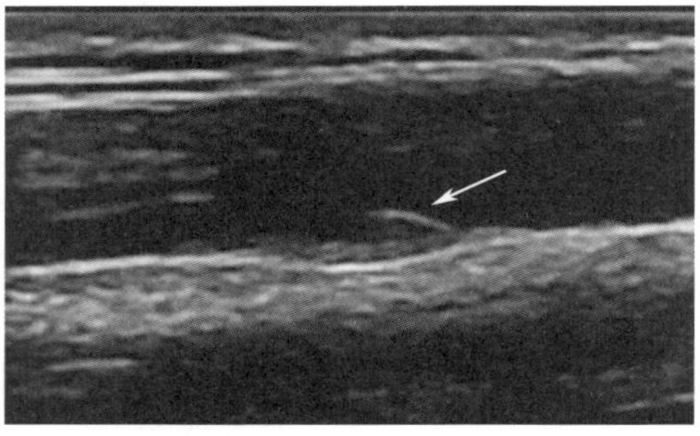

图 1–41　贵要静脉长轴切面二维超声图像

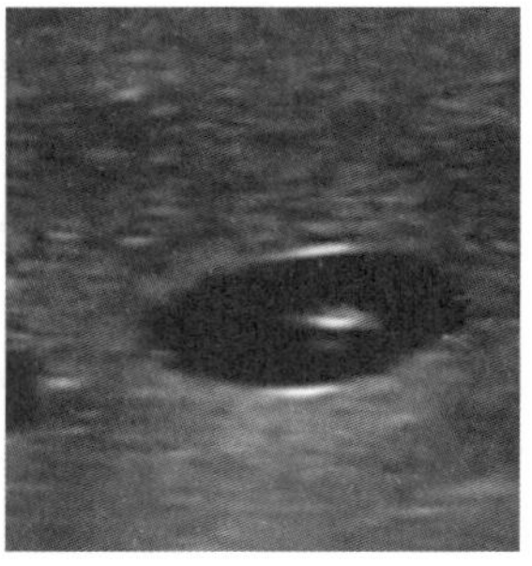

图 1–42　穿刺针短轴切面二维超声图像

需要确定 PICC 导管尖是否位于上腔静脉中下部分，可用相控阵或凸阵探头显示上腔静脉来了解，图 1–43 中箭头所示为上腔静脉（SVC）内导管回声。

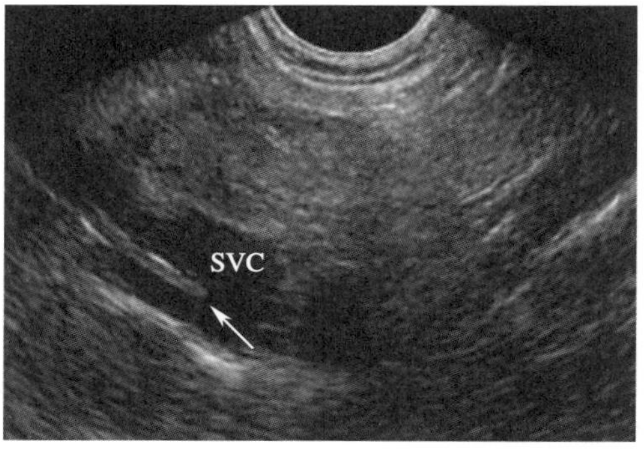

图 1–43　上腔静脉内导管二维超声图像

当怀疑静脉内有血栓形成时（图 1–44），应立即停止输液，进行血管彩超检查，并做相应的处理。图 1–44 左图：静脉长轴切面显示平行线状导管回声及其外周低弱血栓回声；图 1–44 中图：静脉短轴切面显示腔内导管回声；图 1–44 右图：彩色血流显像示静脉腔狭窄，血流受阻呈花色血流。

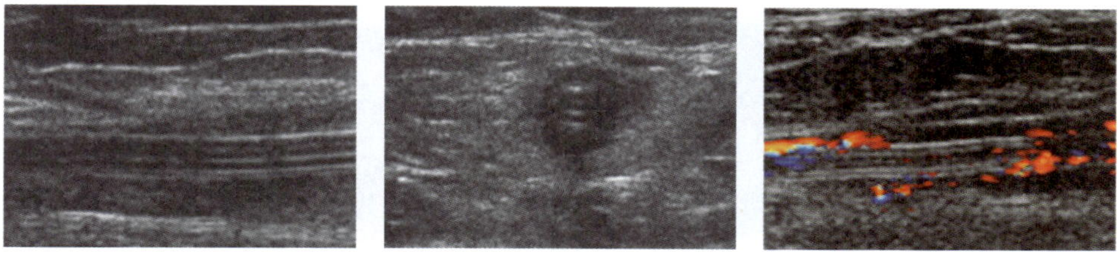

图 1–44　置入导管静脉内血栓形成超声图像

3. 超声仪器维护　超声诊断仪器精密贵重，规范操作及日常维护保养非常重要。主要包括：

（1）工作环境需遮阳，不能在潮湿或易燃气体环境工作或存放仪器，避免在高磁场及高频环境中使用。

（2）严格按照仪器操作流程操作仪器，开机前首先连接好探头及电源线，并检查是否有损坏；关机时应停机后再切断电源。

（3）超声探头容易损坏，轻拿轻放，不能跌落碰撞，操作暂停时应及时按冻结键，检查完后将探头擦拭干净。

（4）注意仪器散热和通风，定期（每周）检查清洗机器的通风过滤网，保证机器工作时不至于过热而烧坏机器。

（5）工作结束后，擦除仪器上的灰尘，保证仪器清洁。

（6）定期由工程人员检查仪器主要技术参数是否正常，包括轴向分辨力、侧向分辨力、灵敏度、穿透力及输出功率等。

（7）建立仪器设备档案，记录使用和维修情况等。

（李春梅　林　嶷）

第六节　中心静脉导管相关影像学知识

中心静脉导管（含 PICC）尖端最佳位置为上腔静脉下 1/3 处或下腔静脉区域，该位置留置期间并发症发生率最少，因此，中心静脉导管置入后应确认导管尖端位置，保证导管尖端在上腔静脉的下 1/3 处或下腔静脉区域。目前临床上通常采用胸部或腹部 X 线拍摄显影来判断导管尖端位置。

一、胸片的基本理论

胸部X线图像是胸部各种组织和器官重叠的影像，它显示的是各种组织结构在X线投影下的总和，也是胸部疾病诊断的基础。X线摄影有传统的普通X线增感屏－胶片摄影、X线计算机数字摄影（computed radiograpHy, CR）和X线直接数字摄影（digital radiograpHy, DR）三种。目前直接数字化X线摄影系统（DR）已逐步取代传统的普通X线摄影与X线计算机数字摄影（CR）。

DR由扫描控制器、暗盒胶片（电子探测器）、影像监视器及系统控制器组成。具有摄像质量高、图像的空间分辨率高、成像速度快、曝光时间短及X线辐射剂量低等优点。

DR摄影分为标准体位摄影（站立位、后前位，图1-45）与床旁DR摄影。标准体位摄影是电子探测器（或过去的暗盒胶片）位于患者前胸区域、X线由患者后背进入后，再在电子探测器（或过去的暗盒胶片）显影形成图像；床旁DR摄影是在患者床旁、手术室或非固定场所内摄影，床旁DR摄影是电子探测器（或过去的暗盒胶片）位于患者后背区域、X线由患者前胸进入后，再在电子探测器（或过去的暗盒胶片）显影形成图像。

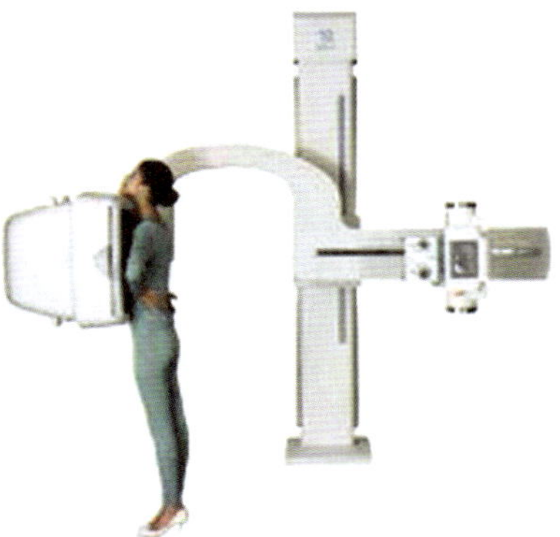
图1-45 X线DR机胸片摄影图

站立位胸片拍摄的位置要求受检者面向摄影架站立，两足分开，身体站稳，头稍后仰，尽量前胸贴近探测器，两手背放于髋部，双肘弯曲，尽量向前，两肩放平，人体正中矢状面对准探测器中线。

照射野和探测器　包括整个胸部，X线源（探测器）距离为180cm（观察心脏距离为200cm）；X线中心线水平方向通过第6胸椎射入探测器中心，深吸气屏气后曝光。

二、胸部解剖

胸廓包括骨骼和软组织，正常胸廓两侧对称；在胸片上两侧肺表现为透明区域，称为肺野，深吸气时肺内含气量增多，透亮度增高；呼气时则透亮度减低，图1-46，一张质量合格的胸部正位片应达到如下条件：

1. 胸部两侧对称显示，肺门阴影结构可辨，肺尖充分显示，胸廓骨影与周围软组织能分清。

2. 肩胛骨应当投影于肺野之外，两侧胸锁关节与胸部中线距离相等。

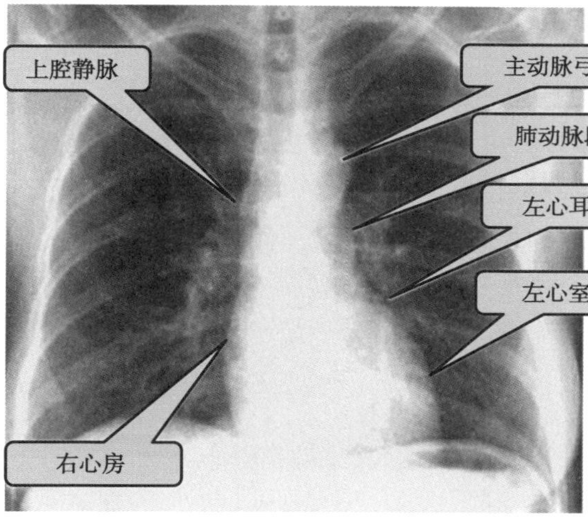

图 1-46　正常胸部立位胸片解剖部位显示

3. 横膈以上的整个肋骨结构显示清楚，肋软骨未钙化时不显影，故胸片上肋骨前端呈游离状。

4. 整个肺野的纹理清晰，能清楚显示末梢血管影。

5. 气管和邻近的支气管、心脏和主动脉边缘、横膈和双侧肋膈角应清晰显示。

6. 透过纵隔影可见脊椎，应当清楚可见第 1~4 胸椎，下部胸椎隐约可见。

7. 重要影像细节显示。

三、中心静脉导管置入后在胸片中的显影

中心静脉导管是由不透 X 线的硅胶或高分子材料制作而成，由于具有不透 X 线性能，所以 X 线片中能很好显示导管影像走形及导管的尖端位置。

（一）正确的拍片体位

1. 站立　携带 PICC 导管的患者或手臂植入输液港的患者，应双侧手臂自然垂直向下。

2. 半卧位 / 平卧位　携带 PICC 导管的患者或手臂植入输液港的患者，应双侧手臂与躯干平行放置。

（二）判断中心静脉导管尖端位置的方法

1. 目测胸锁关节　目测胸锁关节对应的胸椎（T）为 T_1，以此类推，向下为 T_2、T_3、T_4、T_5、T_6、T_7、T_8，当患者置入中心静脉导管后，在 X 线胸片（DR）中能显示出中心静脉导管的影像，正常的中心静脉导管尖端位置在 T_5~T_8（图 1-47），该方法简单，易于判断，但如果患者的胸椎有畸形，请参看第二种判断方法。

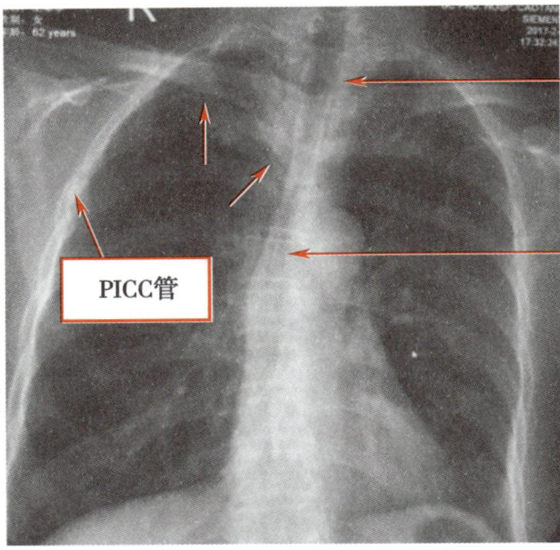

图 1–47　目测中心静脉导管尖端对应的胸椎

2. 肋骨前支和肋骨后支　当中心静脉导管置入后其导管尖端进入上腔静脉的下 1/3，即进入右心房入口附近区域，此区域在胸部 X 线胸片（DR）右上腔静脉显影内显示，位于胸片中右上胸第 3 肋骨前支区域、同时也与右上胸肋骨后支第 7 肋骨水平；此区域也是最佳位置，图 1–48；假如中心静脉导管尖端未能达到此位置，在可能的情况下调整或完善到此位置、或接近于此位置为佳（图 1–49）。

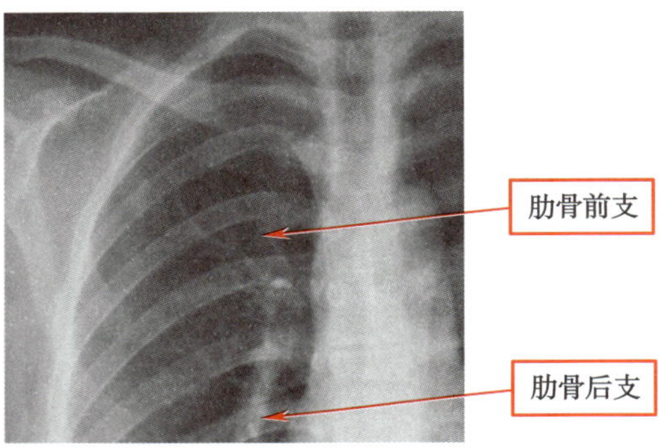

图 1–48　目测肋骨前支和肋骨后支

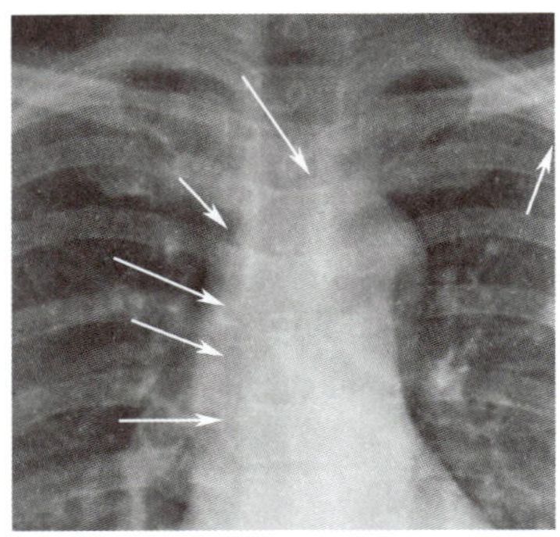

图 1–49　站立位（后前位）X 线摄影显示 PICC 导管走向

（三）异常中心静脉导管显影

当中心静脉导管尖端没有按照预计的路径进入右心房入口附近区域，即中心静脉导管尖端没有停留在 $T_{5\sim8}$ 或没有在右上胸第 3 肋骨前支区域或右上胸肋骨后支第 7 肋骨水平。而进入颈内静脉、腋静脉、打折或到对侧血管内等均为导管异位（图 1–50、图 1–51）。导致导管异位的原因较多：

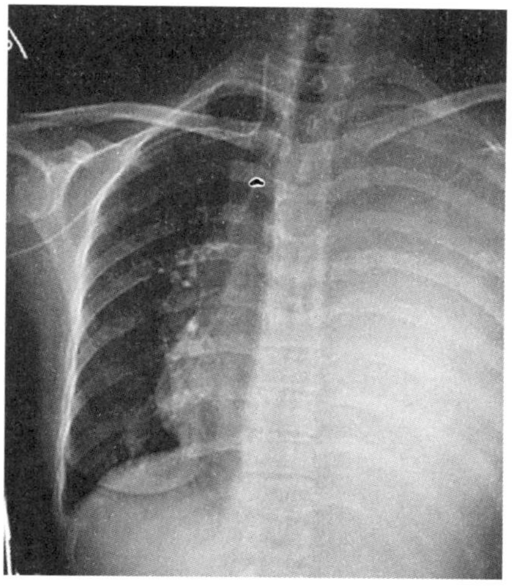

图 1-50　导管在颈内静脉

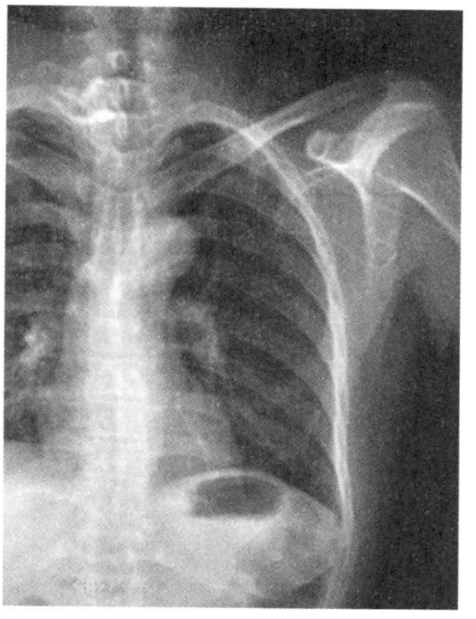

图 1-51　导管在腋静脉

1. 患者因素

（1）血管条件：血管硬化、狭窄、畸形、患者哭闹或紧张导致静脉内压力增高等。

（2）体位：中心静脉导管置入要求患者体位的配合。锁骨下静脉及颈内静脉穿刺置管时要求患者平卧位，胸部或肩部抬高，充分暴露穿刺部位；PICC 穿刺置入时采取平卧或根据病情抬高床头，送管到 15~20cm 时需要患者将头偏向穿刺侧，将颈内静脉压闭，阻止 PICC 导管进入颈内静脉，如果穿刺时没有注意这两点，都有可能导致 PICC 导管异位。

2. 护士置管技术　如送管速度过快、用力过猛等。

3. 导管材质较硬。

4. 摄影体位差异　如卧位摄影等。

四、影响中心静脉导管在胸片显示的条件

标准体位摄影（站立位后前位）由于显影的条件好、摄影效果好、易于观察中心静脉导管行径，确定置管成功最常用的方式；床旁 DR 摄影多用于不能站立、虚弱、危重患者，由于摄影条件和摄片距离影响摄影参数（如对比度、亮度等），甚至因穿透力（如患者肥胖或干扰物过多等）不佳，而导致图像显示障碍的可能，影响导管的显影。

影响导管在胸片中显示的因素有：

1. 患者体型影响　如肥胖。

2. 患者病情严重程度影响　如有肺水肿、肺间质纤维化、胸膜广泛增厚伴钙化。

3. 摄片体位影响　如卧位床旁摄片。

4. 摄片时所用的摄片曝光参数影响　如 kV、毫安秒等。

5. 显示方式影响　如读片在非读片灯、非专业显示屏等。

6. 置管条件影响　如置管未到预定解剖区域等。

（蒋　瑾）

第二章 血管解剖与生理

第一节 血管解剖

血管是连于心房和心室之间密闭的管道系统，也是临床输液、治疗的穿刺部位，由动脉、毛细血管和静脉组成。

一、血管解剖基础知识

（一）血管分类

血管指血液流过的一系列管道，根据构造及功能不同分为动脉、毛细血管和静脉三种。

1. 动脉　动脉（artery）起自心室，止于微动脉，是运送血液离心的血管，管壁较厚，管腔呈圆形，具有一定的弹性，可随心脏的舒缩而搏动。动脉在行程中不断分支为大、中、小动脉和微动脉，微动脉最后移行为毛细血管。

2. 毛细血管　毛细血管（capillary）是连于微动脉和微静脉之间呈网状的微细血管，管壁主要由内皮细胞和基膜组成，呈网状，是连接动、静脉末梢的管道，管径较小，管壁较薄，有一定通透性，是血液与组织和细胞物质交换的场所。

3. 静脉　静脉（vein）起始于毛细血管，止于心房，是运送血液回心的血管，与伴行的动脉相比，管腔大、管壁薄而柔软、弹性小，管腔在外界压力下易改变。静脉属支多，在回心过程中不断有属支汇入，汇合成小、中、大静脉，最后注入心房。

（二）静脉分类及特点

1. 肺循环静脉　肺静脉（pulmonary vein）起自肺门，向内侧穿过纤维心包，注入左心房后部。肺静脉每侧两条，左肺上、下静脉分别收集左肺上、下叶的血液，右肺上静脉收集右肺上、中叶的血液，右肺下静脉收集右肺下叶的血液。

2. 体循环静脉　体循环静脉分为浅、深静脉。浅静脉又称皮下静脉，位于皮下浅筋膜内，无动脉伴行。深静脉又称伴行静脉，位于深筋膜深面，常与动脉伴行。体循环静脉包括上腔静脉系、下腔静脉系和心静脉系。上腔静脉系由上腔静脉及其属支构成，主要收集头颈部、上肢和胸部（心和肺除外）等上半身的静脉血。下腔静脉系由下腔静脉及其属支构成，主要收集下半身的静脉血。

（三）血管壁

血管壁（图 2-1）除毛细血管和毛细淋巴管以外，动脉和静脉管壁的结构基本相同，均有三层结构，从管腔面向外依次为内膜、中膜和外膜。动脉管壁比静脉管壁厚，静脉内有静脉瓣，可防止血液回流。

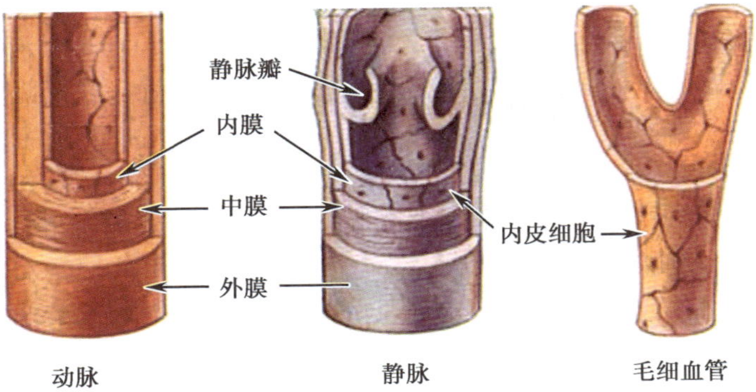

图 2-1　血管壁结构

1. 内膜　为血管壁最内层，较薄，由内皮细胞与内膜下层组成，内皮游离面光滑，可减少血液流动的阻力，保证血液正常流动。内膜受损易导致静脉炎或静脉血栓形成。

2. 中膜　为血管壁中层，是血管壁最主要的组成部分，由弹性、胶原纤维、平滑肌细胞组成，中膜含有平滑肌细胞及结缔组织网，与静脉壁的弹性及收缩功能相关。中膜可随血压变化而扩张或塌陷，以维持管壁张力。

3. 外膜　为血管壁最外层，由弹性纤维和疏松组织组成，对血管起支持和保护作用，血管壁自身营养保持血管舒缩的紧张性。静脉的外膜和中膜硬化，可导致血管弹性下降、脆性增大、易滑动，造成临床上静脉穿刺困难。

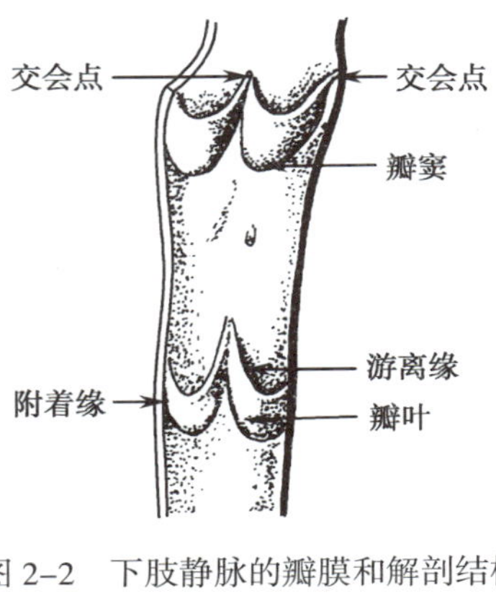

图 2-2　下肢静脉的瓣膜和解剖结构

4. 静脉瓣膜　静脉瓣（venous valves）形成于静脉内膜皱襞，由两层内皮细胞折叠形成，形似半月状小袋，内有弹力纤维。正常瓣膜为双叶瓣，每一瓣包括瓣叶、游离缘、附着缘和交会点，游离缘朝向心脏，与静脉壁构成的间隙为瓣窦（图 2-2）。受重力影响，在静脉回流困难的部位（如四肢）静脉瓣较多，反之，则无瓣膜或瓣膜较少（如躯干）。静脉输液或置管时应选择静脉瓣较少的部位，成人尽量避免下肢静脉输液，以预防血栓或静脉炎发生。

二、静脉的解剖结构及特点

（一）头颈部静脉

头颈部浅静脉（图 2–3）主要包括面静脉、颞浅静脉、颈前静脉和颈外静脉，深静脉主要包括颈内静脉和锁骨下静脉等。

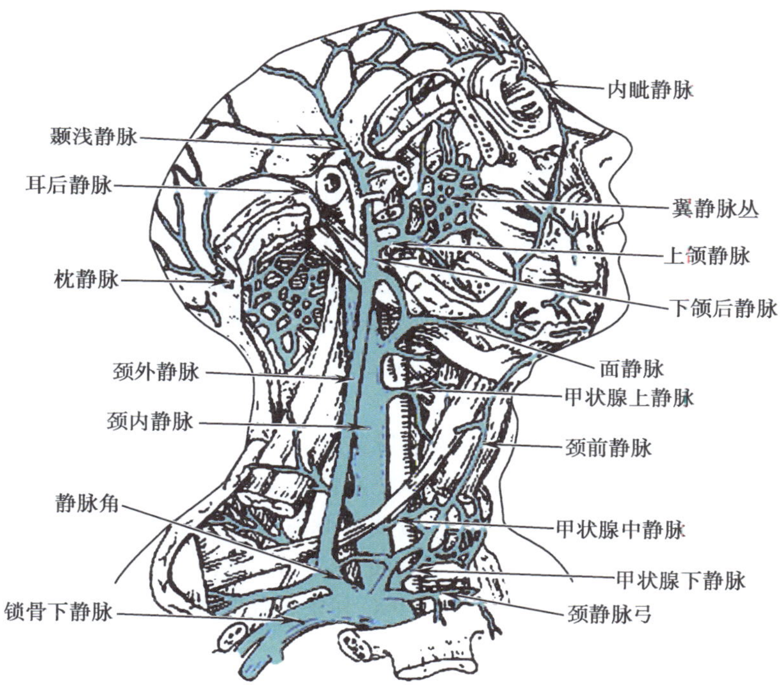

图 2–3　头颈部静脉

1. 颈外静脉（external jugular vein）　是颈部最大的浅静脉，由下颌后静脉的后支与耳后静脉、枕静脉在下颌角处汇合而成，沿胸锁乳突肌浅面斜行向下，于锁骨中点上方 2.5cm 处穿颈部深筋膜注入锁骨下静脉或静脉角。主要收集头皮和面部的静脉血液，是小儿静脉穿刺常用部位之一。

2. 颈内静脉（internal jugular vein）　是最粗大的静脉干，于静脉孔处续于乙状窦，在颈动脉鞘内沿颈内动脉和颈总动脉外侧下行，在胸锁关节后方与锁骨下静脉汇合成头臂静脉。当颈内静脉损伤时，由于管腔不能闭锁，加之胸腔负压对静脉血的吸引，有导致空气栓塞的可能。因此，进行颈内静脉置管或拔管、更换输液通道时，要避免空气进入血管内形成栓塞。临床上常选择右侧颈内静脉中段为穿刺点置入中心静脉导管。

3. 锁骨下静脉（subclavian vein）　是腋静脉的延续，自第1肋外缘续于腋静脉，呈轻度向上的弓形，在胸锁关节后方与颈内静脉汇合成头臂静脉。锁骨下静脉位置固定、管腔较大、血流速度快，临床上常用于锁骨下静脉置管。左头臂静脉行径较右头臂静脉长且位置较水平，置入中心静脉导管或PICC时易发生送管困难、导管异位、穿破血管等问题，因此，中心静脉置管一般选择右侧。

（二）上肢静脉

上肢静脉分浅深两组，两组间有广泛的交通，都具有静脉瓣。上肢浅静脉（图2-4）主要有头静脉、贵要静脉、肘正中静脉及其属支。上肢深静脉常与动脉伴行，多为对称性两条，上肢深静脉主要有肱静脉。

1. 头静脉（cepHalic vein）　起于手背静脉网的桡侧，绕前臂桡侧上行至肘窝，在肘窝位于肘正中静脉桡侧，再沿肱二头肌外侧上行经三角胸大肌沟，穿深筋膜注入腋静脉或锁骨下静脉。头静脉收集手、前臂桡侧掌面和背面的浅静脉。头静脉位置表浅、固定，临床常用于前臂浅静脉置管。经头静脉置入PICC时易造成送管困难或导管异位，一般不作为PICC置管的最佳血管。

2. 贵要静脉（basilic vein）　贵要静脉起自手背静脉网的尺侧，在前臂后面尺侧上行，至肘窝部转向前面，在此部接受肘正中静脉。向上经肱二头肌与旋前圆肌之间的沟内上行，续沿肱二头肌内侧缘上行至臂中点稍下方穿深筋膜，与肱静脉伴行，在大圆肌的下缘汇入腋静脉或上行中汇入肱静脉。肱静脉在肘窝以下有1~3对静脉瓣，以上一般无静脉瓣。贵要静脉在肱二头肌与旋前圆肌之间位置表浅，具有粗、直、静脉瓣少的特点，多作为PICC和中长导管置管的首选静脉。

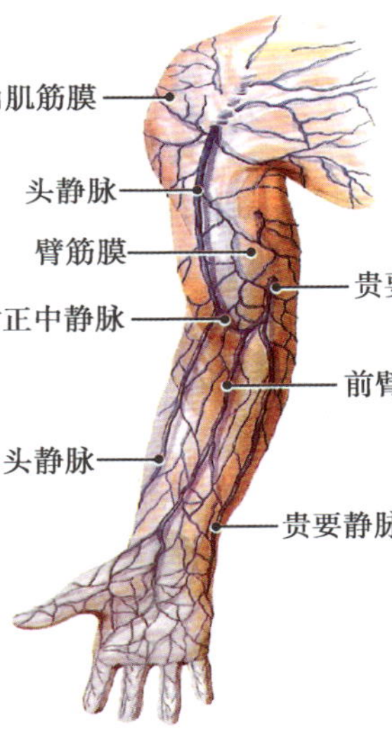

图2-4　上肢浅静脉

3. 肘正中静脉（median cubital vein）粗而短，变异多，通常于肘窝处连接贵要静脉和头静脉，有时也接受前臂正中静脉。肘前区皮肤薄而柔软，浅筋膜疏松，浅静脉粗大、浅表、比较恒定，是临床上静脉抽血、输血的常用部位，但PICC置管送管困难发生率高于贵要静脉。

4. 前臂正中静脉（median vein of forearm）　起自手掌静脉丛，沿前臂前面上行，注入肘正中静脉。偶有分叉，可注入头静脉及贵要静脉。主要收集手掌侧和前臂前部浅层结构的静脉血液。

5. 手背静脉网（retia venosum dorsale manus） 是由浅筋膜内丰富的浅静脉网状交织而成。手背静脉网的桡侧与拇指静脉汇合形成头静脉，尺侧与小指静脉交汇形成贵要静脉。临床上广泛应用于临时静脉输液、采血等。

6. 肱静脉（brachial vein） 有两条，分为内侧支和外侧支，沿肱动脉的内、外侧上行，在肩胛下肌下缘与外侧支汇合并移行为腋静脉。在肱二头肌内侧缘中点，贵要静脉汇入到内侧支。该静脉位置较深，固定，粗、直，肉眼看不见，在血管彩超引导下可见，为血管彩超引导下穿刺置管的备用血管。

与中心静脉置管相关的上肢静脉主要是贵要静脉、肘正中静脉、头静脉和肱静脉四者的解剖特点见表 2-1。

表 2-1　贵要静脉、肘正中静脉、头静脉、肱静脉的解剖特点比较

静脉	解剖位置	优点	穿刺注意事项
贵要静脉	沿前臂尺侧上行，在肘部转前，过肘窝处接受肘正中静脉，沿肱二头肌内侧继续上行至手臂中部，稍下方穿深筋膜伴或不伴肱静脉，注入腋静脉	1. PICC 穿刺首选静脉 2. 管径较大 3. 路径直 4. 使导管容易通过腋静脉、锁骨下静脉、头臂静脉顺利到达上腔静脉	1. 埋藏较深，不如头静脉容易观察 2. 旁有前臂内侧皮神经区域，穿刺时易损伤神经 3. 使用拐杖的患者不宜选择拄拐侧的血管进行穿刺
肘正中静脉	暴露较好，易看到。于肘窝处连接贵要静脉和头静脉，有时也接受前臂正中静脉。后者有时呈分叉状、分别注入贵要静脉和头静脉	1. 易固定 2. 易观察到及触诊 3. 位于肘窝处与贵要静脉连接，适合穿刺的血管	1. 用力过度时易损伤臂丛动脉 2. 外侧靠近桡神经，内侧靠近正中神经和尺神经、前臂内侧皮神经，穿刺过程中易损伤以上神经
头静脉	沿前臂桡侧皮下上行至肘窝，在肘窝位于肘正中静脉桡侧，再沿肱二头肌外侧上行经三角肌、胸大肌间沟，穿深筋膜注入锁骨下静脉或腋静脉，比贵要静脉细，暴露较好，静脉瓣多	1. 位置表浅 2. 容易穿刺 3. 使用双拐患者可选择该血管进行穿刺	1. 由于静脉瓣造成狭窄和与腋静脉形成夹角，送管时易发生送管困难 2. 经该血管穿刺时送管过程中导管异位发生率较大，导管易进入颈外静脉、胸部静脉或打折后返回前臂静脉

续表

静脉	解剖位置	优点	穿刺注意事项
肱静脉	伴行肱动脉，分为内侧支、外侧支两条，沿肱动脉的内、外侧上行，在肩胛下肌下缘与外侧支汇合移行为腋静脉。肱静脉周围有神经伴行	1. 位置深，固定 2. 管径粗 3. 走向较直 4. 彩色超声下管腔显影较清晰 5. PICC置管备选静脉，穿刺成功率高	1. 由于位置深肉眼不易看到，PICC置管时可根据与肱动脉伴行的解剖结构确定穿刺部位 2. 正中神经、尺神经、桡神经与肱静脉伴行，穿刺时损伤神经的概率高于贵要静脉和头静脉，其中正中神经发生率最高，穿刺时应注意倾听患者主诉，避免损伤神经 3. 肱静脉伴行于肱动脉两侧，穿刺时应避免损伤动脉

（三）胸部静脉

胸部常见静脉主要有腋静脉、头臂静脉、上腔静脉、下腔静脉等（图 2-5）。

1. 腋静脉（axillary vein）　由肱静脉在大圆肌下缘处汇合而成，与腋动脉伴行，位于其内侧，并在第 1 肋外侧缘下方延续为锁骨下静脉，全程均经过锁骨下方，主要收集上肢浅、深静脉的全部血液。PICC 置管后上肢深静脉血栓多局限于腋静脉。

2. 头臂静脉（brachiocepHalic veins）　也称无名静脉，由同侧颈内静脉和锁骨下静脉在胸锁关节后方汇合而成，汇合处的夹角称静脉角，是淋巴导管的注入部位。头臂静脉左、右各一，左头臂静脉较长，横过主动脉弓上缘斜向右下，右头臂静脉较短，几乎垂直下降，两侧头臂静脉汇合而成上腔静脉。头臂静脉除收集颈内静脉和锁骨下静脉的血液外，还收集甲状腺静脉、椎静脉、胸廓内静脉的血液。

3. 上腔静脉（superior vena cava）　是一条粗短的静脉干，由左、右头臂静脉在右侧第 1 肋软骨与胸骨结合处的后方汇合而成，在升主动脉右侧下行，至右侧第 2 胸肋关节后方穿纤维心包，至右侧第 3 胸肋关节的下缘处注入右心房，入心前尚有奇静脉注入。主要收集头颈部、上肢、胸壁和部分胸部脏器的静脉血。长约 7cm，管径约 20~30mm，血流量为 2000~2500ml/min，经此血管进行药物输注可迅速发挥治疗效果。因此，置入 / 植入 PICC、CVC 和 PORT 时导管尖端应达到上腔静脉的中、下 1/3，距离右心房入口 2~3cm 处。

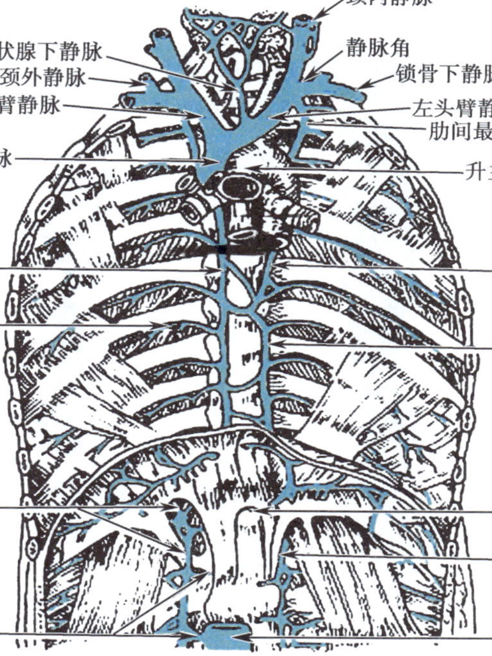

图 2-5　上腔静脉及其属支

4. 下腔静脉（inferior vena cave）　是人体最大的静脉，位于腹膜后，由左、右髂总静脉在第 4 或第 5 腰椎椎体前方汇合而成，沿腹主动脉的右侧上行，先后经肝脏的腔静脉沟和膈的腔静脉孔进入胸腔后穿纤维心包进入右心房。主要收集下肢、盆腔和腹部的静脉血。其属支可分为壁支和脏支两种，多数与同名动脉伴行。

（四）下肢静脉

下肢静脉（图 2-6）由浅静脉、深静脉、交通静脉组成，主要分为浅、深静脉两部分，两者之间交通丰富。浅静脉主要包括小隐静脉、大隐静脉，深静脉主要包括腘静脉、股静脉。下肢浅静脉在踝、小腿及膝关节周围均与深静脉有交通支，内含丰富的静脉瓣，一般不作为输液的首选静脉。

1. 小隐静脉（small sapHenous vein）　在足部外侧缘起自足背静脉弓，经外踝后方沿小腿后侧上行至腘窝，穿深筋膜后注入腘静脉。小隐静脉主要收集足外侧部和小腿的静脉血。婴幼儿小隐静脉位置表浅，必要时可在此处进行静脉穿刺。

2. 大隐静脉（great sapHenous vein）　是全身最长的静脉，在足部内侧缘起自足背静脉弓，经内踝前方沿小腿和大腿内侧上行，并渐转至大腿前面，并在

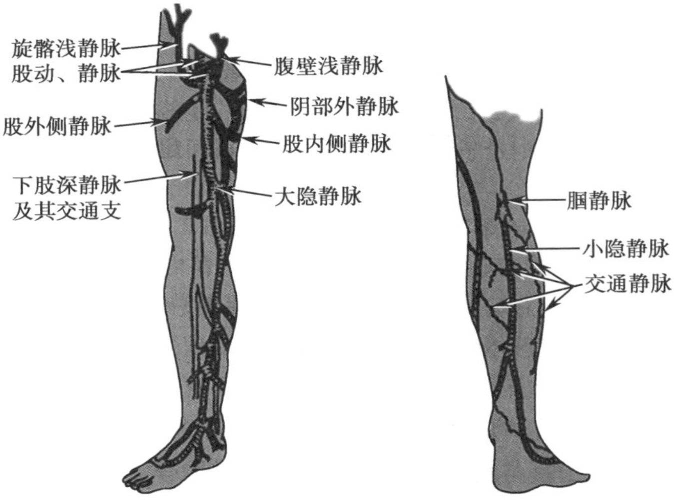

图 2-6　大隐静脉、小隐静脉及其属支

耻骨结节下 3~4cm 处穿阔筋膜的隐静脉注入股静脉。大隐静脉内有较多静脉瓣，输注刺激性药物时易发生静脉炎或血栓，成年患者应尽量避免该静脉穿刺输液。

3. 股静脉（femoral vein） 伴行于股动脉，位于股动脉内侧。是胫前静脉和胫后静脉汇合成腘静脉后，穿收肌腱裂孔移行为股静脉，并在腹股沟韧带深面移行为髂外静脉。主要收集下肢浅部、深部静脉血。临床上常用于穿刺置管，穿刺部位为腹股沟韧带下方 2~3cm，股动脉搏动处内侧 0.5~1cm 处。

三、药物与血管内膜损伤

血管内膜是血管结构和功能的基础结构，可随年龄的增长而变脆。主要特点：薄而光滑，保证血液正常流动；分泌肝素及前列腺素，起抗凝作用；血液屏障作用，防止血浆和细胞从血管中逸出；产生血管收缩、舒张因子等参与调节血液流速。

静脉血管内膜损伤是静脉输液治疗中常见的并发症，造成血管内膜损伤的因素有多种，包括药物因素（如药物 pH、渗透压、化学毒性、刺激性等）、机械因素（如操作方法、输液工具等）、物理因素（如不溶性微粒危害、环境温度、药液的浓度、输液量、输液速度等）、血管因素（如血管的舒缩状态、营养状态等）、感染因素（如无菌操作不严、导管留置时间过长等）、疾病因素（如风湿性疾病）等。

当血管内膜受到刺激时会释放炎性介质组胺、5- 羟色胺等，使血管通透性增加，血液渗出至组织间隙形成局部血肿，导致静脉炎发生；当血管内皮细胞受损,内皮细胞对血小板的调节失衡,血小板堆积,纤维蛋白生成与溶解失衡,生成大于溶解,促使血栓形成。

(一)药物渗透压与内膜损伤

渗透压:是对于两侧水溶液浓度不同的半透膜,为了阻止水从低浓度一侧渗透到高浓度一侧而在高浓度一侧施加的最小额外压强称为渗透压。正常情况下,人体血浆渗透压 280~310mmol/L。当输注低渗溶液(渗透压 <280mmol/L)时,水分子向血管内壁的细胞移动,血管内皮细胞吸入过多水分子导致细胞破裂,刺激静脉而产生静脉炎;输注高渗溶液(渗透压 >310mmol/L)时,血管内壁细胞中的水分子从细胞内向细胞外移动,造成血管内皮细胞萎缩、坏死,内膜脱水而暴露于刺激性溶液中受到损伤,导致静脉炎、静脉痉挛、血栓形成;等渗溶液指的是渗透量相当于血浆渗透量的溶液,如 0.9% 葡萄糖溶液,5%NaCl 溶液,不会造成细胞壁水分子的移动。渗透压影响着血管壁细胞水分子的移动,是决定血管内膜损伤是否发生的重要因素,渗透压越高,对血管内膜的损伤越大。渗透压 >600mmol/L 为高度危险;渗透压 400~600mmol/L 为中度危险;渗透压 <400mmol/L 为低度危险。研究证明渗透压 >600mmol/L 的药物可在 24 小时内造成化学性静脉炎。药物随着配制溶液的种类不同,会出现不同的渗透压值。

因此,为减少高渗或低渗药物对血管内膜的损伤,应选择恰当的配制溶液来调节药液的渗透压,以避免或减轻药液对血管内膜的损伤。

(二)药物 pH 与内膜损伤

pH 即溶液中氢离子的浓度指数,即溶液酸碱程度的衡量标准。正常人体血液 pH 为 7.35~7.45,pH<7.0 为酸性,pH<4.1 为强酸性,pH=7.0 为中性,pH>7.0 为碱性,pH>9.0 为强碱性。药物 pH 与血管损伤有直接关系,超过 pH 正常范围的药物均会损伤静脉内膜。pH 5.0~9.0 时,对血管内膜刺激较小;pH>9.0 或 <5.0 时,可引起静脉或毛细血管痉挛,干扰血管内膜的正常代谢和功能,影响血管内皮细胞吸收水分,酸碱平衡失调、血液循环障碍、局部供血减少、组织缺血缺氧、血管内膜变粗糙,药物外渗或静脉炎、血栓形成的可能性增大。

(三)药物其他因素与内膜损伤

血管内膜损伤除了受药物渗透压、pH 影响外,还与药物刺激性、化学毒性、不溶性微粒、药液浓度、输液量、输液速度、温度、时间、压力等有关。短时间内输入大量的刺激性药物(如抗生素、血管活性药物等)或化学毒性药物(如抗肿瘤药物),会造成局部血管内药物浓度过高,超出血管的应激能力,干扰血管内皮细胞正常代谢和调节功能,内皮细胞破坏、凋亡,导致血管内膜损伤而出现静脉炎或血栓。静脉输液时应根据操作指南采取正确的输液方法,以减轻药物对血管内膜的损伤。如紫杉醇因化学毒性较大,输注时应用专用的溶媒稀释,配制后药物浓度为 0.3~1.2mg/ml，采用专用的输液器静脉滴注 3 小时，保障药物疗效及安全。

血管内膜损伤与药物因素密切相关，输液过程中应掌握药物的理化性质，选择正确的药物配制溶液，并根据血管情况采取合适的输注途径，避免或减轻药物对血管内膜的损伤，保护好血管，保障输液安全。

（关琼瑶）

第二节 血管生理

血管遍布于人体各组织、器官，是人体运送血液的管道，根据运输方向可分为动脉、微血管与静脉。动脉起自心脏，不断分支，口径渐细，管壁渐薄，最后分成大量的毛细血管，分布到全身各组织和细胞间。毛细血管再汇合，形成静脉管道，动脉与静脉通过心脏连通，构成一个连续且相对密闭的管道系统。

血液由心室射出，经动脉、毛细血管、静脉再循环流入心房，根据循环途径的不同，可分为体（大）循环和肺（小）循环两种。体循环起始于左心室，左心室收缩将富含氧气和营养物质的动脉血泵入主动脉，经各级动脉分支到达全身各部组织的毛细血管网，与组织、细胞进行物质和气体交换，即血中的氧气和营养物质为组织细胞所吸收，组织细胞的代谢产物和二氧化碳等进入血液，形成静脉血。再经各级静脉，最后汇合成上、下腔静脉注入右心房。而肺循环则起于右心室，右心室收缩时，将体循环回流的血液（含代射产物及二氧化碳的静脉血）泵入肺动脉，经肺动脉的各级分支到达肺泡周围的毛细血管网，通过毛细血管壁和肺泡壁与肺泡内的空气进行气体交换，即排出二氧化碳，摄入氧气，使血液变为富含氧气的动脉血，再经肺静脉回流于左心房。

体循环中的血量约为总血量的 84%，心脏的血量仅占其 7% 左右，肺循环中的血量约占其 9%。不过，全部血液都需流经肺循环，而体循环则由许多相互并联的血管环路组成，在这样的并联结构中，即使某一局部血流量发生较大的变动，也不会对整个体循环产生很大影响。

一、血管功能特征

（一）血管的功能分类

血管按照组织学结构分为大动脉、中动脉、小动脉、微动脉、毛细血管、微静脉、小静脉、中静脉和大静脉。按生理功能的不同则分为以下几类：

1. 弹性储器血管　主动脉、肺动脉主干及其发出的最大分支，其管壁坚厚，富含弹性纤维，有明显的可扩张性和弹性，故称为弹性储器血管。左心室收缩射血时，从心室射出的血液一部分向前流入外周，另一部分则暂时储存于大动脉中，使其管壁扩张，动脉压升高，同时也将心脏收缩产生的部分动能转化为血管壁的弹性势能。在心室舒张期，主动脉瓣关闭，被扩张的大动脉管壁依其弹性回缩，把在射血期多容纳的那部分血液继续推向外周，大动脉的这种功能称为弹性储器作用。大动脉的弹性储器作用可使心脏间断的射血变成为血管系统中连续的血流，并能减小每个心动周期中血压的波动幅度。

2. 分配血管　指中动脉，即从弹性储器血管以后到分支为小动脉前的动脉管道，其功能是将血液输送至各器官组织，故称为分配血管。

3. 毛细血管前阻力血管　小动脉和微动脉的管径较细，血流阻力较大，因而称为毛细血管前阻力血管。微动脉的管壁富含平滑肌，在生理状态下保持一定的紧张性收缩，其舒缩活动可使血管口径发生明显变化，从而改变对血流的阻力和所在器官、组织的血流量。

4. 毛细血管前括约肌　在真毛细血管的起始部常有平滑肌环绕，称为毛细血管前括约肌。其舒缩活动可控制毛细血管的启闭，因此可决定某一时间内毛细血管开放和关闭的数量。

5. 交换血管　毛细血管位于动静脉之间，分布广泛，相互连通，形成毛细血管网。毛细血管口径较小，管壁仅由单层内皮细胞构成，外面有一薄层基膜，故通透性很高，是血管内、外进行物质交换的主要场所，故称为交换血管。

6. 毛细血管后阻力血管　指微静脉，其管径较小，可对血流产生一定的阻力，但其阻力仅占血管系统总阻力的一小部分。其舒缩活动可影响毛细血管前、后阻力的比值，从而改变毛细血管血压、血容量及滤过作用，影响体液在血管内、外的分配情况。

7. 容量血管　静脉与同级动脉比较，数量多，口径大，管壁薄，可扩张性大，故其容量大。在安静状态下，循环血量的60%~70%容纳在静脉中。静脉口径发生较小改变时，其容积可发生较大变化，明显影响回心血量，而此时静脉内压力改变不大。静脉在血管系统中起着血液储存库的作用，因而称为容量血管。

8. 短路血管　指血管床中小动脉和小静脉之间的直接吻合支。当短路血管开放时，小动脉内的血液不经过毛细血管而直接流入小静脉。在手指、足趾、耳廓等处的皮肤中存在许多短路血管，它们在功能上与体温调节有关。

（二）血管的内分泌功能

1. 血管内皮细胞的内分泌功能　生理情况下，血管内皮细胞合成和释放的各种活性物质在局部维持一定的浓度比，对调节血液循环、维持内环境稳定及生命活动的正常进行起到重要作用。

血管内皮细胞合成和释放的舒血管物质和缩血管物质相互制约，保持动态平衡。血管内皮细胞一旦受损，其释放的舒血管物质就会减少，进而诱发高血压、动脉粥样硬化等疾病。舒血管活性物质主要包括一氧化氮、硫化氢、前列环素等；缩血管活性物质主要有内皮素、血栓素 A_2 等。

2. 血管平滑肌细胞的内分泌功能　近年来，用免疫学和原位杂交技术证明，血管平滑肌细胞可合成、分泌肾素和血管紧张素，调节局部血管的紧张性和血流。此外，平滑肌细胞还能合成细胞外基质胶原、弹力蛋白和蛋白多糖等。

3. 血管其他细胞的内分泌功能　血管壁中还含有大量成纤维细胞、脂肪细胞、肥大细胞、巨噬细胞和淋巴细胞等多种细胞。以往认为，这些细胞的功能是对血管起保护作用、支撑和营养作用。近年的研究发现，这些细胞还能分泌多种血管活性物质，以旁分泌、自分泌的方式调节血管舒缩功能及结构变化。

二、血流动力学

血流动力学（hemodynamics）是流体力学的一个分支，指血液在心血管系统中流动的力学，主要研究血流量、血流阻力、血压以及它们之间的相互关系。由于血液中含有血细胞和胶体物质等多种成分，故血液不是理想液体；而血管是较复杂的弹性管道，也不是硬性管道，因此血流动力学既具有一般流体力学的共性，又具备其自身的特点。

（一）血流量和血流速度

血流量（blood flow）指在单位时间内流经血管某一横截面的血量，也称为容积速度。其单位通常为 ml/min 或 L/min。

血流速度（blood flow velocity）指血液中某一质点在血管内移动的线速度。当血液在血管内流动时，血流速度与血流量成正比，而与血管的横截面积成反比。

1. 泊肃叶定律（Poiseuille low）　研究管道系统中液体流动的规律，用泊肃叶定律可计算出液体的流量，该定律表示为：

$$Q=\frac{\pi \Delta P r^4}{8\eta L}$$

也可表示为：

$$Q=K\frac{r^4}{L}(P_1-P_2)$$

上两式中 Q 表示液体流量，ΔP 或（P_1-P_2）是管道两端的压力差，r 是管道半径，L 是管道长度，η 是液体黏度，π 是圆周率，K 为常数，与液体黏度 η 有关。由该式可知单位时间内的血流量与血管两端的压力差 ΔP 或（P_1-P_2）以及血管半径的 4 次方成正比，而与血管的长度成反比。在其他因素相同的情况之下，如果甲血管的 r 是乙血管的两倍，那么，甲血管中 Q 是乙血管中 Q 的 16 倍，所以血流量的多少主要取决于血管的直径。

泊肃叶定律适用于黏滞性液体在硬性管道内的稳定流动。当应用于血液循环时，应注意 Q 与 ΔP 实际并不成线性关系。这是因为血管具有弹性和可扩张性，r 可因 ΔP 的改变而改变。

2. 层流和湍流　层流（laminar flow）和湍流（turbulence）是血液在血管内流动的两种方式。层流时，液体中每个质点的流动方向一致，与管道长轴平行，但各质点的流速不同，管道轴心处流速最快，越靠近管壁流速越慢。在血管的纵剖面上各轴层流速矢量的顶端连线为一抛物线。图 2-7 中的箭头方向指示血流的方向，箭头的长度表示流速矢量。泊肃叶定律仅适用于层流状态。

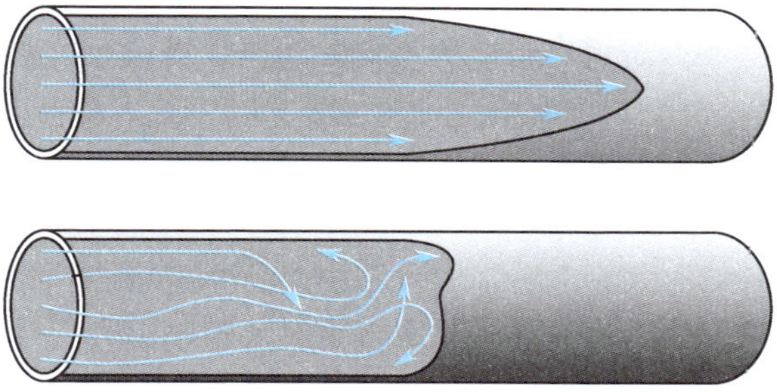

图 2-7　层流与湍流

A. 血流中的层流；B. 血流中的湍流

在正常情况下，人体的血液流动方式以层流为主。然而，当血流速度加速到一定程度之后，层流情况即被破坏，此时血液中各个质点的流动方向不再一致，出现漩涡，称为湍流或涡流。发生湍流时，泊肃叶定律已不再适用。

（二）血流阻力

血流阻力（blood resistance）指血液流经血管时所遇到的阻力，主要由流动的血液与血管壁以及血液内部分子之间的相互摩擦产生。摩擦消耗一部分能量并将其转化为热能，因此血液流动时能量逐渐消耗，使血压逐渐降低。发生湍流时，血液中各个质点流动方向不断变化，阻力加大，能量消耗增多。生理情况下，体循环中血流阻力大致分配为：主动脉及大动脉约占 9%，小动脉及其分支约占 16%，微动脉约占 41%，毛细血管约占 27%，静脉系统约占 7%。可见产生阻力的主要部位是小血管（小动脉及微动脉）。

血流阻力一般不能直接测量，需通过下式计算得出：

$$Q=\frac{\Delta P}{R}$$

由该式可知血流阻力（R）与血管两端的压力差（ΔP）成正比，与血流量（Q）成反比。结合泊肃叶定律，可得到计算血流阻力的公式：

$$R=\frac{8\eta L}{\pi r^4}$$

当血管长度相同时，血液黏度越大，血管直径越小，则血流阻力越大。由于在同一血管床内，L 与 η 在一段时间内变化不大，影响血流阻力的最主要因素为 r，故产生阻力的主要部位是微动脉。机体就是通过控制各器官阻力血管的口径对血流量进行分配调节的。

（三）血压

血管内流动的血液对血管侧壁的压强，即血管单位面积上的侧压力，称为血压（blood pressure）。按照国际标准计量单位规定，血压的单位是帕（Pa）或千帕（kPa），习惯上常以毫米汞柱（mmHg）表示，1mmHg=0.1333kPa。各段血管的血压并不相同，从左心室射出的血液流经外周血管时，由于不断克服血管对血流的阻力而消耗能量，血压将逐渐降低。通常所说的血压是动脉血压。大静脉压和心房压较低，常以厘米水柱（cmH_2O）为单位，$1cmH_2O$=0.098kPa。

血压在各段血管中的下降幅度与该段血管对血流阻力的大小成正比，在主动脉和大动脉段，血压降幅较小。如主动脉的平均压约 100mmHg，到直径为 3mm 的动脉处，平均压仍可维持在 95mmHg 左右；到小动脉时，血流阻力增大，血压降落的幅度也变大。在体循环中，微动脉段的血流阻力最大，血压降幅也最显著。如微动脉起始端的压力约 85mmHg，而毛细血管起始端血压仅约 30mmHg，说明血液流经微动脉时压力下降约 55mmHg。当血液经毛细血管到达微静脉时，血压下降至 15~20mmHg，而血液经静脉回流至腔静脉汇入右心房时，压力接近 0mmHg。

（四）血流动力学监测

血流动力学监测可分为无创性和有创性两大类。无创血流动力学监测，是应用对组织器官没有机械损伤的方法，经皮肤或黏膜等途径间接取得有关心血管功能的各项参数，如自动的无创血压监测、心电图等。有创血流动力学监测指经体表插入各种导管或监测探头到心脏和（或）血管腔内，利用各种监测仪或监测装置直接测定各项生理参数，如中心静脉压、漂浮导管等。

1. 动脉压监测　通常有无创血压监测和动脉穿刺插管直接测压两种方法，血压能够反映心室后负荷、心肌耗氧及周围血管阻力。虽然血压能反映循环功能，但不是唯一指标。因为组织灌注取决于血压和周围血管阻力两个因素。若血管收缩，阻力增高，血压升高，而组织血流却减少，故此判断循环功能不能单纯追求较高的血压，应结合多项指标，综合分析。

2. 中心静脉压监测　经皮穿刺监测中心静脉压（CVP），主要经颈内静脉或锁骨下静脉，将导管插至上腔静脉。监测需注意：导管插入上、下腔静脉或右心房无误；玻璃管零点需置于第 4 肋间右心房水平腋中线；静脉内导管和测压管道系统内无凝血、空气，管道无扭曲，导管畅通。CVP 由四个部分组成：

（1）右心室充盈压。

（2）静脉内壁压力即静脉内血容量。

（3）作用于静脉外壁的压力，即静脉收缩压和张力。

（4）静脉毛细血管压。

CVP 高低，主要反映右心室前负荷和血容量，与静脉张力和右心功能有关，不能反映左心功能。这是因为三尖瓣和肺动脉瓣对中心静脉血流有阻碍作用，以及肺循环阻力的改变，使来自左心的压力衰减。

3. 肺动脉压监测　根据临床需要可选用不同规格的 Swan-Ganz 漂浮导管，通常选择右侧颈内静脉，将导管沿静脉进入到右心房→右心室→肺动脉→肺小动脉分支，即可出现肺动脉楔压（PAWP）波形，可用于评估左右心室功能、指导治疗、选择最佳的 PEEP。通过监测血浆胶体渗透压（COP）和 PAWP，并计算其差值（COP-PAWP），对心源性肺水肿发生做出判断，PAWP 与肺毛细血管静水压基本一致，升高的原因为左心衰竭或输液过量。正常时（COP-PAWP）为 10~18mmHg，低于 9mmHg 时一般认为是肺水肿的先兆指标，4~8mmHg 提示肺水肿发生的可能性明显增加，低于 4mmHg 时不可避免将发生肺水肿。左心衰时（COP-PAWP）可呈负值。

4. 心排血量监测　心排血量（CO）是反映心泵功能的重要指标，通过 CO 测定，可判断心脏功能，诊断心力衰竭和低排综合征，估计预后，指导治疗。临床上有无创和有创两种方法。无创法有心肌阻抗心动图、多普勒等；有创法有温度热稀释法、改良有创血流动力学监测、经肺热稀释法等。

（五）中心静脉压与静脉输液

中心静脉压（central venous pressure，CVP）是指右心房和胸腔内大静脉血压。CVP 正常值为 5~12cmH_2O。中心静脉压的高低取决于心脏射血能力和静脉回心血量。如心脏射血能力强，能及时将回流入心脏的血液射入动脉，中心静脉压较低；反之，心脏射血能力减弱（如心力衰竭），右心房和上腔静脉淤血，中心静脉压就会升高。因此，中心静脉压可反映心脏功能状态和静脉回心血量，在临床上常作为判断心血管功能的重要指标。另外，如果静脉回流量增多或速度过快（如静脉输血、输液过快或者过多），中心静脉压也将升高。所以中心静脉压也可以作为静脉输液速度和补液量的监测指标。中心静脉压过高则提示输液过多或者过快，反之，则提示输液量不足。

（六）影响动脉血压的因素

1. 每搏量　每搏量增加时，心缩期射入主动脉的血量增多，动脉管壁所承受的侧压力也增大，故收缩压明显升高。由于动脉血压升高，血流速度随之加快，在心舒末期存留在大动脉中的血量增加不多，故舒张压升高的幅度相对较小，脉压增大，平均动脉压也升高。反之，每搏量减少时，收缩压降低明显，脉压减小。通常情况下，收缩压的高低主要反映心脏每搏量的多少。

2. 心率　心率加快时，心舒期明显缩短，血液流向外周的时间缩短，故在心舒期从主动脉流向外周的血量减少，而心舒期末主动脉内存留的血量增多，致使舒张压升高。心舒期末主动脉内存留血量的增多使心缩期主动脉内的血量增多，收缩压也相应升高，但由于收缩压升高可使血流速度加快，在心缩期仍有较多的血流流向外周，血液存留远不如舒张末期的多，故收缩压升高的程度不如舒张压显著，脉压相应减小。但如果心率过快，则心舒期过短，使心室充盈不足，导致心排血量减少，动脉血压反而下降。反之，当心率减慢时，舒张压下降的幅度比收缩压显著，因而脉压增大。

3. 外周阻力　外周阻力增加时，血液从主动脉流向外周的速度减慢，心舒期末主动脉内存留的血量增多，因而舒张压升高。心舒期末主动脉内存留血量的增多，同样使心缩期主动脉内的血量增多，收缩压升高，血流速度加快，心缩期血液存留较心舒期少，故收缩压升高比舒张压小，脉压也相应减小。反之，外周阻力减小时，舒张压和收缩压都降低，但舒张压降低更为明显，脉压加大，因此，舒张压的高低主要反映外周阻力的大小。

4. 主动脉和大动脉的弹性贮器作用　由于主动脉和大动脉的弹性贮器功能，使得动脉血压波动幅度明显小于心室内压的波动幅度。老年人由于动脉管壁硬化，血管顺应性降低，主动脉和大动脉的弹性贮器作用减弱，对血压波动的缓冲作用也就减弱，因而收缩压增高，舒张压降低，脉压明显加大。

5. 循环血量与血管系统容量的比例　正常情况下，循环血量是相对稳定的，血管系统的充盈程度变化不大。失血后，循环血量减少，此时如果血管系统的容积变化不大，则体循环平均充盈压必定降低，使动脉血压下降。在其他情况下，如果循环血量不变而血管系统容积增大，也会导致动脉血压下降。反之，循环血量增多时，如果血管系统容量没有明显的变化，则动脉血压升高。

在不同的生理或病理情况下，上述各种因素可同时影响动脉血压。实际所测得的动脉血压变化，往往是各种因素相互作用的综合结果。

（七）影响静脉回心血量的因素

单位时间内静脉回心血量的多少取决于周围静脉压与中心静脉压之差，以及静脉对血流的阻力。凡影响外周静脉压、中心静脉压及静脉阻力的因素，都可影响静脉回心血量。

1. 体循环平均充盈压　是反映血管系统充盈程度的指标。当血量增加或容量血管收缩时，体循环平均充盈压升高，静脉回心血量增多；反之，血量减少或容量血管舒张时，体循环平均充盈压降低，静脉回心血量减少。

2. 心脏收缩力量　心脏收缩时将血液射入动脉，舒张时则可从静脉抽吸血液。如果心脏收缩力量强，射血时心室排空较完全，在心舒期心室内压就较低，对心房和静脉内血液的抽吸力量较大，静脉回心血量增多。反之，射血力量弱，心舒期心室内压就较高，血液淤积在右心房和大静脉内，回心血量减少。

3. 重力与体位变化　由于地球重力场的影响，血管内血液可对血管壁产生一定的静水压，因此身体各部分血管的血压值除心脏做功形成外，还要加上血管的静水压。各部分血管静水压等于血管与右心房水平之间的垂直距离、血液比重和重力加速度三者的乘积。一般来说，血管位置在右心房水平以下每 1cm，静水压增高 0.77mmHg，而在右心房水平以上的血管，重力的作用使血压相应降低。

人体平卧时，全身静脉大体上与心脏处于同一水平，静水压大致相同，对静脉血压和静脉血流不起重要作用。当从卧位变为直立位时，足部血管内的血压比卧位时明显增高，其增高的部分相当于从足至心脏这样一段血柱高度形成的静水压，约 80mmHg。而在心脏以上水平的部分，血管压力较卧位时低，如颅顶脑膜矢状窦内压可降至 -10mmHg 左右。静脉壁薄、可扩张性大，其充盈程度受到跨壁压的影响，可产生较大范围的变动。血管跨壁压是血管内血液对管壁的压力和血管外组织对管壁的压力之差。一定的跨壁压是保持血管壁充盈扩张的必要条件。静脉管壁较薄，当跨壁压降低时较容易发生塌陷，当跨壁压增大时，静脉就充盈扩张。人体处于直立体位时，受重力作用的影响，头颈部静脉跨壁压降低，因而该处静脉几乎是塌陷的。相反，心脏水平以下的静脉跨壁压升高，静脉容积增加，可多容纳约 500ml 血液，回心血量减少；反之，从立位变为卧位时，回心血量增多。正常人有时候从持久的蹲位突然变为直立位时，出现眼前发黑甚至晕倒的现象，是由于体位的影响，导致回心血量减少，心排血量减少和血压暂时性下降所致。

4. 骨骼肌的挤压作用　肌肉收缩时可挤压肌肉内和肌肉间的静脉，使静脉血回流加快；同时静脉内的瓣膜使血液只能单向流回心脏。肌肉舒张时，静脉扩张，静脉压下降，有利于毛细血管和微静脉的血液流入静脉。这样，骨骼肌和静脉瓣膜对静脉回流起着“泵”的作用，称为“肌肉泵”。所以，肌肉有节奏地收缩和舒张可使回心血量增加。正常人长期站立或处于坐位，可能出现下肢水肿，这是下肢静脉缺乏肌肉挤压，血液淤积在下肢的原因。

5. 呼吸运动　由于胸膜腔内负压的作用，胸腔内大静脉处于扩张状态。吸气时，胸腔容积增大，胸膜腔内负压值进一步增大，使胸腔内的大静脉和右心房更加扩张，中心静脉压降低，右心回心血量增多。反之，呼气时胸膜腔内负压值减小，右心回心血量减少。因此，呼吸运动对静脉回流也起着“呼吸泵”的作用。但是应当注意，呼吸运动对左心及右心的回心血量影响是不同的。吸气时，随着肺的扩张，肺部血管被牵拉扩张，容积增大，能储存较多的血液，因而由肺静脉回流至左心房的血量减少；呼气时的情况则相反。

三、血流量及血流速度对静脉输液治疗的影响

（一）成人中心静脉置管常用静脉直径及血液流速

成人中心静脉置管常用静脉直径及血液流速见表 2-2。

表 2-2　成人中心静脉置管常用静脉直径及血液流速

常用静脉	静脉直径（mm）	流速（ml/min）
头静脉	6	40~90
贵要静脉	10	90~150
腋静脉	16	150~350
锁骨下静脉	19	350~800
无名静脉	19	800~1500
上腔静脉	20~25	2000~2500

（二）血流量与静脉输液治疗

输注刺激性强的药物时，应选择管径粗的血管，较大的血流量可使药物得到迅速的稀释，从而减轻药物对血管壁的刺激，减少化学性静脉炎的发生。临床在进行静脉置管时，必须在尽可能大的静脉内置入能满足治疗需要的最小管道，使被置管的静脉局部有足够的空间让血液通过，保证一定的血流速度和血流量，避免在管腔较小的静脉插入导管，防止堵管、静脉炎、血栓、外渗等并发症发生。

（吴　丹）

第三节　静脉与外周神经系统

外周神经系统包括脊神经、脑神经与内脏神经。脊神经有 31 对，与脊髓相连，分布于躯干和四肢。脑神经有 12 对，与脑相连，分布于头面部。内脏神经作为脑神经与脊神经的纤维成分，主要分布于内脏、心血管和腺体。神经在走行中伴随着血管，因此静脉输液专科护士要特别熟悉神经的位置、走向及生理特点，在进行静脉输液时避免损伤神经。根据静脉输液常用血管及输液位置，下面介绍几种输液过程中最易损伤的神经。

一、臂丛神经

臂丛神经由第 5~8 颈神经前支与第 1 胸神经前支大部分纤维组成，先经斜

角肌间隙穿出后绕锁骨后方进入腋窝。臂丛神经的分支包括锁骨上支和锁骨下支，在锁骨中点的后方，臂丛神经束最为集中，位置表浅，此点可作为上肢手术时锁骨上臂丛神经阻滞的定位标志。臂丛神经主要支配肩部、胸部、臂部及手部的关节、肌肉、皮肤。臂丛在锁骨下部的分支可分为五大支，主要包括肌皮神经、正中神经、尺神经、桡神经与腋神经（图 2-8）。臂丛神经分支与锁骨下静脉相邻，因此进行锁骨下静脉穿刺时避免损伤臂丛神经。

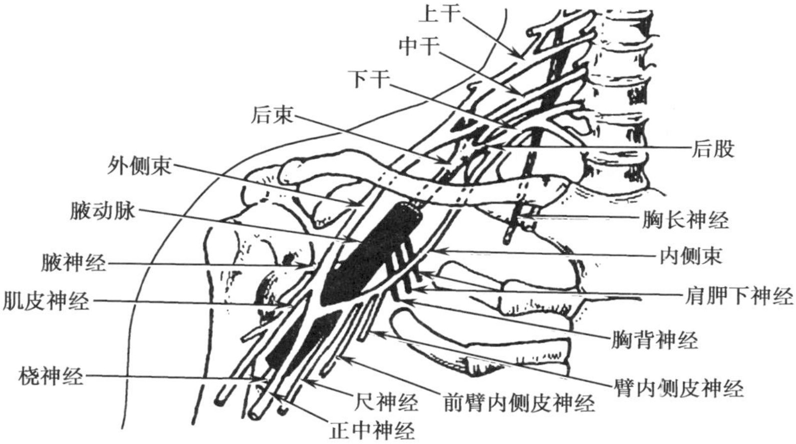

图 2-8 臂丛组成模型图

（一）肌皮神经

1. 概述 肌皮神经由第 5~7 颈神经前纤维组成，自臂丛外侧束发出后，穿于喙肱肌，经肱二头肌与肱肌间下行，分布于这三块肌。在肘关节的稍下方，穿肱二头肌腱外侧的深筋膜，分布于前臂外侧皮肤，称前臂外侧皮神经（图 2-9、图 2-10）。肌皮神经损伤表现为不能屈肘及前臂外侧感觉减弱。

2. 体表走行 肌皮神经伴头静脉走行，尽管分布变异较少见，但由于静脉行程变化较多，而肌皮神经不恒定地分布在静脉的一侧，静脉穿刺时容易受损引起疼痛。

3. 与静脉输液的关系 由于静脉穿刺是一种物理性刺激，易引起区域性肌皮神经紧张性疼痛反应。只要针头不拔出，刺激持续存在，肌皮神经传导触觉感受器感受冲动，所以疼痛不因针头位置不同而减轻。

（二）正中神经

1. 概述 正中神经（图 2-10）由第 5~8 颈神经前支和第 1 胸神经前支大部分纤维组成，来自臂丛内外侧束的内外侧根汇合而成。沿肱二头肌内侧沟伴肱动脉下行至肘窝，继而穿旋前圆肌，于指浅、深屈肌间达腕部。在桡侧腕屈肌腱和掌长肌腱之间的深部进入腕管，在掌腱膜深面到达手掌。正中神经在臂部

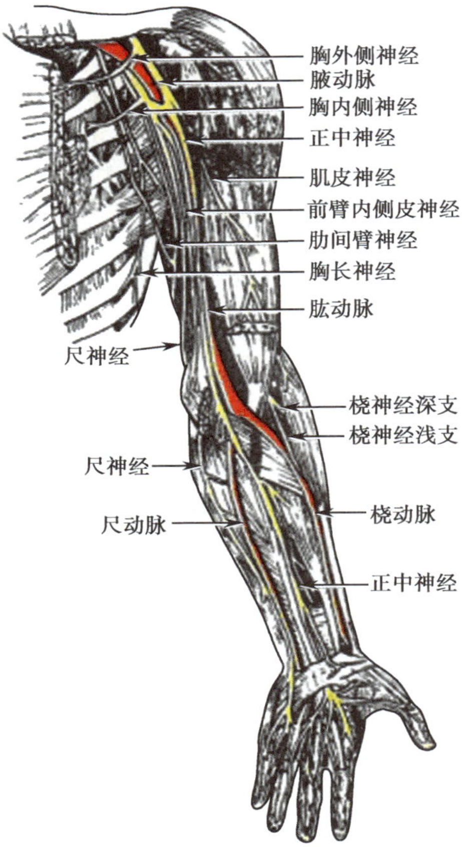

图 2-9　上肢的神经（左侧　前面）

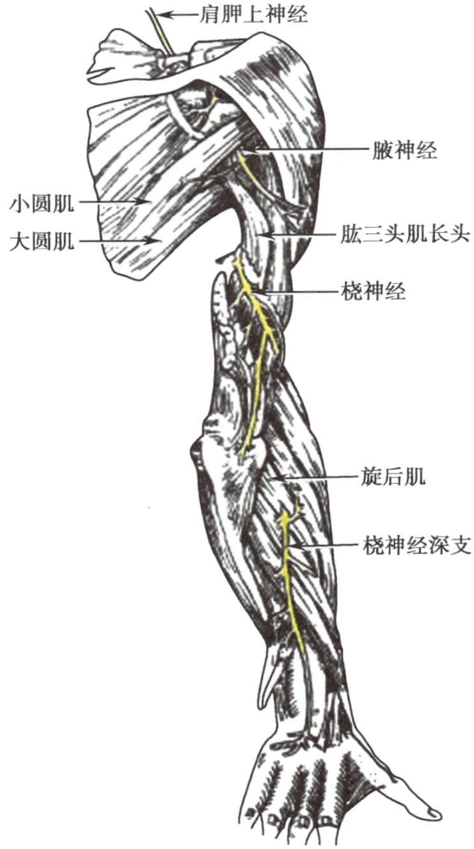

图 2-10　上肢的神经（右侧　后面）

无分支，主要支配除肱桡肌、尺侧腕屈肌和指深屈肌尺侧半以外的所有前臂屈肌和旋前肌以及附近关节。在手掌区主要分布在第 1、2 蚓状肌及鱼际肌，掌心、桡侧三个半手指掌面及其中节和远节指背皮肤。正中神经在腕部受伤后可表现为鱼际肌萎缩，手掌平坦，称“猿手”，拇指、示指、中指感觉障碍。

2. 体表走行　正中神经的体表投影：从肱二头肌内侧沟上端肱动脉搏动点开始，向下至肱骨内、外上髁间连线中点稍内侧，继而循前臂正中向下，达腕部桡侧腕屈肌腱和掌长肌腱之间的连线来表示。

3. 与静脉输液的关系　贵要静脉深面是肱二头肌腱膜，此腱膜将贵要静脉与肱动脉、正中神经隔开，贵要静脉可跨过前臂内侧皮神经，前臂内侧皮神经亦可跨过贵要静脉。在肘窝上进行贵要静脉穿刺时有损伤正中神经的危险。若发生液体外渗，可损伤正中神经和尺神经，因此在静脉注射和输入高渗液体时，要选用合适的血管和针头，防止液体外渗。

（三）尺神经

1. 概述　尺神经（图 2–9），由第 7、8 颈神经和第 1 胸神经的前支纤维组成，自臂丛内侧束发出，臂上部行于肱动脉内侧。在臂中部穿内侧肌间隔，下行至肱骨内上髁后方的尺神经沟（在此处，神经位于骨与皮肤之间，位置较浅，易受损伤）。再向下穿尺侧腕屈肌转至前臂前面内侧，走行于尺侧腕屈肌和指浅屈肌之间，在尺动脉尺侧下降至腕部，经豌豆骨桡侧及腕横韧带浅面到达手掌。尺神经分为浅深二支。在前臂的浅支支配尺侧腕屈肌、指深屈肌尺侧缘。在手掌，深支支配小鱼际肌，第 3、4 蚓状肌，骨间肌和拇收肌。尺神经主干损伤后主要表现为屈腕能力减弱，屈 4、5 指的远节指骨不能屈曲及拇指内收力弱，小鱼际肌及骨间肌明显萎缩，各指不能互相靠拢，各掌指关节过伸，第 4、5 指的指间关节弯曲，称为“爪形手”。尺神经分支的皮肤区，尤其是小鱼际肌和小指的感觉丧失。

2. 体表走行　尺神经表面的投影：自胸大肌下缘肱动脉起始处搏动点开始，向下内侧到肱骨内上髁与鹰嘴之间，继续经前臂尺侧达豌豆骨外侧的连线为尺神经投影线。

3. 与静脉输液的关系　手背浅静脉丰富，吻合成手背静脉网，收集手指及手背浅、深部的静脉血。手背静脉网的桡侧和尺侧分别与拇指和小指的静脉合成头静脉和贵要静脉，与尺神经发出的感觉支相互交错，尺神经恒定的从血管深面走行而不恒定分布于血管的一侧。肱骨内上髁后方尺神经位置表浅，是常用的检查部位。在进行静脉输液时，要特别注意尺神经的体表投影，避免损伤神经。

（四）桡神经

1. 概述　桡神经由第 5~8 颈神经和第 1 胸神经的前支神经纤维组成，自臂丛后束发出的粗大神经。沿肱骨中段后面的桡神经沟旋向外下，在肱骨外上髁上方穿外侧肌间隔，在肱桡肌和肱肌之间分为深、浅两支。桡神经在臂部主要支配肱三头肌、肱桡肌和桡侧腕长伸肌，感觉纤维主要分布到前臂和前臂后部皮肤。桡神经浅支主要分布在手背桡侧半和桡侧两个半手指近节指背的皮肤。深支支配前臂后群肌。桡神经损伤可致前臂伸肌瘫痪，表现为抬前臂时，呈“垂腕”状，第 1、2 掌骨间背面皮肤感觉障碍明显。

2. 体表走行　研究发现头静脉由桡神经浅支浅出处到桡骨茎突的一段，均与桡神经紧密伴行，在浅出部位，头静脉大部分位于桡神经内侧，至桡骨茎突附近，头静脉经桡神经浅支的浅面与其交叉，行于桡神经外侧。此段体表投影为肱骨外上髁与桡骨茎突连线的下 1/3，注射时出现瞬间放电感，如果再继续输入液体，可能会损伤神经，出现麻木感。

3. 与静脉输液的关系　手背静脉是临床静脉输液最常用的静脉，手背的皮神经主要由桡神经浅支和尺神经手背支构成。桡神经浅支走行至第1、2、3指蹼附近再分支至手指背侧。尺神经手背支多走行至第4指蹼附近后分支，少数也分布至第3指蹼处。手背皮神经于浅静脉深面径直走行，分支和成袢现象很少。血管与神经在第Ⅰ/Ⅱ和第Ⅳ/Ⅴ掌骨间区域呈伴行关系，第Ⅱ/Ⅲ掌骨间隙处呈交叉关系。在掌骨头平面，静脉汇集于此，神经至此分支，故两者关系十分密切。但研究发现由尺骨茎突、桡骨茎突和第三掌骨头形成的三角形区域为“乏神经区”。由尺骨茎突至第3、4指蹼和由桡骨茎突至第1、2、3指蹼的连线为掌背皮神经的体表投影，在进行静脉输液时应注意这些解剖关系，选择相对安全区域进行注射或输液，减少对神经的损伤。

二、腓总神经

1. 概述　腓总神经包括腰4、5神经和骶1、2神经纤维，自腘窝近侧部由坐骨神经分出后，在腘窝上外侧沿股二头肌腱内侧向外下行，越过腓肠肌外侧头的后面，绕腓骨颈向下外，分为腓浅神经和腓深神经，腓总神经发出腓肠外侧皮神经分布于小腿外侧面的皮肤，并与胫神经分出的腓肠内侧皮神经吻合。其分布包括小腿前、外侧群肌，足背肌和小腿外侧、足背、趾背的皮肤。腓浅神经分支足背内侧皮神经和足背中间皮神经与足背静脉弓呈交叉关系。足背内侧皮神经在小腿横韧带及十字韧带的前方，分为内、外侧支，内侧支分布于踇趾内侧及足背内侧的皮肤，外侧支分布于第2、3趾的相对缘；足背中间皮神经主要分布在第3、4趾的相对缘和第4、5趾的相对缘。足背外侧皮神经主要来自腓肠神经，分布于第4、5趾之间和足外侧缘皮肤。腓深神经分布于第1、2趾相对面的背侧皮肤。腓总神经受伤后足不能背屈，趾不能伸，足下垂且内翻，呈“马蹄”内翻足。行走呈“跨域步态”，小腿前外侧及足背感觉障碍。

2. 体表走行　腓总神经位置表浅，行程中贴近腓骨小头下方的骨面，周围软组织少，移动性差，此处容易受损。腓总神经的体表投影可自腘窝上角至腓骨小头后侧画一条斜线表示。

3. 与静脉输液的关系　在给小儿进行下肢静脉输液发生漏液时，易使腓总神经受压而导致损伤，所以尤其是在输液固定腓骨颈处，应防止损伤腓总神经。足背静脉也是临床上常选用的静脉输液部位，研究发现在外踝前区，十字韧带前方，足背静脉弓后方、趾长伸肌腱的小趾肌腱外侧，第4跖骨内侧的区域有一“乏神经区”。在此处进行静脉穿刺可减少患者的痛苦。

三、隐神经

1. 概述　隐神经是全身最长的皮神经。为股神经的皮支，伴随股动脉入内收肌管下行，穿出此管后至膝关节内侧下行，于缝匠肌下段后方浅出至皮下后，伴随大隐静脉沿小腿内侧面下行至足内侧缘，分布于髌骨下方，小腿内侧面及足内侧缘皮肤。

2. 体表走行 隐神经在小腿中、下 1/3 段和大隐静脉紧密伴行，神经与静脉相互缠绕及静脉被夹于两神经干之间。

3. 与静脉输液的关系 大隐静脉在内踝前方的位置表浅而恒定，是输液和注射的常用部位。研究显示膝部隐神经位于静脉后方，一直到踝部保持此关系。在内踝处大隐静脉较上肢静脉有显著解剖学优势，穿刺时应间接、快速穿刺，同时避免损伤神经。

四、腓肠神经

1. 概述 胫神经的皮支——腓肠内侧皮神经伴随小隐静脉下行沿途分布于皮肤，并在小腿下部与腓总神经分出的腓肠外侧皮神经合为腓肠神经，自外踝后方转至足背外侧，为足背外侧皮神经，分布于足背及小趾外侧皮肤。

2. 体表走行 外踝与跟腱间中点与腘窝中点的连线即腓肠神经体表投影。

3. 与静脉输液的关系 小隐静脉在足外侧起始于足背静脉弓，经外踝后方，沿小腿后面上行，注入腘静脉。小隐静脉与腓肠神经全程紧密并排相互伴行，在静脉穿刺时应注意神经的体表投影，减少对神经的损伤。

（杨甜甜 任 辉）

第四节 血液系统和凝血机制

血液是流动在血管和心脏中的一种红色不透明的黏稠液体，有运输、修复、防御、止血、调节等功能。主要由红细胞、白细胞、血小板和血浆组成，血浆中除含有大量水分以外，还有无机盐、纤维蛋白原、白蛋白、球蛋白、酶、激素、各种营养物质、代谢产物。

一、正常止血机制

生理性止血包括一期止血和二期止血。一期止血依赖于血管收缩和血小板形成。

（一）血管收缩

生理性止血首先表现为受损血管局部及附近的小血管收缩，使局部血流减少。引起血管收缩的原因有三个：

1. 损伤性刺激通过神经反射使血管收缩。

2. 血管壁的损伤引起局部血管平滑肌的收缩。

3. 黏附于损伤处的血小板释放 5- 羟色胺（5-HT）、血栓素 A_2（TXA_2）等缩血管物质，引起血管收缩。

（二）血小板止血栓的形成

血管损伤后，由于内皮下胶原暴露，在 1~2 秒内即有少量的血小板附着于内皮下的胶原上，这是形成止血栓的第一步。通过血小板的黏附，可识别损伤部位，使止血栓能正确定位损伤的部位，并通过血小板内一系列信号转导激活血小板聚集。血小板的伸展变形有利于血小板更好地与内皮下基质结合。血液中血小板不断地聚集、黏着形成血小板止血栓，从而将伤口堵塞，达到初步止血，称一期止血。

（三）血液凝固

血管受损也可启动凝血系统，在局部迅速发生血液凝固，使血浆中可溶性的纤维蛋白原转变成不溶性的纤维蛋白，并交织成网，以加固止血栓，称二期止血。最后，局部纤维组织增生，并长入血凝块，达到永久性止血。

二、血小板在止血机制中的作用

在生理性止血过程中，血管收缩、血小板止血栓形成及血液凝固三个过程是相继发生并相互重叠，密切相关的。只有在血管收缩使血流减慢时，血小板黏附才容易实现；血小板激活后释放的 5-HT 和 TXA_2 又可促进血管收缩。活化的血小板可促进血液凝固而具有凝血功能。血液凝固的反应也可促进血小板的活化。此外，血凝块中血小板的收缩，可引起血块回缩，挤出其中的血清，而使血凝块变得更为坚实、牢固地封住血管的破口。血小板在生理性止血的三个环节中均起重要作用，所以在止血过程中至关重要。当血小板减少或功能降低时，出血时间就会延长。

三、凝血机制

血液凝固的实质就是血浆中的可溶性纤维蛋白原转变成不溶性的纤维蛋白的过程。当形成的纤维蛋白交织成网时，可把血细胞及血液中的其他成分网罗在内，从而形成血凝块。血液凝固是一系列复杂的酶促反应过程，需要多种凝血因子的参与。

血浆与组织中直接参与血液凝固的物质，统称为凝血因子。目前已知的凝血因子主要有 14 种，即凝血因子Ⅰ~ⅩⅢ（简称 FⅠ~FⅩⅢ，其中 FⅥ是血清中活化的 FⅤa，已不再被视为一个独立的凝血因子）。在这些凝血因子中，除 FⅣ是 Ca^{2+} 外，其余的凝血因子均为蛋白质；除 FⅢ外，其他凝血因子均存在于新鲜血浆中。大多数凝血因子在肝脏合成，其中 FⅡ、FⅦ、FⅨ、FⅩ的生成需要维生素 K 的参与，故它们又被称为维生素 K 依赖性凝血因子。当肝脏病变或维生素 K 缺乏时，可因凝血因子合成障碍引起凝血功能异常。

血液凝固是凝血因子按一定顺序相继激活而生成凝血酶，最终使纤维蛋白原变为纤维蛋白的过程。凝血过程可分为凝血酶原复合物的形成、凝血酶形成和纤维蛋白形成三个基本步骤，凝血过程示意图见图 2-11。

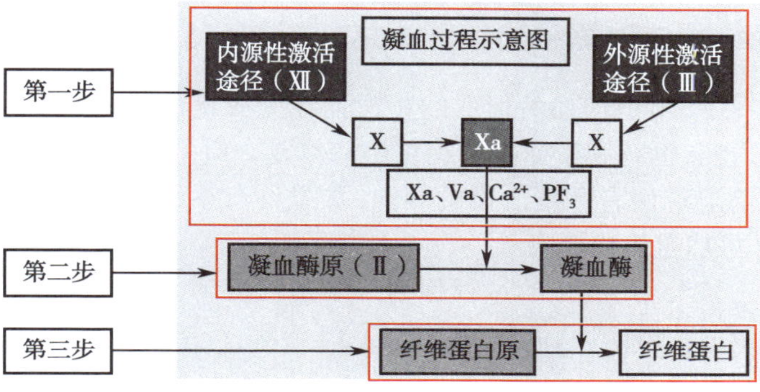

图 2-11　凝血过程示意图

（一）凝血酶原复合物形成

凝血酶原复合物形成有两条途径，分别是内源性凝血途径和外源性凝血途径。

1. 内源性凝血途径　指参与凝血的因子全部来自血液，由Ⅻ因子被激活而启动的凝血过程。从 FⅫ结合于异物表面到形成 FⅪa 的过程，称为表面激活。在 Ca^{2+} 存在的情况下，表面激活所生成的 FⅪa 可激活 FⅨ，生成 FⅨa。FⅨa 在 Ca^{2+} 的作用下与 FⅧa 在活化的血小板膜磷脂表面结合成复合物，即内源性途径因子Ⅹ酶复合物，可进一步激活 FⅩ，生成 FⅩa。

2. 外源性凝血途径　由来自血液之外的组织因子（因子Ⅲ）与血液接触而启动的凝血过程，又称组织因子途径。组织因子是一种跨膜糖蛋白，广泛存在于大多数非血管细胞表面及血管外膜层。在生理情况下，直接与循环血液接触的血细胞和内皮不表达组织因子，但约有 0.5% 的 FⅦ处于活化状态（FⅦa）。当血管损伤时，暴露出组织因子，后者与血浆中微量存在的 FⅦa 相结合成 FⅦa- 组织因子复合物。

通过 FⅦa- 组织因子复合物的形成，使内源性凝血途径和外源性凝血途径相互联系，相互促进，共同完成凝血过程。由内源性和外源性凝血途径所生成的 FⅩa，在 Ca^{2+} 存在的情况下可与 FⅤa 在磷脂膜表面形成 FⅩa-FⅤa-Ca^{2+}- 磷脂复合物，即凝血酶原复合物，进而激活凝血酶原。

（二）无活性的凝血酶原转变为有活性的凝血酶

即凝血酶原在凝血酶原酶复合物的作用下水解释放出凝血酶原片段 1、2，形成凝血酶。

（三）纤维蛋白原转变为纤维蛋白

凝血酶使纤维蛋白原转变为纤维蛋白单体，激活 FXⅢ生成 FXⅢa，在 Ca^{2+} 的作用下，FXⅢa 使纤维蛋白单体相互聚合形成纤维蛋白多聚体凝块。

四、纤维蛋白溶解系统

正常情况下，组织损伤后形成的止血栓在完成止血后将逐步降解液化，使血管内血流通畅，也有利于受损组织再生和修复。但是，若纤溶系统亢进，可因止血栓的提前溶解而有重新出血的倾向；如果纤溶系统活动低下，则不利于血管的再通，并可加重血栓栓塞。

纤维蛋白被分解、液化的过程称为纤维蛋白溶解，简称纤溶。纤溶系统主要包括纤维蛋白溶解酶原，简称纤溶酶原、纤溶酶、纤溶酶原激活物与纤溶抑制物。纤溶可分为纤溶酶原的激活与纤维蛋白的降解两个基本阶段，图 2–12）。

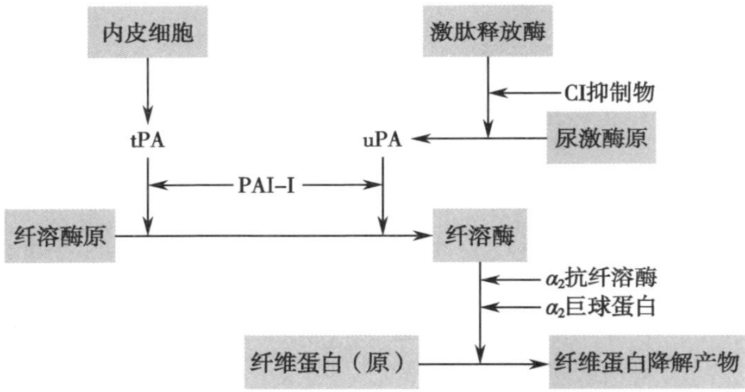

tPA: 组织纤溶酶原激活物；uPA：尿激酶；PAI–I：纤溶酶原激活物抑制剂

图 2–12 纤维蛋白溶解系统激活与抑制示意图

（一）纤溶酶原激活

纤溶酶原激活是纤维蛋白溶解的关键步骤，纤溶酶原主要由肝产生。正常情况下，纤溶酶原是纤溶酶的无活性前体，只有在被纤溶酶原激活物等转化为纤溶酶后才具有降解纤维蛋白的作用。

（二）激活的纤溶酶可降解纤维蛋白与纤维蛋白原

纤溶酶最敏感的底物是纤维蛋白和纤维蛋白原。生理情况下，纤溶酶主要生成于纤维蛋白沉积的部位，并可将纤维蛋白和纤维蛋白原分解为许多可溶性小肽。血液凝固过程中纤维蛋白的形成是触发纤溶的启动因素，通过纤溶酶选择性地产生并作用于纤维蛋白形成部位，即血凝块形成的部位，可以溶解纤维蛋白，以清除血凝块，恢复正常的血管结构和血流。但当纤溶亢进时，可因凝血因子的大量分解及纤维蛋白降解产物的抗凝作用而有出血倾向。体内有多种物质可抑制纤溶系统的活性，主要有纤溶酶原激活物抑制物 -1 和 α_2- 抗纤溶酶，两者分别在纤溶酶原的激活水平和纤溶酶水平抑制纤溶系统的活性，防止血块过早溶解和避免出现全身性纤溶。

五、抗凝系统

生理状态下发生轻微的血管损伤，人体内会有少量的凝血因子被激活，但循环血液并不凝固。即使组织损伤后发生生理性止血时，止血栓也只局限于损伤局部。这说明人体内生理性凝血的过程是多因素平衡的结果，其中血管内皮细胞在防止血液凝固中起了重要作用。

（一）血管内皮的抗凝作用

正常的血管内皮光滑完整，可防止凝血因子、血小板与内皮下的成分接触，从而避免凝血系统的激活和血小板的活化。血管内皮还具有抗血小板和抗凝血的功能：

1. 血管内皮细胞合成、释放前列腺素（PGI_2）和一氧化氮（NO），抑制血小板的聚集。

2. 血管内皮细胞膜有胞膜 ADP 酶，分解 ADP，抑制血小板的激活。

3. 血管内皮细胞表面存在硫酸乙酰肝素蛋白多糖，血液中的抗凝血酶与之结合后，可灭活 FⅡa、FⅩa 等多种活化的凝血因子。

4. 血管内皮细胞合成和分泌组织因子途径抑制物和抗凝血酶等抗凝物质。

5. 血管内皮细胞合成并在膜上表达凝血酶调节蛋白，通过蛋白质 C 系统的参与对 FⅤa、FⅧa 的灭活。

通过上述过程，内皮细胞可灭活来自凝血部位扩散而来的活化凝血因子，阻止血栓延伸到完整内皮细胞部位。

（二）凝血因子的激活局限于血管受损部位

当血管局部损伤时，组织因子和胶原暴露，并分别与 FⅦ结合，引起血小板黏附。由于组织因子镶嵌在细胞膜上，可起“锚定”作用，使 FⅩ的激活只发生在损伤区域。

（三）血液稀释及单核巨噬细胞的吞噬作用

进入循环的活化凝血因子可被血液稀释，并被血浆中的抗凝物质灭活，进而被单核巨噬细胞吞噬，有助于防止凝血过程的扩散。

（四）生理性抗凝物质是体内抗凝的重要机制

正常人每 1ml 血浆中约含凝血酶 300U，当凝血反应在试管中发生时，凝血酶原可被全部激活。但在生理性止血时，每 1ml 血浆所表现出的凝血酶活性很少超过 8~10U，这表明正常人体内有很强的抗凝血酶活性。体内的生理性抗凝物质可分为丝氨酸蛋白酶抑制物、蛋白质 C 系统和组织因子途径抑制物三类，分别抑制激活的维生素 K 依赖性凝血因子（FⅦa 除外）、激活的辅因子 FⅤa 和 FⅧa，以及外源性凝血途径。

（罗艳丽）

第五节　皮肤组织结构及功能

皮肤是身体的最外层组织与身体内部有着密切的联系。成人皮肤的总面积约 1.5~2m^2；厚度各处不同，约 0.5~4mm，在四肢及躯干伸侧较屈侧为厚，以眼睑、外阴部、耳朵及乳房的皮肤最薄，手掌及足底的皮肤最厚。

一、皮肤组织结构

皮肤由表皮、真皮和皮下组织所构成。最外部为密集的表皮细胞；下方为真皮，主要为结缔组织；皮下组织含有大量的脂肪。皮肤中除各种皮肤附属器外，还含有丰富的血管、淋巴管、神经和肌肉（图 2-13）。

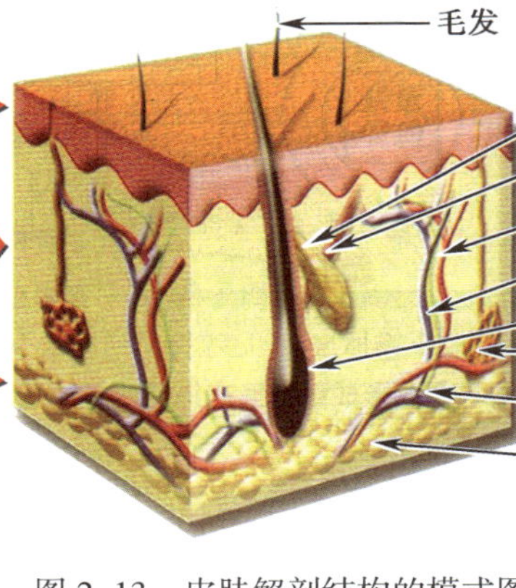

图 2-13　皮肤解剖结构的模式图

（一）表皮

表皮由胚胎期的外胚层演变而成，是复层鳞状上皮，由外向内，可分为角质层、透明层、颗粒层、棘层及基底层五层。在表皮内有汗腺排出体外的通路。表皮的各层结构：

1. 角质层　表皮最外的一层为角质层，由 5~20 层已经死亡的扁平细胞构成，在掌跖部位可厚达 40~50 层。含有角蛋白，细胞正常结构消失。角质层上部细胞间桥粒消失或形成残体，故易于脱落。

2. 透明层　位于颗粒层与角质层之间，仅见于掌跖等表皮较厚的部位，由 2~3 层较扁平细胞构成。

3. 颗粒层　位于棘层上方，在角质层薄的部位由 1~3 层梭形或扁平细胞构成，而在掌跖等部位细胞可厚达 10 层，细胞长轴与皮面平行。

4. 棘层　位于基底层上方，由 4~8 层多角形细胞构成，细胞轮廓渐趋扁平。细胞表面有许多细小突起，相邻细胞的突起相互连接，形成桥粒。

5. 基底层　位于表皮底层，由一层正方形或圆柱状细胞构成，细胞长轴与真皮 - 表皮交界线垂直。基底层细胞进行核分裂，产生新细胞而向上推进，逐渐演变成表皮各层，正常人表皮细胞的更新约需 28 天，最后所形成的角质层在有形或无形之中脱落。

（二）真皮

表皮下方的紧密纤维层，主要由胶原纤维及弹力纤维这两种结缔组织构成，使皮肤具有强度和弹性。真皮是由中胚层分化而来，由浅至深可分为乳头层和网状层，但两层之间并无明显界限。乳头层为凸向表皮底部的乳头状隆起，与表皮突呈犬牙交错样相接，内含丰富的毛细血管和毛细淋巴管，还有游离神经末梢和囊状神经小体；网状层较厚，位于乳头层下方，有较大的血管、淋巴管、神经穿行。

（三）皮下组织

位于真皮下方与肌膜等组织相连，由疏松结缔组织及脂肪小叶组成，又称皮下脂肪层。皮下组织含有血管、淋巴管、神经、小汗腺和顶泌汗腺等。皮下组织的厚度随部位、性别及营养状况的不同而有所差异。

（四）皮肤附属器

包括毛发、毛囊、汗腺、皮脂腺、指（趾）甲等，均由外胚层分化而来。

（五）皮肤的神经

皮肤中有丰富的神经分布，可分为感觉神经和运动神经，通过中枢神经系统之间的联系感受各种刺激、支配靶器官活动及完成各种神经反射。皮肤的神经支配呈节段性，但相邻节段间有部分重叠。神经纤维多分布在真皮和皮下组织中。

（六）皮肤的血管

皮肤血管非常丰富，可以储纳人体血液总量的 1/3。皮肤的血管位于真皮与皮下组织之间，真皮由微动脉和微静脉构成的乳头下血管丛（浅丛）和真皮下血管丛（深丛）组成，这些血管丛大致呈层状分布，与皮肤表面平行，浅丛与深丛之间有垂直走向的血管相连通，形成丰富的吻合支（图 2-14）。

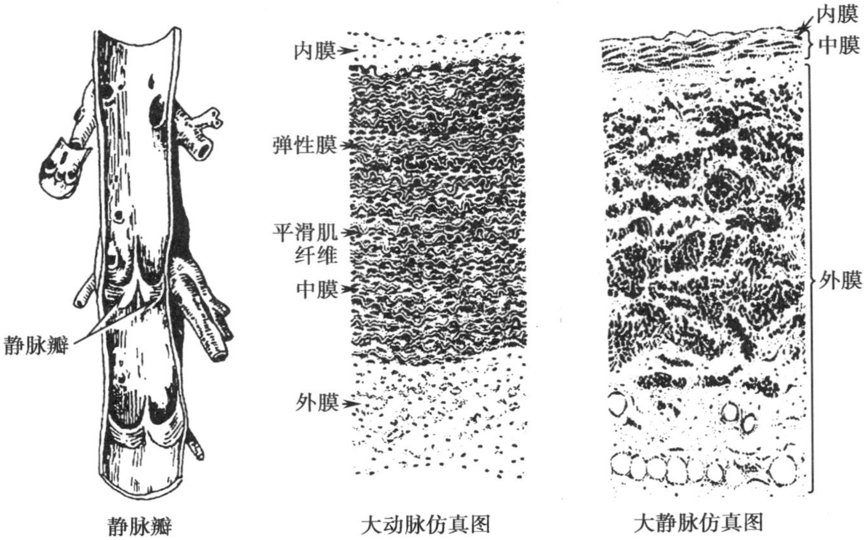

图 2-14　血管结构图和静脉瓣

（七）皮肤的淋巴管

皮肤的淋巴管网与几个主要的血管丛平行，皮肤毛细淋巴管盲端起始于真皮乳头层的毛细淋巴管，逐渐汇合为管壁较厚的具有瓣膜的淋巴管，形成乳头下浅淋巴网和真皮淋巴网，再通连到皮肤深层和皮下组织的更大淋巴管。毛细淋巴管管壁很薄，仅由一层内皮细胞及稀疏的网状纤维构成，内皮细胞之间通透性较大，且毛细淋巴管内的压力低于毛细血管及周围组织间隙的渗透压，故皮肤中的组织液、游走细胞、细菌、肿瘤细胞等均易通过淋巴管到达淋巴结，最后被吞噬处理或引起免疫反应。此外，肿瘤细胞也可通过淋巴管转移到皮肤。

（八）皮肤的肌肉

立毛肌是皮肤内最常见的肌肉类型，由纤细的平滑肌纤维束构成，其一端起自真皮乳头层，另一端插入毛囊中部的结缔组织鞘内，当神经紧张及寒冷时，立毛肌收缩可引起毛发直立，形成所谓的“鸡皮疙瘩”。此外，尚有阴囊肌膜、乳晕平滑肌、血管平滑肌等肌肉组织，汗腺周围的肌上皮细胞也具有某些平滑肌功能。面部表情肌和颈部的颈阔肌属于横纹肌。

二、皮肤的功能

皮肤覆盖于人体表面，对维持体内环境稳定十分重要，具有屏障、吸收、感觉、分泌和排泄、体温调节、物质代谢、免疫等多种功能。

（一）屏障功能

皮肤可以保护体内各种组织和器官，阻止外界有害因素的损伤，也可以防止体内水分、电解质及营养物质的丢失。

1. 物理性损伤的防护　皮肤对机械性损伤（如摩擦、挤压、牵拉及冲撞等）有较好的防护作用。角质层致密而柔韧，是主要防护结构，在经常受摩擦和压迫部位，角质层可增厚进而增强对机械性损伤的耐受力；真皮内的胶原纤维、弹力纤维和网状纤维交织成网状，使皮肤具有一定的弹性和伸展性；皮下脂肪层对外力具有缓冲作用，使皮肤具有一定的抗挤压、牵拉及对抗冲撞的能力。皮肤对电损伤的防护作用主要由角质层完成，角质层含水量增多时，皮肤电阻减小，导电性增加，易发生电击伤。皮肤对光线的防护主要通过吸收作用实现，皮肤各层对光线的吸收有选择性，如角质层主要吸收短波紫外线（波长 180~280nm），而棘层和基底层主要吸收长波紫外线（波长 320~400nm）。黑素细胞在紫外线照射后可产生更多的黑素，使皮肤对紫外线的屏障作用显著增强。

2. 化学性刺激的防护　角质层是皮肤防护化学性刺激的最主要结构。角质层细胞具有完整的脂质膜、丰富的胞质角蛋白及细胞间的酸性胺聚糖，有抗弱酸和抗弱碱作用。

3. 微生物的防护　角质层细胞排列致密，其他层角质形成细胞间也通过桥粒结构相互镶嵌排列，能机械性防御微生物侵入；角质层含水量较少以及皮肤表面弱酸性环境，均不利于某些微生物生长繁殖；角质层生理性脱落，可清除一些寄居于体表的微生物；一些正常皮肤表面寄居菌（如痤疮杆菌和马拉色菌等）产生的脂酶，可将皮脂中的甘油三酯分解成游离脂肪酸，后者对葡萄球菌、链球菌和白色念珠菌等有一定的抑制作用。

4. 防止营养物质丢失　正常皮肤的角质层具有半透膜性质，可防止体内营养物质、电解质丢失，皮肤表面的皮脂膜也可大大减少水分丢失。

（二）吸收功能

皮肤吸收是皮肤外用药物治疗的理论基础。角质层是经皮吸收的主要途径，其次是毛囊、皮脂腺、汗腺。皮肤的吸收功能可受多种因素影响：

1. 皮肤的结构和部位　皮肤的吸收能力与角质层的薄厚、完整性及通透性有关。不同部位角质层薄厚不同，吸收能力也存在差异，皮肤的吸收能力：阴囊 > 前额 > 大腿屈侧 > 上臂屈侧 > 前臂 > 掌跖。角质层破坏时，皮肤吸收能力增强，此时应注意避免因药物过量吸收而引起不良反应。

2. 角质层的水合程度　角质层的水合程度越高，皮肤吸收能力就越强。局部用药后密闭封包，药物吸收可增高 100 倍，其原因就是封包阻止了局部汗液和水分的蒸发，导致角质层水合程度提高，临床上可用于肥厚性皮损。

3. 被吸收物质的理化性质　完整皮肤只能吸收少量水分和微量气体，水溶性物质不易被吸收，而脂溶性物质和油脂类物质吸收良好，主要吸收途径为毛囊和皮脂腺。皮肤吸收强弱顺序：羊毛脂 > 凡士林 > 植物油 > 液状石蜡。此外，皮肤还能吸收多种重金属（如汞、铅、砷、铜等）及其盐类。

4. 外界环境因素 环境温度升高可使皮肤血管扩张、血流速度增加，加快已透入组织内的物质弥散，从而使皮肤吸收能力提高。环境湿度也可影响皮肤对水分的吸收，当环境湿度增大时，角质层水合程度增加，皮肤吸收能力增强。

5. 病理情况 皮肤充血、理化损伤及皮肤疾患均会影响皮肤的吸收功能。

（三）感觉功能

皮肤的感觉可以分为两类，一类是单一感觉，皮肤中感觉神经末梢和特殊感受器感受体内外的单一性刺激，转换成一定的动作电位沿神经纤维传入中枢，产生不同性质的感觉，如触觉、痛觉、压觉、冷觉和温觉；另一类是复合感觉，皮肤中不同类型的感觉神经末梢和感受器共同感受的刺激传入中枢后，由大脑综合分析形成的感觉，如湿、糙、硬、软、光滑等。此外，皮肤还有形体觉、两点辨识觉、定位觉和痒觉等。

（四）分泌和排泄功能

皮肤的分泌和排泄主要通过汗腺和皮脂腺完成。

1. 小汗腺 小汗腺的分泌和排泄受体内外温度、精神因素和饮食的影响。外界温度高于 31℃时全身皮肤均可出汗，称显性出汗；温度低于 31℃时无出汗的感觉，但显微镜下可见皮肤表面出现汗珠，称不显性出汗；精神紧张、情绪激动等大脑皮质兴奋时可引起掌跖、前额等部位出汗，称精神性出汗；进食（尤其是辛辣、热烫食物等）可使口周、鼻、面、颈、背等部位出汗，称味觉性出汗。正常情况下小汗腺分泌的汗液无色透明，呈酸性（pH 4.5~5.5），大量出汗时汗液碱性增强（pH>7.0）。汗液中水分占 99%，其他成分 1%，后者包括无机离子、乳酸、尿素等。小汗腺的分泌对维持体内电解质平衡非常重要。

2. 顶泌汗腺 青春期顶泌汗腺分泌旺盛，情绪激动和环境温度增高时，其分泌也增加。顶泌汗腺新分泌的汗液是一种无味液体，经细菌酵解后可使之产生臭味。有些人的顶泌汗腺可分泌一些有颜色物质（可呈黄、绿、红或黑色），使局部皮肤或衣服染色，称为色汗液。

3. 皮脂腺 属全浆分泌，即整个皮脂腺细胞破裂，胞内物全部排入管腔，分布于皮肤表面形成皮脂腺。皮脂是多种脂类的混合物，其中主要含有角鲨烯、蜡脂、甘油三酯及胆固醇酯等。皮脂腺分泌受各种激素（如雄激素、孕激素、雌激素、糖皮质激素、垂体激素等）的调节，其中雄激素可加快皮脂腺细胞的分泌，使其体积增大、皮脂合成增加，雌激素可抑制内源性雄激素产生或直接作用于皮脂腺，减少皮脂分泌。禁食可使皮脂分泌减少及皮脂成分改变。此外，表皮受损处的皮脂腺也可停止分泌。

（五）体温调节功能

皮肤具有重要的体温调节作用。一方面，皮肤可通过遍布全身的外周温度感受器（分别感受热和冷刺激）感受外界环境温度变化，并向下丘脑发送相应信息；另一方面，皮肤又可接受中枢信息，通过血管舒缩反应、寒战或出汗等反应对体温进行调节。皮肤覆盖全身，面积较大，且动静脉吻合丰富。冷应激时交感神经兴奋，血管收缩，动静脉吻合关闭，皮肤血流量减少，皮肤散热减少；热应激时动静脉吻合开启，皮肤血流量增加，皮肤散热增加。此外，四肢大动脉也可通过调节浅静脉和深静脉的回流量进行体温调节，体温升高时，血液主要通过浅静脉回流使散热量增加；体温降低时，主要通过深静脉回流以减少散热。体表皮肤散热主要通过辐射、对流、传导和汗液蒸发实现。

（六）代谢功能

与其他组织器官相比，皮肤的代谢功能具有其特殊性。

1. 糖代谢　皮肤中的糖主要为糖原、葡萄糖和黏多糖等。皮肤糖原含量在胎儿期最高，成人期含量明显降低。有氧条件下，表皮中 50%~70% 的葡萄糖通过有氧氧化提供能量；而缺氧时则有 70%~80% 通过无氧酵解提供。糖尿病时，皮肤葡萄糖含量增高，容易发生真菌和细菌感染。真皮中黏多糖含量丰富，主要包括透明质酸、硫酸软骨素等，多与蛋白质形成蛋白多糖（或称黏蛋白），后者与胶原纤维结合形成网状结构，对真皮及皮下组织起支持、固定作用。

2. 蛋白质代谢　皮肤蛋白质包括纤维性和非纤维性蛋白质，前者包括角蛋白、胶原蛋白和弹性蛋白等，后者包括细胞内的核蛋白以及调节细胞代谢的各种酶类。角蛋白是中间丝家族成员，是角质形成细胞和毛发上皮细胞的代谢产物及主要成分，至少包括 30 种。胶原蛋白有Ⅰ、Ⅲ、Ⅳ、Ⅶ型，胶原纤维主要成分为Ⅰ型和Ⅲ型，网状纤维主要为Ⅲ型，基底膜带主要为Ⅳ和Ⅶ型；弹性蛋白是真皮内弹力纤维的主要成分。

3. 脂类代谢　皮肤中的脂类包括脂肪和类脂质，占皮肤总重量的 3.5%~6%。脂肪的主要功能是储存能量和氧化供能，类脂质是细胞膜的主要成分和某些生物活性物质的合成原料。表皮细胞在分化的各阶段其类脂质的组成有显著差异，如由基底层到角质层，胆固醇、脂肪酸、神经酰胺含量逐渐增多，而磷脂则逐渐减少。表皮中最丰富的必需脂肪酸为亚油酸和花生四烯酸，后者在日光作用下可合成维生素 D，有利于预防佝偻病。

4. 水和电解质代谢　皮肤中的水分主要分布于真皮内，当机体脱水时，皮肤可提供其水分的 5%~7%，以维持循环血容量的稳定。儿童皮肤含水量高于成人，成人中女性略高于男性。皮肤中含有各种电解质，主要贮存于皮下组织中，其中 Na^+、Cl^- 在细胞间液中含量较高，K^+、Ca^{2+}、Mg^{2+} 主要分布于细胞内，它们对维持细胞间的晶体渗透压和细胞外的酸碱平衡起着重要作用；K^+ 可激活某些酶，Ca^{2+} 可维持细胞膜通透性和细胞间黏着，Zn^{2+} 缺乏可引起肠病性肢端皮炎等。

（七）免疫功能

皮肤是重要的免疫器官。1986 年 Bos 提出了"皮肤免疫系统"的概念，包括免疫细胞和免疫分子两部分，它们形成一个复杂的网络系统，并与体内其他免疫系统相互作用，共同维持着皮肤微环境和机体内环境的稳定。

1. 皮肤免疫系统的细胞成分　见表 2-3。

表 2-3　皮肤主要免疫细胞的分布与功能

细胞种类	分布部位	主要功能
角质形成细胞	表皮	合成分泌细胞因子，参与抗原递呈
朗格汉斯细胞	表皮	抗原递呈、合成分泌细胞因子、免疫监视等
淋巴细胞	真皮	介导免疫应答
内皮细胞	真皮血管	分泌细胞因子、参与炎症反应、组织修复等
肥大细胞	真皮乳头血管周围	Ⅰ型超敏反应
巨噬细胞	真皮浅层	创伤修复、防止微生物入侵
成纤维细胞	真皮	参与维持皮肤免疫系统的自稳
真皮树枝状细胞	真皮	不详，可能是表皮朗格汉斯细胞的前体细胞

角质形成细胞具有合成和分泌白介素、干扰素等细胞因子的作用，同时还可通过表达 MHC- Ⅱ类抗原、吞噬并粗加工抗原物质等方式参与外来抗原的呈递。

皮肤内的淋巴细胞主要为 T 淋巴细胞，其中表皮内淋巴细胞 $CD8^{+}T$ 为主，占皮肤淋巴细胞总数的 2%。T 淋巴细胞具有亲表皮特性，且能够在血液循环和皮肤之间进行再循环，传递各种信息，介导免疫反应。

朗格汉斯细胞是表皮中重要的抗原递呈细胞，此外，还可调控 T 淋巴细胞的增殖和迁移，并参与免疫调节、免疫监视、免疫耐受、皮肤移植物排斥反应和接触性超敏反应等。

2. 皮肤免疫系统的分子成分　包括细胞因子、黏附分子和其他分子。

（1）细胞因子：表皮内多种细胞均可在适宜刺激下合成和分泌细胞因子，后者不仅影响细胞分化、增殖、活化等，而且还参与免疫自稳机制和病理生理过程。细胞因子既可以在局部发挥作用，也可通过激素样方式作用于全身。

（2）黏附分子：可介导细胞与细胞间或细胞与基质间的相互接触或结合，后者是完成许多生物学过程的前提条件。黏附分子大多为糖蛋白，按其结构特点可分为四类：整合素家族、免疫球蛋白超家族、选择素家族和钙黏素家族。某些病理状态下黏附分子表达增加，可作为监测某些疾病的指标。

（3）其他分子：皮肤表面存在分泌型 IgA，后者在皮肤局部免疫中通过阻碍黏附、溶解、调理吞噬、中和等方式参与抗感染和抗过敏；补体可通过溶解细胞、免疫吸附、杀菌和过敏毒素及促进介质释放等方式，参与特异性和非特异性免疫反应；皮肤神经末梢受外界刺激后可释放感觉神经肽如降钙素基因相关肽（CGRP）、P 物质（SP）、神经激酶 A 等，对中性粒细胞、巨噬细胞等产生趋化作用，导致损伤局部产生风团和红斑反应。

三、皮肤的损伤与愈合

皮肤是人体的一个重要器官，它覆盖人体表面，保护人体不受环境侵袭。静脉输液穿刺使用位于疏松结缔组织内的外周浅静脉，当静脉输液治疗装置置入时，皮肤是首先受侵犯的器官。任何静脉输液治疗均会对皮肤造成一定的损害，必须对皮肤组织损伤的愈合过程进行了解。

（一）皮肤组织损伤的愈合过程

1. 炎症反应　损伤发生，最早的反应就是炎症反应。创伤局部出现红肿，小血管充血扩张，有浆液和白细胞（主要是中性白细胞及巨噬细胞）从血管中渗出，伤口中的血液和渗出液中的纤维蛋白原很快就转变为固体状态的纤维蛋白，结成网状，使伤口内的血液和渗出液凝固，形成凝块，凝块覆盖伤口加以保护。

2. 伤口收缩　数日后，伤口边缘的整层皮肤及皮下组织向中心移动，于是伤口缩小。

3. 肉芽组织增生和瘢痕形成　大约从第 3 天开始，伤口底部长出肉芽组织，并向伤口中的血凝块内深入，机体血凝块填平伤口。肉芽组织由新生的毛细血管及成纤维细胞组成，毛细血管以每日延长 0.1~0.6mm 的速度生长，并同其他毛细血管吻合。其生长方向大都垂直伸向创面，并呈袢状弯曲，向创面突出。在毛细血管新生的同时，成纤维细胞也开始增长，与毛细血管一起侵入血凝块。从第 5~6 天起，成纤维细胞开始产生胶原纤维，其后 1 周内胶原纤维形成最为活跃，然而增长的速度逐渐慢下来。随着胶原纤维的增多与成熟，成纤维细胞转化为纤维细胞，许多毛细血管闭合、退化、消失，这样肉芽组织就逐渐转化成瘢痕组织。瘢痕可使创缘比较牢固地结合起来，至 3 个月左右抗拉力强度达到顶点，但这时仍然只达到正常皮肤强度的 70%~80%。

4. 表皮及其他组织再生　上皮受损后，缺损周围上皮断端的基底层细胞首先开始向创面移动，覆盖在伤口的裸露面或凝块的表面。大约在损伤后数小时，上皮细胞即开始分裂增生分化，在皮肤上出现上皮的角化。

（二）影响伤口愈合的因素

1. 年龄　青少年的组织再生能力强，愈合快；老年人则相反，组织再生能力差，愈合慢。

2. 营养　一般情况下，营养对愈合的影响不大，但严重的蛋白质、维生素C、维生素A、锌的缺乏可使组织再生缓慢和不完全。如维生素C缺乏使合成胶原的功能发生障碍；氨基酸的缺乏使成纤维细胞不能成熟为纤维细胞，胶原纤维形成也减少。

3. 肾上腺皮质激素　大剂量的肾上腺皮质激素能抑制炎症渗出、毛细血管形成、成纤维细胞的增生及胶原合成，并加速胶原纤维的分解，影响伤口的愈合。

4. 患者的基础疾病　如糖尿病，也影响伤口的愈合。

5. 感染与异物　感染对再生修复的妨碍甚大。许多化脓菌产生一些毒素和酶，能引起组织坏死、基质和胶原纤维溶解，这不仅加重局部组织损伤，也妨碍愈合。坏死组织及其他异物也妨碍伤口愈合，并利于感染的发展。

6. 局部血液循环　一方面，保证组织再生所需的氧和营养，另一方面，对坏死物质的吸收及控制局部感染也起重要作用。因此局部血液供应良好，则再生修复好。相反，如下肢有动脉粥样硬化或静脉曲张等使局部血液循环不良时，则该处伤口愈合迟缓。临床用某些药物湿敷、热敷和服用活血化瘀的中药等，都有促进局部血液循环、促进愈合的作用。

7. 神经支配　完整的神经支配对组织的再生有一定作用。如麻风病引起的溃疡不易愈合，是因为神经受累的缘故。自主神经的损伤，使局部血液供应发生变化，对组织再生的影响更明显。

8. 电离辐射　能破坏细胞，损伤小血管，抑制组织再生。

（三）皮肤与静脉输液

静脉输液治疗是通过静脉给予液体、药物、营养制品、全血或血制品的一种治疗方法，需通过穿刺皮肤与静脉血管建立起通路才可进行。故护士应根据皮肤结构特点、患者年龄、身体状况和使用药物等因素，合理选择静脉输液方法、部位和装置，严格执行无菌技术操作和静脉输液流程，做好输液前、输液中和输液后护理工作，方可保证静脉输液安全，同时避免或减少对皮肤组织的损伤和并发症的发生。

皮肤的皮下组织属于疏松结缔组织，含有较大的血管、淋巴管和神经。当静脉穿刺针刺入皮下组织时必须特别小心，避免操作不当引起感染的发生，因为在疏松结缔组织中发生的感染很容易扩散，该类感染称之为蜂窝织炎。

皮肤内的神经分布较密集，常与血管伴随而行。例如：臂丛神经的分支与锁骨下静脉相邻，进行锁骨下静脉穿刺时要避免损伤臂丛神经。前臂下段掌面的静脉较显露易于穿刺，但因神经分布较密集，穿刺时引起的疼痛较明显。在肘窝上部进行贵要静脉穿刺时有损伤正中神经的危险。在为下肢静脉输液的小儿进行固定时，固定不当造成压迫易损伤腓总神经，特别在腓骨颈处，腓总神经位置浅，易受损伤。

老年患者手掌背部的皮肤逐渐变得菲薄，难以支撑在该部位穿刺行静脉输液治疗，因而尽量避免为老年人选用掌背静脉进行输液。

静脉输入高渗药物、化学治疗药物发泡剂时，如护理不当造成药物外渗，可导致皮肤组织损伤、感染、坏死以及化学药物对神经的毒性作用等发生。

（蔡　丽）

第六节　水、电解质和酸碱平衡与失调

人体内环境是维系细胞和各器官生理功能的基本保证，体液和电解质在维持机体自身平衡中扮演着重要的角色。体内水和电解质的动态平衡若因疾病、手术或创伤等因素而遭到破坏，将导致机体水、电解质和酸碱平衡失调。当失调程度超过人体的代偿能力，可产生严重后果，甚至危及生命，纠正失调最常用的方法是静脉输液。为了确保输液治疗的安全，护士必须熟悉机体水、电解质和酸碱平衡的基本理论知识，失衡时的临床表现及救护原则。

一、体液的组成与分布

体液是由水、电解质、低分子有机化合物及蛋白质等组成，广泛分布于组织细胞内外。人体内体液总量因性别、年龄和胖瘦而异，但与人体重量之间的关系相对恒定。成年男性体液量约占体重 60%；女性因脂肪组织较多，体液约占体重 50%，男女各有 5% 的正常变动；婴幼儿可高达 70%~80%，14 岁以后少年的体液量占体重的比例已近似于成人。此外，因体液总量随脂肪的增加而减少，故消瘦者体液占体重的比例比肥胖者高，对缺水耐受性更大。体液的组成与分布见表 2–4。

表 2–4　体液组成与分布

体液		男性（%）	女性（%）
细胞内液		40	35
细胞外液	组织间液	15	15
	血浆	5	5
总量		60	55

注：①以上细胞内、外液的数值均为占体重的百分比；②细胞外液称为机体的内环境

体液分布除了以细胞内液和细胞外液区分外，还可以用3个间隙的分布表示。第一间隙容纳细胞内液，是细胞进行物质代谢的场所；第二间隙容纳细胞外液的主体部分，即组织间液和血浆，该部分属于功能性细胞外液，具有快速平衡水、电解质的作用；第三间隙指存在于体内密闭腔隙的一小部分组织间液，如脑脊液、关节液、消化液、眼液、各种体腔液等，虽有其各自的功能，但仅有缓慢地交换和取得平衡的能力，在维持体液平衡方面的作用甚少，故称为无功能性细胞外液。无功能性细胞外液约占体重的1%~2%，占组织间液的10%。

二、细胞内液与细胞外液

细胞内液存在于细胞内的体液，叫做细胞内液。细胞内液大部分存在于骨骼肌内，约占男性体重的40%；约占女性体重的35%。细胞内液中的主要阳离子为K^+和Mg^{2+}，主要阴离子为HPO_4^{2-}和蛋白质。

细胞外液存在于细胞外的体液，叫做细胞外液。细胞外液是人体细胞赖以生存的内环境，包括血浆、组织液和淋巴液等。男性、女性的细胞外液均约占体重20%，其中血浆量约占体重5%，组织间液量约占体重15%。细胞外液中的主要阳离子为Na^+，主要阴离子为Cl^-、HCO_3^-和蛋白质。

内环境的相对稳定，是细胞进行正常生命活动的必要条件。一旦内环境的相对稳定遭到破坏，机体将出现病态。细胞内液和细胞外液的渗透压基本相等，正常为280~310mmol/L。

三、组织液的生成与回流

组织液存在于组织间隙中，绝大部分呈胶冻状，不能自由流动，因此不会因重力作用而流至身体的低垂部分。但也有极少一部分呈液态，可以自由流动。组织液是组织细胞直接所处的环境，是组织细胞和血液之间物质交换所必需的中介。由于毛细血管的通透具有选择性，组织液中各种离子成分与血浆相同，但其蛋白质浓度明显低于血浆。

（一）组织液的生成与回流机制

组织液是血浆滤过毛细血管壁而生成的，组织液中的水和代谢产物也可透过毛细血管壁而进入毛细血管。组织液生成还是回流入血，取决于滤过力量和重吸收力量之差，即有效滤过压，有效滤过压=（毛细血管血压+组织液胶体渗透压）-（血浆胶体渗透压+组织液静水压）。若有效滤过压为正值，即表明有液体从毛细血管滤出，即有组织液生成；若有效滤过压为负值，则表明有液体被重吸收回毛细血管，即有组织液回流。当毛细血管壁两侧的静水压不等时，水分子即可透过管壁从压力高一侧向压力低一侧移动。

以图 2–15 所设的各种压力数值为例，毛细血管动脉端的有效滤过压 =（32+8）–（25+2）=13（mmHg），静脉端的有效滤过压 =（14+8）–（25+2）=–5（mmHg）。计算结果显示“一正一负”，说明在毛细血管动脉端液体滤出生成组织液，在毛细血管静脉端组织液被重吸收。计算结果还显示“一大一小”，说明在毛细血管动脉端有效滤过压大，组织液生成的多；在毛细血管静脉端有效滤过压小，组织液回流得少。总的来说，流经毛细血管的血浆有 0.5%~2% 在动脉端滤出到组织间隙，约有 90% 的滤出液在静脉端被重吸收，其余约 10% 进入毛细淋巴管形成淋巴液。

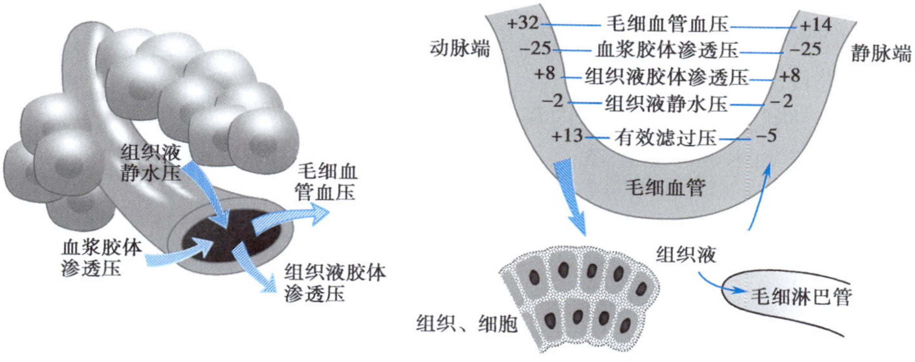

图 2–15　组织液生成与回流示意图

（二）影响组织液生成与回流的因素

正常情况下，组织液的生成与回流保持着动态平衡，保证了血浆与组织液含量的相对稳定。一旦由于某种原因使动态平衡失调，就会发生组织液生成过多或重吸收减少，过多的液体滞留在组织间隙，形成水肿；反之，则可造成脱水。临床上遇见水肿患者时，应首先考虑血浆蛋白质浓度降低或静脉回流障碍的各种因素，如肾病综合征、肝硬化、营养不良、静脉炎、静脉血栓形成及由于外部受压或炎症造成的淋巴管阻塞。

1. 毛细血管有效流体静压　即毛细血管血压与组织液静水压的差值，是促进组织液生成的主要因素。当毛细血管血压升高时，组织液生成增多，引起水肿，如炎症、右心衰竭等。

2. 有效胶体渗透压　即血浆胶体渗透压与组织液胶体渗透压差值，是限制组织液生成的主要力量，如营养不良或某些肝肾疾病时，可因血浆胶体渗透压降低，导致有效滤过压增大而出现水肿。

3. 淋巴回流　淋巴液回流受阻，含蛋白质的淋巴液积聚在组织间隙中，形成水肿，如肿瘤、丝虫病等。

4. 毛细血管壁通透性　正常毛细血管壁不能透过血浆蛋白。在烧伤、炎症、变态反应等某些病理情况下，由于局部组织胺大量释放，使毛细血管壁通透性增大，部分血浆蛋白渗出，导致组织液胶体渗透压升高，组织液生成增多而回流减少，出现水肿。

四、水的平衡与失调

水是人体重要的组成部分，是生命不可缺少的重要物质。机体在生命过程中发生的各种功能活动（如物质代谢、体温调节、润滑作用、氧气交换；营养物质的消化、吸收和转运，各种代谢产物的排泄等）都依赖水来进行。

（一）正常机体水的来源

1. 饮水。
2. 进食食物中的水。
3. 糖、脂肪和蛋白质在体内氧化产生的内生水。

（二）体内水的排出途径

1. 尿。
2. 粪便。
3. 皮肤蒸发。
4. 呼吸道蒸发。

（三）水的平衡

正常人每日水的摄入和排出处于动态平衡之中，见表 2-5。

表 2-5 正常成人 24 小时出入液量表

水的摄入途径	摄入量（ml）	水的排出途径		排出量（ml）
饮水	1500	尿		1500
食物水	700	粪便		200
代谢水	300	非显性失水	皮肤蒸发	500
			呼吸蒸发	300
合计	2500	合计		2500

水平衡的调节受年龄的影响，老年人因肾血流减少，肾功能下降，使肾小球的滤过和浓缩功能下降，因此，老年人对有毒药物更敏感，易引起中毒；另外老年人口渴的自我调节机制减弱，在脱水状态下，口渴感觉可不明显。与成人相比，儿童细胞外液所占的比例较大，因此儿童更易发生体液不足。发生体液不足的可能与年龄成反比，年龄越小越容易发生；在 24 小时内，儿童的一半细胞外液发生了交换，而成人只有 1/6 的细胞外液进行交换，这就说明儿童的体液储存

较少。小儿有大量的代谢废物需要清除，因此排尿较多；小儿的相对体表面积较大，通过不显性失水也较多，胃肠道丢失的液体量也较成人多。

（四）水的失调

1. 脱水　指体液（特别是细胞外液）容量减少，脱水可导致有效循环血量不足。

（1）病因：根据水和钠丢失的比例，可将脱水症的原因分为两类：水摄入量不足和水丢失过多。多种原因可导致水摄入量不足或不能经口摄取，如手术后或老年极度衰竭者，口腔、咽喉或食管疾病而影响经口摄取者。这些原因引起的脱水常以水缺乏为主。

（2）临床表现：通常根据脱水时血清钠浓度的高低将脱水分成三种类型：等渗性脱水、低渗性脱水和高渗性脱水见表 2-6。

表 2-6　三种类型脱水比较

表现分类	等渗性脱水	高渗性脱水	低渗性脱水
失水与失钠	失水 = 失钠	失水 > 失钠	失水 < 失钠
细胞外液渗透压	不变	高	低
主要症状	乏力、恶心、不渴	口渴	不渴、无力、恶心
尿量	少	少	多→少
尿比重	高	高	低
尿 Na^+、Cl^-	正常	高	低
血清 Na^+	正常	高	低
补液种类	等渗液（平衡盐溶液、氯化钠溶液）	低渗液（5% 葡萄糖溶液）	高渗液（5% 葡萄糖氯化钠溶液）
典型病症	肠瘘	食管癌梗阻	慢性肠梗阻

（3）脱水的输液治疗：脱水的治疗原则是适当补液并积极治疗原发病。补液的途径、补液量、制剂的选择和补液速度，取决于脱水的程度、脱水的类型、有无合并症和患者的基础情况。在实施输液治疗的过程中，护士应密切观察患者周围循环衰竭的症状和体征的变化，注意血压、脉搏、尿量的变化，心功能不全患者的症状和体征，注意区别血容量不足的少尿和急性肾功能不全的少尿，必要时监测中心静脉压。

2. 水中毒　水中毒指机体摄水量超过排水量，水潴留体内致血浆渗透压下降和循环血量增多，又称稀释性低钠血症，较少见。

（1）病因

1）肾功能不全，排尿能力下降。

2）各种原因引起 ADH 分泌过多。

3）机体摄水过多或静脉补液过多。

（2）临床表现：按起病的急、缓分为两类。

1）急性水中毒：因脑细胞肿胀和脑组织水肿可致颅内压增高，引起神经、精神症状，如头痛、躁动、谵妄、惊厥，甚至昏迷，严重者发生脑疝。

2）慢性水中毒：多被原发病的症状所掩盖。可出现软弱无力、恶心、呕吐、嗜睡、体重增加、皮肤苍白等症状，一般无凹陷性水肿。

（3）治疗：立即停止水分摄入。轻者在机体排出多余的水分后，水中毒即可解除。严重者需用利尿剂以促进水排出。一般可用渗透性利尿剂，如 20% 甘露醇 250ml 快速（20 分钟内）静脉滴注；也可静脉注射袢利尿剂，如呋塞米（速尿）。

五、电解质的平衡与失调

（一）电解质的平衡

电解质能维持机体正常内环境的平衡和稳定，同时参与物质代谢，维持神经肌肉和心肌的正常兴奋和活动功能。正常情况下，随饮食摄入的电解质经消化道吸收并参与体内代谢。

1. 钠平衡　钠是细胞外液最重要的阳离子，主要来自食盐，通过小肠吸收，主要经尿液排出，一部分可经汗液排出。正常血清钠浓度为 135~145mmol/L。钠的主要生理功能是维持细胞外液的渗透压及神经肌肉的兴奋性。正常人对钠的日需要量为 6~10g，相当于 0.9% 的氯化钠溶液（生理盐水）500~1000ml。肾对钠的调节能力强，多吃多排，少吃少排，不吃不排，即若体内钠不足，尿钠量将明显减少。

2. 钾平衡　体内钾总含量的 98% 存在于细胞内，是细胞内最主要的电解质。细胞外液中的钾含量仅是总量的 2%，但却十分重要。正常血钾浓度为 3.5~5.5mmol/L。钾主要来自于含钾的食物，经消化道吸收，80% 经肾排出。钾的主要生理功能是维持细胞的正常代谢、维持细胞内液的渗透压和酸碱平衡、增加神经肌肉应激性、抑制心肌收缩能力。正常人对钾的日需要量为 3~4g。肾对钾的调节能力较差，多吃多排，少吃少排，不吃也排。即摄入的钾增多，随尿排出的钾也增多；摄入的钾减少，随尿排出的钾也减少；不摄入钾，随尿也会排出钾；故禁食期间不补钾易发生低钾血症。

（二）电解质的失调

1. 钠代谢失调　正常血清钠浓度为 135~145mmol/L。血清钠浓度低于 135mmol/L 即可称为低钠血症；血清钠浓度超过 145mmol/L 即可称为高钠血症。

低钠血症与高钠血症的比较见表 2-7。

表 2-7　低钠血症与高钠血症的比较

项目	低钠血症	高钠血症
血清钠	<135mmol/L	>145mmol/L
病因	1. 应用强利尿药及糖尿病等引起的渗透性利尿等 2. 经胃肠道丢失，如呕吐、腹泻、胃肠减压、消化道造口等 3. 经皮肤丢失：大量出汗，大面积烧伤等 4. 水潴留	1. 水摄入不足，如食管癌致吞咽困难、脑外伤、脑血管意外等导致渴感中枢迟钝 2. 经胃肠道失水 3. 尿崩症 4. 潴留性高钠血症
临床表现	1. 周围循环衰竭可表现为脉搏细弱，心率快，皮肤苍白，皮肤弹性减低，眼压低，尿少，直立性低血压，常无口渴感 2. 急性水中毒综合征，可表现为疲乏、倦怠、反应迟钝 3. 慢性失钠失水综合征时主要表现为体重减轻，血压偏低，疲乏无力	主要表现为神经系统症状 1. 早期主要症状为口渴、尿量减少、软弱无力、恶心呕吐和体温升高；体征有失水 2. 晚期则出现脑细胞失水的临床表现，如烦躁、易激惹或精神淡漠、嗜睡、抽搐或癫痫样发作和昏迷；体征有肌张力增高和反射亢进等
处理原则	主要是纠正低钠血症和原发疾病，补钠和限制水摄入量	急性应及时补水；慢性主要处理原发病

钠代谢异常治疗原则均应治疗原发疾病，对症处理。低钠血症在治疗原发疾病时注意补钠和限制水入量。对严重的急性高钠血症，应及时补水，单纯性失水引起的高钠血症可口服或静脉补液，血压过低者，应首先补充生理盐水，以改善组织灌注情况；有缺钾者可同时补充氯化钾并注意观察尿量。静脉滴钾盐时，要严格控制输液速度和液体中钾的浓度，不可高于 0.3%，以防发生高钾血症；因钾离子刺激性大，应选择血流量大的血管穿刺，预防静脉炎的发生。对潴留性高钠血症的患者，因大量补水可使血容量急剧扩张而引发心力衰竭，不宜用大量补水的方法来降低血清钠水平，可通过利尿药促进肾脏排钠，必要时可用腹膜透析的方法排钠。

2. 钾代谢失调　正常血钾浓度为 3.5~5.5mmol/L。血钾浓度低于 3.5mmol/L 即为低钾血症；血钾浓度超过 5.5mmol/L 即为高钾血症。低钾血症与高钾血症的比较见表 2-8。

表 2-8　低钾血症与高钾血症的比较

项目	低钾血症	高钾血症
血清钾	<3.5mmol/L	>5.5mmol/L
病因	1. 长期禁食 2. 排钾利尿剂的应用 3. K^+ 向细胞内转移：代谢性碱中毒	1. 输入过多库存血 2. 抑制排钾的利尿剂、肾排钾功能减退 3. K^+ 由细胞内移出：大面积烧伤、严重挤压伤
临床表现	最早出现肌无力，四肢肌 – 躯干肌 – 呼吸肌；腱反射下降	无特殊。肢软、神志改变、心动过缓、心律不齐
心电图	T 波降低、变平、倒置，ST 段降低，Q–T 间期延长，出现 U 波	早期 T 波高尖。Q–T 间期延长，出现 QRS 波群增宽，P–R 间期延长
合并症	碱中毒、反常性酸性尿	酸中毒、反常性碱性尿
处理原则	补钾	禁钾、抗钾、转钾、排钾

（1）低钾血症治疗：寻找和去除引起低血钾的原因，减少或终止钾的继续丧失。通常是采取分次补钾，边治疗边观察的方法，尽量口服补钾：口服补钾时需注意，大量口服补钾也能引起高钾血症，因此大量口服补钾应进行心电图和血清钾监测。静脉补钾注意事项：

1）应用洋地黄及严重肝脏疾病患者应及时纠正低钾血症。

2）注意酸碱平衡状态对血清钾浓度的影响：例如酸中毒可使血清钾升高而掩盖钾不足，酸中毒纠正后可使低钾血症更加严重。

3）补钾时机：应见尿补钾，静脉补钾前先了解肾功能，因肾功能不良可影响钾离子排出。每小时尿量大于 40ml 或每日尿量大于 500ml 方可补钾。

4）补钾浓度和速度：每升液体中含钾量不宜超过 40mmol（相当于氯化钾 3g），溶液应缓慢滴注，输注的速度应控制在 20mmol/h 以下。因为细胞外液的钾总量仅 60mmol，如果含钾溶液输入过快，血清钾浓度可能短期内增高许多，将有致命的危险。补钾速度不能过快，以防发生高钾血症。如经周围静脉补钾，补钾的浓度不可超过 0.3%，静脉补钾的速度应视病情而定。

5）选择合适的静脉进行输液补钾：高浓度钾溶液的刺激性很大，可引起疼痛和静脉硬化。因此，高浓度的钾溶液必须由大静脉输入，以减轻局部刺激。

（2）高钾血症治疗：高钾血症有导致患者心搏突然停止的危险，因此一经诊断，应予积极治疗。首先应立即停用一切含钾的药物或溶液。为降低血钾浓度，可采取下列几项措施：

1）禁钾：减少钾的摄入，立即停止输注或口服含钾的药物，避免进食含钾量高的食物。

2）抗钾：钙与钾有对抗作用，可将10%葡萄糖酸钙溶液20ml加入等量25%葡萄糖溶液静脉推注，缓解K^+对心肌的毒性作用，以对抗心律失常。此法可重复使用。

3）转钾：促使K^+转移入细胞内，如先静脉注射5%碳酸氢钠溶液60~100ml，再继续静脉滴注100~200ml。不仅可使血清K^+得到稀释，降低血钾浓度，又能使K^+移入细胞内或由尿排出。同时还有助于酸中毒的治疗。或输注25%葡萄糖溶液100~200ml（每5g葡萄糖加入胰岛素1U），可使K^+转入细胞内，从而暂时降低血钾浓度。必要时可以每3~4小时重复用药。对于肾功能不全，不能输液过多者，可用10%葡萄糖酸钙100ml+11.2%乳酸钠溶液50ml+25%葡萄糖溶液400ml，加入胰岛素20U，24小时缓慢静脉滴入。

4）排钾：促使K^+排泄，如口服阳离子交换树脂，可从消化道带走钾离子排出。为防止便秘、粪块堵塞，可同时口服山梨醇或甘露醇以导泻或保留灌肠、透析疗法等。

3. 钙、镁及磷代谢失调

（1）体内钙的异常：机体内的钙绝大部分（99%）储存于骨骼中，细胞外液的钙仅是总钙量的0.1%。血钙浓度为2.25~2.75mmoL/L，相当恒定。其中45%为离子化钙，它有维持神经肌肉稳定性的作用。不少外科患者发生不同程度的钙代谢紊乱，特别是发生低钙血症。

1）低钙血症：可发生在急性重症胰腺炎、坏死性筋膜炎、肾衰竭、消化道瘘和甲状旁腺功能受损的患者。临床表现与血清钙浓度降低后神经肌肉兴奋性增强有关。患者表现为口周和指（趾）尖麻木及针刺感、手足抽搐、腱反射亢进以及面神经叩击征（Chvostek征）阳性。血清钙浓度低于2mmol/L有诊断价值。治疗上应处理原发疾病，补充钙剂。为缓解症状，可用10%葡萄糖酸钙注射液10~20ml或5%氯化钙注射液10ml静脉注射，必要时8~12小时后再重复注射。需长期治疗的患者，可逐渐以口服钙剂及维生素D替代。

2）高钙血症：多见于甲状旁腺功能亢进症，其次是骨转移癌，特别是在接受雌激素治疗的骨转移性乳腺癌。早期症状无特异性，血钙浓度进一步增高时可出现严重头痛、背部和四肢疼痛等。在甲状旁腺功能亢进症的病程后期，可致全身性骨质脱钙，发生多发性病理性骨折。治疗上应处理原发病，促进钙排泄。通过给予低钙饮食、补液、应用乙二胺四乙酸（EDTA）、类固醇和硫酸钠等措施降低血清钙浓度。

（2）体内镁异常：机体约半数的镁存在于骨骼内，其余几乎都在细胞内，细胞外液中仅有1%。镁对神经活动的控制、神经肌肉兴奋性的传递、肌肉收缩及心脏激动性等方面均具有重要作用。正常血镁浓度为0.70~1.10mmol/L。

1）镁缺乏：饥饿、吸收障碍综合征、长期的胃肠道消化液丧失（如肠瘘）以及长期静脉输液中不含镁等是导致镁缺乏的主要原因。临床表现与钙缺乏很相似，有肌震颤、手足搐搦及Chvostek征阳性等。治疗：症状轻者口服镁剂；严重者经静脉输注含硫酸镁的溶液，但避免过量和过速，以防急性镁中毒和心搏骤停。完全纠正镁缺乏需较长时间，因此在解除症状后仍应每天补25%硫酸镁注射液5~10ml，持续1~3周。

2）镁过多：体内镁过多主要发生在肾功能不全时，偶可见于应用硫酸镁治疗子痫的过程中。烧伤早期、广泛性外伤或外科应激反应、严重细胞外液量不足和严重酸中毒等也可引起血清镁增高。主要表现为中枢和周围神经传导障碍。患者感疲乏、肌软弱无力、腱反射消失、血压下降等。严重者可发生呼吸肌麻痹、昏迷，甚至心搏骤停。治疗上应经静脉缓慢输注10%葡萄糖酸钙（或氯化钙）注射液10~20ml以对抗镁对心脏和肌肉的抑制。同时积极纠正酸中毒和缺水。若疗效不佳，可能需用透析治疗。

（3）体内磷异常：机体约85%的磷存在于骨骼中，细胞外液中含磷仅2g。正常血清无机磷浓度为0.96~1.62mmol/L。磷是核酸及磷脂的基本成分、高能磷酸键的成分之一，磷还参与蛋白质的磷酸化、细胞膜的组成，以及参与酸碱平衡等。

1）低磷血症：常见病因有甲状旁腺功能亢进症、严重烧伤或感染；大量葡萄糖及胰岛素输入使磷进入细胞内；以及长期肠外营养未补充磷制剂者。此时血清无机磷浓度<0.96mmol/L。低磷血症可有神经肌肉症状，如头晕、厌食、肌无力等。重症者可有抽搐、精神错乱、昏迷，甚至可因呼吸肌无力而危及生命。采取预防措施很重要，长期静脉输液者应在溶液中常规添加磷10mmol/d，可补充10%甘油磷酸钠注射液10ml/d。对甲状旁腺功能亢进者，针对病因的手术治疗可使低磷血症得到纠正。

2）高磷血症：临床上很少见，可发生在急性肾衰竭、甲状旁腺功能低下等。此时血清无机磷浓度>1.62mmol/L。由于高磷血症常继发于低钙血症，患者出现的是低钙的一系列临床表现。治疗方面，除对原发病作防治外，可针对低钙血症进行治疗。急性肾衰竭伴明显高磷血症者，必要时可做透析治疗。

六、酸碱平衡失调

（一）酸碱平衡

人体在代谢过程中不断产生酸性和碱性物质，使体液中H^+浓度发生改变。正常人血液酸碱度（pH）维持在7.35~7.45。pH低于7.35为酸中毒，高于7.45为碱中毒；pH在6.8以下或7.8以上人体生存受到威胁。机体主要通过血液缓冲系统、肺和肾三个途径来维持体液酸碱平衡。

1. 缓冲系统　血浆中主要的缓冲对为 HCO_3^-/H_2CO_3、$HPO_4^{2-}/H_2PO_4^-$ 和 Pr^-/HPr，其中以 HCO_3^-/H_2CO_3 最为重要，其浓度比值决定血浆 pH，当 HCO_3^-/H_2CO_3 浓度比值保持在 20∶1 时，血浆 pH 维持在 7.40。

2. 肺　通过调节二氧化碳（CO_2）排出量调节酸碱平衡。在缺氧状态下，延髓中央化学感受器受抑制，位于颈动脉体和主动脉体的周围化学感受器兴奋，促进肺排出 CO_2，降低动脉血二氧化碳分压（$PaCO_2$），调节血浆 H_2CO_3 浓度。

3. 肾　通过改变排出固定酸及保留碱性物质的量来维持血浆的 HCO_3^- 浓度，使血浆 pH 不变。肾调节酸碱平衡的机制可概括为：

（1）通过 Na^+-H^+ 交换而排 H^+。

（2）通过 HCO_3^- 重吸收而增加碱储备。

（3）通过产生 NH_3 并与 H^+ 结合成 NH_4^+ 后排出而排 H^+。

（4）通过尿的酸化过程而排 H^+。

（二）酸碱平衡的失调

临床上，许多外科疾病状态下机体会出现酸碱平衡失调。原发性的酸碱平衡失调可分为代谢性酸中毒、代谢性碱中毒、呼吸性酸中毒和呼吸性碱中毒 4 种，见表 2-9。

表 2-9　4 种酸碱失衡的比较

项目	代谢性酸中毒	代谢性碱中毒	呼吸性酸中毒	呼吸性碱中毒
$PaCO_2$	↓	↑	↑↑	↓↓
HCO_3^-	↓↓	↑↑	↑	↓
pH	↓↓	↑↑	↓↓	↑
病因	严重损伤、酮症酸中毒、腹泻、肠瘘、胆瘘和胰瘘等	严重呕吐、长期胃肠减压、大量输注库存血等	颅内压增高、慢性阻塞性肺部疾病、肺炎、肺水肿等	癔症、忧虑、疼痛、发热、创伤等
呼吸表现	又深又快	变浅变慢	胸闷、呼吸困难	呼吸急促
治疗	消除病因，补充液体	应积极治疗原发疾病	尽快治疗原发病，积极改善通气功能	治疗原发疾病。用纸袋罩住口鼻

1. 代谢性酸中毒　是临床上最常见的酸碱平衡失调。由于酸性物质的积聚或产生过多，或 HCO_3^- 丢失过多即可引起代谢性酸中毒。

（1）病因

1）代谢产生的酸性物质过多：任何原因引起的缺氧或组织低灌注使细胞内无氧酵解增加而引起乳酸增加，产生乳酸性酸中毒，如严重损伤、腹膜炎、高热或休克等。此外，也见于糖尿病或长期不能进食者，体内脂肪分解过多引起的酮症酸中毒。

2）H^+ 排出减少：肾小管功能障碍或应用肾毒性药物（如碳酸酐酶抑制剂）等致内生性 H^+ 不能排出体外或 HCO_3^- 重吸收减少，引起酸中毒。

3）碱性物质丢失过多：腹泻、肠瘘、胆瘘和胰瘘等致大量碱性消化液丧失，造成 HCO_3^- 排出过多。

4）酸性物质产生过多。

（2）临床表现：轻度代谢性酸中毒可无明显症状。重症患者可有疲乏、眩晕、嗜睡、感觉迟钝或烦躁。最明显的表现是呼吸变得又深又快，呼吸肌收缩明显；呼吸频率有时可高达每分钟 40~50 次，呼出气体带有酮味。患者面颊潮红，心率加快，血压常偏低。可出现腱反射减弱或消失、神志不清或昏迷，并可伴有缺水的症状。代谢性酸中毒可降低心肌收缩力和周围血管对儿茶酚胺的敏感性，故患者容易发生心律不齐、急性肾功能不全和休克，一旦发生则很难纠治。

（3）治疗：消除病因，再辅以补充液体、纠正缺水。较轻的代谢性酸中毒（血浆 HCO_3^- 为 16~18mmol/L）常可自行纠正，不必应用碱性药物。边治疗边观察，逐步纠正酸中毒，是治疗的原则。

2. 代谢性碱中毒　体内 H^+ 丢失或 HCO_3^- 增多可引起代谢性碱中毒。

（1）病因

1）胃液丧失过多：如严重呕吐、长期胃肠减压等，可丧失大量的 H^+、Cl^- 及 Na^+ 导致碱中毒。

2）碱性物质摄入过多：长期服用碱性药物或大量输注库存血，后者所含抗凝剂入血后可转化成 HCO_3^- 致碱中毒。

3）缺钾：钾缺乏时，K^+ 从细胞内移至细胞外，每 3 个 K^+ 从细胞内释出，就有 2 个 Na^+ 和 1 个 H^+ 进入细胞内，引起细胞内的酸中毒和细胞外的碱中毒。同时，在血容量不足的情况下，机体为了保存 Na^+，经远曲小管排出 H^+ 及 K^+ 增多，HCO_3^- 重吸收也增加，更加重了细胞外液的碱中毒及低钾血症，此时可出现反常性的酸性尿。

4）利尿剂的应用：呋塞米、依他尼酸等利尿剂能抑制近曲小管对 Na^+ 和 Cl^- 的再吸收，但不影响远曲小管内 Na^+ 与 H^+ 的交换。因此，随尿排出的 Cl^- 比 Na^+ 多，回入血液 Na^+ 和 HCO_3^- 增多，发生低氯性碱中毒。

（2）临床表现：代谢性碱中毒一般无明显症状，有时可有呼吸变浅、变慢或精神方面的异常，如嗜睡、精神错乱或谵妄等。可以有低钾血症和缺水的临床表现。严重时可因脑和其他器官的代谢障碍而发生昏迷。

（3）治疗：首先应积极治疗原发疾病。对丧失胃液所致的代谢性碱中毒，可输注等渗盐水或葡萄糖盐水，既恢复了细胞外液量，又补充 Cl^-，经过这种治疗即可将轻度低氯性碱中毒纠正。必要时可补充盐酸精氨酸，既可补充 Cl^-，又可中和过多的 HCO_3^-。另外，碱中毒时几乎都同时存在低钾血症，故须同时补给氯化钾。补 K^+ 之后可纠正细胞内、外离子的异常交换，终止从尿中继续排 H^+，将利于加速碱中毒的纠正。但应在患者尿量超过 40ml/h 后才可开始补 K^+。

3. 呼吸性酸中毒　系指肺泡通气及换气功能减弱，不能充分排出体内生成的 CO_2，以致血液 $PaCO_2$ 增高，引起高碳酸血症。

（1）病因：凡能引起肺泡通气不足的疾病均可致呼吸性酸中毒。

1）呼吸中枢抑制：全身麻醉过深、镇静剂过量、颅内压增高、高位脊髓损伤等。

2）胸部活动受限：严重胸壁损伤、胸腔积液、严重气胸等。

3）呼吸道阻塞或肺部疾病：支气管异物、支气管或喉痉挛、慢性阻塞性肺部疾病、肺炎、肺水肿等。

4）呼吸机管理不当。

（2）临床表现：患者可有胸闷、呼吸困难、躁动不安等。因换气不足致缺氧，可有头痛、发绀。随酸中毒加重，可有血压下降、谵妄、昏迷等。严重脑缺氧可致脑水肿、脑疝，甚至呼吸骤停。

（3）治疗：机体对呼吸性酸中毒的代偿能力较差，常合并缺氧，对机体的危害性极大。因此除需尽快去除原发病因，还须采取积极措施改善患者的通气功能。行气管插管或气管切开术并使用呼吸机，能有效地改善机体的通气及换气功能；应注意调整呼吸机的潮气量及呼吸频率，保证足够的有效通气量，既可将潴留体内的 CO_2 迅速排出，又可纠正缺氧状态。

4. 呼吸性碱中毒　由于肺泡通气过度，体内生成的 CO_2 排出过多，血 $PaCO_2$ 降低，引起低碳酸血症，血液 pH 上升。

（1）病因：凡引起通气过度的因素均可致呼吸性碱中毒，如癔症、忧虑、疼痛、发热、创伤、中枢神经系统疾病、低氧血症、肝功能衰竭，以及呼吸机辅助通气过度等。

（2）临床表现：多数患者有呼吸急促的表现。引起呼吸性碱中毒之后，患者可有眩晕、手足和口周麻木及针刺感、肌震颤及手足抽搐，患者常有心率加快。危重患者发生急性呼吸性碱中毒常提示预后不良，或将发生急性呼吸窘迫综合征。

（3）治疗：首先积极治疗原发疾病。用纸袋罩住口鼻，增加呼吸道无效腔，可减少 CO_2 的呼出，以提高血 $PaCO_2$。如系呼吸机使用不当造成通气过度，应调整呼吸频率及潮气量；危重患者或中枢神经系统病变所致的呼吸急促，可用药物阻断其自主呼吸，由呼吸机进行适当的辅助呼吸。

（姜桂春）

第三章 药理学

第一节　药物性质

药物性质包括物理性质和化学性质，其中药物的物理性质包括药物分子大小、溶解度、解离度、pH、挥发性、熔点及密度等，化学性质包括氧化、还原、分解化学反应特征等。其中，药物的 pH、渗透压、药物间的配伍作用对血管和局部组织的损伤较大，如果使用不当，会给患者带来较大伤害。

一、药物 pH

溶液酸碱度是表示溶液酸性或碱性程度的数值，即水溶液中氢离子浓度的负对数，用 pH 表示。生理情况下，正常人体血浆 pH 为 7.35~7.45。

溶液和药物的 pH 过高或过低都会刺激静脉。输注药物 pH 应保持在 6~8，尽量减少对静脉内膜的破坏。pH 高于 9 或低于 5 时，均可导致酸碱平衡失调，影响上皮细胞吸收水分，增加血管通透性，出现局部红肿、血液循环障碍、组织缺血缺氧，干扰血管内膜的正常代谢及正常功能，并诱发血小板聚集和继发血栓性静脉炎的链式反应，导致静脉炎发生率增加。改变药物 pH 而不影响药物效果是困难的。血液能将药物的 pH 缓冲到正常范围，输注越慢，缓冲得越好。临床常用药物的 pH 见表 3-1。

表 3-1　临床常用药物 pH 及渗透压

药物名称	稀释药物	酸碱度（pH）	渗透压（mmol/L）	危险度
5% 葡萄糖		3.2~6.5	250	低度危险
葡萄糖氯化钠注射液		3.5~5.5		
10% 葡萄糖		3.2~6.5	500	中度危险

续表

药物名称	稀释药物	酸碱度（pH）	渗透压（mmol/L）	危险度
50% 葡萄糖		3.2~6.5	2526	高度危险
氯化钠注射液		4.5~7.0	260~320	
3% 氯化钠			1030	高度危险
10% 氯化钾		5.0	2666	高度危险
5% 碳酸氢钠		7.5~8.5	1190	高度危险
葡萄糖酸钙		4.0~7.5		中度危险
氯化钙注射液		4.5~6.5		
复方氯化钠注射液		4.5~7.5		
复方乳酸钠葡萄糖注射液		3.6~6.5		
乳酸钠林格注射液		6.0~7.5	240~270	
乳酸钠注射液		6.0~7.5	1.86% 时为等渗	
氨基酸			500	处方组成不同，pH 和渗透压不同
20% 脂肪乳		8.0	350	低度危险
TPN			1400	高度危险
静脉营养液		5.3~6.3	1100~1400	高度危险
20% 甘露醇		5.0~7.0	1098	高度危险
灭菌注射用水		5.0~7.0		
右旋糖酐	NS@50mg/ml	5.2~6.5	2000	高度危险
5-FU		9.2	650	高度危险
顺铂		3.5~6	300	中度危险
长春新碱		3.5~5.5	610	高度危险
环磷酰胺			352	低度危险
多柔比星（阿霉素）		4.0~5.5	280	中度危险

续表

药物名称	稀释药物	酸碱度（pH）	渗透压（mmol/L）	危险度
表柔比星		2.4~3.6		高度危险
柔红霉素	NS 100ml	4.5~6.5	300	低度危险
紫杉醇		4.4~6.5		中度危险
丝裂霉素		6.0~8.0		低度危险
阿昔洛韦	NS@5mg/ml	10.5~11.6	316	高度危险
更昔洛韦	NS 100ml	11	320	高度危险
头孢呋辛	D5W50ml	5.2~5.8	270~330	低度危险
头孢唑肟	D5W50ml	6.7~8.0	270~330	低度危险
头孢他啶	SWI10ml	5.5~8	240	低度危险
氨苄西林	NS 100ml	10.0	328~372	中度危险
环丙沙星	D5W@100ml	10.0	285	中度危险
加替沙星	D5W@10mg/ml	3.5~5.5		中度危险
左旋氧氟沙星	D5W50~100ml	3.8~5.8	250	中度危险
美洛沙星	NS@5mg/ml	7.3~8.3		低度危险
琥乙红霉素	NS 100~200ml	7（6.5~7.7）	291	低度危险
甲氧西林	SW 100ml	7.6（6~8.5）	510	中度危险
新霉素Ⅲ	NS 100ml	6~8.5	361~398	低度危险
青霉素 G	D5W50ml	6.8~7.2	276	低度危险
苯唑西林	SWI 10ml	6~8.5	398	低度危险
妥布霉素		3.0		中度危险
万古霉素		2.5~4.5		中度危险
甲硝唑注射液		4.5~7.0		低度危险
去甲肾上腺素		2.5~4.5		中度危险
盐酸多巴酚丁胺	NS@4mg/ml	2.5	280	中度危险
多巴胺	D5W	2.5~4.5	277	中度危险

续表

药物名称	稀释药物	酸碱度（pH）	渗透压（mmol/L）	危险度
多西环素		1.8		高度危险
呋塞米		8.5~9.5		中度危险
胺碘酮		2.5~4.0	700~800	高度危险
碘海醇注射液		6.5~7.8	700~800	高度危险
苯妥英钠	NS@5mg/ml	12	312	高度危险
吗啡	NS 10mg/ml	2.0~6.0	295	中度危险
异烟肼	NS 3.3mg/ml	3.5~5.5		中度危险
氨茶碱	NS@5mg/ml	4.7~7.3	349	低度危险
格雷司琼	SW@1mg/ml		290	低度危险
多西环素		1.8		高度危险
异丙嗪		4.0		中度危险
硝酸甘油		3.0~6.5		中度危险
七叶皂苷钠		4.6		中度危险

备注：

1. D5W 表示"用 5%GS 稀释"；D10W 表示"用 10%GS 稀释"；SW 表示"用盐水、糖水稀释"；@ 表示"使用"；SWI 表示用"糖水、盐水、注射用水稀释"；

2. 以上 pH 均为药物或溶媒在未混合前的自身 pH

二、药物渗透压

在两个相邻体液腔隙中，若两个腔隙静水压相等，而体液中溶质浓度不同，则溶质浓度低的腔隙中的水会向溶质浓度高的腔隙中转移，溶质浓度高的腔隙的静水压增高，这种水的转移称为渗透，增高静水压叫渗透压。溶液的渗透压与溶液中溶质的浓度成正比，而与溶液中溶质颗粒的种类无关，这些溶质颗粒，既可以是分子，也可以是离子；既可以是阳离子，也可以是阴离子。

正常人血浆渗透压是 280~310mmol/L，<280mmol/L 为低渗，>310mmol/L 为高渗。渗透压与血浆渗透压相等，即称为等渗溶液。把红细胞放在比红细胞内溶质浓度低的溶质溶液中，水从细胞外向细胞内转移，因而红细胞会膨胀，甚至破裂，使红细胞膨胀的溶液称为低渗溶液。把红细胞放在比红细胞内溶质浓度高的溶质溶液中，水从细胞内向细胞外转移，因而红细胞会皱缩，这样的溶液称为高渗溶液。

静脉输注液体其渗透压应与人体的相等或偏高。根据药物化学成分利用稀释剂，药物的渗透压浓度是可以改变的，可将最终渗透压浓度稀释为等渗溶液。如果不能改变最终渗透压浓度，应缓慢给药，以增加血液的稀释。据相关研究证实，静脉输注时间越长，外周静脉内皮细胞可耐受的渗透压越低；若降低溶液的渗透压即使增加输液量也不会引起静脉炎。在静脉注射高渗溶液时，注意控制适宜的速度和用量，若输注速度太快，用量太大，易造成局部高渗状态而引起红细胞皱缩。如果给药渗透压浓度在 900mmol/L 或以上（2016-INS 指南），应采用中心静脉导管。临床常用药物渗透压见表 3-1。

三、药物配伍禁忌

临床用药过程中，将两种或两种以上药物混合在一起称为配伍。配伍禁忌，指两种以上药物混合使用或药物制成制剂时，出现使药物中和、水解、破坏失效等理化反应，这时可能发生浑浊、沉淀、产生气体及变色等外观异常的现象，也可能发生肉眼观察不到的理化改变。有些药品配伍使药物的治疗作用减弱，导致治疗失败；有些药品配伍使副作用或毒性增强，引起严重不良反应；还有些药品配伍使治疗作用过度增强，超出了机体所能耐受的能力，也可引起不良反应，乃至危害患者等。这些配伍均属配伍禁忌。

（一）配伍禁忌的种类

1. 物理性配伍禁忌　即某些药物配合在一起会发生物理变化，即改变了原先药物的溶解度、外观形状等物理性状，影响药物使用。物理性配伍禁忌常见的外观有 4 种，即分离、沉淀、潮解、液化。

2. 化学性配伍禁忌　即某些药物配合在一起会发生化学反应，不但改变了药物的性状，更重要的是使药物减效、失效或毒性增强，甚至引起燃烧或爆炸等。化学性配伍禁忌常见的外观现象有变色、产气、沉淀、水解、燃烧或爆炸等。

3. 药理性配伍禁忌　即 2 种或 2 种以上药物互相配伍后，由于药理作用相反，使药效降低、甚至抵消的现象。属于本类配伍禁忌的药物很多，如中枢神经兴奋药与中枢神经抑制药、氧化剂与还原剂、泻药与止泻药、胆碱药与抗胆碱药等。本类药在发挥其防治作用时是配伍禁忌，而当某一药物中毒时应用药理作用相反的药物进行解救，即不属于配伍禁忌。

（二）产生配伍禁忌的一般规律

药物相互配伍应用，因受许多因素的影响，会产生物理或化学的配伍禁忌，情况复杂多样，但基本规律如下：

1. 静脉注射的非解离性药物如葡萄糖等，这些药物很少产生配伍禁忌，但应注意其溶液的 pH。

2. 无机离子中的钙和镁常常会形成难溶性沉淀。阴离子不能与生物碱配伍。

3. 阴离子型的有机化合物，如青霉素类的盐类，与 pH 较低的溶液或具有较大缓冲容量的弱酸性溶液配合时会产生沉淀。

4. 阳离子型的有机化合物，如生物碱类，与高 pH 的溶液或具有大缓冲容量的弱碱性溶液配合时会产生沉淀。

5. 阴离子型有机化合物与阳离子型有机化合物的溶液配合时，也可能出现沉淀。

6. 两种高分子化合物可能形成不溶性化合物，高分子化合物有抗生素类、水解蛋白、胰岛素、肝素等，如两种电荷相反的大分子物质相遇时会产生沉淀。

7. 使用某些抗生素时要注意溶液的 pH，如青霉素类、红霉素等，溶液 pH 应与这些抗生素的 pH 相近，差距越大，分解失效越快。

8. 不要忽视换药时输液器中的配伍禁忌，临床中序贯配伍时须在两组药物溶液转接过程中，用一定量的生理盐水或其他溶液隔离，将原药液冲洗干净后才进行更换。

（三）静脉输液治疗中常见的不宜配伍使用的药品

1. 青霉素类

（1）青霉素是酸、碱不稳定药物，某些药物混合后使溶液的 pH 超出青霉素的稳定 pH 范围（5.5~8），则不宜与青霉素混合。这些药物包括：酸性药物，如重酒石酸间羟胺和维生素 C（不包括维生素 C 钠）；碱性药物，如碳酸氢钠、氨茶碱、巴比妥衍生物的钠盐和三羟甲基氨基甲烷。

（2）青霉素与重金属，特别是铜、锌、汞呈配伍禁忌。

（3）青霉素输液治疗中加入头孢噻吩、林可霉素、四环素、万古霉素、琥乙红霉素、两性霉素 B、去甲肾上腺素、间羟胺、苯妥英钠、盐酸羟嗪、丙氯拉嗪、异丙嗪、B 族维生素、维生素 C 等后将出现浑浊。

（4）庆大霉素不宜与青霉素配伍静脉滴注，两药联用时应分别给药。

（5）口服避孕药与广谱青霉素联用能使避孕失败。

（6）氨基酸营养液不可与青霉素 G 混合给药，因为两者混合可增强青霉素的抗原性。

（7）利巴韦林（三氮唑核苷）与青霉素溶液混合后抗微生物作用有所减弱，稳定性稍有降低，因而不宜联用。

（8）清开灵注射液与青霉素联合静滴可致不良反应（高热、不安、抽搐、血压下降等）。

（9）青霉素静滴后与培氟沙星联用可致过敏性休克，应慎用。

（10）甲硝唑与氨苄西林混合配伍 30 分钟颜色开始变黄，配伍 4 小时 pH

由 8.89 降至 8.59，氨苄西林浓度由 100% 降至 79.46%，故两药不宜配伍使用。甲硝唑与青霉素钠配伍后应间歇、快速、高浓度输入。甲硝唑与哌拉西林（氧哌嗪青霉素）、头孢哌酮、小诺米星、吉他霉素或头孢拉定在室温下配伍稳定。甲硝唑与苯唑西林配伍 2 小时，外观颜色变为淡黄色，应于 2 小时内用完。

（11）头孢噻肟钠与美洛西林一起滴注，头孢噻肟的清除率降低 40%。

（12）青霉素不宜与 5% 或 10% 葡萄糖注射液、葡萄糖氯化钠注射液配伍。

2. 头孢菌素类

（1）头孢菌素与含钙和镁的药物在高浓度下配伍时易产生沉淀，应稀释后再配伍，可得到澄清溶液。

（2）头孢菌素与氨基糖苷类抗生素可导致相互失活，该两类药物同时应用时应在不同部位给药，两类药物不能混入同一容器中。

（3）头孢菌素的最适宜酸碱度为 4~6，过低时可使药液出现结晶，过高又可使药物的分解速度加快，均不利于发挥最大的药效。

（4）头孢噻啶和庆大霉素联用，对肾脏的毒性增加。

（5）头孢菌素类与强利尿剂（如呋塞米、甘露醇）同用时，有增加肾脏中毒的可能性，如合用时，抗生素应降低剂量。

（6）头孢噻吩与氨基糖苷类抗生素、髓袢利尿药、多黏霉素类、万古霉素、曲霉素和杆霉肽等多肽类抗生素以及卡莫司汀等抗肿瘤药合用，可增加肾毒性。

（7）头孢唑林与硫酸阿米卡星、硫酸卡那霉素、盐酸金霉素、盐酸土霉素、盐酸四环素、硫酸多黏霉素 B、戊巴比妥、葡萄糖酸钙等药物有配伍禁忌。

（8）注射用头孢拉定中含碳酸钠，因此与含钙溶液有配伍禁忌，且不宜与其他抗生素混合给药。

（9）同时应用考来烯胺（消胆胺）可使头孢氨苄的平均血药浓度降低。丙磺舒可使头孢氨苄的肾排泄延迟。

（10）头孢呋辛与强利尿剂联合应用可致肾毒性。

（11）头孢哌酮与非甾体镇痛药，特别是阿司匹林或其他水杨酸制剂、血小板凝聚抑制剂、磺吡酮等合用时可由于对血小板的累加抑制作用而增加出血的危险。

（12）亚胺培南与乳酸盐溶液存在配伍禁忌。

（13）有报道更昔洛韦与头孢菌素类合用易导致癫痫发作。

3. 氨基糖苷类

（1）氨基糖苷类遇碱性药物可使氨基糖苷类药物作用增强，故碱性药物又可引发氨基糖苷类药物中毒反应。必须联用时，氨基糖苷类药物应减量。

（2）氨基糖苷类抗生素互相之间都可能增加毒性，引起积累性中毒，所以氨基糖苷类抗生素之间不宜合用。

（3）双氢链霉素本身有较强的耳神经毒作用，与卡那霉素或强利尿药物合用会加重对耳内听神经的毒性。

（4）庆大霉素和克林霉素联用，则可导致肾功能衰竭。

（5）链霉素、卡那霉素与肌松药（如琥珀胆碱）合用能加重神经肌肉的麻痹和抑制呼吸的毒性作用。

（6）硫酸庆大霉素不可与两性霉素 B、肝素钠、氯唑西林等配伍合用，均可引起本品溶液沉淀。

（7）阿米卡星与环丙沙星配伍后，会产生沉淀和变色。

（8）氨基糖苷类抗生素与头孢菌素类联用时，可导致患者的肾损害。

（9）氨基糖苷类抗生素不宜与万古霉素联用，因两药的肾毒性和耳毒性均明显增加，其中庆大霉素和氯霉素合用，不但毒性大增，而且可导致呼吸衰竭。

（10）氨基糖苷类药物与强利尿药物不能合用，即使间隔用药也不安全，因为这两类药物均可引起听力损害和耳毒性，两药合用，毒性更大。

（11）链霉素、卡那霉素、庆大霉素、妥布霉素、阿米卡星、奈替米星与其他氨基糖苷类不可同用，或先后连续局部或全身应用，以免增加耳毒性、肾毒性以及神经肌肉阻滞作用。

（12）链霉素与神经肌肉阻滞剂合用，可加重神经肌肉阻滞作用，导致肌肉软弱、呼吸抑制或呼吸暂停；链霉素与卷曲霉素、顺铂、依他尼酸、万古霉素等合用，或先后连续局部或全身应用，可能增加耳毒性与肾毒性，可能损害听力；链霉素与头孢噻吩或头孢唑林同时应用或全身应用，可能增加肾毒性；链霉素与多黏霉素类合用，或先后连续局部或全身应用，可能增加肾毒性和神经肌肉阻滞作用。

4. 四环素类

（1）四环素类抗生素忌与红霉素和利福平配伍应用，若配伍后应用时，药物对肝脏毒性大大增加。

（2）四环素类抗生素与含二价、三价阳离子口服药，如含铝、钙、镁、铋、铁等制剂合用时，由于螯合作用在肠道内可形成难溶解的或难以吸收的络合物，可影响四环素类吸收。

（3）四环素类能抑制肠道细菌合成维生素 K，与口服抗凝药合用可增加抗凝作用导致出血。

（4）多西霉素、米诺环素与苯妥英钠、卡马西平、苯巴比妥合用时，可增加肝脏诱导酶作用，缩短药物的消除半衰期。

（5）与苯巴比妥合用可引起中枢神经系统抑制。

（6）与全麻药甲氧氟烷同用时，增加其毒性。

（7）与强利尿剂，如呋塞米等合用可加重肾损害。

5. 大环内酯类

（1）红霉素与青霉素、氨苄西林、四环素等配伍后，溶液可出现沉淀及变色。

（2）注射用红霉素也不可直接与生理盐水或复方氯化钠注射液配伍，应先用少量灭菌注射用水溶解后，方可配伍。

（3）红霉素与麦迪霉素呈拮抗作用。

（4）红霉素与西咪替丁合用时，因西咪替丁可抑制人体内的微粒体 P_{450} 酶，引起红霉素瞬间增高，造成一过性耳聋。

（5）红霉素应避免与β-内酰胺类等繁殖期杀菌剂合用，不宜与作用部位相近的氯霉素或林可霉素合用。

（6）与下列药物有配伍禁忌　复方维生素B、维生素C、多黏菌素及苯妥英钠。

6. 多肽类抗生素

（1）万古霉素与髓袢利尿药和其他肾毒性或耳毒性药物合用可加重耳毒性和肾毒性。

（2）与抗组胺药、吩噻嗪类合用时，可能掩盖耳鸣、头昏、眩晕等耳毒性症状。

（3）与碱性溶液配伍禁忌，遇重金属离子可发生沉淀。

（4）多黏菌素类不宜与肌肉松弛剂、麻醉药合用，以免引起神经肌肉接头阻滞。

（5）不宜与肾毒性药物合用，以免加重肾毒性。

7. 喹诺酮类抗菌药

（1）此类药物若与碱性药物或与磺胺类药物同用，可增加对肾脏的损害。

（2）不能与含镁（如硫酸镁）、钙（如碳酸钙）、铁（如硫酸亚铁）、锌（如硫酸锌）等成分的药物联用，因此类药物可与镁、钙、铁、锌等多价阳离子发生螯合反应，影响喹诺酮类药物的吸收并降低其药效。

8. 抗真菌药　与具有潜在肾毒性的药物，如氨基糖苷类、万古霉素、多黏菌素等合用时，可加重其肾毒性。

9. 营养液

（1）氨基酸的变化：氨基酸有氨基（$-NH_2$）和羧基（$-COOH$），是两性物质，与酸结合时即呈现酸性，而与碱结合后即呈碱性，所以 Cl^- 与 Na^+ 的存在能影响营养液的pH，不可忽视。

（2）Ca^{2+} 和磷酸配伍时会生成白色的磷酸钙。

（3）氯化钙与硫酸锰配伍，若加热可产生沉淀。

（4）维生素的稳定性：维生素大多数是不稳定的，维生素B在氨基酸溶液中能分解维生素 K_1，维生素C遇空气分解，维生素K遇光极易分解。维生素类对光都不稳定，所以，输液过程中应用避光袋遮挡输液容器。

10. 其他　与氨茶碱不可混在一起静脉输注的有去甲肾上腺素、维生素C、促皮质素、四环素族盐酸盐、异内嗪等。与血液、血浆不可混合在一起静脉输注的药物有增压素、水解蛋白（曾输过血浆的注射器具也不可用）、氟氯西林等。与维生素 C 不可混在一起静脉输注的药物有三氯叔丁醇、含铜铁离子的溶液、维生素 K_3、氨基青霉素、谷氨酸钠等碱性药物。只可单独使用，不可加入其他药物静脉输注的有乐凡命注射液、维生素 B_4、组织型纤维蛋白溶酶原激活剂、二氮嗪、派达益儿等。与脂肪乳剂不可混合在一起静脉输注的药物有：电解质溶液（以防乳剂破坏而使凝聚脂肪进入血液）、氟氯西林等。与去甲肾上腺素不宜混在一起静脉输注的药物有：磺胺嘧啶钠、氨茶碱、谷氨酸钠、乳酸钠等偏碱性药。硝普钠静脉输注时，除用 5% 葡萄糖溶液稀释外，不可加用其他药物。低分子右旋糖酐不宜与双嘧达莫、维生素 B_{12} 混合在一起静脉输注。

（四）避免配伍禁忌发生的方法

1. 加强教育　了解常用注射剂的配伍禁忌。对发生配伍禁忌较多的药物，如确实需要前后相接输液时，应将输液器内的前种药物残液用 0.9% 氯化钠注射液，或其他可与其相配伍的注射液冲洗干净后再静脉滴注。如确实不清楚两种药物混合是否有配伍禁忌而必须混合时，可在用药前用注射器抽取少量等量的两种药物混合，观察 10~20 分钟，如有配伍禁忌再用液体将两者隔开。

2. 在用药中　除药理作用互相对抗的药物如中枢兴奋药与抑制药、升压药与降压药、止血药与抗凝血药等，还需注意遇到的一些药理性配伍禁忌，如吗啡与阿托品联合使用时会消除吗啡对呼吸中枢的抑制作用，使药效降低。理化性配伍禁忌须注意酸碱性药物的配伍问题，应使用不同输液器，避免直接配伍使用，如丹参酮与不少氟喹诺酮类的药物存在有配伍禁忌，可产生沉淀等。

3. 在新药使用前　应认真阅读使用说明书全面了解新药的特性，避免盲目配伍。在不了解其他药液对某药的影响时，可将该药单独使用。两种浓度不同的药物配伍时，应先加浓度高的药物至输液瓶中，后加浓度低的药物，以减少发生反应的速度。两种药物混合时，一次只加一种药物到输液瓶，待混合均匀后液体外观无异常变化再加另一种药物。

4. 慎重使用中药注射剂　中药注射剂由于其成分复杂性，提取工艺的局限性，很难保证与其他药物配伍时不发生反应。应尽量避免使用中药注射剂，严格掌握配伍禁忌，单独配制并避免与其他药物同管路连续输注，以保障用药安全。

5. 抗生素应用　与其他药物配伍后发生配伍变化较多，原则上抗菌药物应单独应用。

6. TPN 加药混合顺序

（1）电解质溶液（10%NaCl、10%KCl、钙制剂、磷制剂）、水溶性维生素、微量元素制剂等分别加入葡萄糖溶液或氨基酸溶液。

（2）将脂溶性维生素注入脂肪乳剂，水溶性维生素也可用脂溶性维生素溶解后加入脂肪乳剂。

（3）充分混合葡萄糖溶液与氨基酸溶液后，肉眼观察液体有无沉淀，再与配制好的脂肪乳剂混合。

（4）轻轻摇匀混合物，排气后封闭备用。

注意事项：钙和磷不能加入同一配制液内，需分别充分稀释后再最后混合；电解质不能直接加入脂肪乳剂中；避免在全营养混合液中加入其他药物（除非已经做过配伍验证），以免影响全营养混合液的稳定性及加入药物的药效。

7. 加强巡视，及时处理　护士应合理安排输液顺序，尽量避免有配伍禁忌的药物序贯使用。若两者确定需要序贯使用时，可采取在2种药物之间输入生理盐水或葡萄糖注射液冲管，再进行序贯输注治疗。输液过程中安排人员加强巡视，要密切观察液体有无浑浊、变色等现象，以便及时发现药物间的配伍变化。若输液过程中出现明显的配伍变化，应立即夹管，及时更换输液器及液体并再次检查输液瓶及输液管内有无异常，避免药液输入患者体内而出现不良反应。同时不要过度惊慌，做好患者和家属的思想解释工作，密切观察患者，一旦患者出现不良反应，立即采取有效措施对症处理。

8. 做好知识更新和药品说明书的修改　权威部门或者专家可组织相关人员进行药物配伍禁忌的相关研究工作，及时对有关的药物配伍资料进行总结和标准实验验证，再进行权威发布；同时在说明书上及时补充药物配伍相关内容，从而更好地指导临床工作。

9. 科室对本专业常用药物要专门列出配伍禁忌表，以便查阅。

10. 加强信息化建设　随着信息化建设的不断完善，有条件的医疗机构可以利用网络优势，将药物配伍禁忌资料编入计算机程序，方便医护人员进行查询或者进行配伍警示，最大限度确保患者的用药安全。

（王　蕾）

第二节　静脉营养治疗

一、概述

静脉营养治疗指无法经胃肠道摄取营养或摄取的营养物不能满足自身代谢的需要，只能通过静脉输入营养液给予机体所需要的营养物质，包括氨基酸、脂肪、碳水化合物、各种维生素、电解质和微量元素的一种营养支持的方法，又称肠外营养（parenteral nutrition，PN）。根据患者完全或部分依赖静脉途径，分为完全胃肠外营养（total parenteral nutrition，TPN）和部分胃肠外营养（PPN）两类。

二、种类及特点

（一）静脉营养液的种类

静脉营养分为一般营养和完全静脉营养两类。一般营养是通过外周静脉输入的营养液（葡萄糖、脂肪乳、氨基酸等，输注时间在 10 天以内，渗透压不大于 600mmol/L、pH 5.0 以上）。完全静脉营养是通过深静脉输入高营养液——TPN（包括氨基酸、必需脂肪酸、维生素、电解质和微量元素等），能满足患者高营养的需求。

（二）静脉营养液的特点

1. 适宜的 pH 和渗透压（人体正常血液的 pH 为 7.35~7.45，血浆渗透压为 280~310mmol/L）。

2. 微粒异物最大直径不超过 10μm。

3. 不能含有引起过敏反应的异型蛋白质。

4. 具有良好的相容性和稳定性。

5. 使用方便、配制灵活、内容丰富。

三、静脉营养液的配伍及稳定性

（一）控制静脉营养液 pH

1. 一般要求 pH 为 5.5 左右，低温保存。温度或 pH 升高时，葡萄糖与氨基酸混合会发生褐色改变。

2. 当静脉营养液的 pH 下降时，脂肪颗粒磷脂分子的亲水段发生电离改变、负电位下降，以致脂粒之间排斥力减弱。当 pH 降至 5.0 以下时，脂肪乳剂即丧失其稳定性。葡萄糖液为酸性液体，其 pH 为 3.5~5.5，故不能直接与脂肪乳剂混合，否则会因 pH 的急速下降而破坏脂肪乳剂的稳定性。

3. 脂肪乳剂 pH 在某种程度上取决于储存时间，因为脂肪的 pH 随着时间的推移而降低，pH<5.0 时脂肪乳剂的稳定性被破坏。

（二）控制阳离子浓度

1. 阳离子可改变排斥力，影响电位。阳离子浓度越高，越不稳定。

2. 静脉营养液中单价阳离子（Na^+、K^+）和二价阳离子（Mg^{2+}、Ga^{2+}）浓度应分别小于 130~150mmol/L 和 5~8mmol/L。

3. 阳离子可中和脂肪颗粒上磷脂的负电荷，使脂肪颗粒相互靠近，发生聚集和融合，导致水油分层。

（三）控制钙磷混合沉淀反应

1. 高浓度的钙和磷、氯化钙、磷盐、脂肪乳剂与低浓度氨基酸和葡萄糖混合液 pH 增大，环境温度升高，渗透压增加以及输注速度过慢等都会增加沉淀反应；添加碳酸氢盐或右旋糖酐铁，经同一输液管添加钙磷未冲管，均会导致钙磷沉积。即刻发生的沉积容易被发现，但在混合初期有可能肉眼不可见，随时间推移逐渐出现沉淀。

2. 脂肪乳剂加入后，由于液体颜色为乳白色，有钙磷沉积也不会被发现。被脂肪乳剂掩盖的钙磷沉积颗粒，可能引起导管管路阻塞，或随液体进入血管内，使患者发生间质性肺炎、肺肉芽肿、呼吸窘迫综合征，最终导致死亡。

3. 控制钙、磷浓度　当钙磷乘积 >72［钙离子浓度（mmol/L）× 磷离子浓度（mmol/L）>72］时将破坏无机钙和磷的稳定性。所以，当钙磷需要较多时，必须使用有机磷制剂。

（四）避免光照

因静脉营养液中维生素 A、维生素 B_2 遇紫外线会降解，输注时需避光。维生素 C 遇空气发生氧化，降解为草酸，可与钙发生反应生成不稳定的草酸钙。

四、静脉高营养液处方的计算方法

静脉高营养液是由多种静脉营养成分按一定比例配制而成的混合制剂。因此，严格计算各成分的配制比例既是保证制剂稳定性的需要，也是保证患者安全、合理利用营养成分的必要条件。常见营养成分处方计算方法有公式法和经验估算法。

（一）公式法

第一步：根据患者的分解代谢情况计算所需氨基酸的需要量。

以体重 60kg 的重症患者为例：60kg × 0.2g/（kg · d）=12g/d

折合为 8.5% 250ml 复方氨基酸注射液（18AAⅡ）乐凡命（含氮 3.5g）：12g/3.5（g · 瓶）=3.5 瓶。

第二步：根据热氮比，计算该患者氮量所匹配的热量值（热氮比以 150∶1 为准）。

即 12g（氮量）× 150=1800kcal。

第三步：根据双能源系统原则，热量是由脂肪、碳水化合物共同提供，一般情况下，糖脂比为 50∶50，呼吸疾病为 40∶60。即脂肪热卡为 1800kcal × 50%=900kcal。

折合为 20% 脂肪乳：900/500=1.8 瓶

折合为 30% 脂肪乳：900/750=1.2 瓶

葡萄糖热卡为：1800kcal × 50%=900kcal

折合为 10% 的葡萄糖液：900/4/10%=2250ml（外周静脉输注）

折合为 50% 的葡萄糖液：900/4/50%=450ml（中心静脉输注）

总液体量：2500ml

第四步：根据患者的个体情况对热量进行调节：体温 / 性别 / 年龄

体温：体温每升高 1℃，总热量需增加 10%

性别：女性患者，总热量需减少 10%

年龄：大于 70 岁患者，总热量需减少 10%

第五步：根据患者情况，添加水溶性维生素 / 脂溶性维生素 / 微量元素。

第六步：根据患者情况，添加钠 / 钾 / 钙 / 镁及胰岛素。

（二）经验估算法

根据患者每天总热量进行经验估算。

1. 一般 20~25kcal/（kg·d）。
2. 营养不良时 30kcal/（kg·d）。
3. 高分解代谢时 35kcal/（kg·d）。
4. 年老体弱者 20kcal/（kg·d）。

五、适应证与禁忌证

（一）静脉营养支持适应证

1. 消化系统疾病

（1）胃肠道功能障碍的重症患者，如溃疡性结肠炎、Crohn 病、消化道出血等。

（2）无法通过胃肠道摄食者，如食管瘘、肠瘘、胃肠道畸形、严重营养不良伴胃肠道功能障碍等；或者经胃肠摄食有危险，如气管食管瘘、喉关闭不全；中、重症急性胰腺炎。

（3）由于手术或解剖问题胃肠道禁止使用的重症患者。

（4）存在有尚未控制的腹部情况，如腹腔感染、肠梗阻等。

（5）其他：长期顽固性的恶心呕吐、硬皮病、系统性红斑狼疮、放射性肠炎、食管贲门失弛缓症。

2. 大面积烧伤。
3. 严重感染与败血症。
4. 术前准备　对于营养不良、需进行胸、腹部大手术的患者。
5. 妊娠剧烈呕吐与神经性厌食。
6. 高分解代谢状态。
7. 其他　神志不清、腹膜炎、肿瘤化疗或放疗引起的胃肠道反应等短期内不能由肠内获得营养的患者。

肠道仅能接收部分营养物质补充的重症患者，可采用部分肠内与部分静脉营养相结合的联合营养支持方式，目的使肠功能尽早恢复。一旦患者胃肠道可以安全使用时，则逐渐减少至停止静脉营养支持，联合肠道喂养或开始经口摄食。

（二）静脉营养支持禁忌证

1. 复苏阶段、血流动力学尚未稳定或存在严重水电解质与酸碱失衡。

2. 严重肝功能衰竭，肝性脑病。

3. 急性肾衰竭存在严重氮质血症。

4. 严重高血糖尚未控制。

5. 胃肠功能正常，适合肠内营养或5天内可恢复胃肠功能者。

六、常见并发症及处理方法

根据其性质和发生原因，静脉营养治疗并发症可归纳为器械性并发症、感染性并发症和代谢性并发症三大类，大多数并发症是可以预防和治疗。

（一）导管相关性并发症

1. 置管操作相关并发症　包括血气胸、皮下血肿、血管与神经损伤等，这类并发症均与中心静脉导管的置入技术及护理有关。护理不当也可造成导管脱出、折断等并发症，可借助X线检查确定深静脉导管放置位置。若能严格按照操作规程，熟练掌握操作技术，这些并发症是可以预防。

2. 导管堵塞　是置管后最常见的并发症之一。输注营养液时输液速度可能会减慢，在巡视过程中发现异常应及时调整，以免因凝血而发生导管堵管。预防堵管：应在输入营养液6~8小时内使用生理盐水10ml脉冲式冲管，输液结束后应再使用生理盐水10ml脉冲式冲管和肝素盐水3~5ml正压封管。

3. 空气栓塞　可发生在置管、输液和拔管过程中。置管时操作者应严格执行操作规程。输液过程中加强巡视，液体输完应及时补充。导管护理时应防止空气经导管接口部位进入血循环。拔管引起的空气栓塞主要是由于拔管时空气可经长期置管后形成的隧道进入静脉，因此，拔管速度不宜过快，拔管后应密切观察患者的反应。

（二）感染性并发症

在导管植入、营养液配制及输入过程中极易发生污染，导管感染性败血症是静脉营养治疗常见的严重并发症。因此每一步骤必须严格按照无菌技术操作规定进行，预防措施包括：置管过程的严格无菌技术，在超净工作台配制营养液，采用全封闭式输液系统，定期消毒穿刺点皮肤并更换敷料等。

（三）代谢性并发症

这类并发症多与对病情动态监测不够，治疗方案选择不当或未及时纠正有关，加强监测并及时调整治疗方案可以预防。

1. 非酮高血糖高渗性昏迷（NKHHC）　简称糖尿病高渗性昏迷，是由于应激情况下体内胰岛素相对不足，胰岛素反调节激素增加及肝糖释放导致严重高血糖，高血糖可引起血浆高渗性脱水和进行性意识障碍的临床综合征。常见于中、老年患者，有或未知有糖尿病史者，病死率较高。特殊的实验检查结果：血糖 >33.6mmol/L，尿糖强阳性。血钠 >150mmol/L，血钾正常或降低。血尿素氮、血肌酐因脱水休克可增高。心电图可有电解质紊乱（尤其是低钾血症）及心肌缺血或心律失常的改变。紧急治疗处理原则：扩容，稳定血压，改善循环和增加尿量。应立即停止输注高渗糖，同时输入等渗或低渗液体，补给胰岛素和氯化钾。TPN 营养液的配制，每日葡萄糖的供给应控制在 100~300g，浓度不可 >50%，滴注速度不可过快，控制在每分钟不超过 5mg/kg。

2. 低血糖反应　由于持续输入高渗葡萄糖，刺激胰岛细胞增加胰岛素分泌，使血中有较高的胰岛素水平。若突然停用含糖溶液，有可能导致血糖急剧下降，发生低血糖反应，甚至低血糖性昏迷，严重者危及生命。在高糖液体输入完毕后，以等渗糖溶液维持数小时过渡，再改用无糖溶液，则可以避免诱发低血糖。

3. 高脂血症　由于脂肪代谢或运转异常，使血浆中一种或多种脂质高于正常称为高脂血症。引发高脂血症主要是由于给予的脂肪量超过机体清除脂质的能力所致，其主要临床表现为高酯血症。高脂血症一般很容易通过减少或暂停脂肪乳剂输入而纠正。为了避免静脉营养支持引发高脂血症，静脉营养支持期间应注意监测血脂水平，住院患者最好每周测定血清甘油三酯浓度 1~2 次，根据耐受性调节脂肪乳剂量。

4. 氨基酸代谢异常　氨基酸分解代谢阻滞或氨基酸吸收转运系统缺陷，造成血氨升高。在输注氨基酸后，若不能及时供应足够的热量则氨基酸作为能源而分解产生氮质血症。现输入的氨基酸大都为氯化物或盐酸化合物，液体中也常加入氯化钾、氯化钠，所以容易输入过多氯化物而产生高氯性代谢性酸中毒。输入水解蛋白时易产生高氨血症，这是由于结晶氨基酸溶液中缺乏精氨酸，可能导致尿素合成障碍引起血氨升高，特别是肝病患者或早产儿，通常成人血氨升高的发生率较低。为了保证静脉输注的氨基酸得到充分的利用，必须同时输注糖类及乳化脂肪以满足热能需要，热能与氨基酸的比值应为 120∶1 或 200∶1 才能使氨基酸最大限度地被利用，避免氨基酸作为能源分解。严格掌握必需氨基酸（EAA）及非必需氨基酸（NEAA）的比例，一般 EAA 与 NEAA 的比例为 1∶1~1∶3。

5. 电解质紊乱　在实施静脉营养支持过程中，应适当补充钾、磷、镁，否则可导致此类元素的不足。但是如果机体丢失电解质的原因未消除或补充电解质不足、过量都可造成电解质紊乱。为防止电解质紊乱，应每周测定电解质 2~3 次，包括血清钾、钠、尿素氮、血红蛋白，其他电解质可每周测定 1 次。

6. 肝胆相关性疾病　长期 PN 后往往伴随感染、胆汁淤积、肝功能异常、肝脏脂肪浸润、肝脏纤维化甚至肝硬化，是肠外营养（PN）常见的并发症，在儿童和新生儿较为多见，特别是长期接受静脉营养支持治疗的患儿。禁食时间长、氨基酸与脂肪乳提供热量比率高、胎龄低、新生儿感染等是发生肠外营养肝胆相关性疾病的重要原因，因此早期胃肠内微量喂养可降低早产儿肝胆相关性疾病的风险。

（李变娥）

第三节　抗肿瘤药物输注

抗肿瘤药物治疗是恶性肿瘤综合治疗的重要手段之一，主要是利用抗肿瘤药物对患者进行全身治疗，以达到抑制或消灭肿瘤细胞的目的。抗肿瘤药物多为细胞毒性药物，在杀伤肿瘤细胞的同时，对正常组织也有不同程度的损害。护理人员正确执行抗肿瘤药物给药操作规程，在提高药物疗效的同时，也能有效预防或减轻药物不良反应，保护自身安全。

一、抗肿瘤药物的分类

（一）抗肿瘤药物的分类

1. 根据抗肿瘤药物对局部组织的刺激性分为：腐蚀性药物、刺激性药物和非腐蚀性药物。

（1）腐蚀性药物：指药物外渗后可引起局部组织坏死的药物。如阿霉素、长春瑞滨、长春地辛、长春新碱等，易引起严重的静脉炎及穿刺局部皮肤组织的红、肿、疼痛甚至溃烂坏死。

（2）刺激性药物：指药物外渗后可引起局部组织灼伤或轻度炎性反应的药物。当静脉滴注此类药物时，因药物刺激性作用，会引起注射部位疼痛或沿着输液的整条血管出现疼痛，但药物外渗后很少发生组织坏死。如达卡巴嗪、紫杉醇、氟尿嘧啶、足叶乙苷等。

（3）非腐蚀性药物：指药物外渗后无明显腐蚀或刺激作用的药物，如顺铂、甲氨蝶呤、环磷酰胺等。

2. 根据药物化学结构、性质、来源及作用机制分为烷化剂、抗代谢药物、抗生素类、植物类。

（1）烷化剂：按其结构特征分为氮芥类及其衍生物、亚硝脲类、乙烯亚胺类、甲烷磺酸酯类、环氧化物类，如氮芥、环磷酰胺、尼莫司汀、塞替派等。

（2）抗代谢药物：为细胞生理代谢的结构类似物，干扰细胞正常代谢过程，抑制细胞增殖，分为叶酸拮抗剂类、嘧啶拮抗剂类及嘌呤拮抗剂等。如氟尿嘧啶、甲氨蝶呤、阿糖胞苷等。

（3）抗生素类：主要来源于放线菌属，通过影响 DNA、RNA 及蛋白质生物合成，使细胞发生变异，影响细胞分裂，导致细胞死亡，如阿霉素、平阳霉素、米托蒽醌、博来霉素等。

（4）植物类：来源于植物、具有抗肿瘤作用的药物，如长春碱类、紫杉醇类等。

（5）激素类：有性激素、黄体激素及肾上腺皮质激素。

（6）其他：主要有酶制剂、金属化合物等。

3. 根据药物的作用机制分类

（1）干扰核酸合成的药物：主要阻止 DNA 合成，抑制细胞分裂增殖，属于抗代谢药物，为细胞周期特异药。如甲氨蝶呤、培美曲塞二钠、氟尿嘧啶、吉西他滨等。

（2）直接破坏 DNA 结构及功能的药物：与 DNA 形成交叉联结，使细胞组成发生变异，影响细胞分裂，导致细胞死亡，主要有烷化剂以及某些抗生素和金属化合物，为细胞周期非特异性药物，如氮芥、环磷酰胺、噻替哌、达卡巴嗪、博来霉素、顺铂、卡铂等。

（3）抑制拓扑异构酶阻止 DNA 复制的药物：完整的细胞周期包括 DNA 合成前期（G_1 期）、DNA 合成期（S 期）、DNA 合成后期（G_2 期）、有丝分裂期（M 期）和处于静止状态的静止期（G_0 期）。每一次有丝分裂结束到下一次有丝分裂结束构成一个完整的细胞周期。抑制拓扑异构酶阻止 DNA 复制的药物为细胞周期特异性药物，主要作用于 S 期，亦能作用于 G 期，通过抑制拓扑异构酶而发挥细胞毒作用，使 DNA 不能复制，造成不可逆的 DNA 链破坏，从而导致肿瘤细胞死亡。主要包括：

1）拓扑异构酶Ⅰ抑制剂，如伊立替康、托泊替康、羟喜树碱。

2）拓扑异构酶Ⅱ抑制剂，如依托泊苷、替尼泊苷等。

（4）插入 DNA 模板影响转录过程的药物：能嵌入 DNA 双螺旋中，破坏 DNA 模板功能，抑制 RNA 活性，从而干扰转录过程，阻止 RNA 和蛋白质合成。本类药物主要是一些抗肿瘤抗生素类药物，如放线菌素 D、表柔比星、多柔比星、米托蒽醌等。

（5）阻止微管蛋白装配影响有丝分裂的药物：一是阻止微管蛋白聚合的药物，主要有长春碱类；二是阻止微管解聚的药物，主要是紫杉醇类。能够阻止纺锤丝形成，影响瘤细胞分裂过程的微管系统功能，阻止细胞分裂，从而导致肿瘤细胞死亡。为细胞周期特异性药物，主要作用于 M 期，如长春新碱、长春瑞滨、秋水仙碱、紫杉醇等。

（6）直接干扰蛋白质合成的药物：通过作用于蛋白质合成过程的不同环节，如影响氨基酸的供应，或影响核糖体功能，而干扰蛋白质的合成。主要有门冬酰胺酶、三尖杉碱。

（7）改变机体激素平衡而抑制肿瘤生长的药物：主要有糖皮质激素和性激

素类药物。

（8）分子靶向药物：以一些在肿瘤细胞膜上或细胞内特异性表达或高表达的分子为作用靶点，通过阻断肿瘤细胞或相关细胞的信号转导，来控制细胞基因表达的改变，而阻断其生长、转移或诱导其凋亡。如利妥昔单抗、曲妥珠单抗、西妥昔单抗、贝伐单抗等。

（9）其他：生物反应调节剂如干扰素、白细胞介素 -2 等；核素治疗药物；肿瘤治疗辅助用药等。

4. 根据抗肿瘤药物对各时相肿瘤细胞敏感性的差异，分为细胞周期非特异性药物、细胞周期特异性药物。

（1）细胞周期非特异性药物：可杀伤细胞增殖周期中的各相细胞，包括 G_0 期细胞，细胞对药物的敏感性与细胞的增殖状态无关。烷化剂和抗生素类药物大多属于此类。作用特点：剂量依赖性，疗效与剂量成正比，应大剂量间歇性给药。

（2）细胞周期特异性药物：细胞对药物的敏感性与其增殖状态有关，主要作用于细胞周期某一时相，作用特点：时间依赖性，疗效与剂量成正比，但达到一定剂量后再增加剂量不能相应提高疗效，反而毒性增大，应小剂量持续用药，如主要作用于 DNA 合成期（S 期）的特异性药物如甲氨蝶呤、氟尿嘧啶等。

（二）抗肿瘤药物的给药途径

抗肿瘤药物的给药途径包括静脉滴注、静脉推注、肌内注射、口服、腔内注射、鞘膜内注射、动脉推注等，静脉滴注为最常用的给药方法。

二、抗肿瘤药物配制

（一）抗肿瘤药物配制前评估

1. 环境　配制抗肿瘤药物的区域应为相对独立的空间，宜在Ⅱ级或Ⅲ级垂直层流生物安全柜内配制或由静脉药物配制中心集中配制。

2. 用物　配制抗肿瘤药物的环境中，可配备溢出包，内含防水隔离衣、一次性口罩、乳胶手套、面罩、护目镜、鞋套、吸水垫及垃圾袋等。配制抗肿瘤药操作台面应垫以防渗透吸水垫，污染或操作结束时应及时更换。

3. 方法　由受过专门培训的药学技术人员或经过专科培训的注册护士，严格按照操作程序进行集中配制。根据抗肿瘤药物的药理特性、使用方法及不良反应，正确选择输液器和输液袋。如输注紫杉醇时应采用非聚氯乙烯材料的输液器，不能够使用 PVC（聚氯乙烯）输液器输注。

（二）抗肿瘤药物配制流程

1. 配制前　启动紫外线灯进行生物安全柜内操作区空气消毒 40 分钟，保持洁净的备药环境，用75%酒精对操作台面进行擦拭，操作台面铺一次性防渗透性防护垫。

2. 两人核对医嘱，药物及溶媒。

3. 在割锯安瓿前应轻弹其颈部，使安瓿颈部附着的药液降至瓶底，消毒，掰开安瓿时用纱布包裹颈部，避免药液、玻璃片等飞溅，向远离操作者的方向掰开安瓿，防止划破手套。

4. 粉剂药物溶解时，溶媒沿瓶壁缓慢注入瓶底，待粉末浸透后再摇动，瓶装药液稀释后立即抽出瓶内气体，可采取双针头抽取药液的方法，以防瓶内压力过高，药液从针眼处溢出及针栓脱落等。

5. 药物配制后贴上“高危药品”或“细胞毒性药物”等醒目标识。用于静脉推注的药物备好后，在标签上注明床号、姓名、住院号（或ID号）、药物名称、剂量后放于无菌治疗盘内（无菌治疗巾不透水）。

6. 配制时防止药物外溢，配药过程中所用一切废弃物统一放于标有“细胞毒性药物垃圾”容器中密闭处理，以防蒸发，污染环境，并全部丢入黄色医疗垃圾桶送焚烧处理。

7. 操作后，台面用75%酒精擦拭，脱手套，洗手，有条件者沐浴。

三、抗肿瘤药物输注及注意事项

（一）抗肿瘤药物输注前评估

1. 患者评估

（1）一般情况：评估患者病史、病情、意识状态、心理状况、合作程度、自理能力、家庭支持程度、经济状况。

（2）了解患者血常规、心电图等检验检查结果；有无抗肿瘤治疗禁忌证及血管通路情况等。

（3）评估患者或家属对抗肿瘤治疗前、中、后的注意事项及抗肿瘤药物不良反应的掌握程度。

（4）告知患者及家属抗肿瘤药物治疗的目的并由主管医生签署抗肿瘤治疗告知同意书。

2. 护士评估

（1）护士着装整齐，防护装置齐全，配制抗肿瘤药时操作者应戴双层手套（内层为PVC手套，外层为乳胶手套）、一次性口罩；宜穿防渗透一次性隔离衣；可佩戴护目镜；给药时，操作者宜戴双层手套和一次性口罩。

（2）抗肿瘤药物应由经过专门培训的注册护士给药。

3. 静脉输液工具评估　根据患者的年龄、病情、过敏史、静脉输液治疗方案、药物性质等，选择合适的输注途径和静脉输液治疗工具。

（二）抗肿瘤药物输注流程

1. 操作者做好防护措施　两名操作者对患者进行两种以上方式的身份识别，核对输液卡及药物，严格核对药物名称、剂量、给药途径、速度及时间，询问药物过敏史。

2. 腐蚀性抗肿瘤药物应选择中心静脉通路　如经外周静脉置入中心静脉的导管（PICC）、中心静脉导管（CVC）、输液港（PORT），不应使用一次性静脉输液钢针，不宜用外周静脉留置针输注。如采用留置针输注抗肿瘤药，需选择粗、直、弹性好的前臂静脉，避开手指、关节部位，避免24小时内在前一次穿刺处的远心端部位进行穿刺，当天抗肿瘤结束后拔除留置针。

3. 用非抗肿瘤药物建立静脉通路，正确连接输液装置并检查连接是否紧密。

4. 输注抗肿瘤药物前　再次确认患者的穿刺部位血管及局部皮肤组织有无异常，观察回血情况，确保导管在血管内，输液通畅方可给药。

5. 根据药物性质及患者病情调节滴速，有可能引起过敏反应的药物，先小剂量缓慢滴入，床旁守护5~10分钟，如无不适，则全剂量加入滴注。

6. 注意事项　注意患者的主诉，观察患者饮水情况，穿刺部位有无红、肿、热、痛等药物外渗及静脉炎的表现，液体滴速及输液管路是否通畅，了解患者大小便、口腔黏膜、消化道反应等情况。做好预防跌倒的措施。

7. 输注抗肿瘤药物后　用生理盐水或5%葡萄糖注射液冲洗静脉通道。抗肿瘤药物治疗输注结束后再次查看穿刺处血管、局部皮肤及静脉导管情况。

8. 静脉输液治疗结束　注射器针头应置入保护针帽中并与注射器保持其完整性，放入专用污物袋中，以免拔下针头药液外溢造成污染。有条件者可将带针头的注射器放入防穿透、防渗漏的废弃物收集容器中统一处理，给药过程中一切废弃物统一放于有特殊警示标识的污物袋内集中封闭处理。

9. 操作完毕，脱去手套后用肥皂及流动水彻底洗手。

（三）抗肿瘤药物输注前注意事项

1. 条件许可所有静脉输注的抗肿瘤药物应由静脉药物配制中心统一配制。配制中心由药剂师统一审方，保证抗肿瘤药物使用的规范性和合理性。

2. 充分了解抗肿瘤药物的应用机制、常规剂量、给药途径及毒副作用，熟练掌握给药方法、给药顺序、用药注意事项以及出现各种情况的处理方法。在使用新药物之前，应仔细阅读药物说明书，以指导准确用药，提高临床用药安全。

3. 抗肿瘤药物现配现用，尽量不和其他药物配伍。

（四）抗肿瘤输注过程中注意事项

1. 掌握抗肿瘤药物的正确溶酶及存储条件，保证药物有效性，注意药物相互作用和时序依赖性可提高疗效,降低毒性。

2. 使用一次性注射器抽药,抽出的药液不超过注射器的 3/4。废弃物容器 2/3 满时不再使用,关闭后送焚烧处理。

3. 静脉推注抗肿瘤药物时 稀释浓度要适当,按医嘱推注时间给药,外周静脉推注抗肿瘤药物时,边推边抽回血,多种抗肿瘤药物输注时,合理安排输注顺序,每种药物间输注 5% 葡萄糖或 0.9% 生理盐水,防止药物配伍禁忌。

4. 中心静脉置管给药时,应确保导管尖端位于上腔静脉,给药时注意患者主诉,询问患者是否有痛感、灼热感或其他不适感,如观察同侧胸部出现静脉怒张、颈部锁骨上区及上肢肿胀等,应考虑静脉血栓形成或导管从静脉中脱出,停止输液,及时处理。

5. 需要限速的药物 宜使用输液泵,尽量使用 TPE(聚烯烃热塑弹性体)材质的精密过滤型输液器,对微粒可有效过滤,减少局部刺激,防止局部疼痛和静脉炎等,但紫杉醇酯质体、阿霉素脂质体除外,主要是由于脂质体易发生聚集,堵塞精密输液器的滤膜孔,导致输液不畅,药物有效成分不能完全进入患者血液。另外,紫杉醇类药物易使普通输液器中的增塑剂溶解到药物中,造成药液浑浊而导致患者发生较严重的不良反应,因此,输注紫杉醇类药物时禁止使用 PVC(聚氯乙烯)材质的输液器,宜选用 TPE 材质的输液器。

6. 外周静脉留置针输注抗肿瘤药物时,留置针当天拔除,以减少静脉炎发生,拔针后禁止热敷穿刺部位。

7. 更换抗肿瘤药物的液体时,应将输液瓶拿在手中,使输液瓶正位倾斜 45°左右,液面距离瓶口有一定空间,然后迅速插入输液管插针,最后再将输液瓶挂到输液架上。因药液重力作用,当输液管插针插入时,可能有药液溢出。插入输液管插针时,从输液瓶加药孔插入,避开加药孔和插入孔在同一个位置,导致抗肿瘤药物溢出。

8. 如出现严重的静脉炎或抗肿瘤药物外渗,应立即停止输液,予以处理。

9. 联合用药时注意正确的给药顺序

(1)氟尿嘧啶与甲氨蝶呤联合使用时,应先输注甲氨蝶呤 4~6 小时后再输氟尿嘧啶,否则会减效;氟尿嘧啶与四氢叶酸联合使用,应先输入四氢叶酸,再输氟尿嘧啶,可增加其疗效,减轻副作用。

(2)长春新碱与环磷酰胺或甲氨蝶呤等联合使用,若同时输入或先输注环磷酰胺或甲氨蝶呤,再输长春新碱,则疗效降低;若先输入长春新碱,6~8 小时后输注环磷酰胺或甲氨蝶呤,则疗效增加。

(3)甲氨蝶呤与阿糖胞苷联合使用时,若先输注甲氨蝶呤,再输阿糖胞苷,疗效显著降低;若先输注阿糖胞苷,数小时后再输甲氨蝶呤,则疗效增加。

(4)紫杉醇与顺铂联合使用,应先输注紫杉醇,如先输入顺铂则骨髓抑制等副作用增加。

（5）环磷酰胺或异环磷酰胺与顺铂联合使用，若先输入顺铂，可加重环磷酰胺或异环磷酰胺的骨髓抑制、神经毒性和肾毒性，故两者合用时应先输注环磷酰胺或异环磷酰胺，再输注顺铂。

10. 抗肿瘤药物对静脉滴注速度的要求

（1）静脉滴注速度宜慢的药物：如氟尿嘧啶静滴 6~8 小时，奥沙利铂静滴 2~6 小时，静脉滴注速度过快可引起恶心、呕吐、血压下降等不良反应。

（2）腐蚀性药物如长春新碱、长春瑞滨，临床上多采用快速静脉滴注给药（15~20 分钟），以减轻药物对静脉壁的刺激。

（3）其他需要严格控制滴数的药物如吉西他滨，静脉滴注 30 分钟，滴注药物时间的延长和增加用药频率可增大药物的毒性。

11. 严格遵循抗肿瘤静脉给药操作规程，预防毒副反应，做好观察、记录及交接班。

（五）抗肿瘤药物输注后注意事项

注意观察抗肿瘤药物的不良反应，如顺铂所致的消化道反应及肾脏毒性反应、大剂量甲氨蝶呤对肾脏的损伤，环磷酰胺所致的出血性膀胱炎等，一旦发生应报告医生及时处置。

（六）抗肿瘤药物外渗的处理

药物外渗指静脉输液过程中，腐蚀性药液进入静脉管腔以外的周围组织。如果注射部位刺痛、烧灼感或肿胀，则提示药液外渗，详见第六章，第二节药物渗出与外渗。

四、抗肿瘤安全防护

（一）抗肿瘤安全防护措施

1. 抗肿瘤药物危害人体的侵入途径　有直接接触、呼吸道吸入、消化道吸入。

2. 配制抗肿瘤药物的区域应为相对独立的空间，宜在Ⅱ级或Ⅲ级垂直层流生物安全柜内配制，不可在工作区进食或饮水。

3. 使用抗肿瘤药物的环境中可配备溢出包，内含防水隔离衣、一次性口罩、乳胶手套、面罩、护目镜、鞋套、吸水垫及垃圾袋等。

4. 配药时　操作者应戴双层手套（内层为 PVC 手套，外层为乳胶手套）、一次性口罩；宜穿防水、无絮状物材料制成、前面完全封闭的隔离衣；可佩戴护目镜；配药操作台面应垫以防渗透吸水垫，污染或操作结束时应及时更换。

5. 给药时　操作者宜戴双层手套和一次性口罩；静脉给药时宜采用全密闭式输注系统。

6. 操作过程中如皮肤不慎接触抗肿瘤药物，立即用肥皂水及流动水彻底清洗；如药液溅到眼内应用大量清水或生理盐水持续冲洗5分钟。

7. 操作完毕　脱去手套后用肥皂及流动水彻底洗手，有条件者可行淋浴。

（二）抗肿瘤废弃物的处理

1. 防护装备、抗肿瘤给药装置完整的放入有毒药物标识的抗肿瘤废弃物桶内。床上可洗用物装入标记好的塑料袋内，先单独预洗后再次清洗（应戴手套）。

2. 所有废弃物经1000℃高温焚烧处理。抗肿瘤废弃物容器装满2/3时不再使用，关闭后送焚烧处理。

3. 在处理患者行抗肿瘤药物治疗后的尿液、粪便、呕吐物或分泌物时，须戴手套。水池、马桶用后反复冲洗。

（三）抗肿瘤药物外溢的处理

药物外溢指在药物配制及使用过程中，药物意外溢出暴露于环境中，如皮肤表面、台面、地面等。

1. 药物外溢后，应立即标明污染范围，避免其他人员接触。

2. 操作者应穿戴个人防护用品，如戴一次性口罩、帽子、手套等，做好个人防护后方可处理污染区。

3. 如水剂药物外溅，应用吸水纱布垫吸附药液，若为粉剂则用湿纱布轻轻擦抹，以防药物粉尘飞扬，污染空气，并将污染纱布置于专用袋中封闭焚烧处理。

4. 如药液不慎溅在皮肤或眼睛内，应立即用清水反复冲洗持续5分钟。

5. 用清洁剂或清水擦洗污染表面3次，再用75%酒精擦拭，废弃物放入抗肿瘤废物桶。

6. 记录药物外溢发生时间、药物名称、溢出量、处理过程以及受污染的人员。

（李旭英）

第四节　抗菌药物输注

抗菌药物（antibacterial agents）指治疗细菌、支原体、衣原体、立克次体、螺旋体、真菌等病原微生物所致感染性疾病病原的药物，不包括治疗结核病、寄生虫病和各种病毒所致感染性疾病的药物以及具有抗菌作用的中药制剂。抗菌药物的使用使许多致死性疾病得以控制，但同时也使微生物通过突变选择、代谢改变等多种方式对抗药物的作用，使细菌对抗菌药物的敏感性降低甚至消失，导致抗菌治疗的失败。因此，合理正确输注抗菌药物是保证药物发挥最大疗效、保障用药安全、提高治疗水平及降低毒副反应发生的关键。

一、抗菌药物的种类及特点

1. 青霉素类

（1）天然窄谱青霉素类，如青霉素G。

（2）耐青霉素酶窄谱青霉素类，如苯唑西林。

（3）广谱青霉素类，如氨苄西林、阿莫西林等。

（4）抗假单胞菌青霉素类，如哌拉西林、美洛西林等。

（5）青霉素类与β内酰胺酶抑制剂组合成的复方制剂，如阿莫西林克拉维酸钾等。

2. 头孢菌素类　根据抗菌谱、抗菌活性、对β内酰胺酶的稳定性以及肾毒性的不同，目前将头孢菌素分为四代。

第一代头孢菌素主要作用于需氧革兰阳性球菌。如头孢唑林。

第二代头孢菌素对革兰阳性球菌的活性与第一代头孢菌素相仿或略差，对部分肠杆菌科细菌亦具有抗菌活性。如头孢呋辛、头孢替安等。

第三代头孢菌素对肠杆菌科细菌有良好抗菌作用。如头孢噻肟、头孢他啶、头孢哌酮等。

第四代头孢菌素常用者为头孢吡肟，对产AmpC酶的阴沟肠杆菌、产气肠杆菌、柠檬酸杆菌和沙雷菌属的作用优于头孢他啶等第三代头孢菌素。

3. 其他β内酰胺类

（1）头霉素类，如头孢西丁。

（2）碳青霉烯类，具有抗菌谱广、抗菌活性强和对β内酰胺酶高度稳定特点，如亚胺培南。

（3）单酰胺菌素类，代表药物氨曲南，仅对需氧格兰阴性菌具有良好抗菌活性，不良反应少，与其他β内酰胺类药物交叉过敏少。

（4）氧头孢烯类，如拉氧头孢和氟氧头孢等。

4. 氨基糖苷类　常用药物有链霉素、庆大霉素、阿米卡星等，其共同特点包括：

（1）抗菌谱广。

（2）主要作用机制为抑制细菌蛋白质的合成。

（3）细菌对不同品种间有部分或完全交叉耐药。

（4）具有不同程度的肾毒性和耳毒性。

5. 四环素类　目前仅适用于少数敏感细菌及衣原体属、立克次体等不典型病原体所致感染。主要包括四环素、金霉素、土霉素及半合成四环素、多西环素和米诺环素。

6. 大环内酯类　临床常用红霉素、螺旋霉素等，新品种有阿奇霉素、克拉霉素、罗红霉素等，其对流感嗜血杆菌、肺炎支原体、肺炎衣原体等的抗微生物活性增强、口服生物利用度提高、给药剂量减少、胃肠道及肝脏不良反应也较少，临床适应证有所扩大。

7. 酰胺醇类　酰胺醇类抗生素包括氯霉素及甲砜霉素，但氯霉素可引起严重骨髓抑制、再生障碍性贫血及灰婴综合征等严重不良反应，使其在应用上受到很大限制，仅在某些中枢神经系统感染、伤寒、副伤寒、厌氧菌感染及立克次体感染时作为可选药物。

8. 林可霉素类　本类药包括林可霉素及克林霉素，对需氧革兰阳性菌及厌氧菌具有良好抗菌作用，克林霉素的体外抗菌活性优于林可霉素。

9. 利福霉素类　利福霉素类抗生素有利福平、利福霉素、利福喷汀及利福布汀。

10. 糖肽类　万古霉素、去甲万古霉素和替考拉宁分子中均含有糖及肽链结构。其特点为抗菌谱窄，抗菌作用强，属于杀菌药，主要适用于对其敏感的多重耐药的革兰阳性球菌所致的重症感染。

11. 硝基呋喃类药　硝基呋喃类药属广谱抗菌药物，细菌对之不易产生耐药性。包括呋喃妥因、呋喃西林等。

12. 硝基咪唑类　本类药有甲硝唑与替硝唑，同属硝基咪唑类衍生物。为治疗肠道和肠外阿米巴病、阴道滴虫病的首选药物。

13. 磺胺类药及甲氧苄啶　常用的磺胺类药有磺胺甲噁唑和磺胺嘧啶。常制成复方制剂应用，如复方磺胺甲噁唑片。

二、抗菌药物的输注原则

在自然界人与微生物之间，各种微生物之间，存在着相互拮抗又相互依存的关系，维持着相对的平衡，只有合理应用抗菌药物对引起感染的病原菌进行干预，才能真正解除威胁。

（一）抗菌药物治疗性应用的基本原则

1. 诊断为细菌性感染者有指征应用抗菌药物。
2. 尽早查明感染病原，根据病原种类及药物敏感试验结果选用抗菌药物。
3. 抗菌药物的经验治疗。
4. 按照药物的抗菌作用及其体内过程特点选择用药。
5. 综合患者病情、病原菌种类及抗菌药物特点制订抗菌治疗方案。

（二）治疗方案制订原则

1. 品种选择。
2. 给药剂量。

3. 给药途径。

4. 给药次数。

5. 疗程。

6. 抗菌药物的联合应用。

（三）抗菌药物分级原则

根据安全性、疗效、细菌耐药性、价格等因素，将抗菌药物分为三级。

1. 非限制使用级　经长期临床应用证明安全、有效，对病原菌耐药性影响较小，价格相对较低的抗菌药物。应是已列入基本药物目录，《国家处方集》和《国家基本医疗保险、工伤保险和生育保险药品目录》收录的抗菌药物品种。

2. 限制使用级　经长期临床应用证明安全、有效，对病原菌耐药性影响较大，或者价格相对较高的抗菌药物。

3. 特殊使用级　具有明显或者严重不良反应，不宜随意使用；抗菌作用较强、抗菌谱广，经常或过度使用会使病原菌过快产生耐药性；疗效、安全性方面的临床资料较少，不优于现用药物的；新上市的，在适应证、疗效或安全性方面尚需进一步考证的、价格昂贵的抗菌药物。

三、抗菌药物输注注意事项

静脉滴注抗菌药物是临床药物治疗的重要用药途径，因其起效快、生物利用度高、便于血药浓度控制等优点备受临床重视。然而抗菌药物发挥作用受许多因素的影响，如用药剂量、浓度、溶剂、给药方法、药物配伍、联合用药抗菌、滴注速度及储存条件等，并且抗菌药物注射剂直接输注进入血液循环，不经过机体的防御组织（肝脏），因此，合理正确输注抗菌药物十分关键。

（一）护理人员在抗菌药物应用过程中的作用

1. 给药前评估　了解治疗目的，收集患者的基础资料，识别高危患者。

2. 给药　了解药物的适应证，了解药物的给药途径，防止药物外渗。

3. 促进疗效　通过疗效评价，有助于决定是否需要继续、停止或调整治疗方案。

4. 降低药物不良反应　护士应掌握药物不良反应相关知识，如分类、临床表现、禁忌证、预防及抢救等。

5. 减轻不利的药物相互作用　如合理安排药物输注顺序，指导患者改变影响药物疗效的生活习惯等。

（二）临床抗菌药物应用监护要点

1. 警惕术中可能导致严重出血反应的抗菌药物　头孢菌素中的头孢孟多、头孢唑林、头孢唑肟等与抗凝血药合用，可致大出血，应监测凝血功能，尤其是儿童。

2. 警惕饮酒可致戒酒硫样反应的抗菌药物　为避免发生“双硫仑样反应”，在应用上述药品期间及停药5天内应禁酒。同时避免联合应用含有乙醇注射剂的药物，如氢化可的松、地西泮等。

3. 警惕高胆红素血症新生儿及儿童不能应用的抗菌药物　新生儿体内酶系统不成熟，代谢酶分泌及活性不足，某些抗菌药物可将胆红素从血清白蛋白中置换出来，患高胆红素血症的新生儿尤其是早产儿可能发展成黄疸或致死，应慎用或避免使用。

4. 警惕长期应用引起抗生素相关性腹泻的抗菌药物　长期大量应用广谱抗生素易发生严重球/杆菌比例失调，甚至发生二重感染。抗生素相关性肠炎也称为假膜性肠炎，严重者可致死。

5. 警惕葡萄糖6磷酸脱氢酶缺乏的患者，因抗菌药物对该疾病的患者易导致溶血性贫血。葡萄糖6磷酸脱氢酶缺乏时应用抗菌药物易引起红细胞被破坏而发生急性溶血反应。

6. 注意与含钙制剂呈配伍禁忌的抗菌药物　头孢曲松、四环素类、氟喹诺酮类等药物与钙离子螯合产生沉淀，由于毛细血管非常微小，不溶性颗粒进入人体内会阻塞毛细血管，在组织中大量堆积反复刺激可引起炎症并形成肉芽肿，如发生在心、脑、肾、肺等重要器官则可致死。

7. 警惕部分抗菌药物给药错误所致的不良反应　如青霉素类药物静滴给药时，由于剂量过大或滴速过快，可对大脑皮质产生直接刺激作用，出现“青霉素脑病”，表现为肌痉挛、惊厥、癫痫、昏迷等严重反应；快速静滴万古霉素时，后颈部、上肢及全身出现的皮肤潮红、红斑、荨麻疹、心动过速和低血压等特征性症状，称为“红人综合征”或“红颈综合征”。

（三）抗菌药物皮试注意事项

1. 严格执行无菌技术操作规程及查对制度。

2. 药物过敏试验前详细询问患者的用药史、过敏史和家族过敏史。

3. 青霉素首次用药应做药物过敏试验，停药72小时以上再用者以及药物更换批号时，均应重新做药敏试验。

4. 药物过敏试验液必须现配现用，皮试液浓度与注射剂量要准确。

5. 药物过敏试验前或注射前均应做好急救工作的准备（备0.1%盐酸肾上腺素注射液、注射器、氧气等）。

6. 严密观察患者，首次注射后须观察20分钟以防迟缓反应的发生。注意局部和全身反应，倾听患者主诉。门诊患者需观察30分钟再离开。如有恶心、呕吐、呼吸困难、红疹等现象应立即报告医生处理。

7. 疑为假阳性时应做对照实验。

8. 实验结果阳性报告医师，告知患者及家属，并在体温单、医嘱单、病历及护理记录单标注，于床头挂醒目标示。

（四）抗菌药物输注注意事项

1. 用药前仔细检查药物质量。
2. 根据注射途径、药物剂量、性质等选择合适的输液器及输液针头等。
3. 各项操作严格执行无菌技术操作原则。
4. 正确配制抗菌药物皮试液，向患者交代注意事项。
5. 正确进行皮肤过敏试验及评估试验结果，避免假阳性。
6. 严格按照溶剂的要求来配制抗菌药物。
7. 正确选择抗菌药物配制后的储存条件。
8. 重视药物间相互作用，合理安排输注次序。
9. 严格执行给药频次，保证安全有效的血药浓度。
10. 选择合理滴注速度：根据患者病情、液体性质等决定。
11. 掌握抗菌药物的配伍禁忌知识。
12. 重视妊娠及哺乳期妇女、老人、儿童、肝肾功能不全等特殊患者的用药禁忌。

（五）常用抗菌药物临床输注注意事项

常用抗菌药物临床输注注意事项见附表1。

（钱　利）

第五节　常用特殊药物输注

随着现代医学技术的不断发展，临床上用于静脉输液治疗系统性疾病如心血管系统、神经系统、呼吸系统等的新药物、新剂型不断问世，由于各种药物的药理作用、适应证、禁忌证、副作用等不同，如临床上护士掌握不当，将会给患者带来不利的影响。所以，临床护士要注意不同类型药物间的协同作用和拮抗作用，掌握药物的禁忌证及适应证，针对药物各自的特点，严格配制并做到现用现配。在用药过程中应注意药物的速度，药物对血管的刺激性，根据药物的不同理化性质使用不同的输液工具，有的药物外渗后会引起局部组织坏死，因此用药宜通过中心静脉导管用药，用药后还应密切观察药物不良反应，及时给予处理。

一、心血管系统用药物

（一）去乙酰毛花苷注射液

1. 药物特性　主要适用于急性心功能不全或慢性心功能不全急性加重患

者。静脉注射可迅速分布到各组织，10~30 分钟起效，经肾脏排泄，需遮光、密闭保存。常见的中毒症状包括恶心、呕吐和食欲减退（刺激延髓中枢）以及异常的软弱无力（电解质平衡失调）。严重者可发生心律失常，其中室颤可导致患者死亡；患者还有可能出现视力模糊、色彩视力受损、头痛、精神抑郁或错乱。

2. 静脉用药注意事项

（1）用药前应告知患者常见中毒症状的表现，出现症状时应及时通知医护人员。

（2）用 5% 葡萄糖注射液稀释后缓慢注射，时间不少于 5 分钟。用药期间监测心电图、血压、心律、心功能、血电解质、肾功能、药物血药浓度等。

（二）盐酸艾司洛尔注射液

1. 药物特性　用于心房颤动、心房扑动时控制心室率；围术期高血压；窦性心动过速。可发生一过性低血压反应。

2. 静脉用药注意事项

（1）最重要的不良反应是低血压。用药期间需监测血压、心率、心功能变化。

（2）高浓度给药（>10mg/ml）会造成血栓性静脉炎，如果发生外渗可造成严重的局部反应，甚至坏死。给药过程中应注意听取患者主诉，给药时选用粗大静脉，同时密切观察注射部位有无异常。

（三）盐酸胺碘酮注射液

1. 药物特性　用于治疗严重的心律失常，静脉滴注时可能出现食欲不良、恶心、腹胀、便秘、角膜色素沉着等，局部可能引起炎症反应，直接经外周静脉途径给药会引起浅表静脉炎。

2. 静脉用药注意事项

（1）静脉给药时尽可能使用中心静脉置管。

（2）静脉给药时应持续心电监测，用输液泵控制速度，避免因用药过快造成血压下降及循环衰竭。

（3）仅可使用等渗葡萄糖溶液配制，使用时不可加入其他任何药物。

（四）重酒石酸间羟胺注射液

1. 药物特性　能收缩血管，持续升高收缩压和舒张压，过量、升压过快可致抽搐、急性肺水肿、心律失常、心跳停顿；药液外渗时，可导致局部血管严重收缩，引起组织坏死糜烂或红肿硬结形成脓肿。

2. 静脉用药注意事项

（1）用药过程中应持续心电监测，出现心律失常、急性肺水肿、严重高血压等不良反应及时通知医护人员处理。

（2）静脉注射的部位宜选用较粗大的静脉，避免使用四肢小静脉，尤其是周围血管病、糖尿病或高凝状态的患者。

（3）静脉滴注时应使用输液泵控制速度，根据血压、心率等情况调整剂量。

（五）盐酸多巴胺注射液

1. 药物特性 适用于心肌梗死、创伤、内毒素败血症、心脏手术、肾功能衰竭、充血性心力衰竭等引起的休克综合征；可增加心排血量，也用于洋地黄和利尿剂无效的心功能不全。常见的不良反应有胸痛、呼吸困难、心悸、心律失常（尤其用大剂量）、全身软弱无力感、心跳缓慢等。长期应用于外周血管的患者，可出现手足疼痛或手足发凉；外周血管长时期收缩，可能导致局部坏死或坏疽。

2. 静脉用药注意事项

（1）在滴注时须严密监测血压、心排血量、心电图及尿量，出现心动过缓、心动过速、高血压、低血压、恶心、呕吐、头痛和呼吸困难等不良反应，遵医嘱及时处理。

（2）用药宜选用粗大的静脉作静脉注射或静滴，以防药液外渗，产生组织坏死；如确已发生药液外渗，可用酚妥拉明 5~10mg+0.9%NS 15ml 做局部浸润。肢端循环不良的患者用药过程中更易发生坏死及坏疽的可能性，须严密监测。

二、呼吸系统用药物

（一）尼可刹米注射液

1. 药物特性 选择性兴奋延髓呼吸中枢，也可作用于颈动脉体和主动脉体化学感受器反射性地兴奋呼吸中枢，并提高呼吸中枢对二氧化碳的敏感性，使呼吸加深加快，对血管运动中枢有微弱兴奋作用，用于中枢性呼吸抑制及各种原因引起的呼吸抑制。剂量过大可导致惊厥。

2. 静脉用药注意事项

（1）用药过程中观察面色、血压、呼吸、心律及胃肠道反应，告知患者出现面部刺激征、肌肉抽搐、恶心、呕吐等，及时报告医务人员。

（2）如若出现心悸、血压升高、呼吸麻痹甚至惊厥，应立即停止输液并及时通知医生。

（二）盐酸洛贝林注射液

1. 药物特性 主要用于各种原因引起的中枢性呼吸抑制。可有恶心、呕吐、呛咳、头痛、心悸等不良反应。

2. 静脉用药注意事项 用药过程中观察神志、血压、呼吸、心律及胃肠道反应，注意用药的间隔时间，如重复使用，应间隔 30 分钟给药。

（三）氨茶碱注射液

1. 药物特性 适用于支气管哮喘、慢性喘息性支气管炎、慢性阻塞性肺病等缓解喘息症状；也可用于心功能不全和心源性哮喘。当血清浓度超过

20μg/ml，可出现心动过速、心律失常，血清浓度超过 40μg/ml，可发生发热、失水、惊厥等症状，严重的甚至引起呼吸、心跳停止致死。

2. 静脉用药注意事项

（1）用药期间应定期监测血清茶碱浓度，以保证最大的疗效而不发生血药浓度过高的危险。

（2）监测呼吸、血压、心律、脉搏等，如有异常及时汇报。

（3）注意注射部位皮肤有无红、肿、痛等情况。

三、神经系统用药物

（一）右旋糖酐 40 葡萄糖注射液

1. 药物特性　为血容量扩充剂，静注后能提高血浆胶体渗透压，吸收血管外水分而增加血容量，升高和维持血压。能使已聚集的红细胞和血小板解聚，降低血液黏滞性，从而改善微循环和组织灌注，用于失血、创伤、烧伤等各种原因引起的休克和中毒性休克，预防手术后静脉血栓形成。

2. 静脉用药注意事项

（1）输注过程中观察患者有无心慌、气短、胸闷、面色苍白、皮肤瘙痒、荨麻疹、皮下出血点等临床表现，严密监测血压、脉搏、呼吸、血氧、凝血功能、肾功能变化。

（2）药物外渗后会引起组织水肿、局部疼痛，应严密观察静脉穿刺点处皮肤有无红肿、渗液、疼痛、发热，及时给予对症处理。

（3）静脉血栓的患者输注时应从患肢输注为宜。

（二）β- 七叶皂苷钠

1. 药物特性　具有抗炎，抗渗出，提高静脉张力，保护血管壁，改善微循环，促进脑功能恢复，促进血肿溶化和吸收等广泛的药理作用，用于脑水肿，创伤，静脉回流障碍性疾病。

2. 静脉用药注意事项

（1）外周静脉输注易引起静脉炎、注射部位局部疼痛。注射时宜选择较粗静脉或中心静脉，严密观察静脉穿刺点处有无红肿、渗液、疼痛、发热，及时给予对症处理。

（2）静脉滴注时速度宜慢，避免速度过快而引起静脉炎。

（三）20% 甘露醇注射液

1. 药物特性　组织脱水药。通过提高血浆胶体渗透压，使组织内水分进入血管内，从而减轻组织水肿，降低眼内压、颅内压和脑脊液容量及压力。还具有利尿作用，用于治疗各种原因引起的脑水肿，降低颅内压，防止脑疝等。此药渗透性高，药液外渗后易引起血栓性静脉炎及局部组织坏死。

2. 静脉用药注意事项

（1）甘露醇遇冷易结晶，故应用前应仔细检查，如有结晶，可置热水中或用力振荡待结晶完全溶解后再使用。

（2）用于减低颅内压治疗时，需快速输注，按体重 0.25~2g/kg，配制为 15%~25% 浓度于 30~60min 内静脉滴注。

（3）使用时要严密观察静脉穿刺点处有无红肿、渗液，疼痛、发热，及时给予对症处理。

四、血浆代用品

1. 药物特性　血浆代用品是一种容量代用品，是一种分子量接近血浆白蛋白的胶体溶液，输入血管后依赖其胶体渗透压而起到代替和扩张血容量的作用，在治疗失血性休克时可节约部分全血。能暂时维持血压或增加血容量，可用于因出血、烫伤、外伤所引起的休克或失血症，但不能代替全血。临床常用的血浆代用品有右旋糖酐、聚乙烯吡咯烷酮、变性明胶等。

2. 静脉用药注意事项　偶尔发生类过敏反应，表现：皮肤荨麻疹和风团；少数可有低血压、心动过速、心动过缓、恶心、呕吐，呼吸困难、体温升高、寒战等一过性反应，严重者出现休克或过敏反应。一旦发生，应立即停药，轻度反应者可给皮质类固醇和抗组胺药；严重反应者，立即静脉缓注肾上腺素、加大皮质类固醇剂量、给血容量代用品（如人体白蛋白、乳酸钠林格溶液）、吸氧等。

五、造影剂

1. 药物特性　造影剂是介入放射学操作中最常使用的药物之一，可以被注射到动脉或静脉中，并很快分布于血管系统。主要用于血管、体腔的显示。造影剂种类多样，可分为离子型和非离子型；单体和双体；高渗、次高渗和等渗。目前用于介入放射学的造影剂多为含碘制剂。使用造影剂后可能会发生急性不良反应（注射后 1 小时内出现）如恶心、呕吐、荨麻疹、支气管痉挛、喉头水肿、低血压及迟发型不良反应。或由于注射部位可能出现造影剂漏出，造成皮下组织肿胀、疼痛、麻木感，甚至溃烂、坏死等。

2. 静脉用药注意事项

（1）造影剂使用前，与患者沟通，取得配合。医护人员需要询问患者或监护人：既往有无使用碘造影剂出现不良反应史；有无哮喘；有无糖尿病；有无肾脏疾病；有无肾脏手术；有无使用肾毒性药物或其他影响肾小球滤过率（GFR）的药物；有无高血压；有无痛风病史；有无其他药物不良反应或过敏史等发生全身不良反应的高危因素。

（2）使用造影剂检查室必须常备抢救用品。静脉穿刺选择合适的血管，细致操作。使用高压注射器时，选用与注射流率匹配的穿刺针头和导管。对穿刺针头进行恰当固定。

（3）外渗的处理：轻度外渗：嘱咐患者注意观察，如外渗加重，应及时就诊；对疼痛明显者，局部给予普通冷湿敷。中、重度外渗：抬高患肢，促进血液回流；早期使用 50% 硫酸镁保湿冷敷，24 小时后改硫酸镁保湿热敷；或者用黏多糖软膏等外敷；或者用地塞米松局部湿敷；外渗严重者，在外用药物基础上口服地塞米松 5mg/ 次，3 次 / 天，连用 3 天。

（陈丽君）

第六节　静脉药品管理

静脉药品的使用是静脉输液治疗护士的主要任务，静脉药品的分类管理是护理工作非常重要的组成部分。

药品指用于预防、治疗疾病、调节生理功能、规定有适应证、用法和用量的物质，包括中草药、中药饮片、中成药、化疗药及其制剂、抗生素、生化药品、放射性药品、血清、疫苗、血液制品和诊断药品等。在我国上市的药品数以万计，如麻醉药品、精神药品、医疗用毒性药品、放射性药品以及戒毒药品等。

药品分类管理是国际通行的药品管理办法，指根据药品的安全性、有效性原则，依据其品种、规格、适应证、剂量及给药途径等不同，将药品分为处方药和非处方药并作出相应的管理规定，其核心目的是有效地加强对处方药的监督管理，防止消费者因自我行为不当导致滥用药物和危及健康。我国药物管理主要依据《中华人民共和国药品管理法》和《中华人民共和国药品管理法实施条例》。

一、普通静脉药物的管理

普通静脉药物　单纯用于静脉使用的常规药物。如西咪替丁注射液、地塞米松注射液、氨茶碱注射液等。

临床根据护理单元的实际需求，制定基数静脉药品种类、数量。要求如下：

1. 药品的存放有标识：通用名、商品名、规格（图 3–1）。
2. 药品的存放条件按药品说明书，如避光、冷藏。
3. 药品使用后及时补充。
4. 药品按效期由远至近，有序放置，按序使用（图 3–2）。
5. 有登记、每日清点（数量、效期）专人管理。

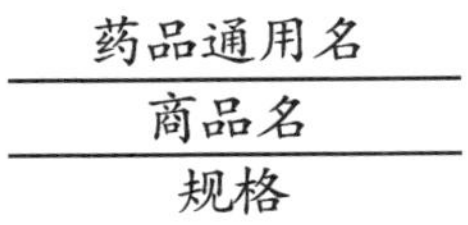

图 3-1　药品存放标识

图 3-2　药品效期有序码放置

二、高警示药物的管理

（一）管理要求

1. 目的　加强高警示药品的规范化管理，提高医疗质量，保证医疗用药安全，提高合理用药水平，预防和减少用药差错。依据《三级综合医院等级评审标准》以及相关规章制度。

2. 定义　高警示药品　即通常所说的高危药品，指药物本身毒性大，不良反应严重，药理作用显著且迅速，使用不当极易发生严重后果，甚至危及患者生命的药物。

3. 组织　医院药事管理与药物治疗学委员会组织医务、护理等部门以及相关专家成立专门的高警示药品管理组织，具体负责高警示药品的遴选、监督以及相关规章制度和规范的制定。相关临床科室与药学部成立相应科室的药品管理组织或者小组，具体负责本部门或者本科室的高警示药品管理。

4. 制度　结合医院实际制定高警示药品管理制度，规范高警示药品储存、调配、使用以及相关管理。根据实际工作情况、原则定期维护高警示药品管理制度。

5. 药品目录　结合中国药学会医院药学专业委员会发布的我国高警示药品推荐目录（2015 版）以及中国药学会医院药学专业委员会发布的高警示药品金字塔分级管理原则，结合医院药品管理实际，制定医院高警示药品目录。

6. 药品分级　高警示药品分 A、B、C 三级。

A 级：是高警示药品管理的最高级别，指使用频率高，一旦用药错误，患者死亡风险最高的药品。如 50% 葡萄糖、艾司洛尔、多巴胺等。要求：

（1）应有专用药柜或专区贮存，有专用标识（药品贮存处），有专人管理，并定期核查备用情况，须重点管理和监护。

（2）病区除抢救车上可存放贴有明显标识的高浓度氯化钾注射液和高浓度氯化钠注射液以外，其他区域一般不得存放上述药品。

（3）病区配制室使用 A 级高警示药品时，须使用高警示药品专用袋，药品核发人、领用人须在专用领药单上签字。

（4）药学人员及护理人员配制和使用 A 级高警示药品时必须注明高警示，由两人核对并签字。

（5）病区应在药学部配合下根据各自用药特点，制定 A 级高警示药品使用标准浓度和调配操作规范；应严格按照法定给药途径和标准浓度给药。超出标准给药浓度的医嘱，医生须加签字。

（6）医生、护士和药师在工作站处置 A 级高警示药品处方时，应认真核对患者姓名、病历号、药品名称、药品剂量及给药途径 5 项内容，严格按照说明书的用法、用量执行，避免给药途径和给药剂量的书写错误；字迹应清晰，电脑录入时应认真核对，如有疑问应及时向配制室查询。

B 级：指使用频率高，一旦用药错误，会给患者造成严重伤害，伤害的风险等级较 A 级低。如异丙嗪、华法林、阿糖胞苷、奥沙利铂、贝伐珠单抗等。

（1）药库、调剂室和病区小药柜等药品储存处有明显专用标识。

医生、护士和药师在工作站处置 B 级高警示药品处方时必须注明“高警示”，由两人核对签字。

（2）应严格按照法定给药途径和标准给药浓度给药。超出标准给药浓度的医嘱，医生须加签字。

（3）医生、护士和药师在工作站处置 B 级高警示药品处方时，应有明显的警示信息。

C 级：指使用频率高，一旦用药错误，会给患者造成伤害，伤害的风险等级较 B 级低。如阿卡波糖、二甲双胍、甲地孕酮、索拉菲尼等。

（1）医生、护士和药师在工作站处置 C 级高警示药品处方时，应有明显的警示信息。医生开具 C 级高警示药品时，应认真核对患者姓名、病历号、药品名称、药品剂量及给药途径 5 项内容，严格按照说明书的用法、用量执行，避免给药途径和给药剂量的书写错误；字迹应清楚，电脑录入时应认真核对，如有疑问应及时向调剂室查询。

（2）护士在核发高警示药品时应进行专门的用药交代。

7. 高警示药品警示标志　根据中国药学会医院药学专业委员会发布的我国高警示药品推荐统一标识设计，制定医院高警示药品警示标志（图 3-3）。

8. 信息标识　根据上述高警示药品警示标识在医院信息系统高警示目录名称前，分别添加相应标识。

9. 配制室高警示药品的管理

（1）设置专门的存放药架或者药柜，不得与其他药品混合存放，每个存放单元外侧粘贴相应的高警示药品目录明细。

（2）在专门的存放药架或者药柜上放置“红底白字”的高警示药品提示牌，相应的药品前面张贴相应的高警示药品警示标志。

（3）严格高警示药品的储存盒放置管理，药品放置按照效期实行先进先出的原则。

图 3-3　高警示药品警示标志

（4）高警示药品的配制使用专人管理，打印高警示药品发放单，实行高警示药品单独配制筐发药，同时实行严格的两人复核制度，确保配制的准确性。

（5）设置高警示药品质量管理人员（药师）一名，具体负责配制室高警示药品的效期、数量等质量管理。建立“高警示药品管理登记本”，重点药品每日清点，其余药品每月清点一次，确保账务数量相符。

（二）病区高警示药品的管理

1. 病区原则上不允许自备高警示药品，（抢救药品除外），确有需要可提出申请，一式三份，报医务处、护理部、药学部备案，定量、定点存放，严格管理。

2. 病区医生在工作站录入高警示药品时电脑自动提示“高警示药品，请慎重使用”，提示临床医师尽量严格按照药品说明书使用。

3. 病区在申请录入高警示药品医嘱后，在输液瓶签打印时会自动显示“高警示药品，两人核对”，两人签字。

4. 病区设置高警示药品分级存放专柜，外部张贴医院高警示药品统一标识及目录，有登记、使用记录，按要求清点。

5. 高警示药品在病区使用时，严格执行给药的五个正确原则（正确的用药人、正确的药、正确的剂量、正确的时间、正确的用法），严格输液标签的两人核对签字制度，夜班单人值班时，请值班医生与护士进行两人核对。

6. 认真观察高警示药品临床使用过程中的异常，及时准确上报药品不良反应。

7. 定期核对药品效期，有效期 6 个月以上的药品及时到调剂室调换。6 个月以下的请及时申请领取。

（三）医院高危药品分级管理措施

A 级高危药品管理措施：

1. 应有专用药柜或专区贮存，药品贮存处贴有“A 级高危药品标识”专用标识；定期检查贮存和使用情况并做记录。

2. 药房发放 A 级高危药品应使高危药品专用袋（或有明显标识）、药品核发人、使用人须在领药单上签字。

3. 护理人员执行 A 级高危药品医嘱时应注明高危，两人核对后给药。

4. A 级高危药品应严格按照药品说明书法定给药途径和标准给药浓度给药。超出标准给药浓度的医嘱医生须再次确认并两人签字。

5. 医生、护士和药师工作站在处置 A 级高危药品时应有明显的警示信息。如药品：50% 葡萄糖、艾司洛尔、多巴胺、氯化钾、去甲肾上腺素、肾上腺素、维拉帕米（注射剂）、硝普钠、去乙酰毛花苷、盐酸利多卡因注射液等（图 3-4）。

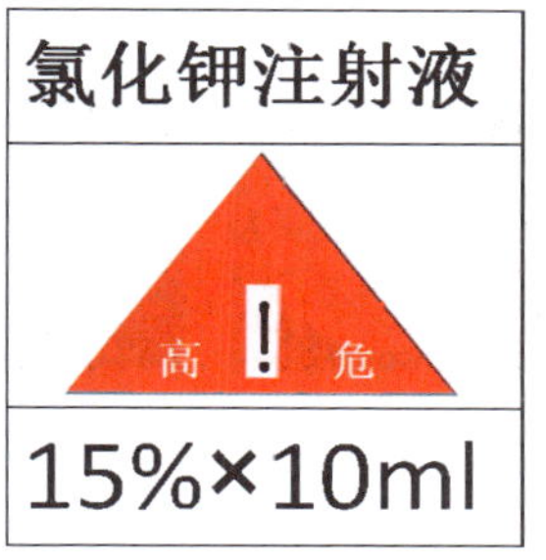

图 3-4　A 级高危药品警示标识

B 级高危药品管理措施：

1. 药库、药房和病区小药柜贮存处有明显专用标识。

2. 护理人员执行 B 级高危药品医嘱时应注明高危，两人核对后给药。

3. B 级高危药品应严格按照药品说明书法定给药途径和标准给药浓度给药，超出标准给药浓度的医嘱医生须加签字。

4. 医生、护士和药师工作站在处置 B 级高危药品时应有明显的警示信息。如药品：异丙嗪、华法林、胰岛素、低分子肝素、肝素等。

C 级高危药品管理措施：

1. 医生、护士和药师工作站在处置 C 级高危药品时应有明显的警示信息。

2. 门诊药房药师和护士核发 C 级高危药品时应进行专门的用药交代。如药品：阿卡波糖、二甲双胍、甲地孕酮等。

三、注意事项

1. 应制定药品突发事件应急预案　为加强医院特殊管理药品的监管，有效预防、控制和消除药品突发事件的危害，保障公众身体健康和生命安全，根据《中华人民共和国药品管理法》、《中华人民共和国药品管理法实施条例》、《麻醉药品和精神药品管理条例》、《医疗用毒性药品管理办法》及《易制毒化学品管理条例》，结合医院实际情况，制订应急预案。

2. 应制定各项药品管理制度　根据以上相应国家条例，结合医院实际情况，制定各项管理制度：如口服药品管理制度、贵重药品管理制度、医疗用毒性药品管理制度、冷藏保存药品的管理制度、高危药品管理制度、生物靶向药品管理制度、血液制品管理制度、生物制品的管理制度、放射性药品管理制度、抗肿瘤药品分级管理制度、麻醉药品和第一类精神药品管理制度、第二类精神药品的管理制度（精二）、抗菌药品的管理制度、药品质量管理和检查制度、药品报损和销毁制度、药品校期管理规定、药物不良反应检测及处理制度。

易混淆药品包括：看似药品（形似药品，包装相似药品）、听似药品（音似药品、读音相似药品）、多规（多种规格或不同厂家）、多剂型药品，在标签前部分别设置听似、看似、多规格、多剂型标识，以示区分。易混淆药品警示见图 3-5。

图 3-5　易混淆药品警示标识

（高　阳）

第七节　输注药物配制管理

输液治疗是医疗保健的重要组成部分，是治疗疾病、补充营养、输注药物的重要手段。由于输液是直接进入人体血液循环，直达人体重要器官，所以输注药物质量和正确配制直接关系到临床疗效和患者用药安全，输注药物配制的规范管理至关重要。

一、静脉药物配制管理

（一）环境要求

病区内静脉药物配制室宜选择靠近病房的区域，与病房有直接的室内通道；周围的地面、路面、植物等不应对配制环境造成污染。为了保证静脉药物配制质量，特要求：

1. 静脉药物配制室要远离各种污染源。
2. 有防止昆虫和其他动物进入的有效设施。
3. 私人衣物和物品不得带入静脉药物配制室。
4. 食物和饮料不得带入配制室及冰箱内。
5. 需要考虑物流运输和人员流动的便捷。
6. 配好的液体需及时转移至指定的储存区域。

7. 工作人员每天工作前和工作结束后，清洁和整理工作台及工作架，保持工作台整洁。

8. 在静脉药物配制室内应严禁存放可能导致溢漏或破碎的危险物。

9. 对于有毒废物或被污染的设备在收集时要同一般废弃物严格地区分。

（二）药物配制的原则

规范化的药物配制是保证静脉给药安全性的有效措施，配制人员应严格遵守以下原则，确保药物的规范化配制。

1. 临床药师应仔细审查处方，对有疑问的处方，应进行核查确定；有配伍禁忌的、超剂量的处方，应与处方医师联系，更正后方可进行配制。

2. 静脉药物的配制应严格遵守相应的操作规程。

3. 在配制过程中，应防止药液喷溅、渗漏而引发交叉污染。

4. 对操作台面摆放的多份药品要有有效的阻隔措施，防止药品混淆。

5. 严格按照药品说明书进行配制，如有疑问，报告主管领导或上级技术人员协助解决。

6. 进行多种药物混合配制过程中出现异常情况应立即停止配制，待查明原因后再配制。如不能马上查明原因的，应及时建议医师修改处方，改为各药分别配制。

7. 多种药物混合的静脉药物要严格按规定的加药顺序进行配制，不得随意改变。

8. 需避光的药品必须加避光罩或使用避光输液器。

9. 发生配制错误的药液或药物不得使用，必须纠正或重新配制。

10. 配制好的液体成品经质量检查人员检查合格并签字后可放行，如检查有异物、沉淀、变色等异常现象者不得使用。

11. 已配制好的液体，因各种原因退回，即使未使用，都应销毁，不得再使用。

12. 配制的液体在使用过程中出现热源反应，应立即查原因，若属于该批药品的问题，应停止该批药品使用并上报主管部门。

13. 定期抽检，进行热源检查、药物含量测定等，确保所配制药品的质量。

二、集中调配中心的管理

静脉用药调配中心（室）（pharmacy intra venous admixture service，PIVAS）是在符合GMP（药品生产质量管理规范）标准，依据药物特性设计的操作环境下，按照静脉用药调配的要求，在药学部门统一管理下，由受过培训的药学和（或）护理技术人员，严格按照操作程序，进行包括肠外营养液、细胞毒药物和抗生素等静脉用药的调配，为临床提供优质的成品输液和药学服务的功能部门。

（一）国内外静脉用药集中调配中心的发展

1. 国外 PIVAS 的发展　据 1975 年美国医院药师学会统计数字表明：美国加入静脉输液中的药物占总药物的比例为 76%，英国为 45%，澳大利亚为 63%。为了加强输注药物的质量控制，提高输注药物的安全性，美国俄亥俄州立大学医院于 1963 年成立了世界上第一个 PIVAS。经过 30 多年的发展，静脉药物集中调配已成为国外医院药师的一项重要工作之一，同时也是医院药剂科工作必不可少的一部分。迄今为止，在美国 93% 营利性医院、100% 非营利性医院建立有规模不等的 PIVAS，西方发达国家的教学医院 100% 建有 PIVAS。在日本的部分政府医院中，也已实现了区域性集中调配。液体配制的设施和流程不断被改造和完善，目前已处于相对稳定阶段。

2. 国内 PIVAS 的发展　我国静脉输液用量大，加入静脉输液中的药物为 90%。住院患者一般病情较重，合并输注药品种类多，配伍变化复杂，不合理用药现象较普遍，输注药物安全得不到保障，由护士在病区中完成的输注药物配制。其主要缺点是：

（1）病区无良好配制液体的环境和措施。

（2）护理人员缺乏药物配伍的相关知识，易发生配伍不稳定和不相容（化学、物理、微生物、毒物学、pH、温度等）。

（3）护理人员在配制液体时可能会受病区的其他干扰，导致在药物、稀释剂或剂量的选择上发生意外差错。

（4）稀释剂选用不当或使用时间欠准确。

（5）护士在配制细胞毒性等药物时，通常没有相关的职业防护措施，容易造成身体的伤害。

（6）药剂科难于监控药品，临床药师药学服务工作得不到确实的落实。

（二）建立静脉用药集中调配中心的目的及意义

1. PIVAS 的建立，其目的在于加强对药品使用环节的质量控制，保证药品质量体系连续性，提高患者用药安全性、有效性、经济性，从而提高医院的现代化医疗质量和管理水平。

2. 近年来，随着医药卫生事业的蓬勃发展，静脉药物使用的数量大幅增加，而配制过程的不合理所造成的不合理用药也越来越严重，因此医院建立 PIVAS 对合理用药和加强药品管理具有非常重要的意义。

（1）保证药品配制质量：在静脉药物配制中心，要求配制间空气净化达万级，配制工作台局部净化达百级，操作者穿着消毒防静电洁净服装，真正实现静脉药物无菌化配制，保证药物质量。

（2）加强合理用药监控，改进医疗安全水平在静脉药物调配和输液过程中，必须满足三个条件：保证药物有效性（达治疗药物浓度窗）、不溶微粒有效控制、避免操作过程中空气污染。PIVAS 是满足这三个条件的最佳方式。

（3）减少药品浪费，降低医疗成本。集中化和标准化静脉输液混合药物方案，可以将药品集中储存和管理，防止药品流失、变质、失效和过期，从而减少浪费。

（4）加强职业防护：在配制危险药物时，采用生物安全柜，穿戴专门的手套、隔离衣、护目镜及口罩，有效地降低不适宜环境下操作带来的工作人员伤害。

（5）提高护理质量：住院患者静脉输液及化疗药物的调配由静脉用药调配中心配制，缩短临床护士用于静脉药物配制的时间，提高护士的工作效率，提高护理质量。

（6）促进临床药学发展：临床药师通过加强对医师医嘱用药合理性的药学审核，发挥专业技术特长与作用，通过对溶媒选择、配伍、浓度、滴速等问题的干预，促进临床用药的合理性，提高药物疗效。同时也增进药学人员与临床的联系，从而推动临床药学专业发展。

（三）静脉用药集中调配中心的布局要求

为了保证静脉药物配制质量，PIVAS 的总体区域设计布局要合理，保证合理的工作流程，各功能区域不得相互妨碍，其中药物配制间可根据需要分为静脉营养药物、细胞毒性药物和抗生素等药物及其他药物配制间。

1. PIVAS 布局遵循的基本原则

（1）布局、功能室的设置应与工作量相适应。

（2）保证洁净区、非洁净控制区的划分，不同区域之间的人流和物流出入应按照规定合理走向。

（3）不同洁净级别区域间应有防止交叉污染的相应设施，严格避免流程布局上存在的交叉污染风险。

（4）不得在 PIVAS 内设置卫生间和淋浴室。

（5）洁净区应当包括普通药物、肠外营养液、抗生素类及危害药品调配间和其相对应的一更、二更、洗衣洁具间。

（6）非洁净控制区应当包括普通更衣区（间）、摆药准备区（间）、耗材存放区（间）、审方打印区（间）、普通清洗区（间）、成品核对区（间）、推车存放区（间）、净化空调机房、药品库房、脱保区（间）等。

（7）应当根据药物性质分别建立不同的送、排（回）风系统。排风口应当处于采风口下风方向，其距离不得小于 3m 或者设置于建筑物的不同侧面，不得有地漏等。

（8）设置（有条件的）工作人员休息室、办公室、会议室、培训室等。

2. 布局与要求

（1）应遵循现有的法规及相关规定：见《静脉用药集中调配质量管理规范》。

（2）消防要求：PIVAS 内非洁净控制区，应设置烟感探头及喷淋系统，洁净区内仅安装烟感探头。如果在 PIVAS 区域内有消防楼梯，应设置单向常闭门，一旦发生火灾可逃生。

（3）PIVAS 洁净区各功能的压差要求

1）普通药物及肠外营养液洁净区空调系统压差梯度：非洁净控制区 < 一更 < 二更 < 普通药物及肠外营养液调配间。

2）抗生素类及危害药品洁净区空调系统压差梯度：非洁净控制区 < 一更 < 二更 < 抗生素类及危害药品调配间。

（4）PIVAS 的洁净级别控制标准：按照《静脉用药集中调配质量管理规范》要求控制，该规范采用《GB 50457—2008 医药工业洁净厂房设计规范》中的洁净级别标准——百级、万级、十万级进行分级。

（四）静脉用药集中调配中心的运行与管理

1. PIVAS 工作流程　护士通过医院信息平台将医嘱传递给 PIVAS，经过临床药师审方，对其中的配伍禁忌、不合理用药进行反馈，在医师修改后打印出配制标签，药师摆药，护士核对传递入配制间，第 2 天护士或药学人员配制，药师复核、包装、装箱，工人运送到相应的病区，并扫二维码对患者进行药物查对。其调配工作流程见图 3-6。

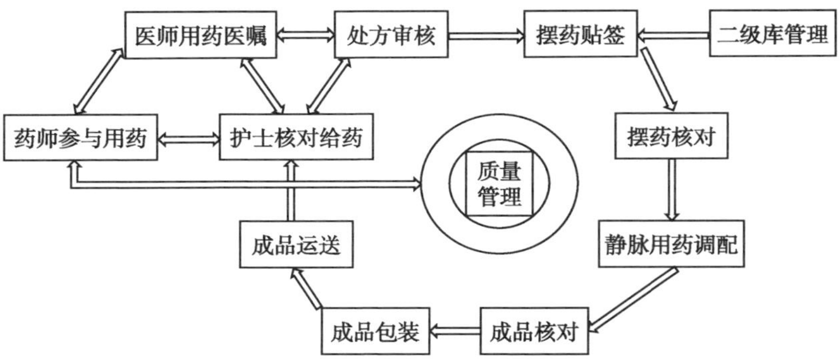

图 3-6　调配工作流程图

2. PIVAS 质量管理　PIVAS 工作任务繁重、流程环节众多，为了消除各环节质量可能存在的不合格因素，有效地提升工作质量，需要建立一套完整的质量控制制度与措施，以卫生部《静脉用药调配质量管理规范》、《静脉用药调配操作规程》以及《静脉用药调配中心（室）验收标准》等文件相关规定为依据，不仅硬件设备应符合国家的相关标准，而且有完善的质量控制体系来保证系统的运行。

（1）PIVAS 质量管理领导小组的建立和职责

1）PIVAS 应建立专门的质量管理领导小组负责全面质量管理。

2）领导小组由药学部门静脉用药调配中心主任担任组长，成员包括处方审核、摆药贴签、静脉用药调配、成品核对、成品包装、成品运送、二级库管理各岗位主管。

3）负责静脉用药调配中心质量管理的制定和措施落实，定期全面审查静脉用药调配操作规程实际执行情况和调配后的输液质量情况，自查PIVAS调配操作规程和质量管理制度的执行与改进。

4）领导小组负责PIVAS质量管理的有关技术性、规范性、制度性文件的定期审查。

5）定期检查药品有效期、高危药品（或特殊药品）的使用管理情况。

6）对合理用药情况进行监管，包括用药合理性、相容性分析讨论、医嘱用药情况分析等。

7）对PIVAS净化系统运行情况进行监督。对洁净台质量管理进行评估，检查设备工作状态，温度、湿度是否达标并每月定期检测洁净区空气菌落数。

8）每月召开一次例会，讨论研究PIVAS工作质量情况，进行工作质量评析，差错事故分析，处理存在问题，做好记录。

9）持续组织PIVAS质量管理教育和开展业务学习、岗前技术培训；对有关药品质量、合理用药、新药介绍、操作技能再培训等方面进行学习和讨论，并做好记录。

10）负责新进人员岗前专业培训和考核，建立质量管理考核制度，包括差错登记、清场登记、合理用药登记、用药分析、打包送药登记等记录，并定期检查考核。

（2）处方审核的质量管理

1）处方审核指药师依据《药品管理法》以及《处方管理方法》有关规定对处方内容的适宜性和正确性进行科学的审核与评价。

2）处方审核岗位应由主管药师以上药学人员担任，对处方的正确性和适宜性负责。

3）所有的处方必须经过审核，合格后方可放行摆药调配。

4）发现不适宜处方或不合理用药应及时联系病区处方医师或主班护士，药师不得擅自修改处方。

5）如患者病情需要超常规剂量用药时，应有处方医师双签字，审方药师应进行充分的风险评估，确认对患者无损害，并将其处方信息存档备案后方可放行。

6）审核合格的处方必须由处方审核岗位药师签字确认，打印出一式二份标签按患者、病区分类集中后交给摆药人员，准备摆发药品。

（3）静脉用药调配工作的质量管理：静脉用药调配指静脉用药调配工作人员根据处方审核的液体标签，严格按照无菌技术操作将药物准确无误地用相应的静脉用小针剂加入相适宜的载体溶媒中的药学技术服务过程。其质量管理为：

1）调配人员应严格执行无菌技术操作程序和有关规章制度。进入洁净调配区域应按规定洗手，着装符合洁净区要求。

2）调配加药时应注意药品的理化性状变化。

3）应将调配后的液体袋和使用后的空安瓿按相应处放置，以供成品核对人员核查。

4）应随时保持洁净调配区、洁净台的清洁和整齐。

5）建立差错事故登记制度，发生重大差错事故时必须及时逐级向上级报告。

6）遵守劳动纪律，坚守岗位，不脱岗，不串岗。

（4）成品液体发放的质量管理：成品液体发放指将调配完毕的液体经过成品核对、包装、运送与交接环节准确送达病区的药学技术过程。

1）成品液体核对、包装岗位可由经过培训的药剂士担任，运送岗位由后勤服务部门工勤人员担任，分别对成品液体的核对、包装、送达和病区交接环节的质量负责。

2）所有的成品液体必须经过核对方可包装、运送到病区，没有成品核对人签名的液体不得包装、运送。

3）成品液体核对人员应核对液体调配和标签的正确性。

4）核对成品液体时，应按标签内容逐项对照核对，主要复核内容包括病房、用药时间、药物名称、规格、剂量、溶媒种类、体积，防止加错药物。

5）儿科病房用药，应对其标签、给药剂量、溶媒体积进行重点核对。

6）药品包装时应按照青霉素类、抗菌药物、普通液体、危害药物分类包装，全静脉营养液（三升袋）、非调配药品分别单独包装。药品包装袋须标明临床科室名称、药品种类、数目。成品液体包装后须按照用药科室装置于送药车，加锁后，分别运送至各病区。

7）按临床病区建立成品液体交接登记册，记录病区每日每批次各类成品液体及不需要调配的液体数目及合计数目。

8）复核、包装工作完成后，应做好包装间清洁、卫生和整理。

3. PIVAS 感染管理

（1）医院是各类患者聚集的场所，其环境易受各种病原微生物的污染，为避免医院感染，其主要内容有：

1）严格遵守空气净化装置的工作程序，确保设备运行正常。

2）在每半年例行巡检的基础上，每月进行沉降菌的细菌培养，并将检测结果备案。

3）药物混合调配人员严格按照更衣操作规程进行一次更衣、二次更衣，消除感染隐患。

4）严格执行混合调配操作规程，仔细、认真、避免调配混乱。混合调配完毕进行彻底的清场并记录，操作程序遵照《清场工作制度》处理。

5）混合调配后的废弃物按照规范分类、管理、严格交接。

6）工作区域：地面采取湿性清扫、消毒；混合调配区域：在工作前半小时进行紫外线消毒30分钟并记录。

7）根据不同的工作区域，使用专用的拖布、抹布，用后进行清洁消毒，晾干备用。

8）非工作区保持地面整洁、干净、无臭。

（2）PIVAS感染控制人员的工作职责

1）严格执行消毒、灭菌、隔离、无菌技术操作和规程及医院感染管理各项规章制度。

2）掌握抗菌药物临床合理应用原则，做到合理、安全、经济适用。提供临床药学的知识指导治疗。

3）掌握职业暴露防护知识和技能；正确进行各项技术操作，预防锐器伤，做好职业暴露的规范处理。

4）积极参加医院感染相关法律、法规、医院感染管理相关工作规范和标准、医院感染管理专业知识培训，考试与考核，并在实际工作中运用。

5）熟练掌握无菌技术操作，自觉遵守《医务人员手卫生规范》，认真执行消毒隔离技术。

6）规范处置医疗废物。

7）负责定期对PIVAS人员进行院感知识培训。

4. 安全管理　高度重视PIVAS中安全和规范操作，对药品、设施、设备以及清洁卫生、生活和医疗垃圾等进行严格管理，这直接影响成品液体的质量和患者的用药安全。

（1）应增强安全意识，积极消除安全隐患，保障安全生产。

（2）应按规定穿戴与静脉用药调配相关的专用工作服装，且应按规定定期清洗。

（3）严禁吸烟，不准带入食品或在室内饮食。

（4）防止压力过大引发玻璃瓶爆裂而造成伤害。必要时应佩戴护目镜、双层手套、一次性洁净隔离服、口罩，使用具有安全性能的注射器。

（5）处理浓酸或强碱时，戴橡皮手套和防护镜进行操作。

（6）禁止徒手分离针头和针栓。

（7）禁止将使用后的针头重新套上针帽。

（8）毒性药品必须安全存放，两人双锁管理，并有接收、储存、领用记录。

（9）对所有易燃易爆的液体，在收到后必须马上存放在符合消防要求的专库保管。

（10）在运送毒性药物和盛有毒性药物的容器时，需小心避免打破。毒性药物或肿瘤药物溢出和有可能已暴露时，应立即报告主管，并采取相应紧急措施。

（11）调配过程中产生的废弃物须同一般废弃物分开处理。抗肿瘤药物污染物品应丢弃在有毒性药物标识的容器中。

（12）当有毒药物溢出时，应立即关上门离开，在门上贴“不得入内”和“毒物污染”的标记，以避免吸入有毒粉尘。

（13）对产生有害气体的操作应在生物安全柜中进行。一旦发生意外吸入或沾染应及时报告，受污染人员应得到相应的休息和治疗，并立即调查原因，防止再次发生。

（14）应配备品种、数量充足的消防设施，工作人员应熟练掌握消防器材的使用方法。

（15）对电器设备应在使用前检查有无漏电情况，确认正确后方可使用。

（16）对水、电、气的阀门或开关，除清场时检查外，还应有专人负责检查。

（17）所有工作结束离开工作场所时，应检查确认门窗关严、锁好。

（李 刚 李 艳）

第四章 患者静脉输液治疗心理特点

第一节 普通患者静脉输液治疗心理特点

静脉输液是临床上用于纠正人体水、电解质及酸碱平衡失调,恢复内环境稳定并维持机体正常生理功能的重要治疗措施,由于它是一种外在的刺激源,常导致患者紧张、恐惧等心理,影响治疗效果。

一、普通患者静脉输液治疗心理特点

(一)主动、合作

多见于慢性、神志清楚的患者,这类患者能积极主动配合输液治疗,保证静脉输液过程的顺利进行。

(二)消极情绪

情绪是人对客观事物采取不同的态度,是以该事物是否满足人的需要为前提的。静脉输液治疗作为一种应激源,患者在接受静脉输液治疗的过程中,如果某些需要得不到满足,就会引起消极的情绪,抗拒护理操作,容易导致穿刺失败。

(三)紧张恐惧

患者害怕静脉穿刺导致的疼痛、针眼处出血、皮下淤血等而引起的不适反应,容易产生恐惧感等。所以,当患者进行静脉输液治疗时往往表现出紧张恐惧心理,尤其是初次接受静脉输液治疗的患者表现较强烈。

(四)焦躁

可由于静脉输液治疗的环境嘈杂、输液时间较长、疼痛等不良反应,患者出现情绪不稳定,焦躁心理。一些患者经过治疗后病情无好转,或遇到不顺的事情会出现一些不良情绪,表现强烈的患者,自己拔下针头,家属也会伴有焦虑情绪。

(五)不信任

由于一些不良因素的影响,医患关系紧张,患者往往对医护人员不信任,害怕自己的主治医师、护士技术不好,操作中出现差错事故,担心医护人员对自己

不负责任，患者不信任医院往往导致在诊疗输液过程中不严格遵照医嘱，有些肿瘤患者诊断初期对疾病否认，对一些药物反应不接受，责怪医护人员。

（六）抗药心理

多见于内科慢性病患者，尤其是有过药物不良反应体验者抗药心理表现更为突出。

1. 给药方法　静脉输入的药物，由于药物本身的毒副作用等，刺激血管壁导致局部疼痛；整日不间断的静脉滴注等增加了患者的痛苦，让患者害怕、厌烦静脉输液以致抗拒治疗。

2. 药物不良反应　各类药物引起患者的不良反应均会增加患者的痛苦，再次应用时常会有特殊的警觉性，谨小慎微，甚至拒绝使用。

3. 药物的特殊要求　由于一些药物在使用过程中有特殊要求，如5-FU需要控制输注的滴速，硝普钠需要避光，升压药物需要用微量泵严格控制注入剂量和速度等，患者缺乏相关知识对输液时滴速的调节、采用的医疗器具，选择的输注部位等不理解、不配合。

4. 药物疗效不理想　慢性病患者病期漫长，对曾经使用过的药物自认为疗效不佳而抗拒医生的医嘱。

（七）依赖心理

由于突然而来的伤病导致患者的行为退化，常有情感幼稚“童心复萌”的表现。

二、心理护理

（一）营造舒适和谐的环境

营造清洁、整齐、舒适、安静的输液环境，对新入院患者，护士要积极介绍老病友及医护人员和周围环境，消除患者紧张陌生的感觉，融入新环境，在一定程度上缓解患者紧张不安的情绪，主动配合静脉输液治疗。

（二）心理安抚

对不同心理反应的患者要用不同心理护理的方法引出其愉快、轻松的感觉，从而积极配合治疗。

（三）操作规范，技术精湛

规范娴熟的护理操作是赢得患者信任的重要措施，也是提高患者输液安全的重要保证。

（四）多做宣教，勤于巡视

在输液过程中要用尽可能通俗易懂的语言让患者及家属明白输液目的、药物性质、药物名称、剂量、可能发生的不良反应、输注过程中的注意事项，特殊要求等。

（五）情感及系统支持

生病对任何人来说都是一个应激源，这就需要家属和医护人员多给予关心、支持。护士巡视病房时主动与患者沟通交流，减轻患者孤独、恐惧感，缓减心理压力。

（张　丽）

第二节　特殊患者静脉输液治疗心理特点

静脉输液是护理工作中最基本的操作技术，而心理护理则是现代护理中的重要组成部分，是一种创造性的护理模式。“善医者，必先医其心，而后医其身”，如何在静脉输液治疗过程中了解患者心理特点，做好患者心理护理，及时调节好患者心理状态，对顺利开展静脉输液治疗，提高其安全性，提升护理人员的综合能力，拓展护理服务的范畴具有重要意义。特殊患者包括患儿和老年患者两类人群。

一、静脉输液治疗患儿的心理特点及护理

静脉输液治疗是将大量药液直接滴入静脉的方法，又称补液法。对于儿科护理工作者来说，如何进行及维护好儿童静脉输液治疗是一项非常具有挑战性的工作。儿童不同于成人，而且不同年龄阶段的儿童有各自不同特点，这些不同点包括生理的、心理的、生长发育的、认知的、情感的等方面。此外，家长对护士要求高，尤其合并其他一些疾病（如肥胖、急性腹泻、高热及在 NICU 治疗过的患儿等）时，增加了静脉穿刺的难度。因此，从事儿科静脉输液治疗的护士，不仅要具备高超的静脉穿刺技术，而且应具备儿童生长发育等诸多方面的知识。为了保护接受静脉输液治疗的儿童，考虑一些特殊因素是必要的，比如准确的剂量计算，缓慢的输液速度，选择合适的静脉穿刺部位和穿刺工具，以及转移孩子的注意力等。

（一）静脉输液治疗患儿的心理特点

儿童不管在生理上、心理上、认知发育及情绪变化上，都和成人有很大的差异，而且不同的年龄阶段有不同的反应。因此，对儿科的临床护士来说，不管执行怎样的治疗护理操作，都具挑战性，特别是长时间的静脉输液治疗。若能帮助患儿做好静脉输液前的心理准备，则可以减轻其焦虑、恐惧心理，能有效提高其合作能力。

1. 婴儿期　即 1 月龄至 1 岁，处于感觉运动期，其心理特点如下：

（1）依赖父母。

（2）对陌生人或环境产生焦虑。

（3）处于学习认识感觉运动阶段。半岁以内的婴儿满足其生理需要，可使其安静。

2. 幼儿期　即1岁以上至3岁，形成自主感，患儿对事物非常好奇，活泼好动，爱模仿，情绪不稳定。

3. 学龄前期　指3岁以上至7岁儿童，其心理特征表现是以自我为中心的思维，对语言掌握增强，但对时间概念的认识和对挫折的容忍有限。患儿希望自己能够独立，害怕身体受到伤害、侵扰，表现出哭闹、压抑、攻击行为等。

4. 学龄期　指7岁以上至15岁儿童，形成勤勉感。这个年龄段的心理特点是有极强的求知欲和想象力，破坏力和创造力都很强，对事物有自己的判断力，愿意结交同龄伙伴，但自我控制力较差，情绪仍不稳定。

5. 青少年期　形成认同感，推理能力增强，意识到身体的暴露，独立性增强，愿意结交同龄伙伴，意识到团队的认同感，非常在意别人对自己的评价。

（二）患儿静脉输液治疗时的行为和心理状态分型

根据患儿在静脉穿刺时的行为状态和心理反应进行评定，大致分为4类：

1. 安静合作型　患儿无哭闹或稍有不愿意，但能主动配合。

2. 紧张、焦虑型　患儿有哭声，但在母亲或医护人员安抚下还能配合，勉强接受治疗，但穿刺局部肌张力增加或肢体可有轻微的躁动。

3. 恐惧型　哭声较大，肢体躁动明显，常需有旁人协助才能进行静脉穿刺。

4. 拒绝型　哭闹严重，手脚及全身大幅度躁动、反抗、不合作，坚决拒绝治疗，需要旁人强行按压后才能穿刺，甚至穿刺成功后自行拔掉针头，这种类型往往影响穿刺的成功率，影响静脉输液治疗的顺利进行。

（三）患儿家长的心理状态

1. 期望值高　当前国内多为独生子女家庭，子女在家庭中处于核心地位，一旦生病，家长格外紧张，也造成压力过大，表现出对医护人员的期望值过高，要求静脉给药以达到快速治疗效果。

2. 夸大病情　为引起医护人员对患儿的高度关注和重视，家长往往有过分夸大患儿病情的行为，表现为患儿稍有不适就希望医护人员能立即赶到并予以处理。对护理人员过于苛刻，而这些家长的表现也会影响患儿，可使患儿产生不良情绪。

3. 过分关注　这类患儿的父母往往属于比较心细敏感一类。静脉穿刺时，针扎在患儿身上，却痛在家长心里，有时针还未扎，家长先哭起来。家长的负性情绪往往加重患儿的紧张、焦虑、恐惧心理，患儿容易出现哭闹情绪。

4. 情绪激动　患儿家属有情绪过于激动，表现出脾气急躁，与医护理人员沟通困难，阻碍护理操作的进行等。

（四）静脉输液治疗患儿的心理护理

1. 营造舒适和谐的环境　良好的周围环境能让患儿转移注意力，心情愉悦的接受治疗。输液室保持明亮、通风，并进行适当卡通图片装饰，营造轻松、温馨环境，缓解患儿不安。儿科病房设施尽量接近家庭或幼儿园，病房设游艺室，配置各种玩具、图书、画册，尽量营造一种活泼、愉快、轻松、亲切的环境。

2. 消除患儿紧张对抗心理　护士温柔的目光，微笑的脸庞，轻柔的动作可以让患儿感受到友好，并产生信任感。对于婴幼儿，护士应允许婴儿父母陪伴并参与整个静脉输液治疗过程；若父母不能在婴儿身边，则应放一些喜欢的东西在患儿身边，如玩具等。护士尽可能多抚摸、拥抱、亲近患儿，可给予安慰奶嘴等安慰方式，必要时遵医嘱使用镇静药，静脉注射后给予搂抱抚摸。

3. 取得患儿的配合　可以采取边操作边宣教的方式，告诉患儿静脉输液常识及怎样配合治疗，予以言语上的肯定，允许患儿参与静脉输液过程，对配合治疗的患儿给予表扬和奖励。

4. 赢取患儿的信任　操作时，仔细评估患儿血管情况，观察血管走向、深浅、粗细、然后穿刺。动作宜轻柔、稳妥，尽量做到一针见血。准备工作尽量做到完善，用物准备充分，尽量缩短操作前准备工作的时间。成功的穿刺能减轻患儿痛苦，取得患儿信任。

5. 选择型号适宜静脉穿刺针　患儿安抚平静，进针稳妥、轻柔，避开神经丰富的区域，尽量做到无痛穿刺，减轻患儿疼痛感。

6. 取得家长的理解与合作　家长的心理状态对患儿有直接的影响，家长的心理行为可以变为儿童的心理行为倾向，容易相互影响。做好患儿家长的解释工作，并告知输液过程中的注意事项，取得家长的理解配合是提高静脉输液治疗安全的重要保证。

7. 固定护士　患儿进行静脉输液治疗过程可固定护士，减轻患儿恐惧心理。

8. 巡视　定时进行巡视，了解输液情况，观察有无输液反应，表扬配合的患儿，劝说调皮患儿。

二、老年患者静脉输液治疗的心理特点及护理

随着社会的进步和经济的发展，世界各国人民生活水平的不断提高，人类寿命也越来越长。老年人发病率越来越高，多病共存，发病缓慢。目前我国已进入老龄化社会，静脉输液治疗的老年患者数量也越来越多。由于老年患者静脉弹性差、脆性大、静脉易滑动、难固定、皮肤的防御能力下降、损伤愈合能力低下，故护理人员在进行穿刺时易造成穿刺部位肿胀。不仅给老年患者带来了痛苦，也给护理工作带来了困难，甚至会危及老年患者的治疗和抢救。因此，护理人员对老年患者行静脉穿刺时应进行正确评估及护理。如何提高老年患者静脉穿刺

成功率及安全性，确保治疗方案的顺利实施，是护理人员必须重视的问题。

（一）老年患者静脉输液治疗时的心理特点

60 岁以上的老年患者，因经济状况、人际关系及社会地位的改变，会产生一种失落感，身心不能适应复杂的自然、社会不良因素的刺激，面对疾病会有不同反应，使其在接受静脉输液治疗时常会有如下一些心理特点和表现：

1. 恐惧　老年患者由于社会角色和家庭角色的改变，一旦生病，对死亡的恐惧心理越发强烈。主要表现为想方设法从别人的表情、言谈中了解自己的病情；全神贯注在自己身体上。当心理的需求不能得到满足时，便对疾病康复失去信心，而对静脉输液治疗不配合。老年人在发生疾病时往往认为自己接近死亡，不能治愈，缺乏面对疾病、战胜疾病的信心。

2. 以自我为中心　老年患者容易产生多疑、固执、死板、牢骚、重复、性急等心理反应，特别是习惯以自我为中心，如果需求未能满足，会因为一些小事而与医护人员发生冲突，这些情绪表现会影响患者静脉输液治疗的顺利进行。

3. 依赖性增强　老年患者生理功能逐渐退化，患病时常有些类似儿童行为的表现，依赖心理增强，情感变得幼稚、脆弱，为不顺心的小事而哭泣、生气。静脉输液时自理能力明显减退，依赖性增强，总希望有人时刻守护在身边，一切生活照料都需要他人帮助。

4. 怀疑、敌对不信任　在当今社会诚信缺失、医患关系紧张的大环境影响下，直接导致部分患者及家属对医护人员缺乏信任，用药时怀疑药物质量能否得到保证，药物剂量有无漏用、错用。行为上主要表现为对所有药物均要细心检查核对，反复询问，如解释不耐心或用词不当均会导致纠纷，影响静脉输液治疗。

（二）老年患者静脉输液治疗时的行为和心理状态分型

根据老年患者在静脉输液治疗时的心理反应和行为状态，一般分为 6 种类型：

1. 全面信任型　表现为盲目的顺从，面对服务态度好、经常关心自己的医生护士没有心理距离，在静脉输液治疗过程中全面配合。

2. 焦躁不安型　由于静脉输液治疗导致的不适或疾病迁延不愈，疗效不佳，部分老年患者表现为对治疗缺乏耐心和信心。尤其是静脉输液时有药物不良反应，输液时间过长没有得到细心关怀照顾的老年患者会有不同程度的焦躁、不安，甚至明显的情绪对抗。

3. 情感支持型　老年患者住院后，内心特别脆弱，性格及脾气更像孩子，特别希望得到家人无微不至的照顾和关怀，受到医护人员的尊重与关心。在生病时自己的家人、单位领导、同事等就应该在各方面无微不至地关心照料自己。

4. 角色强化型　这类老年患者往往惧怕死亡，认为住在医院保险放心，对医护人员过分依赖，需要家人无微不至的照顾和关怀，尽管身体上的病痛已无大碍但仍拒绝出院，表现为角色强化，主动要求吃药、静脉输液治疗，一旦停药、停液就全身不适，病情加重。

5. 久病成医型　患者由于反复住院，对静脉输液已司空见惯，他们对静脉输液治疗总结了不少“经验”，不但不害怕输液，可能还会干预护士的穿刺，如指定穿刺部位，要求静脉穿刺时不能有痛感等。

6. 精神紧张型　患者会将静脉输液治疗看成是一件非常重大的事情，静脉输液前常出现紧张、焦虑的情绪。

（三）老年患者静脉输液治疗时的心理护理

1. 营造舒适和谐的环境　良好的周围环境能让人心情愉悦。在静脉输液前对病房环境进行整理，保持病室清洁、整齐、舒适、安静，适宜的温湿度，在一定程度上可缓解紧张不安情绪。

2. 语言安抚　静脉输液的过程中通过语言安抚，减轻心理压力，增加老年患者对护理工作者的信任度，使其心情放松，血管紧张度降低，易于穿刺成功。

3. 情感支持　护士在静脉输液过程中多巡视病房，常与患者沟通交流，让老人保持愉悦的心情，有利于病情的恢复。

4. 提高穿刺技术，赢取患者的信任　护士应了解静脉输液治疗的目的，熟悉输注药物的性能和使用方法，穿刺前评估老年患者血管，根据情况进行热敷，有计划性的保护和选择使用血管，操作时动作轻柔稳准，力争一针见血；输注中随时观察患者反应和输液局部情况，根据老年人的年龄、药物性质、身体状况、主诉及医嘱来调节输注滴速，发现异常情况及时处理。

5. 系统支持　老年时期是许多危机和应激事件较集中的时期，家人和医护人员要多给予心理支持，静脉输液过程中多派人陪护、探视，减少老年人的孤独感和被遗弃感。

6. 健康宣教　在静脉输液治疗期间护士要根据每个老年人的健康状况、知识层次、文化程度等因素采取因人施教、因病宣传等多种方式进行健康宣教。主要内容为常见病、多发病，如高血压、心血管病、慢性呼吸系统疾病的防治知识，以及合理的饮食及生活习惯等。提高老年人对慢性病的知晓率，增强自我保健能力，力争达到未病先防，有病早治的目的，提高老年人的生活质量，延长生命。

（刘晓伟）

第二篇 静脉输液治疗技术篇

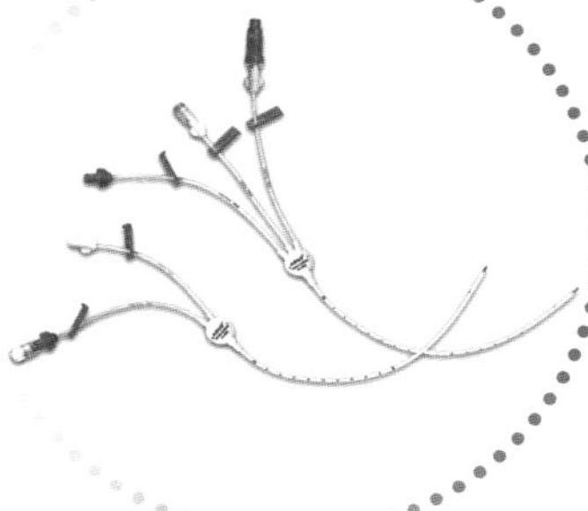

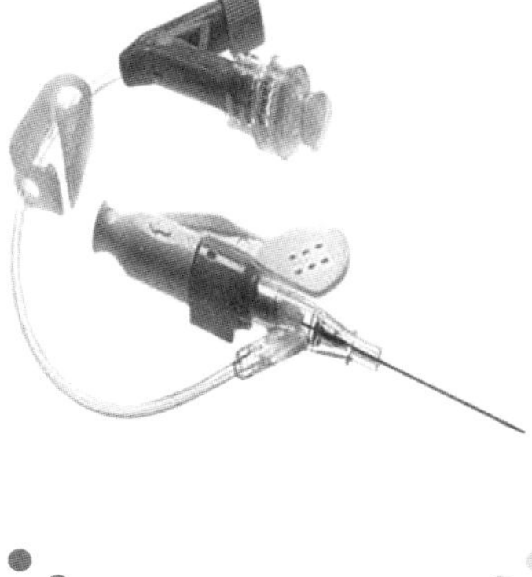

第五章 静脉输液技术

第一节 静脉输液感染预防及控制

微生物(microorganism)普遍存在于人体和周围环境,包括病毒、细菌与细菌性维生物(衣原体、支原体、立克次体、螺旋体)、朊毒体(prion)、真菌。能引起疾病的微生物和寄生虫统称为病原体。在手术、穿刺、注射、插管、换药等过程中,如不采取措施,病原体通过直接接触、飞沫和空气进入机体,引起感染。为了保护患者在医疗过程中免受病原体的感染,医务人员需使用无菌技术。无菌技术是预防医院感染的一项重要而基础的技术,其操作规程是根据科学原则而制定,每个医护人员必须正确熟练地掌握,避免医源性感染给患者带来不必要的痛苦和危险。临床护理工作中,静脉输液治疗是护理日常工作的主要组成部分,且静脉输液是将药液直接输入患者的血液中,参与患者的血液循环,因此静脉输液治疗各个环节中的无菌技术是确保护理工作质量及医疗安全的重要前提。

一、无菌技术

(一)概述

无菌技术(aseptic technique)是指在执行医疗、护理操作过程中,防止一切微生物侵入机体,保持无菌物品及无菌区域不被污染的操作技术。

(二)无菌技术类型

根据美国联合委员会(the joint commission)说法,无菌技术体现在四个主要方面:屏障、患者和设备准备、环境控制和接触的指导方针。在医疗过程中,每一环节在预防感染中都起着重要的作用。

1. 屏障　屏障可以防止病原体从医护人员、环境中转移至患者。无菌技术中使用的一些屏障包括:无菌手套、无菌服、无菌单、一次性帽子和口罩。无菌屏障是指未触及污染表面的屏障,它们是经过特别包装和清洁的物品,医护人员穿上它们或者用特定的方式使用它们,以尽量减少接触病原体。

2. 患者和设备准备　为了进一步保护患者，医护人员需使用无菌设备或无菌器械。如在输液前，医护人员应将消毒剂应用于患者的皮肤，选择适宜的无菌输液产品和器具等。

3. 环境控制　有效的环境控制是预防静脉输液感染的重要措施。静脉输液是将药液直接输入患者血液中，参与患者血液循环，因此静脉输液治疗各个环节中的无菌技术是确保护理工作质量及医疗安全的重要前提。

4. 接触指导方针　一旦医护人员有无菌屏障，应只接触其他无菌物品，避免接触非无菌物品。

（三）无菌技术原则

1. 环境要求　环境清洁、干燥、宽敞；进行无菌技术操作前30分钟通风，停止清扫，减少人员走动，以降低空气中的尘埃；治疗室保持通风或每日用臭氧消毒2次。

2. 医护人员仪表符合要求　无菌技术操作前，医护人员应着装整洁、修剪指甲、洗手、戴口罩，必要时穿无菌衣、戴无菌手套。

3. 操作中保持无菌的原则

（1）明确无菌区、非无菌区、无菌物品、非无菌物品，非无菌物品应远离无菌区。

（2）保护无菌区：操作时，操作者身体与无菌区应保持一定距离（约20cm）；操作者的手臂应在操作台面及腰部以上、肩以下，不可跨越无菌区；不可面对无菌区讲话、咳嗽、打喷嚏。

（3）无菌物品一经取出，即使未用，也不可放回原容器或包装内；若暂不使用，可用无菌巾包好，超过4小时则弃用。如无菌物品疑有污染或已被污染，则不可使用，应予以更换。

（4）一套无菌物品，只供一位患者使用。

4. 无菌物品的保管和发放原则

（1）无菌物品和非无菌物品应分开放置，并有明显标志。

（2）无菌物品存放架或存放柜应距地面高度为20~25cm，离墙壁5~10cm，距离天花板50cm，宜使用开放式存物装置。

（3）无菌物品应存放在清洁、干燥、固定、通风或有空气净化装置的地方，在存放环境标准时即相对湿度<70%、温度<24℃，使用纺织品材料包装的无菌物品有效期宜为14天，未达到环境标准时，有效期宜为7天；医用一次性纸袋包装的无菌物品，有效期宜为1个月；使用一次性医用皱纹纸、无纺布、纸塑袋以及硬质密闭容器包装的无菌物品，有效期宜为6个月。

（4）无菌物品发放前应确定无菌物品的有效性，并应遵循先进先出的原则。

（四）无菌技术并发症

医务人员无菌技术应用不当将导致患者出现常见的医院获得性感染（hospital acquired infection），包括：尿路感染、静脉导管相关性血流感染（catheter related blood stream infection，CRBSI）、外科手术部位感染等。每一例感染都将消耗大量的医疗资源。美国医学会杂志（JAMA）内科医学指出，50% 医院感染是可以预防的。因此，医务人员应当竭尽所能的遵守无菌技术的所有程序，让患者免受各种致病菌的感染，降低医院感染的发生率。

二、手卫生

（一）概述

静脉输液是护士日常操作的重要内容。在临床工作中，常会遇到连续多个患者的静脉输液。在接触两位患者之间必须实施手卫生。通常情况下，手部细菌污染数量一般约为 100cfu/cm^2；工作繁忙时，手部细菌量成倍增加。1/3 的医院感染可通过严格的手卫生来得到有效控制，用抗菌皂洗手后医护人员手部菌量比操作中手部的带菌量下降 60% 以上，而且洗手次数越多手部细菌减少越明显，因此护士在静脉输液过程中应严格加强手部卫生管理，有效预防和减少由于手卫生不当造成的医院感染。

（二）定义

手卫生是医务人员洗手、卫生手消毒和外科手消毒的总称。其中，洗手是医务人员用洗手液（皂液）和流动水揉搓冲洗双手，去除手部皮肤污垢、碎屑和部分微生物的过程。卫生手消毒指医务人员使用手消毒剂揉搓双手，以减少手部暂居菌的过程。外科手消毒指医务人员在外科手术前用肥皂（液）或抗菌皂（液）和流动水揉搓冲洗双手，再用手消毒剂清除或杀灭手部暂居菌、减少常居菌的过程。

（三）静脉输液的手卫生

1. 定义　静脉输液手卫生：护士执行静脉输液操作时通过洗手、卫生手消毒等方式去除手部皮肤污垢、碎屑以及减少手部暂居菌和部分微生物的过程。

2. 手卫生的管理与要求

（1）医疗机构应根据相应的法律法规以及制度、规范制定适合输液时的手卫生管理制度。

（2）医疗机构应设置与输液相匹配的流动水洗手和卫生手消毒设施；医务人员应参与对手卫生产品的评价；医疗机构应当为对手卫生产品过敏的医务人员提供替代品。

（3）医疗机构应定期开展手卫生培训，统一规范护士静脉输液过程中手卫生的方法。

（4）医疗机构应不定期对护士静脉输液过程中手卫生执行依从性开展监测，定期进行监督和指导。

（5）卫生手消毒后监测的细菌菌落总数应≤10cfu/cm^2。

（6）医务人员应当告知患者或看护人手卫生的相关知识，指导做好手卫生。

3. 洗手法

（1）定义：将双手涂满洗手液，对双手所有表面进行强而有力的短时揉搓，然后用流动水冲洗的过程称为洗手。

（2）方法

1）在流动水下，使双手充分淋湿。

2）取适量洗手液，均匀涂抹至整个手掌、手背、手指和指缝。

3）认真揉搓双手至少 15 秒，应注意清洁双手所有皮肤，包括指背、指尖和指缝，具体揉搓步骤为：①掌心相对，手指并拢，相互揉搓。②手心对手背沿指缝相互揉搓，交换进行。③掌心相对，双手交叉指缝相互揉搓。④弯曲手指使关节在另一手掌心旋转揉搓，交换进行。⑤右手握住左手大拇指旋转揉搓，交换进行。⑥将五个手指尖并拢放在另一手掌心旋转揉搓，交换进行。⑦必要时增加对手腕的清洁。

4）在流动水下彻底冲净双手，擦干。

（3）静脉输液的洗手时机

1）在与患者直接接触前后。

2）在静脉置管之前。

3）在与患者完整或非完整的皮肤接触之后。

4）在与患者周围的设施或装置接触之后。

5）脱掉手套之后。

6）当手被血液或其他体液污染时。

（胡盛琳）

第二节 一次性静脉输液钢针穿刺技术

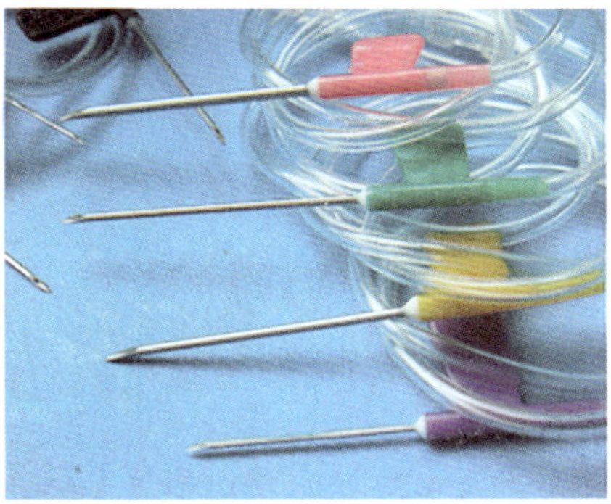

图 5-1 一次性静脉输液钢针

一次性静脉输液钢针（disposable intravenous fluids steel needle）于 1957 年发明以来，由于操作简单、使用方便，曾经在临床广泛应用。通过使用发现一次性静脉输液钢针（图 5-1）会增加液体渗漏到皮下组织的概率，导致化学性静脉炎的增加，如果液体是发疱剂，还会有潜在严重并发症发生的风险。尤其是在下肢穿刺一次性静脉输液钢针，患者的活动受限，造成下肢血栓的发生率增加。所以，临床上选择静脉输液工具时一定要谨慎评估患者的治疗方案、时间、药物性质及潜在的并发症。

一、穿刺范围

（一）适应范围

1. 单次或短期（小于4小时）非刺激性、非腐蚀性等渗液体静脉输液治疗。

2. 单次采取血标本。

（二）禁用范围

1. 腐蚀性药物、刺激性药物及化疗药物。

2. 长期静脉输液治疗。

3. 下肢静脉、手腕部静脉。

4. 肠外营养液。

5. pH低于5或高于9的液体或药液。

6. 渗透压大于600mmol/L的液体。

7. 瘫痪侧肢体、血栓侧肢体、手术侧肢体。

8. 皮肤完整性受损部位。

二、穿刺部位及血管的选择

（一）穿刺部位

综合评估患者的治疗方案、年龄、疾病诊断、血管条件、输液工具的使用史等。要求：

1. 从远端静脉开始有计划的更换穿刺部位。

2. 从无炎症、硬结、水肿的部位进行穿刺。

3. 避开神经、损伤的部位。

4. 新近穿刺过的静脉远端。

5. 避开受限制的部位和关节部位。

6. 成人应尽量避免在下肢进行静脉穿刺，防止静脉血栓的形成。

（二）血管选择

1. 上肢静脉

（1）指端静脉：仅用于短期静脉输液、等渗、无刺激性药液的输注。

（2）手背静脉：为穿刺首选静脉。有研究表明，穿刺腕部的桡静脉时发生桡神经损伤率高，所以美国已立法禁止使用腕部桡静脉作为穿刺血管。如必须用桡侧静脉穿刺时应尽量靠上，避开关节部位。

（3）前臂头静脉：此处的静脉血流量较大，输液速度快，穿刺后易于固定。

（4）贵要静脉：可用作静脉输液的储备静脉。

（5）肘正中静脉：粗直、静脉瓣较多，与贵要静脉结合处有角度，主要用于静脉采血和储备静脉。

（6）前臂正中静脉：血管较粗直，便于固定。

选择上肢静脉时，应充分考虑各部位静脉血管的血流量是否满足治疗的需要。上肢静脉血流量情况见表 5-1。

表 5-1　上肢静脉的血流量参考值

静脉部位	血流量
手背至肘部静脉	<95ml/min
肘部至肩部静脉	100~300ml/min
锁骨下静脉	350~800ml/min
上腔静脉	2~2.5L/min

2. 下肢静脉　因有发生血栓性静脉炎和栓塞的危险，尽量避免穿刺（婴幼儿例外）。

3. 头皮静脉　头皮静脉无静脉瓣，相互交通呈网状分布，表浅易见，固定不易滑动，故多用于小儿静脉穿刺。常用的静脉有：颞浅静脉、耳后静脉、枕静脉和额静脉。

三、穿刺工具型号的选择

一次性静脉输液钢针选择原则在满足静脉输液治疗需要的前提下，选择最小型号的一次性静脉输液钢针。根据年龄及血管条件选择不同规格的一次性静脉输液钢针（见表 1-1 一次性静脉输液钢针的规格），一次性静脉输液钢针的临床使用型号见表 5-2。

表 5-2　一次性静脉输液钢针的临床使用型号

患者	一次性静脉输液钢针的型号（mm）
新生儿	0.45
婴幼儿	0.5
成人	0.65~0.7
老年人	0.55~0.7
静脉采血	0.7~1.2

四、穿刺操作流程

（一）目的

1. 建立静脉通道，保证患者短期的静脉输液治疗。

2. 单次采取血标本。

3. 推注无刺激性的药物。

（二）评估

1. 治疗方案　评估输液时间、药物性质。

2. 评估患者

（1）基本信息：姓名、性别、年龄、病情、用药史、过敏史、不良反应史及意识等。

（2）穿刺部位：从远端静脉开始，穿刺部位应无炎症、硬结、水肿、应避开局部神经、损伤的部位、新近穿刺过的静脉之远端部位、受限制的部位和关节部位，应避免在下肢进行静脉穿刺（婴幼儿例外）。

（3）穿刺血管：选择粗、直、弹性好、清晰的静脉。

（4）患者心理：评估心理状态和合作程度。解释静脉输液治疗的目的及输液时的注意事项，消除患者的紧张情绪。

3. 穿刺工具　在满足患者静脉输液治疗需要的前提下选择型号小的一次性静脉输液钢针。

（三）实施

1. 准备

（1）环境准备：空气洁净、环境整洁、光线、温度适宜。

（2）患者准备：协助患者排便，取舒适卧位，询问患者不常用的手臂，穿刺侧手臂外展。

（3）护士准备：着装整洁、洗手、戴口罩。

（4）用物准备：输液器一套（带一次性静脉输液钢针）、注射盘（皮肤消毒剂、棉签等）、小垫枕、压脉带、胶布3根、静脉输液执行单、输液架等；必要时准备瓶套、开瓶器、小夹板和绷带。

（5）药液准备

1）根据医嘱准备药液。

2）核对医嘱和输液标签贴是否一致。

3）认真核对药名、浓度、剂量、给药时间、给药方法和有效期。

4）检查药液质量，药瓶有无裂痕，药液有无浑浊、沉淀或絮状物等。

5）注意药物有无配伍禁忌。

2. 一次性静脉输液钢针穿刺操作流程及评分标准　见表5-3。

表 5-3 一次性静脉输液钢针穿刺操作流程及评分标准

项目总分	项目内容	操作流程	标准分	扣分标准	实得分
要求5分	护士要求	1. 着装整洁,符合要求	1	一项不符扣0.5分	
		2. 洗手	1		
	环境要求	空气洁净、环境整洁、光线、温度适宜	3	一项不符扣0.5分	
评估7分	基本信息	两人核对医嘱执行单、患者床号、姓名及住院号(或ID号),询问过敏史	3	一项不符扣0.5分	
	治疗方案	评估患者的治疗疗程、药物性质	1	一项不符扣1.5分	
	穿刺部位	评估穿刺部位、皮肤	1	一项不符扣0.5分	
	穿刺血管	评估血管的粗细、弹性及充盈度	1		
	患者心理	如患者紧张,则消除患者的紧张、焦虑情绪	1		
准备11分	患者准备	嘱患者排便,清洗穿刺侧手臂间距较宽	1		
	护士准备	洗手	1		
	药物准备	两人核对医嘱执行单、药液和输液标签贴是否一致、检查药名、浓度、剂量、有效期及质量	3	一项不符扣0.5分	
	用物准备	同前,查看有效期	3	一项遗漏扣0.5分	
	健康教育	告知患者输液目的、输液量、药物名称,穿刺中配合的方式和注意事项	3	一项不符扣0.5分	
穿刺62分	穿刺前4分	1. 携用物至床旁,核对患者姓名、住院号(或ID号)及医嘱执行单、输液标签贴是否一致	3	一项不符扣0.5分	
		2. 协助患者取舒适卧位,穿刺侧手臂外展	1		
	穿刺中49分	1. 洗手、戴口罩	1		
		2. 选择穿刺静脉,并在穿刺部位下方铺治疗巾及压脉带	3	一项不符扣1分	

续表

项目总分	项目内容	操作流程	标准分	扣分标准	实得分
穿刺62分	穿刺中49分	3. 拉启药袋瓶塞并消毒，自然待干	3	一项不符扣1.5分	
		4. 将输液器针头插入瓶塞至根部，关闭调节器，挂药袋于输液架上，一次性排气成功	5	一项不符扣1分	
		5. 消毒皮肤 以穿刺点为中心顺时针摩擦消毒，消毒范围≥5cm×5cm，待干	3	一项不符扣1分	
		6. 准备胶布	1		
		7. 在穿刺点上方7~10cm处扎压脉带	3		
		8. 再次逆时针摩擦消毒穿刺部位皮肤	3		
		9. 二次核对 患者床号、姓名及住院号（或ID号）及药物的药名、浓度、剂量、给药时间和方法	3	一项不符扣0.5分	
		10. 去除针帽，再次排气，关闭调节器	3	一项不符扣1分	
		11. 进针 嘱患者握拳，左手绷紧皮肤，右手持一次性静脉输液钢针，针头与皮肤呈5°~15°，直刺血管，见回血后再平行进针0.1~0.2cm	5	一项不符扣1分	
		12. 松开压脉带，嘱患者松拳	3	一项不符扣1.5分	
		13. 打开调节器	3		
		14. 妥善固定针头	3		

续表

项目总分	项目内容	操作流程	标准分	扣分标准	实得分
穿刺 62 分	穿刺中 49 分	15. 调节滴速，三次查对：患者床号、姓名及住院号（或 ID 号）及药物药名、浓度、剂量、给药时间和方法	3	一项不符扣 0.5 分	
		16. 告知注意事项	3		
		17. 将呼叫器置于患者触手可及处	1		
	穿刺后 9 分	1. 协助患者取舒适体位，整理床单元	3	一项不符扣 1.5 分	
		2. 医疗废物分类处置	3		
		3. 洗手	1		
		4. 记录	1		
		5. 健康教育	1		
终末质量评定 5 分	1. 遵循无菌技术操作原则		1		
	2. 操作过程熟练、有效		1		
	3. 固定妥善		1		
	4. 关爱患者，有效沟通		1		
	5. 仪表大方，举止端庄，态度和蔼		1	一项不符扣 0.5 分	
提问 5 分	掌握 5 分，部分掌握 3 分，未掌握 0 分		5		
操作时间 5 分	25 分钟		5	超时酌情扣分	
总分					

（四）穿刺注意

1. 排气时　将墨菲滴管及输液器远端倒立，液体流至墨菲滴管的 1/3~1/2 时，迅速直立墨菲滴管，缓慢降低远端输液管排尽空气；确定输液管道内无气泡，注意不可向地面排液。

2. 固定　牢固固定，避免过紧或过松，防止血液回流引起导管阻塞。

（五）评价

1. 严格三查七对制度及无菌技术操作原则。

2. 操作过程熟练、有效，程序正确，动作轻稳。

五、健康教育及注意事项

（一）健康教育

1. 穿刺前

（1）与患者和家属沟通，讲解静脉输液的目的、输入药物的名称、作用及不良反应、全天的输液量、输液速度、输入液体及所需时间、输液不良反应等。

（2）交代患者静脉输液前需要做好的准备工作，如：排便，取舒适卧位、准备好穿刺部位，衣袖不可过紧，耐心解释患者提问，做好心理护理。

（3）讲解保护血管的重要性。

（4）讲解药物不良反应、外渗、静脉炎的症状及可能造成的严重后果和处理方法，提高患者的自我保护能力，使之积极配合治疗。

2. 穿刺中 告诉患者穿刺时的配合方法。

3. 穿刺后

（1）在静脉输液过程中，请患者输液时不要自行调节输液滴速。

（2）告知患者静脉输液时肢体摆放好，需进食、饮水、排便等先调整好输液部位再改变体位。

（3）嘱患者静脉输液治疗过程中不要随意离开病房，一旦出现意外，应及时处理。

（4）指导患者或家属随时观察，如：有无静脉输液治疗相关的不良反应，穿刺点有无肿胀、疼痛，留意输液瓶中的余液量等，嘱患者及时按呼叫器呼叫，护士及时给予处理。

（二）注意事项

1. 严格执行查对制度，防止差错事故发生。

2. 严格执行手卫生、无菌技术操作规程。

3. 注意保护和合理使用静脉。

4. 根据患者年龄、病情、药物性质调节滴速。

5. 防止空气进入血管形成空气栓塞，及时更换输液瓶，静脉输液完毕后及时拔针。

6. 加强巡视，患者发生静脉输液反应时及时处理；同时观察局部有无渗出或静脉炎的发生。

7. 所有液体应确定针头已刺入血管内才可输入。

8. 对于小孩及昏迷等不合作的患者，局部肢体需用夹板固定，加强巡视。

六、拔针

（一）拔针指征

1. 单次或短期静脉输液治疗完毕。
2. 单次采取血标本操作完毕。

（二）拔针方法

1. 核对执行单、患者信息，确认患者液体已输完了。
2. 护士洗手、戴口罩。
3. 准备用物（治疗牌、棉签、治疗盘）。
4. 床旁再次核对，并告知患者静脉输液治疗已经结束。
5. 除去胶布，关闭调节器，用干棉签放于穿刺点上方，拔出针头，嘱患者或家属按压 3~5 分钟至无出血。
6. 再次核对，整理床单元，清理用物，洗手。

（三）注意事项

1. 向患者讲解拔针的配合方法。
2. 按压棉签与穿刺血管平行，纵向按压。
3. 拔针后应按压穿刺部位 3~5 分钟，不应按揉穿刺点，以防皮下淤血，凝血功能差者需要延长按压时间。

（彭小芸　曾　欣　张述英）

第三节　外周静脉留置针穿刺技术

20 世纪 60 年代开始出现由生物原材料制成的套管针（peripheral venous catheter，PVC 外周静脉留置针），其套管材料较柔软，固定方便，可在静脉内留置数天，不必每天穿刺。外周静脉留置针又称外周静脉短导管，1964 年美国 BD 公司发明了第一支外周静脉留置针并应用于临床，20 世纪 80 年代，我国开始使用外周静脉留置针，优点是使用方便，操作简便，套管材质柔软，不易对血管造成伤害，还可减少静脉穿刺次数，保护患者血管和减轻患者痛苦；同时还能减轻护士的工作量，提高护士工作效率。

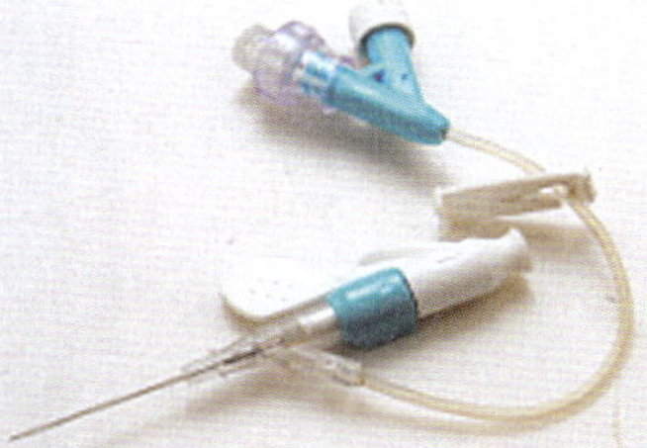

图 5-2　安全型外周静脉留置针

外周静脉留置针分型见第一章第二节，近年来，随着职业防护意识的不断加强，安全型外周静脉留置针（图 5-2）在临床上得到了广泛应用。外周静脉留置针留置时间是 3~4 天（72~96 小时）。

一、穿刺范围

外周静脉留置针可用于静脉输液、输血、动脉及静脉采血、动脉压的监测等。

（一）适用范围

1. 短期的静脉输液治疗，输液量较多的患者。
2. 老年人、婴幼儿、躁动不安的患者。
3. 输注全血或血液制品的患者。
4. 每天需要多次推注无刺激性药物的患者。
5. 连续多次采集血标本的患者。
6. 做糖耐量试验的患者。
7. 穿刺困难的患者。

（二）慎用或禁用范围

1. 输入 pH<5 或 pH>9 的液体或药物。
2. 渗透压 >600mmol/L 的液体。
3. 肠外营养液（TPN）。
4. 腐蚀性药液。

二、穿刺部位及血管的选择

（一）穿刺部位

1. 首选上肢远端部位，如再次穿刺，穿刺点应位于前次穿刺部位的近心端。

2. 宜选择上肢静脉作为穿刺部位，避开静脉瓣、关节部位以及有瘢痕、炎症、硬结等部位的静脉。

3. 成人不宜选择下肢静脉进行穿刺，因其可导致组织损伤、血栓性静脉炎和溃疡。

4. 儿童患者

（1）可选择手部、前臂以及腋窝以下的上臂静脉。避免失败率较高的肘前区域。

（2）对于婴幼儿还可选择头皮静脉、腋下静脉，不走路时，可选用足部的静脉。

（3）避免手、手指或婴幼儿吮吸的拇指 / 手指。

（4）婴幼儿进行先天性心脏缺陷的治疗后，锁骨下动脉的血流可能会减少，应避免使用右臂的静脉。

（5）小儿不宜首选头皮静脉。

5. 接受乳房根治术和腋下淋巴结清扫术的患者应选健侧肢体进行穿刺，有血栓史和血管手术史的静脉不应进行穿刺。

6. 与患者讨论选择非惯用手臂上的部位。

（二）血管选择

选择原则：有弹性且粗、直、血流量丰富的手臂和前臂静脉。

不宜选择的血管：弹性差，有静脉瓣、静脉炎、静脉曲张的血管。成人应尽量避免在下肢静脉穿刺，以免增加发生血栓和血栓性静脉炎的风险。避免选择手腕内侧面，因其会增加穿刺的疼痛感，且可能对神经造成伤害。

三、穿刺工具型号的选择

根据患者静脉条件及输液方案，在满足静脉输液治疗需要的前提下，原则上选择型号最小的导管（管径最小、导管最短），减少机械性静脉炎的风险。通常成人输液选择 20~24G 的导管，婴幼儿选择 26G 的留置针导管；输血一般选择 18~20G 的导管，当需要快速输血时，推荐使用较大管径的导管（14~18G），导管材质应为不透 X 射线，重视职业防护，推荐使用安全型穿刺工具，防止针刺伤。

四、穿刺操作流程

（一）目的

1. 减少静脉穿刺的次数。
2. 减轻因反复穿刺给患者带来的痛苦。
3. 方便临床用药。
4. 方便急、危重症患者的抢救。
5. 方便多次采集血标本。
6. 减轻护士工作量。

（二）评估

1. 治疗方案　评估输液时间、药物性质。
2. 评估患者

（1）基本信息：姓名、性别、年龄、病情、用药史、过敏史、不良反应史及意识等。

（2）穿刺部位：从远端静脉开始，穿刺部位应无炎症、硬结，应避开局部神经、损伤的部位、受限制的部位和关节部位，成人应避免在下肢进行静脉穿刺。

（3）穿刺血管：选择粗、直、弹性好、清晰的静脉，避开关节部位的血管。

（4）患者心理：评估心理状态和合作程度。解释静脉输液治疗的目的及输液时的注意事项，消除患者的紧张情绪。

3. 穿刺工具　在满足治疗需要的前提下选择型号小的导管。

（三）实施

1. 准备

（1）环境准备：空气洁净、环境整洁，光线、温度适宜。

（2）患者准备：排便，取舒适卧位，询问患者不常用的手臂，注意保暖，选择头皮静脉时根据情况剔除局部毛发。

（3）护士准备：着装整洁、规范洗手、戴口罩。

（4）用物准备：输液器、外周静脉留置针、无菌敷贴、无菌手套 1 副、皮肤消毒剂、棉签、治疗巾、压脉带、胶布、弯盘、输液执行单（或电子医嘱）、速干手消毒液、消毒纱布等。

（5）药液准备

1）根据医嘱准备药液。

2）核对医嘱和输液标签是否一致。

3）认真核对药名、浓度、剂量、给药时间、给药方法和有效期。

4）检查药液质量，药瓶有无裂痕，药液有无浑浊、沉淀或絮状物等。

5）注意药物有无配伍禁忌。

2. 外周静脉留置针穿刺操作流程及评分标准见表 5-4。

表 5-4　外周静脉留置针穿刺操作流程及评分标准

项目总分	项目内容	操作流程	标准分	扣分标准	实得分
要求 3 分	护士要求	1. 着装整洁，符合要求	1	一项不符扣 0.5 分	
		2. 洗手	1		
	环境要求	空气洁净、环境整洁、光线、温度适宜	1	一项不符扣 0.5 分	
评估 9 分	基本信息	两人核对医嘱、患者床号、姓名及住院号（或 ID 号），询问过敏史	3	一项不符扣 1 分	
	治疗方案	评估患者的治疗疗程、药物性质	3	一项不符扣 1.5 分	
	穿刺部位	皮肤情况，避开关节	1		
	穿刺血管	评估血管粗细、弹性及充盈度	1	一项不符扣 0.5 分	
	患者心理	如患者紧张，则消除患者紧张、焦虑情绪	1		
准备 11 分	患者准备	嘱患者排便	1		
	护士准备	洗手	1		

续表

项目总分	项目内容	操作流程	标准分	扣分标准	实得分
准备11分	药物准备	两人核对医嘱执行单、药液和输液标签是否一致、检查药名、浓度、剂量、有效期及质量	3	一项不符扣0.5分	
	用物准备	1. 治疗车上层　输液器、外周静脉留置针、透明敷料、消毒棉签、胶布、压脉带、治疗盘、弯盘、治疗巾、无菌手套、速干手消毒液等，查看有效期	3	遗漏一项扣0.5分	
		2. 治疗车下层　污物框、弯盘、锐器盒等			
	健康教育	告知患者外周静脉留置针穿刺的目的、注意事项及配合要求	3	一项不符扣0.5分	
穿刺62分	穿刺前4分	1. 携用物至床旁，核对患者姓名、住院号（或ID号）及医嘱执行单、输液标签贴是否一致	3	一项不符扣0.5分	
		2. 协助患者取舒适卧位，穿刺侧手臂外展	1		
	穿刺中50分	1. 洗手、戴口罩	1		
		2. 选择穿刺静脉，并在穿刺部位下方铺治疗巾及压脉带	1	一项不符扣0.5分	
		3. 拉启药袋（瓶）塞并消毒，自然待干	1		
		4. 将输液器针头插入瓶塞至根部，关闭调节器，挂药袋于输液架上，一次性排气成功	3	一项不符扣1分	
		5. 消毒皮肤　顺时针摩擦消毒穿刺部位皮肤≥8cm×8cm，自然待干	3	一项不符扣1.5分	

续表

项目总分	项目内容	操作流程	标准分	扣分标准	实得分
穿刺 62 分	穿刺中 50 分	6. 准备无菌透明敷贴，注明穿刺日期、时间和操作者姓名	3	一项不符扣 1 分	
		7. 穿刺点上方 7~10cm 处扎压脉带	1		
		8. 再次逆时针摩擦消毒穿刺部位皮肤	3		
		9. 再次查对患者姓名、床号、住院号（或 ID 号）及药物	3	一项不符扣 0.5 分	
		10. 洗手、戴手套，打开外周静脉留置针	3	一项不符扣 0.5 分	
		11. 连接外周静脉留置针到输液器，左右移动针芯，再次排气	3	一项不符扣 1 分	
		12. 嘱患者握拳	1		
		13. 绷紧皮肤，以 15°~30°进针，直刺血管，见回血后降低角度至 5°~10°再进 0.1~0.2cm	3	一项不符扣 1 分	
		14. 先将针芯退入导管 5~10mm，再将导管全部送入血管（或一手将导管直接送入，一手持针芯固定不动）	3		
		15. 一次穿刺成功	5		
		16. 松压脉带，嘱患者松拳	3	一项不符扣 1.5 分	
		17. 拔出针芯，打开调节器	3	一项不符扣 1.5 分	
		18. 用透明敷贴固定（以穿刺点为中心），脱手套、洗手	3	一项不符扣 1 分	

续表

项目总分	项目内容	操作流程	标准分	扣分标准	实得分
穿刺62分	穿刺中50分	19. 用胶布将延长管U形固定，肝素帽/无针输液接头高于导管尖端，且与血管平行。贴留置日期，取压脉带和治疗巾	3	一项不符扣1分	
		20. 调节滴速	1		
	穿刺后8分	1. 协助患者取舒适体位，整理床单位	1		
		2. 医疗废物分类处理	1		
		3. 洗手，记录，核对医嘱	3	一项不符扣0.5分	
		4. 健康教育	3		
终末质量评定5分	1. 遵循无菌技术操作原则		1		
	2. 操作过程熟练、有效		1		
	3. 固定妥善		1		
	4. 关爱患者，有效沟通		1		
	5. 仪表大方，举止端庄，态度和蔼		1	一项不符扣0.5分	
提问5分	掌握5分，部分掌握3分，未掌握0分		5		
操作时间5分	15分钟		5	超时酌情扣分	
总分					

（四）穿刺注意

1. 穿刺前查对，解释使用外周静脉留置针的目的、注意事项及配合要求。

2. 穿刺次数不超过2次，限制总次数不得超过4次。多次尝试失败会引起疼痛，增加并发症的风险。

3. 拔出针芯　避免将外导管拔出，将针芯放入锐器盒内，防止针刺伤。

4. 牢固固定，避免过紧或过松，便于观察穿刺点的情况，避免穿刺点及周围污染。

5. 防止血液回流引起导管阻塞。

6. 消毒后的压脉带，单人单次使用。

7. 对静脉穿刺困难的患者，使用血管可视化技术协助穿刺。

（五）评价

1. 操作过程熟练、有效，动作规范，方法正确。

2. 关爱患者，沟通有效。

3. 有效查对，遵守无菌技术操作原则。

4. 保护和合理使用静脉，固定妥善。

5. 患者及家属知晓外周静脉留置针输液的注意事项。

五、健康教育及注意事项

（一）健康教育

1. 穿刺前　告知患者及家属外周静脉留置针使用的必要性、优势。

2. 输液中

（1）告知患者不要压迫置管侧肢体，以保持输液畅通。

（2）如厕、检查、移动时置管部位低于液体部位，同时保持外周静脉留置针在血管内。

3. 穿刺后

（1）告知患者冲封管的目的，防止外周静脉留置针堵管。导管内有少量回血属正常现象，勿自行挤压。

（2）每次输液之前用3~5ml生理盐水冲管（先抽回血，见回血后脉冲式冲管）。

（3）保持敷料干燥。如敷料潮湿、渗血和卷边要告知护士及时处理。

（4）置管肢体可适当活动，避免剧烈活动、用力过度、提重物，以免回血堵管。

（5）留置期间可以洗澡，洗澡时将置管肢体用保鲜膜包裹好，手臂抬高，不要浸湿外周静脉留置针处。穿刺部位如有水进入应立即告诉护士。

（6）更衣时不要将导管勾出或拔出。

（7）输液滴速是根据患者的年龄、病情及药物性质决定，不要自行随意调节输液滴速。

（8）介绍所用药物的名称、作用及注意事项。

（9）出现输液反应的症状应及时告知护士。

（10）原则上不在外周静脉留置针输注腐蚀性药物，如已输注，发生药物外渗，在导管拔出前应明确治疗措施，同时护士应从导管中抽出残留药物。

（11）成人应避免使用下肢静脉穿刺。

（12）留置时间为 72~96 小时。

（二）注意事项

1. 使用外周静脉留置针时，必须严格执行无菌技术操作规程。

2. 一根导管只能尝试一次置管。

3. 密切观察患者生命体征变化及外周静脉留置针穿刺局部情况。若有异常情况，及时拔出导管并作相应处理，对仍需要输液者应更换肢体或于同侧手臂的不同静脉另行穿刺。

4. 妥善固定外周静脉留置针的肢体，尽量减少肢体的活动，避免被水沾湿。如需洗脸、洗澡等，应用保鲜膜将局部包裹好。成人及儿童外周静脉留置针应避免留置在下肢，以免由于重力、活动造成回血，堵塞导管或发生血栓性静脉炎。

5. 不得在置管侧肢体上端使用血压袖带和压脉带。

6. 接受了乳腺手术和腋下淋巴结清扫的术后患者，在其上肢置入外周静脉留置针前，需询问主管医生，并遵医嘱执行，原则上不能穿刺留置针。

7. 输液前先抽回血，再用生理盐水冲洗导管。如无回血，冲洗有阻力时，应考虑导管堵塞，此时应拔出外周静脉留置针，切忌用力推注，以免将凝固的血栓推进血管，造成栓塞。

六、拔管

（一）拔针指征

1. 当患者主诉与外周静脉留置针有关的不适或疼痛时，应拔出导管。

2. 导管脱出导致液体外渗应拔出导管。

3. 外周静脉留置针成人 72~96 小时应更换一次。

4. 在紧急情况下放置的血管通路应在 48 小时内尽快替换。

5. 如果怀疑有导管相关性血流感染应立即拔出导管。

（二）拔针方法

1. 准备用物。

2. 关闭调节器。

3. 去除胶布及透明敷贴。

4. 将无菌棉签轻放于穿刺点，拔除外周静脉留置针。

5. 拔针后按压穿刺部位向心方向按压穿刺点 1~2cm，一般患者 3~5 分钟，至不出血为止；但新生儿、婴幼儿、儿童、老年患者，应该将按压时间延长至 5~10 分钟，至不出血为止；凝血功能差的患者可适当增加按压时间，不宜按揉穿刺点。

（三）注意事项

1. 一手固定套管针，另一手由外周至中央水平去除敷料。

2. 用安尔碘以穿刺点为中心消毒周围皮肤。

3. 先拔针后按压，即在针头拔出血管后再迅速按压，按压时应沿血管纵行按压，时间为3~5分钟。

（王　芳）

第四节　中等长度导管穿刺技术

外周中等长度导管（midline catheter，MC）指在无菌技术下经外周静脉（贵要静脉、肘正中静脉、肱静脉、头静脉等）将导管置入腋静脉，尖端位于腋窝水平，但未到达中心静脉。适用于较长时间的静脉输液治疗。长度为7.5~25cm，发生静脉炎的比例较外周静脉短导管低。

一、穿刺范围

（一）适用范围

1. 结合预期的静脉输液治疗时间（如1~4周）同时考虑药物性质（无刺激性）。

2. 输注刺激性小的药物、等渗或接近等渗药物，如：抗生素、液体补充和外周静脉耐受性好的镇痛药和溶液。

（二）慎用或禁用范围

1. 静脉推注或滴注强刺激性药物、腐蚀性药物、肠外营养液、pH<5、>9的药液，渗透压>600mmol/L的液体。

2. 插管途径有血栓形成史、高凝状态、肢体血流减少或终末期肾病需要保护静脉时。

3. 穿刺部位损伤、感染、外伤史、血管外科手术史。

4. 上腔静脉压迫或阻塞综合征的患者（上肢禁忌）。

5. 接受乳腺癌根治术和腋窝淋巴清扫术的患肢。

6. 放疗部位。

7. 瘫痪侧肢体。

二、穿刺部位及血管的选择

1. 穿刺部位　成人：首选上臂部位，其次选择肘窝区域（肘关节上、下2~5cm）。

2. 穿刺血管　贵要静脉、头静脉、肘正中静脉和肱静脉，其中首选贵要静脉，避免在关节部位置管，置管后导管尖端在腋窝水平。

3. 新生儿、儿童患者　可以选择头部、颈部、四肢部位，包括腹股沟以下的腿部和胸以上区域。

三、穿刺工具型号的选择

导管型号选择：成人通常选择4~5Fr；儿童一般选择3Fr（图5-3）。

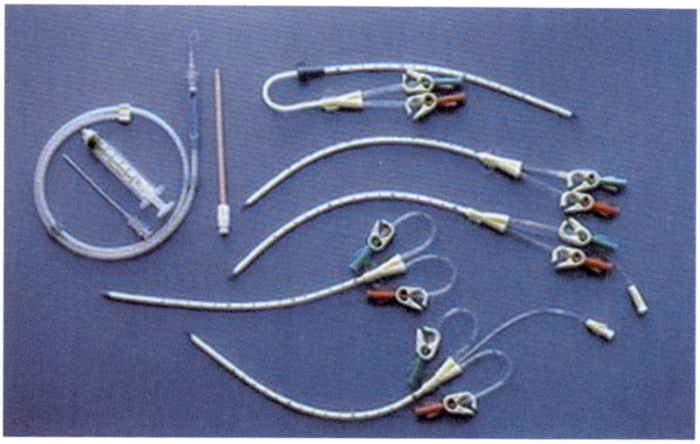

图5-3　各型中长导管

四、穿刺操作流程

（一）目的

1. 保护外周静脉，方便较长时间静脉输液治疗的患者。
2. 减少反复静脉穿刺给患者带来的痛苦。
3. 减少静脉输液治疗并发症的发生。

（二）评估

1. 治疗方案　评估输液时间、药物性质。

2. 评估患者

（1）基本信息：姓名、性别、年龄、病情、用药史、过敏史、不良反应史及意识等。

（2）穿刺部位：包括穿刺部位的皮肤状况、静脉能见度及弹性等。

（3）穿刺血管：选择粗、直、弹性好、清晰的静脉，避开关节部位的血管。

（4）患者心理：评估心理状态和合作程度。解释穿刺目的及穿刺时的注意事项，消除患者紧张情绪。

3. 穿刺工具　在满足静脉输液治疗需要的前提下选择型号小的导管。

（三）实施

1. 准备

（1）环境准备：空气洁净、环境整洁、光线、温度适宜。

（2）患者准备：排便，指导患者清洁双上肢皮肤，更换清洁病员服，取舒适卧位，注意保暖；询问患者不常用手臂，签署告知同意书。

（3）护士准备：着装整洁、规范洗手、戴口罩。

（4）用物准备：病历牌，压脉带，测量尺，速干手消毒液，中等长度导管，穿刺包，1ml、10ml、20ml 注射器各 1 副、盐酸利多卡因注射液 1 支、N.S 250ml 1 袋、无菌透明敷贴 / 水胶体敷贴、2% 葡萄糖酸氯己定 / 大于 0.5% 碘伏 / 碘酒 +75% 酒精、肝素盐水 1 袋、胶布、砂轮、肝素帽 / 无针输液接头、无菌手套 2 副、治疗车、黄色垃圾筐、黑色垃圾筐、锐器盒。

（5）药液准备

1）认真核对生理盐水、肝素钠注射液和盐酸利多卡因注射液的有效期。

2）检查药液质量，药瓶有无裂痕，药液有无浑浊、沉淀或絮状物等。

2. 盲穿中等长度导管操作流程及评分标准见表 5–5。

表 5–5　盲穿中等长度导管操作流程及评分标准

项目总分	项目内容	操作流程	标准分	扣分标准	实得分
要求 3 分	护士要求	1. 着装整洁，符合要求	1	一项不符扣 0.5 分	
		2. 洗手	1		
	环境要求	空气洁净，环境整洁，光线、温度适宜	1	一项不符扣 0.5 分	
评估 6 分	基本信息	两人核对医嘱、患者床号、姓名及住院号（或 ID 号）、查看检验结果、询问过敏史	2	一项不符扣 0.5 分	
	治疗方案	评估患者的治疗疗程、药物性质	1	一项不符扣 0.5 分	
	穿刺部位	穿刺部位及皮肤	1	一项不符扣 0.5 分	
	穿刺血管	评估血管粗细、弹性及充盈度	1		
	患者心理	如患者紧张，则消除患者紧张、焦虑情绪	1		

续表

项目总分	项目内容	操作流程	标准分	扣分标准	实得分
准备8分	患者准备	1. 嘱患者排便	1		
		2. 清洗置管部位、更换清洁衣裤	1		
	护士准备	洗手	1		
	药物准备	检查盐酸利多卡因注射液、肝素钠注射液、生理盐水的有效期及质量，贴好标签	1	一项不符扣 0.5 分	
	用物准备	同前，查看有效期	3	遗漏一项扣 0.5 分	
	健康教育	告知患者置管术中配合方式和注意事项	1		
穿刺68分	穿刺前12分	1. 两人核对患者医嘱、床号、姓名及住院号（或 ID 号）	1	一项不符扣 0.5 分	
		2. 患者体位　去枕，平卧或根据病情抬高床头 20° ~ 30°，手臂外展 90°	1	一项不符扣 0.5 分	
		3. 选择穿刺静脉	1		
		4. 测量　①置入长度；②臂围	1	一项不符扣 0.5 分	
		5. 洗手、戴口罩	1	一项不符扣 0.5 分	
		6. 打开穿刺包	1		
		7. 手臂下垫护垫	1		
		8. 戴无菌手套	1		
		9. 消毒	3		
		（1）消毒液：2% 葡萄糖酸氯己定/大于 0.5% 碘伏/碘酒 +75% 酒精			
		（2）消毒范围：≥20cm × 20cm			
		（3）消毒方法：以穿刺点为中心，由内向外，顺、逆时针消毒至少 2 次，用力摩擦皮肤至少 30 秒/次，待干			
		10. 脱手套	1		

续表

项目总分	项目内容	操作流程	标准分	扣分标准	实得分
穿刺68分	穿刺中49分	1. 洗手	1		
		2. 穿无菌手术衣，戴无粉无菌手套	1		
		3. 铺无菌巾、放置压脉带、最大铺巾及铺孔巾	1		
		4. 抽吸盐酸利多卡因注射液1ml、肝素盐水10ml及生理盐水20ml	1		
		5. 备肝素帽/无针输液接头，敷贴、备穿刺鞘	1	一项不符扣0.5分	
		6. 取出中长导管，生理盐水预冲导管	1		
		7. 在穿刺点上7~10cm处扎压脉带，嘱患者握拳	1	一项不符扣0.5分	
		8. 盐酸利多卡因注射液行局部麻醉	1		
		9. 穿刺　穿刺鞘下垫一块无菌纱布，针尖斜面向上，与皮肤呈20°~30°直刺血管，见回血后降低角度5°~10°，再进针0.1~0.2cm，右手固定针芯，左手拇指与示指将穿刺鞘轻柔全部送入静脉	5	一项不符扣2分	
		10. 松开压脉带，嘱患者松拳	3	一项不符扣1.5分	
		11. 左手拇指固定穿刺鞘，其余四指紧压穿刺鞘上端静脉，右手退出穿刺针芯，启动穿刺针安全保护装置	3	一项不符扣1分	
		12. 轻柔、匀速送导管	3		

续表

项目总分	项目内容	操作流程	标准分	扣分标准	实得分
穿刺68分	穿刺中49分	13. 将导管预计长度送入血管	3		
		14. 抽回血,见回血后立即用生理盐水脉冲式冲管,夹闭延长管	3	一项不符扣1分	
		15. 将可撕裂鞘退出或撕裂	3	一项不符扣1.5分	
		16. 撤导丝	3		
		17. 肝素盐水预冲肝素帽/无针输液接头,与导管相连接,正压封管	3	一项不符扣1分	
		18. 固定			
		(1)清除穿刺点及周围皮肤血迹,自然待干	3		
		(2)固定 1)有固定器:①固定器固定导管翼;②外露导管以穿刺点为中心,导管摆放("L"形、"U"形或"C"形),穿刺点使用小纱布或止血敷料加压固定;③透明敷贴/水胶体敷贴>10cm×10cm无张力粘贴,敷贴下无气泡 2)无固定器:①外露导管以穿刺点为中心,导管摆放("L"形、"U"形或"C"形),穿刺点使用小纱布或止血敷料加压固定;②透明敷贴/水胶体敷贴>10cm×10cm无张力粘贴,敷贴下无气泡;③三条胶带固定导管翼(横向、交叉、再横向)	5		

续表

项目总分	项目内容	操作流程	标准分	扣分标准	实得分
穿刺68分	穿刺中49分	19. 肝素帽/无针输液接头用纱布包裹	1		
		20. 导管标示上注明置入长度、外露长度、日期及操作者姓名缩写、导管名称	3		
	穿刺后7分	1. 协助患者穿衣服、取舒适体位及整理床单元	1		
		2. 医疗废物分类处置	1		
		3. 脱手术衣及手套、洗手、取口罩，操作记录	3	一项不符扣0.5分	
		4. 再次核对	1		
		5. 健康教育	1		
终末质量评定5分	1. 遵循无菌技术操作原则		1		
	2. 操作过程熟练、有效		1		
	3. 固定妥善		1		
	4. 关爱患者，有效沟通		1		
	5. 仪表大方，举止端庄，态度和蔼		1	一项不符扣0.5分	
提问5分	掌握5分，部分掌握3分，未掌握0分		5		
操作时间5分	25分钟		5	超时酌情扣分	
总分					

（四）穿刺注意

1. 测量臂围　成人测量方法：穿刺侧鹰嘴上15cm或肘窝上10cm处测量臂围；婴幼儿根据实际情况定。

2. 最大限度无菌屏障。

3. 一次性穿刺成功，推送穿刺鞘时动作轻柔，避免损伤血管。

4. 确保中等长度导管尖端位置正确。

（1）成人和年龄较大的儿童：在腋窝位置和肩膀远端。

（2）新生儿/儿童头皮静脉置入：导管尖端位于锁骨上方的颈静脉。

（3）新生儿/儿童的下肢静脉置入（学步前）：导管尖端位于腹股沟下方的腿部。

5. 记录 操作记录单上注明：操作经过、臂围、导管类型、规格、置入血管、导管置入长度、外露刻度、敷贴更换日期等。

6. 维护手册上记录 导管类型、规格、穿刺侧臂围、置入血管、导管置入长度、外露长度、置入日期、医院联系电话等。

7. 牢固固定，避免导管脱落。

8. 对静脉穿刺困难的患者，使用超声引导中等长度导管置入。

（五）评价

1. 置管中严格遵守无菌技术操作原则。

2. 患者及家属知晓有关导管穿刺知识，包括导管优点、管理方法和潜在并发症。

3. 顺利完成静脉输液治疗。

4. 无静脉输液治疗并发症发生。

五、健康教育及注意事项

（一）健康教育

1. 穿刺前 向患者或家属说明置管目的、重要性、操作过程、可能发生的情况，置管费用，指导训练术中配合要点，并签置管告知同意书。

2. 穿刺中

（1）再次向患者讲解导管置入过程及配合方法，消除患者紧张心理，积极配合。

（2）送管时嘱患者深呼吸全身放松。

3. 穿刺后 与PICC置管后健康教育相同。

（二）注意事项

1. 操作前做好患者交流沟通。

2. 做好全面准确评估和用物准备工作。

3. 了解静脉走向，避免在瘢痕及静脉瓣处穿刺。

4. 严格遵守无菌技术操作原则。

5. 熟练掌握穿刺技术。

6. 妥善固定导管，防止滑脱。

7. 每天观察有无并发症

（1）任何程度的疼痛和（或）触痛或没有触诊的疼痛。

（2）颜色变化（红斑或发白）。

（3）皮肤温度变化（热或冷）。

（4）水肿。

（5）硬化。

（6）穿刺部位渗出液体或脓液。

（7）其他类型的功能障碍（如：冲管时遇到阻力）。

8. 在紧急情况下置入的中等长度导管，应在导管上标注“紧急”，应尽快拔除或置入新导管，最好在24~48小时内拔除导管。

9. 若出现外渗，在拔除导管前取下所有给药装置，从导管连接处抽取残留的药物，尽量去除皮下组织中的腐蚀性药物。

10. 按PICC技术操作记录要求做好置管记录。

六、拔管

（一）拔管指征

1. 医嘱明确不需要继续静脉输液治疗。
2. 导管留置时间大于4周或遵照产品说明书执行。
3. 出现导管相关性血流感染并发症，不宜继续保留导管。

（二）拔管方法

拔管方法同PICC拔管方法。

（三）注意事项

注意事项同PICC。

（陈金华　唐晨曦　刘红梅　贾晓慧　易诗琼）

第五节　中心静脉导管穿刺技术

中心静脉置管术（central venous catheter，CVC）是经皮肤直接自颈内静脉、锁骨下静脉和股静脉进行穿刺，将静脉导管置入上、下腔静脉。中心静脉导管广泛用于患者的输液、输血、药物治疗、肠外营养和心血管疾病的介入诊治，是监测血流动力学、大手术和救治危重患者不可缺少的手段。中心静脉置管术（CVC）穿刺资质确定：有执照、经过专业培训的医务人员执行。

一、穿刺范围

（一）适用范围

1. 严重创伤、休克及急性循环衰竭等危重患者。

2. 需定期监测中心静脉压的患者。
3. 需中长期静脉输液、给药和静脉抗生素治疗的患者。
4. 全胃肠外营养治疗的患者。
5. 外周穿刺困难的患者。
6. 需经静脉输入高渗溶液或强酸强碱类药物的患者。
7. 需要大量、快速输血、输液的患者。
8. 估计手术中可能出现血流动力学变化的大手术患者。
9. 化疗药物输注的肿瘤患者。
10. 静脉造影或经静脉的介入治疗。
11. 进行血液透析、血液滤过和血浆置换的患者。
12. 患者需持续影像学检查时，可考虑使用耐高压注射的中心静脉导管。

（二）慎用或禁用范围

1. 严重凝血功能障碍。
2. 有中心静脉置管困难史的患者。
3. 穿刺部位皮肤感染。
4. 穿刺血管有血栓形成史，局部有放疗史。
5. 穿刺侧有明显气肿者，或已有气胸但未作闭式引流者。
6. 安装心脏起搏器同侧。
7. 免疫力低下。
8. 上腔静脉阻塞综合征禁止用颈内静脉和锁骨下静脉穿刺置管。

二、穿刺部位及血管的选择

选择最佳部位行中心静脉置管需考虑置管的适应证（压力监测还是药物或液体输注）、患者的基本医疗情况、临床设备情况、临床医师操作的技术和经验。

1. 颈内静脉　颈内静脉的解剖位置相对固定，体表解剖标志较为明显，故颈内静脉穿刺成功率高达90%~99%。右颈内静脉进入上腔静脉的行程短而直，并发症发生率低。但离颈动脉近，操作不当易误穿动脉，且敷料不易固定，穿刺点易被污染。有严重充血性心力衰竭、呼吸困难、颈部较大的肿瘤患者不宜选用经皮颈内静脉置管术。推荐有出血倾向、肺气肿、气胸及慢性肾脏疾病的患者使用。

2. 锁骨下静脉　穿刺置管操作风险大，位置靠近肺尖及锁骨下动脉，穿刺不当易造成血胸、气胸。但置管后位置易于固定、对患者活动限制少，增加患者的舒适性，推荐在成年患者中使用，降低血栓和感染发生的风险，用于急诊创伤容量复苏和长期经静脉内治疗或透析的患者。

3. 股静脉　血管较粗，易于定位和穿刺，适用于在急诊情况下快速静脉输液抢救。但由于穿刺部位靠近会阴部，穿刺点易被污染，且敷料不易固定，对于成人，应避免选用股静脉。颈内静脉、锁骨下静脉、股静脉置管优缺点比较见表5-6。

表5-6　颈内静脉、锁骨下静脉、股静脉置管优缺点比较

穿刺部位	优点	缺点
颈内静脉	• 直、短、粗，穿刺容易 • CPR过程不影响胸部按压 • 超声引导置管操作方便 • 按压法止血方便 • 异位风险小	• 敷料不易固定 • 穿刺点易被污染（如气管切开） • 血容量不足，易于塌陷 • 影响头部运动
锁骨下静脉	• 大血管，流速高 • 敷料易固定 • 对患者限制少 • 感染可能性小	• 穿刺置管要求高 • 止血困难 • 异位风险大
股静脉	• 血管较粗，易于定位和穿刺 • 无心肺影响 • 急救时有优势	• 限制患者运动，易血栓和感染 • 敷料不易固定

三、穿刺工具型号的选择

（一）按功能分类

普通中心静脉导管、抗感染和抑菌中心静脉导管、耐高压中心静脉导管、血液透析中心静脉导管、心电导联中心静脉导管、漂浮导管。其中前四种较为常见（图5-4、图5-5）。

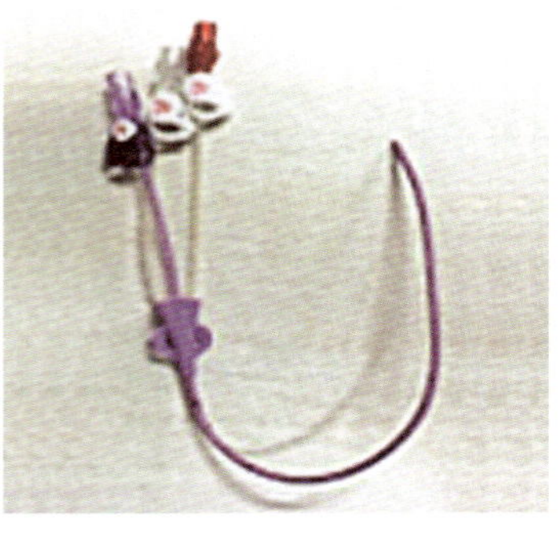

图5-4　耐高压中心静脉导管

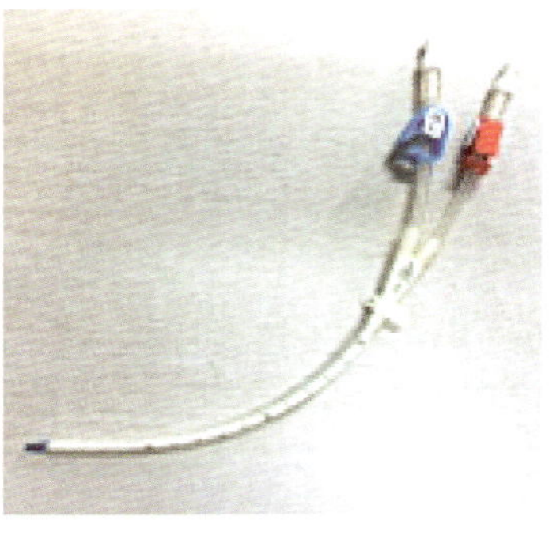

图5-5　血液透析中心静脉导管

（二）按管腔分类

单腔（14G、16G、18G、20G、24G）、双腔（4F、5F、7F、8F）、三腔（5.5F、7F）、四腔（8.5F）（图 5-6、图 5-7、图 5-8）。

以 FreMCh（Fr）或 Gauge（GA）来进行测量。FreMCh（Fr）尺码等于导管外径的直径（毫米）乘以 3，French 数值越大代表直径越大，行业一般以 French 描述多腔导管的管径，常用 7F。而 Gauge 指导管的内径或外径，数值范围从 13 到 28，数值越小代表直径越大，Gauge 描述单腔导管的管径，常用 14G、16G。CVC 的种类与特性见表 5-7。

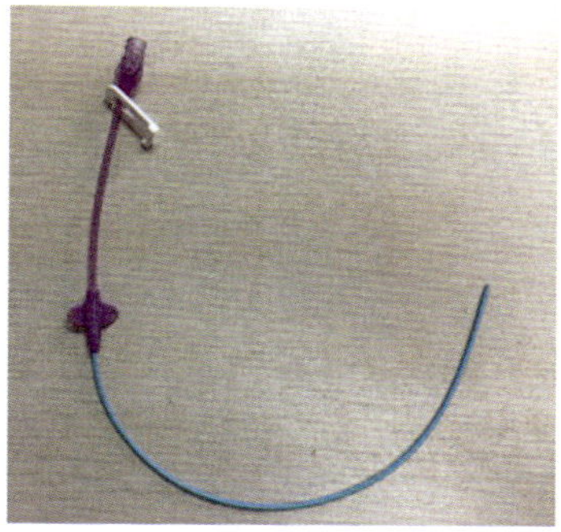

图 5-6 单腔中心静脉导管

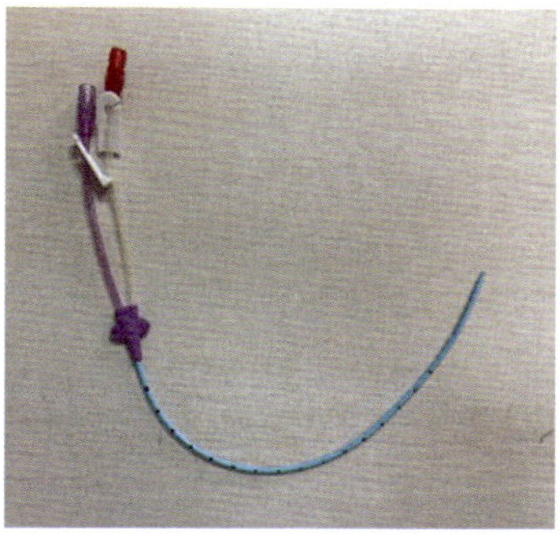

图 5-7 双腔中心静脉导管

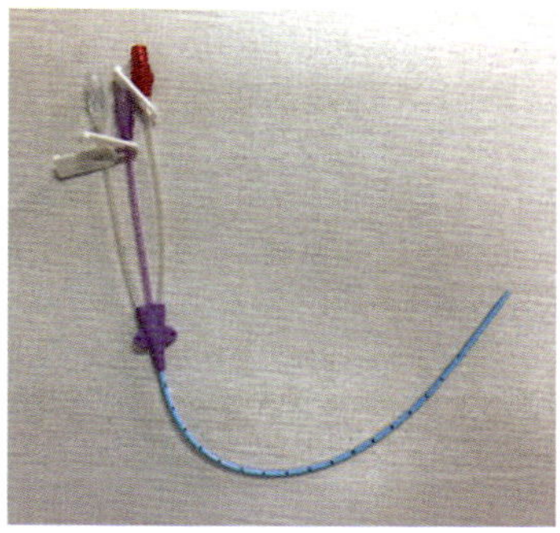

图 5-8 三腔中心静脉导管

表 5-7 CVC 的种类与特性

导管类型	导管分类	导管开口	导管材料	涂层
普通型	单腔 CVC	末端开口	硅胶 聚氨酯	1. 头孢菌素类、青霉素、万古霉素、利福平、米诺环素、咪康唑等抗菌涂层材料和氯己定、磺胺嘧啶银盐、苯扎氯铵、银铂碳等消毒剂材料 2. 肝素涂层
	多腔 CVC			
耐高压型	单腔 CVC			
	多腔 CVC			
血液透析中心静脉导管	单腔 CVC			
	多腔 CVC			
抗感染和抑菌	单腔 CVC			
	多腔 CVC			

四、穿刺操作步骤

（一）目的

1. 为需中、长期静脉输液治疗，外周静脉穿刺困难或输入高渗溶液或强酸，强碱类药物治疗的患者建立静脉通路，减轻患者痛苦。

2. 为危重症患者建立持续性的静脉输液治疗通路。

3. 用于监测中心静脉压。

4. 用于大量、快速输血、输液的患者。

5. 预防纠正水、电解质和酸碱失衡，补充循环血量，供给营养物质，用于药物治疗。

（二）评估

1. 治疗方案　评估输液时间、药物性质。

2. 评估患者

（1）基本信息：姓名、性别、年龄、病情、用药史、过敏史、不良反应史、意识及配合程度、血常规、出凝血功能结果等。

（2）穿刺部位：包括穿刺部位的选择、皮肤状况。

（3）穿刺血管：锁骨下静脉、颈内静脉：右侧优于左侧，上腔静脉阻塞综合征的患者可选择股静脉穿刺。

（4）患者心理：评估心理状态和合作程度。解释穿刺的目的及穿刺时的注意事项，消除患者的紧张情绪。

3. 穿刺工具　包括导管材质、型号等，原则上是在满足治疗前提下选择型号小的导管。

（三）实施

1. 准备

（1）环境准备：空气洁净、环境整洁、光线、温度适宜。

（2）患者准备：排便，皮肤清洁，根据穿刺部位，摆好体位，以患者舒适为宜，注意保暖，签署告知同意书。

（3）医护人员准备：着装整洁、规范洗手、戴口罩。

（4）用物准备：CVC 导管及套件、CVC 穿刺包，皮肤消毒液、手消毒液、无菌生理盐水、10~20ml 注射器 1~2 副、5ml 注射器 1 副、盐酸利多卡因注射液 1 支、手术衣、无菌无粉手套、导管固定装置、敷料。

（5）药液准备

1）认真核对生理盐水、肝素钠注射液和盐酸利多卡因注射液的有效期。

2）检查药液质量，药瓶有无裂痕，药液有无浑浊、沉淀或絮状物等。

2. 实施

（1）CVC 盲穿置管操作流程见表 5-8。

表 5-8　CVC 盲穿置管操作流程

项目		操作流程	要点与说明
要求	医护要求	洗手、戴无菌帽子	
	环境要求	环境整洁、安静、安全	
评估	基本信息	1. 核对　两人核对患者医嘱、床号、姓名及住院号（或 ID 号）	
		2. 评估患者的年龄、病情、过敏史、外伤史、体型以及相关化验报告，选择合适的输注途径和静脉输液治疗工具	
	治疗方案	评估治疗时间，使用药物性质等	
	穿刺部位	评估皮肤情况，穿刺部位是否有肿大淋巴结，如有避免在此部位穿刺	
	穿刺血管	评估血管粗细、弹性及充盈度	
	患者心理	如患者紧张，则消除患者的紧张、焦虑情绪	
准备	患者准备	1. 嘱患者排空大、小便，清洁穿刺部位的皮肤，根据穿刺部位协助患者摆体位，暴露穿刺区域	
		2. 穿刺血管　锁骨下静脉、颈内静脉与股静脉	
		3. 体位准备 （1）经皮锁骨下静脉置管术 1）锁骨下径路：上肢垂于体侧并略外展，头低足高 15°，肩后垫小枕（背屈），使锁肋间隙张开，头转向对侧 2）锁骨上径路：肩部垫小枕、头转向对侧、暴露锁骨上窝 （2）经皮颈内静脉置管术：以右颈内静脉穿刺为例，患者去枕平卧，头转向左侧，肩背部垫一薄枕，取头低位 10°~15° （3）经皮股静脉置管术：患者仰卧位，屈膝、大腿外旋外展 45°，特殊患者，如心衰不能平卧可采用半坐位、完全坐位	

续表

<table>
<tr><th colspan="2">项目</th><th>操作流程</th><th>要点与说明</th></tr>
<tr><td rowspan="5">准备</td><td>患者准备</td><td>4. 穿刺点体表标志定位
（1）锁骨下静脉选取锁骨连线中外 1/3 交界处锁骨下缘 2~3cm 处作为穿刺点
（2）颈内静脉位于颈总动脉前外，锁骨上切迹时颈内静脉经过锁骨的标志点，通常以胸锁乳突肌末端和锁骨末端所形成的三角顶点作为穿刺点
（3）股静脉在腹股沟韧带中、内 1/3 交界点，股动脉搏动最强处内侧 0.5~1cm 处穿刺</td><td></td></tr>
<tr><td>医护准备</td><td>洗手</td><td></td></tr>
<tr><td>药物准备</td><td>检查盐酸利多卡因注射液、肝素钠注射液、生理盐水的有效期及质量，贴好标签</td><td></td></tr>
<tr><td>用物准备</td><td>同前，查看有效期</td><td></td></tr>
<tr><td>健康教育</td><td>告知患者留置 CVC 的目的、方法、置管过程中的注意事项，并签告知同意书</td><td></td></tr>
<tr><td rowspan="6">穿刺</td><td rowspan="4">穿刺前</td><td>1. 核对　两人核对患者医嘱、床号、姓名及住院号（或 ID 号）</td><td></td></tr>
<tr><td>2. 洗手、戴无菌帽子、戴口罩、打开 CVC 消毒包，戴无菌手套</td><td></td></tr>
<tr><td>3. 常规皮肤消毒
（1）消毒液：2% 葡萄糖酸氯己定 / 大于 0.5% 碘伏 / 碘酒 +75% 酒精
（2）消毒范围：≥20cm × 20cm
（3）消毒方法：以穿刺点为中心，由内向外，顺、逆时针消毒至少 2 次，用力摩擦皮肤至少 30 秒 / 次，自然待干</td><td></td></tr>
<tr><td>4. 脱手套</td><td></td></tr>
<tr><td rowspan="2">穿刺中</td><td>1. 洗手，打开 CVC 穿刺包，穿无菌隔离衣，戴无菌手套</td><td></td></tr>
<tr><td>2. 铺无菌巾及孔巾，助手按无菌技术操作原则投递注射器于无菌区内，注射器抽吸盐酸利多卡因注射液及生理盐水</td><td></td></tr>
</table>

续表

项目		操作流程	要点与说明
穿刺	穿刺中	3. 打开 CVC 穿刺套件,按使用顺序合理摆放物品	
		4. 置管 (1)经皮锁骨上、下静脉置管	
		1)锁骨下径路:锁骨连线中外 1/3 交界处,锁骨下 2~3.0cm 作为进针点,先用盐酸利多卡因注射液做穿刺点局麻;右手持连接注射器之穿刺针,保持针尖指向胸锁关节的后上缘进针;穿刺针与皮肤表面成 25° ~30°,进针 3~5cm。即达锁骨下静脉,可抽到回血,但依患者的体型有所改变	若进针 5cm 仍不见回血,应缓慢退针,边退边抽回血,将针尖退至皮下后改变进针方向
		2)锁骨上径路:胸锁乳头肌锁骨头外侧缘,锁骨上约 1.0cm 处使用盐酸利多卡因注射液局麻后进针,穿刺针与锁骨或矢状切面成 45° ,在冠状面穿刺,穿刺针成水平或略前偏 15°,朝向胸锁关节进针 1.5~2.0cm,即可进入锁骨下静脉,直到有暗红色回血为止	穿刺针与原来的方向变为水平,使穿刺针与静脉的走向一致
		(2)经皮颈内静脉置管:根据穿刺点的不同分前、中、后三种路径,以中路最为常用	
		1)前路法:操作者在胸锁乳突肌前缘向内推开颈总动脉,胸锁乳突肌前缘中点,触及颈总动脉,旁开 0.5~1.0cm,使用盐酸利多卡因注射液局麻后进针,穿刺针与皮肤冠状面成 30° ~45°,针尖指向同侧乳头,胸锁乳突肌中段后面进入颈内静脉	
		2)中路法:胸锁乳突肌三角(以胸锁乳突肌的锁骨头、胸骨头和锁骨形成三角区)的顶端作为穿刺点,距锁骨上缘 3~5cm,使用盐酸利多卡因注射液局麻,左拇指按压此切迹,在其上方 3~5cm 进针,穿刺针与皮肤成 30° ~45°,针尖略偏外	
		3)后路法:在胸锁乳突肌外侧缘中、下 1/3 交点作为进针点(锁骨上缘 3~5cm),使用盐酸利多卡因注射液局麻后进针,穿刺针呈水平位,在胸锁乳突肌的深部,指向胸骨柄上窝	

续表

项目		操作流程	要点与说明
穿刺	穿刺中	（3）经皮股静脉置管：在髂前上棘与耻骨结节连线的中、内 1/3 交界点下方 2cm 处，股动脉搏动最强处内侧 0.5~1cm 使用盐酸利多卡因注射液局麻，针尖朝向脐侧，斜面向上，针与皮肤呈 30°，沿着股动脉走行进针，一般进针 3cm 可抽到回血	
		5. 试穿成功后，换用穿刺针置管，穿刺针方向与试探性穿刺相同，抽到回血后，前后稍微调整进针深度，抽回血，保证穿刺针的整个斜面在静脉腔内	尽量做到一次穿刺成功，避免损伤血管，尤其是锁骨下动脉
		6. 左手固定针头及注射器，右手将导丝推进器连接，将导丝缓缓送进血管内至合适深度，将导丝推进器与针头一并退出，保留导丝且不可污染导丝	导丝进入过程中如遇阻力切勿强行推进，转动方向后再进
		7. 将中心留置导管由导丝送入，如不成功可再次使用扩皮器分开皮下组织后送入，送入导丝长度为 10~15cm，退出导丝，连接接头，用另一注射器抽吸回血并用生理盐水以脉冲式冲洗	
		8. 确定留置导管在静脉内，置管深度：成人：13~15cm，小儿：7~9cm；再次消毒，安装导管固定装置，用透明敷料 >10cm × 10cm 无张力粘贴，敷料应完全覆盖住导管固定装置	
	穿刺后	1. 患者　需要拍胸部 X 线检查，确定导管尖端位置	
		2. 用物　将污染物品置于治疗车下层，用物分类放置	
		3. 医护人员　协助患者舒适卧位，脱手术衣及手套，洗手，取口罩、健康宣教、记录（病历及手册上注明导管的种类、规格、置管长度、日期和时间及操作者签名），若发现异常及时给予处理	

（2）CVC 超声引导置入操作流程：通过超声引导可在可视、安全的条件下穿刺中心静脉，并将导管置入。通常选用颈内静脉和锁骨下静脉，以颈内静脉和锁骨下静脉为例介绍超声引导下 CVC 穿刺置管。

1）准备：同 CVC 盲穿法，用物增加 B 超仪、超声探头选择见表 5-9、探头保护套及耦合剂。

表 5-9　超声探头选择

患者	颈内静脉	锁骨下静脉	股静脉
婴幼儿	高频线阵	高频线阵	高频线阵
儿童	高频线阵	中高频线阵	中高频线阵
普通成人	中高频线阵	中高频线阵 / 微凸阵	中高频线阵 / 微凸阵
肥胖成人	中高频线阵	中低频微凸阵	中低频微凸阵

中心频率：低频≤3.5MHz；中低频 3.5~5MHz；中高频 7.5~10MHz；高频≥10MHz

2）CVC 超声引导置入操作流程见表 5-10。

表 5-10　CVC 超声引导置入操作流程

项目		操作流程	要点与说明
要求	医护要求	洗手、戴无菌帽子	
	环境要求	环境整洁、安静、安全	
评估	基本信息	1. 核对　两人核对患者医嘱、床号、姓名及住院号（或 ID 号）	
		2. 评估患者的年龄、病情、过敏史、外伤史、体型以及相关化验报告，选择合适的输注途径和静脉输液治疗工具	
	治疗方案	评估治疗时间，使用药物性质等	
	穿刺部位	评估皮肤情况，是否有肿大淋巴结，如有避免在此部位穿刺	
	穿刺血管	评估血管粗细、弹性及充盈度	
	患者心理	如患者紧张，则消除患者紧张、焦虑情绪	
准备	患者准备	1. 嘱患者排空大、小便，清洁穿刺部位的皮肤，协助患者头偏向穿刺部位的对侧，暴露穿刺区域	
		2. 穿刺血管　锁骨下静脉、颈内静脉与股静脉穿刺	

续表

项目		操作流程	要点与说明
准备	患者准备	3. 体位准备　同 CVC 盲穿法	
		4. 穿刺点体表标志定位　同 CVC 盲穿法	
	医护准备	洗手	
	药物准备	检查盐酸利多卡因注射液、肝素钠注射液、生理盐水的有效期及质量，贴好标签	
	用物准备	同盲穿时用物准备，增加超声仪一台、探头保护套 1 个、耦合剂，查看有效期	
	健康教育	告知患者留置 CVC 的目的、方法、置管过程中的注意事项，并签告知同意书	
穿刺	穿刺前	1. 核对　两人核对患者姓名、住院号（或 ID 号）及医嘱	
		2. 洗手、戴无菌帽子、戴口罩、打开 CVC 消毒包，戴无菌手套	
		3. 常规皮肤消毒　同 CVC 盲穿法	
		4. 脱手套	
	穿刺中	1. 洗手，打开 CVC 穿刺包，穿无菌隔离衣，戴无菌手套	
		2. 铺无菌巾及孔巾，助手按无菌原则投递注射器于无菌区内，注射器抽吸盐酸利多卡因注射液及生理盐水，用生理盐水预充各导管管腔并夹闭管腔，将超声探头使用无菌保护套包裹	
		3. 打开 CVC 穿刺套件，按使用顺序合理摆放物品	
		4. 置管 （1）超声引导下锁骨下静脉置管术 1）扫描锁骨下静脉：将探头置于锁骨远端腋动脉和腋静脉最大最浅表处，腋静脉在探头下压或患者深吸气时会塌陷 2）引导穿刺：①定位：静脉穿刺点位于锁骨和腋窝连线的外 1/3 处的腋静脉；②使用盐酸利多卡因注射液局麻；③在短轴切面，穿刺针尖斜面朝向探头中心倾斜 50°~70°，针头直刺皮下组织几厘米后，将探头朝向患者的头端倾斜使发光的针显像，呈现特征性的“双回声”征。确定穿刺	● 锁骨下静脉的边界在第 1 肋的外侧缘，为腋静脉的延续，理想超声引导穿刺点是锁骨下区静脉最表浅处，置管向锁骨下静脉方向

续表

项目		操作流程	要点与说明
穿刺	穿刺中	针对准静脉的中心后，继续推进穿刺针（穿刺过程中持续抽吸注射器），直到穿刺针刺破静脉，注射器回抽到血液	• 确定导管位置：在扩张皮肤和置入导管之前要确认导丝在腋静脉内 • 置入导引钢丝后，超声扫描追踪导丝，确保导丝在静脉内
		（2）超声引导下颈内静脉置管术 1）扫描颈内静脉：将探头置于颈部环状软骨水平，观察颈内静脉和颈总动脉，可采用平面内或平面外两种穿刺技术进行穿刺 2）引导穿刺：①定位：右/左颈部环状软骨水平；②使用盐酸利多卡因注射液局麻；③根据超声探头摆放位置和穿刺进针点不同，可采用短轴平面内（外），四种穿刺方法进行穿刺。以短轴平面外法为例，探头与颈内静脉垂直寻找到颈内静脉后，将穿刺静脉置于屏幕中点，在探头中点外0.2~0.5cm处，穿刺针以50°~70°直刺血管，边进针边回抽血，当穿刺针进入血管后可观察到血管内呈高亮回声的针尖，抽回血。也可采用长轴平面内进针，超声探头与颈内静脉平行，将静脉调整于纵轴屏幕中央，确定穿刺超声探头Mark点外0.2~0.5cm处进针，通过调整探头或穿刺针将探头、穿刺针、颈内静脉三者置于同一平面内，实时引导穿刺，可观察到穿刺针进入静脉的全过程	
		超声引导下股静脉置管术 1）扫描股静脉：将探头置于腹股沟，观察股静脉和股动脉，可采用平面内或平面外两种穿刺技术进行穿刺 2）引导穿刺：①定位：在髂前上棘与耻骨结节连线的中、内段交界点水平；②使用盐酸利多卡因注	

续表

项目		操作流程	要点与说明
穿刺	穿刺中	射液局麻；③根据超声探头摆放位置和穿刺进针点不同，可采用短轴平面内（外），四种穿刺方法进行穿刺。以短轴平面外法为例，探头与股静脉垂直寻找到股静脉后，将穿刺静脉置于屏幕中点，在探头中点外0.2~0.5cm处，穿刺针以50°~70°直刺血管，边进针边回抽血，当穿刺针进入血管后可观察到血管内呈高亮回声的针尖，抽回血。也可采用长轴平面内进针，超声探头与股静脉平行，将静脉调整于纵轴屏幕中央，确定穿刺超声探头Mark点外0.2~0.5cm处进针，通过调整探头或穿刺针将探头、穿刺针、股静脉三者置于同一平面内，实时引导穿刺，可观察到穿刺针进入静脉的全过程	
穿刺	穿刺中	5. 送管 （1）穿刺成功后，将导丝自穿刺针尾部缓慢送入，退出穿刺针。使用扩皮器沿着导丝方向扩皮 （2）置入穿刺鞘，退出导丝，将导管缓慢送入，抽回血并用生理盐水脉冲式冲管 （3）置管深度：成人：13~15cm，小儿：7~9cm。左侧一般不宜超过15cm，右侧一般不宜超过14cm （4）超声再次扫描确认导管在腋静脉或颈内静脉内并且走向正确，以免导管误入邻近血管，甚至误入胸腔	
穿刺	穿刺中	6. 确定留置导管在静脉内，再次消毒，安装导管固定装置，用透明敷料>10cm×10cm无张力粘贴，敷料应完全覆盖住导管固定装置	
穿刺	穿刺后	1. 患者　需要拍胸部X线检查，确定导管尖端位置	
穿刺	穿刺后	2. 用物　将污染物品置于车下层，用物分类放置	
穿刺	穿刺后	3. 医护人员：协助患者舒适卧位，脱手术衣及手套，洗手，取口罩、健康宣教、记录（病历及手册上注明导管的种类、规格、置管长度、日期和时间及操作者签名），若发现异常及时给予处理	

（四）穿刺注意

1. 穿刺时抽回血，如遇不通畅，调整针尖位置直到回血特别通畅，否则放置导丝会特别困难。如果放置导丝困难，不能强行推进，直到调整到回血通畅的位置才能重新置入导丝。

2. 一定要掌握多种穿刺路径，不要只强调某一路径的成功率反复进行多次穿刺。

（五）评价

1. 患者和家属能配合进行 CVC 置管，能学会自我护理。

2. 完成静脉输液治疗。

3. 没有并发症发生。

五、健康教育及注意事项

（一）健康教育

1. 置管前　向患者和家属解释留置 CVC 的目的、方法、置管过程中的注意事项，评估心理状态，做好心理护理，指导洗浴，做好皮肤准备，取得患者配合，提高穿刺成功率。

2. 置管中　询问患者有无不适，注意倾听患者主诉，如局部出现红、肿、痛或输液时疼痛、听觉异常应及时予以相应处理。

3. 置管后

（1）告知患者保持局部清洁干燥，不要擅自撕下敷料，敷料有卷曲，松动，汗液时及时更换，避免置管部位污染。

（2）定期维护：无菌透明敷贴每 5~7 天更换 1 次，无菌纱布敷料每 2 天更换 1 次（注意透明敷贴下放置纱布敷料应视为是纱布敷料，应每 2 天更换一次）；出现渗血、出汗等导致的敷贴潮湿松脱、卷边或破损时应及时与医护人员联系立即更换。

（3）告知患者 / 家属：注意中心静脉导管体外留置的长度，翻身移位时，注意保护，以防导管滑出。

（4）CVC 带管患者如有以下情况应立即报告医护人员。

1）T>38℃。

2）穿刺点有渗血、渗液。

3）穿刺局部发红、发热；肿胀、疼痛、有分泌物。

4）导管外移、脱出或断裂。

（5）保持良好的个人卫生，勤洗澡，防止细菌在导管周围皮肤繁殖引起感染。洗澡时用封闭式敷贴将导管及肝素帽包裹好，避免胸部以上部位沐浴、避免浸湿敷料 / 敷贴，一旦浸湿应立即更换。

（二）注意事项

1. 警惕各种可能发生的并发症。

2. 不允许用于造影剂的高压注射，耐高压导管除外。

六、CVC 维护

CVC 置管后维护，参看 PICC 置管后维护标准。

七、拔管

（一）拔管指征

1. 有导管相关并发症经对症处理无法恢复导管功能或继续使用风险大。

2. 治疗结束，不再需要导管。

3. 治疗间歇期无法保证维护质量。

4. 导管周围出血不止，压迫也不能止血。

5. 导管的使用时间超过产品说明书推荐的留置期限。

（二）拔管方法

1. 两人核对患者医嘱、床号、姓名及住院号（或 ID 号）。

2. 准备用物　专用换药包、拆线剪。

3. 了解导管留置期间的情况，有无发生过血栓，解释拔管的目的和注意事项，查看血管超声的检查结果，排除血栓后，可以拔管。

4. 协助患者取平卧位或半坐卧。

5. 洗手、戴口罩。

6. 取下敷贴或敷料。

7. 洗手、戴无菌手套。

8. 按中心静脉导管维护操作流程进行皮肤局部消毒。

9. 如果有缝线，则需要拆线。

10. 嘱患者屏气，缓缓拔出导管，导管全部拔出后再用一块无菌纱布按压穿刺点。观察导管是否完整，导管外或尖端有无血栓。

11. 拔出导管后局部按压 5~10 分钟，按压的力度要适中，至不出血为止，并用无菌敷贴密闭固定穿刺点 24 小时后移出，保持穿刺点局部的清洁干燥。

（三）注意事项

1. CVC 拔管后，患者需要静卧 30 分钟，观察患者有无呼吸困难、胸闷、局部有无血肿、渗血及皮下出血等。拔管后用无菌敷贴覆盖穿刺点 24 小时，以免发生静脉炎、空气栓塞等并发症，告知患者如有任何不适应及时告知医护人员。

2. 中心静脉置管留置时间根据产品说明书或临床具体情况决定使用时限，

但须签署相关的告知同意书。

3. 怀疑有置管相关并发症及时给予对症处理。

（吴美华　李祥奎）

第六节　输液港植入技术

输液港（implantable venous access，port）又称植入式中央静脉导管系统，简称输液港，主要由供穿刺的注射座和静脉导管系统组成，是一种可以完全植入体内的闭合静脉系统。可用于长期静脉输注高浓度化疗药物，完全肠外营养液，血制品以及血样的采集等。该系统应用无损伤针经皮肤刺入封闭的注射座，形成输液通路，因其操作步骤少、损伤性小、维护少，增加了患者活动的自由度而优于外周静脉导管。

一、穿刺范围

（一）适用范围

1. 需长期或重复静脉输注药物的患者。
2. 需长期间歇性静脉输注化疗药物的患者。
3. 需静脉给予有腐蚀性药物或静脉高营养（TPN）输注的患者。
4. 可进行输血、采集血标本。

（二）慎用或禁用范围

1. 无法控制的败血症或血培养阳性。
2. 严重的不可纠正的凝血功能障碍。
3. 确定或怀疑对输液港的材料有过敏的患者。
4. 胸壁烧伤、创伤或肿瘤。
5. 预穿刺部位有放射治疗史。
6. 上腔静脉阻塞综合征。
7. 预插管部位有血栓形成迹象或经受过血管外科手术。

二、穿刺部位及血管选择

植入式输液港的植入和拔出属于外科手术，需由有执照的独立职业医师（LIP）或经认证的高级实践护士（APRN）来执行，输液港应在局麻下或手术时术中植入（图 5-9）。主要有两种植入方式：血管切开式导管植入法与经皮穿刺导管植入法。导管尖端理想的位置应位于上腔静脉下 1/3，右心房入口处，需经 X 线检查确认。

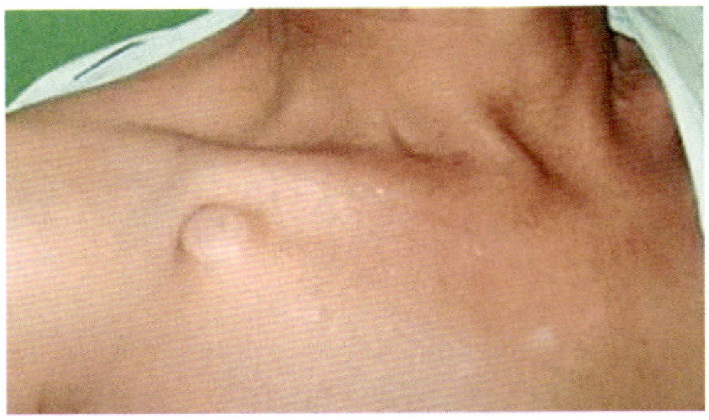

图 5-9　输液港位置

穿刺部位：主要在颈部、锁骨下和前臂（图 5-10、图 5-11）。

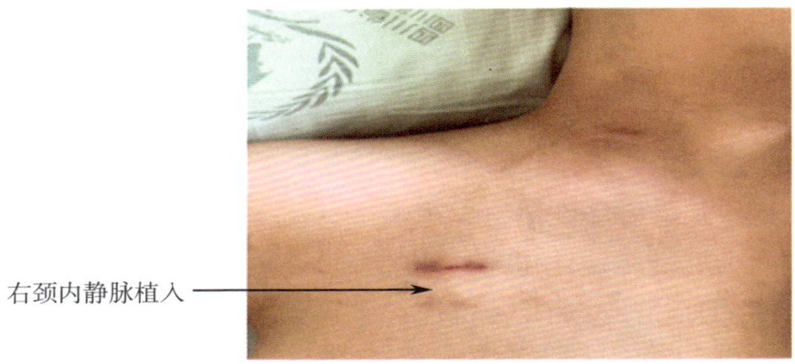

图 5-10　输液港植入位置 – 颈内静脉

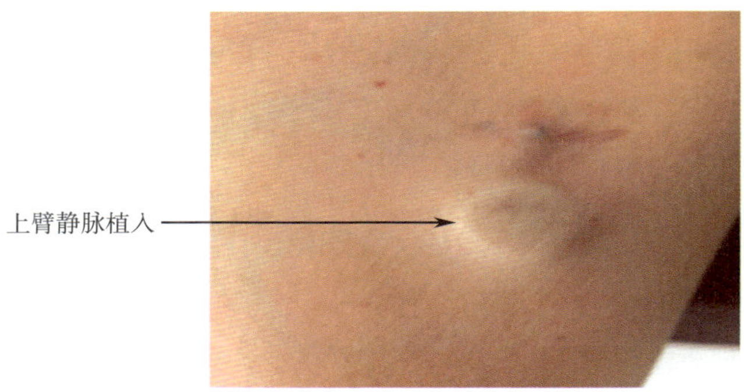

图 5-11　输液港植入位置 – 前臂静脉

血管选择：输液港主要通过大静脉植入，常植入的血管有：颈内静脉、锁骨下静脉，也可通过前臂静脉穿刺法将注射座埋藏在患者手臂上。实际植入的位置根据患者的个体差异决定。

三、穿刺工具型号的选择

（一）输液港型号及种类选择

医生依不同的治疗方式和患者体型做出选择。

1. 小型单腔末端开口式导管输液港或小型单腔三向瓣膜式导管输液港。
2. 标准型单腔末端开口式导管输液港或单腔三向瓣膜式导管输液港。
3. 双腔末端开口式导管输液港或双腔三向瓣膜式导管输液港。

标准型及小型输液港适用于不同体型的成人及儿童患者；双腔输液港适用于同时输注不兼容的药物；术中连接式导管植入时根据需要决定静脉导管长度，输液港类型（图 5-12）。

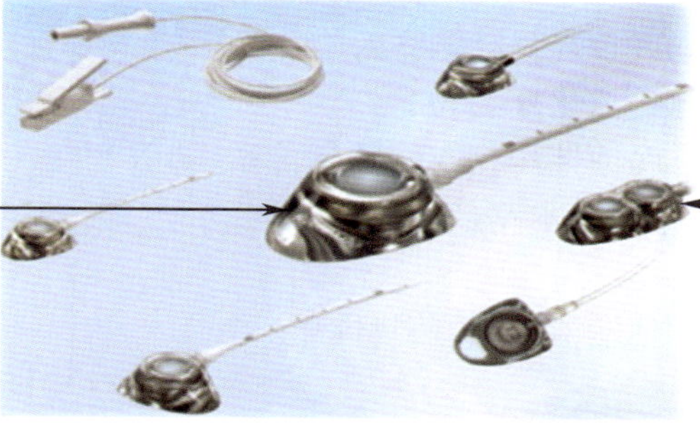

图 5-12　单腔、双腔输液港

（二）输液港附件

选择无损伤针型号见表 5-11。

表 5-11　选择无损伤针型号

型号	适宜人群
35~40mm	• 非常肥胖的患者
25~30mm	• 钛腔大药盒；肥胖患者
20mm	• 大药盒和小药盒；普通体型的患者
15mm	• 小药盒；中等或偏瘦的患者
12mm	• 儿童型药盒和手臂药盒；药盒植入较浅表；婴儿、儿童或非常瘦的患者

1. 无损伤针输液套件适用于连续静脉输注（图 5-13）。
2. 直形及弯形无损伤针适用于一次性静脉输注（图 5-14）。

图 5-13　蝶翼无损伤针

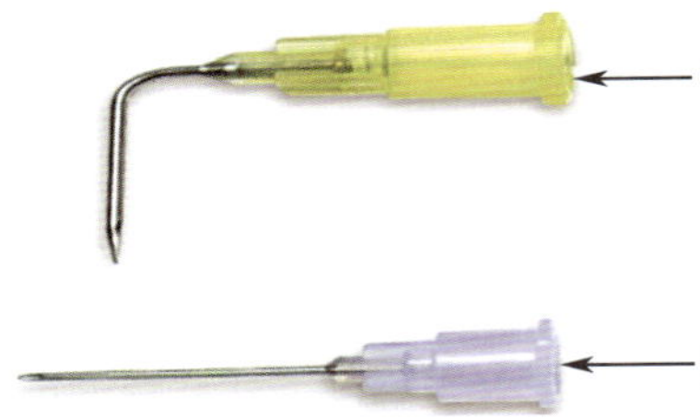

图 5-14　输液港无损伤针

四、穿刺操作流程

（一）目的

1. 解决患者长期或重复静脉输注药物。
2. 解决患者静脉输注化疗药物。
3. 解决静脉给予腐蚀性药物或静脉高营养（TPN）。
4. 提供输血、采集血标本路径。

（二）评估

1. 治疗方案　评估输液时间、药物性质。
2. 评估患者

（1）基本信息：姓名、性别、年龄、病情、用药史、过敏史、不良反应史、意识及配合程度，常规检查：血常规、出凝血时间、心电图等。

（2）穿刺部位：包括穿刺部位的选择、皮肤状况。

（3）穿刺血管：锁骨下静脉、颈内静脉：右侧优于左侧，如果是手臂静脉穿刺植入输液港，询问患者非惯用手臂。

（4）患者心理：评估心理状态和合作程度。解释穿刺的目的及穿刺时的注意事项，消除患者紧张情绪。

3. 穿刺工具　在满足静脉输液治疗需要的前提下选择型号小的导管。

（三）实施

1. 准备

（1）环境准备：空气洁净、环境整洁、光线、温度适宜。

（2）患者准备：排便，皮肤清洁，根据穿刺部位，摆好体位，以患者舒适为宜，注意保暖，签署输液港植入告知同意书。

（3）医生、护士准备：着装整洁、规范洗手、戴口罩。

（4）用物准备：C- 臂 X 线机 / 数字减影血管造影定位机（DSA）、心电监护仪、输液港套件（选择适宜型号的输液港，根据治疗需要及患者体形选择适宜的单腔或双腔输液港，避免因泵体过大，日后出现皮肤坏死或泵体裸露）、手术包、血管造影剂、肾上腺素、盐酸利多卡因注射液、无损伤针、皮肤消毒液、无菌生理盐水、10~20ml 注射器 1~2 副、5ml 注射器 1 副及纱布。

（5）药液准备

1）认真核对生理盐水、肝素钠注射液和盐酸利多卡因注射液的有效期。

2）检查药液质量，药瓶有无裂痕，药液有无浑浊、沉淀或絮状物等。

2. 输液港植入体内手术操作步骤见表 5-12，输液港安装位置见图 5-9。

表 5-12 输液港植入体内手术操作步骤

项目		操作流程	要点与说明
要求	医护人员	洗手、戴无菌帽子	
	环境要求	空气洁净，环境整洁，光线、温度适宜	
评估	基本信息	两人核对医嘱、床号、姓名及住院号（或 ID 号），查看病史及相关化验报告	白细胞和血小板低于正常值应暂停手术
	治疗方案	评估患者治疗疗程、药物性质	
	植入部位	穿刺部位的皮肤状况	避开皮肤破损和感染的部位，以免发生导管感染
	植入血管	根据患者的病情来选择穿刺血管	
	患者心理	如患者紧张，则消除患者紧张、焦虑情绪	患者紧张时导致血管收缩
准备	患者准备	1. 排便	减少置管时排便
		2. 清洁皮肤、更衣	
	医护准备	洗手	
	药物准备	检查盐酸利多卡因注射液、肝素钠注射液、生理盐水的有效期及质量，贴好标签	
	用物准备	同前，查看有效期	确保导管尖端位置正确
	健康教育	告知患者置管目的、操作过程及配合、可能发生的并发症、费用，取得患者的知情同意，并签字	获得患者的知情同意

续表

项目		操作流程	要点与说明
植入	植入前	1. 核对　医嘱及患者床号、姓名及住院号(或 ID 号)	
		2. 患者仰卧,暴露输液港植入部位的皮肤	
		3. 洗手,戴无菌手套	
		4. 消毒	在植入过程中,护士应指导患者进行穿刺时的配合,避免说话、咳嗽、上肢活动,以免影响穿刺位置的确定
		(1)消毒液:2% 葡萄糖酸氯己定 / 大于 0.5% 碘伏 / 碘酒 +75% 酒精	
		(2)消毒范围:上至下颌,下至乳头上缘,两侧边腋中线	
		(3)消毒方法:以穿刺点为中心,由内向外,顺、逆时针消毒至少 2 次,用力摩擦皮肤至少 30 秒 / 次,自然待干	
		5. 脱手套	
	植入中	1. 洗手,穿无菌手术衣、戴手套	冲洗导管时必须使用至少 10ml 的注射器,防止小注射器的压强过大,损伤导管
		2. 让助手将输液港泵体及导管放入无菌区域内,抽取生理盐水预冲泵体和导管,排尽空气备用	
		3. 麻醉方法　成人可采用盐酸利多卡因注射液行局部浸润麻醉;部位包括穿刺点、囊袋及皮下隧道,小儿可采用全麻	
		4. 穿刺部位　选择颈内静脉或锁骨下静脉穿刺见回血后送入导丝并退出穿刺针(推送导丝 10~15cm,尾端留 10~15cm),用手术尖刀片尽可能的扩开穿刺点皮肤(刀片平行、斜面朝外,注意不能切断导丝),沿导丝置入扩张鞘套件,可螺旋推进,拔出内鞘和导丝,拇指封堵血液,植入导管到预定长度,术中导管尖端定位可以选择 X 线拍片定位或 EKG 协助定位,插入长度(导管进入血管内的长度):成人 13~15cm,小儿 7~9cm,撤出可撕裂鞘	便于导管顺利通过皮下隧道
		5. 选择皮肤囊袋位置,局麻。(港体植入皮下 0.5~1cm,距离切口 0.5cm),隧道局麻,用隧道针牵引导管到皮肤囊袋切口处,捋直皮下导管,避免导管打折	避免发生导管破损导致渗漏或断裂

续表

项目		操作流程	要点与说明
植入	植入中	6. 修剪导管　直剪导管(不能剪出斜面)。不可用止血钳夹闭导管套锁扣:黑色显影环对导管,导管对接港体正确连接锁扣:导管过港体连接杆中间部位,推送锁扣,锁死。注意导管不能打折	导管对接港体时不能推送至连接杆顶端,以免在推送锁扣时导管起皱受损
		7. 将港体放入囊袋并用丝线将港体缝合在筋膜上,预防港体翻转,注意避免缝针刺破导管	注意观察患者呼吸情况,询问患者的感觉,了解有无胸闷、疼痛等不适。操作完毕,仔细检查穿刺部位有无肿胀、渗血等情况
		8. 插入无损伤针抽回血,确认导管通畅无渗漏	
		9. 逐层缝合皮肤	
		10. 缝合针处无菌敷贴固定	
		11. 健康教育	
	植入后	1. 医疗废物分类处置	记录是为了保存患者所置导管的基本信息
		2. 脱手术衣及手套,洗手,取口罩、健康宣教、记录	
		3. 将植入的输液港产品条形码贴在手术记录单上	
检查位置		X线最后再次检查,确定导管无打折和扭曲	确保导管尖端位置在上腔静脉下1/3(图5-15)

（四）穿刺注意

1. 新生儿和1周岁以下婴儿应避免输液港导管尖端进入心脏内,因为这样会导致血管损伤和心房填塞。

2. 对于无法在胸壁植入输液港的患者,可在X线引导下植入前臂作为替代。

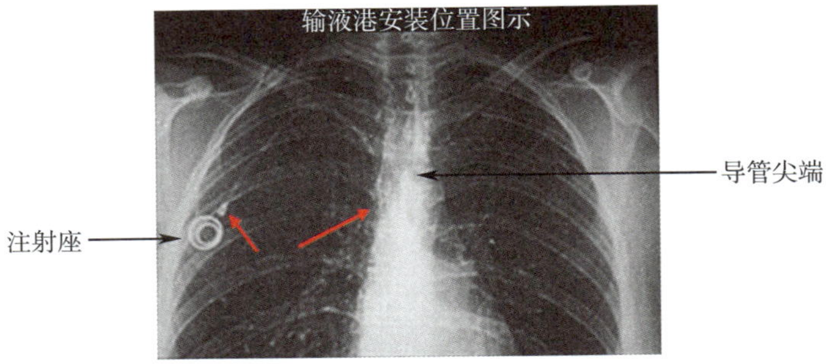

图 5-15　输液港植入后 X 线片显示

（五）输液港维护

插入无损伤针操作流程及评分标准见表 5-13。

表 5-13　插入无损伤针操作流程及评分标准

项目总分	项目内容	操作流程	标准分	扣分标准	实得分
要求 3 分	护士要求	1. 着装整洁，符合要求	1	一项不符扣 0.5 分	
		2. 洗手	1		
	环境要求	空气洁净，环境整洁，光线、温度适宜	1	一项不符扣 0.5 分	
评估 10 分	基本信息	1. 核对　两人核对患者床号、姓名、住院号（或 ID 号）、治疗单、手册	3	一项不符扣 0.5 分	
		2. 询问消毒液过敏史	1		
	治疗方案	评估患者治疗疗程	1		
	植入部位	输液港植入部位皮肤有无红、肿、热、痛等炎性反应	1	一项不符扣 0.5 分	
	植入血管	倾听患者主诉，输液是否通畅	1		
	患者心理	如患者紧张，则消除患者紧张、焦虑情绪	3		
准备 10 分	患者准备	1. 平卧位、双手自然放置在躯体两侧	1		
		2. 暴露输液港植入部位皮肤	1		

续表

项目总分	项目内容	操作流程	标准分	扣分标准	实得分
准备10分	护士准备	洗手、戴口罩	1	一项不符扣0.5分	
	药物准备	检查肝素钠注射液、生理盐水的有效期及质量，贴好标签	3	一项不符扣0.5分	
	用物准备	维护专用换药包：皮肤消毒液、洞巾、无菌手套1副、预充式导管冲洗器1副或生理盐水10ml、肝素帽/无针输液接头1个、无菌开口纱布1~2张、胶布、透明敷贴1张、10ml注射器1~2副，肝素盐水（100U/ml）5~10ml、适宜型号的无损伤针1颗、查看有效期	3	一项不符扣0.5分	
	健康教育	告知患者维护中的配合及注意事项	1		
维护62分	维护前14分	1. 核对　两人核对医嘱或手册、床号、姓名及住院号（或ID号）	3	一项不符扣0.5分	
		2. 用物			
		（1）准备胶布，注明维护日期及操作者姓名缩写	1	一项不符扣1分	
		（2）打开换药包（盘）：将准备的所有用物打开外包装放入无菌换药盘	1		
		（3）将消毒液放入治疗盘	1		
		（4）洗手、戴手套	1		
		（5）预充式冲洗器或生理盐水10ml连接无损伤针并排气、肝素盐水（100U/ml）5~10ml排气后放在治疗盘内	1		
		（6）输液港植入部位铺上无菌洞巾	3		

续表

项目总分	项目内容	操作流程	标准分	扣分标准	实得分
维护62分	维护前14分	3. 输液港植入部位皮肤消毒	3		
		（1）消毒液：2% 葡萄糖酸氯己定 / 大于 0.5% 碘伏 / 碘酒 +75% 酒精			
		（2）消毒范围：以港体部位为中心直径 >15cm			
		（3）消毒方法：以穿刺点为中心，由内向外，顺、逆时针消毒至少 2 次，用力摩擦皮肤至少 30 秒 / 次，自然待干			
	维护中29分	1. 无损伤针穿刺输液港			
		（1）穿刺点选择：用非主力手的拇指、示指和中指固定注射座呈三角形，将输液港拱起；另一手持无损伤针自三指中心处垂直刺入输液港穿刺隔（不要过度绷紧皮肤）、直达储液槽基座底部	5		
		（2）穿刺后抽回血确认针头位置无误，用 10ml 生理盐水脉冲式冲管，夹闭延长管，移去注射器	3		
		（3）将肝素帽 / 无针输液接头与导管接口紧密连接，打开开关，用肝素盐水（100U/ml）5~10ml 正压封管	3		

续表

项目总分	项目内容	操作流程	标准分	扣分标准	实得分
维护62分	维护中29分	2. 固定无损伤针			
		（1）在无损伤针下方垫开叉小纱布，再用一节无菌胶布固定无损伤针的针翼	3		
		（2）用透明敷贴固定无损伤针，胶布交叉固定外露延长管	3		
		（3）贴日期标识	3		
		3. 静脉输液			
		（1）酒精棉片摩擦消毒肝素帽/无针输液接头至少15秒，待干，将接有生理盐水注射器的一次性静脉输液钢针刺入肝素帽/直接螺旋连接无针输液接头，抽回血并脉冲式冲管	5		
		（2）连接并打开输液器	1		
		（3）妥善固定一次性静脉输液钢针/输液管	1		
		（4）按治疗要求调节输液速度	1		
		（5）正确记录输液卡	1		
	穿刺后19分	1. 拔出无损伤针			
		（1）取下覆盖在穿刺点上的透明敷贴及无损伤针下的开叉小纱布，检查皮肤情况	3		

续表

项目总分	项目内容	操作流程	标准分	扣分标准	实得分
维护62分	穿刺后19分	（2）洗手、戴无菌手套消毒，10ml生理盐水脉冲式冲管，肝素盐水（100U/ml）5~10ml正压封管	5	一项不符扣2分	
		（3）以拇指与示指、中指呈三角形固定泵体，嘱患者深呼吸，在屏气的同时快速拔出无损伤针	3		
		2. 用无菌纱布压迫止血5~10分钟	1		
		3. 检查拔出无损伤针的完整性，观察患者的生命体征	1		
		4. 用无菌敷贴贴于穿刺处24小时	1		
		5. 医疗废物分类处置	1		
		6. 洗手，记录治疗的相关信息，再次核对	3		
		7. 健康教育	1		
终末质量评定5分	1. 遵循无菌技术操作原则		1		
	2. 操作过程熟练、有效		1		
	3. 固定妥善		1		
	4. 关爱患者，有效沟通		1		
	5. 仪表大方，举止端庄，态度和蔼		1	一项不符扣0.5分	
提问5分	掌握5分，部分掌握3分，未掌握0分		5		
操作时间5分	25分钟		5	超时酌情扣分	
总分					

（六）穿刺注意

1. 评估患者 若皮肤有红、肿、热、痛等炎性反应，应暂停使用。

2. 体位 平卧位、双手自然放置在躯体两侧，避免输液港港体竖起影响无损伤针的插入。

3. 注意无菌技术操作，排尽连接管内空气。

4. 穿刺时动作轻柔，感觉有阻力时不可强行进针，以免针尖受损形成倒钩，拔针时易损伤输液港的硅胶隔膜，导致液体渗漏。

5. 穿刺后 抽回血确认针头是否在输液港内。

6. 无损伤针使用7天更换，透明敷贴一般随针头一起更换。当敷贴卷边或潮湿及时更换。

（七）评价

1. 操作有序，动作轻柔、熟练。

2. 护士大方，举止端庄，态度和蔼、语言流畅。

3. 患者安全，护患沟通有效。

4. 患者知晓日常维护及注意事项。

5. 遵守查对制度、无菌技术操作原则及标准预防原则。

五、健康教育及注意事项

（一）健康教育

1. 植入前

（1）利用书面、专栏图片等资料，详细介绍PORT的特点、优点及可能发生的并发症。

（2）向患者和家属讲解置管经费等问题。

（3）告知操作过程及术中配合要点。

（4）更换清洁、胸部开口宽松的衣服。

（5）根据病情做好患者及家属的心理护理，解除家属的顾虑。

（6）护士陪同患者一起进入手术室，可有效减轻患者因离开家属和熟悉的环境而导致的紧张感和恐惧感，使其感到安全，同时使家属感到安慰和放心。

（7）嘱患者排空大、小便。

2. 植入中

（1）在植入过程中，护士应指导患者进行穿刺时的配合。避免说话、咳嗽、上肢活动，以免影响穿刺位置的确定。

（2）注意观察患者呼吸情况，询问患者的感觉，了解有无胸闷、疼痛等不适。操作完毕，仔细检查穿刺部位有无肿胀、渗血等情况。

3. 植入后

（1）行放射检查确认港体及导管的位置，了解导管位置及器材有无扭转或损耗。

（2）密切观察局部：出现下列情况需立即告知护士：穿刺部位疼痛、局部敷料渗血、渗液、敷料潮湿、松脱，需及时行外科换药及更换敷料，否则易造成感染及导管脱落。导管内如有大量血液或输液不畅需及时解决。局部切口10天需拆线，应保持局部皮肤清洁，输液港切口愈合前，不宜沐浴。

（3）24小时内穿刺侧肢体减少活动，24小时后可酌情增加活动，输液港不影响日常工作及家务劳动。但避免置管侧肢体过度活动，避免撞击穿刺部位，勿提大于3kg的物品。

（4）放置输液港部位可能会出现紫斑，1~7天会自行消失。

（5）保护好输液港植入部位，待伤口痊愈，患者可洗澡，日常生活亦如常。插针治疗期间不宜进行沐浴，以免发生导管感染。

（6）在输液时输液泵压力不应高于25kPa，严禁高压注射造影剂，防止导管破裂。注意及时更换液体瓶，以免空气进入导管，引起空气栓塞。注意观察输液速度，输液速度减慢应排除有无回血堵塞导管或输液管道压迫。

（7）患者出院后，应每月进行一次导管维护，必须在有资质进行输液港导管护理的医院，由专科护士进行导管维护，包括导管的穿刺、冲洗及封管，避免导管堵塞。宜每3~6个月复查胸片一次。

（8）把有关输液港的注意事项及操作步骤书面手册提供给患者及家属，并留下联系电话，必要时提供协助。

（9）如果置管处皮肤出现红、肿、热、痛则表明皮下有感染或渗漏（图5-16），必须返院就诊，肩部，颈部及同侧上肢水肿、疼痛及时到医院进行检查。

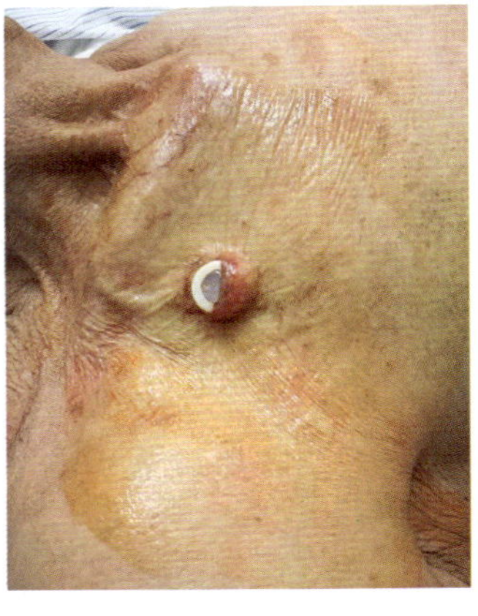

图5-16　输液港植入后感染

（二）注意事项

1. 输液港维护时注意事项

（1）严格执行无菌技术操作原则。

（2）输液期间每周由专人负责更换无损伤针，操作时需铺无菌洞巾、戴无菌手套，严格消毒。

（3）无损伤针从输液港中点垂直刺入，轻柔刺入到底，避免穿刺力度过大导致针尖弯曲，防止倒钩，抽回血顺畅才能注药。

（4）每次注射给药前必须抽回血证实无损伤针位于输液港内方可给药，避免药液注入皮下或局部组织，造成局部组织积液、感染或坏死。

（5）避免使用10ml以下注射器注药，避免高压推注造影剂（耐高压输液港除外）。

（6）密切观察穿刺部位有无局部肿胀、疼痛、皮疹等症状。

2. 输液港用药注意事项

（1）使用10ml以上注射器进行注射。

（2）注射器推注化疗药物时，需边推注药物边检查回血，以防药物外渗损伤邻近组织。

（3）使用两种以上不同药物时，应使用10ml以上生理盐水脉冲式冲管，以防止因药物化学成分不同而产生沉淀。

（4）妥善固定无损伤针，以防脱出。

3. 输液港用药时注意

（1）抽回血，确认位置后，脉冲式推入10ml生理盐水。

（2）缓慢完成静脉注射。

（3）注射完毕，应以脉冲式方法冲洗导管。

（4）封管肝素盐水（100U/ml）5~10ml或肝素钠封管注射液独立安瓿，500U/5ml，即100U/1ml正压封管。

4. 输液港采血操作时注意　采血标本时，先用10ml生理盐水脉冲式冲管，初始抽出至少5ml血液并丢弃，儿童减半，再更换注射器抽出所需检查的血液量；血液采集完成后再用10ml生理盐水脉冲式冲管，肝素盐水（100U/ml）5~10ml正压封管。

5. 输液港的冲管和封管

（1）每次静脉输注前应抽回血和用10ml生理盐水脉冲式冲管，评估输液港功能。

（2）输注血制品和高黏稠液体后应用10ml生理盐水以脉冲式冲洗输液港。

（3）输液结束后，拔出无损伤针前用生理盐水10ml以脉冲式冲洗输液港，再用肝素盐水（100U/ml）5~10ml正压封管，防止血液反流进入注射座。

6. 输液港维护时间

（1）连续性输液每8小时用生理盐水10ml脉冲式冲管一次。

（2）治疗间歇期，正常情况下每四周冲洗输液港一次。

六、拔除

（一）拔管指征

1. 导管夹闭综合征。
2. 注射座渗漏。
3. 出现不可控制的导管相关性血流感染。
4. 治疗结束。

（二）拔针方法

1. 无损伤针拔除方法

（1）准备用物。

（2）洗手、戴口罩。

（3）用生理盐水 10ml 脉冲式冲管，肝素盐水（100U/ml）5~10ml 正压封管。

（4）关闭无损伤针拇指夹。

（5）去除敷料。

（6）洗手、戴手套。

（7）常规消毒。

（8）以拇指与示指、中指呈三角形固定港体，嘱患者深呼吸，在屏气的同时快速拔出针头。

（9）随后用无菌纱布压迫止血约 5~10 分钟。至不出血为止。

（10）检查拔出针头的完整性，观察患者的生命体征，穿刺点覆盖无菌敷料 24 小时。

2. 输液港植入后应加强监测，当出现导管夹闭综合征、注射座渗漏或出现导管相关性血流感染或治疗结束时，可考虑手术取出静脉输液港。

（三）注意事项

1. 输液结束后，拔出无损伤针前用生理盐水 10ml 以脉冲式冲洗输液港，再用肝素盐水（100U/ml）5~10ml 正压封管，防止血液反流进入注射座。

2. 输液港拔除前了解患者拔除输液港的原因：是治疗结束还是出现不可解决的并发症，给手术操作提供帮助。

3. 输液港拔除前先超声排除导管外血栓、X 线片确认其完整性及血常规检查，并与患者沟通告知手术的相关知识及可能出现的并发症，取得患者同意后签《输液港拔除手术告知同意书》。

4. 手术中严格无菌技术操作，拔除过程中遇到阻力时不要采取暴力拔管，医务人员应讨论合理的移除方法。

5. 输液港拔除后应检查导管的长度与植入时长度是否一致，避免导管部分脱落移入体内。

6. 输液港拔除后做好伤口的换药，促进伤口的愈合。

（秦 英）

第七节　经外周静脉置入中心静脉导管穿刺技术

PICC 是经外周静脉置入中心静脉的导管(peripherally inserted central catheter，PICC)(图 5-17)，即通过外周静脉穿刺置入中心静脉的导管，导管尖端位于上腔静脉或下腔静脉。

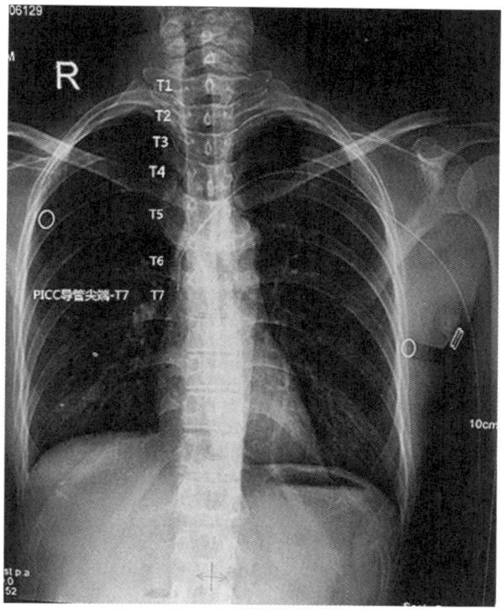

图 5-17　PICC 导管位置

一、PICC 盲穿技术

(一)穿刺范围

1. 适用范围

(1)静脉输液 >7 天、需反复输血或血制品的患者。

(2)输注腐蚀性药物，如肠外营养(TPN)、化疗等。

(3)外周静脉通路建立困难。

(4)早产儿。

(5)家庭、社区长期需要输液治疗的患者。

2. 慎用或禁用范围

(1)严重出血性疾病。

（2）接受乳房根治术或腋下淋巴结清扫术侧肢体、锁骨下淋巴结肿大或有肿块、安装起搏器侧。

（3）放疗部位。

（4）癌症患者和危重症患者，因PICC有静脉血栓和中心静脉导管相关血流感染的风险，应当谨慎使用。

（5）瘫痪侧肢体，但如果是全身瘫痪，以右侧为准。

（6）肺癌侧肢体。

（7）穿刺部位皮肤损伤、感染。

（8）穿刺的血管硬化、血栓史、血管手术史的静脉。

（9）上腔静脉压迫/上腔静脉阻塞综合征（上肢禁忌）。

（10）慢性肾脏病患者，因可能会导致中心静脉狭窄或栓塞，以及相应的静脉损耗无法进行以后的瘘管建立。

（二）穿刺部位及血管的选择

1. 穿刺部位　应具备以下几个特点：

（1）PICC置入后的相关并发症少。

（2）无菌保持能力强。

（3）患者的舒适度好。

（4）导管使用寿命长。

基于以上的特点，成人：PICC穿刺置入部位以上肢肘关节上下2~5cm为最佳，右侧上肢优于左侧上肢，肘关节上优于肘关节下穿刺，或选择非惯用手臂。婴幼儿：PICC置入部位除上肢肘部和颈部外还可以选择腋部、下肢及头部。

2. 穿刺血管选择原则　血管管腔较大、静脉瓣较少、血流速度较快的血管。

（1）贵要静脉：为PICC穿刺置管的首选静脉，90%的PICC放置于此。该静脉直、粗，静脉瓣较少。当手臂与躯干垂直时，为最直接的途径，经腋静脉、锁骨下静脉、无名静脉，达上腔静脉。

（2）肘正中静脉：该血管粗、直，但个体差异较大，静脉瓣较多，血管分支多，易汇入小血管及腋下血管。最理想的汇合为：肘正中静脉汇入贵要静脉，形成最直接的途径，经腋静脉、锁骨下静脉、无名静脉，达上腔静脉。

（3）头静脉：前粗后细，且高低起伏，在锁骨下方汇入锁骨下静脉，经无名静脉达上腔静脉。该静脉因在肩部有生理性夹角，位于拇指侧，对于拄拐者是最好的选择。

（4）肱静脉：肱静脉有两条，分为内侧支和外侧支，沿肱动脉的内、外侧上行，在肩胛下肌下缘与外侧支汇合并移行为腋静脉。在肱二头肌内侧缘中点，贵要静脉汇入到内侧支。该静脉位置较深，固定，粗、直，肉眼看不见，为血管彩超引导下穿刺置管常用的血管，适用于老年、活动能力差的患者，可有效地减少血栓发生。

（5）其他静脉：新生儿和儿童患者应尽量选择贵要静脉穿刺，其次为肘正中静脉、头静脉，特殊情况可选头部的颞浅静脉、耳后静脉、颈外静脉、腋静脉、下肢大隐静脉、腘静脉等。

（三）穿刺工具型号的选择

根据患者的用药方案，血管情况选择导管。导管选择的原则：在满足患者治疗需要的前提下，尽量选择型号小、管腔少的导管。置入导管其型号宜≤2/3血管内径，因直径较粗的 PICC 导管易引起周围血流动力学改变而增加置入后并发症发生。PICC 导管的规格及型号见表 5-14。

表 5-14　PICC 导管的规格及型号

型号	导管	长度	穿刺针	导入鞘	导管容积（ml）	流速（ml/h）	适用人群	说明
1.9Fr	22G	50	21G	19G	0.27	35	新生儿	• 禁止输血
3.0Fr	20G	60	19G	17G	0.32	150~275	儿童	• 禁止输血
4.0Fr	19G	60	17G	15G	0.39	300~500	儿童、成人	• 可输血
5.0Fr	18G	60	15G	14G	0.44	600~1000	成人	• 可输血
5.0Fr 双腔					0.3/ 每个腔	200~350/每个腔	成人	• 可输血

（四）操作流程

1. 目的

（1）建立静脉通道，保证长期静脉输液治疗。

（2）保护外周静脉，避免腐蚀性药液损伤静脉。

（3）减少反复静脉穿刺。

（4）减轻患者痛苦。

（5）减少护士工作量。

（6）便于临床用药。

2. 评估

（1）治疗方案：评估输液时间、药物性质。

（2）评估患者

1）基本信息：姓名、性别、年龄、病情、用药史、过敏史、手术史、血栓史、血管手术史、是否安置起搏器、超声结果，尤其是腋下、锁骨下淋巴结有无肿大、双上肢有无肿胀、体温、血常规、出凝血时间、血糖结果、血小板计数及意识等。

2）穿刺部位：评估穿刺部位及皮肤状况。

3）穿刺血管：右侧手臂优于左侧手臂，询问患者非惯用手臂（推荐穿刺）。

4）患者心理：评估心理状态和合作程度。解释穿刺目的及穿刺时的注意事项，消除患者紧张情绪。

（3）穿刺工具：在满足患者静脉输液治疗需要的前提下选择型号小的导管，宜选择≤2/3 血管内径的导管为最佳。

3. 实施

（1）准备

1）环境准备：空气洁净、环境整洁、光线、温度适宜。

2）患者准备：排便，清洗置管部位，更衣，根据穿刺部位，摆好体位，以患者舒适为宜，注意保暖，签署 PICC 导管置入告知同意书，见附表 2。

3）护士准备：着装整洁、规范洗手、戴口罩。

4）用物准备：病历牌；压脉带；测量尺；速干手消毒液；PICC 导管；PICC 穿刺包；1ml、10ml、20ml 注射器各 1 副；盐酸利多卡因注射液 1 支；N.S 250ml 1 袋；透明敷贴 / 水胶体敷贴 >10cm × 10cm；2% 葡萄糖酸氯己定 / 大于 0.5% 碘伏 / 碘酒 +75% 酒精；肝素钠注射液；止血敷料；砂轮；肝素帽 / 无针输液接头；无菌手套 2 副；治疗车；黄色垃圾筐；黑色垃圾筐；锐器盒。

5）药液准备：①认真核对生理盐水、肝素钠注射液和盐酸利多卡因注射液的有效期。②检查药液质量，药瓶有无裂痕，药液有无浑浊、沉淀或絮状物等。

（2）实施

PICC 盲穿操作流程及评分标准见表 5-15。

表 5-15　PICC 盲穿操作流程及评分标准

项目总分	项目内容	操作流程	标准分	扣分标准	实得分
要求 3 分	护士要求	1. 着装整洁，符合要求	1	一项不符扣 0.5 分	
		2. 洗手	1		
	环境要求	空气洁净，环境整洁，光线、温度适宜	1	一项不符扣 0.5 分	
评估 7 分	基本信息	两人核对医嘱、患者床号、姓名及住院号（或 ID 号），查看检验结果、询问过敏史，签告知同意书	3	一项不符扣 0.5 分	

续表

项目总分	项目内容	操作流程	标准分	扣分标准	实得分
评估7分	治疗方案	评估患者的治疗疗程、药物性质	1	一项不符扣0.5分	
	穿刺部位	评估穿刺部位及皮肤	1	一项不符扣0.5分	
	穿刺血管	评估血管粗细、弹性及充盈度	1		
	患者心理	如患者紧张，则消除患者紧张、焦虑情绪	1		
准备10分	患者准备	1. 嘱患者排便	1		
		2. 清洗双上肢、更清洁衣裤	1	一项不符扣0.5分	
	护士准备	洗手	1		
	药物准备	检查盐酸利多卡因注射液、肝素钠注射液、生理盐水的有效期及质量，贴好标签	1	一项不符扣0.5分	
	用物准备	同前，查看有效期	3	遗漏一项扣0.5分	
	健康教育	告知患者置管目的，术中配合的方式和注意事项	3	一项不符扣1分	
穿刺65分	穿刺前14分	1. 两人核对患者医嘱、床号、姓名及住院号（或ID号）	3	一项不符扣1分	
		2. 患者体位　去枕，平卧或根据病情抬高床头20°~30°，手臂外展90°	1	一项不符扣0.5分	
		3. 选择穿刺静脉	1		
		4. 测量　①置入长度；②臂围	1	一项不符扣0.5分	
		5. 洗手、戴口罩	1	一项不符扣0.5分	
		6. 打开PICC穿刺包	1		
		7. 戴无菌手套	1		
		8. 手臂下垫护垫	1		

续表

项目总分	项目内容	操作流程	标准分	扣分标准	实得分
穿刺65分	穿刺前14分	9. 消毒	3		
		（1）消毒液：2%葡萄糖酸氯己定/大于0.5%碘伏/碘酒+75%酒精			
		（2）消毒范围：≥20cm×20cm			
		（3）消毒方法：以穿刺点为中心，由内向外，顺、逆时针消毒至少2次，用力摩擦皮肤至少30秒/次，自然待干			
		10. 脱手套	1		
	穿刺中44分	1. 洗手	1		
		2. 穿无菌手术衣，戴无粉手套	1	一项不符扣0.5分	
		3. 最大铺巾、放置无菌压脉带及铺洞巾	1	一项不符扣0.5分	
		4. 准备用物　用物按照操作顺序摆放，抽吸盐酸利多卡因注射液1ml、肝素盐水10ml及生理盐水20ml、备肝素帽/无针输液接头，敷贴、止血敷料、穿刺鞘、切割器或剪刀、取出PICC导管，生理盐水预冲导管	1		
		5. 准备导管	3	一项不符扣1分	
		（1）前端开口式导管：撤导丝至预剪切刻度后1cm备用，再次预冲导管，夹闭延长管			
		（2）瓣膜式导管：用生理盐水预冲导管并激活瓣膜			

续表

项目总分	项目内容	操作流程	标准分	扣分标准	实得分
穿刺 65分	穿刺中 44分	6. 在穿刺点上 7~10cm 扎压脉带，嘱患者握拳	1	一项不符扣 0.5 分	
		7. 盐酸利多卡因注射液行局部麻醉	1		
		8. 穿刺　穿刺鞘下垫一块无菌纱布，针尖斜面向上，与皮肤呈 20°~30° 直刺血管，见回血后降低 5°~10°，再进针 0.2cm，右手固定针芯，左手拇指与示指将穿刺鞘轻柔全部送入静脉	5	一项不符扣 2 分	
		9. 松开压脉带，嘱患者松拳	1	一项不符扣 0.5 分	
		10. 前端开口式导管需用切割器或剪刀剪切导管，预冲导管。左手拇指固定穿刺鞘，其余四指紧压穿刺鞘上端静脉，右手退出穿刺针芯，启动穿刺针安全保护装置	5	一项不符扣 2 分	
		11. 轻柔、匀速送导管，导管送至肩部（15~20cm）时，嘱患者将头转向穿刺侧，下颌靠近锁骨	3	一项不符扣 1 分	
		12. 导管进入上腔静脉预定刻度，头位置还原	3	一项不符扣 1.5 分	
		13. 抽回血，见回血后立即用生理盐水脉冲式冲管，夹闭延长管	3	一项不符扣 1 分	
		14. 退出可撕裂鞘或将其撕裂	1		
		15. 确认置入长度，撤导管内导丝	1		

续表

项目总分	项目内容	操作流程	标准分	扣分标准	实得分
穿刺65分	穿刺中44分	16. PICC导管连接			
		(1) 前端开口式导管：肝素盐水预冲肝素帽/无针输液接头，与导管相连接，正压封管 (2) 瓣膜式导管：按预计长度加6cm裁剪，连接延长管，肝素盐水预冲肝素帽/无针输液接头后与延长管相连，正压封管	3	一项不符扣1.5分	
		17. 固定			
		(1) 清除穿刺点及周围皮肤血迹，自然待干	3		
		(2) 固定 1) 有固定器：①固定器固定导管翼；②外露导管以穿刺点为中心，导管摆放（"L"形、"U"形或"C"形），穿刺点使用小纱布或止血敷料加压固定；③透明敷贴/水胶体敷贴>10cm×10cm无张力粘贴，敷贴下无气泡 2) 无固定器：①外露导管以穿刺点为中心，导管摆放（"L"形、"U"形或"C"形），穿刺点使用小纱布或止血敷料加压固定；②透明敷贴/水胶体敷贴>10cm×10cm无张力粘贴，敷贴下无气泡；③三条胶带固定导管翼（横向、交叉、再横向）	3		

续表

项目总分	项目内容	操作流程	标准分	扣分标准	实得分
穿刺65分	穿刺中44分	18. 肝素帽/无针输液接头用纱布包裹	1		
		19. 导管标示上注明置入长度、外露长度、日期及操作者姓名缩写、PICC导管名称	3		
	穿刺后7分	1. 协助患者穿衣服、取舒适体位及整理床单元	1		
		2. 医疗废物分类处置	1		
		3. 脱手术衣及手套、洗手、取口罩，PICC穿刺操作记录，见附表4	3	一项不符扣0.5分	
		4. 再次核对	1		
		5. 健康教育	1		
终末质量评定5分	1. 遵循无菌技术操作原则		1		
	2. 操作过程熟练、有效		1		
	3. 固定妥善		1		
	4. 关爱患者，有效沟通		1		
	5. 仪表大方，举止端庄，态度和蔼		1	一项不符扣0.5分	
提问5分	掌握5分，部分掌握3分，未掌握0分		5		
操作时间5分	25分钟		5	超时酌情扣分	
总分					

4. 穿刺注意

（1）测量置入PICC长度：上肢：患者平卧或半卧，穿刺侧上臂外展与躯干90°，从预穿刺点沿静脉走向测量至右胸锁关节（不论左侧还是右侧上肢），再向下至第3

肋间(或从预穿刺点沿静脉走向测量至右胸锁关节 +(小儿 +3cm;成人 +5cm);下肢:主要是新生儿穿刺,从大隐静脉确定预穿刺点测量:上行至肚脐,肚脐与剑突的中点为 PICC 置入的长度,X 线显影基本上在下腔静脉与心房入口(L_2~T_{11})水平。

(2)测量手臂臂围(以下任意一种方法)

1)肘横纹上 10cm 测量臂围。

2)屈肘,尺骨鹰嘴上方 15cm 处测量。

3)根据患者的年龄或实际情况而定测量臂围的方法。

(3)穿刺点局部加压止血,避免渗血。

(4)固定牢固,避免导管脱落。

(5)PICC 置管操作记录见附表 4。

1)病历中:记录 PICC 置管的操作经过、臂围、置入血管、导管长度、外露刻度、敷贴更换日期等。

2)PICC 维护手册:记录导管类型、规格及型号、穿刺侧上臂臂围、置入血管、导管长度、外露长度、联系电话等。

(6)导管尖端位置:PICC 导管尖端位于上腔静脉下 1/3,如果通过股静脉穿刺,应在下腔静脉膈肌位置。新生儿和 1 周岁以下的婴儿应避免导管尖端进入心脏内,因为这样会导致血管损伤和心房填塞。

(7)如果是安置起搏器的患者需要确定最适宜的导管和穿刺部位,起搏器通常置于左胸部或左腹部。应在对侧放置中心血管通路装置,但如果选在同侧,PICC 导管是最安全的选择。

5. 评价

(1)操作有序,动作轻柔、熟练。

(2)护士大方,举止端庄,态度和蔼、语言流畅。

(3)患者安全,护患沟通有效。

(4)患者知晓置管后的日常维护及注意事项。

(5)遵守查对制度、无菌技术操作原则及标准预防原则。

(6)导管尖端是否在上腔静脉的下 1/3 或下腔静脉膈肌位置。

二、超声引导的塞丁格 PICC 技术

塞丁格技术是一种经皮血管穿刺的方法,1953 年瑞典放射科医师 Dr Sven-Ivar Seldinger 发明,他是在静脉穿刺技术的启发下,首创了经皮股动脉穿刺,应用带针芯的穿刺针经皮肤、皮下组织穿透血管前、后壁,退出针芯至有血液从穿刺针尾端滴出时,引入导丝,退针,再经导丝插入导管,将导管插入靶血管,以此命名为塞丁格(Seldinger)技术(图 5-18)。取代以往直接穿刺血管或静脉切开插管的方法,经皮穿刺并用导丝引导置入导管。该穿刺和插管方法简便易行,对患

者安全且损伤小，可提高置管成功率，降低介入操作危险性，减少并发症。此项技术奠定了现代血管穿刺的基础，成为介入医学的基本操作技术，应用于各种静脉置管及临床各种器官和管道的介入性检查和治疗。

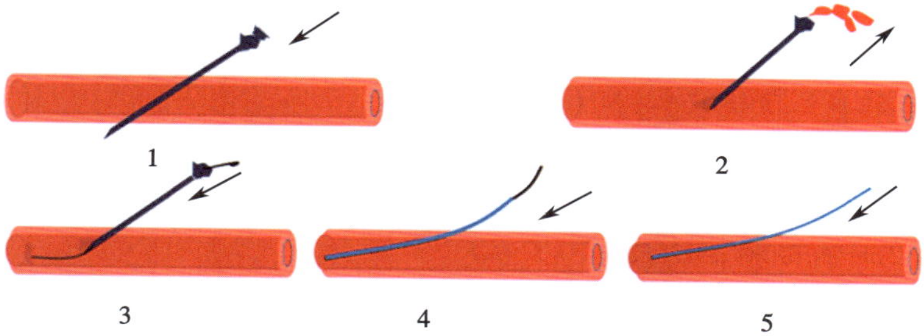

图 5-18 Seldinger 穿刺术

1. 穿刺针穿透血管前后壁；2. 退出穿刺针至有血液喷出；3. 插入导丝；
4. 拔出穿刺针插入导管；5. 将导管插至目标血管

（一）改良塞丁格技术

1. 基本原理 1974 年，Driscoll 对 Seldinger 穿刺法进行改良，称为改良塞丁格技术（modified Seldinger technique，MST）。避免穿透血管后壁，穿刺成功率高，损伤小，合并症概率更低。基本操作步骤：将不带针芯的穿刺针以 30°~40° 向血管穿刺，穿刺针斜面始终朝上，动作轻柔，平衡缓慢进针，直接经皮穿刺血管前壁，不穿透血管后壁，见血液从针尾涌出时，即停止进针，插入导丝、导管鞘。

2. MST 发展与应用 随着塞丁格技术的广泛应用，1997 年美国 ICU 护士 Claudette Boudreux 首先倡导微型置管器技术，对原中心静脉置管组件进行更新：将原单一功能的扩张器改为扩皮器及撕裂鞘组件，从撕裂鞘送入导管；另一改良为较传统置管组件中的穿刺针型号更小；导管更细，使用 3~5F 导管。改良 Seldinger 穿刺术见图 5-19。MST 通过改良穿刺套件，提高 PICC 置管成功率，

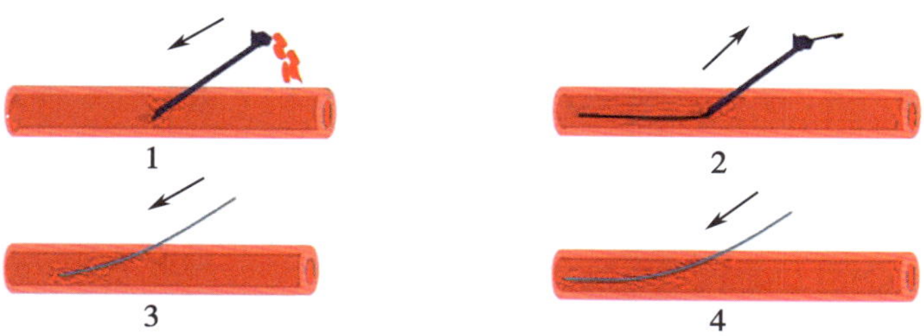

图 5-19 改良 Seldinger 穿刺术

1. 穿刺针进入血管腔；2. 插入导丝退出穿刺针；
3. 插入导丝；4. 将导管插至目标血管

减少穿刺时相关并发症，满足危重症患者的抢救及外周血管状况差的需求。MST不仅应用于超声和非超声引导下的PICC穿刺，还广泛应用于心包穿刺的引流、腹膜透析的置管、永久性心脏起搏器的置入、胸腹腔脏器的引流等多个领域。目前，MST作为各种中心静脉置管的专用技术，是护理技术操作领域较为先进、专业性较强的技术类型，是静脉输液专科护士必须掌握的基本操作技能。

（二）改良塞丁格技术（MST）的优势

1. 非超声引导MST技术优势

（1）操作方法简便易行。

（2）22G针穿刺、损伤小。

（3）减轻患者痛苦、成功率高。

2. 超声引导下MST优势

（1）使用血管超声技术，定位准确。

（2）穿刺中可及时查看PICC导管尖端是否位于颈内静脉，便于及时纠正。

（3）置管成功率高。

（4）减少血管及组织的损伤，减轻患者疼痛。

（5）有效降低机械性静脉炎、感染、血栓等并发症的发生，降低治疗成本。

（三）穿刺操作流程

1. 目的　同盲穿PICC法。

2. 评估　同盲穿PICC法。

3. 实施

（1）准备

1）患者准备：同盲穿PICC法。

2）护士准备：同盲穿PICC法。

3）用物准备：同PICC盲穿法用物准备，再增加塞丁格套件、血管超声仪、无菌超声探头保护套、耦合剂。

（2）超声引导下塞丁格技术穿刺PICC操作流程及评分标准见表5-16。

表5-16　超声引导下塞丁格技术穿刺PICC操作流程及评分标准

项目总分	项目内容	操作流程	标准分	扣分标准	实得分
要求3分	护士要求	1. 着装整洁，符合要求	1	一项不符扣0.5分	
		2. 洗手	1		
	环境要求	空气洁净，环境整洁，光线、温度适宜	1	一项不符扣0.5分	

续表

项目总分	项目内容	操作流程	标准分	扣分标准	实得分
评估7分	基本信息	两人核对医嘱、患者床号、姓名及住院号（或ID号），查看检验结果、询问过敏史，签告知同意书	3	一项不符扣0.5分	
	治疗方案	评估患者的治疗疗程、药物性质	1	一项不符扣0.5分	
	穿刺部位	评估穿刺部位及皮肤	1	一项不符扣0.5分	
	穿刺血管	评估血管粗细、弹性及充盈度	1		
	患者心理	如患者紧张，则消除患者紧张、焦虑情绪	1		
准备10分	患者准备	1. 嘱患者排便	1		
		2. 清洗双上肢、更清洁衣裤	1	一项不符扣0.5分	
	护士准备	洗手	1		
	药物准备	检查盐酸利多卡因注射液、肝素钠注射液、生理盐水的有效期及质量，贴好标签	1	一项不符扣0.5分	
	用物准备	同前，查看有效期	3	遗漏一项扣0.5分	
	健康教育	告知患者置管目的，术中配合的方式和注意事项	3	一项不符扣0.5分	
穿刺65分	穿刺前14分	1. 两人核对患者医嘱、床号、姓名及住院号（或ID号）	3	一项不符扣0.5分	
		2. 患者体位　去枕，平卧或根据病情抬高床头20°~30°，手臂外展90°	1	一项不符扣0.5分	
		3. 超声评估穿刺血管并做标记	1		
		4. 测量　①置入长度；②臂围	1	一项不符扣0.5分	
		5. 洗手、戴口罩	1	一项不符扣0.5分	

续表

项目总分	项目内容	操作流程	标准分	扣分标准	实得分
穿刺 65 分	穿刺前 14 分	6. 打开 PICC 穿刺包	1		
		7. 手臂下放护垫	1		
		8. 戴无菌手套	1		
		9. 消毒	3		
		（1）消毒液：2% 葡萄糖酸氯己定 / 大于 0.5% 碘伏 / 碘酒 +75% 酒精			
		（2）消毒范围：≥20cm×20cm			
		（3）消毒方法：以穿刺点为中心，由内向外，顺、逆时针消毒至少 2 次，用力摩擦皮肤至少 30 秒 / 次，自然待干			
		10. 脱手套	1		
	穿刺中 44 分	1. 洗手	1		
		2. 穿无菌手术衣，戴无粉手套	1	一项不符扣 0.5 分	
		3. 最大铺巾、放置无菌压脉带及铺洞巾	1	一项不符扣 0.5 分	
		4. 准备用物　用物按照操作顺序摆放，抽吸盐酸利多卡因注射液 1ml、肝素盐水 10ml 及生理盐水 20ml、备肝素帽 / 无针输液接头并预冲，敷贴、止血敷料、切割器或剪刀、取出 PICC 导管、塞丁格套件，生理盐水预冲导管、在助手协助下将已涂抹耦合剂的超声探头装入无菌保护套内，放入无菌区	1		

续表

项目总分	项目内容	操作流程	标准分	扣分标准	实得分
穿刺65分	穿刺中44分	5. 准备导管	3	一项不符扣1分	
		（1）前端开口式导管：撤导丝至预剪切刻度后1cm备用，再次预冲导管，夹闭延长管			
		（2）瓣膜式导管：用生理盐水预冲导管并激活瓣膜			
		6. 在穿刺点上7~10cm扎压脉带，嘱患者握拳	1	一项不符扣0.5分	
		7. 用生理盐水或无菌耦合剂涂抹穿刺点及周围皮肤，在超声显示屏上找到预穿刺的血管，再次定位	1		
		8. 盐酸利多卡因注射液行局部麻醉	1		
		9. 穿刺针下垫一块无菌纱布，用左手固定超声探头，右手持穿刺针；针尖斜面向上，与皮肤呈50°~70°直刺血管（如果血管表浅，进针角度降低，如果血管较深，增加进针角度）；超声显示穿刺针入血管正中且穿刺针尾部见回血时停止进针	5	一项不符扣2分	
		10. 松开超声探头的左手并固定穿刺针，右手递送导丝进入静脉内，继续送导丝至15~20cm，松开压脉带及嘱患者松拳	1	一项不符扣0.5分	

续表

项目总分	项目内容	操作流程	标准分	扣分标准	实得分
穿刺65分	穿刺中44分	11. 无菌纱布压迫穿刺点，沿导丝撤出穿刺针（避免带出导丝）用湿棉球清除导引钢丝上的血迹；前端开口式导管用切割器或剪刀剪切导管	1	一项不符扣2分	
		12. 破皮（以下三种方法任选一种） （1）微创破皮：扩皮刀与皮肤垂直，刀口向上，刀尖纵向1~2mm，深度1~2mm破皮，再使用穿刺鞘芯通过导引钢丝进入血管进出拉伸2次 （2）无创破皮：使用鞘芯通过导引钢丝进入血管进出拉伸2次，退出鞘芯，使用生理盐水湿棉球擦干净钢丝上及鞘芯外部的血迹，并使用生理盐水冲洗鞘芯；再重复一次使用鞘芯破皮及血管 （3）直接破皮：扩皮刀与皮肤垂直，刀口向下1/4~1/3顺着导引钢丝进入皮肤、皮下组织及血管	1		
		13. 沿导丝将微插管器（鞘芯和可撕裂鞘）送入血管	1		
		14. 将导丝和穿刺鞘芯从血管内撤出，可撕裂鞘留在血管内	1		

续表

项目总分	项目内容	操作流程	标准分	扣分标准	实得分
穿刺65分	穿刺中44分	15. 左手拇指固定可撕裂鞘，其余四指紧压可撕裂鞘上端静脉	1		
		16. 轻柔、匀速送导管，导管送至肩部（15~20cm）时，嘱患者将头转向穿刺侧，下颌靠近锁骨	3	一项不符扣1分	
		17. 导管送入上腔静脉预定刻度，头位置还原	3	一项不符扣1.5分	
		18. 抽回血，见回血后立即用生理盐水脉冲式冲管，夹闭延长管	2	一项不符扣1分	
		19. 退出可撕裂鞘或将其撕裂	1		
		20. 确认置入长度，撤导管内导丝	1		
		21. PICC连接			
		（1）前端开口式导管：肝素帽/无针输液接头与导管相连接，正压封管 （2）瓣膜式导管：导管按预计长度加6cm裁剪，连接延长管，与肝素帽/无针输液接头相连，正压封管	3	一项不符扣1.5分	
		22. 固定			
		（1）清除穿刺点及周围皮肤血迹，自然待干	3		
		（2）固定 1）有固定器：①固定器固定导管翼；②外露导管以穿刺点为中心，导管摆放（“L”形、“U”形或			

续表

项目总分	项目内容	操作流程	标准分	扣分标准	实得分
穿刺 65 分	穿刺中 44 分	“C”形），穿刺点使用小纱布或止血敷料加压固定；③透明敷贴 / 水胶体敷贴 >10cm × 10cm 无张力粘贴，敷贴下无气泡 2）无固定器：①外露导管以穿刺点为中心，导管摆放（“L”形、“U”形或“C”形），穿刺点使用小纱布或止血敷料加压固定；②透明敷贴 / 水胶体敷贴 >10cm × 10cm 无张力粘贴，敷贴下无气泡；③三条胶带固定导管翼（横向、交叉、再横向）	3		
		23. 肝素帽 / 无针输液接头用纱布包裹	1		
		24. 导管标示上注明置入长度、外露长度、日期及操作者姓名缩写、PICC 导管名称	3		
	穿刺后 7 分	1. 协助患者穿衣服、取舒适体位及整理床单元	1		
		2. 医疗废物分类处置	1		
		3. 脱手术衣及手套、洗手、取口罩，PICC 穿刺操作记录，见附表 4	3	一项不符扣 0.5 分	
		4. 再次核对	1		
		5. 健康教育	1		

续表

项目总分	项目内容	操作流程	标准分	扣分标准	实得分
终末质量评定5分	1. 遵循无菌技术操作原则		1		
	2. 操作过程熟练、有效		1		
	3. 固定妥善		1		
	4. 关爱患者,有效沟通		1		
	5. 仪表大方,举止端庄,态度和蔼		1	一项不符扣 0.5 分	
提问5分	掌握 5 分,部分掌握 3 分,未掌握 0 分		5		
操作时间5分	25 分钟		5	超时酌情扣分	
总分					

4. 操作注意

（1）穿刺角度：如果血管表浅，穿刺角度缩小，如果血管较深，穿刺角度增大。

（2）剪切导管时切割器应与导管垂直、不可剪切到导丝。

（3）上臂穿刺位置通常选择肘关节上 3~4 横指处或 2~5cm，穿刺部位避免过高，以免损伤神经。

（4）保持探头与保护套之间无气泡。

（5）导丝避免过深，不超过腋静脉或不能够超过 20cm。

（6）如果是上腔静脉阻塞综合征，可以在患者的下肢大隐静脉穿刺置管，测量方法：置入长度：预穿刺点至肚脐 + 肚脐再到剑突的 1/2；大腿围：髌骨上缘 10cm 测量；穿刺时，在超声引导下直刺大隐静脉，其余方法同表 5-17，导管的尖端在下腔静脉与心房入口（L_2~T_{11} 水平；维护时注意：每周至少冲、封管 2 次，避免导管堵塞。

（7）检查 PICC 导管是否进入颈内静脉的方法：将超声探头置于喉结与胸锁关节窝连线中点，如果是左侧手臂穿刺，则连线中点左侧旁开 2~5cm 区域探测 PICC 导管是否进入颈内静脉，如果是右侧手臂穿刺，则在连线中点右侧旁开 2~5cm 区域探测 PICC 导管是否进入颈内静脉。

（8）PICC 置管操作记录见附表 4。

1）病历中：记录 PICC 置管的操作经过、臂围、置入血管、导管长度、外露刻度、敷贴更换日期等。

2）PICC 维护手册：记录导管类型、规格及型号、穿刺侧上臂臂围、置入血管、导管长度、外露长度、联系电话等。

5. 评价

（1）操作有序，动作轻柔、熟练。

（2）护士掌握超声引导穿刺技术。

（3）患者安全，护患沟通有效。

（4）患者知晓日常维护及注意事项。

（5）遵守查对制度、无菌技术操作原则及标准预防原则。

三、健康教育及注意事项

（一）健康教育

1. 置管前

（1）利用书面、专栏图片等资料，详细介绍 PICC 特点、优点及可能发生的并发症。

（2）向患者和家属讲解置管经费等问题。

（3）告知操作过程及术中配合要点。

（4）更换清洁、袖口宽松的衣服。

（5）清洁双上肢，患者血管条件差时可用温水湿热敷手臂，使其血管充盈。

（6）嘱患者排便。

2. 置管中

（1）心理护理：指导患者放松，如深呼吸、听音乐等。

（2）告知患者在操作过程中，如有心慌、胸闷、呼吸困难、肢体麻木等不适应立即告诉操作者，不可随意活动肢体，不可触摸无菌区域及无菌物品。

3. 置管后

（1）手臂活动方法：置管 24 小时后，做握拳运动，如嘱患者使用握力器、弹力球握拳活动，200~300 次 / 天或早、中、晚握拳运动各 100 次，长期坚持，促进血液循环；不能做甩手臂、手臂高举，肘部高于心脏平面等活动，如不能游泳、打球、托举哑铃等持重锻炼；手臂可以弯曲、伸展，避免过度。

（2）置管 48 小时内更换敷贴，观察局部出血情况，有渗血及时到医院更换。

（3）置管侧手臂不可测血压，严禁使用高压注射器经 PICC 导管注入造影剂（耐高压导管除外），防止导管破裂。

（4）胸片确定 PICC 导管尖端位置正确后方可治疗。

（5）不能在穿刺点上方扎压脉带抽血。

4. 间歇期 PICC带管出院患者健康教育见附表5。

（1）PICC每周至少维护一次。

（2）如发现以下情况及时到医院就诊

1）穿刺点有渗血、渗液，周围皮肤发红、肿胀、疼痛，脓性分泌物等异常情况。

2）肝素帽、敷贴的注意事项详见PICC维护。

3）不明原因发热，体温大于38.5℃。

4）置管侧肢体肿胀，臂围较置管前增加2cm以上。

5）每天观察导管情况，如发现导管破损，立即停止手臂活动，在导管上加压固定，防止导管断裂，移位进入体内。

（3）提重物不能超过3.0kg。

（4）沐浴：戴PICC专用沐浴袖套或用保鲜膜在穿刺部位缠绕2~3圈，再用胶布或棉带将保鲜膜上下边缘扎紧，将手臂放在墙上90°角。沐浴后检查敷贴是否有进水或松动，如有进水应及时更换。

（5）穿脱衣服：先穿置管侧手臂，再穿健侧手臂，脱衣服：先脱健侧手臂，再脱置管侧手臂；衣服袖口不宜过紧。

（6）睡觉时避免长时间压迫置管侧肢体，以免血流缓慢，引起导管堵塞。

（7）不可抓捏置管侧手臂，以免导管移位。

（8）足量饮水：在病情允许的情况下，每天饮水2000ml以上，减少血栓发生。

（9）避免感冒、咳嗽，保持大便通畅，避免胸、腹腔压力增高，导致PICC堵塞。

（二）冲封管的注意事项

1. 冲封管、封管液配制定义及目的见外周静脉留置针。

2. 封管液 肝素盐水使用浓度如下：

（1）成人：可用0.5~10U/ml，宜10~100U/ml。

（2）小儿：可用0.5~10U/ml。

（3）新生儿：PICC使用无防腐剂的生理盐水，每8小时冲管一次。

3. 冲管、封管操作步骤（SASH）见表5-17。

封管液参照中华人民共和国卫生行业标准《病区医院感染管理规范》2016规定：抽出的药液和配制好的静脉注射无菌液体，放置时间不应超过2小时；启封抽吸的各种溶媒不应超过24小时。提倡使用小包装（如：肝素钠封管注射液独立安瓿）。

4. 冲管和封管手法

（1）脉冲式冲管：推一下停一下的操作手法。

表 5-17　冲管、封管操作步骤（SASH）

项目	MC、CVC、PICC
封管步骤	SASH
冲管液及用量	S ≥ 10ml（注射器 ≥ 10ml）
封管液选择	H、S
肝素盐水浓度	成人：H：可用 0.5~10U/ml，宜 10~100U/ml 小儿：H：0.5~10U/ml
封管液用量	>（导管容积 + 附加装置容积）× 2

注：SAS：S 生理盐水；A 给药；S 生理盐水

SASH：S 生理盐水；A 给药；S 生理盐水；H 肝素盐水

（2）正压封管：将一次性静脉输液钢针退至肝素帽内，两种方法任一一种：

1）先脉冲式冲管，余 0.5~1ml，边推边退正压拔出针头。

2）正压推注完毕。

5. 勿使用暴力冲管　PICC 禁止使用小于 10ml 的注射器（紫色耐高压的导管例外），因小于 10ml 的注射器可产生较大的压力，如遇导管阻塞可致导管破裂。

四、PICC 维护操作流程

（一）目的

1. 保持导管通畅。
2. 保持皮肤的完整性。
3. 保持导管牢固固定。
4. 预防穿刺点及导管相关性感染。
5. PICC 使用周期延长。
6. 患者舒适。

（二）评估

1. 治疗方案　评估输液时间、药物性质。

2. 评估患者

（1）基本信息：姓名、性别、年龄、病情、过敏史等。

（2）穿刺部位

1）穿刺点：有无渗血、分泌物等。

2）皮肤：有无湿疹、皮肤水疱等。

3）敷料：有无卷边、松脱等。

4）导管：是否在位、滑脱、导管内有无回血及可见微粒。

5）手臂：有无肿胀，如果肿胀超过 2cm，需要测量臂围。

（3）患者心理：评估心理状态和合作程度。解释维护目的及维护时的注意事项，消除患者紧张情绪。

3. 维护工具　选择符合标准的透明敷贴：透明敷贴 >10cm × 10cm，透气性能好，如果需要输液，宜使用无针输液接头。

（三）实施

1. 准备

（1）环境准备：空气洁净、环境整洁、光线、温度适宜。

（2）患者准备：排便，摆好体位，以患者舒适为宜，注意保暖。

（3）护士准备：着装整洁、规范洗手、戴口罩。

（4）用物准备：PICC 维护专用换药包（无菌治疗巾 2 张、洞巾 1 张、大于 0.5% 碘伏棉棒 5 根或 2% 葡萄糖酸氯己定、棉球 / 棉签、无菌手套 2 副、酒精棉片、纱布 2 张）、测量尺、肝素帽 / 无针输液接头、肝素盐水 5ml（需要 10ml 的空针准备）、预充式导管冲洗器 10ml 或生理盐水 10ml、速干手消毒液、透明敷贴 >10cm × 10cm、砂轮、固定器、胶布、锐器盒、黑色垃圾筐、黄色垃圾筐。

备注：如果是双腔 PICC，还需要增加 10ml 生理盐水空针 1 副，肝素盐水 5ml（需要 10ml 的空针准备），肝素帽 / 无针输液接头 1 个；75% 酒精棉片或棉签。

（5）药液准备

1）认真核对生理盐水、肝素钠注射液和盐酸利多卡因注射液有效期。

2）检查药液质量，药瓶有无裂痕，药液有无浑浊、沉淀或絮状物等。

2. PICC 维护操作流程及评分标准见表 5-18。

表 5-18　PICC 维护操作流程及评分标准

项目总分	项目内容	操作流程	标准分	扣分标准	实得分
要求 3 分	护士要求	1. 着装整洁，符合要求	1	一项不符扣 0.5 分	
		2. 洗手	1		
	环境要求	空气洁净，环境整洁，光线、温度适宜	1	一项不符扣 0.5 分	
评估 11 分	基本信息	两人核对患者床号、姓名、住院号（或 ID 号）、治疗单、维护手册、询问消毒液过敏史	3	一项不符扣 0.5 分	

续表

项目总分	项目内容	操作流程	标准分	扣分标准	实得分
评估 11分	治疗方案	评估患者的治疗疗程	1		
	穿刺部位	1. 手臂　置管手臂有无肿胀，如果有肿胀，用测量尺测量臂围	1		
		2. 敷贴　有无卷边、松脱等	1		
		3. 导管　是否在位、滑脱、导管内有无回血及可见微粒	1		
		4. 皮肤　有无湿疹、皮肤水疱等	1		
		5. 穿刺点　有无渗血、分泌物等	1		
	穿刺血管	评估穿刺血管有无静脉炎发生	1		
	患者心理	倾听患者主诉、如患者有无心累、心慌等不适症状	1		
准备 9分	患者准备	嘱患者排便、坐位、半卧位或平卧位	1	一项不符扣0.5分	
	护士准备	洗手、戴口罩	1	一项不符扣0.5分	
	药物准备	检查肝素钠注射液、生理盐水的有效期及质量，贴好标签	1	一项不符扣0.5分	
	用物准备	同前，查看有效期	3	一项不符扣0.5分	
	健康教育	告知患者维护中的注意事项，以取得合作	3		
操作 62分	操作前 9分	（1）再次核对患者基本信息	3		
		（2）打开换药包（盘），铺开无菌治疗巾，将换药包内所有无菌物品全部打入，手臂下垫无菌治疗巾或铺洞巾	3		

续表

项目总分	项目内容	操作流程	标准分	扣分标准	实得分
操作62分	操作前9分	（3）打开敷贴、固定器、肝素帽/无针输液接头及10ml预充式导管冲洗器的外包装或备生理盐水10ml放入无菌治疗巾内，肝素盐水5ml	3		
	操作中43分	1. 冲封管			
		（1）去除包裹在肝素帽外的纱布	1		
		（2）取下原有肝素帽/无针输液接头，如果是前端开口的PICC导管，需夹闭延长管	1		
		（3）用胶布妥善固定导管	3		
		（4）洗手，戴手套	1		
		（5）准备酒精棉片/棉签、消毒液（2%葡萄糖酸氯己定/大于0.5%碘伏）、释放预充式导管冲洗器的压力或准备生理盐水、肝素盐水预冲肝素帽/无针输液接头	3		
		（6）用酒精棉片/棉签摩擦消毒导管横截面及侧面，用力多方位摩擦消毒至少15秒	3		
		（7）10ml生理盐水注射器或预充式导管冲洗器连接导管，缓慢抽回血（判断导管的通畅性），	3		

续表

项目总分	项目内容	操作流程	标准分	扣分标准	实得分
操作62分	操作中43分	见回血脉冲式冲管（如果是双腔PICC导管，需要双管同时脉冲式推注，见图5-20）			
		（8）肝素帽/无针输液接头与导管接口紧密连接，用5ml肝素盐水正压封管	3	一项不符扣1.5分	
		2. 去除原有敷贴			
		（1）去除透明敷贴，“0”度手法自下而上去除敷贴	3		
		（2）去除原有透明敷贴及固定器	3		
		（3）脱手套	1		
		（4）洗手、戴手套	1		
		3. 消毒	5		
		（1）消毒液选择：2%葡萄糖酸氯己定/大于0.5%碘伏			
		（2）消毒范围：以穿刺点为中心直径>15cm（或大于敷贴面积）			
		（3）消毒方法：以穿刺点为中心，由内向外，消毒皮肤至少2次，摩擦消毒至少30秒/次			
		（4）消毒液自然待干			
		4. 固定			
		（1）导管摆放：以穿刺点为中心，导管摆放（“L”形、“U”形或“C”形）固定	3		

续表

项目总分	项目内容	操作流程	标准分	扣分标准	实得分
操作62分	操作中43分	（2）固定方法 1）有固定器：①固定器固定导管翼；②透明敷贴>10cm×10cm无张力粘贴；③脱手套；④洗手；⑤准备胶布	5		
		2）无固定器：①透明敷贴>10cm×10cm无张力粘贴；②脱手套；③洗手；④准备胶布；⑤三条胶布（横向、交叉、再横向）固定导管翼			
		（3）用纱布或用肝素帽盖保护肝素帽	1		
		（4）在胶带上标注：操作者姓名缩写、日期、PICC名称	3		
	操作后10分	1. 舒适体位，整理床单元	3	一项不符扣1.5分	
		2. 医疗废物分类处置	3		
		3. 洗手、记录于手册上、再次核对	3	一项不符扣1分	
		4. 健康教育	1		
终末质量评定5分	1. 遵循无菌技术操作原则		1		
	2. 操作过程熟练、有效		1		
	3. 固定妥善		1		
	4. 关爱患者，有效沟通		1		
	5. 仪表大方，举止端庄，态度和蔼		1	一项不符扣0.5分	
提问5分	掌握5分，部分掌握3分，未掌握0分		5		
操作时间5分	15分钟		5	超时酌情扣分	
总分					

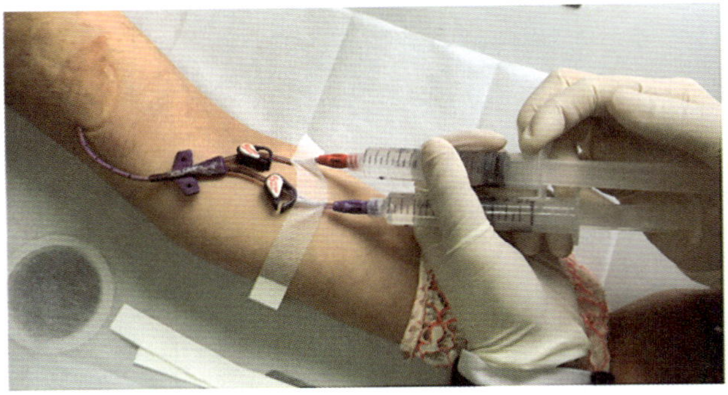

图 5-20　双腔 PICC 导管冲洗方法

（四）维护注意

1. 禁止使用小于 10ml 注射器冲管、给药。

2. 消毒液自然待干，避免皮肤过敏或湿疹发生。

3. 抽回血不可抽至肝素帽 / 无针输液接头及注射器内。

4. 采用脉冲式正压封管，以防血液进入导管。

5. 可以加压输液或输液泵给药，但不能用于高压注射泵推注造影剂。

6. 去除敷贴时要自下而上“0”度手法，尽可能不要污染敷贴下皮肤及导管，切忌将导管带出体外。

7. 勿用酒精棉签直接消毒穿刺点。

8. 严格无菌技术操作，敷贴要完全覆盖外露导管，以免感染。

9. 将外露导管放置（“L”形、“U”形或“C”形）固定，降低导管张力，避免导管移位。

（五）评价

1. 操作有序，动作轻柔、熟练。

2. 护士大方，举止端庄，态度和蔼、语言流畅。

3. 患者安全，护患沟通有效。

4. 患者知晓日常维护及注意事项。

5. 遵守查对制度、无菌技术操作原则及标准预防原则。

（六）健康教育及注意事项

1. 健康教育　见 PICC 置管后间歇期。

2. 注意事项

（1）敷贴

1）揭去敷贴时对着穿刺点方向缓慢撕开，以防导管脱出。

2）消毒液应自然待干。

3）无菌透明敷贴以穿刺点为中心，覆盖穿刺点、导管、部分圆盘或翼。无菌透明敷贴应至少7天更换1次，如对敷贴过敏，可使用无菌纱布敷料，无菌纱布敷料应至少每48小时更换1次；如纱布敷料和透明敷贴一起使用时，应视同于纱布敷料，48小时更换1次。若穿刺部位发生渗液、渗血时应及时更换敷贴；穿刺部位敷贴发生松动、污染等完整性受损时应立即更换。

（2）输液附加装置

1）输液附加装置包括三通、延长管、肝素帽、无针输液接头、过滤器等，应尽可能减少输液附加装置的使用。

2）输液附加装置宜选用螺旋接口，常规排气后与输液装置紧密连接。

3）经输液接头（或接口）进行输液及推注药液之前，应使用消毒剂用力擦拭各种接口（或接头）的横切面及外围。

4）肝素帽至少每7天更换一次。

5）输注血液、TPN时，肝素帽每24小时更换一次。

6）如果肝素帽内有血液或残留物，完整性受损或取下肝素帽后均应更换新的肝素帽。

7）无针输液接头更换频率的间隔时间应不小于96小时，更高频率的更换并无更多优势，且会导致中心静脉相关的血流感染的风险增加。

（3）不可使用有弹性或无弹性的卷绷带来保护任何类型的血管通路装置，因为它们不足以保护血管通路装置，并会掩盖并发症的症状和体征，甚至会破坏血液循环或液体输入，皮肤病变。

五、拔除

PICC留置时间遵循静脉输液行业标准：PICC留置时间不宜超过1年或遵照产品使用说明书。

（一）拔管指征

1. 可疑PICC感染　根据美国INS实践标准，双向血培养阳性，确诊导管感染所致的败血症，需迅速拔管。

2. 静脉炎　经初步处理后症状无改善，并加重，可见脓性分泌物，或出现导管相关性感染体征时，需考虑拔管。

3. 治疗完毕　原则上不再保留导管，应立即拔除。

4. 如果导管出现断裂、沙眼样漏液不能修复。

5. 导管堵塞　通过溶栓等处理，不能再通，也应立即拔出导管。

（二）拔管方法

1. 核对医嘱、患者床号、姓名及住院号（或ID号）、查看置管手臂血管超声结果。拔管流程见图5-21。

2. 患者或家属签PICC拔管告知同意书（附表6）。

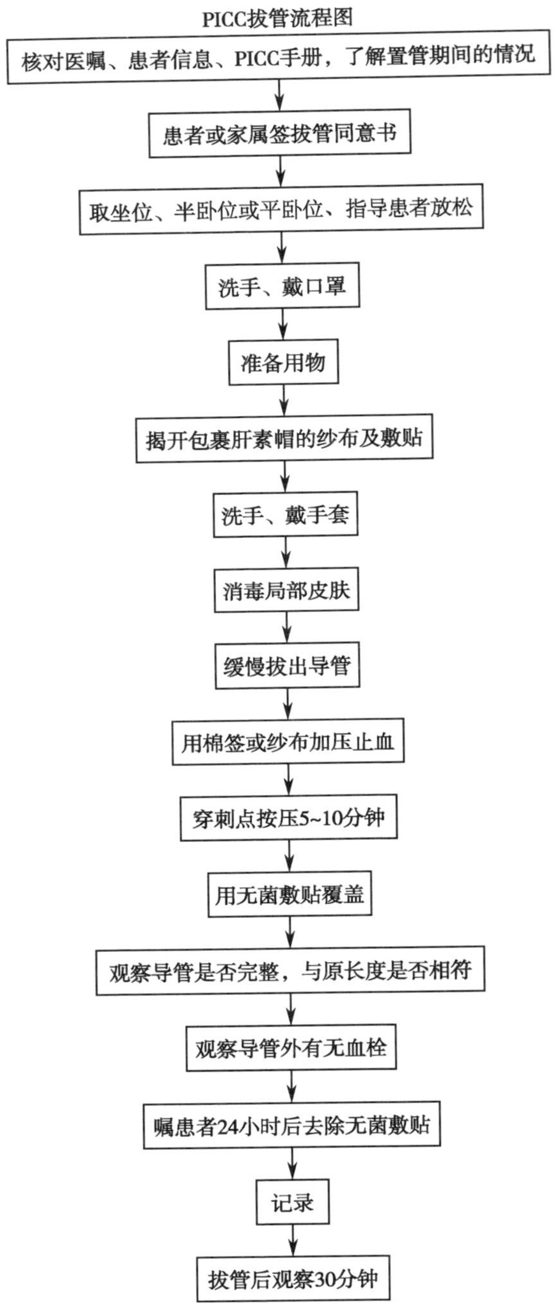

图 5–21　PICC 拔管流程图

3. 用物准备 消毒液、棉签、手套及敷贴或 PICC 换药包。
4. 取坐位或平卧位，指导患者放松。
5. 洗手、戴口罩。
6. 去除包裹肝素帽的纱布及敷贴。
7. 洗手，戴手套。
8. 消毒局部皮肤。
9. 缓慢拔出导管（拔管时如遇阻力，嘱患者放松、深呼吸）。
10. 导管全部拔出后再用棉签或纱布加压止血。穿刺点按压 5~10 分钟，至不出血为止。
11. 用无菌敷贴覆盖。
12. 观察 PICC 是否完整，与原长度是否相符、观察导管外有无附壁血栓。
13. 拔管后患者休息 30 分钟，观察有无呼吸困难、穿刺点有无渗血。
14. 嘱患者 24 小时后去除无菌敷贴。
15. 记录于患者病历或手册。

（三）注意事项

1. 了解置管期间的情况，如有无血栓史，如果有血栓史，建议做血管彩超后再根据情况决定是否拔管。
2. 拔管时务必轻柔、缓慢，没有外在压力情况下拔管。

（吴玉芬 曾丽 包芙蓉 石兵）

第八节 动脉穿刺技术

动脉穿刺技术主要用于动脉采血、动脉穿刺有创动脉压监测、主动脉球囊反搏和经动脉穿刺的各种介入诊疗技术。目前穿刺不限于护士的工作，除浅动脉和浅静脉穿刺外，大多数其他血管如动脉穿刺有创动脉压监测、体外膜肺氧合（ECMO）置管穿刺等均由经过培训的医师操作。本节介绍动脉采血技术及护理、有创血压监测导管置入及维护。

一、动脉采血技术及护理

（一）适用范围

1. 各种创伤、手术、疾病所致的呼吸功能障碍者需采集动脉血进行血气分析。
2. 呼吸衰竭、使用机械通气的患者需采集动脉血进行血气分析。
3. 心、肺复苏抢救后需要继续监测血气分析的患者。
4. 无绝对禁忌证。

（二）穿刺部位及血管选择

理想的穿刺部位是表浅易于触及、穿刺方便、体表侧支循环丰富、远离静脉和神经的动脉。通常选用桡动脉、肱动脉、股动脉，婴幼儿可选择头皮动脉，出生48小时内的新生儿可选用脐动脉。成人首选桡动脉。

（三）穿刺工具型号的选择

采血器材的选择一般采用专用的动脉采血器，普通抗凝注射器采血、查血气分析会影响结果的精确性。

（四）穿刺操作流程

1. 目的　采动脉血进行血气分析检测。

2. 评估

（1）采血方案：采动脉血进行血气分析的目的。

（2）评估患者

1）基本信息：姓名、性别、年龄、病情及意识等。

2）穿刺部位：穿刺部位的选择、皮肤状况。

3）穿刺血管：动脉的搏动情况、充盈度。

4）患者心理：评估心理状态和合作程度。解释穿刺目的及穿刺时的注意事项，消除患者紧张情绪。

（3）穿刺工具：原则上是在满足采血的前提下选择型号小的穿刺针。

3. 实施

（1）准备

1）环境准备：空气洁净、环境整洁、光线、温度适宜。

2）患者准备：排便，清洗穿刺部位，摆好体位，以患者舒适为宜。

3）护士准备：着装整洁、规范洗手、戴口罩。

4）用物准备：无菌治疗盘、动脉采血器、消毒物品、无菌手套、棉签、体温表、化验单等；必要时可备表面麻醉药，减轻采血时给患者带来的疼痛。

5）药液准备：①认真核对备表面麻醉剂、肝素钠注射液的有效期。②检查药液质量，药瓶有无裂痕，药液有无浑浊、沉淀或絮状物等。

（2）动脉采血操作流程及评分标准见表5-19。

4. 穿刺注意

（1）体位

1）桡动脉采血时患者坐位或卧位，腕部伸直或外展，掌心向上，手自然放松保持过伸位。

2）肱动脉穿刺采血时患者取坐位或平卧位，上肢伸直略外展，掌心向上，肘关节下可垫一小枕，使患者舒适。穿刺点在肱二头肌内侧沟肱动脉搏动最明显处斜进针。

表 5-19　动脉采血操作流程及评分标准

项目总分	项目内容	操作流程	标准分	扣分标准	实得分
要求 3 分	护士要求	1. 着装整洁,符合要求	1	一项不符扣 0.5 分	
		2. 洗手	1		
	环境要求	环境整洁、安静、安全,便于操作	1	一项不符扣 0.5 分	
评估 15 分	基本信息	两人核对患者医嘱、床号、姓名、住院号(或 ID 号)及化验单信息,查看患者是否有凝血功能障碍	3	一项不符扣 1 分	
	治疗方案	评估采血目的	3		
	穿刺部位	皮肤状况	3		
	穿刺血管	首选桡动脉、评估其充盈度	3		
	患者心理	如患者紧张,则消除患者紧张、焦虑情绪	3		
准备 15 分	患者准备	1. 平卧休息 15 分钟	1		
		2. 人工通气患者其通气设置至少保持 30 分钟不变	1	未人工通气患者直接得分	
		3. 测量体温	1		
准备 15 分	护士准备	洗手、戴口罩	1	一项不符扣 0.5 分	
	药物准备	查看表面麻醉药盐酸利多卡因注射液、肝素钠注射液、生理盐水的有效期及质量,贴好标签	3		
	用物准备	同前、查看有效期	5	遗漏一项扣 0.5 分	
	健康教育	告知患者采血的目的、穿刺中的配合及注意事项	3		
穿刺 52 分	穿刺前 10 分	1. 两人核对医嘱及患者床号、姓名及住院号(或 ID 号)	3	一项不符扣 1 分	
		2. 洗手	2		

续表

项目总分	项目内容	操作流程	标准分	扣分标准	实得分
穿刺 52 分	穿刺前 10 分	3. 消毒	5		
		（1）消毒液：2% 葡萄糖酸氯己定 / 大于 0.5% 碘伏 / 碘酊 +75% 酒精			
		（2）消毒范围：直径≥5cm			
		（3）消毒方法：以穿刺点为中心，由内向外，顺、逆时针消毒至少 2 次，用力摩擦皮肤至少 30 秒 / 次，自然待干			
	穿刺中 32 分	1. 打开动脉采血器（真空采血器）	3		
		2. 洗手、戴无菌手套	3		
		3. 定位：操作者位于穿刺侧，在已消毒的范围内摸到预穿刺动脉搏动最明显处，固定于两指之间	5		
		4. 采血方法	5		
		（1）斜刺：逆动脉血流方向穿刺，以搏动最明显处进针。表浅动脉如桡动脉、足背动脉常采用斜刺			
		（2）直刺：肱动脉、股动脉常采用直刺，方法为示指、中指在动脉搏动最明显处纵向两侧固定动脉，示指、中指能摸到搏动，中间是搏动最明显处，采血器在中间			

续表

项目总分	项目内容	操作流程	标准分	扣分标准	实得分
穿刺52分	穿刺中32分	垂直进针，见回血后固定针头，标本血量足够后拔针。肱动脉、股动脉采用直刺血管			
		5. 见有鲜红色血达到所需量后拔针：左手取无菌干棉签压迫穿刺点，右手迅速拔针	3		
		6. 抽出血标本，立即隔绝空气，防止凝血，将空针在手中转动3~5次，颠倒混匀5次、手搓5秒，以保证抗凝剂完全作用	3		
		7. 无菌棉签按压穿刺点5~10min（力度以摸不到动脉搏动为准）	3		
		8. 再次核对患者床号、姓名及住院号（或ID号）	3	一项不符扣1分	
		9. 血气分析单上注明采血时间、是否氧疗及氧气浓度、体温	3		
		10. 再次核对，及时送检分析：如大于15分钟未分析需冰浴	1	一项不符扣1.5分	
	穿刺后10分	1. 协助患者穿衣服、取舒适体位及整理床单元	3	一项不符扣1分	
		2. 医疗废物分类处置	3		
		3. 脱手套、洗手、记录，再次核对	3		
		4. 健康教育	1		

续表

项目总分	项目内容	操作流程	标准分	扣分标准	实得分
终末质量评定5分	1. 遵循无菌技术操作原则		1		
	2. 操作过程熟练、有效		1		
	3. 固定妥善		1		
	4. 关爱患者,有效沟通		1		
	5. 仪表大方,举止端庄,态度和蔼		1	一项不符扣0.5分	
提问5分	掌握5分,部分掌握3分,未掌握0分		5		
操作时间5分	10分钟		5	超时酌情扣分	
总分					

3）股动脉采血需保护患者隐私,取仰卧位,脱去内裤,充分暴露腹股沟,穿刺侧大腿略向外展,小腿屈曲90°,呈蛙式。

（2）动脉选择:位于体表暴露部位,易扪及、易定位,周围无重要组织,易于压迫止血。首选桡动脉。

5. 评价

（1）患者及家属了解动脉采血目的、配合要点。

（2）操作规范,熟练、有效。

（3）没有因护理不当导致的并发症发生。

（4）遵循查对制度、符合无菌技术操作原则及标准预防原则。

（五）健康教育及注意事项

1. 健康教育

（1）向患者及家属讲解采集动脉血目的,取得患者及家属配合。

（2）了解患者是否有传染性疾病,实施标准预防。

2. 注意事项

（1）评估患者是否有出凝血障碍或接受抗凝、溶栓治疗,有无发生大出血或血肿危险。

（2）操作过程中严格遵循无菌技术操作原则。

（3）部位选择要准确,避免伤及静脉血管和神经。

（4）采集血气标本时最好采用真空动脉采血器。

（5）标本必须隔绝空气。

（6）及时送检。

（六）拔针

1. 拔针指征　动脉血标本采集完毕即可拔针。

2. 拔针方法　快速拔出，立即使用棉签、棉球或纱布在穿刺点加压。

3. 拔针后注意事项

（1）拔针后注意观察局部情况，防止出血或血肿形成；观察穿刺点，确认无出血方可离开。

（2）穿刺点压迫5~10分钟，向患者及家属讲解按压的目的及意义，预防并发症发生。

二、有创血压监测导管置入及维护

有创动脉血压监测导管置入主要目的是持续有创血压监测，是将动脉测压导管置入动脉内，通过压力监测仪直接测量动脉内压力的方法。直接动脉压监测可持续准确地显示每一个心动周期的血压变化情况，可直接显示收缩压、舒张压和平均动脉压，对于血管痉挛、休克、体外循环转流的患者其测量结果更为可靠，为临床治疗提供可靠的依据，并可随时采集动脉血供血气分析。

（一）适用范围及慎用或禁用范围

1. 适用范围

（1）呼吸、心跳骤停后需要复苏的患者。

（2）大面积心肌梗死和严重心力衰竭、体外循环心内直视手术患者。

（3）多器官功能衰竭或严重创伤以及其他血流动力学不稳定的危重症患者。

（4）严重的周围血管收缩患者。

（5）进行重大手术或有生命危险的手术患者术中和术后监护。

（6）控制性降压和低温麻醉患者。

（7）需反复采集动脉血标本的患者。

（8）需用血管活性药进行血压调控的患者。

（9）选择性造影、动脉插管化疗。

2. 慎用或禁用范围

（1）Allen试验阳性者禁行同侧桡动脉穿刺。

（2）穿刺局部皮肤有感染破溃者。

（3）雷诺现象和脉管炎患者。

（4）严重凝血功能障碍的患者。

（5）手术操作涉及同一部位时。

（二）穿刺血管的选择

进行动脉导管置入应选择具有广泛侧支循环的动脉，以保证一旦发生血栓时远端组织仍有血液供应。同时穿刺的部位应让患者感到舒适，便于护理，距离监护设备较近。常用于穿刺的动脉有桡动脉、股动脉、腋动脉、肱动脉及足背动脉。桡动脉因穿刺容易和管理方便，为首选部位。

（三）穿刺工具型号的选择

短时间测压可采用动静脉外周静脉留置针（非蝶翼型）进行穿刺，型号为18~24G。根据患者年龄、体重选择合适型号的穿刺针。若置管测压时间较长者可采用专门的动脉测压导管。临床上常采用动静脉外周静脉留置针进行穿刺。

（四）操作步骤

1. 目的

（1）持续动态监测动脉压力变化过程，较经外周无创血压监测准确可靠。

（2）根据波形变化判断心肌收缩功能。

（3）应用血管活性药物时直接反应药物疗效。

（4）反复采集动脉血减少患者痛苦。

2. 评估

（1）桡动脉置管时应进行 Allen 试验，评估侧支循环情况。

（2）评估患者

1）基本信息：姓名、性别、年龄、病情、意识等。

2）穿刺部位：包括穿刺部位的选择、皮肤状况。

3）穿刺血管：动脉的搏动情况。

4）患者心理：评估心理状态和合作程度。解释穿刺目的及穿刺时的注意事项，消除患者的紧张情绪。

（3）穿刺工具：根据血管粗细选择穿刺针的型号及合适的动脉导管。

3. 实施

（1）准备

1）环境准备：空气洁净、环境整洁、光线、温度适宜。

2）患者准备：①排便，清洗手，根据穿刺部位，摆好体位，以患者舒适为宜。②桡动脉穿刺置管需作 Allen 试验。

Allen 试验步骤（图 5-22）：①先将患者手臂抬高至心脏水平以上，术者用双手同时按压桡动脉和尺动脉；②嘱患者做 3 次捏拳和松开动作至手掌变白；③放低手臂，松开对尺动脉的压迫，继续保持压迫桡动脉；④观察手部皮肤转红时间（0~7 秒表示血液循环良好，小于 5~7 秒属正常，8~15 秒属可疑，大于 15 秒属供血不足。大于 15 秒称为 Allen 试验阳性，不宜选用桡动脉作穿刺置管）。

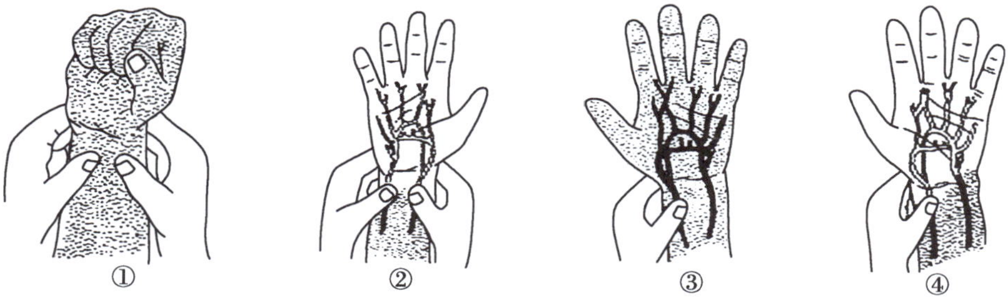

图 5-22 Allen 试验步骤

对于昏迷或合作欠佳的患者可进行改良 Allen 试验（图 5-23）：①把血氧饱和仪指套接于患者待测手掌拇指上，首先记录基础血氧饱和度波形图；②术者用双手于腕横纹上 2cm 压迫并阻断桡动脉、尺动脉，直至 SPO_2 读数消失；③松开对尺动脉的压迫，继续保持压迫桡动脉，观察血氧饱和度的恢复情况。SPO_2 下降 2% 以内或基本不变，表示代偿良好，可以做桡动脉穿刺。

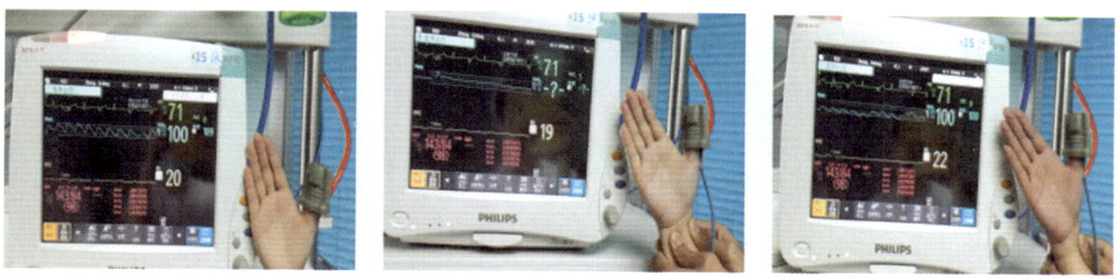

图 5-23 改良 Allen 试验步骤

3）护士准备：着装整洁、规范洗手、戴口罩。

4）用物准备：消毒器械包、动脉穿刺包、多功能心电监护仪；常规开放静脉通道，备好急救设备；局麻药物（利多卡因溶液或利多卡因乳膏）；动脉测压装置；其他相关物品。

5）药液准备：①认真核对生理盐水、肝素钠注射液、局麻药物（盐酸利多卡因注射液溶液或利多卡因乳膏）的有效期。②检查药液质量，药瓶有无裂痕，药液有无浑浊、沉淀或絮状物等。

（2）有创血压监测导管置入操作流程及评分标准见表 5-20，以桡动脉穿刺为例。

4. 穿刺注意

（1）动脉测压管的各个接头连接处要旋紧，防止脱开或渗漏。

（2）三通连接处置于无菌治疗巾内。

（3）测压前应调节压力基线于零水平，压力换能器置于相当于心脏水平的位置。

表 5-20　有创血压监测导管置入操作流程及评分标准

项目总分	项目内容	操作流程	标准分	扣分标准	实得分
要求3分	护士要求	1. 着装整洁，符合要求	1	一项不符扣 0.5 分	
		2. 洗手	1		
	环境要求	环境整洁、安静、安全，便于操作	1	一项不符扣 0.5 分	
评估18分	基本信息	两人核对患者床号、姓名、住院号（或 ID 号），确认穿刺置管医嘱，查看患者是否有凝血功能障碍	3	一项不符扣 1 分	
	治疗方案	评估有创血压监测导管置入目的	3		
	穿刺部位	1. Allen 试验	3		
		2. 穿刺部位皮肤状况	3		
	穿刺血管	首选桡动脉，评估其充盈度	3		
	患者心理	如患者紧张，则消除患者紧张、焦虑情绪	3		
准备19分	患者准备	患者平卧，上肢外展，掌侧向上，腕部垫纱布卷，四指固定使腕部呈背屈，抬高 30°~45°	5	一项不符扣 1 分	
	护士准备	洗手、戴口罩	3	一项不符扣 1.5 分	
	药物准备	查看盐酸利多卡因注射液的有效期及质量	3		
	用物准备	同前，查看有效期	5	遗漏一项扣 1 分	
	健康教育	告知患者及家属导管置入目的，操作中配合及注意事项	3		
穿刺43分	穿刺前13分	1. 两人核对医嘱及患者床号、姓名及住院号（或 ID 号）	3	一项不符扣 1 分	
		2. 洗手	2		
		3. 消毒	5		
		（1）消毒液：2% 葡萄糖酸氯己定 / 大于 0.5% 碘伏 / 碘酊 +75% 酒精			

续表

项目总分	项目内容	操作流程	标准分	扣分标准	实得分
穿刺43分	穿刺前13分	（2）消毒范围：直径≥5cm			
		（3）消毒方法：以穿刺点为中心，由内向外，顺、逆时针消毒至少2次，每次用力摩擦皮肤至少30秒，自然待干			
		4. 可在穿刺前2小时局部涂抹利多卡因乳膏对穿刺部位进行局部麻醉；小儿应在动脉周围使用盐酸利多卡因注射液针剂局部麻醉	3		
	穿刺中18分	1. 在腕褶痕上方1cm处摸清桡动脉后，用粗针头穿透皮肤做一引针孔	3		
		2. 用连接好注射器的套管针从引针孔处进针，套管针与皮肤成30°，与桡动脉走行相平行进针，当针头穿过桡动脉壁时有突破坚韧组织的落空感，并有血液呈搏动状涌出，证明穿刺成功	7		
		3. 降低套管针，与皮肤成10°，再将其向前推进2mm，使外套管的圆锥口全部进入血管腔内，用手固定针芯，将外套管送入桡动脉内并推至所需深度，拔出针芯	5		
		4. 连接测压装置	3		
	穿刺后12分	1. 穿刺点加压固定，用透明敷贴固定套管，必要时缝合或用小夹板固定手腕部	3		
		2. 换能器置于心脏水平位置（腋中线第四肋）	1		

续表

项目总分	项目内容	操作流程	标准分	扣分标准	实得分
穿刺43分	穿刺后12分	3. 协助患者穿衣服、取舒适体位及整理床单元	1		
		4. 医疗废物分类处置	1		
		5. 洗手(或消毒手)后记录置管的情况,置入时间、注明管道标识,再次核对	3		
		6. 健康教育	3		
终末质量评定7分	1. 遵循无菌技术操作原则		3		
	2. 操作过程熟练、有效		1		
	3. 固定妥善		1		
	4. 关爱患者,有效沟通		1		
	5. 仪表大方,举止端庄,态度和蔼		1	一项不符扣0.5分	
提问5分	掌握5分,部分掌握3分,未掌握0分		5		
操作时间5分	30分钟		5	超时酌情扣分	
总分					

(4)加压袋的压力要达到300mmHg。

(5)当动脉波形出现异常、低钝、消失时,考虑可能动脉穿刺针处有打折或血栓堵塞现象。

(6)动脉测压管内严禁进气,应定时检查管道内有无气泡。

(7)定时观察穿刺肢体的血运情况,以免发生肢端坏死。

(8)保证动脉穿刺点的局部干燥。

(9)保持测压管道通畅,妥善固定套管、延长管及测压侧肢体,防止导管受压或扭曲。

(10)留置的导管用加压袋将肝素液持续输入动脉内,或间断冲洗,肝素液的浓度为5U/ml,避免导管内血液凝固,保证管道通畅。

(11)如患者出现高热、寒战,应及时寻找感染源。尽早拔出动脉置管必要时，取创面物培养或做血培养以协助诊断，并根据医嘱合理应用抗生素。

5. 评价

（1）患者及家属了解动脉置管目的、配合要点。

（2）操作规范，熟练。

（3）没有因护理不当导致的并发症发生。

（4）遵循查对制度、符合无菌技术操作原则及标准预防原则。

（五）拔管

1. 拔管指征

（1）患者病情平稳，不需要持续有创血压监测或不需要频繁采集动脉血标本。

（2）严重导管相关性血流感染患者。

2. 拔管方法　备好无菌棉球或纱布且紧贴穿刺点，快速拔出后立即使用纱球或纱布在穿刺点加压。

3. 拔管注意事项

（1）穿刺点压迫 5~10 分钟，向患者及家属讲解按压的目的及意义，预防并发症发生。

（2）按压后用无菌敷料及绷带环形加压包扎穿刺部位，4 小时后松开绷带及敷料，观察无出血及血肿后取下敷料。

（贾　平）

第九节　血液净化通路使用

血液净化是将患者的血液引出身体外，并通过净化装置除去其中某些致病物质，净化血液达到治疗疾病的目的。建立和维持一个有足够功能的血管通路是保证血液净化顺利进行和充分透析的关键，被透析工作者和患者称为“生命线”。临床上将血管通路分为临时性血管通路和永久性血管通路。临时性血管通路包括动脉直穿（因损伤血管临床上已不再使用）和中心静脉导管置入（包括股静脉、颈内静脉、锁骨下静脉）。长期血管通路的建立主要有：自体动、静脉内瘘成形术、人造血管内瘘成形术、长期中心静脉导管置入术。

一、临时性通路的使用及维护

理想的血管通路应符合以下要求：①血流量达 400ml/min 以上。②可反复使用，对患者的日常生活影响少。③安全，并发症少（包括感染、血栓形成、狭窄、破裂、出血等），对患者心脏功能影响少。

（一）适用范围及慎用或禁用范围

1. 适用范围

（1）急性肾衰、腹膜透析出现紧急并发症的患者。

（2）慢性肾衰患者内瘘未成熟或未建立血管通路前，出现各种危急患者生命的并发症，如急性左心衰竭、高钾血症、严重的酸中毒等。

（3）其他疾病急需行血液净化治疗的患者，如血液灌流、免疫吸附、血浆置换或连续性肾脏替代治疗（CRRT）等。

2. 慎用或禁用范围

（1）静脉系统血栓形成或严重狭窄。

（2）浅表动、静脉穿刺困难。

（3）穿刺局部有感染。

（4）凝血功能障碍。

（5）患者不合作，躁动不安者。

（二）穿刺部位及血管的选择

优先考虑颈内静脉或股静脉插管，当患者不能平卧时，首选股静脉插管。

（三）穿刺工具型号的选择

一般选择双腔，根据患者高矮确定导管的长短，成人颈内静脉和锁骨下静脉导管一般为13~15cm，股静脉一般为15~20cm。

（四）穿刺操作流程

1. 目的　建立血透通路。

2. 评估

（1）评估患者

1）基本信息：姓名、性别、年龄、病情及意识等。

2）穿刺部位：根据患者病情、卧位情况选择穿刺血管，评估穿刺血管的充盈度及周围皮肤情况。

3）患者心理：评估心理状态和合作程度，说明置管目的和穿刺时的注意事项，消除患者紧张情绪。

（2）穿刺工具：根据患者高矮确定导管型号。

3. 实施

（1）准备

1）环境准备：空气洁净、环境整洁、光线、温度适宜。

2）患者准备：排便、清洁穿刺部位、根据穿刺方法摆好体位，以患者舒适为宜。

3）操作者准备：着装整洁、规范洗手、戴口罩。

4）用物准备：穿刺包、中心静脉导管套件、无菌手套、消毒液、棉签、治疗巾、纱布、胶布、空针。

5）药液准备：盐酸利多卡因注射液、肝素钠注射液、生理盐水，核对药物有效期，检查药液质量。

（2）血透导管置管流程：局麻→穿刺→抽回血→判断是静脉血→送导丝→拔穿刺针→破皮扩张→送穿刺鞘→送导管→拔导丝→生理盐水脉冲式冲管→肝素盐水正压封管→上肝素帽→缝合固定→包扎固定。

4. 穿刺注意

（1）体位

1）颈内静脉穿刺：患者去枕平卧，肩背部垫一薄枕，取头低位 10°~15° 头后仰略偏向左侧（一般选右侧穿刺）。

2）股静脉穿刺：需保护患者隐私，仰卧位，屈膝、大腿外旋外展 45°，穿刺侧臀部垫高充分显露股三角。

（2）血管选择：一般情况选颈内静脉，当患者不能平卧时，首选股静脉插管。

5. 评价

（1）患者及家属了解置管目的及配合要点。

（2）操作规范、熟练，穿刺成功率高。

（3）没有因操作不当导致的并发症发生。

（4）遵循查对制度，符合无菌技术操作原则及标准预防原则。

（五）健康教育及注意事项

1. 健康教育

（1）向患者及家属讲解置管目的，取得配合。

（2）指导患者合理穿脱衣物，防止导管带出。

（3）了解患者是否有传染性疾病，正确实施标准预防。

2. 注意事项

（1）评估血管是否有狭窄或畸形，有无发生大出血或血肿的危险。

（2）操作过程中严格遵循无菌技术操作原则，防止针刺伤的发生。

（六）拔管

1. 拔管指征

（1）导管感染，抗感染治疗无效。

（2）导管失去功能，血流量不能满足透析治疗需要。

（3）导管周围出血、止血无效。

（4）停止透析或建立了长期血液净化通路。

2. 拔管方法　洗手、戴手套，消毒局部皮肤，拆除固定翼缝线，将导管缓慢拔出，当导管拔出时，用无菌纱布按压置管口 5~10 分钟，至不出血为止。

3. 拔管后注意事项

（1）拔管后注意观察局部情况，防止出血或血肿形成。

（2）拔管时禁止坐位，防止静脉内压力低而产生空气栓塞。

（3）拔管后按压置管口 5~10 分钟，至不出血为止。

（4）拔管当天不能沐浴，以防感染。

（5）股静脉拔管后 4 小时内不能下床活动。

（七）留置导管的使用及维护

1. 临时性血管通路留置导管前护理见表 5-21。

表 5-21　临时性血管通路留置导管前护理

置管部位	心理护理	健康教育	体　　位
颈内静脉	介绍导管重要性，取得术中配合	患者身体状况许可，洗头，清洁皮肤	患者去枕平卧，肩背部垫一薄枕，取头低位 10°~15°，头后仰略偏向左侧（一般选右侧穿刺）
股静脉	取得术中配合	局部备皮，清洁皮肤	患者仰卧位，屈膝、大腿外旋外展 45°，穿刺侧臀部垫高，充分显露股三角，特殊患者如心衰不能平卧可采用半坐位；完全坐位或前倾位则不宜行股静脉置管
锁骨下静脉	取得术中配合	洗头，清洁皮肤	患者平卧于 15°~30° 倾斜于操作台面，肩部垫高，头偏向对侧，穿刺侧上肢外展 45°、后伸 30°，向后牵拉锁骨

2. 留置导管的使用和维护

（1）评估导管：查看导管固定是否妥当，评估置管口及周围皮肤有无红肿、渗血、渗液、脓性分泌物及破溃等现象。

（2）去除导管处敷料→去除肝素帽→洗手→戴手套→铺无菌治疗巾或洞巾→使用 75% 酒精棉片螺旋消毒导管接口→连接注射器→打开夹子→抽出导管内封管液和可能形成的血栓。

（3）从导管静脉端推注首次抗凝剂的剂量，连接血透管路，开启血泵进行透析治疗。透析管路与导管连接处用无菌治疗巾覆盖。

（4）将透析管路固定胸前，根据患者活动需求留够导管长度。

（5）当透析机发出报警提示透析结束时，洗手、戴手套，按常规回血下机，停血泵关闭管路和导管上的夹子，分离管路和中心静脉导管，用 10ml 生理盐水分别冲净导管动、静脉端管腔内的血液，用肝素盐水正压封管，在注入肝素盐水同时立即夹闭导管，使导管腔内保持正压状态，拧紧无菌肝素帽并妥善固定。

（6）脱手套、洗手、记录。

（7）严格无菌技术操作，肝素盐水液量应该视管腔的容量而定；肝素帽应每次更换；留置导管者应每日监测体温，怀疑导管感染时应及时就诊。

二、自体动、静脉内瘘的使用及维护

自体动、静脉内瘘成形术是通过外科手术，将患者的动、静脉在皮下吻合建立的血管通道。术后患者动脉血液流至浅表静脉，达到血液透析所需的血流量要求，便于血管穿刺，从而建立血液透析体外循环。

（一）适用范围及慎用或禁用范围

1. 适用范围 慢性肾衰竭需要长时间血液透析治疗的患者。

2. 绝对禁用范围 四肢近端大静脉或中心静脉存在严重狭窄、明显血栓或因邻近病变影响静脉回流。患者前臂 Allen 试验阳性，禁止行前臂动、静脉内瘘吻合术。

3. 慎用或禁用范围 预期患者生存时间短于 3 个月；心血管状态不稳，心力衰竭未控制或低血压患者；手术部位存在感染；经同侧锁骨下静脉进行心脏起搏器安装患者。

（二）穿刺部位及血管的选择

1. 内瘘成熟的判断标准 内瘘成熟的定义指内瘘透析时易于穿刺，穿刺时渗血风险最小，在整个透析过程中均能提供充足的血流量，能满足每周 3 次以上的血液透析治疗。

判断标准：吻合口震颤良好，无异常增强、减弱或消失；瘘体段静脉走行平直、表浅、易穿刺，粗细均匀，有足够可供穿刺的区域，瘘体血管壁弹性良好，可触及震颤，无搏动增强、减弱或消失。满足“6”原则特性即流量 >600ml/min，直径 >0.6cm，皮下深度 <0.6cm，血管边界清晰可见。

2. 穿刺部位及血管的选择 前臂腕部桡动脉－头静脉内瘘最常用，动、静脉内瘘初次穿刺时，要观察内瘘血管走向，触摸感受血管管壁的厚薄、弹性、深浅及瘘管是否通畅，通畅的内瘘血管震颤及搏动明显。

（三）穿刺工具型号的选择

在动、静脉内瘘使用的最初阶段，建议使用小号 17G 穿刺针，以减少对内瘘的损伤，使用 5~8 次后无血肿发生，可改为 16G 或 15G 较粗的内瘘针进行穿刺。

（四）穿刺操作流程

1. 目的 建立血管通路，保证足够的血流量，使患者能顺利完成血液透析治疗。

2. 评估

（1）评估患者

1）基本信息：姓名、性别、年龄、病情及意识等。

2）穿刺部位：皮肤无损伤及感染。

3）穿刺血管：内瘘的搏动及震颤情况、充盈度。

4）患者心理：评估心理和合作程度，解释穿刺目的及穿刺时注意事项，消除患者紧张情绪。

（2）穿刺工具：原则上能保证透析血流量的穿刺工具。

3. 实施

（1）准备

1）环境准备：空气洁净、环境整洁、光线、温度适宜。

2）患者准备：排便、清洁穿刺部位、摆好体位，以患者舒适为宜。

3）护士准备：着装整洁、规范洗手、戴口罩。

4）用物准备：无菌治疗盘、内瘘针、无菌手套、棉签、消毒液、治疗巾、空针、压脉带、创可贴、胶布。

5）药液准备：在有效期内，无变质。

（2）动、静脉内瘘穿刺操作流程及评分标准见表5-22。

表5-22　动、静脉内瘘穿刺操作流程及评分标准

项目总分	项目内容	操作流程	标准分	扣分标准	实得分
要求3分	护士要求	1. 护士着装整洁，符合要求	1	一项不符扣0.5分	
		2. 洗手	1		
	环境要求	环境整洁、安静、安全，便于操作	1	一项不符扣0.5分	
评估18分	基本信息	两人核对患者床号、姓名、住院号（或ID号），机器型号，查看患者是否有凝血功能障碍	3	一项不符扣1分	
	治疗方案	评估患者有无血液透析治疗的需求	3		
	穿刺部位	1. Allen试验	3		
		2. 评估穿刺部位皮肤状况	3		
	穿刺血管	评估内瘘血管充盈度	3		
	患者心理	如患者紧张，则消除患者紧张、焦虑情绪	3		
准备13分	患者准备	患者平卧，上肢外展，充分暴露内瘘血管	3	一项不符扣1分	
	护士准备	洗手、戴口罩	1	一项不符扣0.5分	
	药物准备	查看抗凝剂有效期及质量	3		
	用物准备	按需准备用物；查看各物品有效期	3	遗漏一项扣0.5分	

续表

项目总分	项目内容	操作流程	标准分	扣分标准	实得分
准备13分	健康教育	告知患者穿刺目的、穿刺中的配合及注意事项	3		
穿刺43分	穿刺前14分	1. 两人核对医嘱及患者床号、姓名及住院号(或ID号)、透析机型号	3	一项不符扣1分	
		2. 洗手、戴手套	1		
		3. 消毒	5		
		(1)消毒液:安尔碘			
		(2)消毒范围:直径≥10cm			
		(3)消毒方法:以穿刺点为中心,由内向外,顺、逆时针消毒至少2次,用力摩擦皮肤至少30秒/次,自然待干		一项不符扣1分	
		4. 可在穿刺前2小时局部涂抹利多卡因乳膏,对穿刺部位进行局部麻醉,消毒前用棉签去除多余的乳膏	5		
	穿刺中13分	1. 将抽有抗凝剂的注射器与内瘘针连接紧密,排尽空气,内瘘针与皮肤成30°进针,见回血后,再将内瘘针向前推进2mm。穿刺点与动脉穿刺点至少间隔8cm	5		
		2. 询问患者有无出血及创伤,遵医嘱由静脉端推注抗凝剂	3		
		3. 选择动脉穿刺点,内瘘针与皮肤成30°进针,当针头穿过血管壁时有落空感,并有血液呈搏动状涌出,证明穿刺成功。动脉穿刺点距瘘口至少3cm	5		

续表

项目总分	项目内容	操作流程	标准分	扣分标准	实得分
穿刺43分	穿刺后16分	1. 动、静脉内瘘针分别由两条胶布交叉固定针翼，一条胶布固定内瘘针尾，针眼用创可贴覆盖	3		
		2. 连接透析管路，设置透析参数	3		
		3. 协助患者取舒适体位及整理床单元	3		
		4. 医疗废物分类处置	1		
		5. 洗手，脱手套，记录，再次核对患者信息及透析机型号	3	一项不符扣1分	
		6. 健康教育	3		
终末质量评定13分	1. 遵循无菌技术操作原则		3		
	2. 操作过程熟练、有效		3		
	3. 妥善固定		3		
	4. 关爱患者，有效沟通		3		
	5. 仪表大方，举止端庄，态度和蔼		1	一项不符扣0.5分	
提问5分	掌握5分，部分掌握3分，未掌握0分		5		
操作时间5分	30分钟		5	超时酌情扣分	
总分					

4. 穿刺注意

（1）体位：患者取平卧位或半卧位，内瘘侧手臂自然伸展，穿刺血管充分暴露，患者感觉自然舒适。

（2）血管选择：内瘘血管走向清晰，震颤明显、搏动良好；静脉血管充盈；血管皮肤完好，周围组织无硬结，易于穿刺固定，拔针后易于压迫止血。

5. 评价

（1）患者及家属了解血透通路的重要性，穿刺时和透析中的配合要点。

（2）操作规范、熟练，穿刺成功率高。

（3）无因操作不当导致的并发症发生。

（4）遵循查对制度，符合无菌技术操作原则及标准预防原则。

（五）健康教育及注意事项

1. 健康教育

（1）向患者及家属讲解内瘘维护的重要性，取得配合。

（2）指导患者及家属在透析间隙进行内瘘锻炼（动、静脉内瘘手术后，术侧手挤压握力球，使血管壁增厚，血管长粗，血流量增加的一种方法）及判断内瘘是否通畅。

（3）透析结束拔针后指导患者用两点按压法止血，时间为5~10分钟。

2. 注意事项

（1）穿刺原则：先穿刺静脉再穿刺动脉。

（2）操作过程中密切观察患者面色、神志、生命体征的变化，做好记录，发现问题及时处理。

（3）严格无菌技术操作原则，每个穿刺部位必须消毒至少两次。

（六）拔针

1. 拔针指征　透析治疗结束。

2. 拔针方法　准备好棉球和纸球，在拔针的同时按压穿刺点上方，指压常以示指和中指压迫，一手指垂直压迫于皮肤的进针点，另一手指垂直压住血管进针点。力度以既能止血，又能扪及搏动为宜，压迫时间为5~10分钟。

3. 拔针后注意事项

（1）拔针后注意观察穿刺点及局部情况，防止出血或血肿形成。

（2）按压的力度以既能止血，又能扪及搏动为宜，压迫时间为5~10分钟。

（3）向患者及家属讲解按压目的及意义，预防并发症的发生。

（七）动、静脉内瘘使用及维护

1. 穿刺前评估内瘘皮肤有无皮疹、发红、淤青、感染等，手臂是否清洁，仔细摸清血管走向，感觉震颤强弱，发现震颤减弱或消失及时通知医生。

2. 动脉穿刺点距吻合口的距离至少3cm以上，针尖呈向心方向穿刺；静脉穿刺点距动脉穿刺点间隔在5~8cm，针尖呈向心方向穿刺。

3. 首次穿刺由有经验的护士操作，可先在内瘘血管上穿刺一针做引血，血流量不超过200ml/min。成功两三次后无血肿发生可行两针穿刺，两穿刺点相距至少8cm以上，以减少再循环，提高透析质量。穿刺部位要轮换，切忌定点穿刺，每个穿刺点相距1cm左右。

4. 透析治疗结束后，用两点按压法止血。

5. 加强患者的自我护理

（1）穿着袖口宽松的衣服，内瘘侧肢体禁止受压，不能提重物，不能佩戴过紧饰物，睡眠时避免侧卧于术侧手臂。

（2）不随意自行包扎敷料或伤口。若发现有渗血、疼痛难忍时，应立即和手术医生联系，及时处理。

（3）术后当日肢体适当做握拳动作及腕关节运动，防止血栓形成。

（4）术后 7 天可进行早期功能锻炼，以促进动静脉内瘘早期成熟。

（5）指导患者判断内瘘是否通畅：即将非手术侧手触摸瘘口及内瘘近心端的血管，若扪及震颤或听到血管杂音，则提示通畅。

三、人造血管内瘘的使用及维护

（一）适用范围及慎用或禁用范围

1. 适用范围

（1）上肢血管细，不能行自体内瘘术的患者。

（2）反复做内瘘手术，使上肢动、静脉血管耗竭。

（3）糖尿病、周围血管病、银屑病等上肢自身血管严重破坏。

（4）原有内瘘血管瘤或狭窄切除后需用移植血管搭桥。

2. 慎用或禁用范围及绝对禁用范围　同自体动、静脉内瘘成形术。

（二）穿刺部位及血管的选择

人造血管的部位一般为双侧上前臂，首选左侧上臂，动、静脉内径不小于 3mm，术后 2~3 周才能穿刺使用。

（三）穿刺工具型号的选择

聚四氟乙烯（PTFE）是目前应用最广泛的移植材料，用于建立内瘘的聚四氟乙烯人工血管直径多在 6~8mm，长 40~60cm，穿刺针的选择同自体内瘘。

（四）穿刺操作流程

1. 目的　建立透析通路。

2. 评估

（1）评估患者

1）基本信息：姓名、性别、年龄、病情及意识等。

2）穿刺部位：穿刺部位的选择、皮肤状况。

3）穿刺血管：动脉的搏动情况、充盈度。

4）患者心理：评估心理状态和合作程度。解释穿刺目的及穿刺时注意事项，消除患者紧张情绪。

（2）穿刺工具：能保证透析所需血流量的内瘘针。

3. 实施

（1）准备

1）环境准备：空气洁净、环境整洁、光线、温度适宜。

2）患者准备：排便、清洁穿刺部位、摆好体位，以患者舒适为宜。

3）护士准备：着装整洁、规范洗手、戴口罩。

4）用物准备：无菌治疗盘、无菌手套、棉签、消毒液、治疗巾、内瘘针、空针、创可贴、胶布、压脉带。

5）药液准备：在有效期内，无变质。

（2）人造血管内瘘操作流程及评分标准同动、静脉内瘘穿刺操作流程。

4. 穿刺注意

（1）体位：患者取平卧位或半卧位，人造血管侧手臂自然伸展，穿刺血管充分暴露，患者舒适体位。

（2）穿刺点的选择：判定血流方向：用手按压“U”形血管底部（转弯袢），将血管分为两部分，搏动强的一侧为动脉段，搏动减弱的一侧为静脉段，人造血管（图 5-24）反向穿刺容易造成再循环。

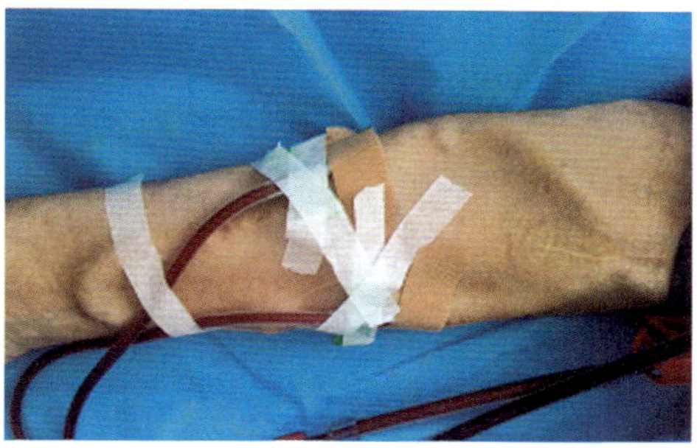

图 5-24　人造血管

5. 评价

（1）患者及家属了解血透通路的重要性，穿刺时和透析中的配合要点。

（2）操作规范、熟练，穿刺成功率高。

（3）无因操作不当导致的并发症发生。

（4）遵循查对制度，符合无菌技术操作原则及标准预防原则。

（5）动、静脉穿刺部位选择合理，无再循环。

（五）健康教育及注意事项

1. 健康教育

（1）向患者及家属讲解内瘘维护的重要性，取得配合。

（2）指导患者及家属在透析间隙进行肢体锻炼及判断内瘘是否通畅。

（3）透析结束拔针后指导患者用两点按压法止血，时间为 5~10 分钟。

2. 注意事项

（1）穿刺原则：先穿刺静脉再穿刺动脉，穿刺角度 40°~45°为宜。

（2）穿刺点轮流：替换，切忌定点穿刺，距离上次穿刺点至少 0.5~1cm。

（3）严格无菌技术操作原则，每个穿刺部位至少消毒两次。

（六）拔针

1. 拔针指征　透析治疗结束。

2. 拔针方法　准备好棉球，在拔针的同时按压穿刺点上方，指压常以示指和中指压迫，一手指垂直压迫于皮肤的进针点，另一手指垂直压住血管进针点。力度以既能止血，又能扪及搏动为宜，压迫时间为 5~10 分钟，至不出血为止。

3. 拔针后注意事项

（1）拔针后注意观察穿刺点及局部皮肤情况，防止出血或血肿形成。

（2）按压的力度以既能止血，又能扪及搏动为宜，压迫时间为 5~10 分钟，至不出血为止。

（3）向患者及家属讲解按压目的及意义，预防并发症的发生。

（七）人造血管的使用及维护

1. 每次轮换穿刺点呈绳梯式，距离上次穿刺点至少 0.5~1cm。

2. 动、静脉穿刺点相距 5~8cm，动脉穿刺点距吻合口 3cm 以上。

3. 人造血管弹性较自体血管差，针尖斜面朝上与皮肤呈 45°角进针为宜。

（程予波　黄楠　彭艳）

第十节　脐带导管置入技术

脐带导管置入应由医生或经过培训的注册护士执行，临床工作中主要由医师操作，因此本节中的操作质量及评分标准略。脐带导管置入包括脐静脉、脐动脉导管置入。脐动脉导管置入仅用于新生儿。新生儿脐静脉与周围静脉相比，粗而易见、容易穿刺置管。新生儿脐动脉是监测动脉血压、血气分析最方便的部位；脐静脉穿刺置管在新生儿窒息复苏的抢救过程中常作为建立静脉通道的首要方法，发挥作用快，可明显提高抢救成功率，减少并发症。

一、脐静脉导管置入及维护

新生儿及胎儿自然通畅的脐静脉是通向人体重要血液循环——门静脉系统的奇妙途径。新生儿脐静脉与周围静脉相比，粗而易见、容易穿刺置管。脐静脉穿刺置管在新生儿窒息复苏的抢救过程中常作为建立静脉通道的首要方法，发挥作用快,可明显提高抢救成功率,减少并发症。早在20世纪60、70年代,学者们已发现这一通路在疾病诊断、治疗、医学科研方面的重要价值,脐静脉插管已经成为新生儿监护室治疗的重要手段。随着对脐静脉及静脉导管胚胎发育的深入了解和现代医疗科技的进步,脐静脉通道已获得更为广泛的应用。新生儿脐静脉穿刺置管可用留置针或脐静脉导管穿刺,下面分别介绍:

（一）适用范围及慎用或禁用范围

1. 适用范围

（1）新生儿心肺复苏,紧急情况下经脐静脉穿刺置管给药、输血等。

（2）监测新生儿中心静脉压。

2. 慎用或禁用范围

（1）脐部有感染。

（2）合并腹膜炎。

（3）脐膨出。

（4）下肢或臀部有局部血供障碍。

（5）合并坏死性肠炎。

（二）穿刺部位及血管的选择

穿刺部位:脐部;血管:脐静脉。

（三）穿刺工具型号的选择

理想的导管应具备以下优点:

1. 良好的抗血栓性。

2. 组织反应性小。

3. 质地柔软、价廉。

（四）穿刺操作流程

1. 目的

（1）静脉营养途径。

（2）给药途径。

（3）新生儿换血。

2. 评估

（1）评估适用范围及慎用或禁用范围。

（2）评估患儿

1）基本信息:姓名、性别、年龄、病情、意识等。

2）穿刺部位:脐部皮肤状况。

3）穿刺血管:脐静脉有无感染。

4）导管置入长度:测量脐至肩距离(锁骨外端上缘),将测量之长度再加1.5~2cm,以免插管太浅;亦可根据体重估计插管深度(表5-23)。

表 5-23　不同体重新生儿脐静脉导管插管深度

体重（g）	插入深度（cm）	体重（g）	插入深度（cm）
<1000	6	2000~2500	9
1000~1500	7	>2500	10~13
1500~2000	8		

5）心理护理：给家属解释穿刺目的及穿刺时的注意事项，取得配合。

（3）穿刺工具：在满足治疗需要的前提下选择小的穿刺导管。

3. 实施

（1）准备

1）环境准备：空气洁净、环境整洁、光线、温度适宜。

2）患儿准备：患儿仰卧，放于温暖的抢救台上。

3）护士准备：着装整洁、规范洗手。

4）用物准备；脐血管导管 1 根（体重 <3.5kg 者使用 5Fr 脐血管导管，体重 >3.5kg 者使用 8Fr 脐血管导管）或留置针一根、外科静脉切开包 1 个、10ml 注射器 1 副、输液泵、无菌手套 2 副、无菌巾 1 包、三通开关、消毒皮肤用品、胶布、扎脐绳、虹膜钳、镊子（眼科镊、弯头镊）及相关物品等。

（2）脐静脉导管置入操作流程见表 5-24。

表 5-24　脐静脉导管置入操作流程

穿刺方法	穿刺方法一（留置针穿刺）	穿刺方法二（置入脐静脉导管）
穿刺流程	1. 胎儿娩出断脐后，将其仰卧，放于温暖的抢救台上	1. 测量脐至肩距离（锁骨外端上缘）以估计插管深度，将测量之长再加 1.5~2cm
	2. 操作者洗手、戴无菌手套，延长管内注入生理盐水，左手拿起脐带末，右手在距脐轮约 10cm 处，向脐轮挤血，使脐静脉充盈；并用左手拇指、示指分别固定在脐静脉两端，使之绷紧	2. 找出脐静脉，轻轻将虹膜钳插入静脉，扩张管腔，插管前应去净管腔内凝血块
	3. 取下留置针的针头套，右手持针翼，在距脐孔 3.5cm 处，以 15°~30° 角沿静脉向心方向进针	3. 用血管钳提起脐带，将导管插入脐静脉

续表

穿刺方法	穿刺方法一（留置针穿刺）	穿刺方法二（置入脐静脉导管）
穿刺流程	4. 见回血后，套管则继续前行，后撤针芯，使套管顶端恰好位于皮肤水平，然后将所需药液从肝素帽直接注入脐静脉	4. 送管　将导管插入脐静脉，向头侧推进，方向偏右上方约30°，可与腹内脐静脉成一直线；可由助手协助牵拉，有助于插入；若导管进入门脉系统和嵌在其分支或进入肠系膜静脉，或脾静脉时有阻力，这时可拔出导管2cm轻轻转动重新慢慢推入
固定	用透明敷贴将脐带、套管针及脐部皮肤一并固定，必要时做缝合	在脐带切面作荷包缝合并将线绕插管数圈后系牢；用胶布粘成桥状以固定插管

4. 穿刺注意

（1）结扎过松可致出血，观察伤口有无渗血。

（2）注意预防空气栓塞。

（3）输注高渗液体或插管时间过长，可引起肝坏死、门静脉血栓和高血压。

（4）导管前端应远离肝静脉、门静脉和卵圆孔开口处。

（5）导管端部应置于静脉导管内或下腔静脉内。

5. 评价

（1）操作有序，动作轻柔、熟练。

（2）患者安全。

（3）遵守查对制度、无菌技术操作原则及标准预防原则。

（4）未发生非计划拔管等不良事件。

（五）健康教育及注意事项

1. 有时导管可能无法通过静脉进入，应避免强行进入。在紧急情况下，将导管退回到脐静脉（约2cm）内并确认血液回流后可缓慢输入重要的液体。

2. 应每班记录导管外露长度，及时发现导管移位，防止非计划拔管发生。

3. 无菌技术操作避免污染。一般常规使用10天后需要拔除导管，并做细菌培养。

4. 保持管道固定、通畅，应每班检查，记录导管外露长度，及时发现有无打折、移位，治疗时应抽回血。

5. 避免长时间输注高渗液体或插管时间过长，可引起肝坏死、门静脉血栓和高血压。

6. 脐部每日换药一次。伤口应保持纱布干燥，每24小时清洁和消毒导管周围皮肤；大、小便后及时更换和清洁，伤口未拆线前不能洗澡。

（六）拔管

1. 拔管指征　一旦置管指征消失（不需要监测中心静脉压、有静脉通路代替输血、输液给药）时应及时拔管。脐静脉置管并发症与置管时间相关。

2. 拔管方法

（1）准备用物。

（2）洗手、戴手套。

（3）拔管前用生理盐水浸湿缝线。

（4）用安尔碘严格消毒脐部及周围皮肤。

（5）将导管缓慢拔出，在离出口 2cm 处停留 2 分钟，以减少出血。

（6）敷盖无菌敷料，加压止血。

（7）每日用安尔碘常规消毒脐部，至脐带残端脱落，伤口干燥为止。

（8）导管尖端培养。

3. 注意事项

（1）穿刺点压迫 5~10 分钟，向患者及家属讲解按压的目的及意义，预防并发症发生。

（2）按压后用无菌敷料及绷带环形加压包扎穿刺部位，4 小时后松开绷带及敷料，观察无出血及血肿后取下敷料。

二、脐动脉导管置入及维护

脐动脉穿刺置管仅用于新生儿。脐动脉也可用于恢复血容量及给药的紧急通路，脐动脉还可用于持续监测动脉血压。健康新生儿脐动脉插管的最佳时机是出生后 15~30 分钟，如果再延迟则插管困难。出生后 4 天几乎不能再进行脐动脉插管。

（一）适用范围及慎用或禁用范围

1. 适用范围

（1）血管造影。

（2）快速换血。

（3）外周静脉给药、输液有困难时可采用此途径。

（4）需要持续监测动脉血压。

（5）需要频繁监测血气。

2. 慎用或禁用范围

（1）脐膨出。

（2）腹膜炎。

（3）下肢或臀部有局部血供障碍时。

（4）脐部有感染。

（5）坏死性小肠、结肠炎。

（二）导管的选择

导管的选择：体重 <1.5kg，用 3.5Fr；体重 >1.5kg，用 5Fr。

（三）穿刺操作流程

1. 目的

（1）持续监测动脉血氧饱和度。

（2）用于恢复血容量及给药的紧急通路。

2. 评估

（1）严格掌握适应证与禁忌证。

（2）评估患儿

1）基本信息　姓名、性别、年龄、病情及意识等。

2）穿刺部位　脐部皮肤状况。

3）穿刺血管　脐动脉有无感染。

4）导管置入长度　测量脐至肩距离（锁骨外端上缘）以估计插管深度，将测量之长度再加 1.5~2cm，以免插管太浅。

5）心理护理：给家属解释穿刺目的及穿刺时的注意事项，取得配合。

（3）穿刺工具：在满足治疗需要的前提下选择小的穿刺导管。

3. 实施

（1）准备

1）环境准备：空气洁净、环境整洁、光线、温度适宜。

2）患儿准备：患儿仰卧，四肢固定，放于温暖的抢救台上。

3）护士准备：着装整洁、规范洗手。

4）用物准备：脐动脉导管 1 根（图 5–25）、蚊式钳 2 把，血管钳 2 把，有齿镊 2 把、直眼科镊、弯眼科镊各 1 把、手术刀片 1 片及刀柄、外科剪及虹膜剪各

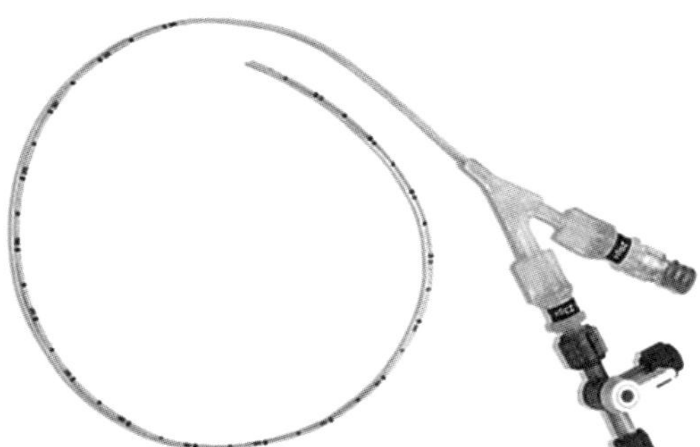

图 5–25　脐动脉插管器械

1 把、三通开关 1 个、带针的缝线（3~0）、持针器、扎脐绳（用以止血）、无菌治疗巾、无菌手套、无菌手术衣、消毒液，输液泵，肝素盐水及相关物品等。

5）插管准备：将脐血管导管的尾端与针头及三通开关相连接，再连接 5ml 注射器，将 5U/ml 肝素盐水液充满导管及三通开关，检查无空气后关闭三通开关。

（2）操作步骤

1）患儿仰卧保温台上，四肢约束固定。

2）测量脐至肩距离（锁骨外端上缘）以估计插管深度，将测量长度再加 1.5~2cm，避免插管过短。

3）按外科手术要求洗手、戴口罩、穿手术衣、常规消毒脐周皮肤，尤其是脐凹皱处，铺无菌治疗巾。

4）脐动脉插管准备，导管及空针内充满肝素盐水（肝素钠 5U/ml），确保管内无气泡，关闭三通开关备用。

5）将扎脐线松扎至脐根部，以便出血时拉紧止血，离脐根部 1~1.5cm 处剪断脐残端，显露出脐动脉。

6）扩张脐动脉（图 5-26），脐插管插入动脉内（图 5-27）。

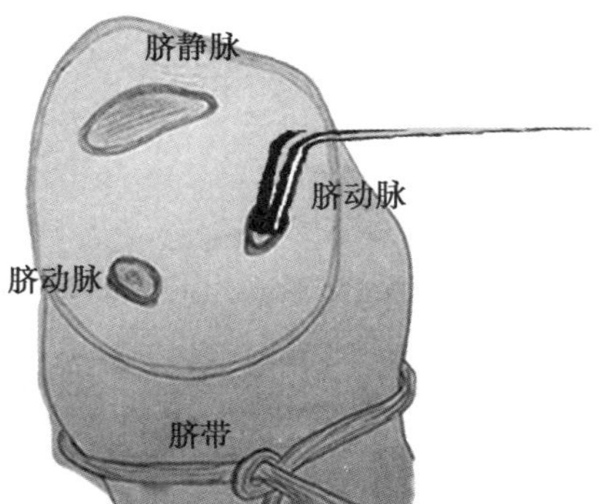

图 5-26　扩张脐动脉

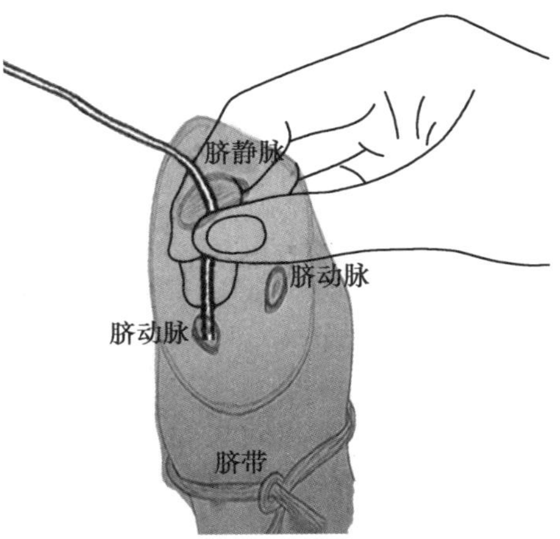

图 5-27　插管入脐动脉

7）插入预定的位置后固定。

8）床旁 X 线片确定位置。

9）固定插管。

10）脐动脉插管困难，出生日期超过四天的婴幼儿可以采用脐动脉切开术。

4. 注意事项

（1）当不需要频繁血气分析监测或血压监测时，或因出现并发症如血栓、栓塞、坏死性小肠、结肠炎、腹膜炎或脐周产生感染时，应拔除脐动脉置管。

（2）脐动脉置管常见并发症与预防。

1）失血：应注意将各接头拧紧，预防发生失血。

2）插管时或插管后动脉痉挛，肢体血供减少，可见一侧下肢发白。应将插管退出适当长度，并热敷对侧下肢，达到反射性解除痉挛的作用。

3）血栓、气栓、栓塞：可引起肾栓塞、肠系膜血管栓塞导致肠坏死等，但往往不易及时发现凝块进入，故操作过程必须确保无空气及血凝块进入。

4）感染：操作及采血均须严格遵循无菌原则，输液管道及三通开关等应每日更换。

5）低血糖：如脐动脉插管位于第3腰椎（L_3）以上且作为持续输注葡萄糖液时，因胰岛对局部较高的血糖作出反应，分泌过多胰岛素可引起低血糖。

（3）如插管太深可根据X线检查所示调整所需长度；插管太浅则不能再行插入，以免感染。

（4）记录导管置入刻度。

（5）脐部伤口应保持纱布干燥，每24小时清洁和消毒导管周围皮肤；大、小便后及时更换和清洁，伤口未拆线前不能洗澡。

（6）脐部每日换药一次。

（7）切断脐带残端时出血可用扎脐带线拉紧止血，如脐动脉出血可用手将脐带及周围组织捏紧止血，如脐静脉出血可用手指按压脐带根上方腹壁止血。

（8）操作应轻柔，血管壁可因用力过度而撕断。

（9）插管进入假窦道（动脉壁与周围组织间）时无回血，应拔出导管重新置入。

（10）插管误入脐静脉　插入脐动脉内时回血压力高，自动流出有搏动。入脐静脉回血慢，常须抽吸才能流出，X线检查拍片观察插管走向可鉴别。

（11）如插管太深可根据X线检查所示调整所需长度，插管太浅则不能再行插入，以免感染。

（四）拔管

1. 拔管指征　当不需要频繁血气监测或血压监测时，或出现并发症如血栓、栓塞、坏死性小肠炎、坏死性结肠炎、腹膜炎或脐周感染时应拔出脐动脉插管。

2. 拔管方法

（1）用物准备。

（2）去除固定胶布。

（3）洗手、戴手套。

（4）消毒。

（5）去除缝线。

（6）开放三通开关。

（7）同时缓慢拔出插管，当拔至插管只剩3cm时，若无血液流出亦不见血液搏动时，则等待3~5分钟（待动脉痉挛收缩后）拔除插管，全过程需5~10分钟。

（8）将脐带切面荷包缝合。

3. 注意事项

（1）穿刺点压迫5~10分钟，向患者及家属讲解按压的目的及意义，预防并发症发生。

（2）按压后用无菌敷料及绷带环形加压包扎穿刺部位，4小时后松开敷料，观察无出血及血肿后取下敷料。

（贾　平）

第十一节　精准输液相关操作

中心静脉压（central venous pressure，CVP）反映右心房的压力，是指上、下腔静脉进入右心房处的压力，可通过上下腔静脉或右心房内置导管监测，它是临床观察血流动力学的主要指标，受右心泵血功能、循环血容量及体循环静脉系统血管紧张度3个因素影响，正常值为6~10cmH_2O）。影响CVP测量的相关因素很多，包括CVP的测量血管、测量方法、测量导管的尖端位置、测量体位、校零、输液速度、测量溶液、胸腔压力、机械通气等因素影响。

微量注射泵简称微量泵，是一种能根据医嘱要求将少剂量药液精确、微量、均匀、持续地泵入体内，维持体内一定血药浓度的医疗仪器，避免药物因浓度大小波动而产生不良反应；具有恒速恒压不会产生破坏性冲击，有效保护血管内膜的生理特性；具有调节迅速、方便等特点。

输液泵是一种能够准确控制输液滴数或输液流速，保证药物能够匀速，药量准确并且安全地进入患者体内发挥作用的一种仪器。

一、中心静脉压监测

（一）适用范围及慎用或禁用范围

1. 适应范围

（1）严重创伤、各类休克及急性循环功能衰竭等危重患者。

（2）各类大、中手术，尤其是心血管、颅脑和腹部的大手术。

（3）需长期输液或接受完全肠外营养的患者。

（4）需接受大量、快速输血补液的患者。

2. 慎用或禁用范围

（1）血小板减少或其他凝血机制严重障碍者避免行颈内及锁骨下静脉穿刺，以免操作中误伤动脉引起局部巨大血肿；确有必要进行穿刺，可尝试从颈外静脉穿刺。

（2）局部皮肤感染者应另选穿刺部位。

（3）不合作躁动不安的患者。

（二）监测部位的选择

1. CVC

（1）经颈内静脉。

（2）经锁骨下静脉。

（3）经股静脉。

2. PICC

（1）经贵要静脉。

（2）经肘正中静脉。

（3）经头静脉。

（4）经肱静脉。

（三）监测工具的选择

1. 普通输液器/延长管、量尺。

2. 密闭式压力传感器、多功能监护仪。

（四）监测操作流程

1. 目的　了解患者的血容量、心功能与血管张力的综合情况。

2. 评估

（1）严格掌握适应范围与禁忌范围。

（2）评估患者

1）基本信息：姓名、性别、年龄、病情及意识等。

2）监测部位：观察皮肤状况。

3）穿刺血管：是否通畅。

4）患者心理：给患者或家属解释监测目的及监测时的注意事项，取得配合。

（3）监测工具：测压管（延长管或输液器）、有刻度量尺、三通接头、输液架、压力袋（袋内装肝素盐水），一次性压力传感器、延长管、多功能监护仪一台等。

3. 实施

（1）准备

1）环境准备：空气洁净、环境整洁、光线、温度适宜。

2）患者准备：安静、平卧。

3）护士准备：着装整洁、规范洗手、戴口罩。

4）用物准备：治疗盘、速干手消毒液、生理盐水 500ml 1 袋、输液器、测压管（延长管或输液器）、有刻度量尺、三通接头、输液架、胶布、棉签、皮肤消毒剂、弯盘；必要时备肝素盐水、压力袋（袋内装肝素盐水），一次性压力传感器、延长管、多功能监护仪一台等。

5）药液准备：①认真核对生理盐水、肝素钠注射液有效期。②检查药液质量，有无浑浊、沉淀或絮状物等。

（2）输液器密闭式中心静脉压监测操作流程及评分标准见表 5-25；压力传感器密闭式中心静脉压监测操作流程及评分标准见表 5-26。

表 5-25 输液器密闭式中心静脉压监测操作流程及评分标准

项目总分	项目内容	操作流程	标准分	扣分标准	实得分
要求 3 分	护士要求	1. 护士着装整洁，符合要求	1	一项不符扣 0.5 分	
		2. 洗手	1		
	环境要求	环境整洁、安静、安全，便于操作	1	一项不符扣 0.5 分	
评估 17 分	基本信息	两人核对医嘱、床号、姓名及住院号（或 ID 号），查看病史及相关化验报告	5	一项不符扣 1 分	
	治疗方案	评估患者有无中心静脉压监测的需求	3		
	监测部位	评估穿刺部位皮肤情况	3		
	穿刺血管	中心静脉管道是否通畅	3		
	患者心理	如患者紧张，则消除患者紧张、焦虑情绪	3		
准备 19 分	患者准备	安静、平卧	3		
	护士准备	洗手、戴口罩	3	一项不符扣 0.5 分	
	药物准备	查看生理盐水及肝素盐水的有效期及质量	3		
	用物准备	同前，查看有效期	5	遗漏一项扣 1 分	
	健康教育	告诉患者或家属中心静脉压监测目的，穿刺中的配合及注意事项	5	一项不符扣 0.5 分	

续表

项目总分	项目内容	操作流程	标准分	扣分标准	实得分
监测42分	监测前8分	1. 两人核对医嘱及患者床号、姓名及住院号(或ID号)	5	一项不符扣1分	
		2. 洗手	3		
	监测中18分	1. 将生理盐水瓶挂于输液架上,连接三通,排气,使输液管内充满液体,墨菲滴管内有1/3~1/2液体	5	一项不符扣1分	
		2. 输液器、延长管与中心静脉导管相连,与标尺一起固定在立式输液架上,标尺零点与右心房处于同一水平	5	一项不符扣2.5分	
		3. 调节三通开关,将连接管内充满液体,排尽空气,一端与输液器相连,另一端接中心静脉导管	3	一项不符扣1分	
		4. 关闭输液器开关,调节三通开关,延长管与中心静脉导管相连,当延长管内液面下降至有轻微波动不再下降时,测压管内液体凹面所对的刻度数字,即为中心静脉压	5	一项不符扣1分	
	监测后16分	1. 调节三通开关,关闭延长管通道,使输液管与中心静脉导管相通继续输液,保持管道通畅;若无液体予以肝素盐水正压封管	5		
		2. 协助患者取舒适卧位,整理床单元,用后物品分类放置	5		
		3. 健康教育	3		
		4. 洗手	3		

续表

项目总分	项目内容	操作流程	标准分	扣分标准	实得分
终末质量评定9分	1. 遵循无菌技术操作原则		3		
	2. 操作过程熟练、有效		3		
	3. 固定妥善		1		
	4. 关爱患者，有效沟通		1		
	5. 仪表大方，举止端庄，态度和蔼		1	一项不符扣 0.5 分	
提问5分	掌握 5 分，部分掌握 3 分，未掌握 0 分		5		
操作时间5分	5 分钟		5	超时酌情扣分	
总分					

表 5-26　压力传感器密闭式中心静脉压监测操作流程及评分标准

项目总分	项目内容	操作流程	标准分	扣分标准	实得分
要求3分	护士要求	1. 护士着装整洁，符合要求	1	一项不符扣 0.5 分	
		2. 洗手	1		
	环境要求	环境整洁、安静、安全，便于操作	1	一项不符扣 0.5 分	
评估17分	基本信息	两人核对医嘱、床号、姓名及住院号（或 ID 号），查看病史及相关化验报告	5	一项不符扣 1 分	
	治疗方案	评估患者有无压力传感器密闭式中心静脉压监测的需求	3		
	监测部位	评估穿刺部位皮肤情况	3		
	穿刺血管	中心静脉管道是否通畅	3		
	患者心理	如患者紧张，则消除患者紧张、焦虑情绪	3		

续表

项目总分	项目内容	操作流程	标准分	扣分标准	实得分
准备19分	患者准备	安静、平卧	3		
	护士准备	洗手、戴口罩	3	一项不符扣0.5分	
	药物准备	查看生理盐水及肝素盐水的有效期及质量	3		
	用物准备	治疗盘、速干手消毒剂、生理盐水500ml 1袋、肝素钠注射液1支、10ml注射器1副、压力袋(袋内装肝素盐水),一次性压力传感器、延长管、三通接头、多功能监护仪一台、棉签、皮肤消毒液、弯盘,查看有效期	5	遗漏一项扣1分	
	健康教育	告诉患者或家属中心静脉压监测目的,穿刺中的配合及注意事项	5	一项不符扣0.5分	
监测42分	监测前8分	1. 两人核对医嘱及患者床号、姓名及住院号(或ID号)	5	一项不符扣1分	
		2. 洗手	3		
	监测中18分	1. 配制肝素盐水,加压压力袋至300mmHg左右,排尽管道内气体	5	一项不符扣1分	
		2. 连接测压系统,用压力导线连接压力套装与监护仪,设定CVP监测的数据与波形的参数	5	一项不符扣2.5分	
		3. 连接压力套装与中心静脉导管,调节三通将测压管与置入最远端的一腔(标有"distal"一腔)相连接,冲管	3	一项不符扣1分	
		4. 将传感器置于右心房水平,校正零点,测压	5	一项不符扣1分	

续表

项目总分	项目内容	操作流程	标准分	扣分标准	实得分
监测42分	监测后16分	1. 冲管后，调节三通，关闭测压管，重新使静脉导管与输液管相通继续输液，保持管道通畅；若无液体给予肝素盐水正压封管	5		
		2. 协助患者取舒适卧位，整理床单元，用后物品分类放置	5		
		3. 健康教育	3		
		4. 洗手	3		
终末质量评定9分	1. 遵循无菌技术操作原则		3		
	2. 操作过程熟练、有效		1		
	3. 固定妥善		1		
	4. 关爱患者，有效沟通		1		
	5. 仪表大方，举止端庄，态度和蔼		3	一项不符扣1分	
提问5分	掌握5分，部分掌握3分，未掌握0分		5		
操作时间5分	6分钟		5	超时酌情扣分	
总分					

4. 输液器密闭式中心静脉压监测注意

（1）患者通常取平卧位，机械通气患者最好保持30°半卧位，循环衰竭尤其是右心功能衰竭患者应保持45°半卧位。

（2）标尺的零点：平卧位时腋中线第4肋间，半卧位时锁骨中线第3肋间，坐位时平右侧第2肋间。

（3）液体不能从管口上端溢出。

5. 压力传感器密闭式中心静脉压监测注意

（1）严格无菌技术操作，防止感染。

（2）应在患者平静时测量中心静脉压。患者深呼吸、咳嗽、腹胀、烦躁、使用呼吸机及使用呼吸机呼气末正压（PEEP）时，对中心静脉压的测量值均有影响。

（3）测量中心静脉压时，零点位置与患者右心房在同一水平。体位改变时，应重新测定零点。

（4）测压时，保持管道通畅，管道不畅，打折，管道内有血栓、杂质会加大管道压力，使中心静脉压测量值偏高；管道衔接不牢造成漏液，则测量值偏低。

（5）测压管应排尽管中气体，防止造成空气栓塞及影响中心静脉压测量数据的准确性。

（6）应用多功能监护仪监测中心静脉压时，要采用持续装置，压力袋充气压维持在 300mmHg，以保持测压管道的通畅。

（五）拔管

1. 拔管指征

（1）患者病情稳定，无需观察 CVP 时，停止 CVP 监测。

（2）有感染、心律失常、血气胸等导管相关并发症时，立即停止监测，拔除监测导管。

2. 拔管方法

（1）拔管时间应选择白天，护理人员较多，必要时准备好氧气等急救物品。

（2）拔管时，患者取仰卧位，轻轻沿穿刺方向揭下敷贴，以免将导管带出。

（3）消毒穿刺点范围约 10cm，拆除固定线。

（4）将无菌敷料半盖于穿刺点皮肤上，将输液导管逆时针旋转 90°~180°，取 5ml 注射器连接输液接头，见回血后拔出并按压穿刺部位。按压力度以患者舒适、呼吸不费力、无压痛感为宜。

3. 注意事项

（1）穿刺点压迫 5~10 分钟，向患者及家属讲解按压的目的及意义，预防并发症发生。

（2）拔管后嘱患者静卧 30 分钟后再活动，护士密切观察患者有无不适。

（3）按压后用无菌敷料及绷带环形加压包扎穿刺部位，4 小时后松开敷料，观察无出血及血肿后取下敷料。

二、微量注射泵

（一）适用范围及慎用或禁用范围

1. 适用范围　适用于给药非常精确、总量很小且给药速度缓慢或长时间流速均匀的情况，主要用于胰腺炎、糖尿病、高血压、冠心病、休克、肝移植、肿瘤化疗等。

2. 慎用或禁用范围　目前尚无严格禁忌证。

（二）工具的选择

微量注射泵。

（三）操作步骤

1. 目的

（1）精确输注血管活性药物，调节血压、心率，维护循环功能。

（2）输注镇静、镇痛等药物，微量给药，流速均匀，以维持药物最佳有效浓度。

2. 评估

（1）掌握适应证与禁忌证。

（2）评估患者

1）基本信息：姓名、性别、年龄、病情、意识等。

2）穿刺部位：包括穿刺部位的皮肤状况、静脉能见度及弹性等。

3）穿刺血管：有无静脉炎、是否通畅。

4）患者心理：给患者或家属解释监测目的及监测时的注意事项，取得配合。

（3）使用工具：微量注射泵、延长管等。

3. 实施

（1）准备

1）环境准备：空气洁净、环境整洁、光线、温度适宜。

2）患者准备：安静、平卧。

3）护士准备：着装整洁、规范洗手、戴口罩。

4）用物准备：治疗车、微量注射泵、治疗盘、药液、延长管、棉签、消毒液、弯盘等。

5）药液准备：①认真核对药液的有效期；②检查药液质量，有无浑浊、沉淀或絮状物等。

（2）微量注射泵操作流程及评分标准见表 5-27。

表 5-27　微量注射泵操作流程及评分标准

项目总分	项目内容	操作流程	标准分	扣分标准	实得分
要求3分	护士要求	1. 护士着装整洁，符合要求	1	一项不符扣 0.5 分	
		2. 洗手	1		
	环境要求	环境整洁、安静、安全，便于操作	1	一项不符扣 0.5 分	
评估17分	基本信息	两人核对医嘱、床号、姓名及住院号（或 ID 号），查看病史及相关化验报告	5	一项不符扣 1 分	

续表

项目总分	项目内容	操作流程	标准分	扣分标准	实得分
评估17分	治疗方案	评估患者有无微量注射泵使用的需求	3		
	监测部位	评估穿刺部位皮肤情况	3		
	穿刺血管	中心静脉管道是否通畅	3		
	患者心理	消除患者紧张、焦虑情绪	3		
准备19分	患者准备	舒适卧位	3		
	护士准备	洗手、戴口罩	3	一项不符扣0.5分	
	药物准备	查看生理盐水及肝素盐水的有效期及质量	3		
	用物准备	治疗车、微量注射泵、治疗盘、药液、延长管、棉签、皮肤消毒液、盛污物器，查看有效期	5	遗漏一项扣1分	
	健康教育	告诉患者或家属微量注射泵使用的目的，穿刺中的配合及注意事项	5	一项不符扣0.5分	
监测42分	监测前8分	1. 两人核对医嘱及患者床号、姓名及住院号（或ID号）	5	一项不符扣1分	
		2. 洗手	3		
	监测中17分	1. 将微量泵安全固定在合适位置	3		
		2. 连接注射器与输液泵延长管，排尽空气，将注射器安装在微量泵上	5	一项不符扣2.5分	
		3. 连接电源，打开微量泵开关“start”键	3	一项不符扣1分	
		4. 遵医嘱设定输液速度、确认正常	3		
		5. 将微量泵导管与输液通道相连，妥善固定	3	一项不符扣1分	

续表

项目总分	项目内容	操作流程	标准分	扣分标准	实得分
监测42分	监测后17分	1. 输注完毕，按“stop”键，长按开关键3秒，关闭电源	5		
		2. 去除延长管，正压封闭输液穿刺管道	5		
		3. 安置患者舒适体位，整理用物，用后物品分类放置	3		
		4. 充电备用	1		
		5. 健康教育、洗手	3		
终末质量评定9分	1. 遵循无菌技术操作原则		3		
	2. 操作过程熟练、有效		1		
	3. 固定妥善		1		
	4. 关爱患者，有效沟通		1		
	5. 仪表大方，举止端庄，态度和蔼		3	一项不符扣1分	
提问5分	掌握5分，部分掌握3分，未掌握0分		5		
操作时间5分	5分钟		5	超时酌情扣分	
总分					

4. 操作注意

（1）使用前应检查微量泵功能是否正常，正确设定输液速度及其他必需参数，及时排除故障，防止输注错误延误治疗。

（2）注意观察穿刺部位皮肤，防止发生药物外渗。

（3）注射泵上药物应注明药物名称、浓度、剂量、给药时间、给药速度，并签名。注射器和延长管应每24小时更换一次。使用硝普钠、尼莫地平、硝酸甘油等避光药物时，应用避光输液器以保证药效。

（4）更换药物应提前备好，更换药液时动作迅速，先关闭注射器连接管路，更换完毕后再打开，防止药物推入静脉，引起不良反应。

（5）熟悉报警信号，并能正确、快速地排除。

（6）安装注射器时，注射器空筒两翼、注射器活塞柄均应与输液泵上的注射槽紧密贴合。

（7）每次调整输注速度后，切勿忘按启动键。

（8）电池电量不足时，连续充电应大于 8 小时，长时间不用必须充满电放置。

（四）停止监测

1. 停止指征　患者病情稳定，无需输注微量泵入的特殊药物时，停止使用微量注射泵。

2. 注意事项

（1）认真查对医嘱，确认停止使用。

（2）严格无菌技术操作。

（3）长时间不用，内部蓄电池至少每月 1 次充电放电。电池充电后工作时间短，应及时更换新电池。

三、输液泵

（一）适用范围

1. 适应范围　多适用于抢救休克快速输液或需严格控制输液总量及输液速度，以及部分特殊药物，如宫缩素、安宝、硫酸镁等。

2. 慎用或禁用范围　目前尚无严格禁忌证。

（二）使用工具的选择

输液泵。

（三）操作流程

1. 目的　准确控制输液速度，使药物速度均匀，用量准确安全地进入患者体内发生作用。

2. 评估

（1）掌握适应证与禁忌证。

（2）评估患者

1）基本信息：姓名、性别、年龄、病情、意识等。

2）穿刺部位：包括穿刺部位的皮肤状况、静脉能见度及弹性等。

3）穿刺血管：有无静脉炎、是否通畅。

4）患者心理：给患者或家属解释使用目的及使用时的注意事项，取得配合。

5）使用工具：输液泵、输液器等。

3. 实施

准备

1）环境准备：空气洁净、环境整洁、光线、温度适宜。

2）患者准备：安静、平卧。

3）护士准备：着装整洁、规范洗手、戴口罩。

4）用物准备：治疗车、输液泵、治疗盘、液体、输液器、棉签、皮肤消毒液、弯盘等。

5）药液准备：①认真核对药液有效期。②检查药液质量，药液有无浑浊、沉淀或絮状物等。

4. 输液泵操作流程及评分标准见表 5-28。

表 5-28　输液泵操作流程及评分标准

项目总分	项目内容	操作流程	标准分	扣分标准	实得分
要求 3 分	护士	1. 护士着装整洁，符合要求	1	一项不符扣 0.5 分	
		2. 洗手	1		
	环境	环境整洁、安静、安全，便于操作	1	一项不符扣 0.5 分	
评估 17 分	基本信息	两人核对医嘱、床号、姓名及住院号（或 ID 号），查看病史及相关化验报告	5	一项不符扣 1 分	
	治疗方案	评估患者有无输液泵使用的需求	3		
	监测部位	评估穿刺部位皮肤情况	3		
	穿刺血管	中心静脉管道是否通畅	3		
	患者心理	如患者紧张，则消除患者紧张、焦虑情绪	3		
准备 17 分	患者准备	舒适卧位	3		
	护士准备	洗手、戴口罩	3	一项不符扣 0.5 分	
	药物准备	查看生理盐水及肝素盐水的有效期及质量	3		
	用物准备	治疗车、输液泵、治疗盘、液体、输液器、棉签、皮肤消毒液、弯盘，查看有效期	5	遗漏一项扣 1 分	
	健康教育	告诉患者或家属输液泵使用目的，穿刺中的配合及注意事项	3	一项不符扣 0.5 分	

续表

项目总分	项目内容	操作流程	标准分	扣分标准	实得分
监测44分	监测前8分	1. 两人核对医嘱及患者床号、姓名及住院号(或ID号)	5	一项不符扣1分	
		2. 洗手	3		
	监测中17分	1. 将输液泵安全固定在合适位置	3		
		2. 按照输液法排出输液器空气,将输液器安装于输液泵上,关好仓门	5	一项不符扣2.5分	
		3. 连接电源,打开输液泵开关	3		
		4. 遵医嘱设定输液总量、速度、确认正常	3		
		5. 将输液器与输液通道相连,妥善固定	3	一项不符扣1分	
	监测后19分	1. 输注完毕,按“stop”键,打开泵门,去除输液器	5		
		2. 长按开关键3秒,关闭电源	5		
		3. 正压封闭输液穿刺管道/拔针	3		
		4. 安置患者舒适体位,整理用物,用后物品分类放置	1		
		5. 充电备用	3		
		6. 健康教育、洗手	2		
终末质量评定9分	1. 遵循无菌技术操作原则		3		
	2. 操作过程熟练、有效		1		
	3. 固定妥善		1		
	4. 关爱患者,有效沟通		1		
	5. 仪表大方,举止端庄,态度和蔼		3	一项不符扣1分	

续表

项目总分	项目内容	操作流程	标准分	扣分标准	实得分
提问5分	掌握5分,部分掌握3分,未掌握0分		5		
操作时间5分	6分钟		5	超时酌情扣分	
总分					

5. 操作注意

(1)使用前应检查输液泵功能是否正常,正确设定输液速度及其他必需参数,及时排除故障,防止输注错误延误治疗。

(2)注意观察穿刺部位皮肤,防止发生药物外渗。

(3)输液泵上药物应注明药物名称、浓度、剂量、给药时间、给药速度,并签名。输液器应每24小时更换一次。

(4)护士应熟悉报警信号,并能正确、快速地排除。

(5)输液器按标示方向嵌入泵槽内。

(6)每次调整输注速率后,切勿忘按启动键。

(7)电池电量不足时,连续充电应大于8小时,长时间不用必须充满电放置。

(四)停止监测

1. 停止指征　患者病情稳定,无需控制液体输注速度与总量,停止使用输液泵。

2. 注意事项

(1)查对医嘱,确认停止使用。

(2)严格无菌技术操作。

(3)长时间不用,内部蓄电池至少每月1次充电放电。电池充电后工作时间短,应及时更换新电池。

(张敏 – 武汉)

第六章 静脉输液并发症预防及处理

第一节 静 脉 炎

静脉炎（phlebitis）是指静脉血管的炎症，临床表现为疼痛/触痛、红斑、肿胀、硬化、化脓或可触及静脉条索状形成。依据静脉炎的发生机制分为机械性静脉炎、化学性静脉炎、感染性静脉炎、血栓性静脉炎和输注后静脉炎五种类型。静脉炎是临床常见的一种输注治疗并发症，其发生率为2.5%~45%。发生静脉炎增加患者痛苦，可能会延长患者的住院天数，增加医疗花费，降低患者满意度。

一、原因

诱发静脉炎的因素主要有患者因素，包括患者自身疾病及血管条件差等因素；输液工具的型号和材质等因素：导管类型及材质；医护人员的穿刺技术，穿刺部位选择及固定方式等因素；输注药物的性质：药物的刺激性、输注频率及输注量等因素。根据静脉炎的发生机制分为以下五类：

（一）机械性静脉炎

机械性静脉炎是由于静脉穿刺或导管摩擦血管内膜所致，临床表现见图6-1。多发生于外周静脉，主要是由于穿刺损伤血管内膜，如PVC/MC/PICC导管对血管内膜的摩擦所致。

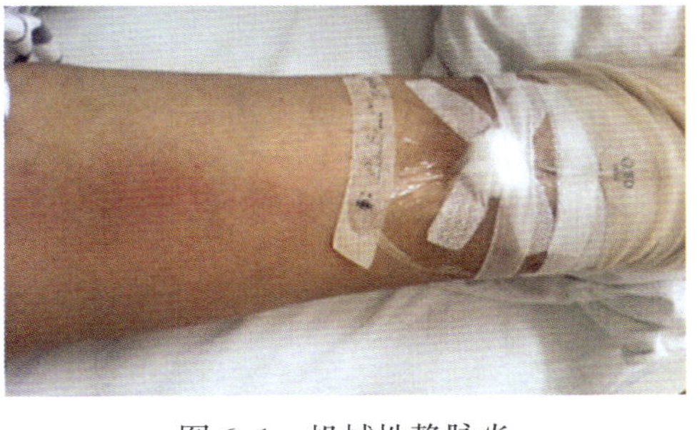

图6-1 机械性静脉炎

（二）化学性静脉炎

化学性静脉炎是由于输注的液体或药物对血管内膜的刺激，损伤血管内膜上皮细胞所致，临床表现见图 6–2。常见于外周静脉输注，主要是高浓度、刺激性及腐蚀性药物输入，速度过快、时间过长，超过了静脉血管的应激能力，导致血管内皮细胞破坏所致。

（三）感染性静脉炎

感染性静脉炎或称细菌性静脉炎，是细菌（外源性或内源性）感染导管留置部位的静脉内膜，临床表现见图 6–3。常见于外周静脉输注，由于穿刺点细菌沿导管进入血液或局部细菌感染所致。

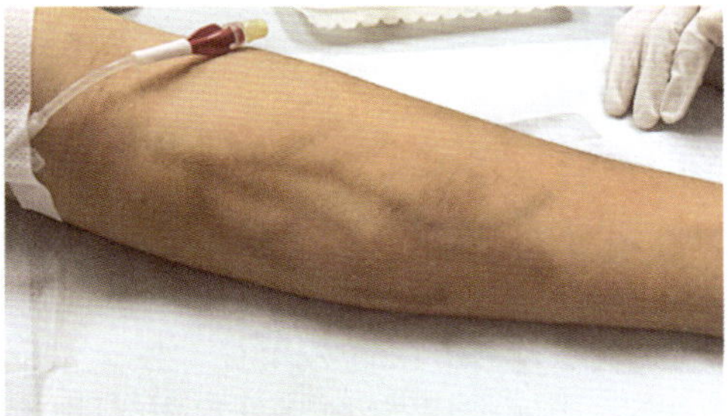

图 6–2 化学性静脉炎

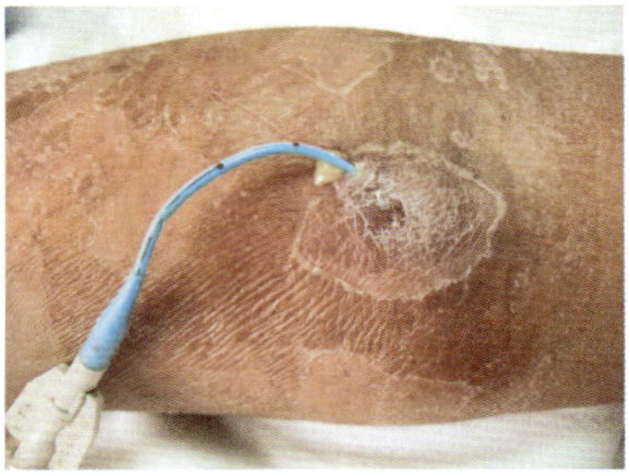

图 6–3 感染性静脉炎

（四）血栓性静脉炎

血栓性静脉炎指静脉管腔内急性非化脓性炎症，同时伴有血栓形成，是一种常见的血栓性疾病，临床表现见图 6–4。病变主要累及四肢浅静脉和深静脉，常发生于 PICC、MC、CVC，是导管插入后形成静脉血栓刺激血管壁，启动炎性反应而致。

（五）输注后静脉炎

输注后静脉炎指移除静脉血管通道工具（VAD）后 48 小时内发生的静脉炎，临床表现见图 6–5。主要发生于外周静脉导管。各类型静脉炎发生原因见表 6–1。

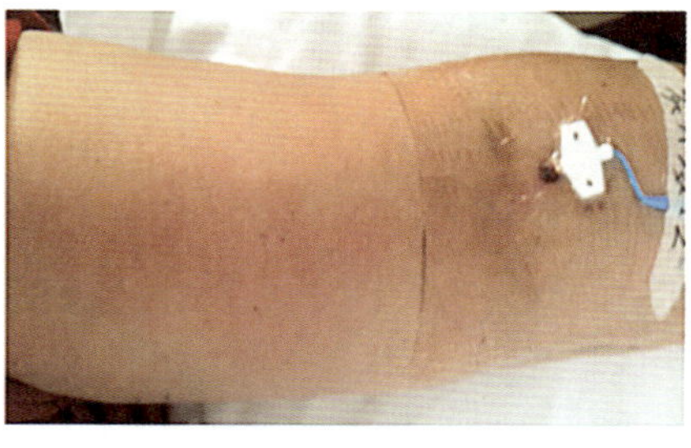

图 6–4 血栓性静脉炎

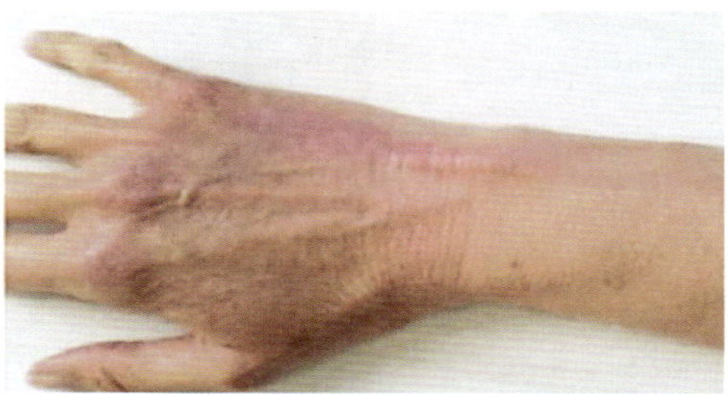

图 6–5 输注后静脉炎

表 6-1 各类型静脉炎发生原因

类型	发生原因	注 释
机械性静脉炎	1. 导管型号过大	导管直径超过穿刺血管内径的2/3,刺激血管内皮细胞发生炎性反应
	2. 导管材料	导管材质较硬,与人体血管组织兼容性差,刺激血管内皮细胞分泌炎性因子,启动炎性应激反应
	3. 反复局部穿刺	多次穿刺导致静脉血管内膜损伤启动炎性应激反应
	4. 穿刺部位选择不当	穿刺留置在关节部位或活动多的部位,导管随活动反复刺激血管内皮细胞,发生炎性反应
	5. 穿刺血管选择不当	穿刺血管长度较短致导管尖端紧贴血管内壁,刺激血管内皮细胞发生炎性反应
	6. 留置时间过长	导管留置时间超过96小时(外周静脉留置针)
	7. 未妥善固定VAD	固定敷贴松动未及时更换,或采用不正确的固定方式,导管摩擦刺激血管内皮细胞发生炎性反应
化学性静脉炎	1. 穿刺血管选择不当	血管直径过细,药物不能及时充分的稀释而刺激血管内皮细胞发生炎性反应
	2. 血管通道选择不当	浅静脉通道输入血管活性药物、抗肿瘤药物、pH低于5或高于9、渗透压大于600mmol/L的药物,刺激血管内皮细胞发生炎性反应
	3. 输注速度过快	短时间输注大量药物,缩短了血液对药物的稀释或中和时间,增加局部药物浓度刺激血管内皮细胞发生炎性反应
	4. 静脉导管破裂	静脉导管破裂导致腐蚀性液体外漏至中小血管内,刺激血管内皮细胞发生炎性反应
	5. 导管位置不正确	导管或导管尖端紧贴静脉壁,导致局部药物高浓度,刺激血管内皮细胞产生炎性反应
	6. 消毒剂未干	置管时皮肤消毒剂未完全干燥,导致穿刺时消毒剂进入血管,刺激血管内皮细胞产生炎性反应
	7. 输注液中的颗粒物质过大	输注液生产过程、输注液配制过程中产生较大的颗粒,刺激静脉内壁发生炎性反应

续表

类型	发生原因	注　释
细菌性静脉炎	1. 手卫生执行差或未执行	接触静脉留置导管前未进行手卫生,手上携带细菌污染静脉导管,引发局部或血管内皮细胞炎性反应
	2. 穿刺局部消毒不规范或效果差	穿刺或更换敷料时消毒时间短、消毒时未用力摩擦、消毒液未待干或使用其他物品擦拭等污染已消毒部位
	3. 消毒剂效果差或失效	使用过期消毒剂
	4. 导管或穿刺点污染	手卫生不彻底、未执行或其他行为污染导管或穿刺点
血栓性静脉炎	1. 导管型号过大	PVC、MC、CVC、PICC 导管直径超过穿刺血管内径的 2/3
	2. 导管材质过硬	导管材质与组织血管兼容性差或过硬损伤血管内膜导致血栓形成
	3. 血管内膜破损	因穿刺或摩擦导致血管内膜破损,启动凝血系统
	4. 输注刺激性药物或输注速度过快	因刺激血管内膜至炎性反应,启动凝血系统
	5. 局部多次穿刺	多次穿刺导致血管内膜损伤,启动凝血系统
	6. 机体防御反应	纤维蛋白对进入血管内的导管进行包绕,诱发启动凝血系统
	7. 穿刺部位选择不当	下肢静脉,血流缓慢,输入刺激性药物后,导致血管内膜损害,容易形成血栓性静脉炎
输注后静脉炎	1. 移除技术不熟练	移除导管时按压力度过大,导致血管内膜损伤
	2. 污染局部	拔针时污染穿刺局部引发炎性反应
	3. 感染未处理	拔针前已感染但未及时发现

二、临床表现

发生静脉炎后常见的临床表现为输液速度减慢,穿刺部位疼痛 / 压痛、红斑、皮温升高、肿胀、无弹性,伴有或不伴有发热等全身症状。美国静脉输注协会(INS)将静脉炎按照严重程度分为五级,为判断静脉炎严重程度的有效标准(表 6–2)。临床表现见图 6–6~ 图 6–9。

表 6-2　静脉炎分级标准

级别	临床表现
0	无临床症状
Ⅰ	穿刺部位出现红斑，伴有或不伴有疼痛
Ⅱ	穿刺部位出现红斑，伴有疼痛或水肿
Ⅲ	穿刺部位出现红斑，伴疼痛或水肿；形成条状痕；可触及条索状静脉
Ⅳ	穿刺部位出现红斑，伴疼痛或水肿；形成条状痕；可触及长度 >2.5cm 的条索状静脉；伴有脓性分泌物

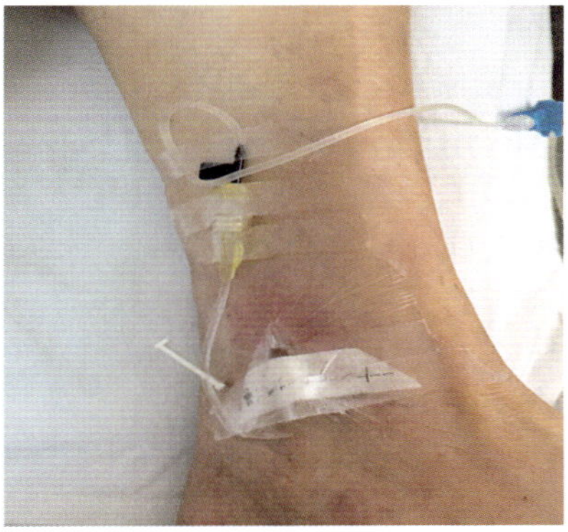

图 6-6　Ⅰ级静脉炎

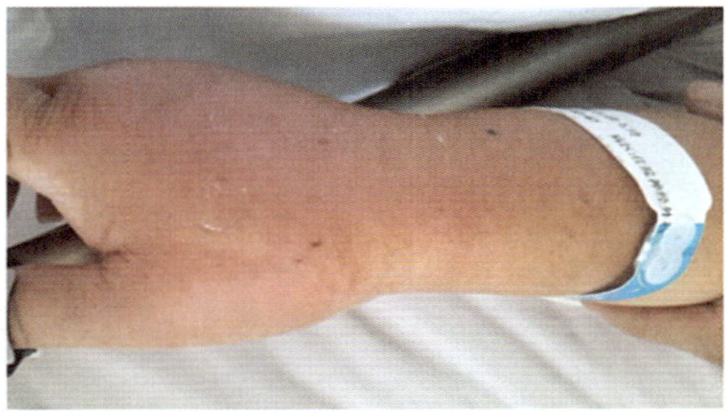

图 6-7　Ⅱ级静脉炎

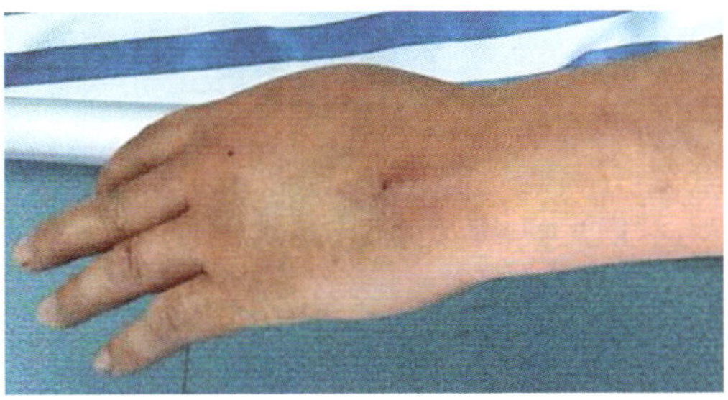

图 6-8　Ⅲ级静脉炎

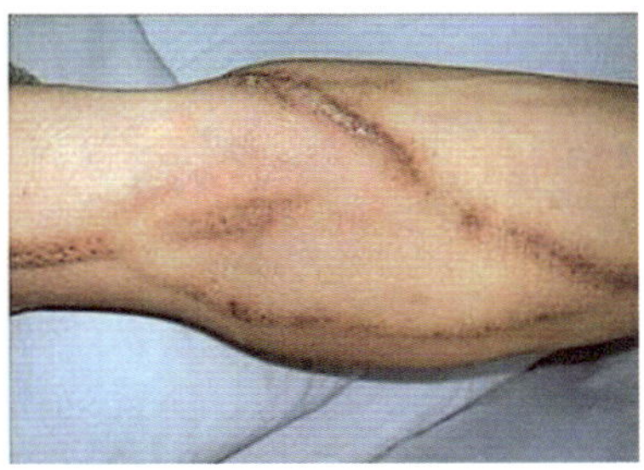

图 6-9　Ⅳ级静脉炎

三、预防

静脉炎的发生有可干预因素及不可干预因素两大类。其中，不可干预因素有患者的机体因素和药物的刺激性；可干预因素包括输注溶液的 pH 和渗透压、置入导管材料、穿刺部位、液体输注量和输注速度。研究表明，针对可干预因素进行集束化干预，可有效减少静脉炎的发生，提高静脉输液治疗水平，降低医疗费用。

集束化预防干预措施：

1. 严格遵守无菌技术操作原则和手卫生原则。

2. 每日评估静脉穿刺局部皮肤及导管情况 观察、触压皮肤和穿刺部位，询问患者主诉。

3. 穿刺前评估治疗方案 疗程在一周内选择外周静脉导管，一周以上选择中长导管或中心静脉导管；当疗程结束要及时拔除或更换部位输注。

4. 评估血管及穿刺工具 选择能够满足静脉输液治疗需要的最小规格的导管，置入导管其型号应≤2/3 血管内径。

5. 评估药物性质 如果 pH 小于 5、大于 9、渗透压大于 600mmol/L，葡萄糖浓度大于 10% 时，应考虑中心静脉导管；对于连续性输注腐蚀性、肠外营养或输液渗透压大于 900mmol/L 的药物，不可使用外周静脉短导管。

6. 评估患者活动度 避免在可屈曲的关节周围、瘫痪肢体置入导管。

7. 局部有效消毒 消毒剂应完全自然待干，用 75% 酒精棉签消毒时应避开穿刺点。

8. 妥善固定 导管置入后应妥善固定，必要时使用夹板固定。

9. 合理使用附加装置 使用过滤装置或终端过滤器，严格控制各种微粒通过输液管路进入血液循环。

10. 健康教育 教育患者静脉输液治疗相关并发症预防知识。

四、处理

护士应根据静脉炎的临床分级标准识别静脉炎征象，当怀疑静脉炎发生时，护士应采取积极措施，识别静脉炎的症状和体征，及时干预，减轻血管伤害。

（一）评估

依据静脉炎分级标准（表 6-2）进行评估，明确静脉炎严重程度，确定引起静脉炎的潜在原因，将静脉炎的严重程度告知医生，重新评估对血管通路的需求，如果可能是腐蚀性的液体引起，考虑使用中心静脉通路输入。

（二）处理措施

1. 短导管引发静脉炎

（1）停止输液。

（2）拔除外周静脉导管，评估导管需求，如需要则在对侧肢体更换短导管。

（3）确定引起静脉炎潜在原因：机械性、化学性、细菌性、血栓性静脉炎。

（4）将静脉炎严重程度及潜在原因告知医生，如有脓性分泌物，取分泌物进行细菌培养。

（5）遵医嘱予以处理：

1）湿敷 局部热敷20分钟，每日3~4次（细菌性静脉炎禁热敷）。

2）治疗性敷料：水胶体敷料覆盖红肿区域，待自然脱落或2~3天更换。

3）土豆片贴敷法：将土豆削成薄片，贴于静脉炎处。每日可多次更换（以土豆片自行脱落为更换指征）。

4）中药：如意金黄散与香油混合外敷或水晶丹等，外敷在患处，2次/日。

（6）观察治疗后静脉炎改善情况，如红斑、水肿及渗出，触诊局部皮肤温度、硬结或条索状改善情况。

（7）在患者病历中记录静脉炎症状、程度、原因及处理。

2. MC、PICC引发的静脉炎

（1）评估导管功能，如怀疑导管破裂则暂停输液。

（2）患肢抬高制动。

（3）确定引起静脉炎的潜在原因：化学性、机械性、细菌性、血栓性，如为细菌性静脉炎则需拔除。

（4）血管超声评估是否有静脉血栓形成，若有血栓形成，则保留导管，报告医生，抗凝治疗两周后复查血管超声，评估导管留置与否。

（5）依据表6-2评估静脉炎严重程度，并将严重程度及引发原因告诉医生，如有脓性分泌物，取分泌物进行细菌培养。

（6）对穿刺部位/静脉炎部位进行消毒，严重者遵医嘱局部应用抗生素药膏或使用冷、热敷。

（7）湿敷：与短导管引发静脉炎处理方法相同。

（8）观察治疗后静脉炎改善情况，如红斑、水肿、渗出、触诊局部皮肤温度、硬结及条索状改善情况。

（9）重新评估留置导管，必要时在对侧肢体重新留置导管。

（10）在患者病历中记录静脉炎症状、程度、原因及处理。

五、案例分析

（一）临床资料

患者×××，男，47岁，于2017年5月6日发生持续性室性心动过速并发心肌梗死，遵医嘱给予胺碘酮2mg/ml速度泵入。14:15分在患者前臂给予留置20G一次性外周静脉留置针。16:30分患者诉留置静脉导管部位疼痛。查看可见穿刺局部轻度红斑，面积约0.5cm×1.0cm，触压局部组织略硬、有疼痛，无条索状。

（二）静脉输液治疗相关并发症

依据《静脉炎分级标准》患者留置导管部位疼痛、红斑和（或）水肿的症状及体征，判定为Ⅱ级静脉炎；依据患者使用药物，判定为化学性静脉炎。

（三）原因分析

胺碘酮为刺激性药物，胺碘酮的渗透压为700~800mmol/L，pH范围为2.5~4.0。本案以2mg/（ml·min）的速度泵入，且泵入时间>2小时，胺碘酮刺激血管内皮细胞，导致血管内皮细胞脱水，引发血管局部炎症。因此，该案例中静脉炎与泵入胺碘酮有关。

（四）临床表现

患者通过20G外周静脉留置针泵入胺碘酮后出现输注部位疼痛。查看可见穿刺局部轻度红斑，面积约0.5cm×1.0cm，触压局部组织略硬、有疼痛，无条索状。

（五）处理措施

化学性静脉炎处理措施见表6-3。

表6-3 化学性静脉炎处理措施

措施	原因
第一步：立即停止在原部位静脉输注胺碘酮	停止原部位静脉输注胺碘酮，可解除胺碘酮溶液对血管壁的刺激
第二步：告知医生，遵医嘱给予50%硫酸镁湿敷，并安抚患者	50%硫酸镁因其高渗作用能减轻水肿，并且镁离子能降低血管平滑肌对缩血管物质的反应性使血管舒张，还可使神经肌肉的传导发生阻断而使周围血管平滑肌松弛，从而促进局部的血液循环，减轻红、肿、热、痛等炎症反应。本例为血管活性药物引发静脉炎，可使用硫酸镁湿敷
第三步：评估导管留置必要性，更换至对侧血管留置新导管	选择大静脉或相对较小的静脉导管来改善周围静脉的稀释效果。本例患者需要继续使用静脉药物治疗，更换对侧血管留置导管
第四步：遵医嘱停止胺碘酮静脉泵入，改为口服胺碘酮继续治疗	如果患者病情允许，在医嘱下可由静脉注射改为口服胺碘酮；对于不能口服摄入或需要连续静脉注射胺碘酮的患者，可以选择中心静脉通路。通过前期治疗，该患者病情趋于稳定，改口服胺碘酮巩固治疗效果
第五步：完善相关记录	记录静脉炎症状、程度、原因及处理，便于分析及积累研究资料

（六）效果评价

通过对拔除导管消除局部刺激、50%硫酸镁湿敷、更换输液通道及给药途径，24小时后患者诉疼痛减轻，触压局部组织仍略硬，查看红斑面积缩小；48小时后局部疼痛消失，红斑基本消失。

（杨巧芳 白 姗）

第二节　渗出与外渗

随着医疗技术的发展，静脉输液治疗已经成为治疗疾病的主要途径，但由于药物性质不一，一旦发生药物外渗，对血管的危害程度也不一。如腐蚀性药物外渗，导致局部皮下组织发生炎性改变、坏死，甚至功能障碍，严重的将可能造成三至四级医疗事故。临床上如发生药物外渗，应根据药物性质将其分为：渗出和外渗。

一、概述

（一）药物渗出

静脉输液过程中，由于多种原因致使非腐蚀性药物或溶液进入静脉管腔以外的周围组织，临床表现为肿胀、疼痛，见图 6-10。

（二）药物外渗

静脉输液过程中，由于多种原因致使腐蚀性药物或溶液进入静脉管腔以外的周围组织，临床表现见图 6-11。

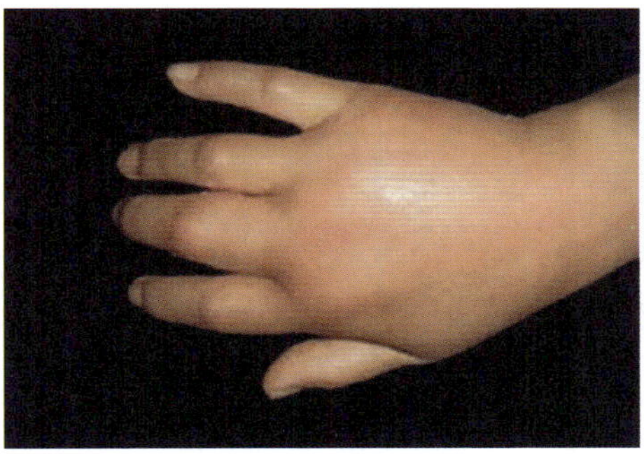

图 6-10　非腐蚀性药液渗出

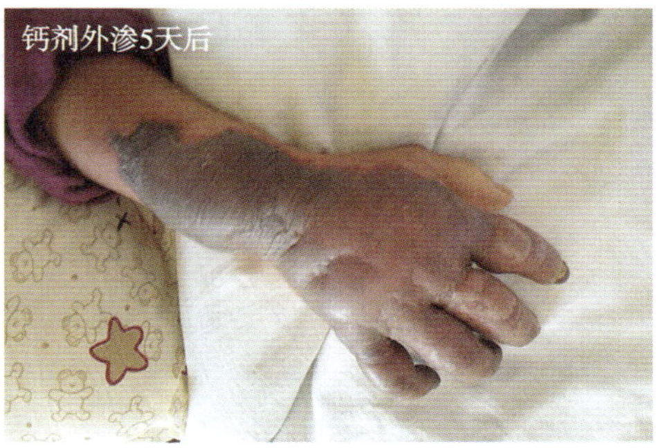

图 6-11　腐蚀性药物外渗

（三）腐蚀性药物

指具有强酸性（pH<5.0）、强碱性（pH>9.0）、高渗透压（渗透压 >600mmol/L）或发泡性药物为腐蚀性药物。其外渗到血管外，对皮下组织造成损害，出现皮肤和皮下组织变性、水疱、发黑及组织坏死等。常见腐蚀性药物有抗肿瘤药物、缩血管药物、造影剂、高渗透压电解质等。

pH：正常血液 pH 为 7.35~7.45，pH<7.0 为酸性，pH<5.0 为强酸性；pH=7.0 为中性；pH>7.0 为碱性，pH>9.0 为强碱性。液体 pH 在 6~8 时对静脉影响较小，pH 超过此范围的药物均可能损伤静脉内膜上皮细胞，引起化学性静脉炎。

渗透压：正常血浆渗透压为 280~310mmol/L，285mmol/L 是等渗标准线。

渗透压危险程度：

高度危险：渗透压 >600mmol/L。

中度危险：渗透压 400~600mmol/L。

低度危险：渗透压 <400mmol/L。

渗透压 >600mmol/L 的药物可在 24 小时内造成化学性静脉炎。

二、原因

药物渗出与外渗的危险因素主要包括以下五类（表 6-4）：

1. 物理因素　指静脉穿刺及导管留置过程中对静脉壁造成的破坏或继发于机械性静脉炎。

2. 生理因素　指静脉穿刺及留置导管之前就存在病变或之后突发血管急性情况，破坏了静脉壁的完整性，也可继发于血栓性静脉炎及导管相关感染。

3. 药理因素　是最常见的因素，药物性质具有决定性作用。

4. 疾病因素　在整个外渗发生因素中占 8.54%，比如糖尿病、肿瘤患者。

5. 年龄因素　婴幼儿和老年人因自身的生理因素和自理能力低下导致渗出和外渗增加。

表 6-4　药物渗出与外渗常见危险因素

类型	发生原因	注　　释
物理因素	静脉条件差	肉眼看不见血管
	导管型号过大	导管直径超过穿刺血管内径 2/3
	穿刺活动部位	关节部位或优势手活动过多
	导管固定不妥	导管移位
	活动过度	导管对静脉血管内膜的损伤
	多次穿刺	损伤血管内膜
	导管破裂、导管与输液港分离	液体渗出
	加压输液或泵入	静脉内静水压增加可导致液体向静脉周围的组织转移
生理因素	导管留置部位血栓形成	可导致血栓性静脉炎
	导管尖端形成蛋白鞘	影响导管回血判断
	淋巴结肿大	影响淋巴液回流

续表

类型	发生原因	注　释
药理因素	药物 pH	低于 5 或高于 9
	液体渗透压	>600mmol/L
	收缩血管药物	如多巴胺、肾上腺素、去甲肾上腺素等
	细胞毒性药物	多数抗肿瘤药物及部分抗生素
疾病因素	外周血管疾病	血管硬化,易导致药物外渗
	糖尿病	由于糖、脂肪代谢障碍、血管硬化易导致药物外渗
	癌症患者	因反复化疗,药物对血管刺激,静脉脆性增加、血管硬化、管壁弹性下降,静脉萎缩变细
	营养不良	一般情况差,外周血管弹性差,滑动、循环状态不良
年龄因素	婴幼儿	1. 年龄在 3 岁以内的婴幼儿　输注部位活动过于频繁 2. 患儿病情　如营养不良、腹泻、腹痛等出现输液外渗概率高 3. 穿刺部位　头皮静脉和眶上静脉穿刺发生药物外渗概率高
	老年人	1. 生理功能减退、反应迟钝,药物外渗、感觉迟钝 2. 皮肤松弛、静脉弹性差、脆性增加、静脉硬化、血管滑动、静脉压高等 3. 老年慢性病患者如糖尿病、冠心病、高血压、肺心病、恶性肿瘤等血管长期营养障碍,使血管壁通透性增加、损伤后修复能力降低 4. 受滴速限制,老年人输液时间较长

三、临床表现

1. 临床症状　为穿刺点局部红肿、酸麻、烧灼样疼痛、刺痛、皮肤水疱形成,重者皮肤青紫、局部变硬、皮下组织溃疡、坏死,甚至发生骨筋膜室综合征(指骨筋膜室内的肌肉和神经因急性缺血、缺氧而产生的一系列早期症状)及反射性交感神经营养不良综合征(是一种以肌肉骨骼、皮肤和血管系统出现各种功能障碍为特征的复杂性局部疼痛综合征),处理不当可造成瘢痕挛缩、关节强直甚至功能障碍。

2. 输液管路　回抽输液管路无回血。

3. 临床判断分级　根据美国静疗专科护士协会指南,药物渗出与外渗分级见表 6-5,药物外渗损伤分期(WHO)见表 6-6。

表 6-5　药物渗出与外渗分级

级别	临床标准
0	没有症状
1	皮肤发白，水肿范围最大处直径 <2.5cm，皮肤冰凉，伴有或不伴有疼痛
2	皮肤发白，水肿范围的最大处直径在 2.5~15cm，皮肤冰凉，伴有或不伴有疼痛
3	皮肤发白，半透明状，水肿范围最小处直径 >15cm，皮肤冰凉，轻到中等程度疼痛，可能有麻木感
4	皮肤发白，半透明状，皮肤紧绷，有渗出，可有凹性水肿，皮肤变色，有瘀斑、肿胀，范围最小处直径 >15cm，循环障碍，中度到重度疼痛

表 6-6　药物外渗损伤分期（WHO）

分期	临床表现
Ⅰ期（局部组织炎性期）	局部皮肤发红、肿胀、发热、刺痛，无水疱和坏死
Ⅱ期（静脉炎性期）	局部皮下组织出血或皮肤水疱形成，皮肤水疱破溃，组织苍白形成浅表溃疡
Ⅲ期（组织坏死期）	局部皮肤变性坏死、深部溃疡、肌腱、血管、神经外露或伴感染

四、预防

静脉输液并发症已经严重地影响着患者的治疗疗程，为了减少静脉输液并发症，减少医源性损伤，减少护理纠纷，提高床位周转率，提高医院及患者满意度，使患者顺利完成静脉输液治疗。为达到此目的，特介绍药物外渗预防十步法见图 6-12。

药物外渗预防十步法实施细则：

第一步　了解患者基本信息。

年龄、性别、体重、过敏史、现病史及既往病史等。

第二步　评估药物性质及治疗方案。

1. 药物性质。

2. 治疗时间　短期：小于 7 天，中期：7 天 ~4 周，长期：大于 4 周静脉输液治疗。

3. 输注腐蚀性药物　需由护士、医生、患者及家属共同参与讨论，确定输注工具。

4. 评估　药物间配伍禁忌，如可能发生变色、絮状物、沉淀等。

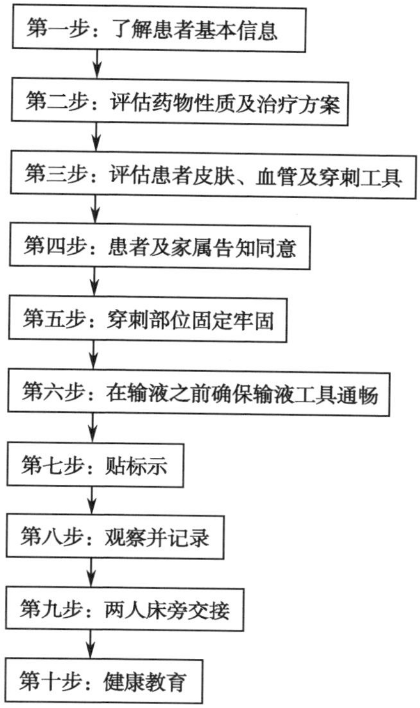

图 6-12　药物外渗预防十步法

第三步　评估患者皮肤、血管及穿刺工具。

1. 穿刺工具选择原则

（1）评估穿刺部位皮肤和静脉，使用满足静脉输液治疗需要最小型号的导管。

（2）当输注溶液 pH<5 或 >9，渗透压 >600mmol/L，最终葡萄糖浓度大于 10% 时宜使用中心静脉导管，对于连续性输注腐蚀性、肠外营养或液体渗透压大于 900mmol/L 的药物，不应使用外周静脉短导管、中长导管。

（3）输注刺激性药物时应选择较粗的外周静脉，避免使用手部和手指静脉进行输注。

1）一次性静脉输液钢针：宜用于短期或单次给药，腐蚀性药物不应使用。

2）外周静脉留置针：宜短期静脉输液治疗，不宜用于腐蚀性药物等持续性静脉输注。

3）PICC　宜中长期静脉输液治疗，可用于任何性质药物输注，不应用于高压注射泵注射造影剂和血流动力学监测（耐高压导管除外）。

4）CVC　可用于任何性质药物输注、血流动力学监测，不应用于高压注射泵注射造影剂（耐高压导管除外）。

5）PORT　可用于任何性质药物输注，不应使用高压注射泵注射造影剂

（耐高压导管除外）。

2. 穿刺部位及血管选择

（1）PVC 穿刺

1）宜选择上肢静脉作为穿刺部位，避开静脉瓣、关节部位以及有瘢痕、炎症、硬结等部位。

2）成人不宜选择下肢静脉穿刺。

3）小儿不宜首选头皮静脉。

4）接受乳房根治术和腋下淋巴结清扫术后的患者应选健侧肢体穿刺，有血栓史和血管手术史的静脉不应置管。

5）瘫痪侧肢体不宜穿刺。

（2）PICC 穿刺

1）接受乳房根治术或腋下淋巴结清扫的术侧肢体、锁骨下淋巴结肿大或有肿块侧、安装起搏器侧肢体不宜置管。

2）宜选择肘部或上臂静脉作为穿刺部位，避开肘窝、感染及有损伤的部位；新生儿还可选择下肢静脉、头部静脉和颈部静脉。

3）有血栓史、血管手术史的静脉不应置管；放疗部位不宜置管。

4）瘫痪侧肢体不宜置管。

5）肺癌侧肢体不宜置管。

第四步　患者及家属告知同意。

凡需输注腐蚀性药物，患者或家属签同意或拒绝置入 / 植入中心静脉导管告知同意书。

1. 中心静脉置管告知同意书（附表 2）。

2. 输入腐蚀性药物拒绝置入 / 植入 PICC/CVC/PORT 告知同意书（附表 3）。

3. 告知患者及家属，如果穿刺部位有异常，请及时汇报。

第五步　穿刺部位固定牢固。

妥善固定导管，必要时使用夹板、固定器等，减少穿刺部位导管活动。尤其是特殊人群：老年人、小儿、危重、烦躁、出汗多的患者。

第六步　在输液之前确保输液工具通畅。

1. 经 PVC、MC、PICC、CVC、PORT 输注药物前宜通过抽回血来确定导管是否在静脉内。

2. 给药前后或使用两种不同药物之间宜用生理盐水脉冲式冲洗导管，如果遇到阻力或抽吸无回血，应进一步确定导管通畅性，不应强行冲洗导管。

3. 推注腐蚀性药物前，应检查输液工具的通畅性，并推注 3~4ml 药物抽回血一次。

第七步　贴标示。

根据静脉输注药物性质不一，挂上醒目标示牌：腐蚀性药物——黄底黑字标示牌。

第八步　观察并记录。

根据药物性质不一，加强巡视：腐蚀性药物输注 1 小时之内查看至少 1 次；非腐蚀性药物输注 3 小时之内查看至少 1 次。不要依赖电子输液装置来发现是否有药物渗出与外渗。

第九步　两人床旁交接。

交接班时两人在床旁共同查看管路是否通畅，穿刺部位有无红、肿、滴速减慢等现象，输注时间是否正确，发现药物外渗，应及时报告医生和护士长，并及时处理。

第十步　健康教育。

1. 输注前　告知患者或家属静脉输液治疗方案、注意事项、血管的选择及防护措施。

2. 家属参与　输液或给药过程中如果局部出现疼痛、烧灼感、肿胀，嘱患者要及时报告。

3. 告知患者减轻特殊药物输注对血管损伤的方法。

五、处理

目前静脉输液已经是临床护理工作的主要内容之一，一旦发生药物渗出或外渗，应将损伤降到最低。药物外渗的处理方法见图 6-13。

（一）评估

1. 外渗药物的性质。
2. 外渗药物的量。
3. 外渗药物的范围。
4. 局部的症状。

（二）处理

药物外渗处理十步法实施细则：

第一步　立即停止输注。

一旦发生药物外渗，立即停止输注，重新建立另一输液通道。

第二步　测量并记录。

测量并记录药物外渗范围　测量肢体肿胀的面积，肢体的周径与对侧肢体比较，并用皮肤记号笔勾出该区域，标上渗出 / 外渗的记号，方便评估变化。

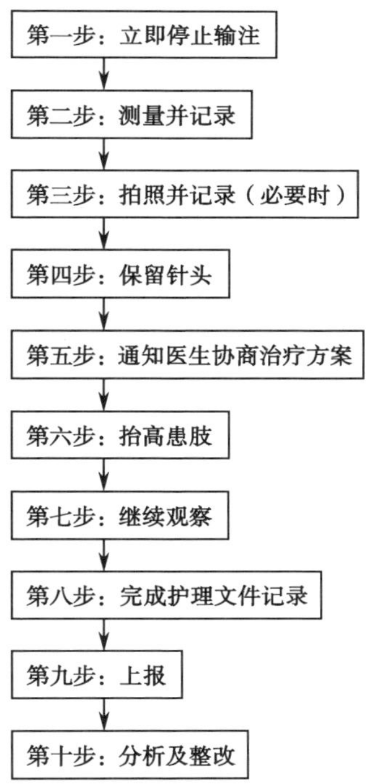

图 6-13　药物外渗处理十步法

第三步 拍照并记录(必要时)

按以下间隔时间留取外渗损伤部位的图片。

1. 损伤时拍照。
2. 损伤后 24 小时拍照。
3. 损伤后 48 小时拍照。
4. 损伤后 1 周拍照。

第四步 保留针头。

保留 PVC、PICC、MC、CVC、PORT,在拔除导管前抽吸已外渗的药物,尽量回抽,拔出 PVC、PICC、MC、CVC,在手术室取出 PORT;轻轻按压穿刺点,防止出血和进一步组织损伤。

第五步 通知医生协商治疗方案。

根据药物性质,外渗部位、面积、药物的量,皮肤颜色、皮温、疼痛性质决定治疗方案。其措施如下:

1. 首选冷敷或热敷 取决于外渗药物性质和并发症的严重程度。

(1)冷、热敷目的:减少组织肿胀,降低受损组织的代谢水平,降低组织损伤。

(2)冷、热敷方法:将药物直接浸湿无菌纱布至不滴水直接湿敷。

(3)冷、热敷时间:24~48 小时。

1)持续冷、热敷:每 2~3 小时更换一次。

2)间断冷、热敷:20~30 分钟 / 次,4~6 次 / 天,老年、衰竭患者及婴幼儿适用。

(4)冷、热敷水温:热敷:40~60℃,以防烫伤。冷敷:4~6℃,以防冻伤。

(5)冷、热敷指引

1)以下药物外渗建议冷敷:①烷化类抗肿瘤药:属于细胞毒类药物,又称生物烷化化疗药物。常用药物:环磷酰胺、氮芥、异环磷酰胺、磷酰胺氮芥双甘氨酸乙酯、卡莫司汀、洛莫司汀、司莫司汀、尼莫司汀等。②蒽环类药物或蒽环类抗生素是一类来源于波赛链霉菌青灰变种的化疗药物。常用药物:多柔比星(阿霉素)、表柔比星、柔红霉素和阿克拉霉素、表柔比星和吡柔比星等。③紫杉烷类:是从植物中分离得到抗肿瘤活性成分,并对已取得活性成分的化合物进行结构修饰,合成一系列衍生物。常用药物:紫杉醇、多西他赛、卡巴他赛等以及具有紫杉烷骨架结构的衍生物。④电解质类:电解质都是化合物,大多数酸、碱、盐、氧化物是电解质。常用药物:碳酸氢钠、钙剂、钾等。⑤造影剂类:造影剂(又称对比剂)是为增强影像观察效果而注入(或服用)到人体组织或器官的化学制品。这些制品密度高于或低于周围组织,形成对比用某些器械显示图像。常用药物:如 X 线观察常用碘制剂:碘海醇注射液、泛影葡胺、碘肤葡胺等。⑥静脉营养液类:机体不能通过胃肠摄取食物营养时,通过静脉输入营养液的方法，又称肠外营养。常用药物：高渗葡萄糖、脂肪微粒、氨基酸等。⑦抗代谢类抗肿瘤药物：抗代谢药是与正常代谢物或与辅酶结构相似的化合物相结合，其主要作用系与合成正常代谢物所必需的酶相结合，从而干扰核酸的合成，抑制肿瘤细胞的生长和增殖。常用药物：嘧啶拮抗物——氟尿嘧啶、阿糖胞苷；嘌呤拮抗物——巯嘌呤、硫唑嘌呤；叶酸拮抗物——甲氨蝶呤等。⑧抗生素类：抗生素是由微生物（包括细菌、真菌、放线菌属）或高等动植物在生活过程中所产生的具有抗病原体或其他活性的一类次级代谢产物，能干扰其他生活细胞发育功能及发挥作用的化学物质。常用药物：青霉素、阿莫西林、阿奇霉素、头孢类、红霉素类等。⑨其他：利尿剂、异丙酚、异丙嗪等外渗宜选择冷敷（图 6–14）。

2）以下药物外渗建议热敷：①生物碱类：生物碱是一类含氮的碱性有机化合物，绝大部分存在于植物体内，有明显生理活性或毒性。常用药物：长春新碱、长春碱、长春酰胺、长春瑞滨、长春地辛、足叶乙苷、替尼泊苷等。②利铂类：对癌细胞有抑制作用的顺式结构的铂化合物，简称顺铂。常用药物：草酸利铂、依托泊苷、奥沙利铂、顺铂、卡铂等。③血管收缩类：常用药物：多巴胺、去甲肾上腺素、垂体后叶素、血管紧张素等药物外渗宜选择热敷（图 6–15）。

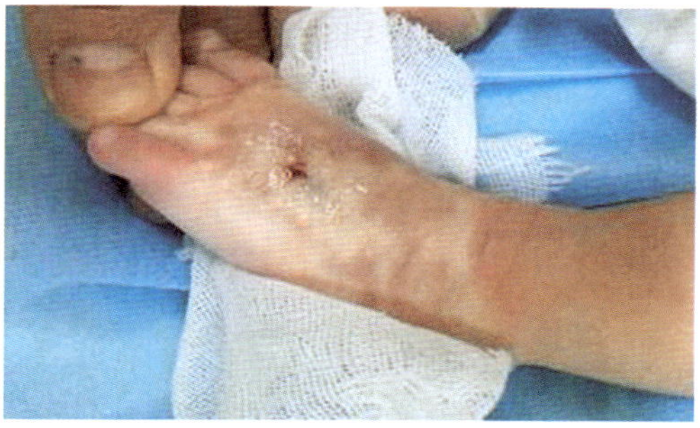

图 6–14　浓氯化钠外渗——冷敷

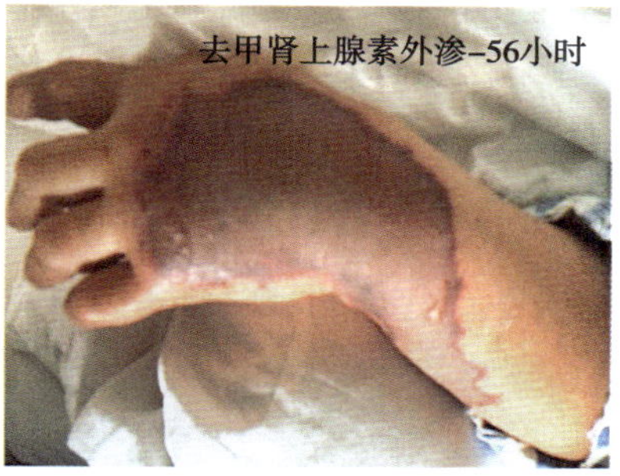

图 6–15　去甲肾上腺素外渗——热敷

2. 外涂药物（皮肤水疱及皮肤破溃者禁用）

（1）1% 氢化可的松霜外涂。

（2）欧莱凝胶乳膏（七叶皂苷钠凝胶）外涂。

（3）喜疗妥乳膏外涂，一日 2 次。

（4）中药制剂：金黄散、水晶丹、活血散加蜂蜜外敷、黄柏地榆汤等用于红肿、疼痛患者；红肿严重的患者还可用烫伤膏涂抹等。

3. 局部封闭　该操作属于有创性操作，严格掌握局部封闭指征。如果药物外渗严重，应根据医嘱并征得患者或家属同意情况下做局部封闭。

（1）目的：阻止药物与组织细胞相结合，减轻局部组织反应，减轻疼痛。若没有相应解毒剂，常用盐酸利多卡因注射液 0.1g+ 地塞米松 5mg+ 生理盐水 5ml 做局部封闭。

（2）方法：操作者洗手，碘伏消毒药物外渗部位，范围超过外渗 2cm，自然待干后，用 1ml 空针抽吸药物后对药物外渗部位做多点注射，右手持注射器从病变一侧向对侧穿刺，缓慢推注，病变范围 >2cm 者可根据具体情况采用十字交叉注射，或病变四周多点注射，每天 1 次或 2 次；病变范围在 2cm 内者只在一处注射，每日 1 次。

（3）用于治疗外渗损伤的解毒药物包括

1）硫代硫酸钠：用于治疗烷化剂药物外渗。

2）右雷佐生：用于治疗蒽环类抗生素外渗。

3）透明质酸钠：用于治疗生物碱类药物、葡萄糖、电解质（如钙、钾、碳酸氢钠）等电解质类以及抗生素类（如萘夫西林、万古霉素）外渗。

4）酚妥拉明：用于治疗血管收缩剂类药物的外渗。

4. 手术干预（医生操作）

（1）药物外渗：如临床表现严重的，在无菌状态下，使用盐酸利多卡因注射液局部麻醉穿刺点周围，进行 0.2~0.5cm 扩创，轻轻按压，将外渗药物尽量并及时的挤出皮肤外，注入生理盐水 / 解毒剂清洗干净。

（2）如果皮下已经发生破溃，则需要清创，可以使用银离子敷料换药；必要时需要植皮处理。

5. 皮肤水疱处理方法

（1）皮肤水疱局部处理：皮肤水疱直径 <0.5cm，张力不大，用碘伏消毒，无菌油砂、纱布保护，待其自行吸收，24~48 小时更换敷料。皮肤水疱直径 >0.5cm，张力大，用碘伏消毒，在无菌技术操作下抽去水疱内的渗液，消炎、抗感染处理。

（2）可以使用以下任一药物抗菌、修复

1）百格斯：创面修复抗菌敷料。

2）莫匹罗星（百多邦）：创面消毒喷雾剂喷洒。

3）汇涵术泰喷雾剂：复方银离子灭菌护理液，对金黄色葡萄球菌和铜绿假单胞菌 2 分钟杀灭率为 99.9%。

4）灵方破立妥皮肤抗菌喷雾剂：消炎抗菌防止感染，止血、止痛喷剂。

5）德莫林喷洒：促进上皮细胞增生，皮肤创面无机诱导活性敷料，主动诱导上皮细胞增生，促进伤口快速愈合，中和创面的酸性渗出物。

（3）可以每天行高压氧疗 1 次，促进创面愈合；如周围红肿加重者需报告医生使用抗生素治疗。

6. 疼痛处理　根据医嘱使用止痛剂：药物外渗出现疼痛，可遵医嘱给予患者口服阿片类药物镇痛。

7. 常用药物外渗使用解毒剂及处理方法　见表 6–7。

表 6-7　常用药物外渗使用解毒剂及处理方法

外渗药物类型	解毒剂	处理方法
1. 烷化类 2. 抗生素类 3. 抗代谢类抗肿瘤药物	硫代硫酸钠	1. 临床表现严重的，应首选医生手术干预，将外渗药物尽量吸出、注入生理盐水 / 解毒剂彻底清洗干净 2. 冷敷　以下任意一项： （1）8.4% 碳酸氢钠 20ml （2）50% 硫酸镁 20ml 3. 外涂药物　局部用二甲基亚砜涂敷每 6 小时一次，连用 14 天 4. 局部封闭　以下任意一项： （1）硫代硫酸钠 4~8ml+ 生理盐水 5ml （2）盐酸利多卡因注射液 0.1g+ 生理盐水 5ml （3）地塞米松 5mg+ 维生素 B_{12}0.25mg+ 生理盐水 5ml （4）盐酸利多卡因注射液 0.1g+ 地塞米松 5mg+ 生理盐水 5ml
1. 蒽环类 2. 紫衫烷类	1. 8.4% 碳酸氢钠 2. 透明质酸钠	1. 临床表现严重的，应首选医生手术干预，将外渗药物尽量吸出、注入生理盐水/解毒剂彻底清洗干净 2. 冷敷　以下任意一项： （1）50% 硫酸镁 20ml+ 维生素 B_{12} 0.25mg+ 氢化可的松 10mg （2）50% 硫酸镁 20ml+ 维生素 B_{12} 0.25mg+50% 葡萄糖 20ml （3）冷敷外渗肿胀处，4~6℃，24~48 小时，q6h，每次 20~30 分钟 3. 外涂药物 （1）1% 氢化可的松霜外涂 （2）喜疗妥外涂 （3）二甲亚砜：涂于患处，每 6 小时一次，共 2 周 4. 局部封闭　以下任意一项： （1）8.4% 碳酸氢钠 5ml+ 地塞米松 5mg （2）盐酸利多卡因注射液 0.1g+ 地塞米松 5mg+ 生理盐水 5ml （3）盐酸利多卡因注射液 0.1g+ 地塞米松 5mg+ 透明质酸钠 300U （4）地塞米松 5mg+ 维生素 B_{12} 0.25mg+ 生理盐水 5ml 5. 静脉输注　奥诺先（注射用右雷佐生）：是治疗蒽环类药物外渗的药物，用法详见药物说明书 6. 免疫治疗溃疡（药物具体剂量根据说明书、患者年龄、体重而定）　GM-CSF（粒细胞集落刺激生物因子）/G-CSF（重组人粒细胞集落刺激因子）局部注射，每周 400mg，基本能实现第 4 周溃疡完全消失。蒽环类药物外渗常伴有中度至重度疼痛，因而可遵医嘱给予患者口服或静脉使用阿片类药物镇痛 7. 皮肤水疱处理　见前面介绍

续表

外渗药物类型	解毒剂	处理方法
1. 电解质类 2. 静脉营养液类 3. 造影剂类	透明质酸钠	1. 临床表现严重的，应首选医生手术干预，将外渗药物尽量吸出、注入生理盐水 / 解毒剂彻底清洗干净 2. 冷敷　以下任意一项： （1）酒精消毒后，季德胜蛇药碾成粉 +50% 硫酸镁 20ml 调匀成糊状外敷，用清洁纱布包裹 （2）50% 硫酸镁 20ml，每 2~3 小时更换一次 （3）盐酸利多卡因注射液 0.1g+ 地塞米松 5mg+ 生理盐水 5ml （4）局部予马铃薯切成薄片贴敷 （5）金黄散、活血散加蜂蜜外敷、黄柏地榆汤 3. 覆盖水凝胶敷料：肿胀消退后，更换水胶体敷料 4. 局部封闭　以下任意一项： （1）透明质酸钠 300U+ 生理盐水 5ml （2）透明质酸钠 300U+0.25% 的普鲁卡因注射液 5ml （3）盐酸利多卡因注射液 0.1g+ 地塞米松 5mg+ 生理盐水 5ml （4）地塞米松 5~10mg+ 维生素 B_{12} 0.25mg+ 生理盐水 5ml
生物碱类	1. 8.4% 碳酸氢钠 2. 透明质酸钠	1. 临床表现严重的，应首选医生手术干预，将外渗药物尽量吸出、注入生理盐水 / 解毒剂彻底清洗干净 2. 热敷　以下任意一项： （1）95% 乙醇持续热敷，每 2~3 小时更换一次 （2）50% 硫酸镁 20ml 持续热敷，每 2~3 小时更换一次 3. 磁疗、微波治疗：每个部位 30~40 分钟，q12h 4. 局部封闭　以下任意一项： （1）8.4% 碳酸氢钠 5ml+ 地塞米松 5mg （2）透明质酸钠 300U+ 生理盐水 5ml （3）地塞米松 5mg+ 维生素 B_{12} 0.25mg+ 生理盐水 5ml （4）盐酸利多卡因注射液 0.1g+ 地塞米松 5mg+ 生理盐水 5ml
利铂类		1. 临床表现严重的，应首选医生手术干预，将外渗药物尽量吸出、注入生理盐水 / 解毒剂彻底清洗干净 2. 热敷　以下任意一项： （1）95% 乙醇持续热敷，每 2~3 小时更换一次 （2）50% 硫酸镁持续热敷，每 2~3 小时更换一次 3. 外涂药物　艾洛松软膏外涂外渗处皮肤或喜疗妥涂擦 4. 微波治疗仪　每个部位 30~40 分钟，2~3 次 / 天

续表

外渗药物类型	解毒剂	处理方法
血管收缩类	酚妥拉明	1. 临床表现严重的，应首选医生手术干预，将外渗药物尽量吸出、注入生理盐水 / 解毒剂彻底清洗干净 2. 热敷　以下任意一项： （1）用 654-2 10mg+ 地塞米松 5mg+ 生理盐水 20ml （2）生理盐水 20ml+ 酚妥拉明 40mg （3）95% 乙醇 20ml，新生儿禁用 （4）50% 硫酸镁 20ml，每 2~3 小时更换一次 （5）盐酸利多卡因注射液 0.1g+ 地塞米松 5mg+ 生理盐水 20ml （6）局部予马铃薯切成薄片贴敷 （7）金黄散、活血散加蜂蜜外敷、黄柏地榆汤 3. 外涂药物 （1）愈肤宁外涂 （2）疼痛红肿严重的患者还可用烫伤膏涂抹 4. 低能量激光照射 5. 局部封闭　以下任意一项： （1）酚妥拉明 5~10mg+ 生理盐水 5ml （2）酚妥拉明 5~10mg+ 生理盐水 5ml+0.25% 普鲁卡因 5ml （3）酚妥拉明 5~10mg+ 生理盐水 5ml+2% 利多卡因 0.1g （4）生理盐水 5ml+ 地塞米松 5mg+ 盐酸利多卡因注射液 0.1g 6. 皮肤水疱处理　见前面介绍 7. 出现坏死，可用短波治疗，严重者需要植皮

第六步　抬高患肢。

在药物外渗 48 小时内局部制动，抬高患肢，高于心脏平面。

第七步　继续观察。

由于药物外渗可导致非常严重的并发症，因此应继续观察并记录局部皮肤有无骨筋膜室综合征、神经损伤、皮肤水疱、组织坏死、功能和感觉丧失的症状和体征。

第八步　完成护理文件记录。

1. 本次药物外渗的时间、输注的药物名称。
2. 导管的类型和规格及型号。
3. 估算液体进入组织的量。
4. 外渗区域　面积、臂围、皮肤颜色、皮温、感觉、关节活动及患肢远端血运情况。
5. 患者主诉。

6. 至少每班查看并记录外渗处的局部状况。

7. 已采取的治疗措施和效果。

第九步　上报。

按照药物外渗意外事件或警讯事件上报（表 6-8）。

表 6-8　药物外渗意外事件或警讯事件报告表

科室：　住院号（或 ID 号）：　姓名：　性别：　年龄：　疾病诊断：　联系电话

项目	内　　容
发生时间	年　月　日
外渗部位情况	局部皮肤颜色：异常□　发红□　发白□　发紫□　正常□ 肿胀面积：有□　cm　臂围　cm　无□ 疼痛：有□　轻微□　剧痛□　无□ 皮肤水疱：有□　cm　无□
穿刺部位血管	上肢：手背静脉□　头静脉□　正中静脉□　贵要静脉□　其他□ 下肢：足背静脉□　大隐静脉□　股静脉□　其他□ 头部：眶上静脉□　颞静脉□　耳后静脉□　其他□ 颈部：颈内静脉□　颈外静脉□
导管类型及型号	一次性静脉输液钢针　□ 7 号　□ 5.5 号　□其他 外周静脉留置针　□ 24G　□ 22G　□ 20G　□其他 MC　□ 4Fr　□ 5Fr　□其他 PICC　□ 5Fr　□ 5Fr 双腔　□ 4Fr　□ 3Fr　□ 1.9Fr CVC　单腔 14G □　16G □　18G □　20G □ 双腔 4Fr □　5Fr □　7Fr　8Fr □ PORT　□手臂港　□胸壁港
连续输液时间	小时　分钟
外渗分级	0 级□　1 级□　2 级□　3 级□　4 级□
输注方式	□静脉滴注　□静脉推注　□泵入
外渗药物名称类型	药名：　类型：
外渗处理方式	局部冷敷：是□（+ 阐述）　否□ 局部热敷：是□（+ 阐述）　否□ 局部封闭：是□（+ 阐述）　否□ 创面处理方式：　是否手术：是□（+ 阐述）　否□
外渗部位图片（拍照）	处理前（附图片）　处理后（附图片）
患者随访及教育	有□　无□

第十步　分析及整改。

所有药物外渗都应看做是不良事件，应组织静脉输液治疗小组的成员进行分析。

1. 寻找外渗的原因　前面已经阐述。

2. 整改　采取 PDCA 循环的方法，针对查找到的原因，提出整改措施（参看药物外渗预防十步法）及制订应急预案（药物外渗处理十步法）。

六、案例分析

（一）病例资料

张某，男，79 岁，于 2013 年 6 月 7 日使用 24G 留置针在患者右下肢穿刺，输注 20% 脂肪乳外渗导致右足背淤青 10cm × 8cm、输注部位皮肤水疱 1 个，2cm × 3cm。基础疾病：高血压、糖尿病、右下肢瘫痪。该患者在左足背静脉输入脂肪乳外渗后导致严重的局部并发症，处理流程见图 6-16（1）~（22）。

（二）静脉输液治疗相关并发症

依据 2016INS《渗出与外渗分级》标准：患者输注部位出现淤青、皮肤水疱、疼痛、皮温高，判定为Ⅳ级药物外渗。

（三）原因分析

20% 脂肪乳 pH 为 8，渗透压 350mmol/L，属于腐蚀性药物，依据《静脉输液治疗实践指南》推荐采用中心静脉通道输入或浅静脉通道但输注时间不可超过 60 分钟，且不推荐在下肢静脉输液。该案例中患者 79 岁高龄、糖尿病、右下肢瘫痪，采用的是右足背浅静脉通路输注脂肪乳，因此，发生外渗的原因与患者自身疾病和输液部位、输液工具选择不当有关。

（四）临床表现

1. 穿刺部位周围皮肤颜色改变，右足背淤青：10cm × 8cm。
2. 皮肤水疱 1 个，大小 2cm × 3cm。
3. 皮温变热。
4. 疼痛。

（五）处理措施

通过药物外渗处理十步法来进行处理，详细方法见表 6-9。

（六）效果评价

1. 药物外渗区域没有进一步发展。
2. 没有感染发生。
3. 没有医疗纠纷的发生。
4. 皮肤修复良好。

表 6-9　药物外渗十步处理法

步骤	内容	照片
第一步 立即停止输注	药物外渗，立即停止输注，重新建立另一输液通道	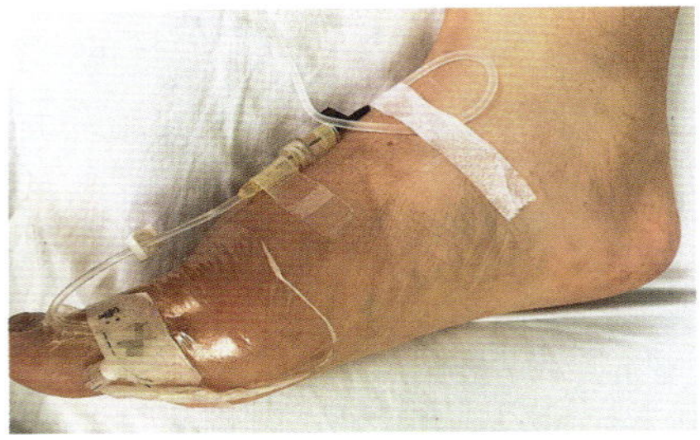 图 6-16（1）　停止输注
第二步 测量并记录外渗范围	测量肢体肿胀的面积，肢体的周径与对侧肢体比较	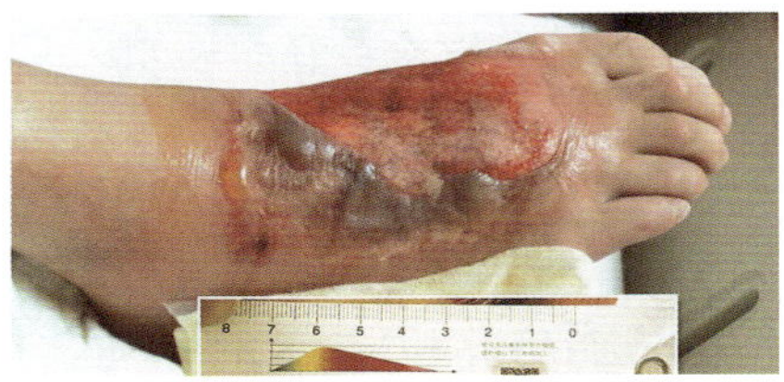 图 6-16（2）　测量
第三步 拍照并记录 （必要时）	按以下间隔时间留取外渗损伤部位的图片： 损伤时图片	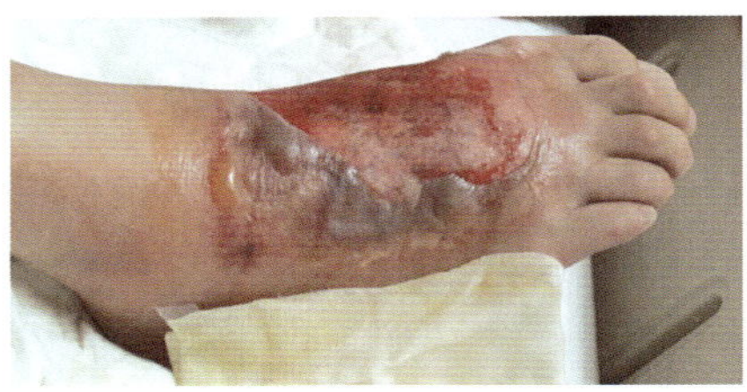 图 6-16（3）　损伤时拍照
	损伤后 24 小时图片	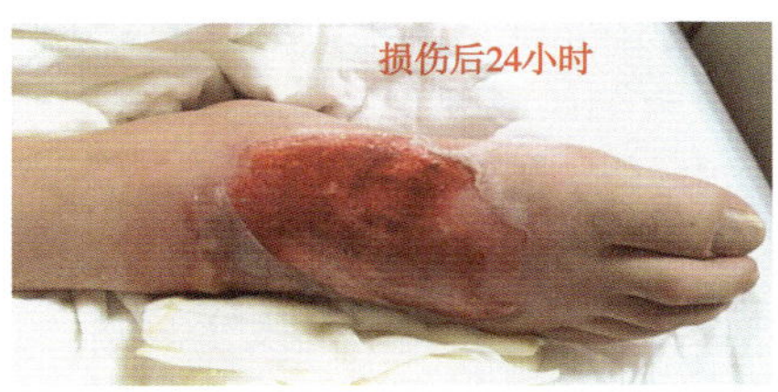 图 6-16（4）　损伤后 24 小时拍照

续表

步骤	内容	照片
第三步 拍照并记录 （必要时）	损伤后 48 小时图片	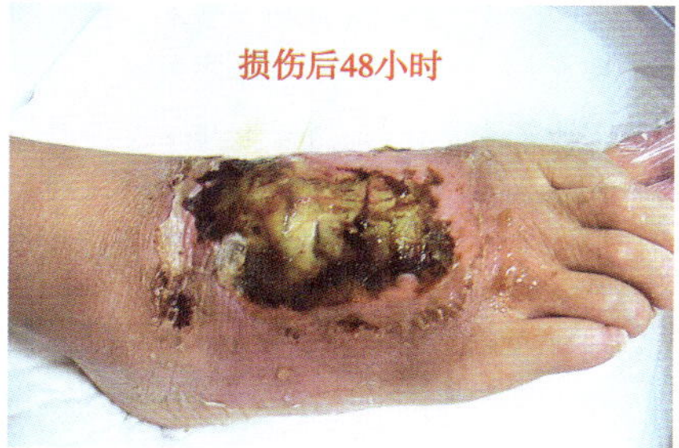 图 6–16（5）　损伤后 48 小时拍照
	损伤后 1 周图片	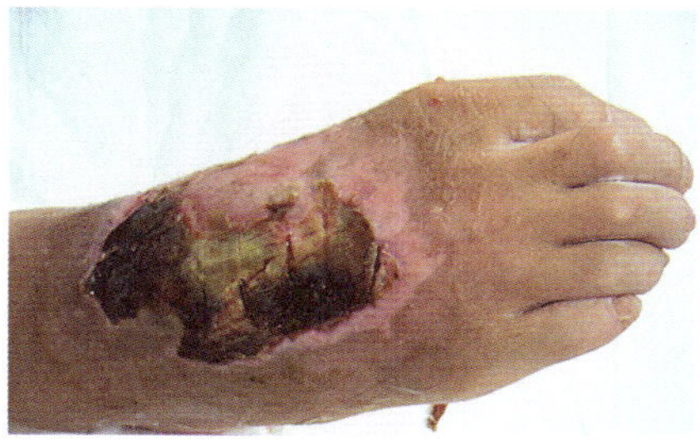 图 6–16（6）　损伤后 1 周拍照
第四步 保留针头	1. 保留外周静脉留置针，在拔除导管前抽吸已输注的药物，尽量回抽，拔出外周静脉留置针	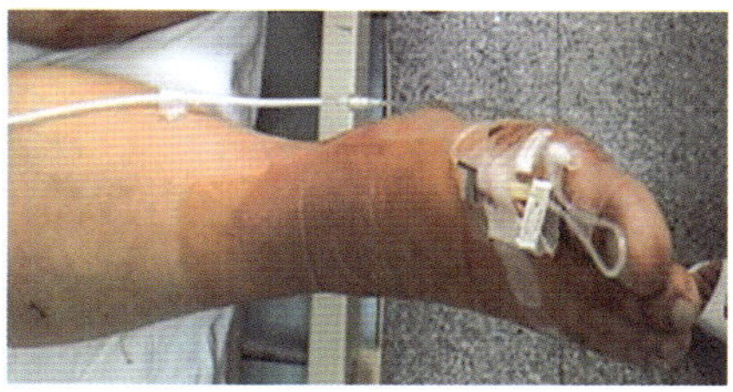 图 6–16（7）　保留针头
	2. 轻轻按压穿刺点，防止出血和进一步组织损伤	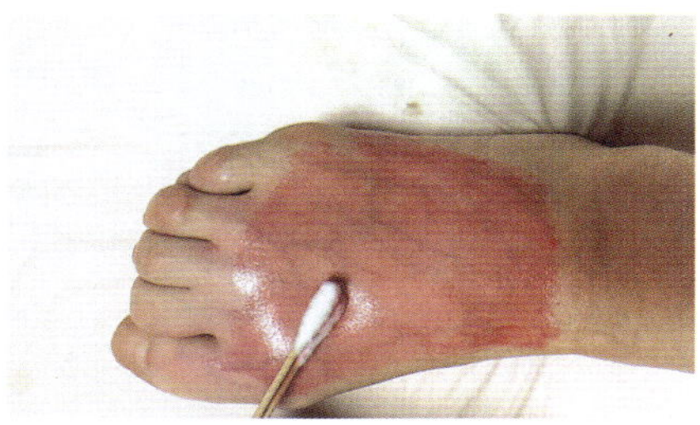 图 6–16（8）　按压穿刺点

续表

步骤	内容	照片
第五步 通知医生协商治疗方案	1. 外渗严重的，手术干预（医生操作） （1）外渗：可以考虑在无菌状态下，穿刺点旁使用盐酸利多卡因注射液局部麻醉，进行 0.2~0.5cm 扩创，轻压，尽量将外渗药物挤出皮肤外，使用生理盐水 / 解毒剂尽快、彻底清洗干净 （2）如果皮下已经发生破溃，清创，可以使用银离子敷料换药	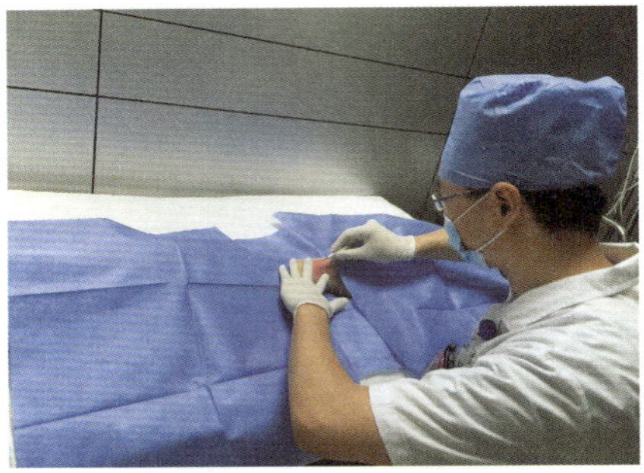 图 6–16（9）　手术干预
	2. 冷敷 （1）时间：24~48 小时 （2）持续冷敷：每 2~3 小时更换一次 （3）间断冷敷：20~30 分钟 / 次，4~6 次 / 天。老年、衰竭及婴幼儿适用 （4）水温：4~6 ℃，以防冻伤，根据水温而更换	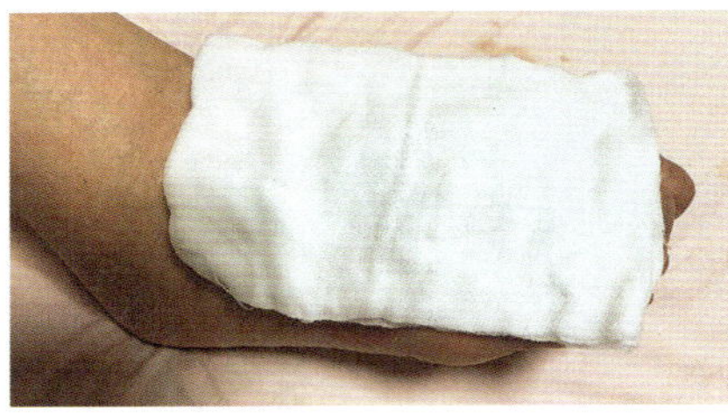 图 6–16（10）　冷敷
	3. 局部封闭　药物外渗严重，在征得患者或家属同意的情况下做局部封闭（以下任意一项）： （1）透明质酸钠 300U+ 生理盐水 5ml （2）透明质酸钠 300U+0.25% 普鲁卡因注射液 5ml （3）盐酸利多卡因注射液 0.1g+ 地塞米松 5mg+ 生理盐水 5ml （4）地塞米松 5mg~10mg+ 维生素 B_{12} 0.25mg+ 生理盐水 5ml	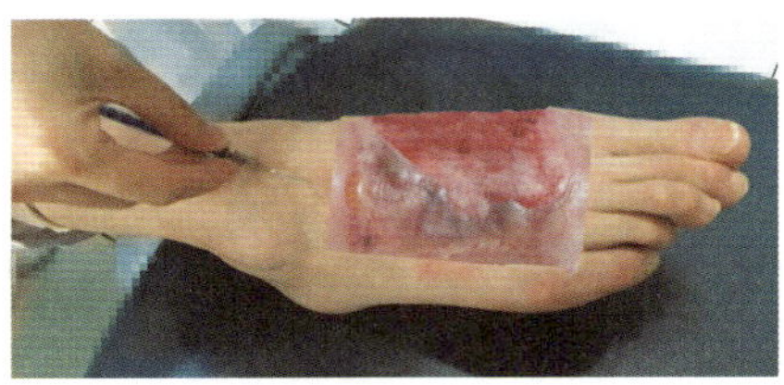 图 6–16（11）　局部封闭

续表

步骤	内容	照片
第六步 抬高患肢	药物外渗48小时内局部制动，抬高患肢，高于心脏平面	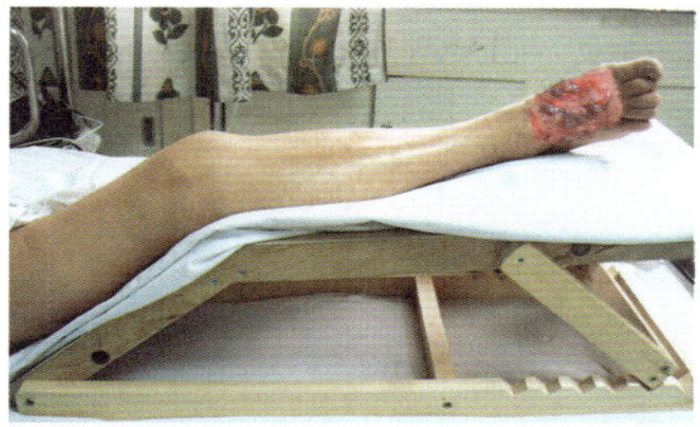 图6-16（12） 抬高患肢
第七步 继续观察	由于药物外渗可导致非常严重的并发症，因此应继续观察并记录局部皮肤、有无骨筋膜室综合征、神经损伤、组织坏死、功能和感觉丧失的症状和体征	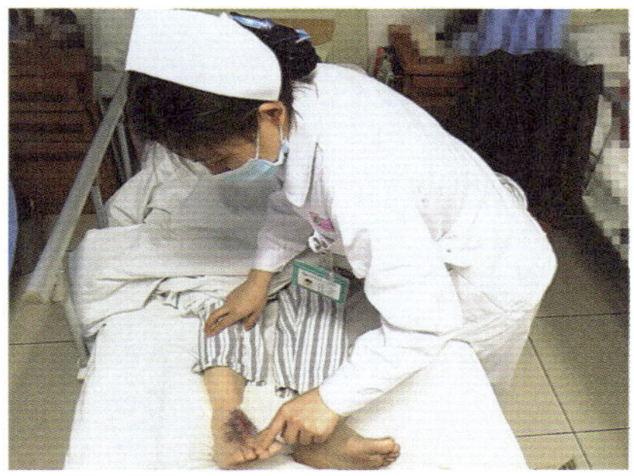 图6-16（13） 继续观察
第八步 完成护理文件记录	1. 本次药物外渗的时间 2013年6月7日。输注的药物名称：20%脂肪乳 2. 导管的类型、规格及型号 外周静脉留置针，24G 3. 估算液体外渗进入组织的量：20ml 4. 外渗的区域 肢体 右足背：淤青10cm×8cm、输注部位皮肤水疱1个，2cm×3cm；皮温较左侧高，关节活动受限 5. 患者主诉 右下肢足背肿胀、疼痛 6. 至少每1小时查看并记录外渗处的局部状况 7. 已采取的治疗措施和效果	 图6-16（14） 记录

续表

步骤	内容	照片
第九步 上报	按照相关规定完成意外事件或警讯事件上报	 图 6-16（15）　上报
第十步 分析及整改	1. 分析寻找外渗原因 （1）物理因素 1）静脉条件差 2）导管型号过大：相对于足背静脉直径 3）穿刺部位：足背，活动度大，下肢血循环差 4）导管固定差：导管移位、活动过度 5）导管对静脉血管内膜的损伤：多次穿刺	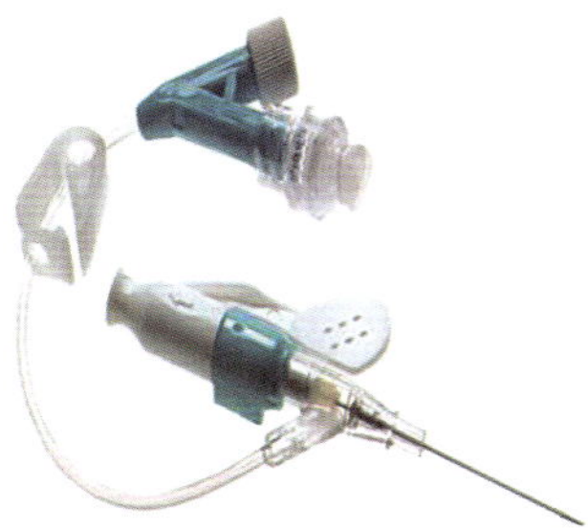 图 6-16（16）　外周静脉留置针
	（2）药理因素：20% 脂肪乳 20% 脂肪乳 pH：8（偏碱性）、渗透压：350mmol/L （3）疾病因素 1）高血压、糖尿病：由于糖、脂肪代谢障碍、血管硬化易导致药物外渗 2）右下肢瘫痪：血液循环差，原则上瘫痪侧肢体不宜穿刺	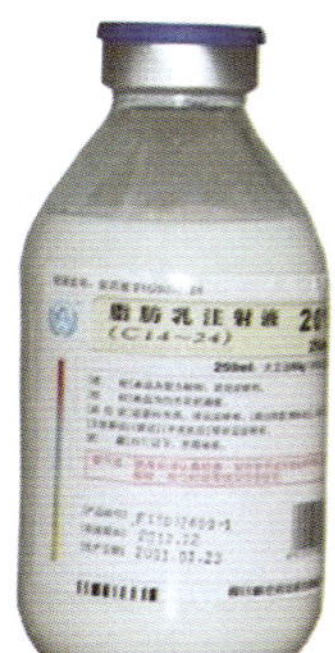 图 6-16（17）　20% 脂肪乳

续表

步骤	内容	照片
第十步 分析及整改	2. 整改 （1）评估药物性质及治疗方案 1）药物性质：腐蚀性 2）治疗时间：7天以上的静脉输液治疗属于中期静脉输液，宜选择PICC、CVC或输液港 3）输注腐蚀性药物，需由护士、医生、患者及家属共同参与讨论，确定输液工具 （2）评估患者的基础疾病 1）不能在瘫痪侧肢体穿刺 2）糖尿病患者输液时，不论是工具的选择还是血管的选择，务必谨慎	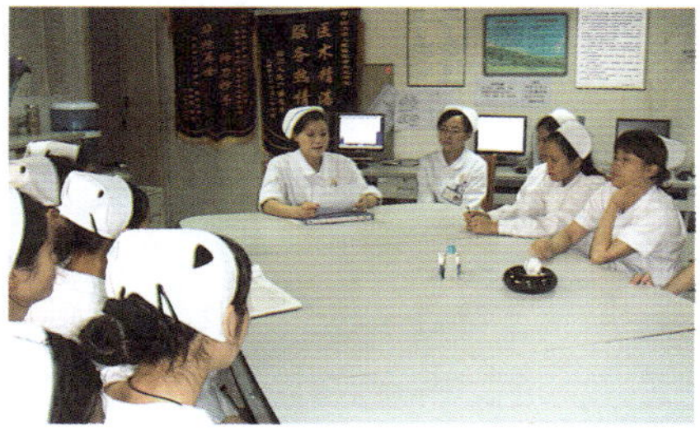 图6-16（18）　整改
	（3）工具选择：外周静脉留置针不宜用于腐蚀性药物持续性静脉输注 （4）穿刺部位：成人不宜选择下肢静脉进行穿刺	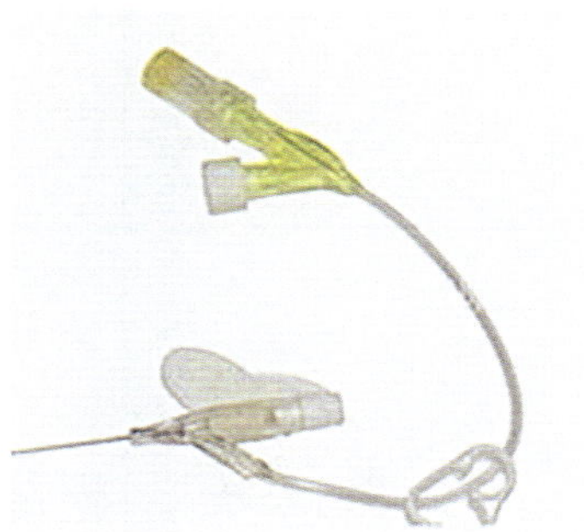 图6-16（19）　最小型号外周静脉留置针
	（5）导管牢固固定：必要时使用固定器、夹板等	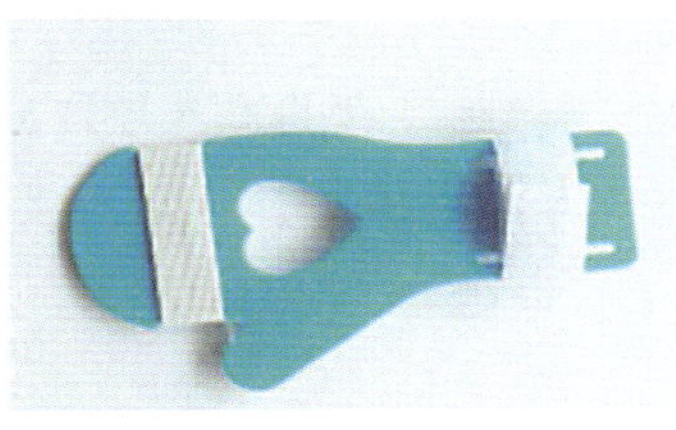 图6-16（20）　牢固固定

续表

步骤	内容	照片
第十步 分析及整改	（6）一针穿刺成功：减少对血管内膜的损伤 （7）输注腐蚀性药物：需挂黄底黑字警示牌，至少1小时观察并记录一次	 图 6-16（21）　警示牌
	（8）严格床旁交接班	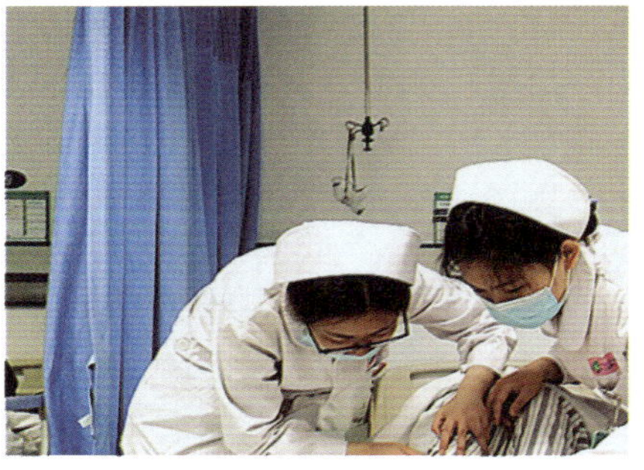 图 6-16（22）　床旁交接

（吴玉芬　曾佳炜　吕小梅）

第三节　静脉导管置入相关性血栓

静脉导管技术已广泛应用于手术麻醉、急救、化疗、危重患者等多个领域，是抢救患者、输注高渗溶液、化疗药物等的重要通道。但与此相关的并发症也不容忽视，如静脉导管的置入导致血液在血管内不正常凝结引起的病症称静脉导管置入相关性血栓。

一、原因

（一）导管因素

1. 机械性损伤　置管时的机械性损伤、留置期间导管对血管反复、持续的机械性刺激，导致血管内膜的损伤和增生。

2. 导管的大小　研究表明，导管在血管腔内所占空间影响血流的速度，导管置入/植入相关性血栓（CRT）的发生率与管径呈正比。

3. 导管的材质　导管的材质及组织相容性与血栓的发生密切相关，研究表明，聚氨酯和硅胶材料导致血管损伤和继发感染的比例明显低于聚氯乙烯、聚乙烯材料。

4. 导管尖端的位置　与血栓的形成有紧密的相关性，导管尖端位于上腔静脉下 1/3 时，由于血流量大，CRT 的发生率极低；而尖端位于腋静脉、锁骨下静脉或无名静脉时，血栓发生率高。

5. 导管相关性感染　化疗患者白细胞计数的减少及免疫力低下，穿刺处感染是导致静脉血栓形成的重要因素。

（二）患者因素

接受静脉置管的患者多数为接受大手术、肿瘤、长期卧床以及肾功能衰竭者，其血液具有高凝状态、血流淤滞、血管内皮损伤等血栓形成的三要素，容易发生血栓，部分患者因为担心插管移位、断裂，自主或不自主地减少置管侧肢体活动，也是导致血栓形成的原因之一。肿瘤患者静脉血栓栓塞症（VTE）的风险增高 4 倍；接受化疗者 VTE 的风险增高 6.5 倍；接受手术者 VTE 的风险增高 2~4 倍。

（三）药物因素

腐蚀性、刺激性药物对血管的直接刺激导致血管内膜损伤，是启动血栓形成的重要因素。顺铂、环磷酰胺、丝裂霉素、长春新碱等均可以引起血管纤维化和血管内皮的损伤，导致炎症反应，平滑肌细胞收缩和促凝血物质表达等促进血栓形成；沙利度胺或来那度胺等新型化疗药物导致血栓事件，其发生率更高。

（四）医源性因素

1. 责任心　导管置入/植入后要严密观察，尤其是有无 CRT 发生的征兆。

2. 操作技能　置管/植入时的机械性损伤如静脉多次穿刺、送管不顺利或粗暴送管、送导丝，增加对血管内膜的损伤，内膜下胶原裸露，激活凝血因子Ⅶ，启动内源性凝血系统，血管壁损伤释放的组织因子可启动外源性凝血系统，导致纤维形成网状结构，引起血小板黏附，导致血栓形成。

3. 操作规范性　不规范的封管操作会导致血栓的发生。

二、临床表现

（一）临床症状

1. 局部症状

（1）局部皮肤变色、发红。

（2）穿刺侧肢体或颈部肿胀、疼痛。

（3）肢端皮肤感觉异常、同侧胸壁和颈部的浅静脉充盈、扩张。

2. 患者出现上腔静脉综合征　主要表现为出现局部疼痛、头痛、颈部和手臂肿胀、上臂出现红斑。

3. 感染症状　血栓形成是导管相关性感染的一种高危因素。血栓形成可促进感染发生，并且大部分血栓形成病例是由于出现感染后才被诊断。

4. 输液不畅及静脉回流障碍

（1）当血栓形成于导管尖端或导管腔时可影响导管输液速度，严重者可堵塞导管。

（2）较大的导管外壁血栓形成则影响该静脉的血液回流，出现局部血液回流障碍现象，表现为局部肿胀、水肿等。有时仅表现为穿刺点延迟愈合或少量渗血。

5. 血栓脱落致肺栓塞　形成的血栓一旦脱落形成栓子，可经血液回流到心脏，导致肺栓塞。表现为呼吸困难、胸痛、低氧血症、高碳酸血症、血流动力学紊乱等。

（二）实验室检查

1. D-二聚体　血栓形成的早期，D-二聚体升高，呈阳性结果；血栓相对稳定时，D-二聚体可以转阴。

2. 血管超声　血管超声的准确性是静脉造影的90%，可减轻患者费用及造影并发症。

3. 顺行静脉造影　是深静脉血栓形成（deep vein thrombosis，DVT）诊断的"金标准"，经患者手背/足部静脉注射造影剂使上肢/腿部静脉显像。

三、预防

1. 评估　对血栓高危因素进行评估（如糖尿病、老年、瘫痪、肿瘤等疾病、D-二聚体等生化值）进行评估，选择适当的输注途径。

2. 选材　尽可能选取管径较细、硅胶或聚氨酯材质的导管。

3. 穿刺方法、部位及血管选择

（1）穿刺方法：一次性成功穿刺，避免反复穿刺。

（2）穿刺部位：建议在超声引下肘关节以上部位置入PICC/MC，避免在下肢及瘫痪侧肢体输液和置管。

（3）血管选择：选择贵要静脉、肱静脉、肘正中静脉、头静脉。

4. 规范操作

（1）减少微粒污染：使用无粉手套、无针接头、精密过滤输液器等，控制各种微粒通过静脉输液进入血液循环。

（2）动作轻柔，避免粗暴操作。

（3）注意肢体保暖。

（4）正确维护及冲、封管。

5. 导管位置 中心静脉导管置入后应立即行放射检查确定导管位置，拍片时将置管侧手臂一同拍片，发现导管打折，及时调整。

6. 病情观察 护士能够正确地识别血栓的临床表现，观察、随访及时发现症状以利早期治疗。

7. 健康教育

（1）功能锻炼：指导患者置管侧手臂每天做握拳运动，200~300 次 / 天，可以分成 3 次完成，每次持续 2 秒。

（2）补充水分：在病情允许的情况下每天饮水 2000~3000ml。

（3）指导患者掌握导管自我观察要点。

8. 预防性治疗 适当使用抗凝药物：阿司匹林肠溶片、华法林口服等。

四、处理

（一）评估

1. 手臂肿胀的范围。
2. 手臂有无疼痛。
3. 血管彩超结果。
4. 患者的心理。

（二）抗血栓治疗原则

1. 首选抗凝治疗。
2. 其次溶栓治疗和非甾体类抗炎药物。
3. 腔静脉滤器仅适用于抗凝治疗禁忌或出现并发症的患者，或接受抗凝治疗而血栓再发的患者。
4. 静脉溶栓术不适于大多数 VTE 的患者，只适用于肢体严重肿胀可能造成肢体坏疽者。
5. 机械性血栓切除术是针对禁忌溶栓治疗患者非常有效的治疗方法。

（三）处理措施

血栓一旦确诊，应立即通知管床医生及护士长，上报安全事件，并请血管外科医生或介入科医生会诊，及时给予抗凝剂溶栓治疗，遵医嘱保留或拔除导管，血栓处理流程见附表 8。

血栓治疗包括抗凝、溶栓、手术三大治疗手段。

1. 抗凝治疗 常用的抗凝药物有肝素和香豆素衍生物。肝素为非常有效的抗凝药物，一般成人剂量 1~1.5mg/kg，4~6 小时静脉或皮下注射一次。但由于普通肝素生物利用度差，且出血风险大，目前临床上抗凝常用：

（1）低分子肝素钠（速避凝）4100U/ml 或低分子肝素钙 5000U/ml，皮下注射，Q12H，一般用药 5~7 天。低分子肝素仅作用于Ⅹa 因子，导致自发性出血风险小，且同样能达到抗凝效果。

（2）华法林：使用方法应遵照医嘱。双香豆素衍生物常干扰凝血系统Ⅱ、Ⅶ、Ⅸ、Ⅹ凝血因子，一般用药后 24~48 小时发生效用，故一般在与肝素联合用药 2 天后，停止使用肝素，而用该药维持。用药期间应监测凝血功能，将 PT-INR 控制在 2~3 之间，根据病情来决定用药时间。

（3）拜瑞妥：用于治疗成人静脉血栓形成（DVT），降低急性 DVT、DVT 复发和肺栓塞（PE）的风险。使用方法：口服拜瑞妥 10mg，每天一次。

2. 溶栓治疗　是静脉血栓治疗的常用方法之一。溶栓治疗的关键是抓住溶栓时机，溶栓治疗开始越早效果越好，无禁忌时，应立即予以溶栓治疗，若推迟 2~3 天可使溶栓成功率降低 50%。血栓形成 5 天内溶栓效果最好，超过 5 天溶栓效果差。

溶栓药能促进体内纤维蛋白溶解系统的活力，使纤维蛋白溶原酶转变为活性的纤维蛋白溶酶，引起血栓内部崩解和血栓表面溶解，目前临床上常用的溶栓药有尿激酶、链激酶。链激酶溶栓作用为间接的，溶栓效果不如尿激酶，逐步被尿激酶取代。用法：溶栓药均经静脉途径输入，方法：尿激酶每日 15 万 ~25 万 U 溶于 5%GS 250ml 中 24 小时持续静滴，一般用药 5~7 天，注意监测患者有无出血倾向，如出现牙龈、消化道、颅内、泌尿道出血时应立即停药。

3. 手术　静脉取栓术适用于病程在 3 日以内的中央型和混合型静脉血栓。可切开静脉壁直接取栓，多用 fogarty 带囊导管取栓。

4. 其他

（1）心理支持：护士应主动与患者交流，评估患者的情绪及心态，根据患者的性格特点，用合适的方式讲解深静脉血栓发生的过程及溶栓治疗的必要性、安全性及注意事项，使患者了解治疗过程及配合要点，能够保持良好的心境，积极配合治疗及护理。

（2）患肢护理：急性期患者绝对卧床休息 7~14 天，患肢制动抬高 20°~30°，小关节做抓握、伸屈等运动，以促进血液循环，注意患肢保暖，不得按摩或做剧烈运动，以免栓子脱落。

（3）每日测量患肢、健肢同一水平周径：对比观察患肢消肿情况、皮肤颜色、温度、感觉及动脉搏动，做好记录及时判断效果。

（4）浅静脉血栓者：遵医嘱给予多磺酸黏多糖乳膏（喜疗妥）或金黄散外敷，每日 2~3 次，改善患肢局部疼痛肿胀的症状。

（5）预防患肢压疮：由于患肢血液循环差，再加上制动，容易引起压疮，故应保持床单位的整洁，患肢下方垫小软枕，及时更换着力点位置。

（6）监测出血倾向：监测患者血常规、血小板、出凝血时间、尿液分析、大便常规加潜血试验。

（7）观察出血情况：警惕患者有无头痛、视物异常、呕吐等颅内出血症状；皮肤及黏膜出血；血尿、黑便、女性患者有无阴道出血。用药期间严格卧床休息，停药后 7 天下床活动。

（8）预防肺栓塞：血栓形成后 1~2 周最不稳定，栓子极易脱落，要十分警惕肺栓塞的发生。急性期应卧床休息 1~2 周，防止一切使静脉压增高的因素。护士应严密观察，如患者突然出现剧烈胸痛、呼吸困难、咳嗽、咯血、发绀、甚至休克，应考虑肺栓塞的发生，立即报告医生及时处理。

发生导管相关性血栓时应遵照深静脉血栓指南来进行诊治。强调：只要导管通畅，且有临床需求，在积极抗凝治疗的前提下可以保留导管并使用导管。

需要抗血栓治疗 7~14 天后再次血管彩超查看血栓的情况，再考虑予以继续行抗凝、溶栓等治疗。

五、案例分析

（一）病例资料

患者，女，65 岁，因结肠癌拟行化疗，于 2014 年 11 月 21 日经右贵要静脉穿刺置入 PICC 导管，置管前测上臂围为 22cm，置入导管长度 37cm，导管尖端位置为第 5 胸椎。11 月 26 日遵医嘱予西妥昔单抗联合奥沙利铂、氟尿嘧啶方案化疗。12 月 1 日患者诉右上臂疼痛，NRS 评分（疼痛评分）3 分，查体：患者右上臂肿胀，触摸皮温高，测上臂围 23cm，立即报告主管医生，行彩色多普勒检查（图 6-17），超声检查描述：右上臂浅静脉管腔内探及导管回声，导管周围透声差，内探及低回声附壁，管腔内未示明显血流信号通过。双侧上肢腋静脉、肱静脉、头静脉、正中静脉血管结构正常，血管腔内未见明显异常回声，血流正常，提示：置管的贵要静脉新鲜血栓形成，血管完全堵塞。凝血功能提示：D- 二聚体：2.81μg/ml，血常规示：血小板 279×10^9/L。请血管外科医生会诊，遵医嘱抬高患肢、制动，依诺低分子肝素钠 6000U 皮下注射 Q12h，口服地奥司明 0.5g 每天 2 次。12 月 5 日，患者仍感右上臂疼痛，NRS 评分 2 分，皮温高，测上臂围为 24cm，复查血管彩超示：右上臂浅静脉管腔内探及导管回声，导管周围透声差，内探及低回声附壁，周边有血流信号通过，提示：前次血栓部位部分堵塞。再次请血管外科医生会诊后，继续给予抗凝药物应用。一周后患者右上臂无肿胀，无疼痛，皮温正常，测右上臂围 22cm，遵医嘱保留导管，办理出院，嘱其出院后继续抗凝治疗，定期随访。

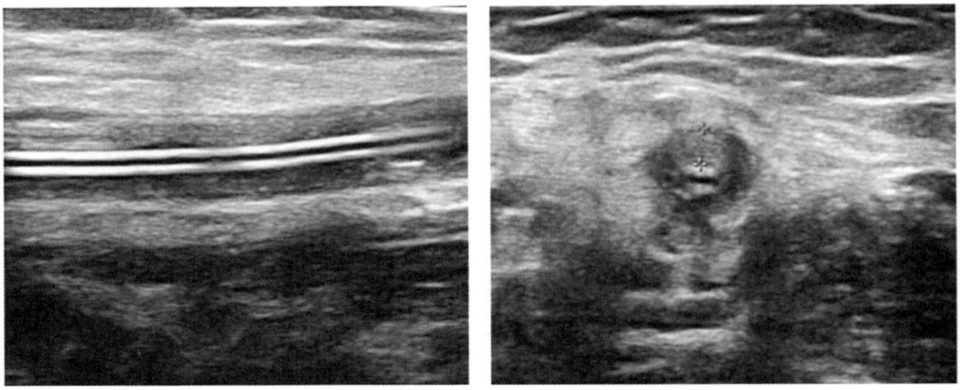

图 6-17　超声下血栓

（二）静脉输液治疗相关并发症

静脉导管置入相关性血栓。

（三）原因分析

1. 恶性肿瘤患者血液处于高凝状态。

2. 抗肿瘤药物应用，PICC 置管后发生血栓的风险增加。

3. PICC 导管对血管内皮可产生机械性刺激，从而诱发血栓形成；同时因导管置入，导致血流速度减慢，增加了血栓形成的危险性。

（四）临床表现

右上臂肿胀、臂围增加、疼痛、局部皮温升高。

（五）处理措施

1. 立即通知主管医生　请血管外科医生会诊，遵医嘱给予低分子肝素钠（速避凝）4100U/ml，皮下注射，Q12H，口服地奥司明 0.5g 每天 2 次。

2. 评估患者的心理状况　讲解深静脉血栓发生的过程及溶栓治疗的必要性、安全性及注意事项，使患者对静脉输液治疗做到心中有数，能够保持良好的心态，积极配合静脉输液治疗。

3. 加强患者及家属的健康教育　嘱患者绝对卧床休息 7~14 天，患肢制动抬高 20°~30°，小关节做抓握、伸屈等运动，以促进血液循环，注意患肢保暖，不得按摩或做剧烈运动，以免栓子脱落。

4. 每日测量患肢、健肢同一水平周径　对比观察患肢消肿情况，并观察患肢皮肤颜色、温度、感觉及动脉搏动，做好记录及时判断效果。

5. 保持床单位的整洁，患肢下方垫小软枕，及时更换着力点位置。

6. 观察有无出血及肺栓塞等并发症的发生。

7. 因导管尚有功能、位置正确、未被感染且是治疗所必需，故保留导管，继续使用。

（六）效果评价

患者右上臂肿胀消退，皮温恢复正常，疼痛减轻，PICC 导管安全保留，无肺栓塞等并发症发生。

（周　莹）

第四节　静脉导管相关性血流感染

静脉输液治疗是目前住院或门诊患者接受治疗的方法之一，但随之并发的静脉导管相关性血流感染（catheter related blood stream infection，CRBSI）的发生率也在增加。来自美国疾病预防控制中心医院控制顾问委员会 2011 年的数据显示，美国医院 ICU 中每年发生 CRBSI 约为 8 万例，医院范围内每年发生的血流感染（BSI）约为 25 万例。多项分析显示，CRBSI 可导致患者住院时间延长和医疗费用增加，加重了患者的经济负担与医务人员的工作量。因此，采取有效的预防与处理措施，可以降低 CRBSI 给患者带来的损害。

一、原因

静脉导管相关性血流感染（catheter related blood stream infection，CRBSI）是指带有血管内导管或者拔除血管内导管 48 小时内的患者出现菌血症或真菌血症，并伴有发热（T>38℃）、寒战或低血压等感染表现，除血管导管外没有其他明确的感染源。其发生与微生物因素、患者因素、导管材质及类型、穿刺部位、留置时间及操作因素等相关。

（一）微生物

导管接头及穿刺部位周围皮肤表面微生物定植是 CRBSI 病原体的主要来源。主要通过皮肤定植的微生物从置管部位迁移至皮下隧道并定植于导管尖端，为留置导管常见的感染途径。

1. 患者穿刺部位　皮肤消毒不完全或消毒液选择不正确，皮肤细菌移行至皮下导管。

2. 静脉输液工具　导管接头、延长管、导管表面被微生物污染，微生物通过污染的管路入口和连接口进入血液，细菌生物膜与内侧管壁接触，产生血流感染。

（二）患者因素

患者的年龄，病情和敏感性，继发感染，终末期肾病，肿瘤化疗，中、重度昏迷，糖尿病，中性粒细胞减少症，早产儿等是发生 CRBSI 的相关危险因素。因这些患者细胞免疫和体液免疫功能低下，不能及时清除沿导管表面侵入的细菌，糖尿病患者，糖代谢异常，微血管病变易造成组织脆弱，且局部组织含糖较高，易成为致病菌的培养基，促进细菌、真菌生长。

（三）材质及类型

据报道，87% 的 CRBSI 与血管内的医疗材料有关。与聚四氟乙烯（teflon）、硅胶（silicone elastomer）、聚氨基甲酸乙酯材质导管相比，聚氯乙烯、聚乙烯导管抵抗细菌附着的能力低。与单腔导管相比，双腔和三腔导管更易引起 CRBSI。

（四）穿刺部位

皮肤细菌密度是 CRBSI 的主要危险因素，成人股静脉和颈内静脉置管细菌定植的发生率较高，CRBSI 发生率亦较经锁骨下静脉高。原因是下肢静脉血流相对缓慢，长期卧床易形成静脉血栓；股静脉靠近会阴部，皮肤易污染，细菌容易入侵定植。颈部皱褶，细菌密度也较高，故锁骨下静脉置管比颈内静脉及股静脉置管更为理想。

（五）留置时间

导管留置时间越长，感染率越高。因留置时间延长，增加了经导管内腔血行感染的机会，也使细菌在穿刺部位皮肤和导管表面充分生长繁殖，逐渐沿导管表面向体内迁移。

（六）操作者因素

护理操作者如在静脉穿刺前没有进行充分的皮肤消毒，对输液系统反复多次操作，穿刺技术不熟练，维护不当，没有严格执行手卫生，输液接口污染，穿刺部位污染，注入液体污染等都可能导致血流感染。

二、临床表现

（一）局部表现

穿刺点周围出现压痛、红肿、红斑、水疱、硬结或有脓性分泌物从穿刺点流出，沿导管的皮下走行部位可出现疼痛、硬结、弥散性红斑。输液港植入患者可出现皮下囊袋脓性分泌物流出，植入口皮肤坏死等。

（二）全身表现

1. 突发高热、寒战、低血压，除导管外无其他明显感染源。
2. 出现医院获得性心内膜炎、骨髓炎、败血症及其他迁徙性感染的相关症状。
3. 休克、僵直等感染症状。

三、预防

（一）教育和培训

1. 医务人员　应接受正确的置管、维护和 CRBSI 预防与控制措施的培训和教育，掌握留置血管内导管的适应证，定期考核、评估，确保医务人员接受培训的数量和技术水平。

2. 患者或家属　熟悉手卫生，无菌技术操作和无针输液接头消毒常识，做好相关配合工作。

（二）手卫生及无菌技术操作

1. 手卫生　置管前和进行任何与静脉输液相关的操作之前都要进行手卫生，可使用传统的皂液和水或乙醇擦手液。在对置管部位进行消毒处理后，不应再触摸该部位。

2. 遵守无菌技术操作原则　中心静脉导管、中长导管置管时，需使用最大化无菌屏障：戴无菌帽、口罩、无菌衣、无菌手套、覆盖患者全身的无菌铺巾。

（三）导管材质选择

尽可能选择聚四氟乙烯、硅胶、聚氨基甲酸乙酯材质导管，其感染率相对较低。

（四）皮肤消毒

1. 周围静脉置管前　采用消毒剂（2% 碘酊 +75% 酒精、不低于 0.5% 碘伏或 2% 葡萄糖酸氯己定溶液）进行皮肤消毒。

2. 中心静脉置管和更换敷料前　宜用 2% 葡萄糖酸氯己定溶液消毒皮肤。若患者对 2% 葡萄糖酸氯己定有禁忌，则可选用有效碘浓度不低于 0.5% 碘伏、2% 碘酊 +75% 酒精、聚维酮碘。

3. 进行置管时　应保证皮肤表面的消毒剂已干燥。

4. 皮肤消毒范围　见表 6-10。

表 6-10　皮肤消毒范围

输液工具	消毒直径（cm）
一次性静脉输液钢针穿刺	≥5
外周静脉留置针穿刺	≥8
MC 穿刺	≥20
CVC 穿刺	≥20
PICC 穿刺	≥20
MC、CVC、PICC、输液港维护	以穿刺点为中心直径 >15cm（大于敷贴的面积）

5. 消毒方法　以穿刺点为中心，向外顺时针 – 逆时针 – 顺时针交替、螺旋、用力摩擦消毒至少 30 秒 / 次，消毒至少 2 次以上。

6. 连接无针输液接头之前充分消毒，至少摩擦消毒 15 秒。

（五）穿刺点选择

1. 一次性静脉输液钢针穿刺、外周静脉留置针、中长导管及 PICC 置管　成人宜选择上肢作为置管部位。

2. 中心静脉置管　应选择最佳穿刺点，锁骨下静脉是非隧道式导管的首选位置，成人应避免选择股静脉作为穿刺点，以减少感染风险。

3. 紧急情况下置入外周静脉留置针　如未能严格遵循无菌要求时，应在 48 小时内尽快更换导管。

（六）敷料选择

应选择无菌、透明、透气的敷料。患者出汗多、穿刺点渗血或渗液，宜选用纱布敷料。透明敷料应至少每周更换一次，纱布敷料更换时间不超过 48 小时。当置管部位敷料出现潮湿、松动或者有明显污染时应立即更换。不应在穿刺点局部涂抹抗菌药膏来预防感染。

（七）抗菌药物使用

1. 避免在置管前或留置导管期间常规使用全身抗菌药物预防导管内细菌定植。

2. 对于透析导管，在置管操作完成及每次透析后，应在血液透析管出口使用聚维酮碘消毒剂软膏或杆菌肽 / 短杆菌肽 / 多黏菌素 B 软膏。需根据制造商推荐，保证透析导管的材料不会与软膏发生反应。

3. 对于有多次 CRBSI 史的长期置管患者，可使用抗菌药物溶液封管。

（八）导管维护

1. 在进行静脉输液治疗和导管护理过程中严格无菌技术操作。

2. 按照卫计委颁布的静脉输液行业标准推荐的时间间隔更换输液装置和附加装置，应尽量少使用附加装置。

3. 观察无针输液接头有无松动、脱落。

4. 用药前无针输液接头至少摩擦消毒 15 秒，任何原因取下无针输液接头后都必须更换接头。

5. 导管在使用过程中，需保持系统密闭。

6. 肝素帽、附加装置、输液器有可见血液或血凝块，随时更换，血制品和营养液输入完毕及时更换。

7. 定时冲、封管。间歇期 MC、CVC、PICC 导管，至少每周维护一次。

8. 保持局部清洁干燥。

9. 使用免缝合装置固定导管。

10. 每日评估导管，当不需要治疗时尽早拔除导管。

11. 对患者及家属进行健康教育。

四、处理

（一）评估

当患者疑似发生静脉输液相关导管感染时，需采取有效措施，通过感染发生的体征和症状进行判断并及时干预。

1. 病史采集　对患者的疾病史、特殊用药史进行评估（如化疗药物的使用）。

2. 症状和体征的判断

（1）局部感染症状和体征

1）穿刺点感染：穿刺点周围可见红斑、肿块或硬结，压痛、有脓液流出。

2）输液港囊袋或隧道感染：红斑、置入口皮肤坏死、压痛、硬结、有脓性分泌物从针眼处流出或从皮下囊袋流出。

3）隧道式导管内感染：红斑、压痛、覆盖在导管上的组织可见硬结或导管置入口可见直径大于2cm硬结。

（2）全身感染症状和体征

1）突发高热，寒战，甚至低血压、心率加快等感染性休克表现。

2）除导管外无其他明显的感染来源。

3. 实验室检查　根据血常规情况，如白细胞计数是否异常；根据局部分泌物培养、血培养（外周血和导管内的血培养）及导管尖端细菌培养结果等进行综合评估。

（二）处理措施

1. 密切观察患者的生命体征、临床表现及各项检查结果。

2. 及时与医生沟通、汇报患者的生命体征、实验室检查结果、临床表现及导管情况。

3. 遵医嘱处理

（1）可疑静脉导管相关血流感染（CRBSI）：排除其他感染源，应立即停止输液，拔除PVC，暂时保留PICC、MC、CVC、PORT。

（2）如果存在药物污染的可能，需做药物细菌培养。

（3）遵医嘱抽取血培养：采取至少2套血培养，其中至少1套来自外周静脉血，另1套则从中心静脉导管无菌采血，两个来源的采血时间必须接近（≤5分钟）。

（4）一旦确诊静脉导管相关血流感染（CRBSI），原则上应拔除。但也需考虑患者的特定情况，如治疗的需要、体内中心血管通路装置的不可替代性等，以及细菌感染的复杂程度等，与医生共同商讨决定暂时保留还是拔除导管。

（5）需要拔除导管的患者：取出导管，在无菌状态下，剪下导管尖端5cm或近心端送实验室进行 Maki 半定量平板滚动培养或者定量培养，另从独立的外周静脉无菌采集 2 套血培养。

4. 采集血培养样本的最佳时间与采血送检

（1）采血时间：在患者寒战或开始发热时采血，在患者接受抗生素治疗前采血。如患者已经使用抗生素治疗，应在下一次用药之前采血培养。

（2）采血量是影响灵敏度关键因素，成人一份标本 2 个培养瓶（需氧 + 厌氧），每瓶 8~10ml，16~20ml；要求至少采两份标本，即 40ml。儿童一般只需采集需氧瓶，一般为 1~3ml，保证采集血量小于 1% 总血量。

（3）采集后的血培养瓶应在 1 小时之内送往实验室。

5. 判断静脉导管相关感染（CRBSI）的标准见表 6-11。

表 6-11 判断静脉导管相关感染（CRBSI）的标准

导管	外周静脉	条件	结果判断
+	+		CRBSI 可能
+	+	导管血比外周血培养阳性报告快 2 小时	CRBSI
		导管细菌浓度较外周高 5 倍	CRBSI
+	–		不能确定
–	–		非 CRBSI

6. 抗感染治疗

（1）穿刺点感染：通知医生查看患者，对局部脓性分泌物进行培养，局部可以喷百格斯（创面修复抗菌敷料）或涂抹抗菌药膏（莫匹罗星软膏）但穿刺点不能够涂抹膏剂，热敷，TDP 理疗器 q12h，口服或静脉抗感染治疗。

（2）输液港囊袋或隧道感染：通知医生查看患者，考虑拔除导管，静脉抗感染治疗。

（3）确诊静脉导管相关血流感染（CRBSI）：立即通知医生查看患者，遵医嘱分别从导管和外周静脉采取血培养标本，怀疑药物污染，需做药物细菌培养，静脉抗感染治疗，如果抗感染治疗无效，考虑拔除导管。

（三）记录与追踪

1. 护理记录客观真实，客观记录患者生命体征、血常规结果及穿刺部位的观察和评估情况，并遵医嘱采取的护理干预措施和效果。

2. 记录与追踪微生物实验室的检查报告与遵医嘱执行的干预措施和效果。

3. 采取干预措施后患者静脉通路的使用或重建情况。

4. 完成不良事件或预警事件的报告。

五、案例分析

（一）病例资料

患者 ××，女性，60 岁，糖尿病史 20 年，因左侧乳腺癌于 2016 年 3 月 20 日收入院，入院后予手术治疗，术后需行 6 个化疗疗程，化疗前在超声引导下行“右肘上贵要静脉 PICC 穿刺置管术”，置管过程顺利，穿刺口少量渗血，胸部 X 线示导管末端位于第 7 胸椎右缘。置管后第三天患者出现寒战、高热，T：38.5℃，予异丙嗪 25mg 肌内注射，症状缓解，体温恢复正常。置管后第九天患者再次出现寒战，高热，T：39.2℃，PICC 冲管后症状加重，查体：PICC 穿刺口少量脓性分泌物、局部压痛、硬结 2cm，测量臂围与基础臂围相仿；实验室检查结果：白细胞（12~10.0）×10^9/L、中性粒细胞 70%（图 6-18）。

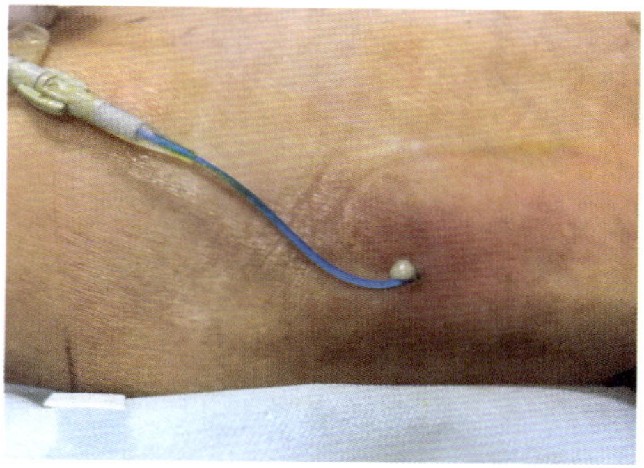

图 6-18　PICC 导管相关血流感染局部表现

（二）静脉输液治疗相关并发症

该患者高度怀疑为 PICC 导管相关血流感染。患者已出现局部和全身感染的症状、体征，PICC 穿刺口局部压痛，周围见直径约 2cm 的硬结，有脓液流出，伴寒战、高热。但需进一步作周围静脉及导管采血培养检查，将培养结果与临床表现综合判断。

（三）原因分析

穿刺部位及皮下损伤部位的微生物定值是导管感染的主要原因。患者有糖尿病病史，也是导致 CRBSI 的原因之一。患者历经手术、化疗，导致机体免疫力下降，皮肤寄生菌沿导管的软组织隧道生长，侵入血液循环，引起感染。另外，也可能与穿刺部位皮肤消毒不充分、导管使用、维护不规范（如冲封管、输液附加装置的使用等有关）。

（四）临床表现

置管后第三天患者出现寒战、高热，T：38.5℃；置管后第九天患者再次出现寒战，高热，T：39.2℃，PICC 冲管后症状加重，查体：PICC 穿刺口少量脓性分泌物、局部压痛、硬结 2cm，测量臂围与基础臂围接近。

（五）处理措施

1. 标本采集　置管后第九天，遵医嘱抽取血培养（导管血及外周血），对穿刺点局部脓性分泌物进行培养。血培养定性结果示：PICC 导管内血培养阳性出现时间比外周血培养阳性至少早 2 小时，确诊为：CRBSI。

2. 遵医嘱拔管。

3. 结合血培养结果，遵医嘱静脉输注抗生素。

4. 喷百格斯（创面修复抗菌敷料）、聚维酮碘持续外敷手臂，48 小时更换纱布敷料。密切观察穿刺口及穿刺口沿导管走行方向皮肤情况。

5. 患者感染症状消失，血培养阴性，可以重新置入 PICC，继续完成静脉化疗。

6. 护理记录。

7. 不良事件报告。

（六）效果评价

置管后第九天的血培养定性结果示：PICC 导管血培养阳性出现时间比外周血培养阳性至少早 2h。经有效处理，患者症状消失，血培养阴性，可以重新置入 PICC，继续完成静脉化疗。

（陈利芬　刘强强　周雪梅）

第五节　静脉导管常见并发症

静脉导管（包括 MC、CVC、PICC 及 Port）置入后给患者静脉输液带来了方便，减轻了患者反复穿刺的痛苦，同时也保护了血管，但在置管、使用、维护的过程中也存在一些风险及并发症，常见的并发症如下：

一、渗血及血肿

导管穿刺口渗血是指静脉穿刺过程中破坏了血管的完整性，或是在扩皮操作及置管时推送导管鞘等原因导致血管壁受损，置管后血液通过血管破口直接渗到血管周围组织，甚至血液沿导管直接从穿刺点渗出，一般发生在置管后 24 小时，有少部分患者置管后数天，穿刺点仍有反复渗血现象。有出血倾向、凝血功能障碍的患者，其置管后 24 小时内渗血发生率达 100%（图 6–19）。

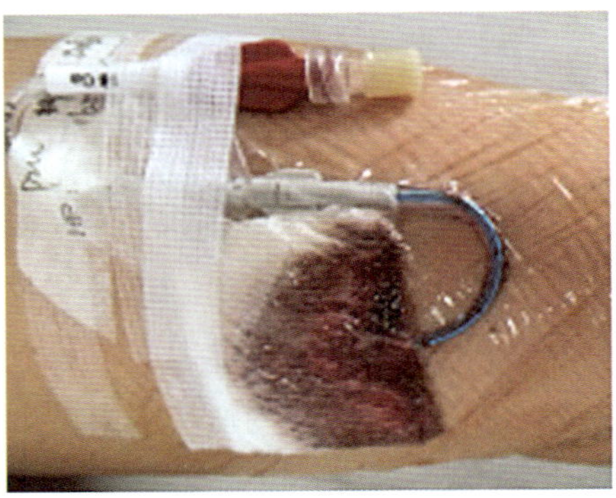

图 6–19　PICC 置管后出血

（一）原因

1. 患者因素

（1）疾病因素：因化疗后骨髓抑制、长期营养不良、肿瘤恶病质、肥胖、血液肿瘤、严重贫血、糖尿病、肝病、老年、全身状况差等因素，机体易发生穿刺点渗血。另外，躁动、频繁剧烈的咳嗽、便秘等导致静脉压升高的因素，易造成穿刺点渗血。严重的蛋白质缺乏，尤其是含硫氨基酸缺乏、维生素 C 缺乏及锌元素的缺乏均会导致伤口渗血，延缓伤口愈合。

（2）凝血功能：穿刺是一个对机体局部组织造成创伤的过程，伤口的愈合需要体内凝血机制的参与。肝功能异常、凝血功能障碍、血小板低下等易引起出血。而血小板参与机体的凝血过程，血小板减少时，凝血机制被破坏，出血时间延长，穿刺点易渗血。血小板计数 $<20\times10^9/L$ 时多数患者发生持续渗血，置管后 24 小时内渗血发生率达 100%。因此，当血小板计数 $<20\times10^9/L$ 时，应谨慎行导管置管术。

（3）药物影响：肝素可延长凝血时间和凝血酶原时间，干扰凝血酶的形成，诱发渗血。阿司匹林可抑制血小板聚集，服用阿司匹林的患者会出现止血困难。另外，使用激素药物及某些抗肿瘤药物中的细胞毒性药物也会延缓伤口愈合，导致穿刺点渗血。

（4）卧位：患者穿刺后侧卧于置管侧，肢体静脉回流受阻，静脉压升高，易造成穿刺点渗血。

（5）心理因素：患者对置管心理压力大，精神高度紧张，儿茶酚胺增多，垂体分泌促肾上腺素，促使分泌大量的肾上腺素并进入血液循环，导致心率加快，血管收缩，血压升高，而血压升高会加大出血的风险。

2. 置管者因素

（1）评估不到位

1）置管前对患者病情评估不到位，对于存在出血风险没有预见性。

2）穿刺部位选择不合理：盲穿多为肘下穿刺，穿刺针较粗，直刺血管时针头直接进入血管而未在皮下走行 0.5cm 易渗血。

（2）穿刺技术不熟练

1）穿刺误入动脉。

2）多次反复穿刺：不能做到一针见血，刺破深静脉下方血管壁出血形成血肿。

3）扩皮的创面较大、较深，穿刺血管推送置管鞘时动作生硬，导致血管和组织的机械性损伤。

（3）置管后立即输液

1）置管后 24 小时内输入化疗药物，受损的血管内膜在化疗药物的强刺激下，血管壁的通透性增加，加大了穿刺口渗血的几率。

2）大量输入红细胞后，造成血液稀释性凝血成分减少，进一步造成血小板计数和其他凝血功能下降，引起置管后渗血。

（4）按压方法不妥

1）穿刺后局部按压时间不够是造成导管置管后 24 小时渗血的主要原因。

2）按压的力度和松开的力度不均衡，也是造成局部渗血和血肿的原因。

（5）维护时机选择不当：频繁换药也会影响穿刺点愈合，穿刺点形成的血痂本身对穿刺点是一个保护层，应当让其自行脱落。维护过程中机械性地将其剥离，会破坏刚刚形成的肉芽组织，导致出血。

（6）健康教育不到位：患者缺乏导管自我护理知识，置管后功能锻炼或活动过度，造成伤口的渗血。

（二）临床表现

穿刺点渗血程度的判断标准：

1. 根据穿刺点渗血的时间分级，分为4级：

0级　有少许渗血，渗血时间 <24 小时，属正常现象。

1级　有少量渗血，持续2~3天。

2级　渗血持续4~5天。

3级　渗血时间≥6天。

2. 穿刺点渗血的程度　透过敷贴观察穿刺点上纱布或止血敷料渗血发生情况，根据渗血面积分为轻、中、重度：

轻度：直径 <1cm。

中度：直径≥1cm，<2cm。

重度：直径≥2cm。

（三）预防

1. 置管前全面评估患者病情　根据国家卫计委2014年5月1日实施《静脉输液治疗护理技术操作规范》行业标准，置管前应评估患者的年龄、病情、过敏史、静脉输液治疗方案、药物性质等，合理选择输液工具及输注途径。

2. 熟练掌握置管技术。

3. 选择合适的置管方式（如超声引导穿刺）。

4. 观察穿刺点渗血情况。

5. 穿刺后在穿刺点局部加压固定24~48小时。

6. 穿刺点预防性给予藻酸盐敷料加压固定。

7. 健康教育　讲解置管的目的及过程，增加对置管的信任感和安全感，有效缓解紧张焦虑，避免穿刺侧肢体过度活动。

（四）处理

1. 评估

（1）穿刺点渗血的程度。

（2）穿刺部位有无肿胀。

（3）出凝血时间。

（4）基础疾病。

2. 处理

（1）重新更换敷贴，穿刺点局部压迫止血或加压固定。

1）消毒液自然待干后，穿刺点局部使用藻酸盐敷料或小纱布加压，贴上敷贴，防止继续出血。

2）如果患者存在出血倾向，可在敷料外再使用纱布或棉球局部加压，也可以将弹力绷带缠绕于敷料外 2 圈加压固定，每 4~6 小时放松一次，20 分钟 / 次，绷带的松紧以放入 1 根手指为宜，观察肢体血运情况。

（2）局部间断冰敷：更换敷贴后，在 PICC 导管的敷料上用冰袋敷 20 分钟，间隔 2~3 小时后再冰敷 20 分钟，如此循环反复。

（3）穿刺侧手臂制动，如渗血不止通知医生及时处理。

（4）通知医生 / 静疗团队会诊。

（5）观察记录。

（五）案例分析

1. 病例资料　尹某，女性，56 岁，因急性白血病于 2017 年 5 月 30 日入院行化疗，于 2017 年 6 月 1 日在超声引导下置入 PICC 导管，置管前查血常规红细胞 2.61×10^{12}/L、血红蛋白 70g/L、血小板 31×10^{9}/L，置管过程顺利。PICC 置管术后 4 天，穿刺点持续可见渗血，每天给予更换敷贴。

2. 静脉输液治疗相关并发症　鉴于患者 PICC 置管术后 4 天，穿刺点持续可见渗血，可以判断为：PICC 置管术后渗血。

3. 原因分析

（1）患者因素

1）肿瘤恶病质、严重贫血等。

2）营养状况：低蛋白血症。

3）血小板计数低下：血小板参与凝血过程，并释放纤维蛋白原等凝血因子，在生理性止血过程中起非常重要的作用。

4）凝血功能异常：白血病、出凝血时间延长。

5）卧位：患者侧卧于穿刺侧，使静脉回流受阻，静脉压升高，造成穿刺点渗血。

（2）护士因素

1）未在置管前进行详细的评估和分析，未针对患者的情况及时给予适当的干预措施。

2）渗血期间没有及时分析渗血持续存在的原因并给予正确的护理措施。

3）健康教育不到位。

4. 临床表现

（1）穿刺点周围皮肤可见淤青。

（2）穿刺点处可见新鲜渗血。

5. 处理措施

（1）穿刺点局部使用吸收性明胶海绵加压（图 6–20），促进血液凝固。

（2）敷贴外再加压止血法见图 6–21。

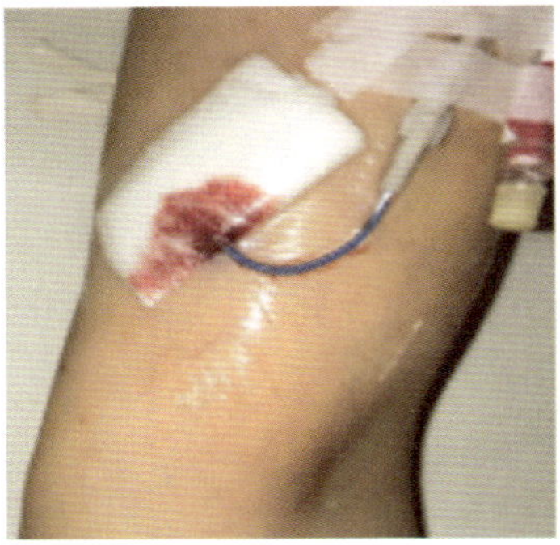

图 6-20　穿刺点明胶海绵加压

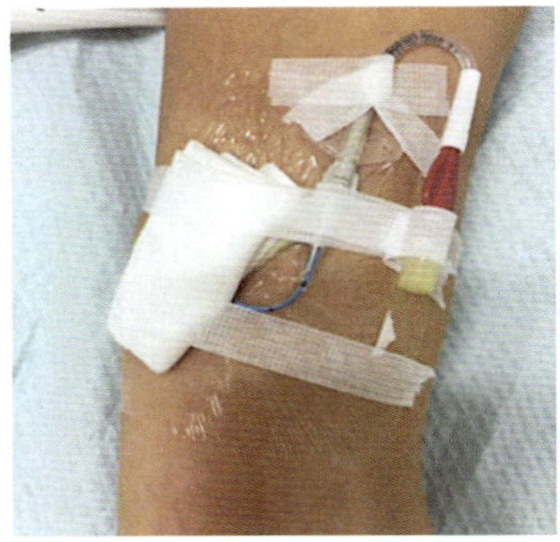

图 6-21　敷贴外再加压止血法

（3）局部冷敷：穿刺点处放冰块行局部冷敷。

（4）使用凝血酶针剂：在穿刺点局部给予凝血酶针剂的纱布加压包扎。

（5）为了减少穿刺点的感染和导管的脱出，PICC 穿刺点每日进行一次换药。当有新的肉芽组织形成、渗血较少时换药时间可酌情延长。

（6）健康教育：指导患者正确适量的运动，使患者学会留置 PICC 的自我护理。

6. 效果评价

（1）第 6 天穿刺点渗血明显减少。

（2）护士在置管前能对患者进行详细评估，并采取相应的干预措施。

（3）患者对 PICC 的自我护理有一定了解。

（梅赣红）

二、导管堵塞

导管堵塞是指血管内置导管部分或完全堵塞，致使液体或药物的输注受阻或受限。PICC、MC、CVC 及输液港堵管的表现为给药时感觉有阻力，滴速减慢或停止；无法冲管或抽回血。导管堵塞按原因可分为三种类型：机械性导管堵塞、血栓性导管堵塞和非血栓性导管堵塞，临床上以血栓性导管堵塞最常见。

（一）原因

造成导管堵塞的原因比较复杂，通常与多种因素有关：

1. 机械性导管堵塞

（1）外部机械因素：缝合过紧、导管夹闭、管路扭曲、过滤器堵塞、无针输液接头堵塞等。

（2）内部机械因素：导管夹闭综合征、继发性中心血管通路装置异位和导管相关性静脉血栓、导管扭曲、打折等。

2. 血栓性导管堵塞

（1）血液黏稠度高：如老年患者、创伤、烧伤、脱水、恶性肿瘤和服用促进血液凝固药物的患者等。

（2）血液反流：常见于呕吐、咳嗽、便秘、排尿困难、小儿哭闹等造成胸膜腔内压增高；更换液体不及时、未做到正压封管、输液夹未关闭等都可能造成血液反流而引起血栓性堵塞。

（3）导管维护不当：如经 PICC、MC、CVC 及输液港采血、输血后未及时正确冲管等。

3. 非血栓性导管堵塞　药物导致的管路堵塞是非血栓性因素中主要原因。多见于药物结晶沉积，异物颗粒堵塞等，如输注黏稠度高、分子颗粒大的药物时如脂肪乳、白蛋白、氨基酸等，易发生药物黏附或沉积在管壁上；某些药物需要专用冲洗液，如两性霉素 B、丙泊酚、伊曲康唑等，若使用冲管液或冲管方法不当，会产生浑浊和白色絮状物而造成导管堵塞。

（二）临床表现

1. 静脉输液速度逐渐减慢。

2. 经导管输液或冲管时有阻力。

3. 无法抽回血或血液回流缓慢。

4. 电子输液设备出现堵塞报警。

5. 无法经导管输液或冲管，表明完全堵塞。

（三）预防

1. 降低堵管风险的方法

（1）正确的冲、封管；双腔导管，需同时推注。

（2）正确的使用无针输液接头。

（3）当两种或更多药物输注时，检查两种药物的相容性，在每次输液前用生理盐水 10ml 冲洗导管，或使用单独的导管腔来降低导管堵塞的风险。

（4）输注 3 合 1 肠外营养液时可能发生微粒堵管的风险，应在输注 6~8 小时后使用生理盐水脉冲式冲管 1 次。

2. 预防导管堵塞的措施

（1）预防机械性导管堵塞

1）置管后拍胸片：应将置管侧手臂下垂一起行胸部 X 线检查，以确认导管有无打折、盘绕，导管尖端是否到达上腔静脉。

2）置管侧手臂禁止打球、游泳等甩手臂的活动。

3）禁止将滑出的导管消毒后送回，因软管送回有可能导致导管打折、盘绕。

（2）预防血栓性导管堵塞

1）输注过程中防止液体滴空，防止血液回流，如如厕等。

2）尽量减少可能导致胸腔内压力增加的活动，如咳嗽、呕吐、便秘、哭闹等。

3）从 PICC、MC、CVC 及输液港抽血后及时用 10ml 生理盐水脉冲式冲管。

（3）预防非血栓性导管堵塞

1）静脉加药：给药前后或使用两种不同药物之间宜用生理盐水脉冲式冲洗导管，多种药物同一导管输注时，注意药物配伍禁忌，合理安排输液顺序。

2）输注有配伍禁忌的药物之间应给予生理盐水冲管　输注化疗药物前应充分溶解稀释，输注完毕用生理盐水彻底冲管。先输乳剂后输非乳剂，也可在不同的血管通路分别输注，以避免产生药物结晶堵塞导管和对患者造成身体伤害。

3）输注血制品或脂肪乳等黏滞性药物后，必须立即用生理盐水脉冲式冲管，再继续输注其他药物。

（四）处理

1. 评估

（1）导管堵塞的原因。

（2）使用药物的性质及配伍禁忌。

（3）冲管液量、性质和方法。

（4）基础疾病（患者有无胸腔内压增高的因素）。

2. 处理　当怀疑造成堵塞的原因是血栓时，与医生合作，开展适当的干预措施。可以使用尿激酶溶栓：尿激酶 10 万 U+ 生理盐水 20ml 备用。方法介绍如下：

（1）导管完全堵塞的处理：使用溶栓药物，通过注射器直接法或三通负压法利用负压缓慢吸入溶栓药物。

1）注射器直接法：使用 20ml 注射器抽吸盛有尿激酶稀释液 10ml（取下 PICC、MC、CVC 导管接头）与导管相连接，往外抽吸。每隔 15~30 分抽吸一次，尿激酶稀释液因负压进入 PICC、MC、CVC 导管，尿激酶缓慢溶栓。直到抽出回血后继续抽 3~5ml 血液弃去，用 10ml 生理盐水脉冲式冲管，再用 0.5~10U/ml 肝素盐水 3~5ml 正压封管。

2）三通负压法：取下 PICC、MC、CVC 导管接头（如肝素帽），将三通管的前端连接 PICC、MC、CVC 导管，侧端连接盛有尿激酶稀释液的注射器，后端连接 20ml 空的注射器。先关闭侧门，抽吸后端 20ml 注射器，使 PICC、MC、CVC 导管内处于负压状态，快速打开侧门，尿激酶稀释液因负压进入 PICC、MC、CVC 导管，约 15~30 分抽吸一次，再次关闭侧门，抽吸后端注射器，使 PICC、MC、CVC 内呈负压，打开侧门，尿激酶稀释液缓慢溶栓。如此反复直到抽出回血后继续抽 3~5ml 血液弃去，用 10ml 生理盐水脉冲式冲管，再用 0.5~10U/ml 肝素盐水 3~5ml 正压封管。

（2）导管部分堵塞：导管可以冲洗，但抽回血不畅或血流迟缓，可用直接输注法溶栓：使用抽有溶栓剂的 10ml 注射器与导管相连，缓慢注入相当于导管容积量的溶栓剂，夹闭导管，切勿过度用力注入导管。适当停留 30 分钟 ~2 小时后尝试抽回血，抽回血通畅说明导管已通，继续回抽血液 3~5ml 弃去，用 10ml 生理盐水脉冲式冲管，继续输液治疗或正压封管。

3. 溶栓时的注意事项

（1）遵医嘱选用合适种类和适当浓度的溶栓剂。

（2）溶栓操作应由经过 PICC、MC、CVC 专业技术培训的护士完成。

（3）护士应对患者和导管进行评估，合理使用溶栓剂；在使用溶栓剂之前，应评估患者是否有禁忌证。

（4）了解溶栓药物剂量、毒副作用、输注技巧及潜在并发症等并做好患者和家属的健康教育。

4. 如果溶栓失败，遵医嘱拔除导管。

（五）案例分析

1. 病例资料　患儿 ××，男，3 岁，因急性淋巴细胞性白血病于 2017 年 4 月 22 日住院，化疗 2 月余发生呼吸系统感染，有发热、咳嗽、咳痰和喘憋症状。予抗感染和对症等治疗。在早晨 8：30 护士输液前评估右侧上臂留置的 3F 三向瓣膜式 PICC 导管时发现，回抽血液困难，有少量断断续续回血，推注生理盐水阻力较大，连接液体后滴速很慢，约 3 滴 / 分。

2. 静疗相关并发症　根据评估患者呼吸道症状和导管回抽血液困难，冲管阻力大，液体滴速慢的表现，在初步排除导管打折等机械性因素的情况下，判断发生了不完全性导管堵塞（在前一天下午输液结束时，冲封管正常）。

3. 原因分析

（1）检查导管外露部分，导管固定良好，敷贴平整，敷贴下导管摆放正确，无打折、扭曲、盘绕，体内刻度无变化等，排除外部机械原因堵塞因素。

（2）活动肩部与上肢不能改变导管通畅性和液体滴速，基本排除由于夹闭综合征造成内部机械性的堵塞。

（3）查看病历，患儿序贯输注的药物之间无配伍禁忌，药物溶媒使用正确，冲管使用液体与药物间无配伍禁忌；护士冲封管手法和时机正确。前一天输液过程顺利，在输完液体前，护士封管前评估导管时液体滴速正常；在输完最后一组液体后，护士冲管和封管操作时，导管通畅，冲封管无阻力。基本排除药物不溶性微粒导致的导管堵塞。

（4）查看夜间护理病历记录：患儿在夜间咳嗽较重，并伴有阵发性哭闹，咳嗽和哭闹可能导致胸内压瞬间增高，可能引起间断性导管回血，造成导管不完全性血栓性堵塞。

综上评估分析，判断患儿 PICC 导管可能发生了不完全性血栓性导管堵塞。

4. 临床表现　输液前回抽血液困难，有少量断断续续回血，推注生理盐水有较大阻力，连接输液器后滴速很慢，约 3 滴 / 分。

5. 处理措施　根据导管堵塞情况和堵塞性质判断，决定采用尿激酶溶栓方法对导管进行溶栓处理，措施如下：

（1）溶栓药液配制：取尿激酶 10 万单位 / 支，用 20ml 注射器抽取 20ml 0.9% 生理盐水充分溶解尿激酶，配制成浓度为 5000U/ml 的尿激酶盐水稀释液备用。

（2）注射器直接法溶栓：使用抽有溶栓剂的 10ml 注射器与导管相连（图 6–22），缓慢注入相当于导管内容积等量的溶栓剂，夹闭 PICC，切勿过度用力注入。停留 1 小时后尝试抽回血，抽回血通畅，继续回抽血液 3~5ml 弃去，用 10ml 生理盐水脉冲式冲管，更换新输液接头后连接液体，滴入顺畅，溶栓成功，恢复正常继续输液治疗。

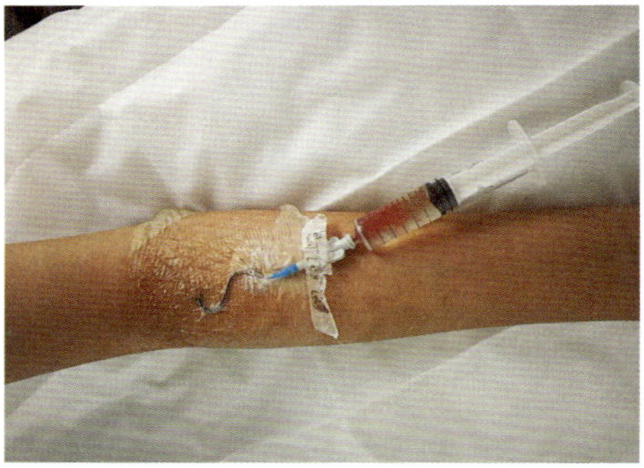

图 6–22　注射器直接法溶栓

6. 效果评价　本例在发现导管堵塞后，及时评估患者导管应用状况、用药之间配伍和护士冲封管手法、患者病情及导致胸内压增高的症状，综合评价后判断正确（为不完全性血栓性堵塞），采用含 5000U/ml 的尿激酶盐水稀释液直接输注溶栓法，溶栓效果好，导管完全恢复通畅，使输液化疗顺利完成。

（赵玫婷）

三、过敏反应

PICC、MC、CVC 置入后发生皮肤过敏反应是因局部皮肤反复接触消毒剂、医用粘胶剂（如：胶布、无菌透明敷贴），以及患者年龄、体质、化疗药物使用等原因导致的皮肤损伤。发生部位：PICC、MC、CVC 导管、医用粘胶剂与皮肤接触部位，一般经积极处理后可缓解，偶可遗留暂时性色素置入后，使用沉着，如处理不当或不及时可能引发皮肤感染及其他严重并发症。

（一）原因

1. 外源性因素

（1）季节相关：夏天天气潮湿闷热，患者出汗较多，汗渍刺激皮肤导致患者局部皮肤过敏。

（2）消毒剂：消毒时使用酒精或含酒精的消毒剂，对皮肤产生刺激，导致过敏。

（3）医用粘胶剂：反复粘贴医用粘胶剂，使局部皮肤透气性降低，导致过敏。

（4）化疗药物：反复使用化疗药物，使皮肤敏感性增加，易发生过敏反应。

（5）操作人员：置管前未评估患者过敏情况或维护人员操作不规范，消毒剂未完全待干就粘贴敷料等均能导致患者过敏。

2. 内源性因素

（1）年龄：儿童皮肤发育未成熟，容易发生过敏。

（2）性别：男性由于自身生理条件和生活习惯的原因，PICC、MC、CVC 置管处皮肤更易发生过敏。

（3）过敏体质：具有过敏体质的人由于 IgE 水平升高或缺乏组胺酶，可引发各种不同的过敏反应及过敏性疾病。

（4）皮肤状况：如湿疹、皮疹、慢性渗出性溃疡、大疱性表皮松解症，易发生皮肤过敏。

（5）疾病状况：如糖尿病、感染、肾功能不全、免疫抑制、静脉瓣膜功能不全、静脉高压、静脉曲张，易发生皮肤过敏。

（二）临床表现

粘贴透明敷贴、固定器或胶布处的皮肤发生局部持续 30 分钟甚至更长时间的瘙痒、皮疹或水疱。临床分型分为：机械性、皮炎型和其他型，根据皮肤损伤程度分为轻、中、重度。

1. 轻度表现　为轻微的皮肤瘙痒及红斑（面积约为 5cm × 5cm 以内）。

2. 中度表现　为皮肤瘙痒感明显，皮肤过敏处出现散在红斑、丘疹、潮湿，部分散在粟粒状皮疹（面积为 ≥5cm × 5cm）。

3. 重度表现　为瘙痒难忍，出现水疱、糜烂甚至渗液，抓痒后可使渗液蔓延导致过敏的面积增大，影响患者的睡眠质量。

（三）预防

1. 操作人员要求取得 PICC、MC、CVC 置管及维护资格的护士进行置管及维护。

2. 置管及维护前仔细询问患者的过敏史，并根据患者情况选择适合的消毒剂及透明敷贴。

3. 夏季因天气潮湿、闷热，宜增加换药次数，可每周至少换药 2 次，消毒液应完全自然待干后贴敷贴。

4. 健康教育　PICC、MC、CVC 置管期间患者勿进食易过敏的食物，勿进行强烈的物理刺激。

5. 观察置管处局部皮肤情况，发现异常及时处理。

6. 如果穿刺部位毛发长　粘贴敷贴前剪去或剃除局部毛发，去除敷贴时应顺着毛发的方向，边撕边压皮肤，缓慢去除。

7. 如敷贴粘贴在需要运动的部位可使用有延展性的黏性产品，并对皮肤变化和（或）关节移动进行预测。

（四）处理

1. 评估

（1）分析并确定过敏源：如为导管、消毒剂、胶布、透明敷贴、思乐扣等导致过敏，可及时更换为低刺激性或低致敏性的产品，并避免再次接触。

（2）查看皮肤过敏的程度。

2. 处理

（1）轻度过敏：可在常规消毒后涂抹皮肤保护剂并粘贴透明敷贴。

（2）中度过敏：使用生理盐水湿敷后用大于 0.5% 碘伏溶液消毒待干，再用生理盐水脱碘并待干，应用透气性高的透明敷贴或水胶体敷料粘贴，增加换药次数，建议每周至少 2 次。

（3）重度过敏：消毒方法与中度过敏一致，可根据情况避开穿刺点，使用地塞米松浸湿纱布覆盖于局部皮肤上待干。也可避开穿刺点 5cm，生理盐水脱碘、待干后，使用无菌纱布覆盖，并在无菌纱布外包裹弹力绷带固定，至少每 48 小时更换 1 次。重度过敏反应按以上措施护理后继续加重或患者对导管材质过敏，应立即拔管。

（4）全身过敏：遵医嘱使用抗过敏药物，如氯苯那敏（扑尔敏）、氯雷他定（开瑞坦）等口服或 10% 葡萄糖酸钙静脉注射。

3. 观察记录　责任护士密切观察患者过敏处的皮肤情况，记录过敏范围、皮肤颜色、皮疹面积、患者主诉、处理过程等，并进行交接班。

（五）案例分析

1. 病例资料　患者 ××，男，63 岁，因“发现肌酐增高 7 月余”确诊为多发性骨髓瘤。此次因“乏力 4 日，左上臂皮肤瘙痒 3 日”于 2016 年 5 月 9 日入院，患者否认食物及药物等过敏史。入院评估：T 36.5℃，P 93 次 / 分，R 18 次 / 分，BP 116/63mmHg。左上臂红肿，皮温升高，伴触痛，患者于 2016 年 3 月 1 日置入 PICC。观察透明敷贴下方有散在红色粟粒样皮疹及小水疱，伴有黄色清亮渗液，敷贴边缘处皮肤散在脓性白点（图 6–23）。

2. 静脉输液治疗相关并发症　PICC 导管相关皮肤过敏反应。

3. 原因分析

（1）该患者入院后行多次 PAD（硼替佐米 + 盐酸吡柔比星 + 地塞米松）方案化疗，化疗导致患者免疫功能低下，皮肤敏感性增加，可诱发皮疹。

（2）透明敷贴弹性好、黏性大、对导管固定良好、透明且易于观察皮肤情况，但透气效果一般。在反复换药过程中粘贴敷贴，使局部皮肤透气性降低，从而导致部分患者对敷贴过敏。

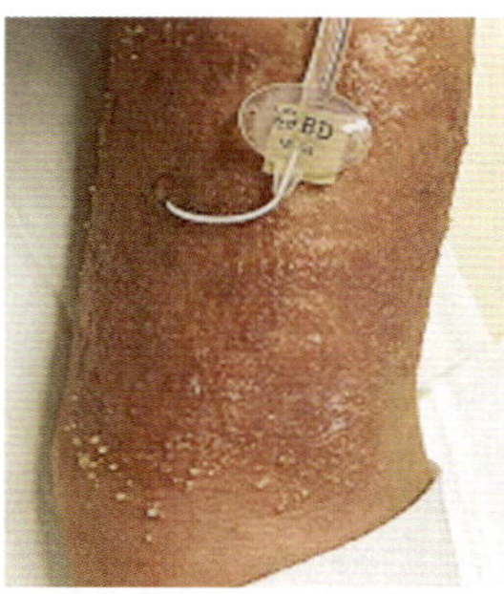

图 6–23　皮肤过敏反应

（3）2% 葡萄糖酸氯己定消毒剂中的主要成分为葡萄糖酸氯己定和乙醇，其中葡萄糖酸氯己定含量为 1.8%~2.2%，乙醇含量为 63%~77%，可杀灭肠道致病菌、化脓性球菌、致病性酵母菌等医院常见微生物。有文献报道，在 PICC 常规维护消毒时，重复暴露于 2% 葡萄糖酸氯己定下可能是导致穿刺点周围皮肤发生接触性皮炎的主要因素。

4. 临床表现　左上臂红肿，皮温升高，伴触痛，观察透明敷贴下方散在红色粟粒样皮疹及小水疱，伴有黄色清亮渗液，敷贴边缘处皮肤散在脓性白点。

5. 处理措施

（1）用生理盐水擦拭透明敷贴周围残胶，降低对皮肤的损伤及刺激。

（2）用生理盐水清洁皮肤，顺逆时针消毒脱脂至少 2 次，自然待干。

（3）用大于 0.5% 碘伏以穿刺点为中心消毒皮肤及导管至少 2 次，自然待干。

（4）用生理盐水脱碘，自然待干。

（5）无菌纱布覆盖固定 PICC 导管，并在无菌纱布外包裹弹力绷带固定以防脱管。

（6）按以上措施每 48 小时换药一次。

6. 效果评价　5 月 16 日查看患者，局部皮肤水疱结痂，无痒感，表皮干燥、无渗液，较之前有明显好转（图 6–24）。5 月 24 日皮疹完全消退。

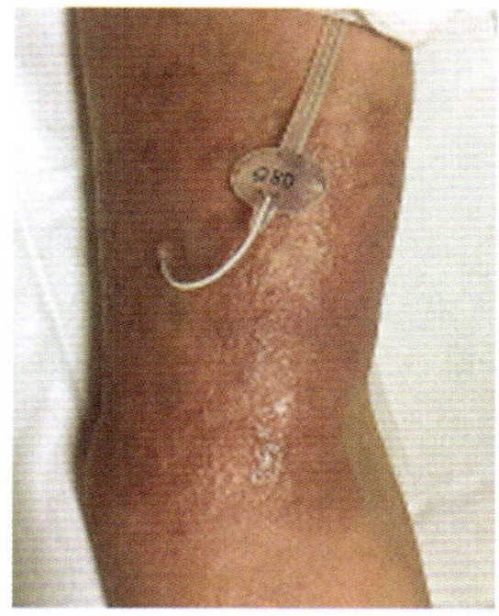

图 6–24　皮肤过敏反应好转

（杨宏艳）

四、导管破裂 / 断裂

PICC 导管破裂 / 断裂是指各种因素引起的 PICC 导管完整性受损，出现导管部分破裂或完全断裂的状态。根据导管破裂 / 断裂部位不同可分为：体外导管破裂 / 断裂和体内导管破裂 / 断裂。

（一）原因

1. 导管材质　PICC 破裂 / 断裂与导管自身材质因素关系密切。多数 PICC 导管采用的是硅胶材质。而 PICC 导管的连接器采用的是不锈钢材质，如果过度或反复弯折导管与连接器结合部位，容易牵拉柔软的导管形成折曲，磨损硅胶导管，导致导管破裂 / 断裂。

2. 患者因素　患者缺乏自我护理知识，频繁活动置管侧肢体、提重物时过度牵拉导管，或因各种因素造成敷贴卷曲、松动、导管固定不牢等，均容易造成导管破裂 / 断裂，特别是小儿活动性强、自控性差，易导致 PICC 导管发生破裂 / 断裂。

3. 医护人员的置管技术是 PICC 破裂 / 断裂的重要影响因素之一

（1）穿刺部位：肘关节以上部位穿刺，患者手臂轻微活动对导管的影响不大，不易出现 PICC 破裂 / 断裂。肘关节以下部位穿刺，导管会随着手臂的活动而活动，易出现导管打折、连接器的不锈钢接头对导管的损伤等，增加了 PICC 破裂 / 断裂发生的可能。

（2）护理操作

1）置管护士：在置管过程中 PICC 准备和送管动作粗暴、易造成 PICC 导管破裂。

2）维护护士：①PICC 维护时：若护士对 PICC 性能不了解，操作技术不熟练、去除敷贴的手法、敷贴的选择以及体外导管的摆放不正确、胶布粘贴在 PICC 硅胶导管上、敷贴固定不牢引起导管松动等因素都可以导致 PICC 导管破裂 / 断裂。②冲、封管操作不当：若经非耐高压 PICC 导管快速、加压推注液体或推注造影剂，可导致 PICC 导管或连接处破裂 / 断裂。③冲、封管注射器选择不当：因不同型号的注射器对血管内膜产生的压力不同，注射器型号越小，对血管内膜的压力越大（表 6-12）。

表 6-12　不同注射器压力

注射器型号	注射器压力（PSI）
1ml	150~180
3ml	120
5ml	90
10ml	60

3）拔管：如患者紧张，血管痉挛，静脉血栓、静脉炎及导管异位等因素。护士评估不足，在拔出导管困难时还强行拔管，可能出现 PICC 导管断裂。

（3）其他因素：导管留置时间和其他并发症。导管留置的时间越长，反复摩擦的几率增加，发生导管破裂的几率也增加。导管堵塞、渗漏等并发症是导管破裂 / 断裂的高危因素。基层医院缺乏 PICC 专科护士：医护人员及患者不能对 PICC 导管的长度、连接器有无松脱等情况进行及时有效地评估与判断，增加导管破裂 / 断裂的发生率。

（二）临床表现

1. 体外导管破裂 / 断裂

（1）体外导管破裂（图 6-25）：出现漏液、渗血、输注时液体外漏、可继发感染、引发空气栓塞或血液回流至导管内，出现导管堵塞或抽不出回血，推注有阻力。有的患者输液时液体渗漏至皮下，出现局部肿胀、疼痛。

（2）导管完全断裂：患者多无自觉症状，可见 PICC 导管与连接器脱落或导管断裂，穿刺点外能够看到断裂的导管或断裂的 PICC 导管滑入血管内。有的患者有心慌、心悸、呼吸困难等临床表现。

2. 体内导管破裂/断裂

（1）导管破裂

1）近心端导管破裂：临床表现不明显，不易发现，一般在使用导管造影或导管拔出时可见。

2）远心端导管破裂：在输入刺激性强的药物时，易发生静脉炎。

（2）导管断裂：穿刺点外不见PICC导管，连接器还在手臂上；拔出导管，发现导管长度变短。不论体内、体外导管完全断裂后导管随血流进入右心房，患者多无自觉症状，如果PICC导管进入肺动脉，可导致肺动脉栓塞或诱发心律失常等，有的患者有心慌、心悸、呼吸困难等临床表现，若抢救不及时，可危及患者生命。

（三）预防

1. 选择优质的PICC导管　严把导管质量关，置管前严格检查导管质量，禁止使用劣质导管，不用过期导管。

2. 加强健康教育

（1）置管前：告知患者PICC置管后可能出现的并发症，如可能发生导管破裂/断裂，要注意置管侧手臂适度活动，方法正确，每天观察敷贴及导管情况，可以有效地降低该并发症发生。

（2）置管时：能够在肘关节以上置管就不要在肘关节以下置管。

（3）置管后：对患者及家属详细讲解PICC导管的日常维护、注意事项。

1）活动：24小时之内置管侧手臂轻微活动，24小时之后每天有规律的活动置管侧手臂。

正确：每天200~300次握拳运动、握弹力球、两个球转动等，也可以打太极拳等缓慢运动。

错误：甩手臂、手臂高举、肘部高于心脏平面、举哑铃及游泳等，避免导管折叠、摩擦导致导管破裂/断裂。

2）穿衣：先穿置管侧，再穿健侧。脱衣服：先脱健侧，再脱置管侧。衣服袖口不宜过紧，保护及固定好外露接头，可以使用透气的薄袖套保护，防止穿脱衣服时将导管带出、折叠、摩擦导致PICC导管破裂/断裂。

3）沐浴：使用PICC沐浴专用袖套或保鲜膜包裹置管侧手臂2~3圈，并上下使用带子将其扎牢，阻止水进入，避免导管打折。淋浴后揭去保鲜膜，检查固定敷贴是否被浸湿，如有浸湿应及时更换。

4）卧位正确：置管侧手臂可以短时间受压：一般30分钟左右。错误：长时间压迫穿刺侧手臂。

3. 提高静脉输液治疗专业知识　加强置管人员的培训及管理，规范PICC置管护士的准入资质，PICC置管操作应由经过PICC专业知识与技能培训、考核合格且有5年及以上临床工作经验的护士完成。落实PICC风险控制与安全管理，熟练掌握 PICC 导管穿刺及维护技术，熟练掌握并发症的预防及处理，降低导管破裂 / 断裂的危险因素。

（1）避免高压注射

1）因高压注射时施加在管壁的压力过大易导致导管破裂 / 断裂，如注射造影剂时切勿从 PICC 导管注入（耐高压 PICC 导管除外）。

2）从 PICC 推药、冲封管，不宜使用 10ml 以下的注射器，因为注射器的管腔容积与施加在导管上的压力呈反比；冲管时若发现阻力过大，不可强行推注，应检查原因，适当调整导管的角度。

3）使用输液泵施加压力时，应严格遵照说明书来调整输液泵的压力。

（2）正确固定导管

1）固定时摆放：患者肢体应处于自然状态，贴无菌敷贴前让患者自然屈肘以检查连接处有无折曲，无折曲时方可固定。

2）留在体外的导管部分应呈“U”形、“L”形或“C”形固定，与皮肤固定处不要太紧，应尽量避开关节处及肌肉群。

3）体外留置长度 4cm 最为适宜。因为体外导管留置长度过长，导管易于暴露与盘曲且不易固定；留置长度过短，连接器与导管之间无法摆放成半弧形易形成锐角。

4）粘贴敷贴：如果敷贴粘贴过紧，易导致张力过大，患者活动时导管易于弯曲，导致导管易破损。应采取无张力粘贴，即嘱患者穿刺侧肢体处于自然放松状态，将敷贴自然平整放于穿刺处皮肤与导管上，再以穿刺点为中心向周围逐渐将敷贴抹平。将导管全部粘贴住，敷贴下不能够有气泡。

（3）避免导管堵塞

1）保持 PICC 导管通畅，每天输液前，使用生理盐水或预充式冲洗器 10ml 先抽回血，再脉冲式冲管。

2）每次输血、人血蛋白、两种易发生配伍禁忌的药物之间均应该使用生理盐水冲管，减少药物在 PICC 内的沉淀，防止管腔堵塞。

3）脉冲式冲管，正压封管，防止血液回流引起导管堵塞。

（4）规范拔管

1）拔管需要医嘱确认，患者签拔管同意书。

2）拔管前充分评估：①如果在置管期间有血栓发生，拔管前需再次做血管彩超复查，再决定是否拔管；②如果患者极度紧张：可以用热毛巾热敷手臂，扩张血管、放松肌肉，同时分散患者注意力，缓解紧张情绪，避免精神过度紧张、焦虑等引起血管痉挛或血管收缩情况的发生；③拔管过程中如遇阻力：立即停止操作，应调整手臂位置，查找原因缓慢拔管，切忌强行操作；④导管拔出后要观察导管是否完整，以防导管断端残留在体内。

（5）加强健康教育，增强防范意识　患者带管出院前应对其进行宣教，随时观察外露导管及穿刺点，避免手臂过度活动而造成导管打褶、断裂，发现异常情况应及时就诊。

（6）加强置管人员的培训及管理　熟练掌握 PICC 导管穿刺及维护技术。避免暴力送管导致导丝划破导管或割断导管。

（四）处理

1. 评估

（1）导管破裂 / 断裂的部位。

（2）导管破裂 / 断裂的程度。

（3）导管破裂 / 断裂发生后患者的临床表现。

2. 处理流程　PICC 导管断裂：导管部分断裂或全部断裂后滑入血管或右心房。

处理方法：告诉患者或家属每天查看 PICC 导管，只要发现导管断裂，或可见连接器，不见 PICC 导管，应立即嘱患者绝对卧床，采取头低左侧卧位，置管侧肢体制动，并在置管侧肩部肢体下扎压脉带，避免导管断端滑入右心房，甚至阻塞肺动脉出口，发生栓塞。

结扎止血带方法：用止血带在置管侧肩部肢体下结扎，减少导管向前继续漂移，每间隔 20~30 分钟放松止血带 1 次，每次放松 30 秒，最长结扎时间不超过 1 小时，随时观察患者置管侧肢体末梢循环情况。

急诊行置管侧手臂及胸部 CT、X 线片确定导管断端的位置，是否在右心房，必要时静脉切开或在放射介入下取管。

（1）PICC 体外破裂 / 断裂的处理

1）PICC 体外破裂：①瓣膜式：在导管没有被回血堵塞的情况下，可采用修复导管的方法：严格无菌技术操作，准备一个规格相同的连接器，无菌换药包，敷贴、固定器、输液接头、生理盐水及肝素盐水。洗手，铺无菌治疗巾，拆除原有敷贴，检查导管破裂的部位，确定剪断导管的位置，洗手，打开无菌换药包，戴手套，用 2% 葡萄糖酸氯己定棉球或大于 0.5% 碘伏消毒皮肤及导管至少 2 次，范围大于 15cm × 15cm，生理盐水预冲连接器及肝素盐水接上输液接头，用 10ml 注射器推注生理盐水查找导管破损点，将 PICC 导管拔出距破损点 6cm，垂直剪去破损导管，将导管与连接器连接。用生理盐水 10ml 脉冲式冲管，接上输液接头，肝素盐水正压封管。使用固定器，再贴上敷贴固定，导管修复后能继续使用。②前端裁剪式：PICC 体外破裂：只能拔出 PICC 导管。

2）PICC 体外断裂：①瓣膜式：如果 PICC 断裂部分在皮肤外可见，消毒后，立即查看是否有导管堵塞，如果没有堵塞，使用规格相同的连接器连接，方法同上。如果堵塞，按照拔管操作流程拔管。如果皮肤外只见连接器，不见导管，导管全部滑入血管或右心房，处理方法同前。②前端裁剪式：如果 PICC 断裂部分在皮肤外可见，取下敷贴及固定器，洗手、戴手套，消毒后拔出 PICC 导管。如果皮肤外只见连接器，不见导管，导管部分、全部滑入血管或右心房，处理方法同前。

（2）PICC 体内破裂 / 断裂的处理

1）若静脉造影检查提示 PICC 体内破裂，可沿血管平行方向缓慢拔管，如遇阻力切忌用力拔管，可调整置管侧手臂位置缓慢拔管，拔出后观察导管是否完整，以防导管断裂在体内。

2）PICC 体内断裂：导管部分、全部滑入血管或右心房，处理方法同前。

3）手术取出：静脉切开法：仅限于 X 线显示导管断裂段于手臂的准确位置。该方法创伤性大，应用较少。

4）介入取管：采用介入法进行血管内异物抓捕是处理 PICC 体内导管断裂的常用方法。

（五）案例分析

1. 病例资料　患者女性，72 岁，因“左乳癌术后化疗”在右侧肘下贵要静脉留置三向瓣膜式 PICC 导管，置入 40cm，外露 4cm。每周维护一次，化疗第 5 次输液结束冲管时发现距穿刺点约 4cm（导管与连接器连接处）导管破裂，自导管破裂处漏液（图 6–25）。

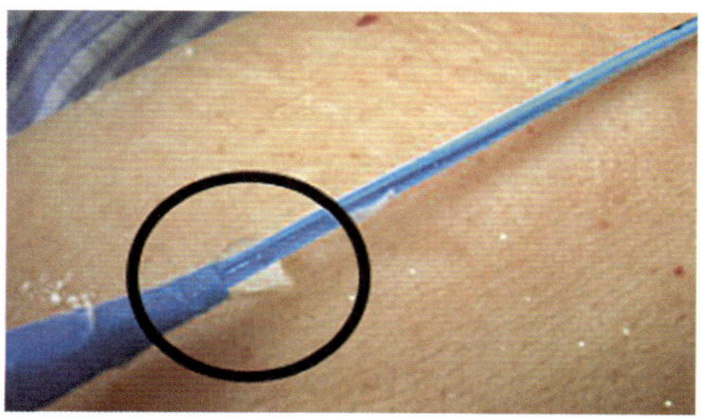

图 6–25　PICC 导管破裂

2. 静脉输液治疗相关并发症　PICC 导管破裂。

3. 原因分析

（1）导管材质：过度或反复弯折导管与连接器结合部位，容易牵拉柔软的导管形成折曲，磨损硅胶导管，导致导管破裂。

（2）穿刺部位：肘关节以下部位穿刺，导管会随着手臂的活动而活动，易出现导管打折、连接器的不锈钢接头对导管的损伤等，增加了 PICC 破裂发生的可能。

（3）维护不当：体外导管的摆放不正确、敷贴固定不牢引起导管松动导致

PICC 破裂。

4. 临床表现 导管出现漏液、输注液外漏。

5. 处理措施 采用修剪导管的方法。

（1）准备用物：一个规格相同的连接器，无菌换药包，敷贴、输液接头、生理盐水、10U/ml 肝素盐水。

（2）处理流程：洗手，铺无菌治疗巾，拆除原有敷贴，检查导管破裂的部位，确定剪断导管的位置，洗手，戴无菌手套，打开无菌换药包，用 2% 葡萄糖氯己定棉球 / 大于 0.5% 碘伏消毒皮肤及导管至少 2 次，范围直径大于 15cm，生理盐水预冲连接器及输液接头，用 10ml 注射器推注生理盐水查找导管破损点，将 PICC 导管拔出距破损点 6cm，垂直剪去破损导管，将导管与连接器连接。用生理盐水 10ml 脉冲式冲管，接上输液接头，肝素盐水正压封管。贴上透明敷贴固定，记录胶带以分数形式标记日期、内置及外留长度、操作者姓名。

6. 效果评价 PICC 导管破损修复，输液通畅，导管外露部分无渗漏。

（寇京莉）

五、导管移位 / 导管滑出

导管移位是指血管通路装置在留置期间，导管尖端在上腔静脉内回折到头臂静脉、颈内静脉、颈外静脉、锁骨下静脉或导管脱出穿刺点外超过正常值范围。常见导管移位的两种类型是：导管在血管内移位和导管滑出。前者发生血栓的危险性高，后者会影响导管的正常使用，两者均为置管后严重的并发症。因此，应高度重视导管移位，做好预防，将导管滑出的发生率降至最低。

（一）导管移位

1. 原因

（1）穿刺部位：肘上比肘下穿刺发生导管移位 / 滑出几率低。这是由穿刺的静脉血管走向决定的。贵要静脉起于手背静脉网的尺侧端，到达肘窝后沿肱二头肌内侧缘上行，顺臂中部汇入肱静脉；头静脉起于手背静脉网的桡侧端，上行达肘窝处分出一斜向内上方与贵要静脉相连的静脉支——肘正中静脉，再沿肱二头肌外侧缘上升，最后注入腋静脉。可见，贵要静脉与头静脉经过肘窝后均与肱二头肌紧密相连。肱二头肌的收缩作用，可使经肘下穿刺贵要静脉或头静脉的导管受到牵拉，且导管留置时间越久，受牵拉作用影响越大，发生导管移位的风险越大。

（2）胸腔压力变化：呕吐、呃逆、咳嗽、便秘及随之而来的潮气量增加会引起患者膈肌、腹部肌肉、胸壁肌肉的强烈收缩，胸腔容积、压力剧烈变化，中心静脉的压力和血流也会随之发生改变。血流的反复改变易导致导管漂浮移位。

（3）解剖结构：上腔静脉入口处是左、右头臂静脉汇合点。上腔静脉管腔直径大，血流量大而急，而PICC导管的材质是轻、柔、软的硅胶，在血中容易漂浮不定。如初始尖端位于上腔静脉较高位置（如上腔静脉入口处），急流的血液冲击上腔静脉壁与回旋涡反作用力会把上腔静脉入口处导管尖端反折回推导致导管移位。

（4）与成长有关：PICC留置时间过长，婴幼儿和儿童的成长会导致血管内尖端位置变化。

（5）其他：深静脉血栓、充血性心力衰竭、手臂的运动、正压通气、高压注射等。

2. 临床表现　导管末端固定良好，外露刻度无变化，部分导管可见回血，偶有输液速度变慢或无法抽出回血。部分患者因手臂肿胀行血管彩超而发现血栓，进一步行胸部X线检查可发现导管打折。导管末端可移位于同侧或对侧颈内静脉、锁骨下静脉、腋静脉、头臂静脉、奇静脉、胸廓内静脉、胸廓外静脉、右心房等。

3. 预防

（1）穿刺前评估穿刺血管：选择适宜型号的导管，尽量做到一次穿刺成功，减少反复穿刺对血管及周围组织的损害。

（2）正确选择穿刺部位：条件允许应B超引导下，在肘上（肘正中横纹上2~5cm）选择贵要静脉、肱静脉及头臂静脉穿刺。

（3）预防呕吐、呃逆、咳嗽：及时处理化疗药物引起的恶心、呕吐、呃逆等症状。

（4）确保导管尖端位于最佳部位：导管尖端最佳部位为上腔静脉的下1/3至上腔静脉与右心房的连接处。尽量使用腔内心电图技术辅助置管定位，以确保导管尖端位于最佳部位。测量中应注意不同穿刺静脉的行程，贵要静脉的行程要比头静脉短。老年人、心脏病患者，在实际置管过程中要宁短勿长。置管后须X线摄片以及时确定和调整导管尖端位置。

（5）术后健康教育

1）每次更换敷贴时需观察导管内有没有回血、外露长度，发现导管移位时，应及时使用影像学等检查方法确定导管尖端位置及移位程度。

2）每日观察置管侧手臂有无肿胀，如置管侧手臂肿胀超过2cm，需做血管彩超确诊有无血栓发生，同时建议做X线检查确定导管有无移位。

3）指导患者避免置管侧手臂外展、剧烈活动等。

4. 处理

（1）评估：查看PICC导管内可见的回血、导管滑出的长度及拍X线片的结果。

（2）处理措施：根据患者病情及静脉输液治疗计划，选择拔管或重置导管，也可以原位置管（如导管出现了重度滑出），需严格无菌下操作。

1）调整导管位置（仅限于才穿刺的导管）：签 PICC 导管移位 / 异位调整告知同意书，见附表 7。严格无菌技术操作，最大无菌屏障，洗手、戴口罩及无菌手套，严格消毒（皮肤和导管），铺无菌巾及洞巾。嘱患者平卧或半坐位，将导管尖端退出至锁骨下静脉（成人 15cm，小儿 10cm），头偏向穿刺侧。使用无菌钢丝引导，再送入导管，到达预计位置，可通过超声查看颈内静脉有无导管，抽回血，见回血用生理盐水脉冲式冲管，边推边送，使导管尖端到达预期位置。

2）可在介入导丝辅助下，调整导管位置。

3）如果 PICC 导管在颈内静脉，也可以鼓励患者做投铅球的动作，使导管随着重力的作用降至上腔静脉下 1/3 段。

5. 案例分析

（1）病例资料：徐 ××，男，60 岁。重症胰腺炎于 2017 年 1 月 7 日入院，禁食，行静脉高营养治疗。1 月 8 日在超声引导下右肘上贵要静脉置入 PICC 导管，置入过程顺利，放射 X 线定位导管尖端位于上腔静脉上 1/3 段，未给予处理。置管后第 11 天患者自觉右侧颈部疼痛、肿胀不适，导管末端固定良好，外露刻度无变化，放射 X 线定位导管尖端显示位于同侧颈内静脉（图 6-26）。

（2）静脉输液治疗相关并发症：PICC 导管尖端移位至右颈内静脉。

（3）原因分析：PICC 导管尖端位于上腔静脉上 1/3 段，不是中心静脉导管尖端的最佳部位，置管时未给予处理，导致后期 PICC 导管移位。

（4）临床表现：置管后第 11 天患者自觉右侧颈部疼痛、肿胀不适。

（5）处理措施：患者平卧位，上肢外展 90°，最大无菌屏障下，将导管尖端回撤至锁骨下静脉。严密观察导管及患者情况，以及时发现并发症。

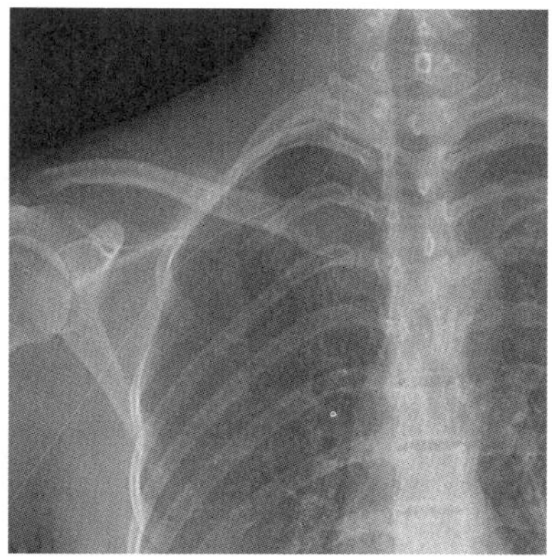

图 6-26　PICC 导管尖端在颈内静脉

（6）效果评价：导管继续使用一周，患者病情稳定，拔出导管出院。

（二）导管滑出

1. 原因

（1）导管因素

1）穿刺针及穿刺鞘较粗，对导管周围组织和血管壁的损伤较大；PICC 导管质地柔软、光滑，置管后导管与皮肤组织血管间有一定的间隙，因此，导管在置管后 7 天内较易脱出。随着损伤组织的增生、修复，肉芽组织形成，紧紧包绕在导管周围，导管相对不易脱出。

2）双腔的 PICC 导管：由于尾端较重，易导致导管滑出。

（2）护士因素

1）对患者意识状态评估不到位。意识不清、精神异常者未给予约束或约束不当，易导致患者自行拔管。

2）更换敷贴时操作不规范，可导致导管被牵拉脱出。

3）消毒剂未完全自然待干即贴上敷贴，导致敷贴易松脱而使导管脱出。

（3）患者因素

1）消耗性疾病：患者皮下脂肪减少，导管固定不牢；出汗较多导致敷贴松动；老年患者皮肤干燥、多屑，对敷贴、消毒液过敏，覆盖敷贴处皮肤瘙痒，不慎将敷贴抓破致导管脱出。

2）谵妄：患者意识不清，躁动不安，精神异常或由于老年患者大脑易缺血缺氧，出现恍惚，对异物刺激敏感性高，产生一过性认识紊乱导致自行拔管。

3）婴幼儿及高龄患者：其行动不便，缺乏自我保护导管的相关知识。

4）置管后患者肢体活动过于频繁也易将导管带出。

5）患者的依从性差：不能完全遵守执行医务人员交代的注意事项，不能很好地掌握维护导管的知识等都会造成导管滑出。

（4）敷贴因素

1）敷贴受潮、卷边、松动易引起导管脱出。

2）固定 PICC 时敷贴黏度不够、固定方法不正确、固定效果差等原因也会造成导管脱出。

3）外留导管过长，敷贴未能把导管完全覆盖，导管暴露在敷贴外，有外力牵拉时易拔出导管。

2. 临床表现　导管的一部分甚至整个导管完全滑出所置血管以外。多表现为导管滑出穿刺点外几厘米至几十厘米，偶尔可见敷贴下盘曲或伴有穿刺点少量渗血。根据导管滑出程度可分为：

轻度：导管部分脱出，其尖端仍在上腔静脉内。

中度：尖端位于锁骨下静脉内。

重度：尖端位于外周静脉内或完全脱出体外。

3. 预防

（1）健康教育：宣教直接影响导管的使用寿命及置管的安全性。重点内容：

1）指导患者避免或减少出汗，穿宽松棉质易吸汗的衣物。

2）置管侧肢体肘、肩关节活动不宜过大，力度不宜过猛，手臂避免负重 3kg 以上物品。

3）沐浴前应用专业 PICC 沐浴袖套或干毛巾包裹于敷贴外，再使用保鲜膜包裹干毛巾，上下扎紧，以防浸湿敷贴。

4）穿衣服时先穿置管侧肢体，再穿健侧肢体，脱衣服时先脱健侧肢体，再脱置管侧肢体，动作应轻柔，防止意外脱管。

5）发放 PICC 维护手册，使患者掌握自我维护和观察方法，减少并发症。

（2）规范护士操作行为：置管护士需通过系统培训且获证后方可置管，导管维护护士需经过静脉治疗护士指导或培训后才能够进行维护。重点包括：

1）掌握正确的消毒方法：使用 2% 葡萄糖酸氯己定 / 大于 0.5% 碘伏 / 碘酒 +75% 酒精，消毒范围：直径 >15cm，消毒后，自然待干，方可贴上敷贴。

2）正确的去除敷贴：自下而上顺着导管的方向 0 角度轻轻去除需更换的敷贴，一手去除敷贴，另一手保护导管，避免去除敷贴时将导管带出。

3）正确的固定：适宜外露导管长度为 4cm，呈“U”形、“L”形或“C”形固定，不宜采用直线或“S”形固定。建议使用固定器固定。敷贴粘贴时应注意：需待消毒剂完全干后，采用无张力手法固定敷贴。

4）导管不要外露，以免牵拉脱出，可用自制丝袜套、网球套或使用 PICC 专用袖套保护。

（3）过敏体质使用纱布固定更换方法：常规消毒后，使用无菌剪刀将纱布从正中纵向剪开 3~4cm，纱布剪口置于 PICC 穿刺处，紧贴于皮肤，丝绸胶布牢固固定导管翼，将导管体外部分置于纱布上，另一块纱布覆盖导管，然后用 PICC 专用保护套固定。

（4）意识不清，躁动不安，缺乏自制力的患者应给予约束：约束前主动向家属说明约束目的，取得其理解和配合，签署告知同意书。约束时需评估其有效性，注意松紧度适宜。

（5）严格交接班，加强巡视：每日观察导管外露长度，随时观察穿刺部位局部情况，及时更换松动或被污染的敷贴，并判断导管有无滑出。

4. 处理

（1）评估：参照“导管移位”评估方法。

（2）处理措施：PICC 导管滑出后需行 X 线检查，判断导管滑出的程度。根据患者病情及静脉输液治疗计划，选择拔管或重置导管。原则上滑出的导管不可推送回静脉内，仅限于才置入的导管例外，但要求有专业资格的人员执行。妥善处理导管滑出后，应分析并找出导管滑出原因，防止再次滑出。

1）轻度滑出：导管尖端仍在上腔静脉内，静脉回血很好。对三向瓣膜的 PICC 导管，应在无菌技术下，垂直修剪滑出体外多余的导管，重新安装连接器；对前端开口的导管，应将滑出部分盘曲，并在敷贴下固定。

2）中度滑出：导管尖端在锁骨下静脉内，不影响普通药物经导管正常使用。处理方法同轻度脱出。但不适宜长期输注刺激性较大的化疗药物和脂肪乳等高浓度营养药。需加强观察，以及时发现并发症。

3）重度滑出：易引起穿刺侧上肢疼痛、肿胀、穿刺部位渗液、静脉炎等。导管重度滑出时，其尖端位于外周静脉。当输入化疗药物、高浓度静脉营养等刺激性强的液体时，外周静脉管腔小，血流量小的特点使穿刺部位易引起静脉炎；且导管尖端易形成纤维蛋白鞘，导致上肢肿胀、疼痛、穿刺部位渗液。因此，导管重度滑出后，要注意观察导管内静脉回血情况，不能输注刺激性较大药物。

4）完全滑出：用无菌纱布压迫穿刺点止血，防止出现局部血肿。

5. 案例分析

（1）病例资料：王 ××，男，68 岁。胃癌术后于 2017 年 2 月 21 日入院，拟行周期性化疗。PICC 置管：在超声引导下行右肘上贵要静脉置入 PICC 导管，置入过程顺利，放射 X 线定位导管尖端位于上腔静脉下 1/3 段。第一周期化疗结束后，患者带 PICC 导管出院。两周后，患者换衣服过程中不慎牵拉出 PICC 导管，遂到医院 PICC 门诊就诊。护士发现导管已大部分脱出（图 6–27），PICC 导管滑出血管外 29cm，穿刺点局部有渗血。

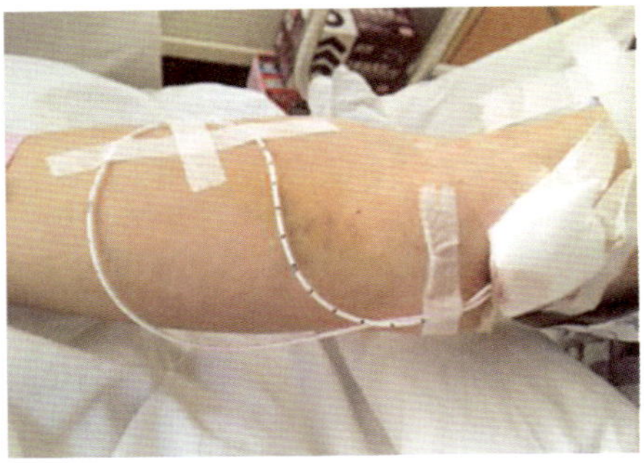

图 6–27　PICC 导管脱出

（2）静脉输液治疗相关并发症：结合 PICC 导管滑出的标准，可以判断 PICC 导管重度滑出。

（3）原因分析：未使用导管固定装置、外保护装置以及患者自身原因导致导管滑出。

（4）临床表现：PICC 导管滑出血管外 29cm，穿刺点局部有渗血。

（5）处理措施：该导管重度滑出，考虑到患者行化疗治疗，将该 PICC 导管拔除，重新置管。重新置入的 PICC 导管使用导管固定器及 PICC 专用保护袖套，并给予患者防管道滑出的健康指导。

（6）效果评价：患者 1 个月之后回访，PICC 导管保护良好。

（冯毕龙）

六、PICC 拔管困难

PICC 拔管困难是由各种因素的作用导致在拔管过程中出现牵拉感或弹性回缩，使拔管过程不畅或无法拔出。拔管是 PICC 技术的一个重要环节，若处理不当可能会造成导管断裂、血管组织损伤甚至医疗纠纷等不良后果。

（一）原因

1. 血管痉挛、收缩　如输注过冷药液、拔管时患者过度紧张、疼痛引起血管痉挛或收缩，导致拔管困难。

2. 体位不当　拔管时上肢外展不充分，使腋静脉转弯处成角加大，导致拔管困难。

3. 导管异位、打折　由于上腔静脉压力增高，血管畸形、导管迂曲反折，反折处静脉狭窄导致拔管有阻力感。

4. 感染　静脉炎症、炎性血栓、蜂窝织炎导致静脉管腔狭窄引起拔管时有阻力感。

5. 导管留置时间过长　导管和静脉壁或皮下组织黏附，穿刺点和皮肤粘连。

6. 纤维蛋白鞘和血栓形成　导管尖端形成微血栓或纤维蛋白鞘包裹，使血管腔变窄导致拔管困难。

7. 夹闭综合征　导管经锁骨下静脉进入第一肋骨和锁骨间的狭小间歇，导管受挤压产生狭窄，嵌顿不易拔出。

（二）临床表现

拔管过程中导管出现牵拉感，有时会伴有弹性回缩，导致拔管过程不畅，沿血管走行出现疼痛、肿胀等，如强行拔管会出现导管断裂等现象。

（三）预防

1. 评估

（1）患者信息：患者年龄，性别，身高，体重，现病史、既往史以及过敏史，尤其是置管期间有没有血栓史和静脉炎。

（2）导管信息：导管类型，型号，留置时间，留置长度和导管功能。

（3）治疗方案：治疗是否结束，患者属于正常拔管还是非正常拔管。

（4）心理因素：是否有紧张情绪。

（5）有无血管痉挛、夹闭综合征、导管异位、静脉炎及感染、纤维蛋白鞘或血栓形成。

2. 健康宣教

（1）讲解拔管过程，嘱放松心情，缓解紧张情绪。

（2）告知患者如拔管疼痛或不适时，应及时告知护士。

3. 预防干预措施

（1）加强人员培训，成立 PICC 专业小组，经考试合格后才能进行 PICC 相关操作，提高穿刺和维护能力。

（2）对于长期置入 PICC 导管的患者，导管维护时轻轻转动导管，可有效防止粘连。

（3）做好心理护理，运用个性化的心理干预能有效降低交感神经的兴奋性，让患者在轻松的状态下拔管，避免由于拔管紧张、焦虑引起血管痉挛、收缩而导致拔管困难。

（4）拔管时体位：患者坐位或平卧位，使置管侧肢体充分外展与躯干成90°角，使腋静脉与锁骨下静脉的夹角减小，拔管时摩擦阻力减小，有利于导管拔出。

（5）湿热敷，在穿刺点上方沿血管方向湿热敷30分钟再行拔管。热疗方法能够扩张血管，促进血液循环，同时湿热敷能降低痛觉神经的兴奋性，解除神经末梢的刺激和压迫，从而减轻导管对血管刺激，有利于顺利拔出导管。

（6）防止暴力拔管，拔管前将止血带置于穿刺点上10cm处的上臂下面，一旦发生导管断裂，立即扎上止血带，防止断裂的导管随血液循环进入心脏。

（7）遵医嘱拔管，拔管前签署拔管告知同意书（附表6）。

（四）处理

1. 评估

（1）临床表现：拔管时遇阻力，出现牵拉感及弹性回缩，患者出现拔管相关的疼痛及不适。

（2）原因：血管痉挛和收缩，体位不当，导管异位，静脉炎，感染，纤维蛋白鞘和血栓，夹闭综合征。

（3）导管情况：导管类型，型号，留置时间，留置长度，导管完整性。

（4）在拔管有阻力或出现严重疼痛时应行相关检查：如血管彩超、X线拍片等。

2. 处理措施

（1）出现拔管困难时切勿强行拔除，联系专业医务人员（如血管外科医生、介入医生、放射医生、静疗专科护士），讨论合理移除方法。

（2）判断拔管困难原因

1）血管痉挛和收缩：与患者沟通，分散注意力以缓解紧张情绪，嘱患者深呼吸，调整穿刺侧手臂位置，给予患者饮用热水，同时导管内注入温生理盐水，并辅以局部湿热敷20~30分钟后再行拔管，以缓解血管痉挛，必要时，遵医嘱导管内推注盐酸利多卡因注射液1~2ml，如果第二次拔除阻力仍然很大，建议等待12~24小时后再重新考虑拔管。

2）夹闭综合征：患者去枕平卧位，肩下垫枕，头颈后仰，锁骨上抬，打开锁骨及第1肋间的夹角，使置管侧上肢充分外展与躯干成90°角，缓慢拔管。

3）导管异位：通过胸片确定导管尖端异位后，在可视条件下进行导管调整，嘱患者适当抬高穿刺侧手臂，拔管时不断变换，如：手臂做内旋、外旋、内收、外展等各种姿势，且拔管时不断做握拳动作，缓慢拔除导管。

4）静脉炎：暂停拔管，遵医嘱适当给予抗感染治疗，抬高患肢，局部外涂如意金黄散，50%硫酸镁湿热敷30分/次，3次/天，热敷间歇期，局部外涂喜疗妥软膏以减轻疼痛，3天后拔管无阻力感，给予缓慢拔管。

5）感染：一旦确诊感染，遵医嘱给予抗感染治疗后立即拔除导管，导管尖端进行细菌培养。

6）纤维蛋白鞘或血栓形成：血管超声检查诊断有导管相关性血栓形成，遵医嘱给予抗凝、溶栓治疗 10~14 天后根据治疗方案决定是否拔管。

7）综合各种原因，为避免导管过度牵拉而断裂，可行导丝协助拔管。

（3）经上述措施仍不能拔除导管，可行介入取出导管或行静脉切开取出导管。

（4）拔导管时，患者保持坐位、平卧位或头低脚高位（特殊患者除外），拔除瞬间屏住呼吸，拔除后无菌敷贴覆盖穿刺点 24 小时；嘱患者平卧位休息 30 分钟，检查导管完整性，与置入前做比较。

3. 护理记录

（1）患者生命体征及拔管过程中的病情。

（2）拔管时间。

（3）导管拔除过程，对患者进行的评估及处理措施。

（4）导管拔除长度及完整性，导管类型及型号，穿刺部位皮肤及血管情况。

（五）案例分析

1. 病例资料　患者 ××，女，51 岁，诊断：多发性骨髓瘤，于 2015 年 12 月 14 日经右肘正中静脉行 PICC 置管，导管留置时间长达 15 个月，先后给予 VCD 方案、BCD 方案化疗；曾发生导管堵塞 2 次，先后行尿激酶通管；出现导管脱出 4cm，予以导管修剪 3cm，化疗结束后告知患者拔除导管，患者强烈要求延长留置时间；于 2017 年 3 月 9 日来院准备行造血干细胞移植术，术前告知患者需先拔除导管，再行手术，考虑导管留置时间长，可能存在拔管困难，于 3 月 14 日医院静疗小组组织会诊讨论后，给予 PICC 拔管，拔管过程中出现牵拉感，伴有弹性回缩，拔除 4cm 时患者置管手臂出现严重疼痛，提示拔管困难。X 线胸片提示导管未打折，导管头端位于右静脉角区域。血管彩超提示右头静脉管壁增厚，管壁毛，管腔缩小，有血流信息通过，无静脉血栓形成，静脉周围软组织增厚、肿胀（图 6-28）。

2. 静脉输液相关并发症　拔管困难，静脉炎。

3. 原因分析

（1）导管置入时间过长和静脉壁贴附。

（2）静脉炎、静脉痉挛、化学药物对静脉的刺激。

（3）患者情绪变化，如害怕、紧张所导致血管痉挛。

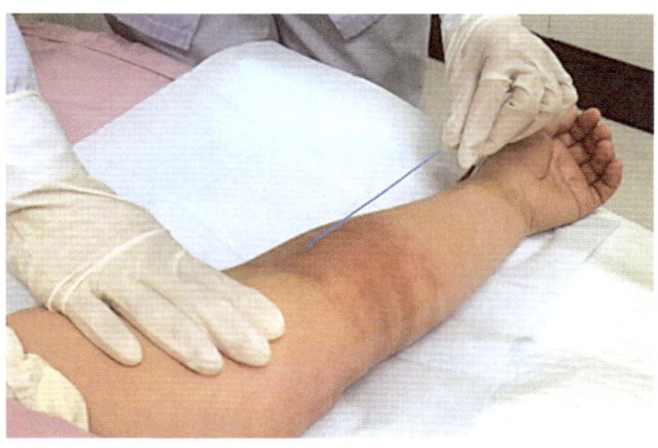

图 6-28　导管拔出 4cm，出现拔管困难

（4）夹闭综合征。

（5）导管异位。

（6）彩超示（图 6–29）右头静脉管壁增厚，管壁毛糙，管腔缩小，静脉周围软组织增厚、肿胀。

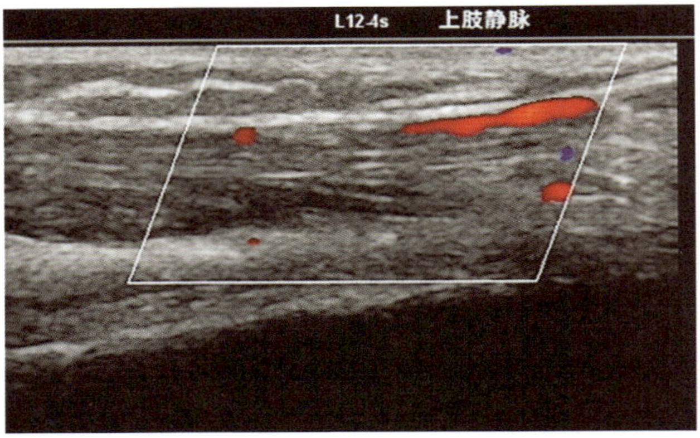

图 6–29　彩超示：右头静脉管壁增厚，管壁毛糙，管腔缩小

4. 临床表现　拔管过程中出现牵拉感，有时会伴有弹性回缩，导致拔管过程不畅，沿血管走行的手臂出现疼痛、肿胀等现象，如强行拔管会出现导管断裂等现象。

5. 处理措施

（1）血管痉挛导致拔管困难，与患者沟通，分散注意力以缓解紧张情绪，嘱患者深呼吸，调整穿刺侧手臂位置，饮用热水，导管内注入温生理盐水，局部湿热敷 20~30 分钟后再行拔管。

（2）在拔管有阻力或出现严重疼痛时，应用 X–ray 探知导管目前位置，必要时，导管内推注盐酸利多卡因注射液 1~2ml。

（3）拔除过程中，遇阻力，不能强力拔除，通知有资质的专业人员，讨论如何成功拔除，防止暴力拔管所致断裂和空气栓塞。

（4）首次拔管困难，采取上述措施处理后，再行第二次拔管如仍有较大阻力，应先将导管固定好 12~24 小时后再次尝试拔管。

（5）静脉炎，局部用 50% 硫酸镁加地塞米松热敷，局部外涂喜疗妥软膏以减轻疼痛，3 天后拔管无阻力感，给予缓慢拔管。

（6）导管异位：X 线胸片提示导管尖端位于右静脉角区域，考虑夹闭综合征（图 6–30）。去枕平卧位，肩下垫枕，头颈后仰，锁骨上抬，打开锁骨及第 1 肋间的夹角，使置管侧上肢充分外展与躯干成 90° 角（图 6–31），缓慢拔管，仍有阻力。

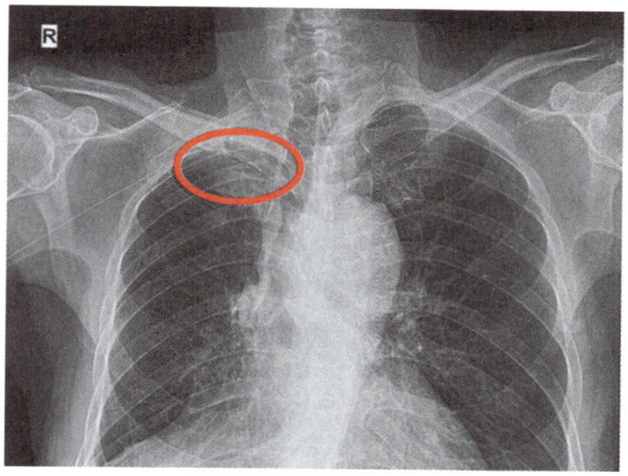

图 6–30　X 线提示：导管尖端位于右静脉角

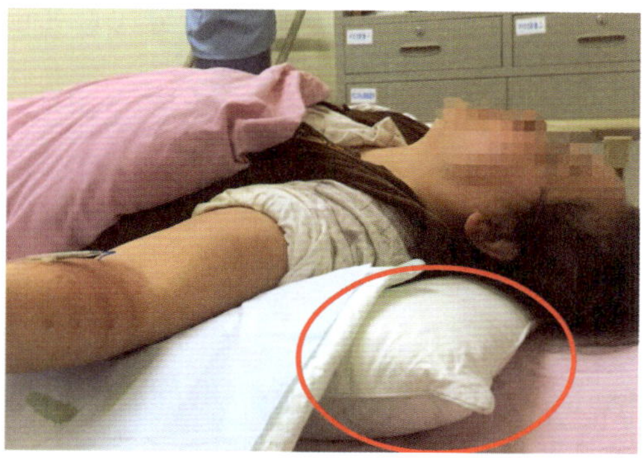

图 6–31　肩下垫枕，头颈后仰

（7）考虑可能血管痉挛，与患者沟通，嘱患者深呼吸，调整手臂位置，饮热水，导管内注入温生理盐水，局部湿热敷后拔管阻力仍大（图 6–32）。

（8）与医生商议后，给予 50% 硫酸镁加地塞米松外敷后，外涂喜疗妥软膏，再给予拔管，仍有阻力感（图 6–33）。

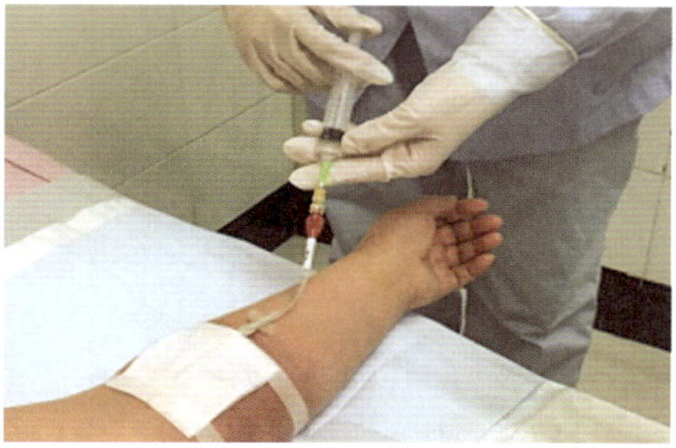

图 6–32　注入温生理盐水

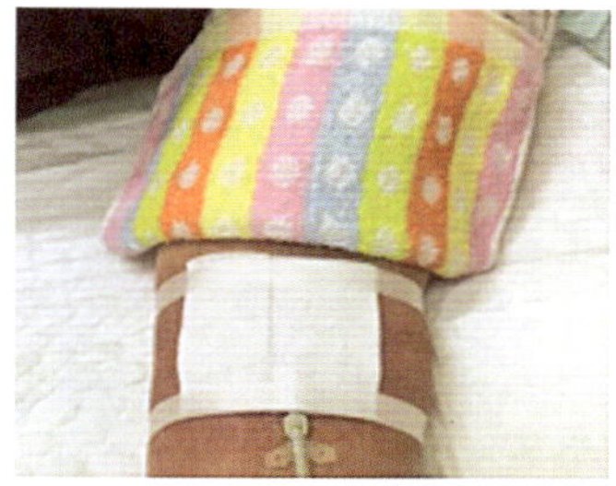

图 6–33　50% 硫酸镁加地塞米松外敷

（9）综合各种原因，为避免导管过度牵拉而导致 PICC 导管断裂，行导丝协助拔管（图 6-34），最终拔除导管，导管头端 4cm 处部分变细（图 6-35）。

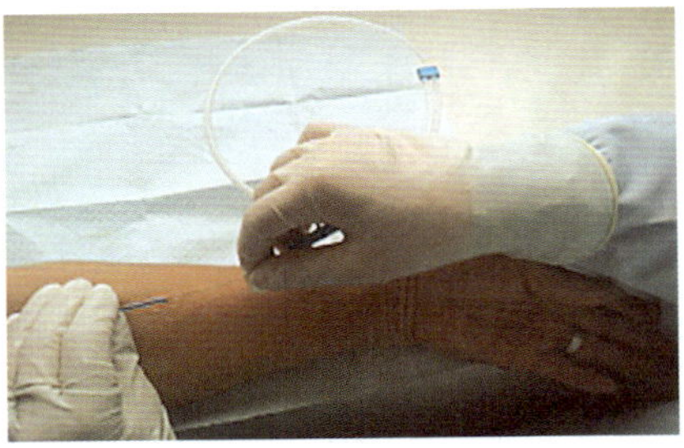

图 6-34　导丝协助拔管

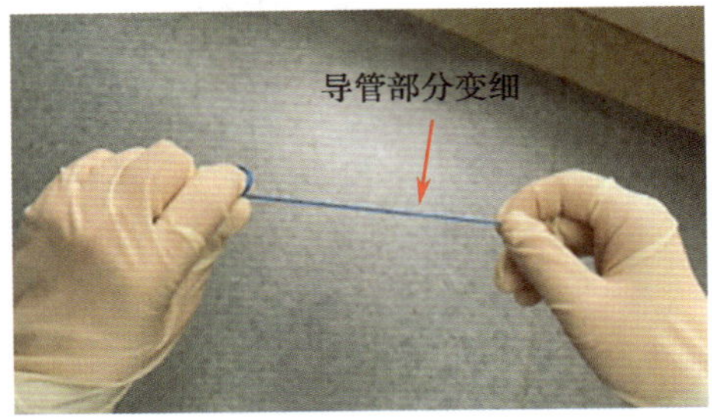

图 6-35　导管部分变细

6. 效果评价　PICC 导管最终完整拔出，没有发生导管断裂。

（李长英　邱家英）

第六节　输液港常见并发症

输液港（implantable venous access port）又称植入式中央静脉导管系统，简称输液港，是一种放置在皮下长期留置在体内的静脉输液装置。包括尖端位于上腔静脉的导管部分及埋植于皮下的注射座。用于各种高浓度化疗药物、完全肠外营养液的输注及输血、血标本的采集等，可减少患者反复静脉穿刺的痛苦，减小穿刺操作难度，防止刺激性药物对外周静脉的损伤，并可提高患者生活质量。但维护或管理不当会引起导管相关并发症。输液港并发症包括安置相关并发症和导管留置并发症。

一、气胸

气胸是指气体进入胸膜腔，造成积气状态，多因肺部疾病或外力影响使肺组织和脏层胸膜破裂，或靠近肺表面的肺大疱、细小气泡自行破裂，肺和支气管内空气逸入胸膜腔。

（一）原因

主要发生在输液港安置过程中，经皮穿刺植入导管时穿刺损伤肺组织所致。

（二）临床表现

主要取决于肺压缩的程度，肺容积减少不到同侧肺 30% 的少量气胸患者通常没有症状。而大量的气胸患者常表现为突发一侧胸痛、呼吸困难、憋气、烦躁等。

（三）预防

1. 手术前，护士应教会患者穿刺时的配合方法，避免患者手术过程中说话、咳嗽、上肢活动等，以免影响穿刺位置确定。

2. 安置过程中手术医师需要认真仔细操作，在B超引导下进行静脉穿刺，注意观察患者呼吸情况，询问患者有无呼吸困难、胸闷、疼痛等不适主诉。

3. 输液港安置完毕后即进行X线检查，确认有无气胸并发症。

（四）处理

1. 评估

（1）临床表现：患者胸闷不适或突发一侧胸痛、呼吸困难、憋气、烦躁等。

（2）相关检查：胸部影像学检查。

2. 处理措施

（1）通知医生，立即进行处理。

（2）小量无症状气胸（同侧胸膜腔压缩在30%以下）首选临床观察，定期复查X线片。

（3）气体较多，必要时给予胸腔穿刺及闭式引流，排净积气，促进肺复张。同时给予抗生素治疗，预防感染。

（五）案例分析

1. 临床资料　患者××，男，62岁，直肠癌术后一月于2017年6月5日入院。经右侧胸前壁腋静脉穿刺安置静脉输液港，安置术中穿刺2次才成功穿刺到目标静脉。输液港港体安置顺利，术中及术后询问患者无胸闷、气紧等不适，输液港回血良好。术后X线片显示导管尖端位置正常，双肺无异常。患者下午16:00爬楼返回病房后诉胸闷、气紧，呼吸26次/分，血氧饱和度97%，血压120/70mmHg，床旁X线片显示气胸，右侧肺压缩40%。

2. 静脉输液治疗相关并发症　根据患者自诉胸闷、气紧症状，呼吸频次增加以及X线片诊断为气胸。

3. 原因分析

（1）据操作者回顾，首次穿刺未穿刺到目标静脉，第二次穿刺无回血、退针后穿刺到目标静脉、回血良好，成功送入导管。患者无胸闷、气紧等不适。因此，有可能穿刺过深，对肺造成了轻微损伤。

（2）输液港安置术后患者无气胸临床表现，且X线片显示肺部无异常。患者活动后，可能因为呼吸运动、胸腔压力变化肺损伤逐步加重，进而出现症状。

4. 临床表现　该例患者出现胸闷、气紧不适，X线片显示气胸，右侧肺压缩40%。

5. 处理措施

（1）严密监测生命体征，吸氧。

（2）行胸腔闭式引流术。

（3）抗感染治疗及对症支持治疗。

6. 效果评价　肺损伤已修复、痊愈。分析肺部损伤可能原因以及影像学检查结果，输液港静脉导管系统未形成对肺组织的压迫、不会影响肺损伤恢复，因此保留并正常使用静脉输液港。

二、感染

感染是输液港常见的并发症之一，可分为局部感染和全身感染（系统性感染）。局部感染：包括皮肤伤口处感染、无损伤针穿刺部位感染、囊袋感染等。全身感染：主要为原因不明的败血症。

（一）原因

通常与操作者未按照无菌技术操作规范及未遵循输液港维护相关要求有关，包括穿刺前皮肤消毒、敷料更换、是否使用全封闭输液系统、治疗间歇期定期输液港维护等。

（二）临床表现

1. 局部感染　出现局部疼痛、红肿、硬化等，部分患者可以自囊袋处抽出脓液。

2. 全身感染　带有输液港期间或取出输液港 48 小时内，患者出现菌血症或真菌血症，有发热、寒战、低血压等表现；常在输液中出现，也可在输液前后出现。

（三）预防

1. 无损伤针穿刺时应严格按照无菌技术要求操作，插针前进行正确的皮肤消毒，消毒范围应 >15cm × 15cm，自然待干。

2. 尽量选用全封闭输液系统，输液结束后应用 10ml 生理盐水脉冲式冲洗输液港，目的是产生湍流，将附于导管壁上的血液或药物冲刷干净。

3. 使用输液港期间，每班应观察敷料及肝素帽情况，如敷料有潮湿、渗血、卷边或敷料被揭开时，应及时更换。肝素帽内有积血或断裂等也应及时更换。

4. 使用期间常规每 7 天进行输液港维护，包括更换无损伤针、敷料和肝素帽等。

5. 指导患者在治疗间歇期应保持输液港安置处皮肤清洁，告知患者定期进行输液港维护的重要性，取得患者的配合，提高依从性。

（四）处理

1. 评估

（1）临床表现：体温变化，局部皮肤有无红、肿、热、痛等。

（2）患者主诉：有无发热、心慌，局部跳痛等不适。

（3）相关检查：如血常规、血培养结果等。

2. 处理

（1）局部感染：使用2%葡萄糖酸氯己定或碘制剂消毒处理，增加更换敷料频率，局部适当使用抗生素，如使用百格斯创面修复抗菌敷料、庆大霉素湿敷局部或使用百多邦抗菌药膏外涂。囊袋感染未完全控制之前不应该使用输液港。

（2）全身感染

1）监测生命体征、血常规检验结果。

2）静脉血培养：通过输液港及外周静脉分别抽取静脉血，进行细菌培养。采血应在使用抗生素前，如已经使用抗生素，应在下次使用前抽取。采取至少2套血培养，其中至少1套来自外周静脉血，另1套则通过输液港无菌采血，两个来源的采血时间≤5分钟。采血量是影响灵敏度最关键因素，成人一份标本2个培养瓶（需氧+厌氧），每瓶8~10ml，16~20ml；要求至少采两份标本，约40ml。儿童一般只需采集需氧瓶，一般为1~3ml，保证采集血量小于1%总血量。

3）全身使用抗生素：通过细菌培养结果使用敏感抗生素。

（3）最常见的致病细菌是葡萄球菌，万古霉素是一种很好的选择。如果使用3天抗生素症状无明显改善或者持续菌血症，而输液港可以被其他静脉通道取代，则应该及时取出装置。如果需要尽量保留输液港，可以通过本装置输注抗生素治疗，但是经系统的抗生素治疗后患者症状有恶化趋势时，应该重新考虑取出装置。

（4）拔除：无法继续使用输液港时，医生手术取出输液港。

（五）案例分析

1. 临床资料　患者××，女，48岁，因"右侧乳腺癌"于2017年3月5日入院，行右侧乳腺癌改良根治术、输液港植入术"，乳腺切除部位与输液港港体安置部位有皮下联通，经缝合后建立输液港囊袋。术后5天乳腺切口碰撞致血肿，经输液港行化疗。10天后，输液港囊袋切口皮肤红肿，皮肤略硬，触痛。按压后可感觉注射座周围液性波动感，自囊袋处抽出脓液。

2. 静脉输液治疗相关并发症　输液港港体安置处切口皮肤红肿、硬化、疼痛，自囊袋抽出脓性分泌物，因此为输液港囊袋感染。

3. 原因分析　输液港注射座隆起使局部皮肤弹性减弱，皮下组织血液循环减慢，患者应用化疗药、机体免疫力下降，加上乳腺手术切口的局部血肿以及注射座反复穿刺为细菌移行感染提供了条件。

4. 临床表现　输液港囊袋切口皮肤红肿、硬化、触痛，可触及注射座周围液性安置感，自囊袋处抽出脓液。

5. 处理措施

（1）局部消毒，注射座囊袋切口引流、清创、局部抗感染治疗。

（2）静脉输注抗生素，观察用药效果，防止全身感染发生。

6. 效果评价 该例患者经过局部清创、引流、冲洗以及抗感染治疗后好转。感染痊愈后，输液港继续正常使用。

三、静脉输液港港体翻转

静脉输液港港体翻转又称旋转综合征，是指输液港港体偏离了原来的位置导致，主要由于囊袋过大、患者皮下组织松弛导致输液港港体翻转脱离原来的位置。

（一）原因

术中医生如果分离囊袋过大，输液港港体与周围组织固定不牢固或仅与周围脂肪组织固定，没有与胸肌筋膜固定，或者患者皮下组织松弛，输液港港体易偏离原来位置甚至发生旋转。

（二）临床表现

原静脉输液港港体部分触诊圆滑处变得平坦，周边界限清晰，无法将穿刺针刺入港体或输液滴速减慢。

（三）预防

1. 手术时应根据输液座的型号分离皮下组织，如果囊袋过大可以将输液港港体与胸肌筋膜固定。

2. 护士穿刺前要仔细评估局部皮肤及输液座的形状，如发现触诊异常或穿刺困难应进一步评估、检查。

3. 告诫患者避免在安置有输液港侧的颈部、胸部及上肢做剧烈运动，洗澡时不可用力擦洗囊袋周围皮肤，穿衣服时应选择宽松款式，注意保护好囊袋上方的皮肤。

4. 指导患者如发现输液港港体周围皮肤变薄或皮肤有异常时应及时告知医护人员，并停止使用输液港，及时查清原因并处理。

（四）处理

1. 评估

（1）临床表现：原静脉输液港港体部分触诊圆滑处变得平坦，周边界限清晰，无法将穿刺针刺入港体；输液滴数减慢。

（2）患者主诉：如发现输液港局部皮肤改变。

2. 处理措施

（1）停止使用输液港，通知医生，及时处理。

（2）可通过轻柔旋转向阻力小的方向复位输液港港体，必要时手术方法给予二次缝合或更换输液港港体安置部位。

（五）案例分析

1. 临床资料 患者 ××，女，21 岁，因“急性淋巴细胞性白血病”于 2017

年5月9日入院，行左锁骨下静脉输液港植入术。输液港港体位于左锁骨下乳腺上缘距皮下1cm深度，行一侧缝合加强固定，影像提示导管位置正常。第1周期化疗完成后出现输液滴速逐渐减慢，加强冲管、导管内溶栓未能见效。行胸片检查发现输液港港体翻转，港体出口导管扭曲。

2. 静脉输液治疗相关并发症　输液港港体翻转或偏离原来位置，胸片可见港体侧翻或前后翻转。

3. 原因分析

（1）囊袋较大，且单侧缝合固定使输液港稳定性差。

（2）患者长时间左侧卧位玩手机，输液港安置部位受挤压。

4. 临床表现

（1）输液速度减慢，冲管及导管内溶栓无效。

（2）胸片见输液港安置未固定侧内旋，输液港安置出口部位导管扭曲。

5. 处理措施

（1）停止使用输液港，轻柔旋转复位输液港，阻力大。

（2）局麻手术下输液港复位，调正港座位置、两侧缝合固定、解除导管扭曲、缩小囊袋后输液港无滑动及回旋现象、术后回血及输液均正常。

（3）抗感染治疗。

6. 效果评价　本例患者经过以上处理，1周后伤口愈合，输液港功能完好，继续进行化疗。

四、导管夹闭综合征

导管夹闭综合征（pinch-off综合征）是输液港使用过程中最严重的并发症。导管发生不全或完全断裂，锁骨区域会有液体外渗导致患者外渗部位肿胀和不适。

（一）原因

由于导管经锁骨下静脉穿刺植入时进入第1肋骨和锁骨之间的狭小间隙，受第1肋骨和锁骨挤压而产生狭窄或夹闭而影响输液。持续的夹闭活动最终可致导管破损或断裂。

（二）临床表现

多数患者表现为输液速度逐渐减慢、锁骨下不适及输液时局部肿胀，只有在手臂或肩部上抬或保持某种体位时方可输液。行胸部X线摄片检查可发现导管内腔受压变窄，断裂的末端导管可能会脱落至右心房从而导致患者突发胸痛。

（三）预防

1. 进行输液港植入术时，最好采用颈内静脉而不是锁骨下静脉作为通道。

2. 输液港使用期间观察患者是否有胸闷、胸痛及呼吸困难等症状，特别是输液速度随患者体位改变而改变时，应考虑是否发生导管夹闭综合征，及时通知医生处理。

3. 指导患者输液时取仰卧位或者把肩臂轻微上抬可缓解导管压迫。

（四）处理

1. 评估

（1）临床表现：输液速度逐渐减慢或液体不滴。

（2）患者主诉：锁骨下不适、输液时局部肿胀或输液受体位影响。

2. 处理措施

（1）停止使用输液港，行胸部 X 线摄片检查。

（2）确诊发生导管夹闭综合征并出现导管严重狭窄、导管损伤时应采用手术取出或改变穿刺路径重新安置输液港。

（五）案例分析

1. 临床资料　患者 ××，女，32 岁，因“乳腺癌”于 2017 年 3 月 2 日入院，乳癌根治术后，行左侧锁骨下静脉输液港植入术。安置后一周开始使用，输注液体时有滴注不畅现象，当肩部自然放松情况下有时抽不到回血，置管侧手臂上举可抽到回血。置管 9 月后，回抽有陈旧性血液，推注通畅，但患者主诉锁骨下局部有冰凉和疼痛感觉。X 线透视下可见一处管腔明显狭窄，推注造影剂，发现造影剂从原狭窄处导管溢出至皮下组织。

2. 静脉输液治疗相关并发症　依据临床表现及影像学检查结果诊断为导管夹闭综合征。

3. 原因分析

（1）静脉及穿刺点的选择：选择锁骨中线内侧、靠近肋锁韧带进行锁骨下静脉穿刺时，导管进入锁骨与第 1 肋骨夹角，术后肩部恢复正常位置，该夹角关闭而导管受到挤压。

（2）患者活动：患者活动时锁骨与第一肋骨间夹角出现开合样剪切运动，导管在其中反复受到挤压摩擦，最后发生破损。

4. 临床表现　患者 9 个月后，推注液体时，锁骨下局部有冰凉和疼痛感觉，输注液体时有滴注不畅现象，与体位有关，当肩部自然放松时有抽不到回血的情况，但置管侧手臂上举可抽到回血。X 线透视下可见一处管腔明显狭窄，造影剂从原狭窄处导管溢出至皮下组织。

5. 处理措施

（1）在 X 线透视下将输液港全部取出。

（2）在取出输液港的同时行经左颈内静脉穿刺安置输液港。

6. 效果评价　该例患者破损处未溢出刺激性液体，渗出少，无局部疼痛肿胀不适。输液港完整顺利取出,重新安置输液港后功能正常。

五、外渗

外渗可以发生在输液港的任何部位。一旦有化疗药物外渗可导致局部组织坏死。

(一)原因

多见于导管与输液座的连接处,与术中固定不牢固有关,如导管锁脱落、连接点断裂。无损伤针未妥善固定或无损伤针过短导致针头脱落亦可导致药物外渗,尤其是在长时间输液或使用非配套的穿刺针后。

(二)临床表现

推注生理盐水或输注药物后输液港港体周围发生肿胀,患者主诉有疼痛感或烧灼感等,严重时可有发热、皮肤红肿及皮下结节甚至皮肤坏死。

(三)预防

1. 手术过程中应确保导管与输液港港体连接紧密,导管锁连接牢固。

2. 输液港的维护应由经过专科培训并取得操作资格证书的护士来执行。

3. 使用配套、型号适中的无损伤针穿刺港体,禁用普通输液针头,避免损伤输液座硅胶膜。

4. 推注药物应使用10ml及以上的注射器,以免产生过大的压力,导致导管破裂。

5. 注射前检查有无回血,如回血不畅或输液速度随体位改变而改变,应警惕导管夹闭综合征,可通过X线摄片确诊。

6. 推注生理盐水时观察患者有无局部红、肿、热、痛等外渗现象,切勿强行推注药物。

7. 非耐高压导管禁止高压注射造影剂。

(四)处理

1. 评估

(1)临床表现:输液港港体局部有无红、肿、热、痛等外渗表现。

(2)推注生理盐水有无不畅或阻力。

(3)输注药物后港体周围有无发生肿胀。

2. 处理措施

(1)发生药物外渗时应立即停止使用输液港,并通知医生。

(2)行X线摄片检查明确诊断。

(3)药物外渗:按照外渗处理方法处理,详见第六章第二节外渗。

(4)外科手术取出输液港或重新安置。

（五）案例分析

1. 临床资料　患者 ××，女，54 岁，因“结肠癌”于 2017 年 8 月 2 日入院，术后第 4 天经输液港行静脉化疗，使用 20G 无损伤针穿刺，发现港体较深，穿刺较困难。穿刺成功后，导管回血良好。输注奥沙利铂注射液时，患者诉左乳房胀痛，护士立即关闭输液，查见左乳明显变大，无损伤针少许外移。X 线检查及造影检查示输液港完整，无破损，考虑无损伤针与港体分离，奥沙利铂药物外渗至皮下组织。

2. 静脉输液治疗相关并发症　依据输注过程中出现输注部位明显肿胀，输注液体为奥沙利铂注射液，诊断为化疗药物外渗。

3. 原因分析　影像学检查排除了输液港港体与导管分离及破损。输液港港体安置较深，该案例选择了相对较短的 20G 无损伤针，可能因为患者活动，无损伤针针头与港座分离，从而导致化疗药物外渗到皮下组织。

4. 临床表现　无损伤针少许外露，回抽无回血，输注化疗药物时出现输注部位疼痛、肿胀。

5. 处理措施

（1）停止使用输液港，从无损伤针抽回血，未见回血。

（2）行 X 线及造影检查确定输液港港座及导管完整性，确定无分离、无破损。

（3）经无损伤针尽量回抽外渗液体，按照奥沙利铂注射液外渗处理程序进行处理。

6. 效果评价　行外敷消肿、抗感染、止痛治疗后，肿胀逐渐减轻。暂停使用输液港 2 周后更换 22G 无损伤针，再次插管使用，导管功能正常。2 个月后，在输液港港体安置部位切口周围散在硬结，最大处位于左腋前方，输液港左下方，范围 3cm × 4cm，按压轻度疼痛，左上臂上抬自如，输液港使用正常，继续观察使用。

六、导管堵塞

导管堵塞是输液港使用中常见的并发症之一。

（一）原因

1. 安置位置不当，致导管扭曲或打折。

2. 输液港港体移位，导致相连的导管发生扭曲、弯折。

3. 未正确进行导管冲洗以及患者过度活动或剧烈咳嗽、便秘等使静脉压力增大，血液反流至导管腔内，导管腔被血凝块或纤维蛋白堆积而造成堵管。

4. 化学沉积物可导致导管堵塞，特别在输注两种不相容药物时容易形成沉淀物而发生堵塞。

5. 无损伤针移位，针尖脱出港体内腔。抽回血困难或输液不畅时，应首先明确无损伤针是否完全穿过硅胶膜进入到输液座底部。

（二）临床表现

回抽无回血、回血不畅，推注阻力大、液体滴数慢或不滴。

（三）预防

1. 治疗间歇期至少每月进行一次输液港维护。

2. 静脉给药前、后冲管方法　生理盐水脉冲式冲管—给药—生理盐水脉冲式冲管—肝素盐水正压封管，即SASH。肝素盐水浓度为100U/ml，成人使用量为3~5ml，小儿为1~3ml。

3. 抽血前、后冲管方法　弃血（回抽见鲜血后丢弃陈旧血3~5ml）按要求留取血标本—生理盐水脉冲式冲管—肝素盐水正压封管。

4. 两种药物之间应用生理盐水脉冲式冲管，避免发生药物沉淀。

5. 输注脂肪乳剂应定时（6~8小时或输注完成后）使用生理盐水10ml脉冲式冲管。

6. 妥善固定无损伤针，可在透明敷贴下方垫厚度适宜开口纱布，以减少针头与皮肤的摩擦，也可避免因为外力作用而导致无损伤针插入深度改变。

7. 输液港的安置应在数字血管造影（DSA）下进行或术中应用腔内心电图辅助定位技术，导管末端位置确定最好以胸椎为标志，理想位置应当位于上腔静脉下1/3与右心房交界处，DSA显示在T_5~T_8之间，此处血管管腔较大，导管尖端易漂浮在上腔静脉中，不易发生贴壁及输液障碍。

（四）处理

1. 评估

（1）临床表现：回抽无回血或推注阻力大、不能输液。

（2）发生原因：未正确冲封管、延迟冲封管、港体或无损伤针移位、药物间发生配伍禁忌导致堵管等。

（3）必要时相关检查：如血管超声、X线摄片、DSA等。

2. 处理措施

（1）发生机械性堵塞时可采用手法复位或外科手术方式干预。

（2）如怀疑是血栓性堵塞，可使用纤维蛋白溶解药物，如尿激酶进行溶栓。尿激酶10万U+生理盐水20ml，浓度为5000U/ml，用20ml注射器抽取2~3ml尿激酶，如果导管部分堵塞，滴注缓慢，也可以轻柔、缓慢地将药物注入，推注后将药物留在管道内15分钟，随后用20ml注射器将稀释尿激酶抽出。如果导管仍然不通畅，可以继续使用20ml注射器抽取2~3ml稀释尿激酶，反复多次进行，直至导管内血栓全部溶解。一旦确定是血栓性完全堵塞，则不能够推进，只能往外抽，隔15~30分钟往外抽，如此反复，直到有回血，将前3~5ml血丢弃，再使用生理盐水脉冲式冲管及肝素盐水正压封管。

（3）药物性堵塞时应咨询药剂师，根据不同药物酸碱度等化学特性，再针对性使用相关溶栓剂。

（4）不能解决的堵塞应采用外科手术方式取出输液港。

（5）切忌使用过大压力强行推注药物，避免发生导管栓塞或导管破裂。

（五）案例分析

1. 临床资料　患者××，女，54岁，因“乳腺癌”于2016年6月2日入院，经右颈内静脉行静脉输液港植入术后进行化疗。输液港留置3年，反复入院输注化疗药物、抗生素、营养液及其他支持性药物等。逐渐出现滴注速度减慢，回血不畅，操作护士继续观察使用。至导管完全堵塞时应用尿激酶溶栓，多次尝试未能融通。行影像学检查，导管无扭转，后外科手术取出输液港。解剖发现全程导管内壁黄白色附着物堵塞导管。

2. 静脉输液治疗相关并发症　根据导管堵塞，尿激酶溶栓无效的情况，且通过影像学排除了导管扭转、折叠，以及解剖导管内壁附着物诊断为导管药物性堵塞。

3. 原因分析

（1）药物配伍禁忌导致结晶沉积可能。

（2）冲管不到位，冲管液量不足或冲管手法不对。

（3）未及时处理导管部分堵塞的问题。

4. 临床表现　回血不畅或回抽无回血，推注液体阻力大或不能推注液体，尿激酶溶栓无效。影像学排除了导管扭转、折叠，解剖导管内壁附着物为黄白色药物结晶。

5. 处理措施

（1）导管内尿激酶溶栓排除血栓性堵塞。

（2）影像学检查排除机械性堵塞。

（3）导管堵塞时间长，输注药物复杂，外科手术取出输液港。

6. 效果评价　外科手术取出输液港，输液港再通失败。

（郭　玲）

第七章 静脉输液治疗不良反应

第一节 发热反应

静脉输液发热反应是静脉输液治疗中最常见并发症。是指静脉输入含有致热源、杂质、污染的液体 / 药物或输入温度过低 / 浓度过高的液体 / 药物及输液速度过快等因素引起的不良反应。

一、原因

（一）微粒

1. 非代谢微粒　输液操作时空气中的微粒，橡胶屑、纤维，打开安瓿时带入的玻璃屑以及药物的结晶等异物颗粒。塑料管中未塑化的高分子异物，或生产环境、生产过程中切割组装等摩擦工艺带入的机械微粒等成为致热源。

2. 药物　来自于药物的澄明度质量不高，如右旋糖酐中带有大分子物质可产生致热作用；生物制品含有微量蛋白质也可致热（为一种免疫学反应）；其他还有胆固醇类药物。

（二）质量

1. 液体 / 药物质量　瓶盖松动，储运过程中瓶身因碰撞、破裂，液体被空气污染；液体或药物制剂不纯、变质或被污染；药物配制后放置时间过长，增加污染机会。

2. 输液器具质量　输液器具的污染曾是临床输液发热反应的主要原因之一，输液器具过期或因外包装简陋，造成在储运过程中磨损破裂、漏气等导致污染；普通输液器终端滤器对 5μm 以下的微粒滤除率较低。

（三）联合用药

1. 多种药物联合应用或多支药物同时使用，反复穿刺瓶塞，导致污染机会增多。

2. 多种药物联合应用易发生配伍不当，导致 pH 改变，或药物互相作用发生分解、聚合、沉淀及产生微粒而导致热源反应；药物配伍剂量大、种类多时所含致热源也增加，输入体内发生致热源反应的几率增加。

（四）操作行为

1. 药物配制过程中造成的污染

（1）无菌治疗室及配制操作台面洁净程度不达标。

（2）安瓿的消毒及切割方法不规范，使玻璃微粒进入药物造成污染。

（3）针头刺入药瓶时将橡胶塞碎屑带入药物中污染药物。

（4）药物瓶口消毒不严格。

（5）手持注射器方法不规范造成注射器污染，抽吸药物注入液体内造成液体污染，药液输入体内后导致发热反应。

（6）手卫生不到位造成的污染：配药前洗手不到位，手卫生不严格。

2. 穿刺操作不当造成污染

（1）皮肤消毒不彻底，穿刺时污染针头，将细菌带入静脉。

（2）静脉穿刺不成功或输液过程中药液外渗需要重新穿刺时未更换针头，把滞留在针头上污染微粒带入静脉导致发热反应。

3. 机械刺激　输入静脉的液体温度与人体体温差异过大，药物浓度太高，刺激性过大，输液速度过快，在短时间内输入的致热源总量过大，都会造成机体反射性的发冷、发热。

二、临床表现

发热反应发生的早晚，视致热源进入机体内的量、性质及患者的个体耐受性而异。发热反应多发生于输液后数分钟至 1 小时。

（一）轻度表现

患者表现为发冷、寒战、发热，体温在 38℃左右，停止输液后数小时内可自行恢复正常。

（二）重度表现

初起畏寒或寒战，面部和四肢发绀，继之高热，体温可达 40℃以上，并伴有头痛、恶心、呕吐、脉速、呼吸困难、烦躁不安、谵妄、抽搐等全身症状，甚至会出现昏迷、血压下降、休克和呼吸衰竭等危及生命的现象。

三、预防

（一）药物质量管理

1. 严格检查药品、液体的质量和有效期。

2. 检查药物瓶签是否清晰，是否过期。

3. 瓶盖有无松动及缺损，瓶身、瓶底有无裂纹。

4. 药物有无变色、沉淀、絮状物、微粒及透明度的改变。

（二）配制环境管理

1. 操作者衣帽整洁，戴好口罩，严格执行手卫生，不应以戴手套取代手卫生。

2. 治疗室每天定时消毒，避免操作时进行清洁卫生。

3. 治疗室操作台面用消毒抹布擦拭后再使用，避免配制药物及输液操作时将环境及空气中的细菌带入而造成污染。

4. 最好在净化柜或静脉调配中心配制药液。

（三）药物应现用、现配

1. 配制后的液体应在 2 小时内输注，避免将瓶盖启开加药后长时间放置。

2. 特殊用药应根据药物的性质和作用按医嘱执行。

（四）减少联合输注、注意配伍

1. 尽量避免多种药物混合配制输注，多种药物联用尽量采用小包装溶液分类输入。

2. 配制后观察药物是否变色、沉淀、浑浊。

3. 配制粉剂药品要充分摇振将药物完全溶解，检查无可见微粒后方可加入液体中使用。

（五）输液器具质量管理

1. 严格检查输液器具的质量和有效期，输液器具在使用前检查灭菌日期、有效期，包装袋有无破损，查看有无漏气现象。

2. 使用有终端滤器合格的输液器，禁止使用不合格的输液器具，每购回一批都应按照有关规定进行致热源抽查测试，不符合要求者不得使用，输注脂肪乳剂、化疗药物以及中药制剂时宜使用精密过滤输液器。

3. 静脉输液装置系统的各连接部位保证紧密连接和无菌，输液附加装置宜选用螺旋接口，常规排气后与输液装置紧密连接，以防连接部位脱开造成污染。

4. 连续输液时无菌输液器具及附加装置每 24 小时更换 1 次。经输液接头（或接口）进行输液及推注药液前，应使用消毒剂多方位擦拭各种接头（或接口）的横切面及侧面。如怀疑被污染或完整性受到破坏时，应立即更换。用于输注全血、成分血或生物制剂的输血器宜 4 小时更换一次。输液附加装置应和输液装置一并更换，在不使用时应保持密闭状态，其中任何一部分的完整性受损时都应及时更换。

（六）提高慎独精神，规范操作行为

1. 注射器及输液器针头保持无菌，避免在插入药物容器胶塞时及穿刺操作时污染。

2. 严格消毒穿刺部位皮肤，一次性静脉输液钢针消毒面积大于 5cm×5cm，外周静脉留置针消毒面积大于 8cm × 8cm。

3. 穿刺不成功或输液过程中药液外渗需要再次穿刺时应更换穿刺针头。

4. 提高穿刺技术，正确、有效的固定。

5. 遵医嘱合理调节输液速度和药物温度，及时巡视观察，避免输液速度过快而发生的发热反应。

（七）健康教育

1. 向患者及家属讲解输液的注意事项，不能自行调节液体速度，避免发生输液反应。

2. 告知患者出现发热反应的临床表现，以便及时发现并告知护士，及时处理。

四、处理

（一）评估

1. 监测患者生命体征，尤其是体温和脉搏。观察患者的全身症状。

2. 查看输入液体和加入药物的质量。

3. 查看同一批次的输液器具是否污染。

4. 输液速度是否过快。

5. 药物配制、输液操作是否按照规范执行。

（二）处理

1. 一旦发生发热反应，轻度表现，应立即更换输液器，减慢输液速度或停止输液，并及时通知医生。重度表现，应立即停止输液，并保留剩余溶液和输液器，必要时送检验科做细菌培养，以查找发热反应的原因。

2. 对高热患者，应严密观察生命体征的变化，不同患者做不同处理。

（1）畏寒或寒战者，宜加被保暖，并给热水袋（温度适宜，防止烫伤）和热饮料。

（2）高热者，给冷毛巾、冰袋（毛巾包裹，防止冻伤）、温水或乙醇物理降温。也可酌情应用解热镇痛药。

（3）发绀者给予吸氧；烦躁不安者给予镇静药。

3. 药物治疗　异丙嗪 25mg 肌内注射或地塞米松 5mg 静脉注射，严重时可给予地塞米松 10mg 或氢化可的松 100~200mg 加入 5% 葡萄糖 200ml 中静脉滴注。

4. 如出现抽搐、昏迷甚至危及生命时，则应与医生一同实施抢救措施。并上报药剂科、护理部及院感科等相关部门。

5. 做好护理记录

（1）药物及患者教育内容。

（2）出现发热反应时的生命体征、临床表现及处理方法。

（3）处理后的病情变化及效果。

五、案例分析

（一）病例资料

患者××，女性，35岁，因“急性阑尾炎”于2017年7月6日入院，完善术前检查后急诊行“阑尾切除术”，术后给予补液抗感染治疗，术后第三日9：00继续输液治疗，半小时后患者出现寒战，继之高热，体温39.5℃，并伴有头痛、恶心、呕吐、呼吸困难，测SPO_2 85%，脉率112次/分，血压90/65mmHg。

（二）静脉输液治疗相关并发症

根据患者的临床表现判断为输液所致的发热反应。

（三）原因分析

1. 输液时检查药液中无肉眼可见微粒，如橡胶屑、纤维等。
2. 药液瓶盖无松动，瓶身无裂痕。
3. 不存在多种药物联合配制的问题。
4. 护士配药及输液操作过程中严格执行无菌技术操作，不存在操作不规范导致污染的问题。
5. 输液器具包装完好，在有效期内。
6. 输液速度适中，不存在短时间内快速输入大量液体的问题。

排除以上因素后，考虑为液体自身纯度不够，液体中存在致热源，导致患者出现发热反应。

（四）临床表现

患者输液治疗，半小时后患者出现寒战，继之高热，体温39.5℃，并伴有头痛、恶心、呕吐、呼吸困难，测SPO_2 85%，脉率112次/分，血压90/65mmHg。

（五）处理措施

1. 立即停止输液，并保留剩余溶液及原输液器，更换液体及输液器。
2. 通知主管医生后遵医嘱给予患者吸氧，氧流量2L/min，肌内注射异丙嗪25mg，地塞米松5mg静脉注射。
3. 严密观察患者病情变化，并做好护理记录。20分钟后患者呼吸困难、头痛、恶心症状逐渐缓解。30分钟后测T 38.2℃，P 88次/分，BP105/75mmHg，SPO_2 98%。
4. 护士填写输液反应报告卡，连同剩余溶液及输液器送检验科做细菌培养，7天后细菌培养检验结果报告提示液体中培养出致热源。

（六）效果评价

实施处理措施30分钟后患者症状逐渐缓解。

（张爱华）

第二节 急性肺水肿

急性肺水肿指由于某种原因引起的肺内组织液生成、回流平衡失调，大量液体从肺毛细血管急剧渗入肺间质乃至肺泡内，液体渗出速度超过淋巴回流速度及肺间质吸收速度，短时间内使肺循环血量增多，肺毛细血管压力突然升高（≥4.65kPa）或肺泡－毛细血管屏障损害，肺毛细血管内皮通透性增加，影响气体交换而引起的一种临床综合病征。急性肺水肿属于急症之一，其预后与抢救是否及时密切相关。

一、原因

1. 急性心脏容量负荷过重　如急性广泛性心肌梗死或感染性心内膜炎、心脏外伤等引起心瓣膜损害、腱索断裂、乳头肌功能不全、室间隔穿孔等；此外，短时间内输入过多液体，输血、输液过快，使循环血量急剧增加，心脏负荷过重可导致急性肺水肿发生。

2. 心肌有急性弥漫性损害导致心肌收缩力减弱　如急性广泛性心肌梗死、急性心肌炎等。

3. 急性机械性阻塞致心脏压力负荷过重及排血受阻　如严重高血压、主动脉瓣狭窄或二尖瓣狭窄等。

4. 急性心室舒张受限　如急性大量心包积液所致的急性心脏压塞导致心排血量减低和体循环淤血等。

5. 组织代谢增加和循环加速如甲状腺功能亢进、严重贫血等。

二、临床表现

临床表现为起病急骤，病情可迅速发展至危重状态。

突然出现严重的呼吸困难，端坐呼吸，伴咳嗽，常咳出粉红色泡沫样痰，患者烦躁不安，口唇发绀，大汗淋漓，心率增快，两肺布满湿啰音及哮鸣音，严重者可引起晕厥及心脏骤停。典型的急性肺水肿，可根据病理变化过程分为4个时期：

1. 间质性水肿期　主要表现为夜间发作性呼吸困难，被迫端坐位伴出冷汗及不安，口唇发绀，两肺可闻及干啰音或哮鸣音，心动过速，血压升高，此时因肺间质水肿而压力增高，细小支气管受压变窄以及缺氧而致支气管痉挛。

2. 肺泡性水肿期　主要表现为严重的呼吸困难，呈端坐呼吸伴恐惧、窒息感、面色青灰、皮肤及口唇明显发绀，大汗淋漓，咳嗽，咳大量粉红色泡沫样痰，大小便可出现失禁。两肺布满湿性啰音。如为心源性患者，心率快速，心律失常，心尖部第一心音减弱可听到病理性第三心音和第四心音。

3. 休克期　在短时间内大量血浆外渗导致血容量短期内迅速减少，出现低血容量性休克，同时由于心肌收缩力明显减弱引起心源性休克，出现呼吸急促、血压下降、皮肤湿冷、少尿或无尿等休克表现，伴神志意识改变。

4. 终末期　呈昏迷状态往往因心肺功能衰竭而死亡。

三、预防

静脉输液是临床常用的护理技术，也是抢救、治疗患者的一个重要途径，为达到预期的治疗效果，预防急性肺水肿的发生，需要护士在早期充分评估患者的基础上，结合患者的输液目的、病情、用药情况等内容，制订合理的输液方案，动态观察输液治疗过程。

（一）输液前评估

1. 病史　评估患者的病史，详细了解患者的年龄、主诉、诊断、病因、临床表现、现存的危险因素、既往史、家族史、过敏史、输液史、药物治疗史等内容。详细询问患者有无高血压、冠心病、风湿性心瓣膜病、心肌炎、心肌病等可引起心功能不全的基础病因。

2. 体格检查　了解患者意识与精神状况、生命体征、身高、体重、出入量、营养状况、皮肤状况等。评估患者是否存在水肿，水肿的原因、部位及程度。

3. 实验室检查　查看血常规、电解质、肝、肾功能、血气分析、胸部 X 线检查、超声心动图等，评价患者是否存在心功能不全、电解质紊乱、酸碱平衡失调等可诱发急性心功能不全的诱因。

4. 心理评估　评估患者的文化背景及社会支持情况，了解其对疾病及治疗的认识程度，评估患者是否存在焦虑、恐惧、抑郁等心理反应及严重程度，及时进行心理护理。

（二）制订合理的输液计划

1. 合理安排输液顺序　护士要评估患者的治疗方案、输注药液性质，了解每日输液总量、输液要求及方法，根据医嘱合理安排输液，选择合适的输液工具。

2. 控制输液速度　护士根据所输药物的性质、副作用及输注速度要求，控制输液速度。患者心肺功能良好的情况下，输液速度：成人：60~80 滴 / 分，儿童：20~40 滴 / 分，婴幼儿：8~15 滴 / 分，高龄、孕妇或心肺功能不全时，输液滴速应控制在：30~40 滴 / 分，以防液体输注过快加重心脏负荷。输注高渗溶液、含钾药物、血管活性药物时，输液滴速宜慢，对于需要精确控制每小时输液量的药物，宜采用输液泵或注射泵严格控制输液滴速，避免发生电解质紊乱、心律失常等副作用。

（三）加强巡视

1. 观察患者病情变化，监测生命体征　输液过程中定时巡视患者，询问并评估患者症状是否缓解，观察药物治疗效果，进行相应临床生化指标的监测。若患者在静息状态下出现原因不明的疲乏、焦躁，呼吸短促、频率加快，心率增加15~20次/分，应警惕患者心功能降低，及时查找病因，遵医嘱给予对症治疗。

2. 特殊药物　血管活性药物、非甾体抗炎药、抗生素、抗肿瘤药物等均会对心血管系统产生影响，在输液过程中，应了解药物特性及观察要点，预防并及时发现用药后不良反应。

（1）血管活性药物：使用血管活性药物时要密切观察血压、脉搏的变化，以便及时调整药物的种类及用量。

（2）非甾体抗炎药：有阿司匹林、对乙酰氨基酚、吲哚美辛、萘普生、萘丁美酮、双氯芬酸、布洛芬、尼美舒利、罗非昔布、塞来昔布等，有增加心力衰竭的风险，尤其在合并高血压、糖尿病或肾功能不全的患者中更为明显。美国心脏协会（AHA）临床指南建议不要在已确诊为心血管病或具有心血管病高危因素的人群中使用非甾体抗炎药，如必须使用，应注意严格掌握适应证，注意不良反应的监测，药物剂量应尽可能小、时间尽可能短，坚持个体化用药，根据患者心血管风险和消化道水平制定用药策略。

（3）抗生素：某些抗生素可直接影响心功能从而诱发或加重心力衰竭。研究表明，伊曲康唑是抗真菌药物中可能对心功能影响最明显的药物，其负性肌力作用可引发心力衰竭，因此在原有心血管疾病或心功能不全的患者中应用应加以注意。喹诺酮类抗生素（左氧氟沙星、莫西沙星）、大环内酯类抗生素可引起QT间期延长及室性心律失常。喹诺酮类药物应避免用于接受Ⅰa类（如奎尼丁、普鲁卡因胺）或Ⅲ类（如胺碘酮、索他洛尔）抗心律失常药物治疗的患者。

（4）抗肿瘤药物：某些抗肿瘤药物可引起明显的心肌损伤，如蒽环类药物：多柔比星、伊达比星等；烷化药：环磷酰胺、异环磷酰胺等，其临床表现从无症状性心肌损伤标志物升高到明显的心脏扩大及心力衰竭。为减少抗肿瘤药物对心肌的损伤，可使用某些心肌保护药物降低发生心力衰竭的风险性。

3. 监测患者出入量　记录患者出入量，以便后期调整治疗方案。对于轻、中度心功能不全患者常规限制液体摄入并无益处，对于重度心功能不全患者液体限量在1.5~2.0L/d有助于减轻症状和充血。

4. 必要时监测体重　定期监测体重有助于早期发现水钠潴留现象。若患者在短时间内（1~2天）体重突然增加2kg以上，应考虑患者已有水钠潴留，应及时明确病因或诱因，给予相应处理。测量体重应晨起排空大小便后，在固定时间同一着装下测量。

（四）严格交接班

护士要严格交接班，尤其是婴幼儿、老年及危重患者，在输液期间实行床旁交接。交接班时详细介绍患者病情变化，治疗过程中的注意事项及患者心理状态等。当班护士应准确、客观、及时地记录患者静脉输液治疗的相关情况。

（五）健康教育

应贯穿在整个输液过程中，于输液前、中、后向患者及其家属进行教育，说明静脉输液的目的，告知所输药物的名称、作用及有可能出现的不良反应，消除其焦虑、恐惧心理，积极配合治疗。同时向患者强调切勿自行调节滴速，对应用输液泵或注射泵的患者切勿自行更改机器设置，以免造成不良后果，输液过程中患者有任何不良反应，随时联系护士。

四、处理

1. 评估

（1）患者输入体内的液体量。

（2）患者的生命体征。

（3）患者的精神状况。

2. 处理

（1）减少静脉回流：立即停止正在输注的液体，保持有效的静脉通路，监测生命体征，血氧饱和度等。协助患者采取被迫端坐位，病情平稳时采取舒适的半坐位（角度小于 30°）或平卧位，如果患者出现意识不清，大动脉搏动不明显甚至消失，应采取复苏体位，并准备好心肺复苏抢救。

（2）镇静：不建议常规使用阿片类的药物皮下或肌内注射，如吗啡，若使用此类药物的患者应监测呼吸困难和焦虑缓解情况，警惕呼吸抑制和意识的改变。对老年人，神志不清，已有呼吸抑制，休克或合并肺部感染者禁用。为缓解患者紧张焦虑情绪，应为患者提供安全舒适的环境，及时解答患者的问题，做好心理支持。

（3）吸氧：患者呼吸困难明显并伴有低氧血症（SpO_2<90% 或 PaO_2<60mmHg）推荐给予高流量吸氧 6~8L/min，不建议湿化瓶内加入酒精，这可能导致支气管和肺泡壁损伤。严重者可采用无创呼吸机持续加压（CPAP）或双水平气道正压（BiPAP）给氧。

（4）利尿：静脉给予作用快而强的利尿剂如呋塞米 20~40mg 或依他尼酸钠 25~40mg 加入葡萄糖内静脉注射，以减少血容量，减轻心脏负荷，应注意防止或纠正大量利尿时所伴发的低钾血症和低血容量。

（5）血管扩张剂：静脉滴注硝普钠或酚妥拉明以降低肺循环压力，但应注意勿引起低血压，也可舌下含化硝酸甘油或二硝酸异山梨醇降低肺循环静脉压。

（6）强心药：如近期未用过洋地黄类药物者，可静脉注射快速作用的洋地黄类制剂，如毛花苷C、毒毛旋花子苷K等，对二尖瓣狭窄所引起的肺水肿，除伴有心室率快的心房颤动外，不用强心药，以免因右心排血量增加而加重肺充血。

（7）氨茶碱：对伴有支气管痉挛者可选用，氨茶碱0.25g加入10%葡萄糖液20ml稀释后静脉缓慢注入，可减轻支气管痉挛，扩张冠状动脉和加强利尿。副作用：室性早搏和（或）室性心动过速，故应慎用。

（8）糖皮质激素：氢化可的松100~200mg或地塞米松10mg加入葡萄糖液中静滴亦有助肺水肿的控制。

（9）控制原有疾病和诱发因素：如有发作快速性心律失常，应迅速控制。

五、案例分析

（一）病例资料

患者××，男性，52岁，因“间断胸痛2年，加重伴大汗3小时”于2017年6月6日入院，入院诊断：急性前壁心肌梗死，入院测体温36.0℃，心率70次/分，血压108/55mmHg，急诊行冠状动脉介入治疗，开通血管后，术后患者胸痛症状消失。次日测体温38.5℃，患者诉鼻塞、咽痛、流涕，遵嘱给予酚麻美敏1片口服，及5%葡萄糖氯化钠500ml+10%氯化钾10ml以40滴/分，静脉点滴，1小时后复测体温37.2℃，嘱继续观察。此时，患者无自觉症状，期望尽早结束输液治疗，自行调整输液速度至80滴/分，半小时后，患者诉憋气，端坐呼吸，大汗、咳嗽，咳出粉红色泡沫样痰，口唇发绀，皮肤湿冷，心率110次/分，呼吸35次/分，血压180/75mmHg，血氧饱和度（SPO_2）92%，两肺闻及湿啰音。

（二）静脉输液治疗相关并发症

该患者发生了与静脉输液治疗相关并发症：急性肺水肿。

（三）原因分析

该患者自行调整输液速度，输液过快，短时间内输入过多液体，使循环血量急剧增加，心脏负荷过重而导致急性肺水肿发生。

（四）临床表现

调整输液速度至80滴/分，半小时后，患者诉憋气，端坐呼吸，大汗、咳嗽，咳出粉红色泡沫样痰，口唇发绀，皮肤湿冷，心率110次/分，呼吸35次/分，血压180/75mmHg，血氧饱和度（SPO_2）92%，两肺闻及湿啰音。

（五）处理措施

1. 立即减慢输液速度，保证静脉通路通畅，通知医生，协助抢救。

2. 协助患者取端坐位，双腿下垂。

3. 给予氧气吸入8L/min，严密观察心电、血压、呼吸、SPO_2情况，保证患者

$SPO_2 \geq 90\%$。

4. 遵医嘱给予药物治疗　吗啡 3mg 静脉注射，呋塞米 20mg 静脉注射，更换液体为二羟丙茶碱 0.25g+ 生理盐水 50ml 静脉慢滴。

5. 密切观察病情变化，做好护理记录，准确记录出入量。5 分钟后患者诉稍缓解，仍憋气，心率 113 次 / 分，血压 175/80mmHg，仍不能平卧，遵医嘱给予生理盐水 20ml+ 去乙酰毛花苷 0.2mg 静脉缓推，及硝酸甘油 40μg/min 静脉持续泵入，30 分钟后患者排尿 500ml，诉症状缓解，可高枕位休息，心电监护示心率 85 次 / 分，血压 135/75mmHg，SPO_2 100%，遵医嘱调节硝酸甘油至 20μg/min 静脉持续泵入，嘱继续观察。

（六）效果评价

该患者有心肌梗死病史，因自行调节输液速度，在短时间内输液过快，使循环血量急剧增加，心脏负荷过重而导致急性肺水肿的发生。护士及时发现病情变化，配合医生积极抢救，给予端坐位、吸氧、镇静、强心利尿药等措施，使患者症状缓解，转危为安。

（马新娟　林　梅）

第三节　空　气　栓　塞

静脉空气栓塞（venous air embolism，VAE）是临床上危险的围术期并发症，其发生隐匿，发作却很凶险。人们对静脉空气栓塞（VAE）的认识由来已久，但是近年来仍时有报道，其几乎可以发生在各种手术和麻醉操作当中，令人防不胜防。静脉输液、输血是临床上最基本的护理操作技术，是医院治疗与抢救患者的重要手段，但如有不甚，空气进入静脉，也会发生空气栓塞导致患者死亡。因此静脉输液治疗中引起空气栓塞的预防和处理不容忽视。

空气栓塞主要指空气进入静脉系统，随后通过中心静脉进入到右心房、右心室、肺动脉。其发生需要满足两个基本条件：一是有空气进入血液；二是需要有一定的压力差，即静脉压力相对低于大气压，或有直接或间接的外界压力推动空气进入血液中。

空气栓塞对患者的影响主要与空气进入血循环的量、速度和气体进入时患者的体位有关。空气快速进入血循环可以引起严重的血流动力学的波动。气体进入人体的致死量，意见尚未统一，有人认为 100ml 左右的气体量迅速进入血液循环时，即可导致成人心力衰竭；危重或循环不稳定的患者，即使进入少量空气亦可导致严重意外。大量空气快速进入静脉以后，到达右心房和右心室，可以阻塞右心室流出道，发生急性右心衰，直接导致死亡。如果空气缓慢进入，则阻塞只会发生在肺循环，导致肺血管收缩和肺动脉高压，右心室后负荷增加，肺血流量减少，左心室前负荷减少，心排血量下降，严重可致循环衰竭。肺血管阻力增加和通气 / 血流比失调导致肺内右向左分流，肺泡无效腔增加，缺氧和高碳酸血症。机体通过循环吸收的作用可以耐受少量的空气。

一、原因

1. 特殊体位手术 空气栓塞常发生在一些手术当中，如神经外科手术，患者体位处于竖直，由于头部高于心脏，术野水平的静脉压力降低，甚至低于大气压，易导致空气吸入血循环，从而引起空气栓塞。颅骨和硬膜上的静脉窦属于不可塌陷的静脉，一旦切破，空气即可从破口不断被吸入到静脉引起栓塞。

2. 术中使用医用气体 腔镜手术中需要使用医用气体充气，手术中组织器官切开同时也伴有静脉切开，在充气腹时气体易在压力作用下直接进入血循环。

3. 产气消毒液 在未开放和半开放的伤口（如窦道等）用过氧化氢（H_2O_2）冲洗最易发生气体栓塞，因 H_2O_2 释放的氧气不能充分和外界相通，局部形成一定压力，迫使氧气进入血液，造成栓塞。

4. 麻醉操作 如深静脉穿刺、漂浮导管放置等，也容易出现空气栓塞。中心静脉导管置入或空气栓塞是麻醉操作中潜在的危险并发症，拔除时患者深吸气、当拔除中心静脉导管后，皮肤和血管间存在永久性瘘管。

5. 导管 导管断裂、导管连接处断开。

6. 护理操作不当 输液时，未排尽输液器管内空气，或输液器各部位衔接不紧密，存在漏气现象；连续输液过程中更换溶液瓶不及时或输液完毕未及时拔针；更换中心静脉导管输液接头时操作不当；加压输液、输血时，液体滴空，在液面接近瓶内针尖时，未及时拔针等均可引起气体进入静脉，导致空气栓塞的发生。

二、临床表现

空气栓塞的症状是非特异性的，临床表现变化大，可以无症状或只有轻微症状而未引起注意，因肺作为滤器重吸收静脉内的空气，当此机制失代偿时，患者会出现严重缺氧和低血压，可能出现心血管系统衰竭而猝死。患者对空气栓塞的反应取决于几个因素：

1. 进入静脉的气体量、速度，大量空气快速进入血液更易导致血流动力学的衰竭。

2. 患者心血管系统的状态。

3. 发生栓塞时的体位和是否有右向左分流。当患者处于左侧卧位时耐受力最佳，若采取垂直体位，大气压与血管内压差增大，进入静脉的空气量增多，症状相对更重。当存在右向左的心内分流时，气体进入动脉系统，这样即使非常少量的空气，也能导致极其恶劣的预后。临床上清醒患者，常会有胸痛及头晕目眩等不适症状。按其表现主要可以分为两大类，即循环系统和呼吸系统表现。

（1）循环系统：在空气栓塞时心动过速和心动过缓甚至心搏骤停。经胸前区听诊可以闻及心脏的"磨轮样杂音（mill-wheel murmur）"，心电图表现主要有非特异性的 ST-T 改变以及右心室劳损的变化。肺动脉压力（PAP）在大量空气栓塞时下降，但在空气缓慢引起栓塞时则升高。由于右心功能障碍，中心静脉压（CVP）通常升高。

（2）呼吸系统：清醒患者主要表现为呼吸困难和呼吸急促。呼气末 CO_2 分压迅速下降，伴有动脉血 CO_2 分压增加和氧分压下降。空气栓塞可以导致肺内中性粒细胞释放炎症因子，增加肺血管通透性，出现类似急性呼吸窘迫综合征（ARDS）的肺损伤表现。患者肺顺应性下降，肺功能受损。

三、预防

（一）特殊体位手术

在行神经外科等坐位手术的整个过程中，麻醉医生应时刻提高警惕，实时监测，熟悉空气栓塞发生后的识别和处理方法。在条件允许的情况下，除基本的生命体征监测外，呼气末正压（PEEP）的应用能够为有经验的麻醉医生对空气栓塞的发生提供有效的监测。

（二）术中使用医用气体

如术中疑有静脉破损时，应慎用医用气体或停止使用，立即缝合破裂的静脉，夹闭可能开放的中心静脉导管。

（三）产气消毒液

在局部使用过氧化氢时应慎重。如使用过氧化氢溶液冲洗伤口时，注入溶液时压力勿过大，分次冲洗，冲洗时要与生理盐水同时交替使用，以便降低热能灼伤和气体排出；用在盲腔或者排气不畅部位时，如四肢骨折骨髓腔清创、深部脓腔，更应注意；使用后密切监测患者的生命体征、血氧饱和度等情况，出现异常及时处理。

（四）麻醉操作

麻醉操作过程中，在置入导管、更换导管和拔管时要仔细、谨慎，此时空气进入的危险最大。当进行颈内或锁骨下静脉置入导管时，患者取头低脚高位，增加中心静脉压；换管时关闭输液调节夹远端。拔除中心静脉导管时：使导管外端平于或低于心脏水平，当从血管中拔除最后一部分时指导患者做瓦式运动（深吸一口气，屏住呼吸憋住然后鼓肚子）；拔管后，纱布按压穿刺部位 5~10 分钟以上，直至止血，贴上敷贴密闭 24 小时，CVC 拔管后需坐位或平卧休息 30 分钟，24小时后视情况换药，直到穿刺点愈合。

（五）规范护理操作行为

1. 静脉输液前　一次性排尽输液器空气，宜使用无针输液接头与输液器紧密连接；在与导管连接前，确保输液器和附加装置中充满液体；当更换输液器或无针输液接头时，体位应与心脏齐平或低于心脏；并需认真检查输液管路，避免错误连接；微量输液泵需准确调节输液速度、量。

2. 输液过程中　及时巡视，保持充足的液体；液体不足时会增加空气栓塞的风险，及时更换输液瓶，发现问题，及时处理。

3. 输液滴完　及时拔针，严防空气进入，造成栓塞。

4. 健康教育　指导患者或家属做好输液过程中的配合。

5. 为留置CVC或PICC患者更换导管附加装置时，如导管无流速调节器，指导患者在操作过程中进行瓦氏运动，可先将导管反折，消毒后进行更换。如导管带有流速调节器，应先将夹子夹住，迅速分离现有的连接器或接头，将其与导管端进行安全连接；附加装置更换前需进行预冲，以排尽装置内的空气。

6. 告诉患者和家属进行导管的保养和维护时，识别空气栓塞的征兆，当发生栓塞时能够采取及时的、恰当的干预措施。

四、处理

（一）评估

当怀疑有空气栓塞时，护士应能够识别其症状和体征，并及时采取干预措施。

1. 查找空气栓塞来源的高危因素　如输液系统连接是否紧密、中心静脉通路是否存在接头松脱或意外进气的可能。

2. 评估患者　意识、心率、血压、呼吸、血氧饱和度等变化，如出现突发呼吸困难、心律失常、意识丧失、不明原因的低血压、肺水肿和血氧饱和度下降，特别是血 CO_2 分压迅速下降时，应充分考虑空气栓塞的可能。

（二）处理

1. 找出空气栓塞的原因，立即采取措施阻止气体继续进入静脉内。

（1）应立即夹闭静脉管道，夹闭可能开放的中心静脉导管等。

（2）如果接头断开或导管损坏，则关闭导管。

（3）若导管装置已拔出，则封闭穿刺点。

（4）立即通知医生。

（5）持续监测生命体征，观察患者。

（6）根据医嘱进行干预和治疗。

（7）立即给予患者吸纯氧：及时采取高压氧治疗。可以减少气体栓子的体积，从而缓解病情，减轻空气栓塞后并发症。

2. 如无疾病禁忌则立即采取头低足高左侧卧位，使空气进入右心室，避开肺动脉入口，由于心脏的跳动，空气被混成泡沫，分次小量进入肺动脉内，这样可以最大限度地减少空气栓子迁移。

3. 如需行心肺复苏术（CPR），将患者置于仰卧位。

4. 通过中心静脉导管或肺动脉导管回抽气体。有研究认为，能真正抽到气泡的不足6%。也有人认为，前端开口导管较三向瓣膜导管回抽气体的效果更好，如果导管位置适当，可以抽到心腔内的空气。

5. 对症治疗　镇静、改善呼吸、抗休克、抗心律失常，积极补液，避免血压降低；输液不应过量，以免导致或加重肺水肿。应用强心、利尿和血管活性药物等，如多巴胺、肾上腺素等。

6. 患者病情稳定后，应详细、据实地记录空气进入的原因、可能进入的空气量、对患者的观察和评估、采取的措施和效果、患者的病情和对干预措施的反应。

7. 继续密切观察并做好记录，直至患者完全脱离危险为止。

8. 完成意外事件和警讯事件的上报。

五、案例分析

（一）病例资料

患者，男，50岁。以“进食后哽噎伴胸骨后疼痛两月余”为主诉入院。评估：神志清楚，心率72次/分，呼吸18次/分，血压125/77mmHg，氧饱和度100%。经完善相关检查，明确诊断为“食管癌”。于6月23日在全麻下行食管癌根治切除术，手术顺利，术前给予CVC置管。术后两周7月6日按常规流程拔除颈内CVC后，患者突然出现胸闷气促，口唇、颜面发绀，立即协助患者左侧卧位，置管穿刺点加压包扎，面罩吸氧等对症处理，患者继而出现意识不清，双侧瞳孔等大等圆，对光反射迟钝，心率120次/分，呼吸25次/分，血压190/94mmHg，氧饱和度89%，立即将患者去枕平卧，开放气道，简易呼吸器辅助呼吸。急诊CT检查提示脑内小动脉空气栓塞，立即转入ICU治疗。转入ICU时患者昏迷，昏迷指数（GCS）评分4分，右侧肢体肌力2级，左侧肢体肌力0级，急诊请麻醉科行气管插管术。气管插管机械通气下氧饱和度100%，心率119次/分，血压158/108mmHg。立即给予抗感染、脱水、降低颅内压、营养脑神经、营养支持等对症治疗，当日即行高压氧治疗。7月10日，患者意识清醒，咳嗽反射存在，右侧肌力4级，左侧肌力1级，给予拔除气管插管，改面罩吸氧。康复科会诊进一步行康复介入治疗，行肢体运动疗法、神经肌肉电刺激、低频脉冲电治疗、气压治疗等，1月后患者好转出院。

（二）静脉输液治疗相关并发症

空气栓塞。

（三）原因分析

1. 该患者拔管时体位为平卧位，头部略高，拔管时揭去无菌敷贴，用无菌纱布覆盖穿刺点，迅速拔出导管。如穿刺点局部没有加压，拔管后体外空气可以直接经导管残留隧道进入静脉系统，此时若患者深吸气，气体便有可能进入血液循环引起空气栓塞。

2. 从血流动力学方面推测，气体通过体循环进入脑部的可能性不大，分析出现脑空气栓塞的可能原因是：CVC 导管拔除后体外空气直接经导管残留隧道进入静脉系统，运行到右心和肺，如果患者有心内结构缺损，如卵圆孔未闭、先天性房缺等，则会导致右室压力增加而使气栓产生右向左分流，引起动脉系统栓塞，导致脑血管栓塞而引起器官功能衰竭。

（四）临床表现

拔除颈内 CVC 后患者突然出现胸闷气促，口唇、颜面发绀，立即协助患者左侧卧位，置管穿刺点加压包扎，面罩吸氧等对症处理，患者继而出现意识不清，双瞳孔等大等圆，对光反射迟钝，心率 120 次 / 分，呼吸 25 次 / 分，血压 190/94mmHg，氧饱和度 89%。

（五）处理措施

1. 体位　急性静脉空气栓塞的典型治疗是迅速将患者处于头低足高左侧卧位，此体位是利用气体的浮力原理，阻止血液循环中的气体进入脑和冠状动脉，甚至使已进入的气体退出致命部位，然后逐步被机体吸收而消失，以减轻空气栓子对机体的危害，给抢救争取宝贵时间。

2. 吸氧及高压氧治疗　给予 100% 的纯氧可将血中的氮分压降到接近零，增加氮从气泡向血液扩散，当氮气溶解于血中，空气栓子的体积可减小。对于大的气栓必须考虑高压氧治疗，高压氧可有效缩小气泡体积。脑空气栓塞一旦确诊，高压氧治疗是唯一有效的方法。高压氧治疗期间由医护人员陪舱，密切观察患者病情变化，做好各导管护理，观察患者的呼吸情况，及时发现氧中毒的先驱症状。

3. 心电监护，密切观察患者生命体征、意识、瞳孔；遵医嘱给予 20% 甘露醇或呋塞米 20mg 静脉注射，以降低颅内压，减轻脑水肿；取平卧位或头稍高位，头部置冰袋或冰帽，降低颅内温度，减少能量消耗及脑细胞的耗氧量；使用降温毯，使肛温保持在 35℃左右，即可保护脑和心肌细胞，又可减小气体体积；严密观察患者呼吸、血氧饱和度，准确记录液体出入量，监测肾功能的变化。

4. 使用呼吸机辅助呼吸　逐渐增加潮气量以提高血氧分压及氧在组织的弥散量，改善组织的血氧供应，促进其有氧代谢和功能的恢复，根据患者的病情和血气分析情况，及时调整呼吸机各参数。保持呼吸道通畅，及时清除呼吸道分泌物。

5. 患者病情稳定后，详细、据实地记录空气进入的原因、可能进入的空气量、对患者的观察和评估、向医生的告知、采取的措施和效果、患者的病情和对干预措施的反应。

6. 继续密切观察并做好记录，直至患者完全脱离危险为止。

7. 完成意外事件和警讯事件的上报。

（六）效果评价

本例患者发生空气栓塞时立即协助患者左侧卧位，置管穿刺点加压包扎，密切监护患者病情变化，给予面罩吸氧，氧流量为 5~10L/min，建立人工气道机械通气后，给予 100% 纯氧通气，根据血气分析结果调节氧浓度，发病 6 小时后格拉斯评分 4 分，给予高压氧治疗后，第 2 天意识即有改善，格拉斯评分为 9 分，第 3 天意识清醒。经积极地抗感染、脱水、降低颅内压、营养脑神经、抑酸保护胃粘膜以及营养支持等对症治疗，患者 1 个月后康复出院。

（蔺波　唐英）

第四节　药物过敏反应

药物过敏反应又称药物变态反应，是某种药物作用于人体后产生的免疫反应。这种反应与药物剂量、正常的药理反应或毒性无关，反应性质各有不同，不易预知。它仅发生于用药人群中的少数，很少的剂量即可发生过敏反应，一般发生于多次接触同一种药物后，与人的特异性过敏体质相关。

一、原因

药物过敏反应属于异常的免疫反应，药物作为一种抗原，进入人体后，有些个体体内会产生特异性抗体（IgE、IgG 及 IgM），使 T 淋巴细胞致敏，当再次应用同类药物时，抗原抗体在致敏淋巴细胞上相互作用，引起过敏反应。

二、临床表现

药物过敏反应主要有两种形式：一种是在用药当时就发生称为即发反应；另一种是潜伏半个小时甚至几天后才发生，称为迟发反应。

轻度表现：皮肤瘙痒、皮疹等；当病情进展，重度表现：血管神经性水肿、哮喘、胸闷、呼吸困难、心悸、面色苍白、冷汗、恶心、呕吐、发绀、头晕、眼花、烦躁不安、抽搐、血压下降、意识丧失、大小便失禁、喉头水肿、过敏性休克甚至患者呈濒死状。

血清病型反应：表现为发热、关节疼痛、全身淋巴结肿大、皮肤瘙痒、荨麻疹、腹痛、腹泻等。

三、预防

1. 用药前询问过敏史，包括食物过敏史。对有过敏史者禁用该类药物，高敏体质者慎用易过敏药物。

2. 遵医嘱做药敏性试验，正确判断阳性指征。规范皮试液的配制方法，尽量减少假阳性判断。药物过敏试验呈阴性使用药物后，停药超过 3 天，需重新进行药敏试验；如遇到青霉素批号更新，也需重新进行药敏试验。不应空腹进行药敏试验。

3. 配药前严格检查液体 / 药物的有效期、透明度、瓶盖有无松动。

4. 输液过程中密切观察患者有无过敏反应的先兆。

5. 静脉滴注开始速度要慢，严密观察 10 分钟后，无不良反应再调节至正常速度，用药后必须严密观察半小时以上，以防发生迟发型过敏反应。

6. 药物现配现用，防止和减少过敏反应的发生。

7. 易过敏药物和中成药制剂，应使用精密输液器输液，滤去易引起过敏的杂质。

四、处理

1. 评估

（1）患者的生命体征。

（2）患者的意识。

（3）有无喉头水肿。

（4）临床表现。

2. 处理

（1）一旦发生过敏反应，立即停药，保留输液通路，更换输液器及液体，报告医生，遵医嘱对症处理，安慰患者，妥善保存剩余药物，抽取输液器内的液体和患者对侧肢体的血液做生物学监测检查。

（2）当患者只是局部皮肤表现，如皮肤潮红、瘙痒、荨麻疹、斑丘疹，可以给予抗组织胺药物治疗，如果皮损严重，出现严重的药疹，则需要给予肾上腺皮质激素治疗并注意皮肤损伤的护理。

（3）一旦出现过敏性休克，立即采取以下抢救措施

1）立即平卧，就地抢救。

2）皮下注射 0.1% 盐酸肾上腺素 1mg（小儿酌减），症状如不缓解，可每隔

30 分钟再皮下注射或静脉注射该药 0.5mg，直至脱离危险。

3）改善缺氧症状，给予氧气吸入。呼吸受抑制时，应立即行口对口人工呼吸，并肌内注射尼可刹米或洛贝林等呼吸兴奋剂。喉头水肿致窒息时，应立即准备气管插管，必要时实施气管切开。

4）如有心脏骤停，立即进行心脏按压、人工呼吸等心肺复苏的抢救措施。

5）遵医嘱给予抗过敏药物，地塞米松 5~10mg 静脉推注或氢化可的松 200mg 加入 5%~10% 葡萄糖液 500ml 静脉滴注。

6）建立两条静脉通路，以便迅速补充血容量。如血压偏低，遵医嘱应用晶体液体静脉滴注，多巴胺维持血压。

7）纠正酸中毒和抗组织胺类药物。

8）注意保暖。

（4）过敏反应发生后，密切观察生命体征变化。同时，注意神志、末梢循环、尿量及皮肤、心、肝、肾等功能变化。

（5）做好抢救记录。

五、案例分析

（一）病例资料

患者，李某，男性，61 岁，主诉：因"间断中上腹痛，黑便 1 个月余，加重伴呕血三次，颜色鲜红、量约 50ml/ 次"于 2017 年 2 月 25 日入院，入院诊断：上消化道出血，入院测 T：36.5℃、P：84 次 / 分、R：21 次 / 分、BP：101/65mmHg，神志清楚，面色较苍白，腹部平软，剑突下轻压痛，无反跳痛和肌紧张。遵医嘱为患者实施输液治疗，给予生理盐水 20ml+ 蛇毒血凝酶 1U，静脉缓慢推注，注射 1 分钟后患者突然感到胸闷、气促、心悸、面颈部皮肤发紧、全身皮肤瘙痒、面色苍白，继而出现头昏、视物模糊、大汗淋漓、四肢冰冷、神志淡漠，听诊心音弱，测 BP 40/15mmHg，P 45 次 / 分、R 30 次 / 分。

（二）静脉输液治疗相关并发症

药物过敏性休克。

（三）原因分析

蛇毒血凝酶的原料来源于蛇毒，作为异种蛋白进入人体后会成为致敏源，导致机体发生Ⅰ型变态反应。

（四）临床表现

患者实施输液治疗，给予生理盐水 20ml+ 蛇毒血凝酶 1U，静脉缓慢推注，注射 1 分钟后突然感到胸闷、气促、心悸、面部、颈部皮肤发紧、全身皮肤瘙痒、面色苍白，继而出现头昏、视物模糊、大汗淋漓、四肢冰冷、神志淡漠，听诊心音弱，测 BP 40/15mmHg，P 45 次 / 分、R 30 次 / 分。

（五）处理措施

1. 立即报告医生，停药，建立静脉输液双通道，妥善保存剩余药物，必要时做生物学监测检查。

2. 给予氧气吸入 8~10L/min，心电监护，严密观察心率、血压、呼吸、SPO_2 情况。

3. 皮下注射 0.1% 盐酸肾上腺素 1mg，地塞米松 10mg 静脉注射，生理盐水 250ml+ 多巴胺 80mg 静脉滴注，生理盐水 20ml+10% 葡萄糖酸钙 10ml 缓慢静脉注射抗过敏。

4. 迅速补充血容量。

5. 密切观察病情变化，做好护理记录，准确记录出入量。5 分钟后患者意识清楚，呼吸渐平稳，发绀缓解。15 分钟后，生命体征正常，诉全身瘙痒明显缓解。30 分钟后患者症状逐渐改善，血压、氧饱和度等维持稳定，继续低浓度 1~2L/min 吸氧、补液、对症治疗，观察 8 小时未发生迟发性过敏反应。

（六）效果评价

该患者发生过敏性休克后，护士及时发现病情变化，配合医生积极抢救，给予停药、吸氧、皮下注射 0.1% 盐酸肾上腺素 1mg、抗过敏、扩容、升压等措施，使患者症状缓解，转危为安。

（马智群　杨　雪）

第八章 静脉输血技术

第一节 血型概述

临床输血前必须检测受血者和供血者血液的相容性,其目的是判断两者之间是否存在血型不合的抗原抗体反应。输血相容性检测是安全输血的重要保障。

一、概念

1900年,维也纳大学助教卡尔·兰德斯坦纳发现了人类A、B、O血型,对安全、有效输血作出了划时代的贡献,为此,他获得了1930年诺贝尔医学奖。此后他又相继发现了M、N、P、Rh等血型系统。他的助手发现了第四种血型,被定名为AB型,至1990年共发现26个血型系统,使输血前血型鉴定成为可能。

血型通常指红细胞膜上特异性抗原的类型。至今已发现30个不同的红细胞血型系统,抗原近300个,其中与临床关系最为密切的是ABO血型系统和Rh血型系统。此外,红细胞还存在其他血型抗原和血型系统,如MNS、P、Lewis、Kell、Duffy等血型系统。

根据红细胞膜上是否存在A抗原和B抗原可将血液分为四种ABO血型:红细胞膜上只有A抗原者为A型;只含B抗原者为B型;含有A与B两种抗原为AB型;A和B两种抗原均无者为O型。

将因反复多次注入恒河猴的红细胞而产生有抗恒河猴红细胞抗体的家兔血清与人的红细胞混合,发生凝集反应的称为Rh阳性血型;不发生凝集反应的称为Rh阴性血型。Rh血型中,已发现40多种抗原,与临床关系密切的主要是5种抗原,即D、E、C、c和e,因D抗原的抗原性最强,通常将红细胞上含有D抗原者称为Rh阳性;而红细胞上缺乏D抗原者称为Rh阴性。

二、意义

不同血型的人的血清中含有不同的抗体,但不含与自身红细胞抗原相对应的抗体。A 型血者血清中只含抗 B 抗体；B 型血者血清中只含抗 A 抗体；AB 型血者血清中无抗 A 和抗 B 抗体；O 型血者血清中含抗 A 和抗 B 抗体。若将血型不相同的两个人的血液加在玻片上并使之混合，则红细胞可凝集成簇，这一现象称为红细胞凝集，在补体的作用下，可引起凝集的红细胞破裂，发生溶血。当给人体输入血型不相容的血液时，在血管内可发生红细胞凝集和溶血反应，甚至危及生命。因此，血型鉴定是安全输血的前提。

人类 ABO 血型系统的遗传是由 9 号染色体上的 A、B 和 O 三个等位基因来控制。在一对染色体上只可能出现上述三个基因中的两个，分别父母双方各遗传一个给子代，正常人 ABO 血型终身不变。利用血型的遗传规律，可推知子女可能有的血型和不可能有的血型，因此可能从子女的血型表现来推断亲子关系，但应注意的是，法医学上依据血型来判断亲子关系时，只能做出否定的判断，不能做出肯定的判断。

Rh 系统的抗体主要是 IgG，因其分子较小，能通过胎盘。当 Rh 阴性的孕妇怀有 Rh 阳性的胎儿时，Rh 阳性胎儿的少量红细胞或 D 抗原可进入母体，使母体产生免疫性抗体，主要是抗 D 抗体。这种抗体可透过胎盘进入胎儿的血液，使胎儿的红细胞发生溶血，造成新生儿溶血性贫血，严重时可致胎儿死亡。由于一般只有在妊娠末期或分娩时才有足量的胎儿红细胞进入母体，而母体血液中抗体的浓度是缓慢增加的，故 Rh 阴性的母体怀第一胎 Rh 阳性的胎儿时，很少出现新生儿溶血的情况；但在第二次妊娠时，母体内的抗 Rh 抗体可进入胎儿体内而引起新生儿溶血。若在 Rh 阴性母亲生育第一胎后，及时输注特异性抗 D 免疫球蛋白，中和进入母体的 D 抗原，以避免 Rh 阴性母亲致敏，可预防第二次妊娠时新生儿溶血的发生。

（杨立利）

第二节　静脉输血治疗

输血治疗通常是指静脉输血，即将血液通过静脉输注给患者的一种治疗方法，在临床上应用广泛，常用于失血、失液所致的血容量减少或休克、贫血、凝血功能障碍、严重感染、低蛋白血症等患者。

一、静脉输血发展史

（一）早期输血

1492 年意大利一名叫卡鲁达斯的医生将三名童男的热血直接给教皇口服，结果并未挽救教皇生命。

1628 年，英国医生威廉·哈维出版了《动物心血管运动的解剖研究》一书，历史性地提出了血液循环理论。威廉·哈维的伟大发现促进了人类对医学的大胆推测，产生了静脉给药和输血的想法，迅速推动了输血医学的快速发展。

1665 年，英国医生理查德·劳尔经过无数次实验，终于成功完成了狗与狗之间的输血实验，他把一只健康狗的动脉，和另一只放血后濒死狗的静脉，用羽毛管连接起来。健康狗的动脉血流进濒死狗的体内，让濒死狗活了过来，开创了动物输血的先河。

1667 年，法国著名御医丹尼斯首次将绵羊的血输给 15 岁长期发热的男孩，奇迹般地治愈了他之前嗜睡和精神错乱的症状。随后他又用羊血为他的"狂暴症"患者安东尼·莫里进行了 3 次输血治疗，剧烈的免疫反应使莫里濒临死亡，幸运的是他挺过了那些高热、休克，而且在数月内暂时恢复了平静不再疯狂。

但是，由于动物和人毕竟是不同物种，两者之间的输血出现了一系列的严重溶血性反应并导致患者死亡。英国、法国先后下令禁止输血或在人体进行输血试验，这个禁令持续了 150 多年。

（二）理性输血

1818 年，英国妇产科医生詹姆斯·布伦道尔为了挽救一位因产后出血濒临死亡的产妇，将其丈夫的血输给了这位失血过多的产妇，终于使她得救了。布伦道尔还是第一个设计出注射型输血器材并第一个明确指出"只有人血才能输给人"的科学结论，开创了理性输血的先河。

输入不相容的血液引起的溶血反应使早期输血常常发生致命性事故。

二、静脉输血治疗护理技术（同种异体输血步骤）

（一）目的

1. 补充血容量。
2. 补充红细胞，纠正贫血。
3. 补充各种凝血因子、血小板，改善凝血功能。
4. 输入新鲜血液，增加机体抵抗力。
5. 补充白蛋白，维持血浆胶体渗透压，减轻组织渗出与水肿。

（二）评估

1. 评估患者

（1）基本信息：姓名、性别、年龄、病情、患者有无输血史及不良反应史、意识状态、自理能力、心理反应等。

（2）穿刺部位：评估穿刺部位及皮肤状况。

（3）穿刺血管：选择粗、直的血管穿刺。

（4）患者心理：根据患者的血型，交叉配血结果、输血种类及输血量，输血治疗告知同意书签署情况告诉患者或家属，解释输血的目的及输血时的注意事项，取得配合。

2. 穿刺工具　在满足治疗需要的前提下选择小的穿刺导管。

（三）实施

1. 准备

（1）环境准备：空气洁净、环境整洁、光线、温度适宜。

（2）患者准备

1）排空大小便。

2）取舒适体位，并暴露穿刺部位。

（3）护士准备：衣帽整洁、修剪指甲、洗手、戴口罩。

（4）用物准备

1）治疗车上层备输液盘（内放皮肤消毒剂、无菌棉签、止血带、胶布、一次性垫巾、垫枕、外周静脉留置针、输液接头、无菌透明敷料等）、患者病历、医嘱执行单、一次性输血器、生理盐水、遵医嘱备好抗过敏药、手套、签字笔、手表、血液制品（遵医嘱准备）等。

2）治疗车下层备生活垃圾桶、医用垃圾桶、锐器盒等。

3）车旁挂速干手消毒剂。

2. 采血标本

（1）遵输血医嘱检查患者《输血治疗告知同意书》及《临床输血申请单》。

（2）打印2张交叉配血试验条形码，1张备用，1张贴在《临床输血申请单》上。

（3）核对《临床输血申请单》信息与受血者资料、交叉配血试验条形码信息。

（4）持申请单、采血管及条形码至患者床旁，两人核对患者相关信息，PDA扫描腕带及交叉配血试验条形码无误后采集患者静脉血2ml，将条形码贴在采血管上，在申请单上签署姓名、抽血时间。

（5）由医护人员或经过培训的护工将血标本（置专用取血箱）及申请单送输血科，做血型鉴定和交叉配血试验，如治疗用血，同时将申请用血凭证一联送输血科。

（6）交接血标本时按要求对血标本进行检查，确认血标本与申请单信息无误后，双方共同在《受血者标本登记表》上签名并注明送血时间。

3. 取血

（1）护士取血时需携带专用取血箱。

（2）与输血科工作人员共同核对发血报告单、取血凭证、供血者血袋及输血科发血登记本信息无误后在发血报告单、取血凭证及输血科发血登记本上签署全名，并在发血报告单上注明取血时间。

（3）取血后：血液自输血科取出后勿震荡，以免红细胞破坏引起溶血；血液制品不应加热，以免血浆蛋白凝固变性；血液应在室温下放置 15~20 分钟，从输血科取出后 30 分钟内输注，1 个治疗单位的全血或成分血应在 4 小时内输完。

（4）输血前：由两名护士再次核对医嘱执行单；供血者血型及 RH（D）血型、血量、血液种类、条码号、有效期、血液质量及受血者姓名、年龄、ID 号、血型及 RH（D）血型、血量、血液种类、交叉配血试验结果。在医嘱执行单相应位置打钩签字。

（5）静脉输血操作流程及评分标准：见表 8-1。

表 8-1 静脉输血操作流程及评分标准

项目总分	项目内容	操作流程	标准分	扣分标准	实得分
要求 6 分	护士要求	着装整洁，符合要求，洗手	3	一项不符扣 1 分	
	环境要求	空气洁净、环境整洁、光线、温度适宜	3	一项不符扣 0.5 分	
评估 17 分	基本信息	两人核对医嘱、患者床号、姓名、住院号（或 ID 号）、询问过敏史、患者血型、交叉配血结果、输血种类及输血量、输血治疗告知同意书	5	一项不符扣 0.5 分	
	治疗方案	患者输全血、成分血还是血浆、输血疗程	3		
	穿刺部位	皮肤状况及穿刺部位	3		
	穿刺血管	评估血管粗细、弹性及充盈度	3		
	患者心理	如患者紧张，则消除患者的紧张、焦虑情绪	3		
准备 15 分	患者准备	嘱患者排便	3		
	护士准备	洗手	3		
	药物准备	查看生理盐水、遵医嘱备的抗过敏药物的有效期及质量	3		
	操作用物	同前，查看有效期	3	一项不符扣 1.5 分	
	健康教育	告知输血目的、方法、配合要点及注意事项	3	一项不符扣 1 分	

续表

项目总分	项目内容	操作流程	标准分	扣分标准	实得分
操作47分	操作前8分	1. 携用物至床旁，两人核对医嘱及取血单，并解释	5		
		2. 协助患者取舒适卧位	3		
	操作中27分	1. 洗手、戴口罩	3		
		2. 按照标准建立静脉通道并固定	3		
		3. 输注少量生理盐水	3		
		4. 两人再次核对	3		
		5. 洗手	3		
		6. 消毒血袋接口并连接血袋	3		
		7. 输血起始速度宜慢，观察15分钟无不适后再根据患者病情、年龄等调节滴速	3	一项不符扣1.5分	
		8. 两人再次核对	3		
		9. 待血制品输完时，再输注少量生理盐水	3		
	操作后12分	1. 整理床单位，妥善安置患者	3	一项不符扣1.5分	
		2. 整理用物，废弃物分类处置，输血袋低温保存24小时	3	一项不符扣1分	
		3. 洗手、记录、签字、再次核对	3	一项不符扣1分	
		4. 健康教育：告知输血患者注意事项	3	一项不符扣1分	
终末质量评定5分	1. 遵循无菌技术操作原则		1		
	2. 操作过程熟练、有效		1		
	3. 固定妥善		1		
	4. 关爱患者，有效沟通		1		
	5. 仪表大方，举止端庄，态度和蔼		1	一项不符扣0.5分	

续表

项目总分	项目内容	操作流程	标准分	扣分标准	实得分
提问5分	掌握5分，部分掌握3分，未掌握0分		5		
操作时间5分	15分钟		5	超时酌情扣分	
总分					

4. 输血注意

（1）根据《临床输血申请单》正确采集血标本，严禁同时采集两个患者的血标本，以免发生不良事件。

（2）严格执行查对制度和无菌技术操作规程，输血前必须经两人认真核对交叉配血报告单及血袋标签各项内容，检查血袋有无破损渗漏，血液颜色是否正常，准确无误方能输血。

（3）输入库存血必须认真检查血液质量和血液保存时间。正常有效期内的库存血分为上下两层，上层血浆呈淡黄色，半透明；下层血细胞呈均匀暗红色，两者之间界限清楚，无凝块。如血袋标签模糊不清，血袋破损漏血，上层血浆有明显气泡、絮状物或粗大颗粒，颜色呈暗灰色或乳糜状，下层血细胞呈暗紫色，血液中有明显凝块，提示可能有溶血，不能使用。

（4）为避免输血不良反应的发生，使用输血器时，输血前、后应用无菌生理盐水冲洗输血管道；连续输入不同供血者的血液时，应在前一袋血输尽后，用无菌生理盐水冲洗输血器，再接下一袋血继续输注。

（5）血液制品及输血器内不可随意加入其他药物，以防发生凝集或溶解。

（6）输血过程中，应加强巡视，特别是输血开始后10~15分钟，认真听取患者主诉，严密观察有无输血不良反应，如出现异常情况应及时报告医生，并配合处理，保留剩余血液以备送检，查找原因。

（7）输入全血与成分血时，应首先输入成分血（尤其是浓缩血小板），其次为新鲜血，最后为库存血，保证成分血新鲜输入；一次输入多个献血者的成分血时，按医嘱给予抗过敏药物，以防发生过敏反应。

（8）用于输注全血、成分血或生物制剂的输血器宜4小时更换一次。

（9）加压输血时必须由专人守护，避免发生空气栓塞。

（10）输血完毕，血袋送回输血科低温保留24小时，以备患者出现输血反应时查找原因。

（11）输血结束后不得用输血器为患者进行输液治疗。

5. 健康教育

（1）向患者介绍静脉输血的目的和意义，输血过程中的注意事项，输血反应的症状及防治措施。

（2）向患者及家属说明输血速度的调节依据，并强调输血过程中不可随意调速。

（3）讲述血型、交叉配血相容试验的有关知识及输血的禁忌证。

（四）评价

1. 患者理解静脉输血目的，有安全感，愿意接受。

2. 操作者无菌观念强，操作过程熟练、有效，无事故发生。

3. 输血部位无渗出、肿胀，未发生感染及其他输血反应。

（左丽宏）

第三节　临床常见静脉输血反应

一、过敏反应

输血过敏反应主要是由输注血浆成分而引起的Ⅰ型速发性变态反应，或由血浆成分中某些种类抗体（如IgG和IgM类抗体）引起Ⅱ型或Ⅲ型超敏反应。过敏反应大多发生在输血后期或即将结束输血时，程度轻重不一，症状出现越早，反应越严重。

（一）原因

1. 患者为过敏体质，输入血液中的异体蛋白质与患者机体的蛋白质结合形成全抗原而使机体致敏。

2. 输入的血液中含有过敏物质，如供血者在采血前服用过可致敏的药物或进食可致敏的食物。

3. 多次输血的患者，体内可产生过敏性抗体，当再次输血时，抗原抗体相互作用而发生输血反应。

4. 供血者血液中的变态反应性抗体随血液传给受血者，一旦与相应的抗原接触，即可发生过敏反应。

（二）临床表现

1. 轻度反应　输血后出现皮肤瘙痒，局部或全身出现荨麻疹，无发热、寒战，抗组织胺治疗后可迅速缓解。

2. 重度反应　反应多为全身性，涉及心血管、呼吸或消化系统等，可出现支气管痉挛、低血压、喉头水肿等临床表现；可伴有寒战和发热。有的患者甚至出现过敏性休克。严重者可导致死亡。

（三）预防

1. 正确管理血液和血制品。

2. 选用无过敏史的供血者，供血者在采血 4 小时前不宜进食高蛋白或高脂肪饮食，避免血中含有过敏物质。

3. 对有过敏史的患者，输血前根据医嘱给予抗过敏药。

（四）处理

1. 输血过敏反应发生后，立即停止输血，通知医生，用生理盐水保持静脉输液通畅。遵医嘱给予抗组织胺药物。

2. 若过敏反应严重，根据医嘱皮下注射 0.1% 盐酸肾上腺素注射液 0.5~1ml 或静脉滴注地塞米松等抗过敏药物。如发生喉头水肿，立即施行喉插管或气管切开术，同时注射氢化可的松。

3. 循环衰竭者给予抗休克治疗，监测生命体征。

二、非溶血性发热反应

非溶血性发热反应（febrile nonhermolytic transfusion reactions，FNHTR）是最常见的输血反应，指输血中或输血后 1~2 小时内体温较输血前升高 1℃以上，多伴有寒战、头痛、恶心、胸闷、呼吸困难、皮疹等症状，且能排除溶血、细菌污染、严重过敏等原因引起发热的一类输血反应。

（一）原因

1. 由致热源引起，如血液、保养液或输血用具被致热源污染。

2. 多次输血后，受血者体内产生的抗体与供血者的白细胞和血小板发生免疫反应。

3. 输血时没有严格无菌技术操作，造成污染。

（二）临床表现

可发生在输血期间或输血后，发热持续时间不等，少则几分钟，多则 1~2 小时。体温可达 38~41℃，常伴有颜面潮红、畏寒、脉率增快，恶心、呕吐、血压多无变化。少数患者输血发热反应后数小时内可发生口唇疱疹。轻度发热反应体温升高 1~2℃。

（三）预防

1. 严格管理血库保养液和输血用具，严格执行无菌技术操作。

2. 输血速度在非紧急情况下不可过快输注。

3. 可在输血前或反应开始时给患者使用能抑制输血发热反应的药物，如阿司匹林。

（四）处理

1. 发生输血发热反应时，立刻停止输血，所剩血液不可再用。缓慢输注生理盐水保持静脉通路。将输血器、剩余血连同储血袋一起送检。

2. 如病情需要继续输血时，应另行配血，更换血液制品予以输注，但输注的速度宜慢，应严密观察受血者的生命体征。

3. 对于发热时间较长者可给予物理降温或选用解热镇痛和抗过敏药物帮助退热。

三、溶血反应

溶血反应是输血后红细胞受到破坏或溶解引起的一系列反应，是最严重的输血反应。分为急性溶血反应和迟发性溶血反应两类。急性溶血反应可以是免疫性的，也可以是非免疫性的。前者指输入不相容的红细胞（或血浆）时，受者（或供者）血浆中的血型抗体与供者（或受者）红细胞膜上的血型抗原结合成抗原抗体复合物使红细胞致敏，非免疫性的溶血性输血反应少见，包括血液运输与保存、低渗液体输注、冰冻或过热破坏红细胞等。迟发性溶血反应主要是发生在ABO血型系统以外的不规则IgG血型抗体。

（一）原因

1. 输入异型血液　供血者和受血者血型不符而造成的血管内溶血，反应发生快，一般输入10~15ml血液即可出现症状，后果严重。

2. 输入变质的血液　输血前红细胞已经被破坏溶解，如血液储存过久、保存温度过高、血液被剧烈震荡或被细菌污染、血液内加入高渗或低渗溶液或影响pH的药物等，均可导致红细胞破坏溶解。

3. Rh阴性者接受Rh阳性血液后，其血清中产生抗Rh阳性抗体，当再次接受Rh阳性血液时可发生溶血反应。

（二）临床表现

发生溶血反应的临床表现轻重不一，轻者与发热反应相似；重者在输入10~15ml血液时即可出现症状，死亡率高。通常可将溶血反应的临床表现分为三个阶段。

第一阶段：受血者血清中的凝集素与输入血中红细胞表面的凝集原发生凝集反应，使红细胞凝集成团，阻塞部分小血管。患者出现头部肿痛，面部潮红，恶心、呕吐，心前区压迫感，四肢麻木，腰背部剧烈疼痛等反应。

第二阶段：凝集的红细胞发生溶解，大量血红蛋白释放到血浆中出现黄疸和血红蛋白尿（尿呈酱油色），同时伴有寒战、高热、呼吸困难、发绀和血压下降等。

第三阶段：大量血红蛋白从血浆进入肾小管，遇酸性物质后形成结晶、阻塞肾小管。同时，由于抗原、抗体的相互作用，又可引起肾小管内皮缺血、缺氧而坏死脱落，进一步加重了肾小管阻塞，导致急性肾衰竭，表现为少尿或无尿，管型尿和蛋白尿、高钾血症、酸中毒，严重者可导致死亡。

（三）预防

1. 做好血型鉴定与交叉配血试验。

2. 输血前两人认真查对，杜绝不良事件的发生。

3. 严格遵守血液保存、运送规则，不可以使用变质的血液。

（四）处理

1. 立即通知医生，停止输血。

2. 吸氧；更换液体、输液器，建立两个静脉输液通道；遵医嘱快速输注液体，静脉推注呋塞米，促进排尿；给予升压药或其他药物治疗。

3. 抽取患者血、尿标本，随同余血，立即送检验科进行检验。

4. 碱化尿液　快速滴注碳酸氢钠溶液，增加血红蛋白在尿液中的溶解度，减少沉淀，避免阻塞肾小管。

5. 双侧腰部封闭，并用热水袋热敷双侧肾区，解除肾小管痉挛，保护肾脏。

6. 若出现休克症状，给予抗休克治疗；若发生肾衰竭，行腹膜透析或血液透析治疗。

（丁　雯）

第三篇 静脉输液治疗质量篇

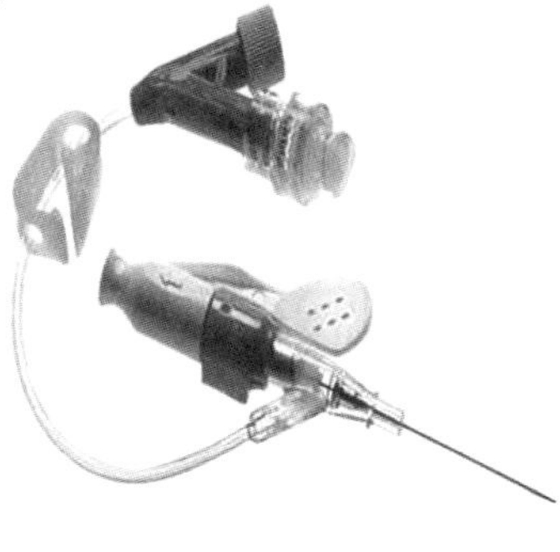

第九章 质量管理与风险管理

第一节 静脉输液治疗质量管理

静脉输液是临床治疗中最常见的治疗方法，是基础护理操作中使用最多的技术，也是发生护患纠纷最多的治疗环节。静脉输液治疗质量的优劣直接关系到患者生命安危，提高静脉输液治疗的有效性和安全性成为静脉输液治疗管理的重点。

一、组织结构体系

组织结构是指一个组织内各构成要素以及它们之间的相互关系，它是支撑组织的框架体系。这个结构体系的主要内容包括职能、层次、部门和职权结构。恰当的组织结构设计对于实现组织目标、提高组织效率十分重要。通过组织结构可以把完成组织目标所需的人和事编排成便于管理的单位，又可以把组织内各个部门、各个岗位连接成为一个有机整体，从而大大提高组织的运行效率，降低组织管理成本，有利于组织目标的实现。

静脉输液治疗小组（简称静疗小组）的组织结构，三级结构：护理部直接领导，在静疗小组长的带领下又分为 5~7 个小组，结合自己医院的实际需要来定，各小组根据每年制订的计划完成医院内外会诊、质量控制、理论及操作培训、各信息的采集、科研的研发、静脉输液耗材的质量及价格的评估等。静脉输液治疗小组组织结构见图 9-1。

静脉输液质量控制由静疗小组下设的质控组负责，每位成员负责管辖区域的静脉输液质量督查，重点查看：临床护士是否了解患者的治疗方案；静脉输液穿刺部位的选择、穿刺工具的选择是否正确；静脉输液并发症的预防及处理是否正确；感染控制、职业防护是否正确等。通过每季度的质控，找出问题、分析问题、解决问题，提出整改意见和防范措施，促进临床科室静脉输液治疗标准化、规范化、法制化。

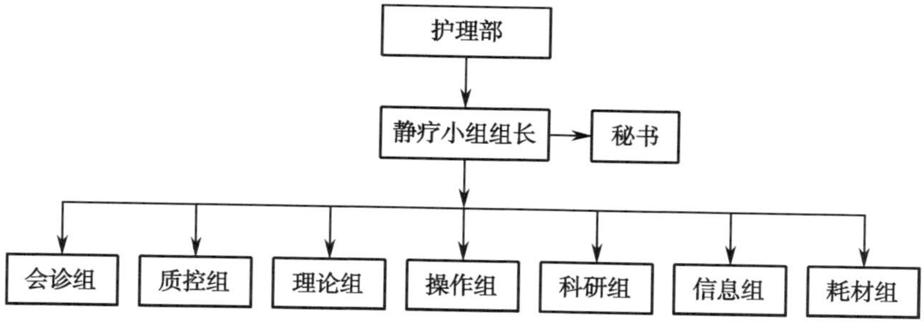

图 9-1　静脉输液治疗小组组织结构图

二、评价内容及标准

（一）评价内容

静脉治疗质量管理是医院护理质量管理的重要组成部分，是一个规范的、系统的、连续的过程，将各项制度、常规和规范进行量化、细化，变成可测量、可评价的系统，便于执行和考核。静脉治疗质量标准涵盖结构面、过程面、结果面。

1. 结构面　是完成静脉输液治疗所必需的一些基础的制度、操作规范、护士资质、护士培训及配制环境等。

2. 过程面　是评价护理活动过程是否达到质量要求的环节。主要包括：治疗评估、身份识别、告知同意、健康教育、穿刺选择（穿刺部位、穿刺血管、穿刺工具）、穿刺规范、药物配制、导管维护、导管拔除等。

3. 结果面　是患者在治疗的过程中得到的最终效果。通过对以下几方面来进行评价：有无静脉输液并发症、静脉输液不良事件上报、健康教育知晓率及最终的终末评价：是否遵循无菌技术操作原则、置管记录及时、完整、准确、有X线片确定导管尖端位置、有定期巡视记录、随机提问护士（根据护士实际操作内容提问）来监督临床静脉输液治疗。

（二）评价标准

常用静脉输液治疗质量评价标准见表 9-1，主要包括：

1. 各项静脉输液操作流程及评分标准　例如 PICC 置管（盲穿、非超声 MST 穿刺、超声 MST 穿刺）操作流程及评分标准、PICC 维护操作流程及评分标准、静脉留置针穿刺操作流程及评分标准、静脉输液插入无损伤针操作流程及评分标准等。

2. 静脉治疗资源管理质量评价标准　例如静脉药物管理质量评价标准、输液器材管理质量评价标准等。

3. 静脉治疗特殊科室质量评价标准　例如 PIVAS 质量评价标准、PICC 中心管理质量评价标准等。

表 9-1　静脉治疗质量评价标准

□护理部　　□片区　　□病区　　□静疗小组　　检查日期：

受检科室：　　检查结果

项目内容	检查标准		标准分	扣分标准	实得分	说明
结构面 8 分	核心制度	静脉输液相关的查对制度：医嘱查对制度、给药查对制度、输血查对制度	2			
	操作规范	1. 静脉输液操作流程及评分标准	1			
		2. 静脉输液相关并发症的预防及处理措施	1			
		3. 静脉输液不良反应的应急预案	1			
	护士资质	静脉输液操作人员符合资质	1			
	护士培训	有静脉输液培训计划、有动态培训理论及操作考试记录（每年至少一次）	1			
	配制环境	静脉药物的配制和使用环境符合要求	1			
过程面 31 分	用药信息	核对医嘱与患者的用药信息、评估治疗方案	1			
	核对工具	核对输液工具的有效期及质量	1			
	身份识别	使用两种以上方式识别患者身份，询问过敏史	1			
	再次核对	给药后再次核对	1			
	告知同意	1. 外周静脉输注高危药物的患者，有风险告知并签名	1			
		2. 置入/植入 PICC/CVC/MC/PORT 的患者，其病历有置管医嘱及告知同意书并签字	1			
	健康教育	患者对输液、输血及导管相关注意事项的了解及掌握程度	1			

续表

项目内容	检查标准		标准分	扣分标准	实得分	说明
过程面31分	穿刺选择	1. 穿刺部位符合标准	1			
		2. 穿刺血管符合标准	1			
		3. 穿刺工具符合标准	1			
	穿刺规范	1. 消毒符合规范	1			
		2. 穿刺过程符合规范	1			
		3. 导管管理符合规范	1			
	药物配制	1. 药物配制过程符合规范	2			
		2. 配制后药物管理符合规范	2			
		3. 输注前检查液体、药物质量及有效期	2			
		4. 配制抗肿瘤药物符合要求	1			
		5. 配药操作台符合要求	1			
		6. 细胞毒性药物配制后用物处理符合规范	1			
	导管维护	1. 冲、封管符合规范	1			
		2. 消毒方法正确	1			
		3. 操作流程符合规范	1			
		4. 附加装置(如肝素帽或无针输液接头)更换符合要求	1			
		5. 无菌敷贴的选择及使用符合要求	1			
		6. 导管固定方法正确,“U”、“L”“C”形固定	1			
		7. 是否有导管标识	1			
	导管留置	1. 外周静脉留置针更换时间符合要求	1			
		2. PICC、MC、CVC及PORT留置时间符合要求	1			

续表

<table>
<tr><th>项目内容</th><th colspan="2">检查标准</th><th>标准分</th><th>扣分标准</th><th>实得分</th><th>说明</th></tr>
<tr><td rowspan="11">结果面
11 分</td><td>并发症</td><td>无静脉炎、堵管、外渗、感染、导管滑出、皮肤过敏及导管移位等并发症</td><td>1</td><td></td><td></td><td></td></tr>
<tr><td rowspan="2">不良事件上报</td><td>1. 有静脉输液相关的意外事件（导管非计划脱管、导管断裂）的处理流程、上报记录单</td><td>1</td><td></td><td></td><td></td></tr>
<tr><td>2. 科室有输液并发症及不良事件数据统计分析与改进</td><td>1</td><td></td><td></td><td></td></tr>
<tr><td rowspan="3">健康教育知晓率</td><td>1. 操作过程中体现以患者为中心</td><td>1</td><td></td><td></td><td></td></tr>
<tr><td>2. 护理人员知晓护理要点</td><td>1</td><td></td><td></td><td></td></tr>
<tr><td>3. 随访患者或家属，知晓相关注意事项</td><td>1</td><td></td><td></td><td></td></tr>
<tr><td colspan="2">1. 遵循无菌技术操作原则</td><td>1</td><td></td><td></td><td></td></tr>
<tr><td colspan="2">2. 置管记录及时、完整、准确</td><td>1</td><td></td><td></td><td></td></tr>
<tr><td colspan="2">3. 有 X 线片确定导管尖端位置</td><td>1</td><td></td><td></td><td></td></tr>
<tr><td colspan="2">4. 有定期巡视记录</td><td>1</td><td></td><td></td><td></td></tr>
<tr><td colspan="2">5. 随机提问护士（根据护士实际操作内容提问）</td><td>1</td><td></td><td></td><td></td></tr>
<tr><td>总分</td><td>50 分</td><td>应得总分：</td><td></td><td></td><td></td><td></td></tr>
<tr><td colspan="7">实得总分：</td></tr>
<tr><td colspan="7">被检查者签名：</td></tr>
<tr><td colspan="7">备注：
1. 能正确执行者于检查结果栏内“√”表示；不符合要求在检查结果栏内“×”表示；不涉及该项目，在检查结果栏内“NA”表示
2. 应得总分 = 总分 − 未涉及项目　　得分百分率 = 实得总分 / 应得总分</td></tr>
<tr><td colspan="7">检查人：</td></tr>
</table>

三、评价形式

护理质量评价形式较多，大致可分为主观评价和客观评价，主观评价以自评为主，管理者评价和同事评价为辅；客观评价主要借助计算机信息系统对数据进行统计分析，使评价者能够动态观察质量效果，采取相应管理决策。国内缺乏统一的护理质量标准，评价内容因评价标准的不同有较大差异，评价形式以主观评价为主，评价形式较为单一，随着医学模式的转变，护理学科的发展，现代护理管理观的纵深发展以及服务对象需求的变化，要求建立统一的护理质量标准和评价体系，既要兼顾全国整体护理水平的提高，也要考虑各医院专业护理水平的提升，并且随着护理工作内外环境的变化，这一评价标准和体系需要不断的修订和逐步完善。

四、评价结果分析

评价结果分析方式包括统计分析表、因果图、排列图、散布图、分层法、控制图法和直方图法，具体如下：

1. 统计分析表　又称检查表或调查表，由美国的菲根堡保姆所提出，主要用于系统收集资料和积累数据，将数据制成图形或表格，进行统计整理并对影响质量的原因做粗略分析。例如某科室用药错误原因分析等可以采用图形或表格进行深入分析。

2. 因果图　又称石川图、鱼骨图，由日本管理大师石川馨先生所发明。它是表示质量特性波动与其潜在原因的关系，即表达和分析因果关系的一种图表。在静脉输液治疗过程中，可以借鉴鱼骨图程序化的管理，发现安全隐患，提出问题，及时整改。

3. 排列图　又称帕累托图，由意大利经济学家帕累托提出，将质量改进项目从最重要到最次要顺序排列，寻找影响质量的主要因素，其原理是 80% 的问题仅来源于 20% 的主要原因。排列图由一个横坐标、两个纵坐标、几个直方图和一条曲线构成，横坐标表示影响质量的各个因素，按照影响程度大小从左到右排列；两个纵坐标中，左边的纵坐标表示频数，右边的纵坐标表示频率；直方形表示影响因素；曲线表示各影响因素大小的累计百分数。例如静脉输液过程中静脉炎发生率与护理工作关系分析可以使用排列图见图 9-2。

4. 散布图　又称相关图，用于分析两个变量或两种质量特性之间有无相关性以及相关关系如何的一种直观判断方法见图 9-3。

5. 分层法　是整理质量数据、分析影响质量原因的一种重要方法。将收集的数据按其来源及性质、根据使用目的和要求加以分类，把性质相同、在同一条件下收集的数据集中归类，以便进行分析比较，从而发现问题，找到影响质量的原因。应用分层法的步骤：收集数据；将采集到的数据根据不同选择分层标志分层，按层分类，画出分层归类图。

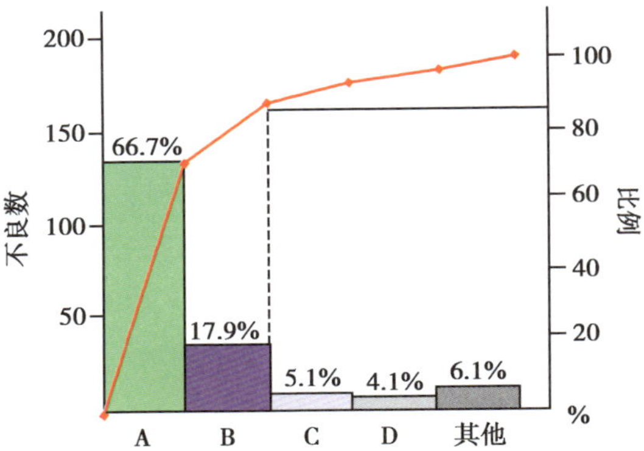

图 9-2　不良事件影响因素排列图

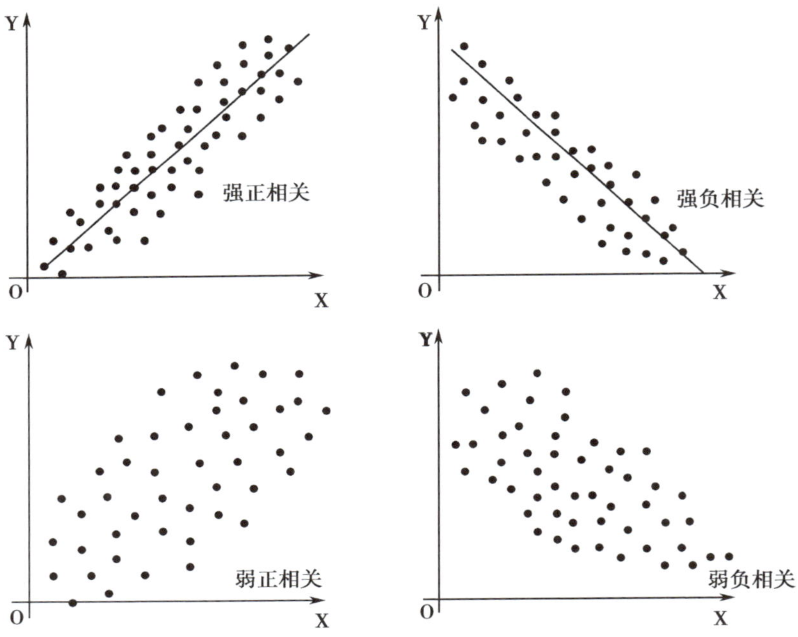

图 9-3　散布图

6. 控制图法　指利用控制图对质量状态进行分析判断和控制。纵坐标表示质量特性或其样本统计量，横坐标表示样本序号或时间。在三条横线中，中间的横线称为中心线（CL），上面的虚线是上控制界限（UCL），下面的虚线是下控制界限（LCL）。图中的折线是按时间顺序抽样所得的质量特性值描成“点”连接而成。例如静脉输液过程中不同时间发生的不良事件分析见图 9-4。

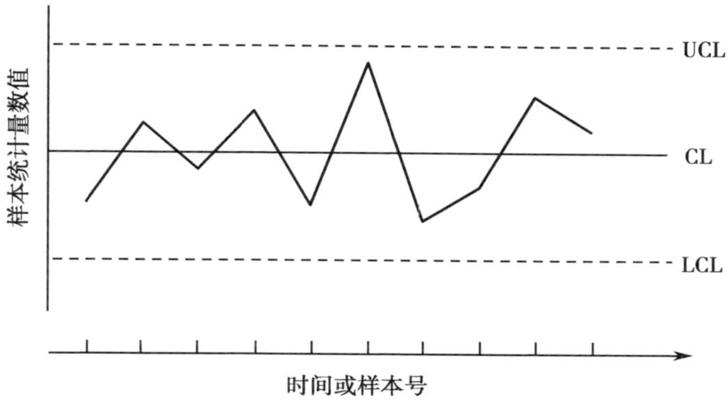

图 9-4 控制图

7. 直方图法 又称柱状图、质量分布图，是分析质量数据，判断和预测护理服务过程质量的一种常用方法。根据从护理服务过程中收集来的质量数据分布情况，画成以组距为底边、以频数为高度的一系列直方型矩形图，反映护理质量的分布情况，判断和预测护理质量及不合格率见图 9-5。

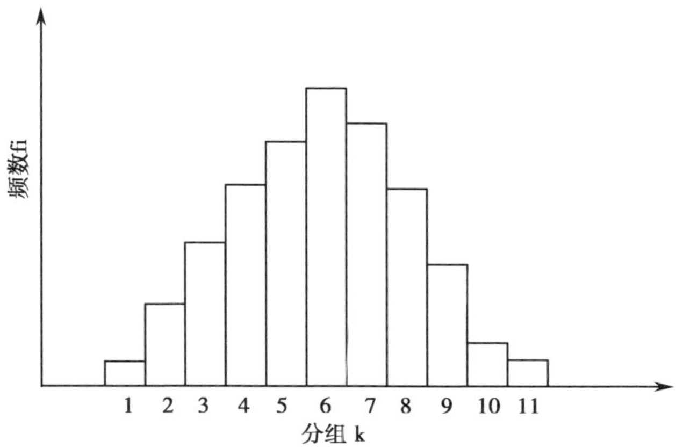

图 9-5 直方图

输液护士已从被动的执行穿刺者成为主动的干预者，并自主运用评判性思维及基于标准化实践，为患者提供更高质量、高效率的输液护理，促进患者安全。根据护理工作实际情况制定符合现有医疗制度和水平的静脉输液质量管理制度，使输液护理持续改善并向专业化、专科化的方向发展，与国际接轨，提高了护理专业技术水平，培养了高素质的护理人员和专业队伍。

（孙 宁 吴玉芬）

第二节 静脉输液治疗敏感质量指标

静脉输液治疗护理敏感质量指标包括护士静脉输液治疗培训率、非计划拔管发生率、堵管发生率、静脉炎发生率、渗出/外渗发生率和中心静脉导管相关血流感染率。

一、护士静脉输液治疗培训率

（一）定义

统计周期内，参加静脉输液治疗培训的注册护士人数占所在医疗机构或部门的注册护士总人数的比例。

（二）相关释义

1. 培训内容　静脉输液治疗专业相关的理论和技能。

2. 培训形式　各级各类静脉输液治疗专业的学术会议、培训班和进修学习。

（三）指标类型

结构指标。

（四）指标改善

比率提高：各级医疗机构护士培训率与自身基线数据或同等级医院、区域、国家平均培训率相比，改善目标为培训率提高。

（五）计算公式

$$\text{护士静脉输液治疗培训率}=\frac{\text{统计周期内参加静脉输液治疗培训的护士人数}}{\text{统计周期内所在部门或机构的护士总人数}}\times 100\%$$

分子：统计周期内医疗机构或部门参加静脉输液治疗培训的注册护士人数。

分母：统计周期内医疗机构或部门的注册护士总人数。

变量特别说明：注册护士总人数为统计周期开始和结束总人数之和的平均数。

（六）指标意义

1. 反映医疗机构或部门的注册护士参加静脉输液治疗知识培训的情况。

2. 通过指标监测，研究护士接受培训与静脉输液治疗质量和患者安全的关系。

3. 依据监测结果制定相关干预措施，持续提升注册护士静脉输液治疗知识的培训率。

（七）采集方法

1. 通过现场查看或计算机数据提取方式，采集统计周期内医疗机构或部门参加各级各类静脉输液治疗培训的注册护士人数及注册护士总人数。

2. 根据统计数据计算护士静脉输液治疗培训率（表 9-2）。

表 9-2　护士静脉输液治疗培训率检查统计表

医院　　　　　日期　　　年　　月　　日　　　　　检查人

科室	护士总人数	参与培训人数	学术会议					培训班					进修				
			国际	国家	省级	市级	院级	国际	国家	省级	市级	院级	国际	国家	省级	市级	院级
三级指标落实率（%）																	
二级指标落实率（%）			参加学术会议率 =（ ）					参加培训班率 =（ ）					参加进修率 =（ ）				
一级指标落实率（%）			护士培训率 =（ ）														

注：1. 在相应位置填写参加培训的人数

2. 所有培训率的计算均为（参加培训的护士人数 ÷ 该部门护士总人数）× 100%

二、静脉导管非计划拔管发生率

（一）定义

统计周期内，住院患者发生的静脉导管非计划拔管例数占该周期内静脉导管留置总日数的比例，或者是占该周期内静脉导管置管总例数的千分比或百分比。

（二）相关释义

非计划拔管（unplanned extubation，UEX），又称意外拔管（accidental extubation，AE），是指患者有意造成或任何意外所致的拔管，即非医护人员计划范畴内的拔管。非计划拔管通常包含以下情况：

1. 未经医护人员同意，患者自行拔除的导管。
2. 各种原因导致的导管滑脱。
3. 因导管相关并发症需要提前拔除的导管。

静脉导管包括外周静脉导管（peripheral venous catheter，PVC）、外周中等长度导管（midline catheter，MC）、中心静脉导管（central venous catheter，CVC）、经

外周置入中心静脉导管（peripherally inserted central catheter，PICC）和静脉输液港（implantable venous access PORT）。

（三）指标类型

结果指标。

（四）指标改善

比率下降，各级医疗机构静脉导管非计划拔管率与自身基线数据或同等级医院、区域、国家平均发生率相比，改善目标为发生率下降。

（五）计算公式

公式 1

$$\text{静脉导管非计划拔管发生率} = \frac{\text{统计周期内静脉导管非计划拔管例数}}{\text{统计周期内静脉导管的留置总日数}} \times 1000‰$$

公式 2

$$\text{静脉导管非计划拔管发生率} = \frac{\text{统计周期内静脉导管非计划拔管例数}}{\text{统计周期内静脉导管的留置总例数}} \times 100\%$$

分子：统计周期内发生静脉导管非计划拔管的例数。

分母：统计周期内静脉导管（PVC、MC、CVC、PICC、PORT）的留置总日数/总例数，即统计周期内静脉导管每日带管病例数之和或统计周期内静脉导管置管总例数。

变量特别说明：

1. 在统计周期内，若同一患者多次发生非计划拔管，则按频次计算拔管例数。例如：同一患者一天有 2 次非计划拔管，记录为 2 次；同一患者带有≥2 个静脉导管，如发生 2 个静脉导管的非计划拔管，记录为 2 次。

2. 统计周期内静脉导管置管总例数包括周期内留置导管例数和新增置导管例数。拔管后重新置管及常规更换导管均计入新增置管例数。

（六）指标意义

1. 反映静脉导管维护及管理能力。

2. 通过指标监测，研究静脉导管非计划拔管率与护理工作的投入和护理过程的关系。

3. 依据监测结果，分析相关因素，制订干预策略，降低静脉导管非计划拔管发生率。

（七）采集方法

1. 通过现场查看或计算机数据提取方式，采集统计周期内医疗机构、部门住院患者静脉导管留置总日数（住院患者留置静脉导管长期医嘱跨越凌晨 0 点的次数）或总例数及发生非计划拔管的例数。

2. 根据统计数据计算静脉导管非计划拔管发生率（表 9-3）。

表 9-3 静脉导管非计划拔管发生率检查表

表 9-3(1) 预防静脉导管非计划拔管相关护理措施落实率

科室　　　　日期　　　　年　　月　　日　　　　检查人

床号	姓名	导管维护				保护性约束			健康教育(患者知晓)						导管类型					导管状态		
		敷贴/敷料规格符合标准	敷贴/敷料更换符合标准	定时评估导管在位	导管固定方式符合标准	评估患者病情和意识	约束方法正确	定期评估约束部位	留置导管的作用及必要性	日常活动的注意事项	穿脱衣服的注意事项	保持敷贴/敷料平整、干燥及固定方法	更换敷贴/敷料必要性及指征	使用(袖套等)保护措施	PVC	MC	PICC	CVC	PORT	原有导管	新增导管数	拔除导管
三级指标落实率(%)																						
二级指标落实率(%)		导管固定落实率=( )				保护性约束落实率=( )			健康教育落实率=( )						导管类型 PVC( )条 MC( )条 PICC( )条 CVC( )条 PORT( )条					导管状态 原有( )条 新增数( )条 拔除( )条		
一级指标落实率(%)		预防静脉导管非计划拔管相关护理措施落实率=( )																				

注:1. 护理措施落实在正确打"√",护理措施未落实在错误打"×"

2. 所有的护理措施落实率的计算均为(措施落实的项目总数 ÷ 查检项目总数)×100%

3. 二级指标落实率导管状态栏目填写相应导管数目

表 9-3(2) 静脉导管非计划拔管发生率统计表

时间(××月/××年)

日期	PVC			MC			PICC			CVC			PORT		
	原有数	新增数	非计划拔管数	原有数	新增数	非计划拔管数	原有数	新增数	非计划拔管数	原有数	新增数	非计划拔管数	原有数	新增数	非计划拔管数
合计															

三、静脉导管堵塞发生率

（一）指标定义

统计周期内发生静脉导管堵塞的例数占静脉导管留置总日数或总例数的比例。

（二）相关释义

导管堵塞（catheter occlusion）指留置血管内导管部分或完全堵塞，致液体或药液的输注受阻或受限，分为血栓性导管堵塞和非血栓性导管堵塞。

血栓性导管堵塞是由导管内部或周围形成的血栓所致。非血栓性导管堵塞是由机械性堵塞所致，如导管位置不当、导管发生移位、药物或矿物质沉淀、肠外营养的脂类聚集等。

（三）指标类型

结果指标。

（四）指标改善

比率下降，各级医疗机构静脉导管堵塞发生率与自身基线数据或同等级医院、区域、国家平均发生率相比，改善目标为发生率下降。

（五）计算公式

公式 1

$$\text{静脉导管堵塞发生率}=\frac{\text{统计周期内静脉导管堵塞例数}}{\text{统计周期内静脉导管的留置总日数}}\times 1000‰$$

公式 2

$$\text{静脉导管堵管发生率}=\frac{\text{统计周期内静脉导管堵塞例数}}{\text{统计周期内静脉导管的留置总例数}}\times 100\%$$

分子：统计周期内静脉导管（PVC、MC、CVC、PICC、PORT）发生堵塞的例数。

分母：统计周期内静脉导管留置总日数或总例数。

变量特别说明：在统计周期内，同一患者留置多个静脉导管发生堵塞，则按频次计算例数。如：同一患者一天有 2 次导管堵塞，记录为 2 次；同一患者带有≥2 个静脉留置导管，发生 2 个导管堵塞，记录为 2 次。

（六）指标意义

1. 反映静脉导管维护及管理能力。

2. 通过指标监测，研究静脉导管堵塞发生率与护理工作的投入和护理过程的关系。

3. 依据监测结果，分析相关因素，制定干预策略，降低静脉导管堵塞发生率。

（七）采集方法

1. 通过现场查看或计算机数据提取方式，采集统计周期内医疗机构、部门住院患者静脉导管留置总日数（住院患者留置静脉导管长期医嘱跨越凌晨 0 点的次数）或总例数及发生堵管的例数。

2. 根据统计数据计算静脉导管堵塞发生率（表 9–4）。

表 9-4　静脉导管堵塞发生率检查表

表 9-4(1)　预防静脉导管堵塞相关护理措施落实率

科室　　　　　　　　日期　　　　　　　年　　　月　　　日　　　　　　　　　　　　　　检查人

床号	姓名	留置导管				导管维护							健康教育(患者知晓)					导管类型					导管状态	
		穿刺部位符合标准	穿刺血管符合标准	导管直径符合标准	导管留置时间符合标准	导管维护周期符合标准	冲封管方法符合标准	冲封管液浓度及量符合标准	注射器选择符合标准	凝血功能异常定期复查	特殊疾病定期复查异常值	导管有异常及时检查X线	留置侧肢体避免受压及用力	知晓降低堵管干预方法	发现导管内回血通知护士	知晓饮水重要性	发现导管滑出及时通知护士	PVC	MC	PICC	CVC	PORT	导管通畅	导管堵塞
三级指标落实率(%)																								
二级指标落实率(%)		导管留置落实率 =( )				导管维护落实率 =( )							健康教育落实率( )					导管类型 PVC( )条 MC( )条 PICC( )条 CVC( )条 PORT( )条					导管状态通畅( )条	堵塞( )条
一级指标落实率(%)		预防静脉导管堵塞相关护理措施落实率 =( )																						

注：1. 护理措施落实在相应位置打“√”，护理措施未落实在相应位置打“×”

2. 所有的护理措施落实率的计算均为(措施落实的项目总数 ÷ 查检项目总数) × 100%

3. 二级指标落实率导管类型、导管状态栏目填写相应导管数目

表 9-4（2）　静脉导管堵塞发生率统计表

时间（××月/××年）

日期	PVC			MC			PICC			CVC			PORT		
	原有数	新增数	堵管数	原有数	新增数	堵管数	原有数	新增数	堵管数	原有数	新增数	堵管数	原有数	新增数	堵管数
合计															

四、静脉炎发生率

（一）定义

统计周期内发生静脉炎例次数占静脉导管留置总日数或总例数的比例。

（二）相关释义

静脉炎（phlebitis）是指静脉血管的炎症。临床表现为沿静脉通路部位疼痛、红斑、水肿、条纹/条索状形成，有时伴有畏寒、发热等全身症状。

（三）指标类型

结果指标。

（四）指标改善

比率下降，各级医疗机构静脉炎发生率与自身基线数据或同等级医院、区域、国家平均发生率相比，改善目标为发生率下降。

（五）计算公式

公式 1

$$静脉炎发生率=\frac{统计周期内静脉炎发生例数}{统计周期内静脉导管留置总日数}\times 1000‰$$

公式 2

$$静脉炎发生率=\frac{统计周期内静脉炎发生例数}{统计周期内静脉导管留置总例数}\times 100\%$$

分子：统计周期内静脉导管（外周静脉导管、中心静脉导管）发生静脉炎的例数。

分母：统计周期内静脉导管留置总日数或总例数。

变量特别说明：在统计周期内，同一患者留置多个静脉导管，多次发生静脉炎按实际发生次数计算。如：同一患者发生 2 次静脉炎，记录为 2 次；同一患者带有≥2 个静脉留置导管均发生静脉炎，记录为 2 次。

（六）指标意义

1. 反映静脉导管工具评估及管理能力。

2. 通过指标监测，研究静脉炎发生率与护理工作的投入和护理过程的关系。

3. 依据监测结果，分析相关因素，制定干预策略，降低静脉炎发生率。

（七）采集方法

1. 通过现场查看或计算机数据提取方式，采集统计周期内医疗机构、部门住院患者静脉导管留置总日数（住院患者留置静脉导管长期医嘱跨越凌晨 0 点的次数）或总例数及发生静脉炎的例数。

2. 根据统计数据计算静脉炎发生率（表 9-5）。

表 9-5　静脉炎发生率检查表

表 9-5(1)　预防静脉炎相关护理措施落实率

科室　　　　日期　　　　年　　月　　日　　　　结果统计　　　　检查人

床号	姓名	留置导管							导管维护							健康教育（患者知晓）		导管类型					静脉炎分级				
		遵守无菌原则	血管选择符合标准	导管选择符合标准	部位选择符合标准	消毒规范	静脉输液微粒经有效过滤	导管留置时间符合标准	操作流程符合标准	手卫生规范	定时评估导管	PVC、MC输入刺激性药物冲管正确	定期更换敷料/敷贴	更换输液附加装置符合标准	及时拔除静脉导管	穿刺侧肢体避免剧烈活动	局部发红、发热、肿胀、疼痛告知护士	PVC	MC	PICC	CVC	PORT	0	Ⅰ	Ⅱ	Ⅲ	Ⅳ
三级指标落实率(%)																											
二级指标落实率(%)		导管留置落实率=( )							导管维护落实率=( )							健康教育落实率( )		导管类型 PVC( )条 MC( )条 PICC( )条 CVC( )条 PORT( )条					静脉炎分级 0( )条 Ⅰ( )条 Ⅱ( )条 Ⅲ( )条 Ⅳ( )条				
一级指标落实率(%)		预防静脉炎相关护理措施落实率=( )																									

注：1. 护理措施落实在相应位置打“√”，护理措施未落实在相应位置打“×”

2. 所有的护理措施落实率的计算均为（措施落实的项目总数 ÷ 查检项目总数）× 100%

3. 二级指标落实率导管状态栏目填写相应导管数目

表 9-5(2)　静脉炎发生率统计表

时间(××月/××年)

日期	PVC							MC							PICC							CVC							PORT						
	原有数	新增数	静脉炎发病数					原有数	新增数	静脉炎发病数					原有数	新增数	静脉炎发病数					原有数	新增数	静脉炎发病数					原有数	新增数	静脉炎发病数				
			0	Ⅰ	Ⅱ	Ⅲ	Ⅳ			0	Ⅰ	Ⅱ	Ⅲ	Ⅳ			0	Ⅰ	Ⅱ	Ⅲ	Ⅳ			0	Ⅰ	Ⅱ	Ⅲ	Ⅳ			0	Ⅰ	Ⅱ	Ⅲ	Ⅳ
合计																																			

五、药物渗出 / 外渗发生率

（一）定义

统计周期内，患者静脉输液治疗过程中发生非腐蚀性或腐蚀性药液进入静脉管腔以外周围组织的次数与静脉导管留置总日数 / 总例数的比例。

（二）相关释义

药物渗出（infiltration）：是在静脉输液过程中，非腐蚀性药物进入静脉管腔以外的周围组织。

药物外渗（extravasation）：是在静脉输液过程中，腐蚀性药物进入静脉管腔以外的周围组织。

（三）指标类型

结果指标。

（四）指标改善

比率下降，各级医疗机构药物渗出 / 药物外渗发生率与自身基线数据或同等级医院、区域、国家平均发生率相比，改善目标为发生率下降。

（五）计算公式

公式 1

$$\text{药物渗出 / 外渗发生率} = \frac{\text{统计周期内静脉导管发生药物渗出 / 外渗的例数}}{\text{统计周期内静脉导管留置总日数}} \times 1000‰$$

公式 2

$$\text{药物渗出 / 外渗发生率} = \frac{\text{统计周期内静脉导管发生药物渗出 / 外渗的例数}}{\text{统计周期内静脉导管留置总例数}} \times 100\%$$

分子：统计周期内静脉导管发生药物渗出 / 外渗的例数。

分母：统计周期内静脉导管留置的总日数 / 总例数。

变量特别说明：在统计周期内同一患者留置多个静脉导管，多次发生渗出 / 外渗按实际发生例数计算。如：同一患者发生 2 次渗出 / 外渗，记录为 2 次；同一患者带有≥2 个静脉留置导管均发生渗出 / 外渗，记录为 2 次。

（六）指标意义

1. 反映静脉导管工具评估及管理能力。

2. 通过指标监测，研究渗出 / 外渗发生率与护理工作的投入和护理过程的关系。

3. 依据监测结果，分析相关因素，制定干预策略，降低渗出 / 外渗发生率。

（七）采集方法

1. 通过现场查看或计算机数据提取方式，采集统计周期内医疗机构、部门住院患者静脉导管留置总日数（住院患者留置静脉导管长期医嘱跨越凌晨 0 点的次数）及发生药物渗出 / 外渗的次数。

2. 根据统计数据计算药物渗出 / 外渗发生率（表 9-6）。

表 9-6　药物渗出 / 外渗发生率检查表

表 9-6（1）　预防药物渗出 / 外渗相关护理措施落实率

科室　　　　　　日期　　　　　　年　　　月　　　日　　　　　　　　检查人

床号	姓名	留置导管									导管维护				健康教育（患者知晓）		导管类型					渗出 / 外渗分级				
		导管材质选择符合标准	导管型号选择符合标准	血管选择符合标准	穿刺部位选择符合标准	操作流程符合标准	敷贴 / 敷料规格符合标准	导管固定规范	导管附加装置连接符合标准	腐蚀性药物通路使用规范	敷贴 / 敷料更换符合标准	冲封管方法符合标准	冲封管液浓度及量符合标准	导管维护时机正确	局部疼痛、肿胀告知护士	患者活动符合要求	PVC	MC	PICC	CVC	PORT	0	Ⅰ	Ⅱ	Ⅲ	Ⅳ
三级指标落实率（%）																										
二级指标落实率（%）		导管使用落实率 =（ ）									导管维护落实率 =（ ）				健康教育落实率（ ）		导管类型 PVC（ ）条 MC（ ）条 PICC（ ）条 CVC（ ）条 PORT（ ）条					渗出与外渗分级 0（ ）条 Ⅰ（ ）条 Ⅱ（ ）条 Ⅲ（ ）条 Ⅳ（ ）条				
一级指标落实率（%）		预防药物渗出 / 外渗相关护理措施落实率 =（ ）																								

注：1. 护理措施落实在相应位置打“√”，护理措施未落实在相应位置打“×”

2. 所有的护理措施落实率的计算均为（措施落实的项目总数 ÷ 查检项目总数）× 100%

3. 二级指标落实率导管状态栏目填写相应导管数目

表 9-6（2）　药物渗出 / 外渗发生率统计表

时间（××月 /××年）

日期	PVC							MC							PICC							CVC							PORT						
	原有数	新增数	渗出 / 外渗发生数					原有数	新增数	渗出 / 外渗发生数					原有数	新增数	渗出 / 外渗发生数					原有数	新增数	渗出 / 外渗发生数					原有数	新增数	渗出 / 外渗发生数				
			0	Ⅰ	Ⅱ	Ⅲ	Ⅳ			0	Ⅰ	Ⅱ	Ⅲ	Ⅳ			0	Ⅰ	Ⅱ	Ⅲ	Ⅳ			0	Ⅰ	Ⅱ	Ⅲ	Ⅳ			0	Ⅰ	Ⅱ	Ⅲ	Ⅳ
合计																																			

六、中心静脉导管相关血流感染发生率

（一）定义

统计周期内，中心静脉导管相关血流感染发生例数与中心静脉导管留置总日数的比例。

（二）相关释义

中心静脉导管相关血流感染（central related blood stream infection，CRABSI），是指留置中心静脉导管期间或拔除中心静脉导管 48 小时内患者出现菌血症或真菌血症，并伴有发热（>38℃）、寒战或低血压等感染表现，除血管导管外没有其他明确的感染源。

（三）指标类型

结果指标。

（四）指标改善

比率下降，各级医疗机构中心静脉导管相关血流感染发生率与自身基线数据或同等级医院、区域、国家平均发生率相比，改善目标为发生率下降。

（五）计算公式

$$\text{中心静脉导管相关血流感染发生率}=\frac{\text{统计周期内中心静脉导管相关血流感染例数}}{\text{统计周期内中心静脉导管留置总日数}}\times 1000‰$$

分子：统计周期内，发生中心静脉导管相关血流感染例数。

分母：统计周期内，中心静脉导管留置的总日数。

变量特别说明：在统计周期内，同一患者每发生 1 次中心静脉导管相关血流感染记录为 1 次。

（六）指标意义

1. 反映中心静脉导管维护及管理能力。

2. 通过指标监测，研究中心静脉导管相关血流感染发生率与护理工作的投入和护理过程的关系。

3. 依据监测结果，分析相关因素，制定干预策略，降低中心静脉导管相关血流感染发生率。

（七）采集方法

1. 通过现场查看或计算机数据提取方式，采集统计周期内医疗机构、部门住院患者中心静脉导管留置总日数（住院患者留置静脉中心静脉导管长期医嘱跨越凌晨 0 点的次数）或总例数及发生中心静脉导管相关血流感染的例次数。

2. 根据统计数据计算中心静脉导管相关血流感染发生率（表 9–7）。

表 9-7　中心静脉导管相关血流感染发生率检查表

表 9-7（1）　预防中心静脉导管相关血流感染相关护理措施落实率

科室　　　　　　日期　　　　　　年　　月　　日　　　　　　　　　　检查人

床号	姓名	留置导管					导管维护							健康教育（患者知晓）				导管类型					导管状态	
		遵守无菌原则	消毒剂选择正确	消毒面积、方法正确	导管位置正确	导管留置时间符合标准	评估敷贴/敷料有无松脱	评估穿刺点有无分泌物	手卫生规范	最大无菌屏障	冲封管方法符合标准	敷贴/敷料更换操作规范	附加装置更换规范	局部红肿热痛报告护士	不明原因发热报告	穿刺局部保持干燥	定期维护必要性	PVC	MC	PICC	CVC	PORT	正常使用	发生CRBSI
三级指标落实率（%）																								
二级指标落实率（%）		导管留置落实率 =（ ）					导管维护落实率 =（ ）							健康教育落实率（ ）				导管类型 PVC（ ）条 MC（ ）条 PICC（ ）条 CVC（ ）条 PORT（ ）条					导管状态正常使用（ ）条	发生CRBSI（ ）条
一级指标落实率（%）		预防中心静脉导管相关血流感染相关护理措施落实率 =（ ）																						

注：1. 护理措施落实在正确打“√”，护理措施未落实在错误打“×”

2. 所有的护理措施落实率的计算均为（措施落实的项目总数 ÷ 查检项目总数）× 100%

3. 二级指标落实率导管状态栏目填写相应导管数日

表 9-7（2）　中心静脉导管相关血流感染发生率统计表

时间（××月/××年）

日期	PICC			MC			CVC			PORT		
	原有导管	新增导管	发生CRBSI数	原有导管	新增导管	发生CRBSI数	原有导管	新增导管	发生CRBSI数	原有导管	新增导管	发生CRBSI数
合计												

（孙　宁　吴玉芬　杨巧芳）

第三节 静脉输液治疗风险管理

静脉输液是将大量无菌溶液或药物直接输入静脉的治疗方法。但在输液过程中因多个环节操作，如人员、输液用具、药物、查对、配药、换药、输液泵、管道维护、转运患者、相关性感染等增加了输液风险，预防输液风险事件的发生已成为护理管理者日益关注的重点。

风险是实际情况与预期结果的偏离，具有客观性、永恒性、不确定性及危害性等特点。静脉输液风险管理是护理风险管理的重要内容，是通过对现有和潜在的输液风险的识别、评估和处理，减少静脉输液风险事件的发生和风险事件对医院的危害及经济损失，不断提高静脉输液护理质量。

一、风险因素分析

静脉输液的目标是达到预定治疗结果，预防并发症，减少相关不良反应的发生率，提高患者的舒适度，为患者提供有效的健康教育，做好医务人员的职业防护，减少职业伤害。导致静脉输液风险的因素从医方因素、患方因素两大方面进行分析。

（一）医方因素

1. 缺乏静脉输液风险管理组织及相关制度　多数制度是自行编制，没有进行风险评估。现有制度不完善、不健全，无完善的沟通与告知制度，导致医护患沟通不够；如患者拒绝输液治疗与用药时，护士没有告知患者或家属拒绝治疗可能产生的后果等。对输液新技术开展的管理与指导力度不够，对新技术的操作与护理缺乏及时统一规范，同一医院各科室执行的标准不一致等。

2. 静脉输液相关知识和操作技术培训不够　部分医院领导认为只要护士有执业证书就具备了执行静脉输液操作的资格，缺乏静脉输液相关知识和操作技术的系统培训，导致护士的静脉输液操作观念仍停留在约定俗成的习惯和经验阶段，缺乏对患者进行科学的评估和个体化的预防措施，导致重复静脉穿刺，静脉炎、导管堵塞、渗出、坏死等并发症风险增加。

3. 输液关键环节管理不善

（1）医护人员责任心：指个人对自己和他人，对家庭和集体，对国家和社会所负责任的认识、情感和信念，以及与之相应的遵守规范、承担责任和履行义务的自觉。但在静脉输液关键环节中，有的医护人员责任心不强导致事故或纠纷的发生，如：

1）静脉输液工具及附加装置的使用：如在静脉输液配制的过程中，重复使用一次性注射器；血源性病原体职业暴露如针刺伤等。静脉输液工具的质量：

如输液袋内出现异物、絮状物、头发丝等；使用过期产品，医疗废物管理不善等引起院内感染，均可造成纠纷。

2）药品管理和给药环节：药品失效或管制药品流失；假药、劣药、过期失效药用于患者，输入真菌液体，或加错药，以及给药方法错误、药物浓度计算不对、给药时间延误、没有按医嘱要求的时间间隔给药、应做皮试的药物没有做皮试；违反药物配伍禁忌、不按配伍要求用药，造成药物不良反应；药品管理不当，导致应使用的药物没有给患者使用，停药、出院未及时清退等。

3）采集血样标本及输血环节：采集血样标本抽错，输血张冠李戴、输血不及时、血液储存或运输时不符合规范等。

4）查对环节：由于责任心不强导致的查对不严格，如：医嘱的转抄、配药、用药等，出现的患者、剂量、途径、时间等错误的不良事件，而带来的输液风险。

5）特殊部门：如通过 CNKI 图书网站资料查询论文报道“门诊输液室的风险管理”最多。在门诊输液室，因输液的患者多、液体多、药物多、患者流动性最大；医生少、护士少等诸多不利因素，如护士的责任心不强、慎独精神差，易引发护理纠纷。

6）文书记录：静脉输液药名、剂量或总结出入量时如出现书写错误，涂改或刮痕。

7）记账：液体、药物、一次性耗材（注射器、输液器），账务不符，会导致护理纠纷发生。

（2）技术方面风险

1）PICC 置管作为护理新技术，掌握该技术的护理人员不多，患者的 PICC 维护质量得不到保障，导致 PICC 维护不当，导管堵塞、导管滑出等。

2）药液浪费：输液时排气不当、输入贵重药品拔针过早等造成药液浪费。

3）穿刺技术：尤其是在抢救患者时，不能及时、有效建立静脉输液通路影响患者的抢救。

4）设备使用：输液泵使用不当，会产生一系列的不良反应，如气体进入静脉、输液过量、潜在输液部位损伤、液体输入中断等，还可致患者药物中毒。

（3）转送患者：患者转运是一个连续性救治的过程，静脉输液的患者在转运中存在液体外渗、导管脱出、治疗中断等风险。

4. 服务态度　据统计住院患者 90% 需要输液治疗，临床护士的工作量增加，每天护士用于静脉输液的时间占据工作量的 70%；对于患者及家属的反复询问，护理人员的解释可能简单、生硬或不恰当的语言伤害对方，或表现出不耐烦、不体谅，解释不仔细也可促进纠纷的发生。

（二）患方因素

1. 患者疾病、年龄、性别、基础疾病、血管条件、对药物的耐受性及液体的承受力等。如病情危重、沟通困难的患者、年老体弱、癌症患者，因反复接受化疗、外周血管疾病患者、糖尿病患者及静脉压增高的患者等。这些患者发生静脉输液并发症风险高，也是产生纠纷的高发人群。

2. 患者的配合、依从性差，增加了静脉输液的风险　对一些烦躁、老年、婴幼儿这些患者的配合存在问题。

3. 患者的经济能力　一些慢性病、反复多次住院的患者，医疗费用增加明显，经济负担重，从而间接影响输液工具的合理选择，导致静脉输液风险增加。

4. 患者及家属遵从医嘱行为欠佳，输液患者私自外出；患者及家属不听医务人员的告诫随意调节输液滴数等均能带来不良后果。

二、风险控制管理

“风险管理”是将发生不安全事件后的消极处理，变为不安全事件发生前的积极预防，使医护人员积极主动地发现工作中的薄弱环节和危险因素。强调前瞻性分析，在不良事件发生前：哪个环节可能会做错什么事？将护士从“怕出错”的意识，转变为积极思考：“哪里可能出错”。静脉输液风险管理原则：将风险管理提高到安全管理的角度，将安全隐患消灭在萌芽状态，积极而超前的风险管理，比消极的事后处理更全面、更科学。

（一）加强医方管理

1. 建立静脉输液质量管理组织

（1）成立静脉输液质量控制组：由质控组的组长负责，负责静脉输液的质量管理含风险管理，实施、监控、分析、评价、人员培训、规章制度的制订及信息的通报与反馈等。

（2）建立静脉输液风险管理的网络组织：每个科室由 1 名临床护士担任该科室输液风险管理联络员，静疗小组质控组成员负责科室静脉输液风险管理活动的实施、科室护士培训及科室内输液风险事项监控等。

2. 完善静脉输液相关规章制度　在充分调研的基础上，分析静脉输液护理现状，评估潜在风险，依据卫计委颁布的静脉输液治疗护理技术操作规范，修订和完善静脉输液的相关操作流程、制度及应急预案，如留置针穿刺操作流程、PICC 置管与维护操作流程、静脉输液风险管理制度、新进人员静脉输液培训制度、静脉输液工具管理制度、特殊药物使用警示制度、PICC 中心管理制度等；药物过敏性休克抢救应急预案、输液输血反应的应急预案、化疗药物外渗应急预案等；特殊患者、特殊治疗告知同意书等。

建立输液风险事件呈报制度，将输液并发症（药物渗出、输液反应、导管相关性感染）、给药错误、投诉与纠纷、护士针刺伤等视为医院输液风险事件，设计相应的输液风险事件报表网络系统，实行无惩罚上报制度。当出现静脉输液风险事件时，由静疗小组质控组成员或联络员确认，并在静脉输液风险事件报表内填写相关内容，质控组成员可通过医院内网络系统实时监控。

3. 加强静脉输液治疗关键环节风险控制

（1）加强医护人员管理，增强责任意识

1）实施静脉输液治疗技术操作的医护人员应为注册护士、医师，并应定期进行静脉输液治疗所必需的专业知识及技能培训，静脉输液治疗风险控制的教育，加强责任心的培养。

2）加强医护人员法律意识，提高自我保护的能力：严格执行各项规章制度，防止加错药、抽错血样、输错血；患者有知情同意权、拒绝治疗的权利、有要求提供出院指导的权利、自由不受限制的权利、隐私权等，注意告知程序落实。

3）加强医护沟通：护士接到静脉输液执行单时应正确判断，认真核对；发现错误医嘱，及时与医师沟通，加强医护配合，避免差错事故发生，降低输液风险。

4）增强责任心及服务意识：改善服务态度，提升输液服务质量，对特殊部门如门急诊输液室护理人员加强输液技术培训，做到忙而不乱，耐心解释，培养慎独精神。

5）认真完成静脉输液的各项记录，不涂改。

（2）确保输液用具及输液附加装置的安全性：护理人员应正确掌握输液工具合理选择的原则：满足输液治疗需要、穿刺次数少、留置时间长；对患者损伤少、风险小；充分考虑患者的经济承受能力等，确保输液工具及输液附加装置使用的安全性。

1）合理使用一次性输液工具：对易发生血源性职业暴露的高危病区，宜选用一次性安全型注射和输液装置；PICC、MC、CVC 及 PORT 维护时，宜使用专业护理包；一次性输液用品用后必须统一回收、毁形处理。输注药品说明书所规定的避光药物时，应使用避光输液器；输注脂肪乳剂、化疗药物以及中药制剂时宜使用精密过滤输液器。应做到一人一用一抛弃，包括：注射器、输液（血）器、PVC、PICC、MC、CVC、PORT 及输液附加装置等。

2）输液（血）器：使用输血器时，输血前后应用无菌生理盐水冲洗输血管道；连续输入不同供血者的血液时，应在前一袋血输尽后，用无菌生理盐水冲洗输血器，重新更换输血器。输液附加装置包括三通开关、延长管、肝素帽、无针输液接头、过滤器等，应尽可能减少输液附加装置的使用，输液器具的更换应严格按照静脉输液行业标准执行。

（3）药物管理：静脉输液治疗流程中药物的领取、摆药、配制、查对、用药、更换液体等步骤均存在安全风险，因此，必须确保每一个步骤安全，才能保证输液的安全。

1）液体查对：打印输液瓶签、输液卡、输液执行单前，必须两人核对医嘱，确保医嘱的正确性后才能打印。摆液体者必须认真检查每一袋/瓶液体的质量。软包装液体检查方法：一看二挤三倒转四拉：一看：查看液体的名称、浓度、剂量及有效期，检查液体是否摆放正确及是否在有效期内；二挤：双手挤压软包装，检查包装有无破损污染等；三倒转：将液体上下倒转后再检查有无漂浮物或絮状物，检查其质量，如有异常马上更换并上报；四拉：检查拉环是否完好，液体是否被使用过。

2）静脉药物配制：配制和使用应在洁净的环境中完成。

3）静脉用药：应遵循无菌技术操作原则，执行查对制度，操作前后应执行WS/T 313规定的手卫生，应定时巡视，观察患者有无输液反应，穿刺部位有无红、肿、热、痛、渗出等表现。输入刺激性、腐蚀性药物过程中，应注意观察回血情况，确保导管在静脉内。

4）更换药液：必须检查将要使用的液体有无混浊、沉淀等。查对相邻两组液体有无配伍禁忌，接换后观察是否有沉淀、混浊的现象出现，如有应马上更换输液管。

5）科学安排输液顺序：护士应根据医嘱、病情特点和药物相互作用，合理安排输液顺序，使药物能够有序的、合理的输入体内，达到治疗的目的。在给患者加压输液时护士不可离开现场，以免造成空气栓塞，危及患者生命。

（4）输液泵的安全应用：在使用输液泵的过程中应正确使用和维护，用泵前检查泵的性能是否完好（尤其是报警系统），输液管正确安装，软管要确保彻底地卡在检测器中；每输注一瓶液体都应设置总量，设置的总量不能超过输入液量（最好减去排气量）；输液过程中若仪器报警应查明原因及时处理，如发现药物外渗，立即停止泵入，重新选择血管，并做好局部处理。

（5）做好输液管道的安全维护：应按照静脉输液行业标准执行，导管在使用过程中应做好安全维护，避免导管堵塞、滑出、感染等并发症的发生，保证输液顺利进行。

（6）转送患者时的输液风险控制

1）转运前风险管理：患者的静脉输液用药情况、输液工具及输液部位等，如因病情不可间断的药物，携带有储备电源的微量泵，评估储备电源是否充足；观察穿刺局部有无红肿、渗出，固定是否妥当，是否需要换药等，对转运过程可能出现的情况，做到有预案、有计划、有准备。

2）转运中风险管理：确保静脉输液及时有效进行，保持通畅，控制滴速，防扭曲受压，防脱出。

3）转运后风险管理：患者转运到位后，对静脉输液的药物、输液部位的皮肤状况及输液管道再次查看做好交接。

（二）做好患方管理

1. 掌握患者基本信息　输液前需要全面评估患者的基本信息，包括病种、病情、年龄、身高、体重、基础疾病、输液治疗的时间、目的、药物的性质、患者的依从性、经济情况及配合程度等。

2. 对高危人群加强管理　如老年患者、婴幼儿、危重患者等，对穿刺难度大的患者，最好安排高年资的护士或技术熟练的护士去执行。

3. 加强护患双方沟通　充分知情告知，对患者和照顾者进行静脉输液治疗、导管使用及维护等相关知识的教育。如患者在输入化疗药物、静脉高营养等刺激性强的药物时，由于药物的特性，容易导致静脉炎、皮下坏死等，在输液前将有可能出现的并发症对患者及家属介绍，推荐中心静脉置管的优势，减少并发症发生。告知患者不能私自调液体滴数等。

静脉输液风险管理的最终目的是减少输液风险事件的发生，保证患者的输液安全。在静脉输液风险管理的过程中，对输液的各个因素及环节进行有效的管理，使护理人员、患者及家属共同预防各种输液风险事件的发生，就能避免或减少不良事件的发生，提高静脉输液护理质量。

（张　敏－陕西）

第四节　微粒污染管理

微粒是指极细小的颗粒，包括肉眼看不到的分子、原子、离子等以及它们的组合。在临床医学中，微粒可直接通过血液或呼吸系统进入人体体内。

静脉输液微粒是指通过静脉输入液体中的非代谢性颗粒杂质，它是液体中不溶性的物质及未溶解的药物结晶，其直径一般为 1~15μm，大的直径可达 50~300μm 或更大。

静脉输液微粒污染是指在静脉输液过程中液体微粒带入人体体内，对人体造成危害的过程。美国 2016-INS 显示：越来越多的证据证明微粒（如橡胶、玻璃、乳胶）对毛细血管内皮的影响及微气泡的影响，可能导致脑缺血、肺缺血、血管栓塞、静脉炎、肺肉芽肿等。使用可阻止微粒和清除空气的过滤器可预防气体 / 微粒的伤害。

一、微粒污染来源

微粒污染一般是由环境因素、药品因素、输液器具、操作不当等环节的不合格或不符合操作规程而产生，这些环节污染的微粒最终会导致不溶性微粒污染的累加。

输液器中的微粒有橡胶塞屑、炭粒、碳酸钙、氧化锌、纸屑、纤维素、玻璃屑、细菌、药物微晶等。微粒污染常见于：

1. 盛装药品的容器污染。

2. 药品制作过程中混入异物或污染微粒　如：水、空气、原材料及生产工艺过程中的污染。

3. 输液容器与注射器污染　一次性输液器具、注射器在生产过程中切割、组装带入机械性微粒，存在有未塑化的高分子异物，材料不耐磨而脱落的颗粒。PVC材质的输液器在药物输注过程中添加剂渗析。

4. 液体准备工作中的污染　如：溶媒选择不当、药物配伍不当、重复使用注射器、切割安瓿、反复穿刺溶液瓶胶塞及配制液体环境不洁等。

5. 药物、器具及液体在放置、储存、运输过程中的污染　如：某些药物放置过久，湿度变化，pH变化，可发生分解或聚合、结晶或沉淀而产生的杂质。

6. 药液输注过程中的污染　如：碘化合物等未干带入，无菌技术不严带入细菌，药物输注顺序不当，终端过滤器被损坏，输液环境中的烟尘、粉尘、尘埃、细菌、微生物、纤维等通过输液器排气管、过滤器进入药液等。

7. 脂肪栓　脂肪乳生产或储存使用过程中由于脂肪乳化不全而形成直径大于5μm的脂肪乳微粒。

二、微粒污染的危害

微粒污染对人体造成的危害是潜在的、长期的，甚至难以被人发现。其危害程度取决于微粒的大小、形状、化学性质以及微粒堵塞血管的部位、血流阻断的程度及人体对微粒的反应等。

人体内的毛细血管平均直径约为7~9μm，最小的毛细血管直径为4μm。药液中直径超过4μm的微粒进入人体会蓄积在心、肝、肺、脑、肾、肌肉、皮肤等毛细血管中。较小的微粒可被巨噬细胞吞噬，较大的微粒可造成毛细血管栓塞。

近年来，国内外研究人员经过研究发现，药液中存在的不溶性微粒通过静脉输液或静脉注射进入人体，可能导致人体急性反应或潜在危害。肺、脑、肝及肾等人体重要器官是最容易被微粒损害的部位。

人们对微粒危害的认识，始于20世纪50到60年代。1955年Bruning报道，在210例患肺血管肉芽肿的小儿尸检中发现有19例是由于纤维所造成的。1963年Garvan和Gunner在尸检中发现，输过40L液体的患者肺标本中就有5000个肉芽肿。因而认为输液中的不溶性微粒侵入肺可引起肺梗死。

微粒污染对人体的危害一般表现为：

1. 血管栓塞、梗死　大于毛细血管直径的微粒进入机体直接堵塞毛细血管导致组织缺血、缺氧，甚至坏死。

2. 肉芽肿　血管内游走的不溶性微粒侵入肺、脑、肝及肾等组织毛细血管内，作为异物引起被巨噬细胞包围增殖形成肉芽肿。

3. 过敏反应　输液剂中含有的药物结晶微粒、聚合物、降解物及其他异物可在注射部位或静脉血管与组织蛋白发生过敏反应。

4. 形成肿瘤或肿瘤样反应　肿瘤或肿瘤样反应不能立即识别，一般不易引起重视。大多数情况下微粒堵塞毛细血管，刺激组织产生炎症或形成肿块。但石棉微粒，常可引起肺癌。大量放射性微粒进入人体可直接引起白血病或白细胞减少症。

5. 静脉炎　微粒进入血管随血液循环刺激血管内壁，血管壁损伤，正常形态发生改变，导致血小板的黏附，引发静脉炎。

6. 肺动脉高压　液体微粒进入血液循环很难通过肺部微循环，从而引起肺动脉压力升高形成肺动脉高压。

7. 血小板减少　微粒进入血液循环，由于颗粒与血细胞之间的碰撞，使血细胞破坏，血小板减少，造成出血等病症。

8. 热源样反应　大量不溶性微粒进入人体可引起机体抗原抗体作用，诱发炎症反应，患者会出现寒战、发热、皮肤瘙痒等热源样反应。

三、静脉输液治疗微粒污染管理

静脉输注药液应无菌，无致热源，微粒限量符合中国药典规定。根据2010年版《中华人民共和国药典》不溶性微粒显微计数检查法规定：

1. 标示装量为100ml或100ml以上的静脉用注射液除另有规定外，每1ml中含10μm以上的微粒不得超过12粒，含25μm以上的微粒不得超过2粒。

2. 标示装量为100ml以下的静脉用注射液、静脉注射用无菌粉末、注射用浓溶液及供注射用无菌原料除另有规定外，每个供试品容器（份）中含10μm以上的微粒不得超过3000粒，含25μm以上的微粒不得超过300粒。

英国药典规定，大输液中每1ml含直径≥2μm和直径≥5μm的微粒分别不得超过1000粒和100粒。

目前静脉输液工作中，微粒污染的现象比较普遍，对微粒污染的控制力度及效果追踪还需努力。为减少静脉输液微粒污染对人体的危害，应从各环节入手，特别是静脉输液配制及应用环节，采取行之有效的措施控制静脉输液微粒污染，为患者提供更安全的静脉输液。

（一）控制静脉输液药品生产环节质量

生产单位应积极改善生产空间卫生条件，安装层流空气系统，防止空气中悬浮尘粒、微尘生物与细菌污染。选择优良器材和合理的生产设备，保持生产设备内部的清洁卫生。选用优质溶剂、注射用水、橡胶等。采用适宜技术，提高检验技术，确保药液质量。工作人员的行为需严格遵照行业标准进行。

（二）管控静脉输液临床环节，杜绝或减轻静脉输液微粒污染带来的危害

具体措施如下：

1. 输液配制环境管控

（1）液体配制环境合格：静脉输液微粒污染需注意输液配制、操作环境的空气净化管理。有条件的医院可选择在静脉配制中心进行液体配制或在治疗室内安装空气净化设施（如循环风紫外线空气消毒器、静电吸附式空气消毒器等）或配备净化无菌工作台。采用空气过滤除菌、定时消毒、定时作细菌检测等措施，保证治疗室空气质量达到三类环境的要求，使细菌总数≤500cfu/m^3。

（2）规范配液人员操作行为：闲杂人员不得进入配液室，配液人员应减少走动，进入配液室前应洗手、戴口罩，衣帽整洁，推荐穿非穿透性、无絮状物材料制成的连体防护服，避免带入性微粒污染。

（3）减少输液操作环境污染：根据有关报道，在输液加药和操作时可使微粒物质增加 9.13 倍，而加入粉制针剂则比加入其他制剂药物微粒污染更多，是后者的 4~5 倍。由于加药、输液环境中的空气进入造成输液微粒的严重污染。故病房也应定时打扫并进行细菌监测，减少陪护及探视人员，保持病房清洁整齐，空气流通。

2. 用药过程管控

（1）合理选择溶媒：药液配制人员应根据药物的理化性质及药物的溶解度合理选择溶媒及用量。宜选用非 PVC 材料制作的软袋式溶媒而非瓶装溶媒。

（2）合理配伍：输液药物配制前，详细阅读药品说明书，熟悉药物药理作用，了解药物的理化性质、用法、用量、配伍禁忌及不良反应。针对使用药品，查看药物配伍禁忌表及有关资料，做到心中有数。在没有资料证实可以混合静脉用药前，严禁随意配伍。临床实践证明，输液瓶内加入药物的总数越多，出现配伍禁忌的可能性就越大。如遇使用粉针剂或遇到难溶性药物时，应加入足量的溶媒，充分振荡将其完全溶解。中药注射剂由于成分复杂，制备工艺不同，使用时需遵照国家食品药品监督管理局 2008 年 12 月 24 日发布的《中药注射剂临床使用基本原则》。谨慎联合用药，宜单独使用。联合使用其他药品时，应考虑与中药注射剂的间隔时间以及药物相互作用等问题。必要时对配伍液体进行微粒及 pH 监测。

（3）任何药物应做到现配现用，根据中华人民共和国卫生行业标准《病区医院感染管理规范》2016 年规定：抽出的药液和配制好的静脉注射无菌液体，放置时间不应超过 2 小时；启封抽吸的各种溶媒不应超过 24 小时。

（4）合理安排输液顺序，避免出现药液沉淀、混浊和结晶析出。

3. 控制橡胶微粒

（1）配制液体针头不宜过粗，一般采用 9~12 号侧孔针头为宜，提倡一人一针，一药一针。

（2）避免反复穿刺橡胶瓶塞，需多次加药时，宜用两根针头，一根固定在瓶口上，另一根抽吸药液。

（3）向瓶内加药时针头应斜行进针，针尖斜面向上与瓶塞成60°~80°角。

4. 控制玻璃微粒

（1）宜使用“易折”型安瓿。

（2）如为“非易折”型安瓿，应先将安瓿的药液全部弹至体部，再消毒安瓿颈部及砂轮。在安瓿颈部划锯痕，锯痕≤1/4周，之后再次消毒，将安瓿倾斜45°轻轻折断。李玉梅等研究表明1支5ml安瓿颈部划锯痕后用手掰开切割口带有玻璃微粒1300~3000个。如果用酒精或大于0.5%碘伏棉签擦拭后再掰开，微粒污染减少1/4。

（3）抽吸药液时针头斜面应置于安瓿的中部或底部，不能用乳头直接抽吸。

（4）禁止用镊子敲碎安瓿。

5. 控制塑料微粒　合理选用注射器。一次性注射器选用三证齐全、质量检测合格的供货单位，防止不合格及伪劣品微粒超标造成塑料微粒污染。

6. 使用终端滤过器　输液微粒的污染途径以输液器具、配制液体操作和空气环境污染为主，使用输液终端滤过器是解决输液微粒危害的理想措施。带有空气过滤装置及终端滤器的一次性输液器已被广泛应用于临床，对微粒污染控制起到了一定的作用。精密过滤输液器的过滤介质孔径是5μm，某些专用的输液过滤器滤膜孔径可达到1.0μm，对微粒的截留作用是肯定的。观察证实，如过滤器的网面直径小于0.45μm，可除掉微粒及大部分细菌和真菌，过滤器孔为0.22μm可除掉所有的细菌和真菌。而中药注射剂的输注也研究证明，精密过滤输液器能有效减少中药制剂输注中的微粒，减轻输液疼痛。但是精密过滤输液器成本过高，相当于普通输液器价格的几倍甚至几十倍，一定程度上限制了临床的应用。

7. 控制碘化物微粒　应用碘酒消毒液时，酒精脱碘，等消毒液自然待干后再行穿刺，可以有效减少微粒，特别对小儿及长期输液者。

8. 加强基本功训练及慎独修养

（1）合理选择血管，使用适宜的穿刺工具，减少穿刺次数，穿刺失败后要及时更换留置针或一次性静脉输液钢针。

（2）严格执行无菌技术。洁净患者皮肤，清除退化脱落的上皮角化细胞，减少穿刺时带入血管。

（3）严格执行查对制度。配制液体前仔细检查液体内有无异物，瓶盖有无松动，瓶体有无裂纹等。检查药液质量及有效期。配制后由配制人员与使用人员两人核查液体的澄清度。观察药液有无变色、沉淀、絮状物等可见性微粒和异物。

（4）输液时，不要在过滤器被堵塞的情况下刺破过滤器使它丧失过滤功能。

9. 贴近临床，及时更新

（1）管理部门制订更严格的控制微粒污染的质量监管原则及执行标准。

（2）推广使用减少微粒污染的新产品、新技术。如用塑料安瓿替代玻璃安瓿，使用带有过滤器的针头等。

（3）加快直接输注药品研发，减少药物的配制。

总之，要有效管理和控制输液微粒污染给人体带来的危害，需建立“以人为本”的管理意识，上下一心，更新观念，健全相关法律、法规，落实各项规章制度。改善硬件设施，净化操作环境，增强微粒控制意识和慎独精神，不断学习、培训，将微粒污染控制在最小范围，确保患者用药更加安全有效。

（刘红梅）

第五节 静脉输液治疗职业防护

静脉输液治疗护士在工作中最常见的职业危害是发生血源性传播性疾病。主要途径分为皮肤黏膜发生血液暴露和针刺伤两大类，其中以针刺伤为主，占80%。研究证实，20多种致病因子可以通过血液传播，目前已确定的血液传播疾病有乙肝、丙肝、艾滋病、埃博拉出血热、梅毒、疟疾等，其中乙肝、丙肝、艾滋病最为突出，对护士危害最大。

一、血源性职业暴露的原因

（一）医护人员的因素

1. 职业防护意识淡薄，缺乏标准预防知识　当前医学院校教育体系中尚未开设职业防护暴露课程以及相关系统的教材；医护人员临床工作中接受的职业防护培训及职业暴露与安全防护的内容不多，多数医护人员防护意识淡薄，对医疗锐器的危害认识不足。

2. 缺乏相应防护措施　国内大多数医院在职业防护的基础设施方面投入力度不够。如洗手设施较落后、手动式水龙头、普通肥皂、公用毛巾、化学消毒剂、泡手盆等；甚至缺乏标准预防的基本防护设施，如锐器盒、乳胶手套等。

3. 操作流程不规范　部分医护人员缺乏职业防护防范意识，技术操作不熟练；医院的监管力度不够或工作量大，导致职业暴露的频频发生。

（二）患者因素

患者因疾病或手术等打击易出现不良的心理反应，加上新闻媒体的导向以及一些不良报道，患者易对医护人员产生不信任感或期望值较高，有些患者不了解疾病的发生、发展，认为住院治病就应该治好等因素都可能导致护患关系紧张。有研究报道护理对象不合作导致锐器伤的比例达29%。

（三）心理因素

由于护理工作的高强度、高责任、高风险易使护士产生工作疲惫感，表现为情绪不稳定、易激惹、焦虑、对服务对象漠不关心等；长期积累的压力还会逐渐影响护士的身心健康，表现为职业倦怠，可带来行为、认知和生理三方面的消极后果。

二、血源性职业暴露的处理

（一）职业暴露后的现场紧急处理

一旦发生锐器伤，若有伤口，应该在伤口旁边自近心端向远心端轻轻挤压，但禁止进行伤口的局部挤压，尽可能挤出损伤后的血液，用肥皂液和流动水冲洗5分钟以上，再用大于0.5%碘伏进行消毒，伤口破损面积大或伤口较深者还应进行伤口包扎。切勿用嘴吸吮血液、用利器将伤口扩大或进行局部的挤压放血。若皮肤无伤口，或发生皮肤黏膜血液、体液暴露则应反复用流动水或生理盐水冲洗。

（二）职业暴露伤的报告程序

医务人员职业防护体系包括健全的医务人员职业暴露防护应急预案、规范的职业暴露报告处理流程和人性化的随访服务。

1. 提交护理部报告，内容包括：

（1）暴露时间。

（2）在哪里，做什么动作，被什么东西刺伤。

（3）暴露来源是什么、量多少、伤口深度、大小。

（4）暴露来源是否有血源性传播疾病（乙型肝炎、丙型肝炎、梅毒、艾滋病等）。

（5）暴露者是否接受乙肝疫苗接种，抗体产生情况。

（6）处理记录，用药记录。

2. 医院感染办公室填表备案。

3. 预防保健科进行相应处理。

（三）医护人员发生职业暴露伤的处理

1. HIV职业暴露后的处理

（1）建立暴露后血清学的随访制度：应立即抽取暴露者的血样作HIV抗体检测，以排除是否有既往HIV感染；如果阴性，不论经过感染风险评估后是否选择暴露后预防用药，应在暴露发生后第4周、第8周、第12周及6个月、12个月追踪监测相关血清学抗体检测，以明确是否发生HIV感染。

（2）HIV暴露后感染风险评估：HIV职业暴露级别分为三级：

一级暴露：暴露源为血液、体液或者含有血液、体液的医疗器械、物品；暴露类型为暴露源沾染了不完整的皮肤或黏膜，但暴露量小且暴露时间较短。

二级暴露：暴露源为血液、体液或者含有血液、体液的医疗器械、物品；暴露类型为暴露源沾染了不完整的皮肤或黏膜，暴露量大且暴露时间较长，或暴露类型为暴露源刺伤或割伤皮肤，但损伤程度较轻，为皮肤擦伤或针刺伤（非大型空心针或深部穿刺针）。

三级暴露：暴露源为血液、体液或含有血液、体液的医疗器械、物品，暴露类型为暴露源刺伤或割伤皮肤，但损伤程度较重，为深部伤口或割伤物有明显可视的血液。

根据暴露源的病毒载量水平将暴露源分为轻度、重度和暴露源不明三种类别类型。

暴露源为 HIV 阳性，但滴度低、HIV 感染者无临床症状、CD_4 计数正常者，为轻度类型。

暴露源为 HIV 阳性，但滴度高、HIV 感染者有临床症状、CD_4 计数低者，为重度类型。

不能确定暴露源是否为 HIV 阳性者，为暴露源不明型。

（3）暴露后预防性治疗方案：在目前尚无有效的疫苗用于 HIV 感染的预防和治疗，职业暴露后抗反转录病毒预防性用药是医务人员在发生 HIV 职业暴露后预防感染的最重要安全保障。发生 HIV 病毒职业暴露后，一定要经过专门培训的、有相关经验的 HIV 专家或专业医生对暴露后感染的风险进行评估，与被暴露者共同分析讨论用药利弊等，最后由被暴露者根据自己的情况（例如有的被暴露者是孕妇或处于哺乳期等），作出是否用药的选择和决定（表 9-8）。

表 9-8　HIV 不同的职业暴露级别预防性用药推荐方案

暴露级别	暴露源级别	推荐用药方案
一级暴露	轻度	不使用 PEP
	重度	基本用药
二级暴露	轻度	基本用药
	重度	强化用药
三级暴露	轻度或重度	强化用药
二级或三级暴露	不明	基本或强化用药

1）预防用药时间：应当在发生 HIV 病毒职业暴露后尽早开始，最好在 4 小时内实施，最迟不宜超过 24 小时，即使超过 24 小时，也应当实施预防性用药。

2）基本用药方案：HIV 暴露后预防用药的基本方案是发生 HIV 职业暴露后供选择的一线用药，它由两个核苷类药物组合，主要用以下 3 种组合：AZT+3TC、3TC+d4T、ddI+d4T。基本用药方案主要用于不太严重的职业暴露或在职业暴露情况不明时。

3）强化用药方案：暴露后强化用药方案指在基本用药方案的基础上，再增加一个蛋白酶抑制剂或反转录酶抑制剂的用药方案，如 IDV 或 RTV 或 LPV/r。当职业暴露情况严重时，为达到有效的预防 HIV 感染发生的目的，可以选择强化方案，三药的联合具有更强大的抗病毒活性，并可防止因暴露源病毒对某一类药物耐药而发生的预防失败。但应该注意尽量不与 EFV、NVP 或 ABC 联合，因为这三种药物发生严重反应的机会相对较多，且最容易发生在用药的第 1 个月。

（4）HIV 职业暴露处理方法与报告流程见图 9-6。

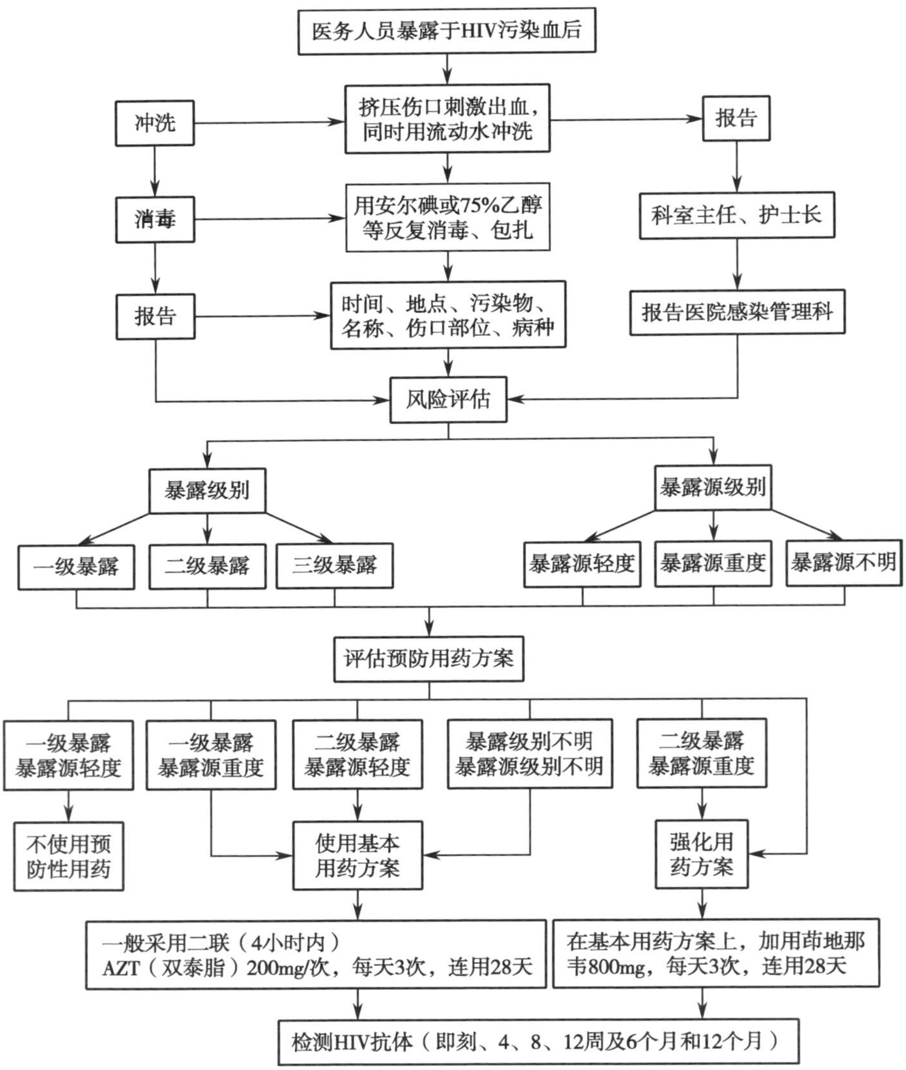

图 9-6　HIV 职业暴露处理方法与报告流程

2. HBV（乙型肝炎病毒）职业暴露后的处理

（1）建立伤后血清学的随访制度：暴露后对患者进行表面抗原检测，伤者进行表面抗原和抗体检测，如果患者抗原阳性，伤者抗原阴性，抗体阴性时要分别于暴露后0、2、3、6、12个月定期检测乙型肝炎5项标志物（HBsAg、HBsAb、HBeAg、HBeAb、HBcAb）和转氨酶。

（2）伤后预防性治疗方案：发生HBV暴露后，如果伤者为HBV易感者（未接受过疫苗者、接种过后无反应者或抗体效价已下降至10mlU/ml以下者），应于24小时内（最好不超过7天）及1个月后肌肉接受高效价乙肝免疫球蛋白（HBIG）200~400IU，并同时在不同部位、接种一针乙型肝炎疫苗20μg，于1个月和6个月后分别接种第2和第3针乙型肝炎疫苗，各20μg。

（3）HBV职业暴露处理方法与报告流程见图9-7。

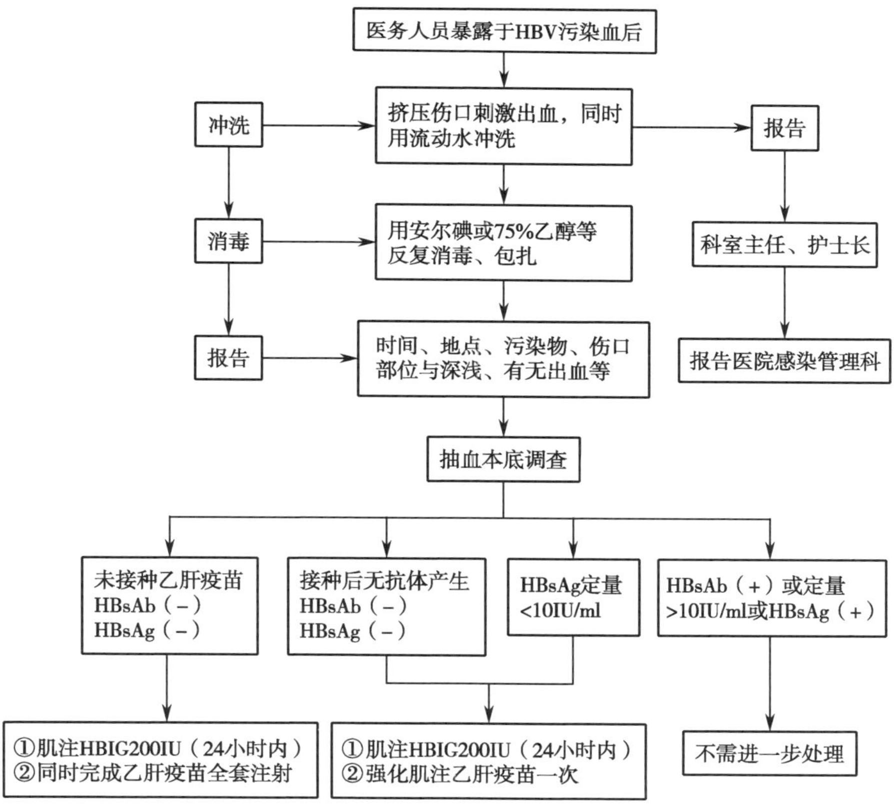

图9-7　HBV职业暴露处理方法与报告流程

3. HCV（丙型肝炎病毒）职业暴露后的处理

（1）建立伤后血清学的随访制度：患者和伤者即刻进行丙肝抗体测试，如果患者抗体阳性,伤者阴性,则 0、1、3、6 个月后复查。

（2）伤后预防性治疗方案:目前无特效的伤后预防措施,有人认为早期诊断、早期使用干扰素可能有效。使用方法、使用量与治疗慢性肝炎相同。

（3）HCV 职业暴露处理方法与报告流程见图 9–8。

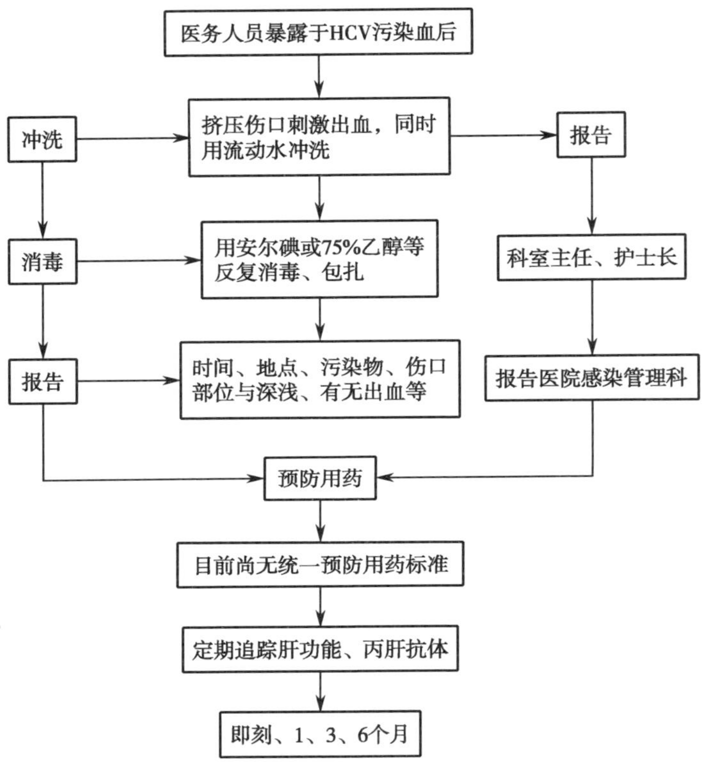

图 9–8　HCV 职业暴露处理方法与报告流程

4. 梅毒职业暴露后的处理

（1）建立伤后血清学的随访制度:立即采血检测梅毒标志物,并于 1、2、3 个月复查。梅毒螺旋体明胶凝集试验（TPPA）其敏感性和特异性高,主要被用于梅毒确诊试验,一旦阳性就不会转阴,终生阳性,但滴度高低对疗效观察意义不大。非螺旋体抗原血清试验（RPR）,可作为筛查,阳性有助于诊断梅毒。滴度正常值 1:2 或阴性。连续 3 次复查阴性可视为治愈。

（2）伤后预防性治疗方案:预防治疗梅毒首选长效青霉素:苄星青霉素（长效西林）240 万 U,分两侧臀部肌内注射,每周 1 次,连续 3 周。如对青霉素过敏可选用红霉素。

（3）梅毒职业暴露处理方法与报告流程见图 9–9。

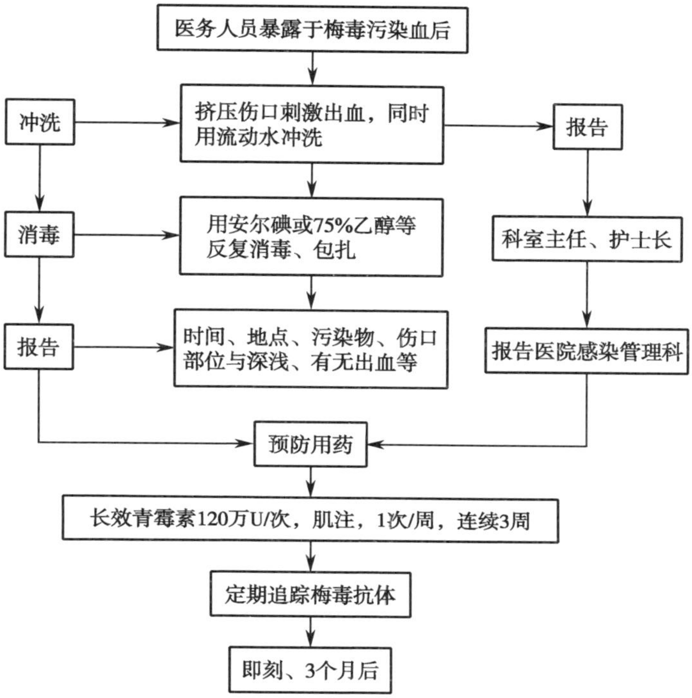

图 9-9　梅毒职业暴露处理方法与报告流程

三、抗肿瘤化疗药物职业防护

（一）抗肿瘤化疗药物职业防护要求

1. 配制抗肿瘤药物的区域应为相对独立的空间，宜在Ⅱ级或Ⅲ级垂直层流生物安全柜内配制。

2. 使用抗肿瘤药物的环境中可配备溢出包，内含防水隔离衣、一次性口罩、乳胶手套、面罩、护目镜、鞋套、吸水垫及垃圾袋等。

3. 配药时操作者应戴双层手套（内层为 PVC 手套，外层为乳胶手套）、一次性口罩；宜穿防水、无絮状物材料制成、前部完全封闭的隔离衣；可佩戴护目镜；配药操作台面应垫以防渗透吸水垫，污染或操作结束时应及时更换。

4. 给药时，操作者宜戴双层手套和一次性口罩；静脉给药时宜采用全密闭式输注系统。

5. 所有抗肿瘤药物污染物品应丢弃在有毒性药物标识的容器中。

6. 抗肿瘤药物外溢时按以下步骤进行处理

（1）操作者应穿戴个人防护用品。

（2）应立即标明污染范围，粉剂药物外溢应使用湿纱布垫擦拭，水剂药物外溅应使用吸水垫纱布吸附,污染表面应使用清水清洗。

(3)如药液不慎溅在皮肤或眼睛内,应立即用清水反复冲洗。

(4)记录外溢药物名称、时间、溢出量、处理过程以及受污染的人员。

(二)个人防护要求

1. 手套 护士在配药前后要洗手,操作时戴双层手套,聚氯乙烯手套外面再戴乳胶手套,要求手套能覆盖住隔离衣袖口。手套破损、穿孔或喷溅到抗肿瘤药物后应及时更换。

2. 隔离衣 要求具有防渗、开口向后、长袖、弹性紧袖口,戴一层手套时要求将袖口置于手套下。戴双层手套时,内层手套在隔离衣袖口下,外层手套在隔离衣袖口上。

3. 护目镜、口罩 使用防化学物质护目镜;口罩对抗肿瘤药物微粒来说,只能提供很轻微的保护。

(三)污染物品处理要求

1. 接受抗肿瘤药物治疗的患者在治疗后48小时内其血液和体液中含有较高浓度的抗肿瘤药物。因此,护理人员在处理被浸湿的床单、衣服、纱布时必须戴手套以免污染皮肤,污染的被服应放入有特殊标记的厚塑料袋中,先进行预清洗后再与其他被服一起清洗。

2. 正确处理废弃物 所有抗肿瘤药物污染物品应丢弃在有毒性药物标识的容器中。

(四)暴露后处理

在配制、使用和处理污染物的过程中如不慎导致防护用物的污染、皮肤或眼睛直接接触到抗肿瘤药物时,迅速脱去手套和隔离衣;用肥皂和水清洗接触部位的皮肤;眼睛接触后迅速用水或等渗洁眼液冲洗;记录接触情况,必要时就医治疗。

(江 琳)

第六节 相关法律及伦理

近年来,随着静脉输液治疗技术的迅速发展,专业性和优越性越来越受到医疗行业的关注。与以往不同,这次的变革和进步不是体现在细枝末节的装置改进来满足各种细微需求,而是在系列知识、技术以及装备上的快速发展。这种进步在国家尚未明确立法且缺乏科研证据支持的领域,带来了很大安全性的挑战。这就要求护理人员严格遵守护理规范和现有法律要求,在不违背伦理原则的范围内从事护理实践活动,使患者的受益最大化、风险和伤害最小化,以确保患者和医务人员安全。

一、相关法律

（一）医疗损害的定义

医疗损害指因医疗机构及医务人员的故意或过失，对患者造成身体上或精神上的损害结果。按照发生原因，主要分为以下三类：

1. 医疗技术损害　指医疗机构及医务人员从事病情的检验、诊断、治疗等措施的执行，病情发展过程的追踪及照护等医疗行为，不符合当时既存的医疗专业知识或技术水准的过失行为。

2. 医疗伦理损害　指医疗机构及医务人员从事各种医疗行为时，未对患者充分告知或说明其病情，未对患者提供及时有用的医疗建议，未保守与病情有关的各种秘密，或未取得患者同意即采取某种医疗措施或停止继续治疗等，违反医疗职业良知或职业伦理规则的过失行为。

3. 医疗产品损害　指医疗机构在医疗过程中使用有缺陷的药品、消毒药剂、医疗器械、血液及血制品等医疗产品，造成患者人身损害的医疗行为。

（二）法律法规

目前，我国处理医疗事故及医疗纠纷的法律法规包括：2002 年国务院颁布的《医疗事故处理条例》（以下简称《条例》）、2003 年最高人民法院发出的《关于参照医疗事故处理条例审理医疗纠纷案件的通知》（以下简称《通知》）、2010 年全国人大常委会颁布的《侵权责任法》有关医疗损害赔偿部分。另外，涉及护理人员还有 2008 年国务院颁布的《护士条例》。护理人员在静疗实践中主要应注意以下几方面问题：

1. 关于从业资质　参照《护士条例》：护士执业，应当经执业注册取得护士执业证书。

我国静脉输液行业标准强调：从事静脉输液治疗的护士应持有护士执业证书，PICC 置管操作应由经过 PICC 专业知识与技能培训、考核合格且有 5 年及以上临床工作经验护士完成，并应定期进行静脉输液治疗所必须的专业知识及技能培训。

参照《刑法》第三百三十六条："非法行医罪"，未取得医生执业资格的人非法行医，情节严重的，处三年以下有期徒刑、拘役或者管制，并处或者单处罚金；严重损害就诊人身体健康的，处三年以上十年以下有期徒刑，并处罚金；造成就诊人死亡的，处十年以上有期徒刑，并处罚金。

2. 患者知情同意　参照《侵权责任法》第 55 条："医务人员在诊疗活动中应当向患者说明病情和医疗措施。需要实施手术、特殊检查、特殊治疗的，医务人员应当及时向患者说明医疗风险、替代医疗方案等情况，并取得书面同意；不宜向患者说明的，应当向患者的近亲属说明，并取得书面同意。违反告知义务的两个后果：

（1）有人身损害，承担人身损害赔偿责任。

（2）没有人身损害，仅侵害了知情同意权、自我决定权等，承担精神损害抚慰金赔偿。

护理人员在进行 PICC 置管前，应告知患者或家属置管的目的、方法、常见的并发症、可能出现的风险等相关内容，并签订告知同意书。在病情允许的情况下应客观地向患者或家属说明病情和方案，严禁使用劝说的语气或因利益因素等强迫患者同意置管。在告知的形式上，应以患者能理解的方式进行，尽量避免使用专业术语，必要时请患者复述方案，查看理解程度。若不宜向患者说明时，应向患者的近亲属说明情况，并征得同意。必要时，可采取录音、录像等形式对告知的情况予以记录，以保存证据。

3. 关于操作过程和记录　根据《刑法》第三百三十五条“医疗事故罪”医务人员由于严重不负责任，造成就诊人死亡或者严重损害就诊人身体健康的，处三年以下有期徒刑或者拘役。

《侵权责任法》第五十七条：医务人员在诊疗活动中未尽到与当时的医疗水平相应的诊疗义务，造成患者损害，医疗机构应当承担赔偿责任。

第五十八条：患者有损害，因下列情形之一，推定医疗机构有过错：

（1）违反法律、行政法规、规章以及其他有关诊疗规范的规定。

（2）隐匿或者拒绝提供与纠纷有关病历资料。

（3）伪造、篡改或者销毁病历资料。

《护士条例》第十六条：护士执业，应当遵守法律、法规、规章和诊疗技术规范的规定。第十七条：护士在执业活动中，发现患者病情危急，应当立即通知医师；在紧急情况下为抢救垂危患者的生命，应当先行实施必要的紧急救护。护士发现医嘱违反法律、法规、规章或者诊疗技术规范规定的，应当及时向开具医嘱的医师提出；必要时，应当向该医师所在科室的负责人或者医疗卫生机构负责医疗服务管理的人员报告。

静脉输液违反操作规范引起医疗事故常见于：未正确掌握静脉输液的适应证和禁忌证、未严格执行查对制度、未遵循长期输液或给昏迷患者、小儿输液的特殊技术要求、未严格执行无菌技术操作、不遵守操作规范致使空气栓塞、药物严重外渗未及时处理、输液过快、未注意配伍禁忌、未按规定做好记录、未按规范进行输液操作等。如发现医嘱明显有误，应及时向医生提出。如发生输血、输液反应等，应保留好血液制品、药液及输血装置等，以备调查。抢救记录应在抢救结束后 6 小时内补记齐全。

4. 隐私保护　关于保护患者隐私，《护士条例》第十八条：护士应当尊重、关心、爱护患者，保护患者的隐私。《侵权责任法》第六十二条：医疗机构及其医务人员应当对患者隐私保密。泄露患者隐私或者未经患者同意公开其病历资料，造成患者损害，应当承担侵权责任”。

护理人员作为专业人员，在救治患者的过程中，应注意保护患者的隐私，不允许无关人员旁观。同时，不向任何人透露患者个人信息，不私自谈论患者病情。如果因为泄露患者病情对患者造成了精神损害，应承担相应的赔偿责任。

5. 关于药品、消毒药剂、医疗器械质量缺陷 《侵权责任法》第五十九条：因药品、消毒药剂、医疗器械的缺陷，或者输入不合格的血液造成患者损害，患者可以向生产者或者血液提供机构请求赔偿，也可以向医疗机构请求赔偿。患者向医疗机构请求赔偿，医疗机构赔偿后，有权向负有责任的生产者或者血液提供机构追偿。

医疗产品损害责任，适用无过错责任原则，即无论医疗机构或者医疗产品的制造者、销售者是否具有过错，都应承担侵权责任。因此，医院从事医疗活动时，应从合法平台购置，并严格按照国家、行业标准选择购入药品、医疗用品；护理人员不得私自购买医疗用品应用于临床，同时在工作中应加强药品、器械等使用意见的收集，一旦发现不良反应，及时向医院管理部门报告。

（三）案例分析

案例一

1. 病例资料 患者，男性，70岁，因阵发性胸痛20余年，加重3天，来到医院就诊，诊断有冠心病、心绞痛、高血压等多种病症，遂住院治疗。一日，一名实习护士私自操作，错将其他患者的保肝药给该患者输注，输注后不久，另一护士巡视时发现液体错误及时更换。所幸，患者未出现不良反应。

2. 原因分析

（1）实习护生尚未取得护士执业资格，应在带教护士的指导下进行护理操作。带教护士违反带教原则，失职造成实习护士私自操作。

（2）实习护士为患者更换液体时，未使用两种以上方法识别患者身份。

案例二

1. 病例资料 患者，女性，78岁，因呼吸系统感染收治入院。2016年3月21日，患者在输液的过程中，家属发现100ml氯化钠注射液有效期至2016年2月15日，告知护士后给予更换液体。患者家属将此情况向医院进行了投诉，投诉科室违规使用过期药品，后经医院反复劝导、调解并进行赔偿。

2. 原因分析

（1）配药护士未按照三查七对制度，严格进行药物查对。药物的查对不仅包括加入的药物，还包括药物的溶剂。

（2）操作护士查对不严，为患者输注了过期的药液。

案例三

1. 病例资料　患者，李某，男性，36 岁，周末开车带妻子张某与女儿外出郊游，途中因车祸导致李某与张某外伤急诊入院，送治途中大量失血，需立即手术并给予输血。护士陈某接到医嘱，需给李某输 A 型血 2U。护士杨某接到医嘱给张某输 B 型血 2U。接到医嘱后护士陈某突然腹痛，求助护士杨某帮其完成张某的输血。护士杨某碍于两人的关系答应陈某。护士杨某在操作过程中把患者李某与张某的输血袋挂错。输血 8 分钟后 2 名患者均发生了一系列的输血反应，经抢救患者症状好转。

2. 原因分析　严重违反输血“三查十一对”制度。输血前未两人同时逐项审查核对输血信息，输血时两名医护人员未按程序共同核对床号、姓名、性别、年龄、住院号、血型、交叉配血试验结果、血液成分、剂量、查看床头卡及询问血型，以确认受血者。

通过以上 3 个案例分析，均存在《侵权责任法》里的“第五十八条患者有损害，因下列情形之一的，推定医疗机构有过错：违反法律、行政法规、规章以及其他有关诊疗规范的规定”，如：护士执业资格、查对制度的执行情况等，患者可以向医疗机构请求赔偿。

二、相关伦理

（一）相关伦理概述

古人认为“伦”是“类”或“辈”的意思，进一步引申为人与人不同辈分的关系；“理”的本义为“治玉”，理解为事物的条理和道理。因此，“伦理”就是协调人伦的准则和方法，其基本内容是道德和利益的关系问题。

护理伦理学主要研究的是从事护理活动的人在职业活动中应遵守的行为准则和规范，主要体现在八个方面：职业理想、职业态度、职业责任、职业技能、职业良心、职业纪律、职业荣誉和职业作风。具体来说，就是如何处理护士与患者的关系、与其他医务人员的关系、与社会的关系以及与科研的关系等。其中，与患者的关系是首要、最基本的关系，是核心要素，值得我们进行深入探究。

（二）相关伦理学原则

1. 尊重自主性　现代新型医患关系已从主动 - 被动型医患关系转为现代的指导 - 合作型及共同参与型医患关系模式。由于患者就医过程中信息不对称，护士处于主导地位，因此患者入院时，护士应主动介绍自己的身份，技术操作前应详细向患者或其家属解释操作的目的、意义和注意事项等，使患者了解操作的必要性以及操作过程中出现紧急情况的处理方法等。如果患者有疑问，若护理人员不能立即做出答复，应告知患者多长时间内给予答复。护理人员应向患者详细说明疾病诊疗的方法和预期效果，与患者及其家属共同商讨护理计划和措施，如果患者经解释后拒绝接受诊疗，护理人员不能勉强进行。

2. 受益最大化　护理人员在为患者诊疗过程中，应严格遵守有关法律法规和护理技术操作规程，在保证诊疗安全的前提下，充分考虑患者的身心状况和经济承受能力，尽可能地为患者提供疗效最佳、痛苦最小、耗费最少、安全系数最高的静疗方案，从而有效保护患者的利益。

3. 伤害最小化　护理工作的目的是恢复和促进患者的身心健康，因此护士技术操作前应对患者的当前状态和需求进行评估，操作过程中密切观察患者的反应，出现意外情况及时处理。此外，由于有些护理操作可能带来血管损伤等不良反应，因此，护理人员应尽可能选择对患者伤害最小的技术操作。

4. 分配公平　不论患者的职业、学历、文化水平、收入多少，其生命健康权都应受到保护，平等地享有医疗保健服务。护理人员对所有患者应一视同仁，不因身份的差别而将护理服务分为三六九等，严格按照工作职责要求完成每项护理工作。

（三）常见的伦理问题及对策

1. 护理人员护理伦理缺失的常见问题

（1）整体护理中面临的伦理问题：在现代医院的整体护理中，护理人员的职责由原来单纯辅助治疗转变为关怀、照顾患者，并为其提供舒心的护理服务，让患者最大限度地参与健康恢复，即使在身体不舒适时仍能保持人格的尊严。因此，告知义务、健康宣教等也成为护理人员工作中的重要内容，尊重患者的知情权，对患者表现出最大程度的人格尊重。

（2）护士静疗操作中的伦理问题：如护士给药的时间、方式、剂量等直接关系到患者的治疗效果。在临床操作中最常见的问题是细节疏忽，由于工作忙或培训不到位，使得穿刺部位的选择、输液工具的选择、导管维护方法、消毒时间等细节上不符合《静脉输液治疗实践标准指南》或静疗技术规范的要求，给患者带来一系列并发症。

（3）患者隐私权保护伦理问题：隐私是一个人不愿让别人知道、了解的部分。很多临床护理内容都涉及患者的隐私，护士在工作时，不考虑患者感受，未经患者同意，允许其他人员观看操作，尤其是比较隐私的部位，或是公开谈论患者病情，未经患者同意将其照片公开在自己的课件、宣传资料上等，都会严重损害患者的自尊心，这是典型的伦理道德问题。

（4）“慎独修养”缺乏：“慎独”是源自我国古代儒家修身养性的方法，是非常重要的护理管理伦理道德准则，这里是说，护士单独一人值班的时候，能否依然遵守护理道德基本规范，是否自律。在临床实践中，护士独立值班，独立完成护理任务的时候居多。这种情况下，如果护理人员缺乏“慎独”修养，不遵守技术规范，就违背了“防病治病、救死扶伤”的原则，所以，必须加强护理人员“慎独”伦理准则的修养，以更好地为患者服务。

2. 对策

（1）提高护理管理者的职业素养和管理能力：近年来在医院管理中，以人为本、以患者为中心已成为管理者的共识和指导思想。要想护士关爱患者，首先护士应受到关爱。因此，护理管理人员应提高自身的职业素养，尊重和关心护理人员，理解并尊重她们的感受。一个善意的微笑，一句真挚的赞美语，将会使护士心生暖意，产生巨大的激励效应，一名优秀的领导者能培养一批兢兢业业、乐于奉献的护士。

（2）完善护理质量和安全管理机制，提高风险意识：护理管理者应按照最新技术操作标准和指南规范，不断完善临床护理质量和安全管理方法、机制和标准体系，创新管理理念。管理者要充分认识到护患关系与医疗安全的重要性，加强护理人员规章制度和业务技能培训，提高风险防范意识，并掌握常见并发症、应急预案及预见性护理措施等相关理论知识，提高临床护理服务水平。

（3）培养护理人员的宽容和关爱情怀：护理的本质是人文关怀。要做好对患者的身心护理，必须学会宽容，关怀和爱护每名患者，建立良好的护患关系，以取得患者的信任。

1）重视患者的心理需要，关注患者的心理需求。

2）维护患者的权利和尊严，形成良好护患关系。

3）保护患者隐私，保守患者秘密。

4）一旦发现患者焦虑抑郁等负性情绪，及时采取措施予以干预。

（4）营造温馨和谐的工作环境：古语说，“蓬生麻中不扶而直，白沙在涅与之俱黑”，可见环境对于人的影响程度之重。临床护理工作具有任务繁杂、工作繁重、多样化的患者群体等特征，因此，建立严肃活泼、健康向上、相互关爱的群体氛围对于护士的成长起着重要作用。护理管理者应具备以人为本的道德素养，公平公正、赏罚分明、一视同仁对待所有科室护士，积极营造温馨和谐的工作环境。

（王丽芹　孟　萌）

第七节　静脉输液治疗文书记录

随着社会经济的发展和社会文明的进步，患者法律意识及自我保护意识在逐渐增强，医院该怎样规范静脉输液治疗护理文书记录，减少护理纠纷的发生，是每个临床护士应该掌握的内容之一。

一、护理文书标准

1. 护士应该有法制观念和自我保护意识　无过错记录，符合护理书写规范、规章制度；注意护理记录的合理性、合法性、时效性和实用性。

2. 医疗机构的制度和程序中应建立有关记录书写的要求和公共性的规定。

3. 应有记录患者静脉输液治疗及血管条件的文件，其文书信息应客观、真实、准确、及时、完整，内容简明扼要，重点突出，表述确切，不主观臆断，相关人员可获得和易于追溯，并且存放在患者的病历中。

4. 护理文书书写要求

（1）应当正确使用中文和医学术语。记录时间应用 24 小时制。

（2）使用规范汉字，禁止使用简体字，异体字，杜绝错别字。语句中数字可使用汉字，双位数以上用阿拉伯数字。

（3）护理记录应包括评估、干预及患者被干预后的反应等相关因素。

（4）护理文书应当按照规定的内容由注册护士书写，如果是实习护士书写的护理文书，应当经过本科室的注册护士审阅、修改并签名。

（5）护理记录应签全名，电子记录单打印出后需手工签全名。

（6）上级医务人员有审查修改下级医务人员书写记录的责任。修改时，应当注明修改日期、修改人员签名，并保持原始记录。

二、护理文书实施细则

1. 医疗文书的书写　应由相关的临床人员来完成。

2. 医疗文书的书写　包括但不限于以下几点：

（1）患者、看护者利益的法定代表人参与并有效理解治疗护理的过程。

（2）评估

1）评估患者的年龄、生命体征、病情、相关检查、过敏史、穿刺部位皮肤和血管条件。

2）评估置管目的、禁忌证、置管史、是最新的穿刺部位还是已有的穿刺部位，以及血管情况、并正确记录评估结果。

3）静脉输液治疗方案、药物性质、剂量、浓度、输液速度或泵入速度、时间和给药方法。

（3）患者、陪护照顾者的宣教

1）有关血管通道工具和输液治疗的相关信息。

2）患者、陪护照顾者理解能力的评估。

3）健康宣教的障碍因素。

（4）负责患者治疗护理和检测医务人员之前的相互沟通，且在同意书上有患者或家属的签名。

（5）静脉导管的放置

1）在放置静脉导管时应通过生理解剖位置、偏侧优势、体表标志和对穿刺点进行确认。

2）置入导管类型、规格、长度、型号。

3）中心静脉导管装置和长时间留置的静脉输液装置，记录制造商和批号。

4）置入日期、时间、操作者工号，穿刺次数、部位和血管，导管固定方法和敷料的类型，穿刺过程，患者对穿刺的反应。

5）测量双侧中上臂臂围，导管插入的有效长度。

6）必要时进行局部麻醉。

7）置入方法，包括可视化与技术引导。

（6）中心静脉导管在初次使用前或在留置过程中出现临床体征和症状表明位置不正确时，如导管移位导致导管脱出或滑入，不明原因回血等，均需要拍X线确定导管尖端的位置。

（7）治疗期间

1）首次及之后的每一次穿刺点的评估和生命体征。

2）患者对置入导管和输液/输血治疗的反应，包括症状、副作用及并发症，相关实验室检查。

3）穿刺部位护理，实施维护与无菌原则。

4）穿刺部位的特殊准备，实施感染控制和安全预防措施。

5）每天评估并记录一次是否需要继续留置静脉导管。

6）记录治疗或护理实施过程中的障碍和并发症。

（8）采用静脉炎、渗出、外渗的标准化评估量表对穿刺部位的状况和外观进行评级，并随后正确记录评估结果。对新生儿及儿科患者，需根据实际情况调整标准化评估量表，并随后正确记录评估结果。

（9）治疗终止，包括穿刺点周围皮肤条件，导管的类型、长度和完整性，拔管过程中护理配合、敷料的应用，导管撤出的原因，日期、时间和患者的反应。另外，如果可以获得培养物，需记录培养的来源，包括穿刺部位，导管内血液和外周血液等。

（10）当使用多个导管或多腔导管时，需清楚记录从每条通道输注的液体和药物。

三、异常事件和警惕事件

（一）护理文书标准

1. 护士应记录输液治疗中异常或预料之外的时间或变异。

2. 护士应将输液治疗导致的严重生理损害或死亡记录为警惕事件。

3. 医疗机构的制度和程序中应定义和确认警惕事件。

4. 医疗机构应该有调查意外事件的明确流程，以找出发生原因，提升安全。

（二）护理文书实施细则

1. 护士应报告并记录在临床实践中发生的任何异常事件，包括已确定对患者照护有影响或有潜在影响的任何事件，以及超出所在医疗机构制定的患者照护标准以外的任何事件，异常事件和警惕事件均可上报护理部，质量控制组。

2. 该类报告应以可追溯的表格形式对事件的进展加以陈述、回顾与分析，并予以保留，主要信息包括：事件发生前后对患者状况的评估，处理措施，通知医生或医疗团队的其他成员。

3. 警惕事件报告后应跟随以系统、程序、人力资源和设备因素为重点的问题根源分析，并确定事件的原因。问题根源分析会带来专业改进策略的提高和行为的改善。

4. 护士应积极参与问题根因分析实施计划和措施。

5. 根据医院的制度和程序的要求，护士应向患者及家属提供相关信息。

6. 在患者的病历里记录所发生的意外事件，所记录的信息必须真实、客观以及不带任何偏见。

四、相关并发症记录文书

（一）导管堵塞

1. 记录患者使用药物的性质、剂量、时间，以及对患者宣教的内容。

2. 记录有关导管堵塞的原因及发生的经过。

3. 记录采用的预防和处理方法及效果。

（二）静脉炎

1. 记录患者使用药物的性质、剂量、时间，患者宣教的内容以及有效性。

2. 记录有关静脉炎的原因和发生的经过。

3. 记录静脉导管型号、穿刺血管，穿刺和送管操作过程以及留置期间的情况。

4. 记录患者发生静脉炎的预防方法、处理措施及效果转归。

5. 记录患者心理状态，自我管理导管的能力和日常活动情况。

（三）液体渗出和外渗

1. 记录发生渗出和外渗的药液名称及用法，估算液体进入组织的量。

2. 记录渗出和外渗的区域范围、皮肤颜色、温度、感觉等变化及关节活动和患肢远端血运情况、处理措施及效果。

3. 记录留置针或静脉导管的穿刺情况和留置情况。

4. 记录与患者及家属进行沟通的内容。

5. 记录导管拔出的时间。

6. 以下为使用外周静脉导管(留置针)药物外渗损伤时(图 9-10);损伤后 24 小时(图 9-11);损伤后 48 小时(图 9-12);损伤后 1 周(图 9-13)的情况。

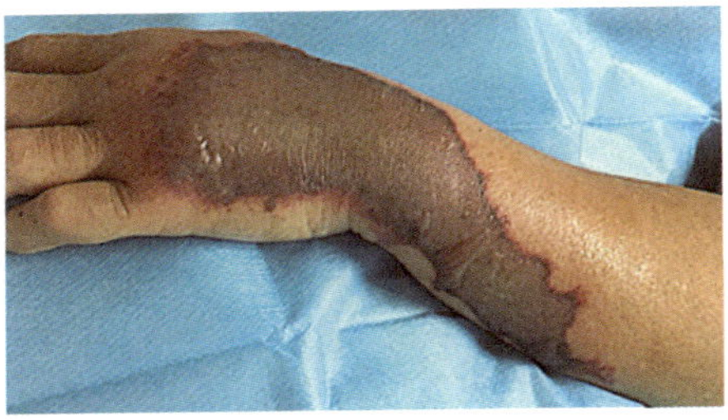

图 9-10　损伤时

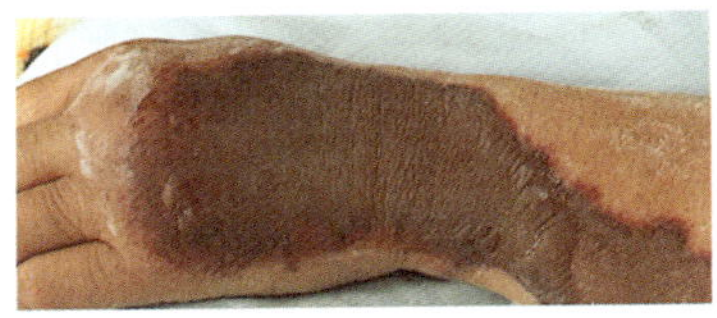

图 9-11　损伤后 24 小时

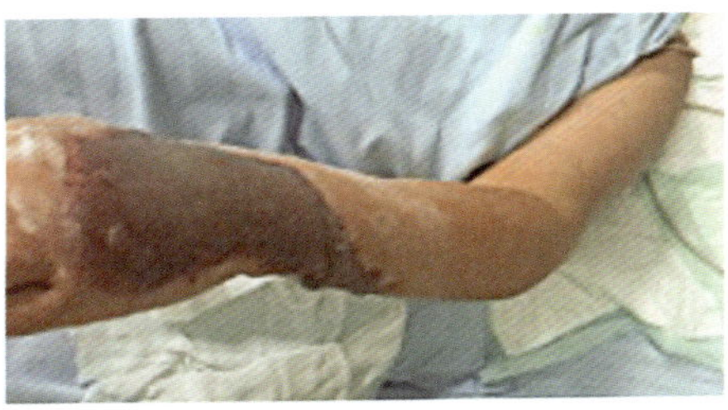

图 9-12　损伤后 48 小时

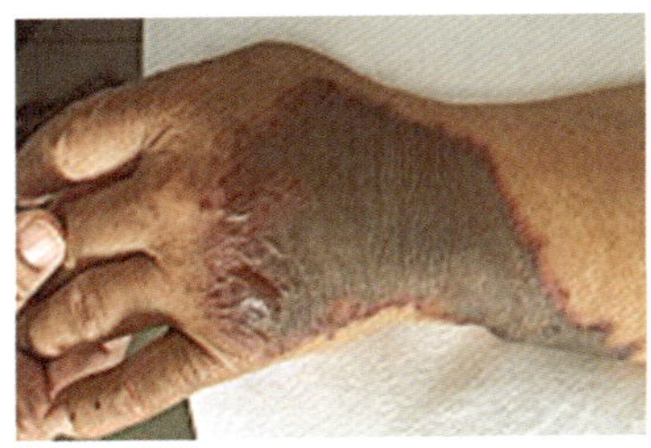

图 9-13　损伤后 1 周

(四)过敏反应

1. 记录患者的过敏史及过敏药物。

2. 记录患者发生过敏反应的表现以及患者心理反应。

3. 记录过敏反应处理措施及效果。

4. 记录过敏的时间、症状以及可能的致敏物质。

(五)导管相关感染

1. 记录患者发生导管相关感染的临床表现及患者状况。

2. 记录遵医嘱所采取的干预措施和效果,患者的状况及对干预措施的反应。

3. 记录重新置管、更换输液装置的时间。

4. 记录导管尖端及外周血细菌培养的结果。

(六)穿刺处渗液

1. 记录导管渗液发生的时间、渗液量。

2. 记录渗液的处理方法。

（七）导管断裂

1. 记录导管安置时间、安置部位，体外导管长度。

2. 记录患者置管侧肢体活动情况以及遵医嘱所采取的措施。

3. 记录导管维护情况以及导管破裂的处理措施。

（八）导管脱落

1. 记录导管外露长度。

2. 记录导管脱出的处理措施。

（彭　慧）

第十章 护理科研及论文撰写

第一节 护理科研概述

护理学是研究护理工作的学问，即研究人们享有积极健康生活、最佳病后疗养、平静地死亡而采取最有效、可行解决方法的一门学科。护理学上升为一级学科，护理科学研究是护理学科发展的原动力及促进护理学科发展的重要途径。随着护理学亚专业划分及专科护理的发展，一个专科的护理科研水平标志着这个专科护理的发展程度，因此借助护理科研支持、推动护理亚专业或专科护理的发展尤为重要。

一、护理科研的概述

（一）科学研究的概念

科学研究简称科研，一般指利用科研手段和装备，为了认识客观事物的内在本质和运动规律而进行的调查研究、实验、试制等一系列活动。科研基本任务是探索、认识未知，其本质是创新和发展。科学研究可分为基础研究、应用研究和开发研究三种。

（二）护理科研的概念

护理科研是运用科学的方法对护理学领域的未知事物进行反复地探索、系统地观察、有目的地收集资料、严谨地科学分析的一种认识活动。简单地说，护理科研是用科学的方法反复地探索、回答和解决护理领域的未知问题，直接或间接地指导护理实践的过程。

（三）护理科研的类型

1. 按研究性质可分为量性研究和质性研究两大类：

（1）量性研究：是通过数字资料来研究现象的因果关系，认为获得数字的研究可以达到测量精确，能较客观地描述问题和现象，并用统计学方法分析资料和设计对照组来避免研究中的偏差。常用方法有实验性研究、类实验研究和非实验性研究。

（2）质性研究：是研究者凭借研究对象的主观资料和研究者进入当事人的处境中参与分析资料，找出人类生活过程中不同层次的共同特性和内涵，用文字描述报告结果。常用的方法有现象学研究、扎根理论研究、人种学研究、个案研究、行动研究等。

2. 按功能护理科研可分为基础护理研究、专科护理研究、护理教育研究、护理管理研究、人文社会护理学研究和家庭、社区护理研究等。

（1）基础护理研究：是对护理学的基本理论、基本知识和基本技能进行的研究。如基础护理新技术的研究、营养护理的研究、发热护理的研究等。

（2）专科护理研究：是研究护理专业自身发展的有关问题，是护理研究的重点。如对各专科的护理技术、特护措施、护患关系、护理制度、护理仪器设备、应用新技术和新仪器等方面的研究。

（3）护理教育研究：是最早选择的研究课题，主要研究人才培养模式、课程体系、师资培养、教学方法、评价教学效果、护士在职教育和继续教育等开展的研究。

（4）护理管理研究：是对有关护理行政领导、领导方式、护理人才流动的人力安排、工作考核和护理质量控制与改进等问题开展的研究。

（5）人文社会护理学研究：是对护理心理学、护理美学、护理伦理学、护理社会学、系统论与整体护理临床思维科学等开展的研究。

（6）家庭、社区护理研究：主要对社区健康教育、老年患者的护理、疾病的康复护理、临终关怀、家庭护理等方面的研究。

（四）护理科研的特点

由于护理的服务对象是人，所以护理科学研究就有别于一般科学研究。主要特点包括以下几方面：

1. 研究对象的特殊性与复杂性　护理科学研究的对象最终是人，研究成果最终服务于人，而人是最复杂的生命体，差异性大，除在形态、生理等生物属性方面存在差异外，患者呈现的相关临床症状和体征的复杂程度在个体间各自不一，反映体内的生物学特征、生理学、病理学的解剖和功能障碍都不一样。此外，患者本身还受着社会、经济以及心理学、自然环境等各种复杂因素影响，这些因素都会增加科研工作的复杂性。因此，在护理科学研究中，从一开始就应该充分考虑到研究对象的特殊性与条件的复杂性，把握好研究对象的每一个环节。

2. 测量指标的不稳定性　由于研究对象在生理、心理、社会、环境、发育、文化、精神领域的差异性，故测量指标的结果变异性较大，离散度大，尤其是某些心理社会指标不能精确测量，也不能直接获取，需要采取间接的方法获得，这样就更增加了研究的误差。所以需要先通过严谨的设计，并注意进行仔细地观察和测量、正确处理数据和科学的综合分析，才能得到较为准确和客观的结果。

3. 研究结果的社会公益性　研究对象的特殊性决定了护理学研究必须从人的需要出发，以服务于人类健康为目的。如研究人类如何预防疾病或如何防止健康向疾病转化；临床护理学研究如何促进疾病向健康转化等，护理学各领域的科学研究均具有促进健康、减少痛苦、保护生命等社会公益性。

4. 护理科研的实用性与渐进性　护理实践的研究总体而言是一种实用性的研究，是在进行一些护理措施过程中，在有关新知识的开启之下，不断地去发现问题和研究创新性的成果，为患者提供进一步有效的服务。

二、护理科研的伦理原则

随着护理学科的发展，护理研究不断发展和深入，而护理研究中的研究对象绝大部分又是人。因此，为了最大限度地保证被研究者的权益，要求研究者在研究过程中严格遵守伦理学原则。护理科研中应遵循的伦理原则主要包括尊重人的尊严、有益、公正和知情同意等。

（一）尊重人尊严的原则

1. 自主决定权　指在科研过程中，研究者应将研究对象视为自主的个体，应告知研究对象关于整个研究的所有事宜，研究对象有权决定是否参与研究或在任何时候退出研究，且不会受到治疗和护理上的任何惩罚和歧视。在入选研究对象或分组时，应充分尊重研究对象的自主决定权，不应强制、利诱、欺骗。

2. 隐私权　研究对象的隐私包括两部分：一是个人生活方面的信息，如家庭、婚姻、收入、态度、信仰、行为等；二是与患者疾病的诊疗与护理直接相关的信息，如医疗诊断、病因、治疗、护理和预后情况（病历、诊疗护理记录、手术记录、检查结果等）。

3. 匿名权和保密权　在隐私权的基础上，研究者应向研究对象保证，研究者不得向任何人泄露或谈论研究对象的身份及隐私。保密权指没有经过研究对象或其法定监护人同意，不得向他人公开研究对象的任何个人信息。侵犯保密权常发生在以下情况：

（1）当研究者有意或无意使未被授权者得到原始资料。

（2）当汇报或公开发表研究报告时由于偶然的因素使研究对象真实姓名等身份信息被公开等。

（二）有益的原则

1. 免于遭受伤害或不适的权利　研究者有责任避免、预防或减少研究中对研究对象的伤害，即施加于研究对象的干预措施应遵守无毒、无害、不增加痛苦（包括情感方面）和经济负担的原则。在研究实施之前，应谨慎评估受益和风险。如果风险大于受益，应修改研究设计，将伤害降到最低。如果研究可能给研究对象造成严重或永久性伤害，该研究绝对不可以在人体上实施。

2. 不被剥削或利用的权利 在研究过程中，研究对象提供的资料不能被用于对研究对象不利的事情。如研究对象提供的自身经济状况的信息不能被泄露，以使研究对象失去享受公共医疗保健的权利。同时，研究对象与研究者在研究中建立起来的关系不能被研究者滥用。

（三）公平的原则

研究对象享有得到公平治疗护理的权利，包括公平选择研究对象和公平对待研究对象。

1. 公平选择研究对象 指在选择研究对象和进行分组时，应使每个研究对象被入选和分配到各个组的机会均等，而不应该根据其权利、地位、金钱、文化程度、是否容易合作、研究者的个人偏好等因素来决定。

2. 公平对待研究对象 研究者许诺给研究对象的事情应努力做到，对不同性别、年龄、职业、种族、地位、经济水平的研究对象应一视同仁，不应给予额外的优待或歧视。

3. 研究者对于拒绝参与研究或中途退出人员应公平对待、履行所做的承诺（如对研究对象给予一定的补偿）。

（四）告知同意的原则

指研究者将有关研究的所有具体事宜告知研究对象后，由研究对象或监护人自主同意是否参与研究，包括了“知情”和“同意”两个方面。对精神障碍、神志不清、临终患者、婴儿及儿童等无行为能力者，其同意权由法定监护人或代理人行使。

通常以书面形式呈现，告知同意书基本内容一般包括：研究目的、研究方法和步骤、研究对象的参与程序、需花费的时间、可能给研究对象带来的受益和风险、匿名和保密的保证、参加或中途退出研究的选择权、研究者的联系方式、研究对象的签字。

三、护理科研基本步骤及内容

（一）确立研究问题和形成假设

1. 找出护理问题 是护理科研的第一步，常称为“选题”。选题是选择和确立所要研究的题目，它是护理研究工作的重要步骤。选题应遵循科学性、创新性、价值性、可行性和实用性的原则。

2. 查阅文献 确立研究问题过程中非常重要的步骤，是通过查询文献对研究问题进行进一步提炼，以及评价研究题目的先进性、科学性、实用性和可行性，其与选题过程是相结合而伴随进行的。其目的是：

（1）了解关于本研究问题目前国内外的研究动态与水平。

（2）查看自己选题内容是否与他人研究完全重复，减少盲目性。

（3）为研究者的研究思路、研究方法、理论依据提供参考。

3. 形成假设 是研究前对要研究的问题提出的预期目的，根据假设进行科研设计确定研究对象、方法和观察指标等，再通过实验来证实或否定假设，并对提出的问题进行解释和回答。

（二）科研设计

1. 确定研究对象（受试者） 科研设计中的研究对象称为样本，是研究课题总体的代表，从样本结果可推论总体。总体指根据研究目的而确定的具有相同性质研究对象的全体；样本是按一定方法从总体中随机抽取的部分个体。此阶段主要确定研究的总体和样本，样本的特征、入选标准和排除标准等。

2. 随机分组 指按照随机原则进行分组，是每一个研究对象都有同等机会被抽取进入实验组或对照组，以达到排除干扰因素，避免研究结果受到研究者主观因素或其他误差影响的目的。

3. 设对照组 目的是为排除与研究无关的外变量因素的影响，对照组和实验组在尽可能均衡的条件下进行观察，以减少误差，使结果更具有可比性。

4. 观察指标 指标（观察项目）在研究中用来反映研究目的的某些现象和测量标志。通过观察指标所取得的各项数据、资料，可以从中分析出研究结果。如研究一种新降血糖药物，血糖就是重要的观察指标之一。

5. 确定变量 变量是研究工作中遇到的各种因素，是可以观察和测量出来的。变量可分为自变量、因变量、外变量等。

（1）自变量：能够影响研究目的的主要因素，它不受结果的影响，却可导致结果的产生或影响结果。

（2）因变量：指想要观察的结果或反应，它随自变量改变的影响而变，同时也受其他因素的影响。

（3）外变量：又称干扰变量或混杂变量，指某些能干扰研究结果的因素，应在研究设计中尽量排除。

6. 形成研究设计 可以开题报告或研究课题申请书的形式写出研究设计。

（三）预实验

预实验指在正式开始研究之前，为保证研究工作能按照研究设计内容顺利进行而先做一些小量样本的实验。目的是为了检查研究设计中有无需要修正的地方，也是熟悉和摸清研究条件的一个途径。一般在大规模或大样本的研究开始前进行预实验。

（四）原始资料的收集和整理

护理科研是以数据或事实资料为基础，按照科研设计进行观察和实验。通过各种测量、问卷、调查和观察等方法从研究对象处直接收集到的科研资料，成为原始资料,也叫第一手资料。为获得研究问题的真实性,原始资料记录必须真实、可靠、完整,不可自行更改并应完整保存。收集到资料之后,在正式分析资料之前,要对资料进行整理分类,如建立数据库、编码等。护理研究中收集到的原始数据可分为三种类型:

1. 计量资料　指可用数字表示的资料,并可用测量方法获得数据,一般有度量衡单位,如体重(kg)、身高(cm)、血压(kPa)、血糖(mmol/L)等。

2. 计数资料　指某些不能用数字表示,只能观察到单位数量的资料,常用阳性和阴性表示,如男性与女性的例数、感染与未感染的例数。

3. 等级资料　指将观察单位按照某种属性的不同程度分组,是介于计数和计量资料之间的一种半计量资料,也具有计数资料的特性,如病情分轻、中、重度;疾病康复分好转、治愈、死亡等。

(五)科研数据的统计学分析

资料本身不能回答研究问题,要通过研究者的分析,对大量数据进行统计分析来找出规律性的答案,认识客观规律,这样才能从样本上的结论推断到总体,得到有意义的研究结论。分析资料主要有量性分析和质性分析。量性分析即统计分析;质性分析涉及叙述性、非数字资料,需对资料进行归纳和综合。

(六)撰写论文

科研论文是用文字来描绘对科研课题的一系列思维过程,是科研工作的书面总结和科学的论证文章,更是科研成果宣传推广的重要途径。论文内容一般包括前言(选题背景及研究目的)、资料来源、研究方法、结果及讨论四部分。论文要求有一定格式,要求立意要新。科研论文文字表达要准确、精炼、平实、严谨,语法修辞要合乎规范,句子长短要适度,要采用医学术语。

(雷　花)

第二节　护理科研方法

科学研究方法中公认的核心内容包括设计、测量和评价。科研方法有许多种,一般根据以下两点来选择具体的方案:一是研究问题的性质,先确定研究问题,再根据问题的性质来选择研究方法,不同性质的问题选择不同的方法,而不是说觉得某研究方法较容易,所以就根据这个方法再来选择问题,这是不可取的;二是研究人员现有的条件,如研究人员的科研设计能力、患者的数量及设备、经费、技术水平、协作条件等。科研方法一般是在科研目的确定之后,根据自己的设想,选择一定的研究方案,来验证科研设想。选择正确的研究方法是保证达到研究目的的关键因素。护理科研方法依据研究设计的不同分类,常分为实验性研究与非实验性研究，这种分类方法是护理科研中最常见的分类方法。干预是实验性研究和非实验性研究的根本区别。

一、实验性研究方法

实验性研究又称流行病学实验或干预性实验，指在研究中对研究对象消除某因素或施加一些护理干预手段以观察和分析研究对象对实验因素（护理干预措施）的反映，并作出结论的一种研究。实验性研究能解释自变量与因变量之间的因果关系，反映研究的科学性和客观性较高。随机、对照、干预是实验性研究必备三项内容，满足这三项内容的研究称之为实验性研究。

（一）实验性研究的三大要素

1. 处理因素或干预因素　是外界施加于研究对象的因素，即实验或护理干预，可以是生物、物理、化学。施加处理因素要求在统一条件下，给予统一处理因素。

2. 受试对象　是处理因素作用的客体，受试对象必须同时满足对处理因素敏感以及反应比较稳定这两个条件。

3. 实验效应又称干预效果　指处理因素作用于受试对象所产生的效果或反应。实验效应是通过指标来反映，因此，指标的选择非常重要，选择时要考虑其关联性、客观性、精确性、灵敏性和稳定性。

一个完整的实验性研究应该包括以上3个基本要素，如研究题目《水胶体敷料治疗化学性静脉炎的效果评价》，实验对象（化学性静脉炎患者）、实验因素（水胶体敷料的外用护理干预措施）和实验效应（总有效率%）。

（二）实验性研究的三大原则

实验性研究方法的主要作用在于减少误差、提高实验效率，因此，在研究设计中必须遵循“对照、随机、重复”的三大基本原则。

1. 对照原则　是实验性研究的首要原则，设置对照的作用在于通过比较区分干预措施的作用，从而验证自变量、因变量间的因果关系。设立对照组指在实验过程中，为了排除干扰因素的影响，除了实验组以外，还应设置对照组，即两组除了处理因素不同以外，其他的条件基本一致，这样才能正确评价干预效果。任何一个实验性研究根据其施加因素的数目至少设立一个对照组。对照组的形式有多种，根据研究的目的和内容加以选择。常见的对照类型有：组间对照、自身对照、历史对照、标准对照和交叉设计对照等。

2. 随机原则　即随机化原则，是采用随机的方式，使每个受试者都有同等机会被抽取或分配到不同的实验组和对照组。“随机”的含义包括两个方面：

（1）随机抽样：从总体单位中抽取部分单位作为样本进行调查，其特点是总体中每个单位被抽中的概率是相同的，完全由许多随机因素综合作用来决定，既排除了抽样时人的主观随意性，也排除了人的主观能动性。

（2）随机分组：在随机抽样基础上使每一个研究对象的个体都有同等的机会被分到实验组或对照组的分组方法。随机的目的是避免人为的主观性，使样本更具有代表性。由此得出的结果更能反映总体的客观情况。

3. 重复原则　指各实验组与对照组的例数要有一定的数量，狭义来讲即样本内有足够数量的同质观察对象，重复太少会因为存在实验误差不能满足统计学要求，但是大量重复并不能缩小样本内部的变异而且浪费人力、物力，所以要有合适的样本量。广义重复则包括三种情形：整个实验的重复；用多个受试对象进行重复；统一受试对象的重复观察。

（三）常用的实验性研究设计方案

1. 实验前后对照设计　该方案是目前公认的标准方法，将研究对象随机分为实验组与对照组，实验组给予干预措施，对照组不给予干预措施，比较和分析两组研究结果的差异，得出自变量对因变量的影响。

2. 单纯实验后对照设计　将研究对象随机分为实验组和对照组，只给实验组给予干预措施，在实验组措施结束后，测量两组观察指标的数据进行比较，评价干预效果。

3. 随机对照实验设计　将研究对象随机分为实验组和对照组，基线水平观察或测量所研究的应变量，然后再向各组施加不同的干预措施，在相同的条件或环境下，干预结束后再次观察或测量所研究的应变量，比较两组研究结果的变化。适用于临床护理或预防性研究，探讨和比较某种新的理论、预防或干预措施在疾病的康复和预防的效果，为正确的医疗护理决策提供科学依据。

（四）实验性研究的优点和局限性

1. 优点是检验因果假设最有说服力的一种研究设计；最大限度地控制了干扰因素对处理因素可能结果的影响，从而使结论比较客观和可靠。

（1）研究者可以按照研究设计，对所选择研究对象的条件、暴露、干预措施和结果分析进行标准化。

（2）通过随机分配，将研究对象随机地分到实验组和对照组中去，平衡实验组和对照组中已知和未知的混杂因素，提高两组的可比性。

（3）在一般情况下，实验组和对照组样本量大致相等，故有较高的统计学效力。

（4）由于实验组和对照组研究时间同步，外来因素的干扰对两组同时起作用，故对结果影响较小。

（5）由于实验组和对照组的结果可以在研究结束时观察到，故可以确定干预措施的并发症或不良反应的发生情况。

2. 局限性

（1）设计和实施较为复杂，实际工作中有时难以办到。

（2）对研究对象的有关条件控制过严，虽然保证了研究的同质性，但也会导致研究结果的代表性和外在真实性受到局限。

（3）某些情况下受到伦理道德的限制，致使研究的适用性降低，因此，研究设计时应该有医学伦理上的考虑。

二、非实验性研究方法

非实验性研究即流行病学中的观察性研究，其属于探索性研究，其研究结果可用来描述和比较各种观察指标的状况，虽然其研究结果不能解释因果关系，但可以作为实验性研究的重要基础。常见类型有描述性研究、相关研究与分析性研究三大类。

（一）描述性研究

当对某事物、某现象、行为或人群的现状不清楚时，多先从描述性研究开始。描述性研究指利用已有的资料或通过特殊调查的资料进行整理归纳，对疾病或健康状态在人群中的分布加以描述，并通过初步分析，提出有关致病因素的假设和进一步研究方向的设计类型。主要包括历史或常规资料的收集和分析、病例调查、现况研究、纵向研究及生态学研究等。它是护理科研中应用较多的一种研究设计，其主要有横断面研究和纵向研究。

1. 横断面调查研究　指在较短的时间内，按研究设计方案调查、收集资料进行描述的方法。由于所获得的资料是在某一特定时间点上收集的，又称为现况研究或现患率研究。根据研究对象的范围分为普查和抽样调查。

（1）普查：是根据一定目的，在特定时间、特定范围内所有研究对象警醒调查或检查，普查避免了抽样误差，但费时费力。主要用于早期发现患者，如宫颈癌、乳腺癌疾病的普查；或描述健康状况及疾病的基本分布情况，如儿童营养状况评估、结核疾病的分布等。也可用于了解人群健康水平，建立生理标准等。

（2）抽样调查：是根据一定的目的，在特定时间、特定范围内某人群总体中按照一定方法抽取一部分对象作为样本进行调查分析，并用其结果来推论该人群状况的一种调查方法。特点是省时省力，速度快，但抽样方法较复杂。

2. 纵向研究　又称随访研究，指对特定人群进行定期随访，以观察研究内容的动态变化，了解其发展趋势和转归，属于前瞻性研究。适用于做疾病病因分析，也可以较全面了解某疾病的发展趋势和结局，认识疾病因素和自然发展史。例如：膀胱肿瘤患者一年膀胱灌注期间出血、尿频、尿急、尿痛等的动态观察。

（二）相关性研究

相关性研究是探索各变量之间相关性的研究。同横断面调查研究一样没有人为的施加任何干预措施，不同的是相关性研究要有比较明确的几个变量，研究结果回答的是变量之间是否存在关系或关系的大致趋势、强弱的问题，为进一步研究提供思路。如：肿瘤患者 PICC 带管期间自我护理能力与心理一致感及社会支持的相关性研究。

（三）分析性研究

分析性研究是在自然状态下两种或者两种以上不同的事物、现象、行为或人群一同进行比较的研究方法。分析性研究属于观察研究，暴露是研究前客观存在的而不是人为干预的。根据其性质和研究目的不同，可以分为队列研究和病例对照研究两种。

1. 队列研究（cohort study）　属于前瞻性研究，是观察目前存在差异的两组或两组以上研究对象在自然状态下持续若干时间后分析比较两组情况。

（1）队列研究方法在人群中选择或确定两个群组，一个是暴露组，另一个为非暴露组或对照组，将两组所有观察对象都被同样追踪一个时期，观察记录在这个时期内研究疾病的发生和死亡情况（即观察结局），然后分别计算两组在观察期间该疾病的发生率和死亡率，并进行比较。如果两组的发生率和死亡率确有差别，则可以认为该因素或特征与疾病之间存在关系。

（2）队列研究适用范围深入检验病因假设，可以同时检验一种暴露与多种结果之间的关联；也可用于评价预防和治疗效果及研究疾病自然史。

（3）队列研究的特点

1）根据暴露因素的有无来确定群组的划分，并随访观察研究结局的发生情况。

2）属于观察性研究，暴露因素是客观存在于研究人群的，不可随机分配。

3）在时序上是由“因”到“果”，属于前瞻性研究。

4）可直接计算发生率，并借此评价暴露因素与疾病的关系。

2. 病例对照研究是一种回顾性研究，是选定患有某病和未患该病的人群，分别调查其既往暴露于某个（或某些）危险因子的情况及程度，并进行比较，以判断某因素与该病有无关联及关联程度大小的一种观察性研究方法。

（1）病例对照研究适用范围：主要用于发病危险因素的研究，尤其适合于罕见疾病和潜伏期长的疾病病因研究，也可用于临床回顾性治疗与探索预后因素的研究等。例如著名的 Doll 的吸烟与肺癌关系的研究。

（2）病例对照研究的特点

1）在疾病发生后进行，已有一批可供选择的病例。

2）研究对象按疾病发生与否分成病例组与对照组。

3）调查的被研究因素或措施的暴露情况，由研究对象从现在对过去的回顾。

4）该研究是由“果”推“因”。

5）仅能了解两组的暴露率或暴露水平，不能计算发生率。

（四）实验性研究的优点和局限性

1. 优点　是在完全自然状态下进行，因此是简便、易行的研究方法。因为可以同时收集较多信息，特别适合用于对研究问题知之不多或研究问题比较复杂的情况，用来描述、比较各种变量的现状。另外，可以为实验性研究打下基础，是护理研究中最常用的一种研究方法。

2. 局限　是非实验性研究没有人为的干预因素，也无法控制其他变量的影响，因此，一般情况下是无法解释因果关系的。

（雷　花）

第三节　护理论文撰写

一、护理论文的概述

（一）护理论文的定义

护理论文是以护理学科及相关学科、边缘学科的理论为指导经过科研设计、实验、观察取得第一手资料再经归纳分析及必要的统计学处理而撰写成的护理科技文章或运用第二手资料经过综合、分析、整理而成的护理科技文章。简言之护理论文是科技论文的一种，是用来进行护理科学研究和描述研究成果的论说性文章。其主要作用在于：

1. 有利于传递护理学科发展的动态、研究成果、经验及技术信息。
2. 有利于发展护理学理论及护理事业。
3. 有利于提高护理水平和护理质量。

（二）撰写护理论文的基本要求

1. 科学性　这是护理论文的首要条件和立足点，因而必须做到：周密的设计和思考；观察方法和研究方法正确；数据可靠；记录要客观；资料完整真实；分析和论证要符合逻辑；统计方法适当。总之反映事实要真实，选择材料要客观分析，判断要合理这是保证论文科学性的基本要求。

2. 创新性　即先进性，创新是护理论文的灵魂，是决定论文质量高低的主要标准之一。护理论文的创新性就是要反映作者提供的新事实、新方法或新见解。体现在：

（1）填补空白的新发现、新发明、新理论。

（2）在继承基础上发展、完善、创新和创造。

（3）在众说纷纭中提出独立见解。

（4）推翻前人定论。

（5）对已有资料做出创造性综合。

3. 实用性　实用性也是实践性，指论文的实用价值，是论文的基础。主要体现在研究内容的实用性上。这就要求护理论文介绍的内容、材料和方法必须完整、准确；能指导和帮助他人解决理论研究和实际工作中的问题。

4. 学术性　选题具有很强的专业性、内容富有明显的专业性；语言专业术语化；作者修养的专业化。

5. 严肃性　论文的结论一定要建立在真实可靠的材料和准确无误的数据基础上，切忌抄袭和作假，按照论文撰写的要求和格式规范写作，不可一稿多投。

（三）护理论文的类型

1. 按研究内容或学科范畴分类　可分为：基础护理论文；临床护理论文；护理管理论文；护理教育论文；心理护理论文；其他护理论文（社会护理论文、中医护理论文等）。

2. 按论文的载体分类　可分为：论著、报道、讲座、综述和文摘。

3. 按研究方法或研究性质分类　可分为：实验研究型（如：3 种颈部静脉阻断方法在预防 PICC 置管时导管异位的效果比较）、调查报告型（如：肿瘤患者对 PICC 护理门诊需求的调查分析）、经验体会型，如护理个案等。

二、护理论文撰写的程序

护理论文的写作过程也就是进行护理科学研究的过程，按照思维活动的特点与规律，这一过程可由若干环节组成。具体程序如下：

（一）选题

选题是论文写作关键的第一步，直接关系论文的质量。常言说："题好文一半"。对于临床护理人员来说，选择论文题目要注意以下几点：

1. 要结合学习与工作实际，根据自己所熟悉的专业和研究兴趣，适当选择有理论和实践意义的课题。

2. 选题宜小不宜大，只要在学术的某一领域或某一点上，有自己的一得之见，成功的经验，失败的教训，新的观点和认识，言之有物，读之有益，就可以作为选题。

3. 选题时要查看文献资料，既可了解别人对这个问题的研究达到什么程度，也可以借鉴人家对这个问题的研究成果。需要注意的是：选题与论文的标题既有关系又不是一回事。标题是在选题基础上拟定的，是选题的高度概括，但选题及写作不应受标题的限制，有时在写作过程中，选题未变，标题却几经修改变动。

（二）策划设计

策划设计是在选题确定之后，进一步提出问题并计划出解决问题的初步方案，以便使科研和写作顺利进行。护理论文设计应包括以下几方面：

1. 专业设计　是根据选题的需要及现有的技术条件所提出的研究方案。

2. 统计学设计　是运用卫生统计学的方法所提出的统计学处理方案，这种设计对含有实验对比样本的护理论文的写作尤为重要。

3. 写作设计　是为拟定提纲与执笔写作所考虑的初步方案。总之，设计是护理科研和论文写作的蓝图，没有“蓝图”就无法工作。

（三）观察和实验

从事基础或临床护理科学研究与撰写论文，进行必要的动物实验或临床观察是极重要的一步，既是获得客观结果以引出正确结论的基本过程，也是积累论文资料准备写作的重要途径。实验是根据研究目的，利用各种物质手段（实验仪器、动物等），探索客观规律的方法；观察则是为了揭示现象背后的原因及其规律而有意识地对自然现象加以考察。两者的主要作用都在于搜集科学事实，获得科研的感性材料，发展和检验科学理论。两者的区别在于“观察是搜集自然现象所提供的东西，而实验则是从自然现象中提取它所愿望的东西”（巴甫洛夫）。因此，不管进行动物实验还是临床观察，都要详细认真，以各种事实为依据，并在工作中做好各种记录。

有些护理论文的撰写并不一定要进行动物实验或临床观察，如护理管理论文或护理综述等，但必要的社会实践活动仍是不可缺少的，只有将实践中得来的素材上升到理论，才有可能获得有价值的成果。

（四）资料准备

资料是构成论文的基础。在确定选题、进行设计以及必要的观察与实验之后，做好资料的搜集与处理工作，是为论文写作所做的进一步准备。资料准备包括数据的审核与统计处理、列表和绘图、引用文献资料的整理、从本研究的结果出发，提炼观点、做必要的补充实验、明确观点与提出结论。论文资料可分为第一手资料与第二手资料两类。前者也称为第一性资料或直接资料，指作者亲自参与调查、研究或体察到的东西，如在实验或观察中所做的记录等，都属于这类资料；后者也称为第二性资料或间接资料，指有关专业或专题文献资料，主要靠平时的学习积累。在获得足够资料的基础上，还要进行加工处理，使之系统化和条理化，便于应用。对于论文写作来说，这两类资料都是必不可少的，要恰当地将它们运用到论文写作中去，注意区别主次，尤其对于文献资料要在充分消化吸收的基础上适当引用，不要喧宾夺主。对于第一手资料的运用也要做到真实、准确、无误。

（五）拟定论文提纲

写论文提纲也是论文写作过程中的重要一步，可以说从此进入正式的写作阶段。拟定提纲可以帮助作者从文章的全局着眼，明确、完善文章的整体构思、叙述重点内容，避免内容杂乱，重点不突出。

1. 要对学术论文的基本型（常用格式）有一概括了解，并根据自己掌握的资料考虑论文的构成形式。对于初学论文写作者可以参考杂志上发表的论文类型，做到心中有数。

2. 要对掌握的资料做进一步的研究，通盘考虑众多材料的取舍和运用，做到论点突出，论据可靠，论证有力，各部分内容衔接得体。

3. 要考虑论文提纲的详略程度。论文提纲可分为粗纲和细纲两种，前者只是提示各部分要点，不涉及材料和论文的展开。对于有经验的论文作者可以采用。但对初学论文写作者来说，最好拟一个比较详细的写作提纲，不但提出论文各部分要点、而且对其中所涉及的材料和材料的详略安排以及各部分之间的相互关系等都有所反映，写作时即可得心应手。

最后，最好在拟定提纲的基础上，征求同事和专家的意见，在集思广益的基础上再次修改提纲。

（六）构思与执笔写作

构思指作者运用手头的资料在写作提纲指导下进行全文内容结构的思维活动，形成“腹稿”，在有了好的选题、丰富的材料和详细的提纲基础上执笔写作。一篇高质量的学术论文，内容当然要充实，但形式也不可不讲究，文字表达要精炼、确切，语法修辞要合乎规范，句子长短要适度。特别应注意的是，一定要采用医学科技语体，用陈述句表达，减少或避免感叹、抒情等语句以及俗言俚语，也不要在论文的开头或结尾出现与论文无关联的党政领导及其言论或政治形势的描述。论文写作也和其他文体写作一样，存在着思维的连续性。因此，在写作时要尽量排除各种干扰，使思维活动连续下去，集中精力，力求一气呵成。对于篇幅较长的论文，也要部分一气呵成，中途不要停顿，这样写作效果才好。

（七）修改成文

论文撰写结束并非大功告成，修改对保证和提高论文质量起着重要作用。反复阅读是为了纵览全局，发现问题，找出修改方向及内容，尤其应注意文章的整体结构及论点、论据与结论的辩证统一。同时对诸如用词、语法、标点符号等写作技术问题也应注意，不妥之处加以改正。对文章的整体结构和篇幅进行反复修改，确保整篇论文围绕一个中心论点逐层展开，对于每个论点都有很好的材料支持，并对文字进行修饰，确保论文的表述清晰流畅，反复阅读修改后定稿。另外，论文最好请同行造诣较深者审阅一番，虚心征求意见，以求指正，对论文修改颇有益处。

（八）定稿

论文撰写完毕，便进入定稿阶段。编辑部或出版社的收稿要求是“齐、清、定”。齐，即稿件齐全，不能缺这少那；清，指清楚不乱；定，指定稿，不能将草稿寄给出版部门。所以，定稿阶段首先要把论文的全部资料收集齐全，不要有所遗漏；其次，论文的论点、论据以及论证过程都应肯定无疑，如有拿不准地方，应再加研究，以求定夺；最后，是将论文的全部内容按写作要求及图表处理规定整理清楚。

（九）送审与修回

确认论文定稿后，选择投向相关杂志的编辑部，经过专家审阅后，由专家提出修改意见，确定是否采用，最后再由作者修回发表。

三、护理科研论文的写作

护理科研论文是护理研究工作的书面总结和重要组成部分。护理研究论文的格式包括了标题、作者署名、摘要、关键词、正文和参考文献。

（一）标题

论文标题是论文的“招牌”，应观点鲜明、题意清楚、简洁新颖、能引起读者的注意和兴趣。因此，命题时应注意：切题准确，表达得当；新颖醒目，富有特色和吸引力；用词规范，有可检索性；简明精炼，高度概括，能够反映论文的主题和内容，一般不超过 20 字，语言合理，能够确切的概括论文的性质和内容，但在简明扼要的前提下，还要突出创新之处，引人阅读。

（二）署名

署名作者的条件，参与以下工作者才能有署名的资格：课题的构思与设计，资料分析与解释，文稿的写作，或对论文中重要内容作重大修改。目前主张个人署名，即能明确论文的责任，以便论文发生问题时能够由相应的人员承担责任，又能是作者获得相应的荣誉，也是目前文献检索的需要。如是多人参与的研究，应按照对研究及论文相关工作贡献大小确定名次先后，署名人数一般不超过 6 人。

（三）摘要

即文章的内容提要，是对论文内容的高度概括，是论文基本思想的缩影，从而起到导读的作用。以提供论文内容梗概为目的，简明扼要、确实地记述文章的主要内容，重点突出文章的创新之处，一般控制在 200~300 字为宜。摘要提倡四段结构书写，包括研究目的、材料与方法、结果、讨论或结论。摘要部分不列参考文献，不列图表或公式，尽量不用缩略语，不分段落。

（四）关键词

关键词为论文的正确编目，是反映论文中的关键性专业术语信息，其目的是为了方便读者了解论文的主题及编制索引和检索系统，为读者通过计算机查阅文献带来方便。一般 3~5 个“关键词”，其相互之间用分号隔开或各词间不用标点符号而采用空一格书写，最后一个词不加标点，所涉及的关键词应规范化、专业化。国际国内通常以美国国立图书馆出版发行的《Index Medicus，IM》中医学主题词表（medical subject headings，MeSH）所列出的主题词为准。

（五）正文

1. 前言　又称引言、导言、序言、导语，是论文开头部分的一段短文，也是论文主体部分的引子或开场白。包括论文的研究背景、选题目的、相关文献回顾、进行本项研究的重要性、并对生疏概念进行解释，由此引出论文的主要内容。其作用主要回答“为什么研究”这个问题。是对正文主要内容的简要说明，对正文起到提纲挈领和引导阅读兴趣的作用。使读者在阅读过文题、提要、关键词和前言后，不仅了解该文的主要内容和观点，并进一步了解论文研究的背景、目的和立题依据，并感受到论文的参考价值和通读全文的必要性。应简洁精炼、开门见山，有吸引力，字数一般300字左右，不分段落。

2. 材料与方法　材料与方法是论文的重要组成部分，需要详细撰写，便于读者所借鉴以及审稿复核。主要说明研究所用的材料、方法和研究的基本过程，让读者了解论文实验数据的可靠性，其内容包括研究对象的标准和选择方法、观察项目、研究工具、研究步骤、资料的收集、整理和统计学分析。撰写内容包括：

（1）研究对象

1）研究对象的入选方法。

2）研究对象的来源。

3）诊断标准和纳入/排除标准。

4）入选研究对象的样本数（样本数的依据须告知，如有拒绝入选者应注明人数，并说明原因）。

5）研究对象的一般特征（年龄、性别、民族及其他重要特征）。

6）研究对象的分组方法（是否随机，采用何种随机分配方法，不可简单写“随机分组”一句话）。

（2）研究方法

1）基本设计方案（如使用“随机对照实验”、“前瞻性队列研究”、“病例对照研究”等名词）。

2）研究场所：需要写清楚在“人群或社区”、“某级别医院”等。

3）干预措施：试验的措施详细介绍，以便读者可重复。

4）是否盲法需交代。

5）测量指标及结果判断标准：最后选用客观、敏感指标，或选用公认的评价标准。

6）质量控制：控制研究中偏倚发生所采取的措施。

（3）统计分析方法：包括数据资料的收集方法，采用何种统计软件及统计方法。

3. 结果　实验结果是科研论文的核心部分，是结论的依据，是形成观点与主题的基础支柱，由结果导出结论和推论。因此论文的结果阐述应当指标明确可靠，数据准确无误，选用统计学方法正确，文字描述言简意赅，图标设计合理正确等。结果部分可以采用文字和图表结合形式呈现，并围绕研究主题有逻辑，有层次地展开。

4. 讨论　是对实验观察结果或调查结果做出理论性分析，是全篇文章的精华所在。论文的最后一段是针对研究所得的数据及资料进行科学的归纳分析，做出理论性的判断和解释。讨论所引用的文献材料应尽可能的抽象概括，而不是照抄他人的资料。包括对研究中得出的数据进行分析和解释、探讨研究结果的理论依据及应用价值、与他人的研究结果进行比较分析、总结个人经验。主要包括以下内容：

（1）对研究结果进行比较分析、判断、评价，分析观察结果之间的内在联系，避免重复结果的内容。

（2）与前人的工作联系起来，回答前言中所提出的拟解决的问题。围绕论文主题，以研究结果为基础，援引必要的文献来证明自己的观点，或与别人的研究工作进行比较，分析异同点，切忌写成他人综述。

（3）对研究中的阴性和阳性结果均进行分析讨论。

（4）对于本工作的理论意义和实际应用的可能性，实事求是地加以讨论，并对于本研究尚存在的缺陷或尚待解决的问题以及今后的设想也可做一下介绍。

5. 结论　是论文最后总体结语，主要反映论文的目的、解决的问题及最后得出的结论，是研究者在理论分析结果上抽象概括出的新论点。建立在对论文进行总结的基础上，用简单、明确、易懂、精辟的语言对全文内容加以概括，不加评论和补充解释，一般与前言相呼应，文字简短，一般在200字左右。

（六）参考文献

参考文献是论文必不可少的组成部分，在文章的最后应列出本次研究工作参考过的主要文献目录。参考文献标明了论文中相关数据或内容的来源，简化了论证和推理过程，也表明了论文作者对所引用文章作者的尊重，体现了科研的继承性，即反映论文起点的高低，也反映了作者对国内外该领域前言进展的了解程度，同时，还反映了论文的科学依据，并体现作者对他人劳动成果的尊重。文献种类较多，一般常引用的是期刊和书籍。

1. 所列参考文献的要求

（1）须是作者亲自阅读过的文章。

（2）须是公开发表的文献。

（3）引用论点须准确无误，不能断章取义。

（4）参考文献一般在5~10篇，尽量参考近5年的文献。

（5）标注方式正确：正文中若引用文献处，则在引文最后句号的右上角，标出一个阿拉伯数字的方括号角码，解码所采用顺序编码与参考文献列出文献序号相对应。

2. 参考文献的书写格式

（1）期刊：序号. 作者名. 文章题目. 杂志名称，年，卷（期）：页. 如：[1] 张京慧，李雪冰，贺连香，等. 肺癌合并上腔静脉梗阻患者股静脉留置PICC导管的研究. 中华护理杂志，2015，50（6）：692-696.

（2）书籍：序号. 作者名. 书名. 版次（第一版可省略）. 出版地：出版社，年. 如：[1] 贺连香. 静脉输液治疗护理操作技术与管理. 长沙：中南大学出版社，2014.

四、综述论文的撰写

综述是综合评述的简称，是作者以某一专题为中心，从一个学术侧面，围绕某个问题，收集一定历史时间有关文献资料（主要是近期最新文献），以自己的实践经验为基础，进行总结、整理、分析、归纳、评价、综合、提炼而成的概述性、评述性专题学术论文。护理文献综述是对已发表的有关文献资料的评述。其特点是文章较长，参考文献较多，是医学情报研究的结果。它可以帮助读者在短时间内了解某一项研究专题或护理问题的历史和现状，避免不必要的重复。其写作格式如下：

（一）文题

综述因其体裁的特殊性，决定了其文题的固定格式。一般由两部分组成，即综述涉及的对象和说明语，如《PICC导管相关性血流感染风险因素与防护措施研究进展》、《PICC置管后机械性静脉炎的防护进展》。但也可以不用说明语，直接用综述涉及的对象为标题，如《提高外周浅静脉穿刺成功率的方法与技巧》。

（二）前言

说明本文立题依据和综述的目的，并介绍相关概念、定义、护理有关问题的现状、存在问题、争论的焦点等，明确综述的范围和内容，引出下文。

（三）主题部分

主题部分是综述的重点，是提出－分析－解决问题的过程。主题部分无固定的写作格式，应列出小标题，加以讨论；反映不同的学术观点；引用主要研究结果和结论性观点。常用写作方法有：

1. 循序法　按时间先后或问题的深浅顺序来写。
2. 分述法　按主题的各个方面分别加以叙述。
3. 论证法　将两种以上同类事物进行相互比较。

4. 逻辑推理法 根据事物的客观规律，从一个或几个判断推断出另一个新结论。

（四）小结

小结的写法有两种，一种写法是将小结放在全文的最后来写；另一种写法是在各个问题之后发表作者评述性意见，全文后无小结。写作内容主要包括：

1. 对主体部分叙述的内容作归纳、总结，得出最终的结论或提示，应与前言内容相呼应。

2. 对主体部分各问题提出评论性的意见，明确赞成什么、提倡什么或不同意什么。

3. 对今后研究方向提出建议或展望。

（五）参考文献

一篇综述引用参考文献的数量，往往决定于文献内容的需要，一般以 20~30 条为宜。

五、经验体会型论文的写作

经验体会型护理论文是护理工作者通过回顾性总结的方式，把一定时期内的某项护理工作进行归纳、分析，进而寻求护理经验的一种护理论文。以总结介绍经验、体会或教训为主，包括总结临床护理规律、护理管理、护理教育等方面的经验，介绍新技术、新业务、新方法等。

（一）类型

1. 以观察为主的经验介绍 是为解决护理过程中某个问题而有计划、有目的对某个临床现象或行为进行观察。通过观察，了解疾病对患者的心理或生理的影响，不同的治疗或护理方法的效果等，从中发现规律性的东西。观察过程一般要借助仪器或评定量表，观察结果用客观的指标加以反映。如《130 例水胶体敷料治疗留置针相关静脉炎的效果观察》、《8 例化疗间歇期患者 PICC 导管相关性血流感染的观察与护理》。

2. 以技术及方法为主的经验介绍 主要是介绍新技术的原理、应用方法、效果，并对有关知识进行阐述、探讨的论文。其要点在于实用和创新。此类论文包括的范围很广，如新的诊疗方法，新的护理技术，新开展手术的配合，新型医疗护理器械、仪器的使用等。另外，对于那些在原有技术基础上进行改进的论述，也属于这一范畴。如《32 例上肢静脉障碍致 PICC 置管困难患者改行中心静脉置管的做法》、《改良塞丁格技术在 98 例 PICC 置管患儿中的应用》。

3. 以体会为主的经验介绍 是对临床护理或护理管理、护理教育、心理护理等过程中摸索出的独到经验和体会进行回顾性的归纳总结。如《1 例在 DSA 下调整 PICC 异位导管的护理》、《一例肺癌患者 PICC 导管误入胸导管的护理》。

（二）书写格式

1. 文题　应具有高度概括性，简明醒目，可直接用所从事的工作项目作为标题，也可以针对文章的主题思想概括后作为论文的标题，如《集束化护理在PICC导管维护中的应用》；还可以采用其他灵活多样的标题，但必须以能够正确反映经验体会的目的和中心内容为准。

2. 前言　前言一般不用另立小标题，其写作主要是以简短精练的文字，将论文的主旨、目的、护理基本情况及结果等作言简意赅的概述。如《集束化护理在PICC导管维护中的应用》一文的前言。

3. 正文　由于经验体会型文章的资料来源广泛，种类繁多，内容丰富，故正文的写法亦应根据实际需要而灵活变通。一般包括方法、材料、临床资料及讨论、体会等提炼归纳部分。写作要点如下：

（1）以观察为主的经验体会论文，要选择能够反映所要研究总结的最主要特征为观察指标，设立对照，介绍分组方法，处理方法，观察项目、标准以及观察结果及结论。

（2）以介绍新技术、新器械为主的论文，在正文部分重点介绍操作或使用方法、制作方法，以及效果、注意事项、体会等。

（3）以介绍体会为主的论文，应将一段时期内的某项护理工作作为总结对象，其临床资料部分可详可简，重点放在总结临床护理（或管理、教学）方面的新经验、新方法、新措施。

4. 结论　不宜过长，以能概括全文的基本要点、结论与心得体会为准，避免与正文重复。

5. 参考文献　在经验型护理论文中同样的重要，因为经验型论文的写作要密切结合相关理论，因此，参考文献内容直接关系到经验型护理论文的水平。

（雷　花）

附 表

附表 1 常用抗菌药物临床输注注意事项

序号	通用名	静脉滴注溶媒	pH	配伍禁忌	注意事项	备注
1	青霉素	0.9% 氯化钠注射液配成 15 000~25 000U/ml 的液体	5.0~7.5	氨基糖苷类、普鲁卡因	1. 宜现配现用 2. 日剂量超过 500 万 U 时宜静脉给药，6 小时 1 次 3. 不宜与其他药物同瓶滴注	
2	阿莫西林克拉维酸钾	每次 1.2g，0.9% 氯化钠注射液 100ml 溶解	8.0~10.0	不可用葡萄糖、碳酸氢钠作溶媒	1. 配好的液体应在 4 小时内入，30~40 分钟滴完 2. 不宜与氨基酸在体外混合	
3	哌拉西林钠舒巴坦	5% 葡萄糖液或 0.9% 氯化钠注射液 50~100ml 稀释	3.5~6.5	不可加入碳酸氢钠注射液中静滴	1. 最大日剂量不超过 20g 2. 每 8 小时 1 次	

续表

序号	通用名	静脉滴注溶媒	pH	配伍禁忌	注意事项	备注
4	头孢唑林	0.9% 氯化钠注射液、5%~10% 葡萄糖注射液、复方氯化钠注射液稀释	4.0~6.0	庆大霉素、红霉素	1. 宜单独输注 2. 大剂量静脉注射可致血管疼痛、血栓性静脉炎	
5	头孢呋辛	可与大多数常用静脉注射液配伍	5.5~8.5	氨基糖苷类、磷霉素、维生素 C、呋塞米	常用剂量每次 0.75~1.5g，每 8 小时 1 次	本品在不同存放条件下颜色可变深，但一般不影响其效价
6	头孢曲松	使用无钙注射液作为溶媒，如：0.9% 氯化钠注射液、0.45% 氯化钠 + 2.5% 葡萄糖注射液、5% 葡萄糖、10% 葡萄糖、5% 葡萄糖中加 6% 葡聚糖、6%~10% 羟乙基淀粉静脉注射液、灭菌注射用水等	6.0~8.0	含钙静脉注射液，不相容性的药物：氨苯蝶啶、万古霉素、氟康唑、氨基糖苷类抗生素	1. 新配制溶液在室温下理化稳定性保持 6 小时，在 5℃下保持 24 小时 2. 由于药物间会产生不相容，故不能将其混合或加入其他抗菌药物的溶液中	新生儿不可用本品和含钙输液的序贯给药，其他人在序贯给药时必须用相容液体充分冲洗输液管
7	头孢哌酮钠/舒巴坦钠	在头孢哌酮钠和舒巴坦钠分别为 10~250mg/ml 和 5~125mg/ml 浓度范围内，可用注射用水、5% 葡萄糖液、生理盐水、5% 葡萄糖加 0.225% 氯化钠注射液、5% 葡萄糖和 0.9% 氯化钠注射液配伍	4.5~6.5	氨基糖苷类（如需要可采用序贯间歇静脉输注给药，使用不同输液管或在输注间歇期用一种适宜的稀释液充分冲洗先前使用过的静脉输液管）、乳酸钠林格注射液	1. 本品以头孢哌酮钠 1.0g，舒巴坦钠 0.5g，12 小时给药一次，严重或难治性感染每日可增加至 12g 2. 最初溶解时应先用灭菌注射用水溶解，再用乳酸钠林格注射液稀释至舒巴坦浓度为 5mg/ml 的溶液	用药期间及停药后 5 天内饮酒可引起面部潮红、出汗、头痛、心动过速等。当患者需要肠内或者肠外营养时，应避免给予含有酒精成分的液体

续表

序号	通用名	静脉滴注溶媒	pH	配伍禁忌	注意事项	备注
8	亚胺培南－西司他丁	0.9% 氯化钠注射液、5%~10% 葡萄糖注射液	6.5~7.5	含乳酸盐稀释液、含其他抗生素溶液	1. 配制好后在 25℃下 4 小时以内，4℃下 24 小时以内使用 2. 静滴剂量最多每天 8g，每次剂量小于 1g 时，静滴时间不少于 20~30 分钟，剂量大于 1g 时，静滴时间不少于 40~60 分钟	配制时溶液由无色至黄色，颜色改变不影响药效
9	美罗培南	0.25~0.5g 美罗培南用 100ml 以上溶液溶解，15~30 分钟输完。可配伍溶液：5% 或 10% 葡萄糖注射液、5% 葡萄糖加 0.02% 碳酸氢钠注射液、5% 葡萄糖氯化钠注射液、5% 葡萄糖加 0.225% 氯化钠注射液、5% 葡萄糖加 0.15% 氯化钾注射液、2.5% 或 10% 甘露醇注射液	4.0~6.0	丙戊酸钠、葡萄糖酸钙、阿昔洛韦；不可与含乳酸钠的输液配伍	1. 配制好后应立即使用。如需放置，室温下 6 小时以内，在 4℃下 24 小时以内使用 2. 使用时应先将溶液振荡摇匀 3. 与胺碘酮有配伍禁忌，两药连续输注时中间需以间隔液冲管	溶液为无色或微黄色液体，深浅不影响药效
10	氨曲南	1g 氨曲南至少用注射用水 3ml 溶解，再用 0.9% 氯化钠注射液、5% 或 10% 葡萄糖注射液、林格注射液稀释	4.5~7.5	更昔洛韦、甲硝唑	1. 浓度不超过 2%，最高剂量每日 8g 2. 滴注时间 20~60 分钟 3. 为预防出血，应 1 周 2 次补充维生素 K	

续表

序号	通用名	静脉滴注溶媒	pH	配伍禁忌	注意事项	备注
11	依替米星	0.9% 氯化钠注射液 100ml 或 250ml、5% 葡萄糖注射液	5.0~7.0	β-内酰胺类。序贯滴注产生浑浊：呋布西林钠（白色）、痰热清（咖啡色）、苦碟子（紫褐色）、甲磺酸帕珠沙星氯化钠注射液（乳白色）、多烯磷脂酰胆碱（乳白色）、夫西地酸钠（乳白色）、复方甘草酸苷（白色絮状物）	1. 滴注时间为 1 小时 2. 避免与其他药物直接混合，与 β-内酰胺类联合应用时，需分瓶滴注	
12	阿奇霉素	将 500mg 本品瓶中加 4.8ml 灭菌注射用水，制成 5ml 溶液，之后加入以下任何一种溶液中：0.9% 氯化钠注射液、0.45% 氯化钠注射液、5% 葡萄糖注射液、乳酸钠林格注射液、5% 葡萄糖加 0.45% 氯化钠含 20mmol/L 的氯化钾注射液、5% 葡萄糖乳酸钠林格注射液、5% 葡萄糖加 0.3% 氯化钠注射液、5% 葡萄糖加 0.45% 氯化钠注射液、Normosol-M5% 葡萄糖溶液、Normosol-R5% 葡萄糖溶液	9.0~11.0	其他静脉内输注物、添加剂，也不能在同一条静脉通路中滴注	1. 静脉滴注速度不宜过快，500mg/500ml 的滴注时间不少于 1 小时 2. 初步稀释液可在室温保存 24 小时 3. 肝功能损害的患者慎用 4. 不可静脉推注或肌内注射	

续表

序号	通用名	静脉滴注溶媒	pH	配伍禁忌	注意事项	备注
13	琥乙红霉素	先加灭菌注射用水10ml（20ml）至0.5g（1g）乳糖酸红霉素粉针瓶中，用力振摇至溶解。然后加入生理盐水或其他电解质溶液中稀释，也可加入含葡萄糖的溶液稀释，但因葡萄糖溶液偏酸性，必须每100ml溶液中加入4%碳酸氢钠1ml	6.5	青霉素类、头孢曲松、左氧氟沙星	1. 成人一次0.5~1.0g，每日2~3次，一日不超过4g 2. 静滴红霉素浓度在1%~5%以内	本品不得直接使用氯化钠或含盐注射液溶解，以免沉淀
14	克林霉素	0.6g用100~200ml生理盐水或5%葡萄糖液稀释成≤6mg/ml的浓度的药物	3.5~4.5	氨茶碱、葡萄糖酸钙	1. 用量超过600mg一般静脉给药 2. 静脉给药速度不宜过快，600mg静脉滴注30分钟，1小时输入的药量不能超过1200mg	本品不宜加入组分复杂的液体中，以免发生配伍禁忌
15	万古霉素	0.5g用10ml注射用水溶解，再以至少100ml的0.9%氯化钠注射液或5%葡萄糖注射液稀释	2.5~4.5	氨茶碱、5-氟尿嘧啶	1. 静滴时间在60分钟以上 2. 配制好的溶液尽早使用，可保存于室温、冰箱内，24小时内使用	国外有快速静滴本品后出现心跳停止的报道

续表

序号	通用名	静脉滴注溶媒	pH	配伍禁忌	注意事项	备注
16	替考拉宁	0.9% 氯化钠注射液、5% 葡萄糖溶液、复方乳酸钠溶液（林格－乳酸，哈特曼溶液）、0.18% 氯化钠和 4% 葡萄糖注射液稀释	6.5~7.5	和氨基糖苷类注射前不能混合	1. 静脉滴注时间不少于 30 分钟 2. 一般每日给药一次，但第一天可给两次 3. 配制好后应尽快使用，如需放置，在 4℃下保持 24 小时以内使用	配制时要用双手轻轻滚动小瓶，直至药粉溶解，避免产生泡沫
17	左旋氧氟沙星	需稀释使用的剂型，应在无菌条件下，先用注射用水溶解，再用 0.9% 氯化钠注射液或 5% 葡萄糖注射液稀释	3.8~5.8	宜单独输注（同一条静脉通路输注也不可）	1. 常用剂量为 250mg 或 500mg，滴注时间不少于 60 分钟，每 24 小时静滴一次；或 750mg，时间不少于 90 分钟，每 24 小时静滴一次。滴注浓度应为 5mg/ml 2. 不要用微波或水溶加速其溶解	1. 本品不能与任何有多价阳离子（如镁离子）的溶液通过一条静脉通路同时给药 2. 迅速静脉给药或推注可导致低血压
18	莫西沙星	可与注射用水、0.9% 氯化钠注射液、5% 葡萄糖注射液、10% 葡萄糖注射液、40% 葡萄糖注射液、20% 木糖醇注射液、林格液、乳酸林格液		使用含有镁、铝、铁或锌，包括抗酸剂、硫糖铝、多种维生素和去羟肌苷咀嚼／缓释片或小儿口服液时，至少 4 小时或 8 小时后给予盐酸莫西沙星	1. 一次 0.4g，QD，时间应为 90 分钟 2. 既可以单独给药也可以与一些相容的溶液一同滴注 3. 若需要与其他药物合用，每种药物需单独给药 4. 只有澄明的溶液才能使用	

续表

序号	通用名	静脉滴注溶媒	pH	配伍禁忌	注意事项	备注
19	甲硝唑注射液	一次 0.915g，粉针剂可用 100ml 氯化钠注射液或 5% 葡萄糖注射液稀释	5.0~7.0	氨曲南、氨茶碱、碳酸氢钠	1. 在 1 小时内缓慢滴注，Q8h，7 日为一疗程 2. 用药期间不应饮用含酒精的饮料，会导致双硫仑样反应	1. 有活动性中枢神经系统疾患和血液病患者禁用 2. 本品的代谢产物可使尿液呈深红色
20	奥硝唑	粉针剂或注射剂（小针）应先进行适当的稀释，将 0.5g（1g）加入 250ml（500ml）5% 葡萄糖、10% 葡萄糖、0.9% 氯化钠注射液等常用液体稀释	4.0~5.0	巴比妥类药、雷尼替丁和西咪替丁等药物可使奥硝唑加速消除而降效，并可影响凝血，因此应禁忌合用	1. 本品溶液呈酸性，与其他药物合用时注意本品低 pH 对其他药物的影响 2. 药物混浊或变色切勿使用	能抑制华法林的代谢，与华法林同时用注意观察凝血酶原时间，并调整给药剂量
21	两性霉素 B	加适量灭菌注射用水溶解（不可用氯化钠注射液溶解稀释），再加入 5% 葡萄糖注射液（pH>4.2）中，使浓度≤1mg/ml	7.23	青霉素、庆大霉素、万古霉素、美罗培南	1. 成人最高日剂量不超过 1mg/kg 2. 宜缓慢避光滴注，每剂滴注时间至少 6 小时 3. 药物静脉滴注时应避免外漏造成局部刺激 4. 给药前可给解热镇痛药和抗组胺药	滴注时应注意避光，宜经常更换注射部位
22	氟康唑	0.9% 氯化钠注射液、20% 葡萄糖溶液、4.2% 碳酸氢钠溶液、混合氨基酸稀释	3.5~8.0	头孢呋辛、红霉素、克林霉素、呋塞米、地塞米松	静滴速度≤10ml/min	每日 400mg 或更高剂量治疗的患者禁止同时服用特非那定

（钱 利）

附表 2 中心静脉导管置入告知同意书

科室：　　床号：　　姓名：　　性别：　　年龄：
住院号(或 ID 号)：　　诊断：

中心静脉导管置入或经外周静脉置入中心静脉的导管(PICC)是长期静脉输液患者较理想的输液通路，具有相对于其他血管通路较安全、易护理的特点，出院时可携带回家，但需要定期维护。

由于已知和未知的原因，任何中心静脉导管置入或 PICC 导管都有可能出现并发症甚至死亡。因此，医护人员无法对置管结果给予任何承诺，您有权知道置管目的、风险、预期效果及对人体的影响。在中心静脉置管或 PICC 置管前的任何时间，您有权选择接受或拒绝本次穿刺。请仔细阅读相关事宜，决定是否同意进行中心静脉置管或 PICC 置管。

置管过程中可能出现以下情况

□ 多次穿刺或穿刺失败　　□ 导管异位(必要时在放射介入下调整导管，费用另计)
□ 误穿动脉，发生血肿　　□ 空气栓塞
□ 神经损伤、霍纳综合征　　□ 心律失常甚至心搏骤停
□ 导管夹闭　　□ 其他

使用过程中可能出现

□ 局部渗血、渗液、疼痛　　□ 静脉炎
□ 局部或全身感染、败血症　　□ 导管堵塞
□ 静脉血栓形成导致肺动脉栓塞　　□ 导管滑脱
□ 手臂肿胀　　□ 皮肤过敏
□ 不能耐受置入材料　　□ 导管破损、断裂
□ 其他

您以下的签名表示

1. 您已阅读并理解、同意前面所述的内容。
2. 您的医生或护士对以上情况已向您作了充分的解释。
3. 您已获得了有关静脉置管相关信息。
4. 您授权并同意医生或护士为您施行上述操作。

同意置管签名：　　年　　月　　日　　时　　分

与患者关系：□ 患者本人　　□ 患方配偶　　□ 父母　　□ 其他

操作医生或护士陈述

我已经告知患方将要进行的置管术及术后可能发生的并发症，并且解答了患方关于此次置管术的相关问题，患方协商后一直同意并自愿置入中心静脉导管。

医生 / 护士签名__________　　签名日期_____年_____月_____日

（吴玉芬）

附表3 输入腐蚀性药物患者/家属拒绝置入/植入PICC/CVC/PORT告知同意书

科室	床号	住院号(或ID号)	姓名	性别	年龄	诊断

××患者/家属:由于您的疾病需要输入腐蚀性药物,医生已经下达医嘱,该类腐蚀性药物在静脉输液治疗疾病的同时对静脉血管也有损伤,如果在四肢或头部的小血管采用留置针、一次性静脉输液钢针输入腐蚀性药物,则很可能会发生药物外渗到血管周围组织,导致机体局部皮肤及组织损伤,局部血管硬化、红肿等,甚至局部组织坏死。尤其是化疗药物、多巴胺、去甲肾上腺素、TPN、甘露醇等。所以,为了有效地预防这类药物引起的并发症,使您的静脉输液治疗能够顺利完成,需要通过置入/植入PICC(经外周静脉置入中心静脉的导管)/CVC(中心静脉导管)/PORT(输液港)来建立静脉通道。

一、采用留置针或一次性输液钢针可能出现的并发症

在静脉输液治疗过程中,尽管我们会采用现代技术避免并发症的发生,但仍有可能发生以下并发症:

1. 静脉炎 局部红、肿、热、痛甚至脓肿,有时可触及静脉条索样改变。

2. 药物外渗

(1)轻度:局部红肿、酸麻。

(2)中度:感到烧灼感、刺痛,局部红肿或皮肤水疱。

(3)重度:皮肤青紫、变硬、局部皮下组织溃疡或坏死,可深至肌腱及关节,瘢痕挛缩,关节僵硬,甚至功能障碍,有的还需要通过植皮来治疗。

二、如您/家属拒绝置入/植入PICC/CVC/PORT,您以下的签名表示:

1. 您已结阅读并理解前面所述内容。

2. 护士已经告诉了您/家属以上的内容。

3. 您授权并同意穿刺者为您实施短导管、一次性静脉输液钢针穿刺并承担全部后果。

患者或家属签字　　　　　　　　与患者的关系

谈话医生/护士签名______________　　　　　　日期______年______月______日

(吴玉芬)

附表 4　PICC 置管操作记录

科室：　　　　床号：　　　　姓名：　　　　性别：　　　　年龄：
住院号（或 ID 号）：　　　　诊断：

1. 患者卧位　□ 平卧位　□ 半卧位
2. 评估穿刺部位
3. 测量：

（1）置入长度：________cm；（2）臂围：________cm

4. 消毒方法：

（1）消毒液：□ 2% 葡萄糖酸氯己定　□ >0.5% 碘伏　□ 2.5% 碘酒 +75% 酒精
（2）消毒范围：□ 符合标准
（3）消毒方法：□ 符合标准

5. 穿刺过程：

（1）护士操作：□ 符合规范
（2）用物准备：□ 符合规范
（3）穿刺过程：□ 穿刺 1 针　□ 穿刺 2 针　□ 穿刺 3 针以上
（4）送管：□顺利　□ 较顺利（送管稍有阻力）　□ 不顺利（送管困难，反复调管）

6. 导管资料　类型_____　厂家_____　批号_____　规格_____　原导管长度：60cm_____
7. 穿刺部位　上肢：□ 左右肘上　□ 左右肘下；下肢：□ 左右；头部：□；其他：□
8. 穿刺血管　□ 贵要静脉，□ 肱静脉，□ 头静脉，□ 肘正中静脉，□ 其他静脉______
9. 实际置入　置入________cm；外露________cm
10. 导管尖端位置（X 线结果）__________

操作者　　　　助手　　　　　　______年______月______日

（吴玉芬）

附表 5　PICC 带管出院患者健康教育

科室：　　　床号：　　　姓名：　　　性别：　　　年龄：
住院号（或 ID 号）：　　　诊断：

经外周静脉穿刺中心静脉导管（PICC）是长期静脉输液患者理想的静脉通路选择，具有安全、易管理的特点。治疗间歇期或长期在社区进行治疗的患者，出院时可携带该导管回家。建议出院后在医院 PICC 门诊进行导管维护。

1. 置管信息　置管医院：　　　置管护士：　　　置管日期：
置入长度：____cm，外露：____cm，臂围：____cm，置入血管：______，置入部位：________

2. 患者 / 家属需要注意

（1）活动：置管一侧手臂可从事一般的日常工作，如使用电脑、家务劳动及部分轻微的体育锻炼。

（2）可以淋浴、避免泡浴。沐浴前宜戴 PICC 专用沐浴袖套。沐浴后敷贴下如果进水请及时更换。

（3）避免提超过 3kg 的物品，不做引体向上、托举哑铃等持重锻炼。

（4）置管一侧手臂避免测血压，穿刺点上禁止扎压脉带作静脉穿刺，非耐高压导管不能用高压注射泵推注造影剂。

（5）如出现以下症状及体征，请及时到 PICC 门诊处理，电话号码：______________

□ 穿刺点出血、渗液、红肿、化脓　　□置管手臂麻木、疼痛、烧灼感
□ 置管手臂肿胀，臂围超过 2cm　　□冲管有阻力，不通畅、导管有漏液
□ 体温升高 >38℃　　□呼吸困难

（6）如果 PICC 导管断裂或破损，请在导管断裂上方或靠近穿刺点处将导管反折，并用胶布固定。如果导管不可见，请立即在置管侧腋窝部用压脉带加压固定，与医院专业人员联系并到医院做进一步处理。

3. 患者在基层医院做维护，需要护理人员注意

（1）冲封管注意事项：该操作可防止血液或药物堵塞导管

1）冲管液体：生理盐水 10ml 或预冲式注射器。

2）封管液体（肝素盐水）：3~5ml；常用浓度：①成人：宜 10~100U/ml，可用 0.5~10U/ml；②小儿：可用 0.5~10U/ml；③新生儿：PICC 使用无防腐剂的生理盐水，每 8 小时冲管一次。

3）冲管方法：脉冲式冲管（推一下，停一下）。

4）封管方法：针头退至肝素帽内，先脉冲式冲管，余 0.5~1ml，用力推的同时拔针，即正压封管；也可以直接正压封管。

5）非耐高压导管禁止用小于 10ml 的注射器冲管，给药。不可暴力冲管，以免造成导管破裂。

（2）更换敷贴注意事项

1）评估导管及敷贴。

2）对着穿刺点零度手法，自下而上去除原有敷贴，保护好导管。

续表

3）常规每周更换 1~2 次敷贴，如敷贴松脱、卷曲或潮湿时及时更换。
4）换药过程严格无菌，消毒液应自然待干后贴敷贴。
5）穿刺点置于敷贴的中心，保持清洁干燥，敷贴下不能有气泡。
6）因对透明敷贴过敏等原因，应相应缩短更换敷贴的间隔时间或使用纱布更换。
7）禁止将胶带直接贴于导管上。
8）严禁将 PICC 导管外露部分再次置入体内。
（3）肝素帽：每周更换，推荐使用无针接头。
4. 出院患者导管维护　宜在 PICC 门诊进行。
宣教护士签名　　　　　　　　　　　　　　______年______月______日

（吴玉芬）

附表 6　PICC 拔管告知同意书

姓名________性别________年龄________科室__________床号__________
住院号（或 ID 号）________诊断________________

患者于______年____月____日________置入 PICC 导管，现已完成静脉输液治疗计划，经主管医生同意拔除 PICC 导管。

医护人员已向我详细说明了拔除 PICC 导管前需要做血管超声的重要性及拔管时潜在的风险，如：

1. 拔管困难，通过多种方法处理仍不能够拔出的，必要时需进一步做血管超声、X 线、介入等检查确认原因，严重者须手术取管。

2. 在拔除 PICC 的过程中可能出现导管断裂，需手术取管。

3. 拔管过程中可能发生 PICC 导管外附的血栓脱落，造成重要脏器栓塞。如肺栓塞等，危及患者生命。

4. 其他难以预料的并发症。

经过我们认真、慎重的考虑后，决定配合护士拔除 PICC 导管，并愿意承担拔管过程中发生的各种风险及费用。

患方签字____________________
与患者关系__________________
谈话人员签字________________
日期：______年______月______日

（吴玉芬）

附表 7　PICC 导管移位 / 异位调整告知同意书

姓名________性别________年龄________科室__________床号__________

住院号（或 ID 号）________诊断________________

患者于______年____月____日置入 PICC 导管，术后经 X 线检查，确认导管出现移位 / 异位，原则上外露的导管不能够再送回，但为了今后的静脉输液治疗顺利完成，需保证是才置入的 PICC 导管而且无污染，可行 PICC 导管调整，调整 PICC 导管的方法：在无菌技术操作下，将 PICC 导管退出 10~20cm 后，通过导丝插入，重新将 PICC 导管送入预定位置，如果使用这种方法难以调整到位，必要时将采取放射介入下调整 PICC 导管，但在所有调整导管的过程中，有可能出现如下危险：

1. 调整过程中 PICC 导管断裂、血栓脱落、异位栓塞等，导致器官组织的缺血、坏死。
2. 调整过程中穿刺点出血，穿刺部位血肿等。
3. 调整后出现局部或全身的感染。
4. 术后血栓形成。
5. 原有基础疾病加重。
6. PICC 导管由于各种原因无法安放至理想的位置。
7. 难以预料的其他可能。

经过我们认真、慎重的考虑后，决定配合医院及医生、护士进行 PICC 导管调整术，对术中、术后可能出现的问题能够谅解，并愿意承担 PICC 导管调整过程中出现的各种风险及费用。

患方签字________________

与患者关系______________

谈话人员签字____________

______年______月______日

（吴玉芬）

附表 8　血栓处理流程

置管侧出现红肿热痛等静脉炎症状时

↓

测量臂围周径，行B超检查

↓

血栓处理

↓

患肢制动抬高，多磺酸粘多糖或金黄散加厚涂抹

↓

请血管外科会诊，应用抗凝和溶栓药物、保留或拔除导管

↓

根据治疗情况定期监测血常规、FIB、INR值

↓

加强健康宣教，取得理解配合

↓

及时记录，上报安全事件，分析、整改、记录

↓

患者症状明显缓解或2周后，复查B超，了解转归，确定下一步治疗

↓

出院留下电话，责任护士监控其用药和血液检查，确保用药安全

（周　莹）

参考文献

1. 朱建英，钱火红. 静脉输液技术与临床实践. 北京：人民军医出版社，2015.

2. 吴玉芬，彭文涛，罗斌. 静脉输液治疗学. 北京：人民卫生出版社，2012.

3. 姜安丽. 新编护理学基础. 北京：人民卫生出版社，2012.

4. 钟华荪，李柳英. 静脉输液治疗护理学. 3 版. 北京：人民军医出版社，2014.

5. 柏树令，应大君. 系统解剖学. 8 版. 北京：人民卫生出版社，2013.

6. 闻曲，成芳，鲍爱琴. PICC 临床应用及安全管理. 北京：人民军医出版社，2012.

7. 谌永毅，李旭英. 血管通道护理技术. 北京：人民卫生出版社，2015.

8. 陈孝平，汪建平. 外科学. 8 版. 北京：人民卫生出版社，2014.

9. 杨宝峰. 药理学. 8 版. 北京：人民卫生出版社，2013.

10. 吴玉芬，陈利芬. 静脉输液并发症预防及处理指引. 北京：人民卫生出版社，2016.

11. 吴丹. 静脉输液治疗技术操作规范与管理. 合肥：中国科学技术出版社，2015.

12. 刘学政，曾志成. 人体解剖学. 2 版. 北京：人民卫生出版社. 2011.

13. 姚泰. 生理学. 3 版. 北京：人民卫生出版社，2015.

14. 张学军.《皮肤性病学》. 8 版. 北京：人民卫生出版社，2016.

15. 朱大年，王庭槐. 生理学. 8 版. 北京：人民卫生出版社，2013.

16. 李乐之，路潜. 外科护理学. 5 版. 北京：人民卫生出版社，2012.

17. 路潜，韩斌如. 外科护理学. 3 版. 北京：北京大学医学出版社，2015.

18. 刚海菊，刘宽浩. 外科护理（临床案例版）. 武汉：华中科技大学出版社，2015.

19. 庞冬，朱宁宁. 外科护理学. 北京：北京大学医学出版社，2015.

20. 贺连香，张京慧，高红梅. 静脉输液治疗护理操作技术与管理. 长沙：中南大学出版社，2014.

21. 刘圣，傅先明. 静脉用药物调配技术. 合肥：安徽科学技术出版社，2015.

22. 葛均波，徐永健. 内科学. 8 版，北京：人民卫生出版社，2013.

23. 张爱珍. 临床营养学. 3 版，北京，人民卫生出版社，2012.

24. 中华人民共和国国家卫生和计划生育委员会. WS/T433-2013 静脉输液治疗护理技术操作规范. 2013.

25. 施效金，钟明康. 抗感染药物的合理使用. 北京：人民卫生出版社，2012.

26. 刘华钢，黄仁彬，吴闯，等. 临床实用药物手册. 3 版. 北京：人民卫生出版社，2015.

27. 徐景和，吴利雅，叶桦. 药事管理与法规. 7 版. 北京：中国医药科技出版社，2016.

28. 张家栓，程鹏. 常用药物手册. 4 版，北京. 人民卫生出版社，2015.

29. 米文杰，陈迹. 静脉用药集中调配基础知识问答. 北京：人民卫生出版社，2016.

30. 乔爱珍. 安全输液百问百答. 北京：科学普及出版社，2013：191-193.

31. 吴玉芬. 静脉输液实用手册. 北京：人民卫生出版社，2011.

32. INS 输液治疗实践指南. 美国输液护理学会，2016.

33. 徐波，耿翠芝. 肿瘤治疗血管通道安全指南. 北京：中国协和医科大学出版社，2015.

34. 美国 CDC 血管内导管相关感染预防指南. 美国疾病控制与预防中心，2011.

35. 郑月宏，王克勤. 血液透析通路的建立及维护. 北京：人民军医出版社. 2014.

36. 林惠凤，张晓萍，王咏梅，等. 实用血液净化护理. 2 版. 上海：上海科学技术出版社，2015.

37. 叶有新，王娟，李华，等. 血液透析血管径路的建立与维护新进展. 北京：军事医学科学出版社，2014.

38. 张福先，王深明. 静脉血栓栓塞症诊断与治疗. 北京：人民卫生出版社，2013.

39. 李淑迦，王欣然. 北京市属医院护士规范化培训指南. 北京：人民卫生出版社，2016.

40. 杨巧芳，刘延锦. 静脉输液治疗护理技术指导手册. 河南：河南省科技出版社，2017.

41. 颜巧元. 护理课题设计与实现. 北京：人民卫生出版社，2015.

42. 李晓松. 医学统计学. 3 版. 北京：人民卫生出版社，2014.

43. 孟庆仁. 实用医学论文写作. 3 版. 北京：人民军医出版社，2015.

44. Rosenthal V D. International Nosocomial Infection Control Consortiu

(INICC) report, data summary of 43 countries for 2007–2012. Device-associated module. Am J Infect Control 2014; 42 (9): 942–956.

45. Barsun A, Sen S, Palmieri T L, et al. Peripherally Inserted Central Line Catheter Infections in Burn Patients. JOURNAL OF BURN CARE & RESEARCH, 2014, 35 (6): 514–517.

46. Christensen L D, Rasmussen H H, Vinter-Jensen L. Peripherally Inserted Central Catheter for Use in Home Parenteral Nutrition: A 4-Year Follow-up Study. JOURNAL OF PARENTERAL AND ENTERAL NUTRITION, 2014, 38 (8): 1003–1006.

47. Chopra V, Ratz D, Kuhn L, et al. PICC-associated Bloodstream Infections: Prevalence, Patterns, and Predictors. AMERICAN JOURNAL OF MEDICINE, 2014, 127 (4): 319–328.

48. Jurgens CY, Goodlin S, Dolansky M, et al. Heart failure management in skilled nursing facilities: a scientific statement from the american heart association and the heart failure society of america. Journal of Cardiac Failure, 2015, 21 (4): 263–299.